教育部人文社会科学研究规划基金项目“中国情境下PPP 项目的自动履约问题研究：基于控制与信任交互作用的行为实验”（19YJA630017）
国家自然科学基金面上项目“PPP 项目中信任的动态演化机理研究：基于政府部门的视角”（71372110）
国家自然科学基金青年科学基金项目“回购式契约视角下政府对BT 项目的投资控制研究”（71002066）

PPP 项目善治的实现

Achieving of Good Governance in PPP Projects

杜亚灵◎著

科 学 出 版 社
北 京

内 容 简 介

关系专用性投资以及合同的长期性使得PPP显著区别于承发包关系，项目治理理论需要不断丰富与发展以包容PPP项目的特殊性。本书从PPP模式在我国基础设施项目中的应用现状及其履约问题出发，围绕PPP项目善治“如何实现”和“如何评判”两个问题展开，系统构建了合同治理、关系治理以及二者的适配三种实现途径，以及基于“履约绩效”（或“自动履约”）的实时评判和基于“PPP项目效率”比较的长远评判两种评判方式。

本书可供从事PPP项目管理的实务工作者（政府方、社会资本方和咨询机构），以及从事PPP教学和科研的广大学者、高校教师和研究生阅读和参考。

图书在版编目（CIP）数据

PPP项目善治的实现/杜亚灵著. —北京：科学出版社，2021.4

ISBN 978-7-03-068122-5

Ⅰ. ①P… Ⅱ. ①杜… Ⅲ. ①政府投资-合作-社会资本-研究-中国 Ⅳ. ①F832.48 ②F124.7

中国版本图书馆CIP数据核字（2021）第033241号

责任编辑：石 卉 刘巧巧 / 责任校对：贾伟娟

责任印制：徐晓晨 / 封面设计：有道文化

科 学 出 版 社 出版

北京东黄城根北街16号

邮政编码：100717

http://www.sciencep.com

北京建宏印刷有限公司 印刷

科学出版社发行 各地新华书店经销

*

2021年4月第 一 版 开本：720×1000 B5

2021年4月第一次印刷 印张：41 1/2

字数：790 000

定价：268.00元

（如有印装质量问题，我社负责调换）

序一

在上海济邦投资咨询有限公司主办的2012年“第三届公私协作（PPP）全国高校论文竞赛”颁奖礼上，我作为评委认识了获得管理类一等奖的杜亚灵博士，并了解到她是天津理工大学尹贻林教授团队的青年教师，因为与尹教授是同行、老朋友，自然对其团队成员倍加关注。2016年，杜亚灵博士与我已毕业的硕士弟子程哲博士（现为西安建筑科技大学教授）等几位青年学者共同发起了“中国PPP青年学者高峰论坛”，作为二十多年来一直专注于PPP教研与推广的我自然非常乐于支持他们，也期待从与他们的交流中学习，遂欣然同意并承诺参加每一届论坛，进而对杜亚灵博士等青年学者有关PPP研究的了解也逐渐加深，并很欣赏杜亚灵博士及其团队对PPP的坚持与专注，他们十年的PPP项目治理研究积沙成塔、集腋成裘，取得了很多不俗的成果，给我留下了深刻的印象。因此，杜亚灵博士邀请我为《PPP项目善治的实现》的出版作序，我同样欣然答应，并花了数天时间通读全书。

PPP涉及面广、合同期限长、不确定性大、参与方多，又是理论、法规政策和实务都交叉且不断变化的新兴模式，这使得PPP项目成为最复杂的项目，也使得PPP项目管理成为最复杂的项目管理。全球最权威的两大项目管理协会之一的国际项目管理协会（International Project Management Association，IPMA）发布的项目路线图（Project-Roadmap）展示了项目管理的全景，将适合每个单体项目且能指导项目卓越实施的项目团队活动一分为二，并指出资源管理、质量管理、绩效管理等“硬因素”对项目成功的影响程度为44%，而建立信任、激励、沟通和语言等“软因素”则高达56%。正因如此，IPMA将“软因素”称为“项目中的真正硬因素”，并认为其虽难以定义，但“如果我们能够成功地在针对‘软因素’的理解上达成共识，弥补知识的不足，并针对我们所经历的许多情况增强计划性和可控制性，那么我们就在项目管理工作上前进了一大步”。另一个全球最权威的项目管理协会，即美国项目管理学会（Project Management Institute，PMI），拟于2020年底发布的项目管理知识体系（project management body of knowledge，PMBOK）第七版也更加关注通过项目交付成果给组织和干系人带来整体价值，更加要求项目经理根据自身项目特征、行业、干系人和组织要求等选择更加适合的管理方法。PPP 项目的管理正是最需要这些管理理念与方法之际，但我国现有的 PPP 相关著作中，包括我团队的，多是针对某一具体“事务”的管理，如融资管理、流程管理、风险管理、合同管理、财务管理，均属于“硬因素”；而杜亚灵博士的这本专著则是针对公私双方之间“关系”的管理，显然是关于“软因素”的，强调通过善治交付符合绩效要求的价值，很有新意和特点。

PPP 在中国的发展始于 20 世纪 80 年代，经过二三十年的波动发展和经验积累，2014 年起中央政府开始在全国范围内大力推广并引爆了一轮 PPP 热潮，但 2017 年下半年起开始清理规范，2019 年开始进入理性发展期。回顾我国几十年 PPP 发展的波动以及近年来的一些泛化和异化，其责任不在于 PPP 模式本身，而在于不完善的 PPP 制度建设、不充分的 PPP 能力建设与不完善的项目治理。实践中层出不穷的问题推动 PPP 学术研究向更广阔、更深入、更个性的领域发展，大到国家，小到项目，都离不开治理体系的建立与完善，而治理能力则是能力建设的重要内容之一。项目治理是通过一套制度安排来建立并维持项目交易中的一种良好秩序的过程，是项目各干系人必备的核心能力；而善治则是干系人之间关系协调、利益趋同的目标状态，是成功的交易所具有的典型特征。任何交易关系都需要被治理，PPP 项目尤其如此。鉴于 PPP 项目中复杂的干系人关系与干系人之间迥异的合同类型与内容，其治理也更为必要和复杂；而在 PPP 项目繁杂的合同关系中，政府部门和社会资本（或项目公司）之间的关系无疑是最为关键的，针对这组关系探讨 PPP 项目善治的实现也最得其宜。正如我一直所强调的，PPP 不只是一次“婚礼”，更是一场“婚姻”，美满的婚姻需要夫妻双方用心去经营，成功的 PPP 更需要政企双方对善治持之以恒的追求。

更具体地，杜亚灵博士的这本专著基于合同治理、关系治理以及二者的适配三条路径研究 PPP 项目善治的实现，同时探讨了“履约绩效”和“项目效率”两种视域的善治评判方式，全面和系统地阐释了 PPP 项目中政府部门和社会资本（或项目公司）之间善治的实现问题，并构建了一个全面合理的 PPP 项目治理的理论分析框架，对从事 PPP 研究和教学的广大科研工作者和高校师生具有很大的参考价值，也可供需要复合型能力、在 PPP 项目众多干系人之间周旋和平衡的项目实操官员、社会资本方、金融机构与咨询机构人员，以及 PPP 相关制度和法规政策制定者开拓工作思路，甚至有些可以直接应用。此外，该专著中的很多子节均针对某一具体的科学问题，采用了扎根理论、结构方程模型、多案例分析、情境模拟实验等管理科学中的主流研究方法，研究过程规范且充分体现问题导向，对管理学科的研究生和青年学者具有很好的示范作用。

当然，如果非要说该专著的美中不足，可能就是，更偏重学术研究而在实践操作方面略有欠缺，某些章节之间的关联性也还有可加强的空间，但瑕不掩瑜，我还是向各位 PPP 同仁强烈推荐该专著。因为，不管未来怎么变化，PPP 仍将是国内外基础设施和公用事业的重要模式之一，也将是我国实施“一带一路”倡议的重要模式之一，无论是政府部门，还是致力于参与国内和国际 PPP 项目的企业、金融和咨询机构，都有必要不断加强 PPP 能力建设，各高校和科研院所也都需要加强研究并为我国 PPP 事业培养人才。

是为序。

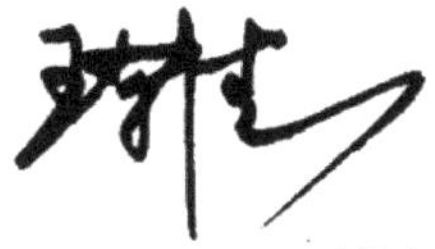

博士

清华大学建设管理系教授/博士生导师

清华大学 PPP 研究中心首席专家

2020 年 5 月 2 日

序二
从投资管控到项目治理：通往项目成功之路

杜亚灵教授新书《PPP项目善治的实现》即将付梓，我向杜亚灵教授祝贺，同时也为中国项目管理学术界和工程咨询领域高兴，我们又在项目管理的理论研究和实操工具层面取得了新的进展，为世界项目管理提出了中国方案，也做出了应有的贡献。追溯至20世纪80年代，中国学界以丁士昭教授为首的学术前辈把项目管理介绍给国人，创造性地建立、完善了工程监理制度；在此基础上我们发现并推广了项目法施工，从而使得项目管理在业主方和施工方两个领域都有了中国方案。及至20世纪90年代末《中美贸易协定》达成，为2001年中国加入世界贸易组织扫清了最大的障碍，并促使中国继续开展改革开放与国际惯例接轨。在固定资产投资领域与国际惯例接轨的重大举措就是区分政府投资项目和非政府投资项目，在前者与国际惯例接轨的表现就是遵守更开放的《政府采购协议》（Government Procurement Agreement，GPA），虽然当时中国尚未加入《政府采购协议》，但是中国政府推出“代建制”试图更深入地与国际接轨。此时，中国的项目管理无论在理论上抑或实践中均取得突破性的进展和实质性的成果。虽然外在制度方面中国已经顺利地完成了生产关系的改善与推进，但是在项目内部的发承包双方以竞争性招标为基础的工程合同关系上仍存在盲区和空白，如何保证项目管理成功，从而使项目管理更有效率，最终提高中国整体社会经济系统的运行效率，现实地摆在了项目管理学术共同体面前。为了解决这一难题，天津理工大学公共项目与工程造价研究所（Institute of Public Project & Cost Engineering，IPPCE）开创了中国项目治理研究的先河，其中杜亚灵教授为中国项目治理理论研究的开创做出了重大贡献，她连续获得了两项国家自然科学基金的资助，在基本完成项目治理理论框架构建后又转向国民经济主战场的应用层面，把理论研究成果应用在PPP项目治理中，取得了新的成绩并提出了新的理论分析范式，令人振奋。

一、项目治理与投资管控成功

（一）传统政府投资项目投资管控

天津理工大学 IPPCE 是从政府投资项目的投资管控问题研究开始起步的，传统政府投资管控的理论无法解决激励问题。政府作为业主并未确定明确的责任人，只有使用单位具有一定的积极性，但是传统政府投资项目在投资、建设、管理、使用方面不分，均由最终使用单位承担四方责任。政府投资具有无息且无须回收的特点，促使使用单位天生具有扩大建设规模提高设计标准的冲动，造成政府投资项目“三超”屡禁不绝。天津理工大学 IPPCE 在 21 世纪初加入建设部组织的“政府投资工程管理方式改革”课题，在大量国内外调研的基础上，总结了国内外政府投资项目管理方式的经验教训，与课题研究组共同提出了“代建制”，被国家有关部门采纳。天津理工大学 IPPCE 随后出版了五部“代建制”专著并在全国组织培训，对中国“代建制”的推广起到了重要的作用。

1. 政府投资管控的柔性

为了应对未来的不确定性，同时降低缔约成本，国内外均为合同注入柔性，即合同再谈判机制。最容易理解的柔性表现为：暂估价。如材料暂估价和专业工程暂估价都是为了加速缔约而设置的再谈判机制。合同的再谈判又分事件级与项目级两类。变更、调价、索赔均为事件级；和解、调解则属于项目级。政府投资评审机构掌握柔性则必“执专业之牛耳”。

2. 招标两难

中国的招标早期采用低价中标原则，出现了“赢者诅咒”现象，即由于投标人的乐观偏见和对招标人套牢产生的“敲竹杠”行为；后来采用综合评估法，又出现合谋与围标现象，即价格卡特尔（垄断合谋）。这就是招标两难，政府投资管控对解决两难问题提出信任解决方案。首先，政府应建立信任规制；其次，招标人按信任级别确定招标竞争烈度，并配合相应柔性等级的合同条件。

3. “赢者诅咒”

低价中标破坏项目价值和市场秩序，这个结论在理论上没有说服力。低价中标损害项目和市场根本利益的现象叫“赢者诅咒”，它破坏的机理是：招标人的逆向选择，即买方宁愿出低价选择一个信不过的人，造成建筑市场劣币驱逐良币；投标人的道德风险，即卖方采取机会主义行为，利用买方的漏洞获利。解决“赢者诅咒”的良方就是信任，用多次博弈克服机会主义。

4. 政府投资管控的激励

政府投资管控一般沿着监管和激励两条进路设计，监管难度大、成本高，所以我国20世纪80年代后更重视激励进路。项目激励与公司激励不同，因无剩余索取权，所以不能使用产权激励。项目激励有四种：第一是信任，产生柔性风险分担效应；第二是公平，产生参照点效应；第三是关系，产生声誉效应；第四是权力，产生位势差效应。上述效应均可改善项目管理绩效。

5. 政府投资管控的状态补偿

假设合同签订期是状态0，无风险执行是状态1，风险造成偏离是状态2，一般在状态0时就必须预测到状态2，并约定状态2的价格。但纠结于缔约，会造成成本加大，则应在合同中约定再谈判：一旦出现风险导致的状态2，只需确定状态2与状态1的差异并由买方予以补偿即可。工程合同的再谈判包括变更、索赔与调价，由发包人弥补状态差异，承包人完成项目，则项目成功。

（二）新形势下的政府投资管控

中国经济进入新常态后，经济增长方式由过去的投资拉动需求模式转变为供应侧改革模式。具体改革措施为在基础设施投资领域实施政府和社会资本合作模式（即PPP模式），在发承包模式中实施设计–采购–施工（engineering-procurement-construction，EPC）总承包模式。新的建设方式要求政府投资管控与时俱进，在观念和手段上全面创新。

1. EPC模式是基于信任的集成范式

三角模式零和博弈色彩太浓，发承包双方易形成对抗关系，于是出现了EPC模式，采用国际咨询工程师联合会（Fédération Internationale Des Ingénieurs Conseils，FIDIC）发布的《设计–采购–施工与交钥匙项目合同条件》（银皮书）。EPC模式的基础是合作，合作的前提是信任，信任表现为双方不利用对方的漏洞。因此，EPC模式也称交钥匙工程，付款与结算按约定总价及程序，一般不再审核。中国推行EPC模式缺乏信任基础，故用EPC模式集成之形，施严格管控之实，形成具有中国特色的EPC模式。

2. PPP模式的投资管控

PPP模式的投资管控为我们提出了新的挑战：第一，PPP模式中项目控制权基本交给社会资本方，社会资本方对投资管控无积极性，但对建造成本控制有动力；第二，为吸引社会资本，《中华人民共和国招标投标法》提出允许“两标并一标”（即施工总承包可以不招标），这对概算的精度提出更高要求；第三，PPP项目一般采用EPC模式，支付与结算方式的改变，导致政府投资管控无抓手。针对上述三个难题，政府投资评审部门唯有抓住可行性研究不放，采用初步可行性研究和工程可行性研究两阶段可行性研究，方可提高可研深度与精度。另外，应尽快建立“已完工程数据库”，将其作为 PPP 项目投资管控的参考。

3. 政府投资管控专业人士的格局

政府投资管控专业人士与工程造价咨询企业的领袖一样，应具备三种素质：其一是企业管理能力，包括战略、内部控制与激励、经营与市场、质量与成本等；其二是投资管控能力，必须有强烈的为委托人提供投资管控顾问服务的意识；其三是为项目增值的能力，要利用价值管理（value management，VM）、全生命周期成本（life cycle cost，LCC）等工具优化项目。具备这三种素质的咨询机构领袖会有更宏大的格局，更能带领团队走向成功。

二、项目治理是通往项目成功自由王国之路

在 2010 年前后兴起的项目治理的研究热潮中，合理风险分担是学者最早提出的激励手段，而信任则是重要的调节变量。随着研究的不断深入，项目治理范式学术共同体逐渐把合理风险分担转化为更有利于定量并精准研究的学术构念（或概念）：合同柔性。

合同柔性的引入摒弃了合理风险分担的道德判断，一方面能够准确描述合同交易双方面临的不确定性及其责任分配，另一方面也能继承由格罗斯曼和哈特（Grossman and Hart，1986）、哈特和莫尔（Hart and Moore，1990）等共同创立的不完全契约理论[又称为 Grossman-Hart-Moore（GHM）模型]和三种履约状态论述并发展为履约绩效管理的理论。上述两条路径均能解决建设工程项目发承包双方快速签约并履约的效率问题，从而为中国实现追赶型经济发展目标提供理论支持。

遗憾的是，工程合同管理实践者和学者均发现，合同柔性在极大地提高了签约效率的同时，却变相允许了承包人的后契约机会主义行为，合同柔性中基于机会主义的再谈判对项目履约绩效的影响可能会弊大于利，从而导致合同委托方（发包人）利益受损。天津理工大学 IPPCE 研究团队把这种签约前效率提高而签约后履约效率折损的现象称为合同柔性悖论。

进入 21 世纪以来，为应对日益复杂的项目背景产生的风险，并缓和日趋激烈的发承包双方的利益博弈带来的项目管理绩效的折损，欧洲和中国本土的项目治理研究团队采用了以合理风险分担为主要激励手段的治理范式。在实践中，天津理工大学 IPPCE 研究团队与发包人密切配合，提出了以资格预审获得的初始信任为出发点向合同率先注入柔性，以期激发受信承包人的参照点效应，实现完美履约。但这一理论范式有一个明显的缺陷，即发包人依据初始信任，率先注入柔性后，无法保证抑制承包人的机会主义履约冲动，从而对发包人形成事实上的信任

套牢，迫使发包人放弃先行注入合同柔性的策略。破解信任套牢的关键，就是保证发承包双方形成的初始信任能够维持。鉴于初始信任的动态演化特征，发包人依据项目实施过程中信息流通和行为观测判定承包人是否可信并调整己方的信任，双方信任维持将受到合同条款订立和当期行为观测的双重影响。天津理工大学 IPPCE 研究团队沿着发承包双方的初始信任维持的基本路径开展研究，既采用传统的信息高速公路高惩罚机制，也采用社会偏好理论集成具体的合同约定形成组合措施集，诱致承包人善意履约的社会偏好行为，以期维持发承包双方形成的初始信任，从而破解信任套牢困局，为新时代更注重公平的中国的工程管理实践提供可行的路径。

在这一研究路径上，天津理工大学 IPPCE 研究团队发现了项目治理的四大激励手段——基于风险分担效应的信任、基于参照点效应的公平、基于网络传递效应的关系、基于位势差效应的权力，并分别获得了国家自然科学基金委员会的资助。

天津理工大学 IPPCE 研究团队持续不断地在项目治理领域应用交易成本、委托代理、信息经济学、激励、不完备契约等理论解决工程项目管理的重大投资管控问题。这四大激励手段已分别应用于一线、二线、三线城市的五条地铁以及天津站枢纽，管控投资近千亿元人民币，取得了良好效果，并分别获奖。

三、公共项目混合治理

进入 2010 年以来，沿海经济发达的一线城市大量采用大施工标段招标，取得良好的效果，项目成功概率大幅度提升。如何解释这种现象，是项目治理理论的一道难题。混合治理是一个解释，过去解释力不够或者不全。天津理工大学 IPPCE 研究团队采用交易费用讨论供应链和价值链边界移动，以实现殊途同归，试图创造新的研究方向和领域，用经济学范式在纯管控领域中应用。

项目治理和公司治理本质上是对委托代理关系的激励和约束，即对所有权人和部分控制权人的激励与约束。沿着此路径再下一层就是管理问题了，部分控制权人对组织的控制就是管理。项目治理和公司治理一样，再往下沉一点就可以借鉴公司治理的经验。

大标段招标项目的混合治理实际上是依托项目的项目组织边界问题，即项目供应链和价值链刻度指针位置问题。这就是公司规模经济，移植过来就是项目组织规模经济问题。

大标段招标、小标段招标，看似有大有小，均是为了获得总承包商的行政管理能力从而保证事后风险合理转移，实质上就是项目组织规模经济问题。

（一）混合治理的理论问题

1. 供应链和价值链是一条链

公司外部是市场组织的供应链，公司内部是科层组织的价值链；科斯的思想是用交易费用高低判断供应链和价值链的边界移动；公司治理是所有权人激励经理人，研究的基础是委托代理关系。

但是，项目本身就是市场形成的契约。关于项目的供应链和价值链，天津理工大学 IPPCE 研究团队研究了多年也无定论，互联网免费思维的价值链分析和 PPP 盈利模式的价值链分析均可证明天津理工大学 IPPCE 研究团队的努力，但是对于项目的供应链天津理工大学 IPPCE 研究团队却无功而返。

设想公司的供应链和价值链是一条链，公司的边界就在这条链上移动，边界就是交易成本最小对应的刻度。可以设想的是，项目的业主通过招标把项目的大部分控制权交给承包商，即通过设计-招标-建造（design-bid-build，DBB）合同与承包商形成了独特的委托代理关系，这就是项目治理的基石，与我一直坚持的有交易就有治理、无交易即为管理的思想吻合。因为公司是经理人控制企业，如果把承包商的管理团队看成是项目，那么项目就是承包商控制项目组织，其外部形成供应链，而承包商内部也就是科层组织的价值链，这两条链也是一条链，边界也是交易成本最小对应的刻度。

2. 混合治理仍是项目治理

不要认为混合治理是新的治理模式，其实质上仍是项目治理，只是项目供应链和价值链的边界不同，也即是交易成本最小对应的刻度移动而已。

3. 越来越多的项目扩大价值链边界

天津理工大学 IPPCE 研究团队发现巨型项目治理的边际效应开始降低，此时需要利用行政管理来弥补项目治理的缺陷，由此产生混合治理的观念。这也解释了为什么大型基础设施建设项目往往是由政府主导的。

（二）项目治理的方法

（1）在项目委托代理关系中，治理的手段是对承包商进行有效的激励。因为项目没有剩余，所以公司治理采用的剩余索取权激励就无法应用于项目治理。项目治理的有效激励就是合理风险分担，在合理风险分担前提下，业主并无损失，而承包商能预期得到合理的支付，因而在履行合同时风平浪静，没有纠纷也没有推诿。项目目标得以实现，双方实现合作共赢。但是如何激励业主愿意采用合理风险分担方案而不是利用市场优势转移风险至承包商，天津理工大学 IPPCE 研究团队提出初始信任假设，以信任修正业主的市场理性，以惩罚保证承包商不对初始信任背信弃义，而是投桃报李。

（2）在委托代理关系中，承包商对项目实施有控制权，它可以在既定环境中做出基于有限理性和企业家创新理性的决策，而决策后果由业主承担。基于此，项目治理的重要任务就是修正承包商的理性，使之符合业主的利益。承包商对不确定性有很大的决策空间，它既可以在公平感知下发生正向的参照点效应从而完美履约，也可以在感受到不公平时发生徐细雄描述的负向的参照点效应从而字面履约甚至采取机会主义行为（徐细雄，2012；徐细雄和谭瑾，2014）。这解决了治理绩效提高或降低的与履约有关的机理，也解决了不采用柔性合同概念后无法描述承包商完美履约的自由空间问题。

（3）混合治理模式为巨型项目建设中项目风险分担不当造成的“赢者诅咒”悖论提供了解决方案，即发挥合同约定的控制权之外的行政控制权来破解难题。“赢者诅咒”会造成赢得合同的中标方破产，也会连累政府业主提供公共品效率低下，最后政府业主不得不成为最终风险承担者。虽然这个悖论和难题运用事前激励或事后一体化的理论都有一定的改善效果，但是都不能彻底破解。因为人性中有乐观主义偏见，必然会导致高估项目收益，低估风险的影响力和破坏力。既然如此，就必须发挥控制手段，运用混合治理中的多元控制权配置，保障事后风险合理转移。

（4）我个人认为应先激励业主采用风险合理分担方案，然后激励承包商投桃报李并且完美履约，但上述思路无法解决由承包商的乐观偏见引起的“赢者诅咒”悖论。天津理工大学IPPCE研究团队提出混合治理的方案，这就形成了一个新的研究领域，即项目组织规模经济的问题。项目组织规模经济用一条链上交易成本刻度移动决定组织边界的思路，能够解释为什么大标段招标可行并有效的事实。但是我有点道不清楚：到底是项目大小决定了项目组织规模经济，还是项目组织规模经济的理论决定了是大标段招标，还是小标段招标。

（三）公共项目混合治理的关键是削弱寡头的讲价能力

考虑到项目组织规模大，带来混合治理的弊端即乐观偏见引起“赢者诅咒”悖论，表现为风险回流到业主。天津理工大学IPPCE研究团队曾放弃风险回流止逆模型，是因为区间分包单位通过支付系统风险回流到其上级单位总承包商，不会回流到业主。但是深入一想，区间分包单位不属于治理范围，而是混合治理的行政管理范畴。所谓风险回流就是因总承包商乐观偏见造成的“赢者诅咒”悖论。这样命题的合理性就解决了，剩下了混合治理组织和风险回流的衔接，即风险回流或“赢者诅咒”悖论解决方案。可以这样分析：混合治理结构可以实现“又快又好但不省”的目标。真正解决问题的钥匙是“基于风险合理分担的再谈判”，总承包商因控制大标段而形成“寡头”，寡头间“相互毁灭”的能力使总承包商的讲价能力大到足以促使风险回流到业主。竞争理论表明，制止风险回流的关键在于，在不破坏项目成功的前提下削弱总承包商的讲价能力。大标段招标项目就是想利用混合治理组织的行政控制力实现项目的安全、进度、质量、环境、社会稳定等目标，去设计一套机制削弱总承包商在变更、调价等再谈判中的讲价能力。

DBB 模式加多标段招标方式成功地削弱了总承包商的讲价能力，但却牺牲了管理效率。如何既保证管理效率，又削弱总承包商客大欺店式的再谈判讲价能力，是一个“双寡头”博弈问题。如果天津理工大学 IPPCE 研究团队能提出一套寡头博弈模型，并利用模型削弱其中一个寡头的讲价能力，那么就构成了一个完整的循环。在这个循环中，风险回流、乐观偏见、“赢者诅咒”等都是讲故事用的桥段或情节。以上思路可以当成文献综述中的研究脉络，项目组织规模经济则是另一个循环的梗概。

四、PPP 项目的混合治理

PPP 项目实质上属于政府投资项目，表面上看是社会资本投资并支付工程款，实质上是政府授予特许经营权并延期多次支付的投资行为。因为政府在提供公共品中采用 PPP 模式，确实向社会资本转移了大部分风险，其代价是向社会资本让渡了项目的大部分控制权。那么 PPP 项目的投资管控就具有了非常特殊的形式和内容，即通过可用性和绩效考核两种形式进行，考核标准是物有所值（value for money，VFM）。从可用性评价看，主要是评价资产是否虚化。“两标并一标”后的利润可以算是资产形成，但设计优化形成的节约能否形成资产争议很大，因虚报冒领、偷工减料形成资产是绝对不被允许的。政府对可用性评价的控制手段主要是投资评审和投资审计，通过扣减社会资本履约保函和扣减可用性资产额（从而扣减可用性付费）来实现目的。至于绩效考核，则主要是通过考核以设计参数为基础制定的运营绩效考核指标实现程度进行。

（一）PPP 对工程造价的需求

（1）需要国家有关部门定性 PPP 项目为政府投资项目，按照政府投资项目进行工程造价管理。因为 PPP 项目属于公共项目，应由政府投资，为改革投融资体制，采用 PPP 模式，但其属性未变。再者 PPP 项目虽然由社会资本投资，但由政府财政保底使其顺利建造、运营并回收，故其本质属于政府延迟并多次支付的投资项目。

（2）需要提供更精准的投资估算指标以满足 PPP 项目实施方案编制。绝大多数 PPP 项目的社会资本在可行性研究完成后介入，所以 PPP 项目实施方案的编制依据为可研及投资估算。估算是计算政府付费、可行性缺口补助及调价的重要依据。如果估算不精确则直接影响财政的“钱袋子”，并影响基础设施使用者的支出或体验。加之 PPP 项目实行“两标并一标”，一旦社会资本中标，则原招标和施工阶段投资控制失去闸门，必然会使社会资本获得大量施工利润，进而加剧其一次性博弈的赌徒心理。

（3）需要提供工程总承包模式下工程造价咨询服务规范和内容、工具的指引，以克服 PPP 项目采用工程总承包模式后财政投资评审、投资审计等机构无经验、不熟悉的窘境。例如：大量以施工企业为主体的社会资本在内部经营会议上强调，要改变过去施工总承包的“正变更”（增加造价）为工程总承包的“负变更”（减少造价）。在新形势下承包商改变的愿望是最强的，我们工程造价咨询机构也要转变观念、转变咨询手段。

（4）需要制定更严格的 PPP 项目竣工结算和财务决算制度，以满足建设-运营-转让（build-operate-transfer，BOT）等项目资产形成、折旧、移交的需要。

（5）需要完整、系统的运营定额以方便测算 PPP 项目全生命周期费用，并据此建立政府付费或可行性缺口补助模型。其实，住房和城乡建设部系统早已编制了类似市政道路养护、路灯养护、自来水污水管网养护、城市环境卫生、城市绿化养护定额，只要稍加修改并增补海绵城市、综合管廊等养护定额就能满足 PPP 项目需求。

（6）需要制定 PPP 项目评价方法与参数以完善 PPP 项目决策体系。目前，物有所值评价方法是从英国用于私人主动融资（private finance initiative，PFI）项目评价方法中移植过来的，而 PFI 是否适用于中国存在很大争议。即使采用物有所值方法，也只能达到评价传统政府投资模式和 PPP 模式孰优孰劣的目的。如中国国际工程咨询有限公司李开孟先生在接受中国经济导报采访时所言，物有所值应该回归项目评价方法与参数体系，成其前置步骤，再配合费用效益分析，此评价就完整了（赵超霖，2016）。

（二）PPP 项目应执行《政府投资条例》

《国家发展改革委关于依法依规加强 PPP 项目投资和建设管理的通知》（发改投资规〔2019〕1098 号，简称“1098 号文件”）明确指出：“PPP 项目涉及公共资源配置和公众利益保障，其建设的必要性、可行性等重大事项应由政府研究认可……PPP 项目要严格执行《政府投资条例》、《企业投资项目核准和备案管理条例》。”这段话明确了绝大部分 PPP 项目应按政府投资项目进行管理，这种管理按《国家发展改革委 住房城乡建设部关于推进全过程工程咨询服务发展的指导意见》(发改投资规〔2019〕515 号，简称“515 号文件”) 要求应分为投资决策综合性咨询，也就是该文件要求的严格可研审批（包括实施方案）等前期工作，以及工程建设全过程咨询。1098 号文件未对建设管理（工程建设全过程咨询）进行规定，预计住房和城乡建设部会马上发文加强 PPP 项目的建设管理。1098 号文件明确了 PPP 项目的政府投资属性和工程属性。忽视 PPP 项目政府投资项目属性和工程属性，即不按基本建设程序控制项目建设过程，除造成媒体常说的 PPP“大跃进”和地方政府隐性债务增大外，更容易导致 PPP 资产虚化。资产虚化在国际“资本大鳄”眼中就是 PPP 项目施工利润畸高破坏了运营阶段的资产安全；在我们工程咨询人眼中就是政府得到的是泡沫化资产，还要为泡沫资产承担支付责任。1098 号文件在《政府投资条例》生效当天公布，发出了一个强烈信号：要从公共资源配置和公共利益保障角度考虑 PPP 项目的管控，回归 PPP 项目的工程属性。PPP 项目要委托总咨询师负责的全过程工程咨询团队，以保证 PPP 项目成功和项目管理成功，竣工验收后再继续由全过程工程咨询团队考核运营绩效，直至 PPP 资产移交前的建筑（寿命）评估。因为改革开放四十多年来我国高强度的基本建设投资管理已经形成世界级高峰，由长期“跟跑”正在向“领跑”转移。

（三）PPP 项目风险回流治理

风险回流是 PPP 项目中政府应该防范的陷阱，它是由于 PPP 项目的社会资本方（即投资人）利用可以不招标指定 EPC 总承包商的规定，把项目以分配的方式分包给其下属机构（承包商）形成科层治理，从而把项目建造风险转移给承包商。当承包商承受不了风险时，风险就会回流给其上级机构即社会资本投资人，导致项目失败。因为 PPP 采用政府和社会资本合作模式，是合作双赢范式，故项目失败意味着双输，而 PPP 项目中最不能承受项目失败的是政府，因此，风险回流止逆是 PPP 项目成功的关键。

PPP 项目的风险回流的动力，第一是总承包商和其下属机构的行政关系，导致的成本控制动因不强烈，第二是其下属机构因其从属关系形成的乐观偏见导致“赢者诅咒”。

我认为，依据新制度经济学派中的新契约理论，大家均致力于解决缔约双方事前专用性投资效率和事后机会主义行为治理，若放在公共项目管理背景中观察，其实质都与项目治理研究主旨暗合，即提高公共项目发承包人的合作愿望并付诸行动。威廉姆森的解决方案是纵向一体化和适配的治理结构（威廉姆森，2002；威廉姆森和马斯腾，2010），麦克尼尔（1994）建议采用基于关系合同的治理，马斯金等提出机制设计的方案（Chen and Maskin，1999），让·梯若尔则坚持能找到一种完善的契约或者采用激励性规制（Tirole，1999；让-雅克·拉丰和让·梯若尔，2004）。这一切都比不上哈特等提出的产权理论和GHM模型更实用，尽管受到一些致命的质疑，但哈特于2008年提出了改进的参照点理论，指明了提高合同（抑或指制度）绩效的利器是使当事人感知公平，从而愿意提供完美履约绩效，这才是在治理结构日臻完善时提高合作绩效的不二法门。

信任与公平感知互为催化剂，公平感知强化信任，信任则强化合作，二者相辅相成、相得益彰。

现有研究表明，在社会资本量低的社会，声誉等非正式制度对承包商的机会主义倾向约束力低于社会资本量高的社会。天津理工大学IPPCE研究团队假设在中国的公共项目管理实践中，期望单一的公平感知产生参照点效应促使承包商提供完美履约绩效略显单薄，由发承包双方分享完美履约产生的绩效增值更为合理。这种分享将因符合激励相容原则产生更高强度，诱致承包商更愿意提供完美履约，而政府发包人也因完美履约的增值更愿意签订作为参照点的合同。一旦上述假设得到证实，将可能成为社会资本量较低的新兴工业社会组织行为研究的重要理论标杆。

揭示互惠合作及增值收益分享合同的治理本质，使激励相容原则在公共工程项目管理中得到实践的支持并付诸行动，从而使重新设计政府投资项目施工合同中的激励条款得到理论支持，可能使政府发包人和承包商分享完美履约产生的绩效增值达到互利双赢的理想状态。

五、杜亚灵教授的贡献

杜亚灵教授是项目治理学术共同体的新锐教授，她在《PPP项目善治的实现》一书中的重大贡献是提出了PPP项目善治的三大路径是合同治理、关系治理和两者的适配。这个贡献的理论意义和实践意义无论如何也不能低估，它是指导中国在迅猛发展中解决社会治理达致善治的重要理论指导和实践工具。

杜亚灵教授的上述研究得到了2项国家自然科学基金项目和1项教育部人文社会科学研究规划基金项目的资助，努力向“顶天立地”式研究靠拢，这使得该书理论与实践密切结合的特点比较鲜明。理论性集中体现在，每一部分科学问题的解构或研究思路的制定都依据了契约经济学中的某一经典理论，例如，控制与信任交互作用的研究框架构建就依据了本杰明·克莱因的契约的自我履行机制理论。而实践性主要体现在：①PPP 项目善治的实现途径和评判均力争从理论层面下沉至实践操作，例如，风险分担不再止步于风险分担的方案，而是落实到公私双方共担某一风险具体方案的得出以及风险共担的具体实现方式，这些都可直接转化为具体的合同条款；②理论研究得出的结论都能映射到资格预审文件的编制、合同条款的拟定等实践中的具体工作内容，例如，控制的构念建立与维度划分正是在对《国家发展改革委关于开展政府和社会资本合作的指导意见》（发改投资〔2014〕2724 号）和《关于规范政府和社会资本合作合同管理工作的通知》（财金〔2014〕156 号）附件中的 PPP 项目合同指南进行编码的基础上完成的；③尝试在理论研究结果的基础上提出对实践工作者有所启发的策略建议。

这些研究成果不仅对项目治理和 PPP 项目治理理论做出了卓越贡献，丰富了项目治理的理论体系，同时也为政府和社会资本的实操给出了极强的理论支持。杜亚灵教授真正践行了“把论文写在祖国的大地上”，把研究成果应用于祖国建设的工地中的学术情怀。

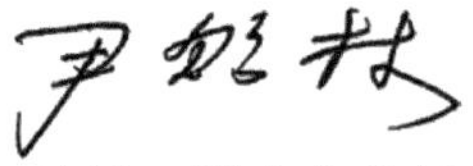

教授、博士生导师

国家级教学名师

天津理工大学公共项目与工程造价研究所所长

2020 年 8 月 5 日

前言

任何交易关系都需要通过治理来实现利益相关者之间关系的协调和利益的趋同，以求最大限度地共创价值。PPP 项目强调的是公私双方之间“风险共担，利益共享”的长期合作伙伴关系。通过治理来协调政府部门和社会资本（或项目公司）之间的交易关系、化解它们之间的利益冲突，从而建立并维持这样一种真正意义上的合作伙伴关系对 PPP 项目成功至关重要。PPP 项目治理是国家所有权（state-ownership）和私人所有权（private-ownership）混合或者联合的治理，与纯粹的关于国家所有权的政府治理和纯粹的关于私人所有权的公司治理具有明显的区别（Henisz，2006），不宜简单套用或移植相对成熟的政府治理和公司治理的理论体系。同时，主要针对一般工程项目（特别是承发包关系）的项目治理理论，也需要不断丰富与发展来包容 PPP 这种交易关系的特殊性：PPP 项目的一次性特征使得这种交易的未来预期（shadow of the future）如同一般工程项目一样不够显著，公私双方伙伴关系的形成与发展并非易事；而关系专用性投资却将公私双方“锁定”在了特定的交易关系中，使得它们高度相互依赖，加之 PPP 合同的长期性，公私双方的伙伴关系又成为必然的选择，这显然有别于一般工程项目中的委托代理、外包抑或其他关系。有鉴于此，有必要在项目治理的理论框架下，聚焦于 PPP 项目中政府部门和社会资本（或项目公司）之间的交易关系，对 PPP 项目善治的实现进行专项研究。

“善治”即良好的或有效的治理，它是治理的一种目标状态。本书围绕两大问题展开：如何实现 PPP 项目善治，以及如何判断 PPP 项目实现了善治。对于前者，本书遵循项目治理研究范式下达成的共识，即任何交易关系中都共存着通过合同治理形成的正式制度和通过关系治理形成的非正式制度，而二者对于交易的顺利开展都是不可或缺的，从而建立了 PPP 项目善治的三条实现途径；对于后者，本书考虑到 PPP 项目具有长期性和复杂性，且对于治理效果的评判是为了后续治理活动的改进，因此，必须兼顾治理的短期效应和长期效应，从而创建了 PPP 项目善治的两种评判方式，即实时评判“履约绩效”（或“自动履约”）和长远评判“PPP 项目效率”。

PPP 项目善治的实现途径之一：合同治理

鉴于工程项目一次性、独特性的特征，工程领域的现有研究更多是基于经济学视角的，通过正式制度的设计与优化向项目参与方施加经济制裁，以实现对其行为的激励与约束（Henisz et al.，2012）；而在项目层面，规范交易双方的最为重要的正式制度即合同。从时间维度来看，PPP 项目中公私双方之间的合同包括通过项目采购签订的初始合同以及后续的再谈判，初始合同的柔性直接决定了后续再谈判的空间，因此，合同治理包括初始合同的设计（特别是注入恰到好处的合同柔性）以及再谈判的治理两个阶段。而从内容维度来看，合同详细规定了交易双方的支付、权利和责任，且应遵循“权责利对等”的原则，因此，无论是初始合同设计还是后续的再谈判，合同治理的内容均包括控制权配置（控制机制）、风险分担、利益分配三个方面。

PPP 项目善治的实现途径之二：关系治理

一切经济活动都是由人策划并执行的，法律法规、合同等正式制度亦是针对人的行为制定的规则，在经济学视角的研究发展到一定程度后，将研究重点从物的因素上转移到人的因素上是必然趋势，正如霍桑试验促成了科学管理理论向行为科学理论的发展一样，经济学范式对于工程实践的解释力不足亦促成了社会学范式的产生。由于影响交易关系的关系要素众多且其间的关系复杂，关系治理的边界远没有合同治理那样清晰，但几乎所有的研究均将信任作为关系治理的一个维度，因此，本书重点分析 PPP 项目中信任的动态演化，并探究信任影响合作乃至项目管理绩效的路径。此外，中国情境下 PPP 项目的特殊性决定了其善治的实现途径也应有独特之处：①考虑到我国官本位行政思想的传统致使公共部门在 PPP 关系中一直处于绝对领导地位（周正祥等，2015），这种绝对的政治权力优势极易导致实践中的 PPP 项目存在许多不公平问题（亓霞等，2009），因此，本书分析了公平感知这一关系要素；②考虑到我国实践中国有企业与私营企业充当私人部门的 PPP 项目并存，且全国 PPP 综合信息平台及其项目库落地项目中涉及的社会资本半数以上均为国有企业，因此，本书探讨了角色感知这一关系要素。

PPP 项目善治的实现途径之三：合同治理与关系治理的适配

学术界对于组织间合同治理与关系治理的关系争论已久，但无论是“替代”说还是“互补”说，都认可二者之间应相互匹配和均衡以达到最佳的治理效果；而追求 PPP 项目中合同治理与关系治理适配的基础即揭示二者之间的交互作用关系。然而，合同治理与关系治理的交互作用关系是非常复杂的，在交易不同的阶段，甚至不同的时点，可能会有截然不同的结果；并且，无论是合同治理还是关系治理，自身就是比较复杂的体系，研究两大复杂体系之间的关系就显得更为困难。有鉴于此，本书仅对二者的基本构成要件之间的交互作用关系进行探索：考虑到关系治理的边界较为模糊、关键内容尚未形成较为一致的结论，因此，仅涉及得到公认的关系治理核心要素——信任；合同治理包括控制权配置（控制机制）、风险分担、利益分配三部分内容，考虑到利益分配往往是由控制权配置（控制机制）和风险分担决定的，因此，仅涉及控制和风险分担。

PPP 项目善治的评判：远近兼顾

基于上述三条治理途径，针对 PPP 项目是否达到了目标状态——善治，Abednego 和 Ogunlana（2006）提出了八个标准，但较为理论化，不易准确衡量，因而很难落地践行。通过分析上述八个标准可知，其适用于 PPP 项目履约过程中善治的实时评判，这对于合同履行期限往往长达二三十年的 PPP 项目无疑是必不可少的，但需要代之以易于判别的标准；而对于履约结束或提前终止的 PPP 项目而言，用公私双方合作效果来表征 PPP 项目治理的效果可能要比上述八个标准更为适宜。有鉴于此，本书创建了 PPP 项目善治评判的两种方式：对于履约过程中的 PPP 项目，以再谈判和无异议地执行合同时的合作行为为观测点，通过私人部门履约绩效的优劣来对 PPP 项目善治进行实时评判；对于履约结束或提前终止的 PPP 项目，PPP 项目效率即表征了善治的实现情况，并且，还可以 PPP 项目效率来对整个 PPP 市场的善治进行长远评判。

本书的研究工作得到了我主持的 2 项国家自然科学基金项目和 1 项教育部人文社会科学研究规划基金项目的资助，是我在过去的近 10 年间，与我的同事和硕士研究生共同完成的，感谢我的合作者，他们以不同的方式为本书做出了重要贡献。特别是要感谢我的研究生，他们是我科研工作的助手，甚至伙伴，他们在读硕士研究生期间接受着我近乎严苛的指导仍默默承受、全力以赴，扪心自问，我读硕士研究生期间的努力程度和科研水平尚不及他们，谢谢他们与我一起成长。由于水平和时间所限，书中难免存在不足之处，敬请读者谅解，不足之处还请同行不吝赐教。

杜亚灵
博士、教授
E-mail: tdduyaling@126.com
2019 年 7 月 10 日

目录

序一（王守清教授）

序二（尹贻林教授）

前言

第一篇　总　　论

第 1 章　基础设施项目与 PPP 模式 ······ 3

1.1　我国基础设施的投资建设 ······ 3
1.2　基础设施类 PPP 项目概述 ······ 10
1.3　PPP 模式在基础设施项目中的应用效果 ······ 17

第 2 章　PPP 项目的履约问题分析 ······ 29

2.1　PPP 项目履约困难的现象分析 ······ 29
2.2　PPP 项目履约绩效的影响因素分析 ······ 32
2.3　PPP 项目履约问题研究的现状与趋势 ······ 41

第 3 章　PPP 项目的善治及其实现 ······ 51

3.1　公共项目管理绩效改善的范式变革 ······ 51
3.2　项目治理理论概述 ······ 59
3.3　最优契约与合同治理 ······ 63
3.4　关系契约与关系治理 ······ 68
3.5　PPP 项目善治实现的研究框架 ······ 71

第二篇　PPP 项目中的合同治理

第 4 章　初始合同设计与再谈判 ······ 76

4.1　PPP 合同的重要性分析 ······ 76
4.2　合同刚性与合同柔性 ······ 87

4.3 PPP 项目再谈判影响因素及其治理 …… 98

第 5 章 合理的控制权配置 …… 108

5.1 控制权配置的文献分析 …… 108
5.2 PPP 项目控制权权利束的解析 …… 113
5.3 控制权配置的多案例分析 …… 118
5.4 控制权配置的文件分析 …… 123

第 6 章 公共代理机构对私人部门的控制 …… 130

6.1 组织间控制的文献分析 …… 131
6.2 PPP 项目中控制的构念建立 …… 136
6.3 PPP 项目中控制的维度解析 …… 148
6.4 PPP 项目中控制的量表开发 …… 151

第 7 章 合理的风险分担 …… 162

7.1 PPP 项目风险分担的文献分析 …… 162
7.2 不完全契约视角下的工程项目风险分担整体框架解构 …… 170
7.3 风险分担对工程项目管理绩效影响的实证研究 …… 178
7.4 公私双方风险共担方案的得出 …… 188
7.5 公私双方风险共担方案的实现 …… 195
7.6 风险分担的兼顾原则性与灵活性 …… 204

第 8 章 合理的利益分配 …… 211

8.1 基于基准比价法的 PPP 项目调价问题研究 …… 212
8.2 基于修正 Shapley 值法的 PPP 项目超额利润固定式分成 …… 220
8.3 基于多案例分析的 PPP 项目超额利润阶梯式分成 …… 227
8.4 基于典型案例归类的 PPP 项目盈利模式创新与发展 …… 234
8.5 基于混合利益分配方案的 PPP 项目商业模式创新激励 …… 244

第三篇 PPP 项目中的关系治理

第 9 章 PPP 项目中信任的动态演化 …… 262

9.1 组织间信任的文献分析 …… 262

9.2 PPP 项目中信任的动态演化特征分析 …… 269
9.3 PPP 项目中初始信任形成机理的实证分析 …… 274
9.4 PPP 项目中持续性信任影响因素的质性分析 …… 286
9.5 工程项目中信任水平的客观描述 …… 294

第 10 章 PPP 项目中的公平感知 …… 305

10.1 文献分析 …… 305
10.2 基于 PPP 合同的公平感知 …… 311
10.3 基于承发包合同的公平感知 …… 325

第 11 章 私人部门的角色感知 …… 342

11.1 角色理论概述 …… 343
11.2 角色理论的应用 …… 346
11.3 PPP 项目中私人部门性质的分析 …… 348
11.4 我国 PPP 项目中私人部门角色感知的构念建立与赋值 …… 356

第 12 章 信任对项目的积极作用 …… 360

12.1 文献分析 …… 360
12.2 初始信任对项目管理绩效的影响：柔性合同的中介作用 …… 363
12.3 初始信任对合作的影响：公平感知的中介作用 …… 376

第四篇 合同治理与关系治理的适配

第 13 章 PPP 项目中风险分担与信任的交互作用 …… 392

13.1 研究框架的构建 …… 392
13.2 社会资本对合理风险分担的影响分析 …… 399
13.3 基于信任维持的合理风险分担保障性合同条款设计 …… 408
13.4 工程实践中促使合理风险分担的策略建议 …… 416

第 14 章 PPP 项目中控制与信任交互作用的研究框架 …… 418

14.1 科学问题的凝练 …… 418
14.2 科学问题的分解 …… 423

14.3 研究框架的构建与解析 426
14.4 本研究的创新之处 434

第 15 章 初始信任对合同条款控制的影响：市场成熟度的调节作用 436

15.1 问题的提出与分解 436
15.2 初始信任对合同条款控制影响的情境模拟实验 447
15.3 市场成熟度评价指标的建立与度量 457
15.4 市场成熟度调节作用的多案例分析 466
15.5 研究总结 477

第 16 章 PPP 项目中控制对信任的影响：角色感知的调节作用 480

16.1 研究背景与问题提出 480
16.2 文献分析与模型构建 486
16.3 缔约阶段的多案例分析 492
16.4 履约阶段的情境模拟实验 503
16.5 研究总结 511

第五篇 PPP 项目善治的评判

第 17 章 基于私人部门履约绩效的 PPP 项目善治实时评判 518

17.1 PPP 项目履约绩效的构念建立 518
17.2 私人部门履约绩效的判别途径分析 520
17.3 私人部门履约绩效的观测事件识别 521
17.4 私人部门履约绩效判别式评估模型的建立 527

第 18 章 PPP 项目效率构念建立和维度划分 530

18.1 PPP 项目效率相关概念的文献分析 530
18.2 原始资料的收集与整理 535
18.3 范畴的发掘与提炼 541
18.4 PPP 项目效率概念模型的提出 546

第 19 章 基于效率比较的 PPP 项目善治长远评判 549

19.1 比较对象的选择 549

19.2 研究方法与研究设计 …… 552
19.3 案例资料的收集 …… 555
19.4 案例资料分析及其结果讨论 …… 558
19.5 管理启示与研究局限 …… 572

参考文献 …… 577

附录 …… 613

附录 1 PPP 项目中初始信任对合同条款控制影响研究的调查问卷 …… 613
附录 2 PPP 项目缔约阶段控制对信任影响研究的访谈提纲 …… 621
附录 3 PPP 项目履约阶段角色感知调节下控制对信任影响的调查问卷 …… 623

后记 …… 629

第一篇

总　论

加强基础设施建设既能造福广大百姓，又能促进经济发展，对于实现中华民族伟大复兴的中国梦必不可少。当然，大规模基础设施建设离不开巨额资金的投入，而 PPP 模式恰是政府克服投资资金短缺、缓解财政支出压力的利器；更为重要的是，政府还可以借助社会资本在投资、创新和风险管理方面的专业能力来提高公共品的供给效率，进而实现公共政策视角的价值创造（Chung and Hensher，2018）。显然，PPP 模式兼具融资功能和提高效率功能，正因如此，我国政府自 2014 年开始在全国范围内的基础设施建设中大力推广 PPP 模式。然而，实践中的 PPP 项目更类似于外包（contracting out）而非真正意义上的合作（Roberts and Siemiatycki，2015），甚至大部分 PPP 项目履约过程困难重重，致使公私双方合作所追求的“1+1>2”的聚势效应极度受限，因此，有必要运用项目治理理论来优化公私双方的关系，进而促进 PPP 项目成功、提高我国基础设施建设的投资效率。本篇将分析 PPP 模式在我国基础设施建设中的应用情况及其存在的履约问题，并对项目治理理论进行简要回顾，从而为后续研究做好准备。

第1章　基础设施项目与PPP模式

基础设施是社会经济不可缺少的组成部分，如同骨骼之于人体。基础设施是支撑社会运行的基础物质条件，它具有社会共同受益、建设规模大、成本回收周期长等特点，正因如此，传统的经济学理论认为基础设施应当由政府而不是社会资本来投资；但现代经济学的发展，尤其是“公共选择理论”和“项目区分理论”的兴起与发展带来的世界性思潮的转变，使得政府放松管制、基础设施民营化等话题被广泛讨论，最终在20世纪80年代掀起了基础设施非国有化的浪潮，PPP模式得以被运用在基础设施项目当中。我国政府自2014年9月开始在全国范围内大力推广PPP模式，《关于印发政府和社会资本合作模式操作指南（试行）的通知》（财金〔2014〕113号）（下文简称“财金113号文”）中的第六条明确指出，“投资规模较大、需求长期稳定、价格调整机制灵活、市场化程度较高的基础设施及公共服务类项目，适宜采用政府和社会资本合作模式”。由此可见，基础设施是采用PPP模式的两类项目之一。

1.1　我国基础设施的投资建设

世界各国经验都表明了基础设施的重要性，如19世纪美国西部的开发和20世纪日本经济的腾飞，都与大力发展基础设施密切相关。改革开放以来，我国政府高度重视基础设施的投资建设，其发展历经了一个逐步增长的过程。本节将对我国基础设施的分类、基础设施投资建设的总体状况以及分类状况进行描述，以彰显基础设施投资建设的重要性。

1.1.1　我国基础设施的分类

基础设施（infrastructure）也被称为基础结构，是经济发展、社会进步以及居民正常生活的基本条件，世界银行（1994）从经济与社会两个层面定义基础设施，经济基础设施为“永久性的工程构筑、设备、设施和它们提供的居民所用和用于经济生产的服务”，经济基础设施之外的其他基础设施为“社会基础设施”，通常包括文教、医疗保健等方面。我国建设部在 1990 年公布的《不同类型城市基础设施等级划分与发展水平的研究报告》中将城市基础设施概括为能源动力类、水资源和供排水类、交通运输类、通信类、生态环境类、防灾类共六大类。《1994 年世界发展报告——为发展提供基础设施》拓展了社会基础设施的内涵，其指出，除了交通运输、能源动力等有形的实物领域外，基础设施还包括诸如教育、科研、卫生等提供无形产品或服务的部门。基于以上两个报告，可将基础设施分为如表 1-1 所示的七类。

表 1-1　基础设施的分类

序号	项目类别	具体项目举例
1	能源动力类	供电厂、燃气站、电网、燃气管道等
2	水资源和供排水类	自来水厂、水库、供水排水管道、污水处理厂等
3	交通运输类	公路、桥梁、隧道、轻轨、地铁、港口、机场等
4	通信类	电信、邮政、移动通信、有线网络等
5	生态环境类	绿地、园林、垃圾处理场、公园等
6	社会公共类	学校、医院、监狱、保障性住房等
7	防灾类	防震、防汛设施等

1.1.2　我国基础设施投资建设的总体状况

基础设施是一个国家和地区经济发展的必要前提，是整个社会经济的基础，在区域经济和国家经济发展中发挥着重要的协同作用和拉动作用。从发达国家的经验来看，不断发展并日益完善的各类基础设施是工业化和现代化的重要促进因素，是城市化进程中的必要条件。基础设施建设具有乘数效应，即能带来几倍于投资额的社会总需求和国民收入。城市基础设施建设能够有效地改善城市居民居住环境，促进经济增长，提升综合国力；在农村经济发展中，基础设施的投资建设，不仅可以促进农村生产发展环境的改变，提高农村生产力和农业人口就业率，也可以提高农村居民的生活质量和精神需要，从而缩小城乡差距，实现我国共同富裕的目标。一个国家或地区的基础设施完善，是其经济长期持续稳定发展的重要基础。

1. 改革开放以来基础设施建设概况

改革开放前，基础设施落后一直是制约中国经济发展的“瓶颈”，铁路、公路、港口、能源、电力、煤炭、通信以及城市基础设施等相关领域的产品或服务短缺，严重阻碍了国民经济的发展；改革开放后，为弥补历史欠账以克服有效需求不足，国家开始加大对基础设施的投资力度，尤其是 1997 年亚洲金融危机爆发后，我国政府为了克服有效需求相对不足的状况，首次采用积极的财政政策加大对农业、水利、交通、通信、城市建设等领域基础设施投资的支出，以有效刺激国内需求，成功地抵御经济增长减缓带来的压力，促进了国民经济的快速增长，基础设施建设也呈现出快速发展的态势（胡海峰等，2018）（图 1-1）。进入改革开放后，我国虽开始进行基础设施建设，但相较于发达国家而言，发展还较为缓慢，远远未能达到国际水平，不仅资金投入不足，且投资比例过低。并且，长期以来，我国基础设施投资偏重生产性和盈利性的经济类基础设施，社会性基础设施如文化、卫生、教育等投资短缺，且农业基础设施也存在投资不足现象，导致产业结构不甚合理。究其原因，在 20 世纪之前，我国基础设施建设主要以各级政府投资为主导，由相关国有企业负责具体实施，很少有社会资金和民间资本介入，建设资金来源单一导致资金短缺成为制约基础设施建设发展的瓶颈（徐承峰，2018）。但进入 21 世纪以来，经济的飞速发展导致对基础设施的需求量迅速地增加，人们也对医疗卫生、教育等社会性基础设施提出全面的要求，因此，我国政府对全社会各类型基础设施的建设也愈加重视，出台了一系列方针政策指导并推动其建设，加之各项设施水平也有所提高，基础设施投资总额呈现快速上升趋势，整体产业结构也更加合理化。

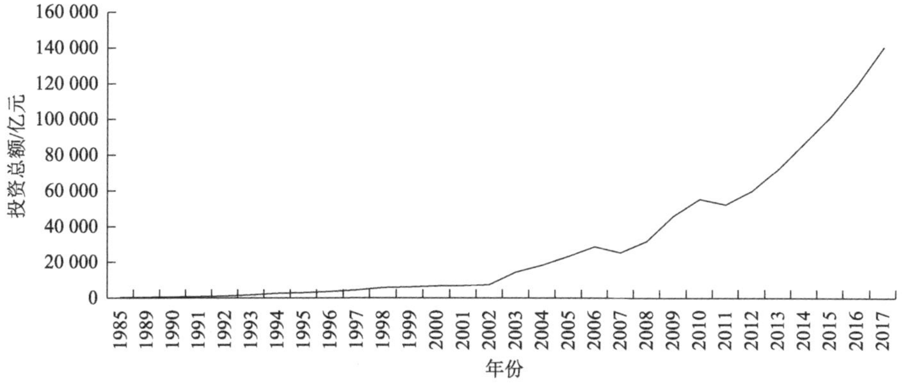

图 1-1　1985～2017 年我国基础设施投资总额

资料来源：历年《中国统计年鉴》

2. 我国近 10 年基础设施投资及其原因分析

根据国家统计局相关数据，截至 2017 年底，我国基础设施投资总额已达到 140 280.2 亿元，较于 2008 年增长了约 3.4 倍，在 2008～2017 年，虽然基础设施投资总额占全社会固定资产投资比例略有下降，但其总体呈现出较为稳定的增长趋势（图 1-2）。2008～2017 年，基础设施投资占全社会固定资产投资比例基本维持在 15%～22%，世界银行的一项调查表明，在发展中国家，基础设施投资占全社会固定资产投资比例一般为 20%左右。中国 20 世纪 90 年代平均为 15%左右，与世界平均水平存在约 5 个百分点的差距。这说明，尽管我国不断加大对城市基础设施的投资力度，但其在全社会固定资产投资的比重较低，中国基础设施领域的资金缺口还很大。尽管在过去的 10 年里经历了较大幅度的增长（图 1-1），但基础设施资本存量基数低，与发达国家相比总体水平仍然较低，政府仍需不断增强对城市基础设施的投资力度，完善城市基础设施投资体系建设。

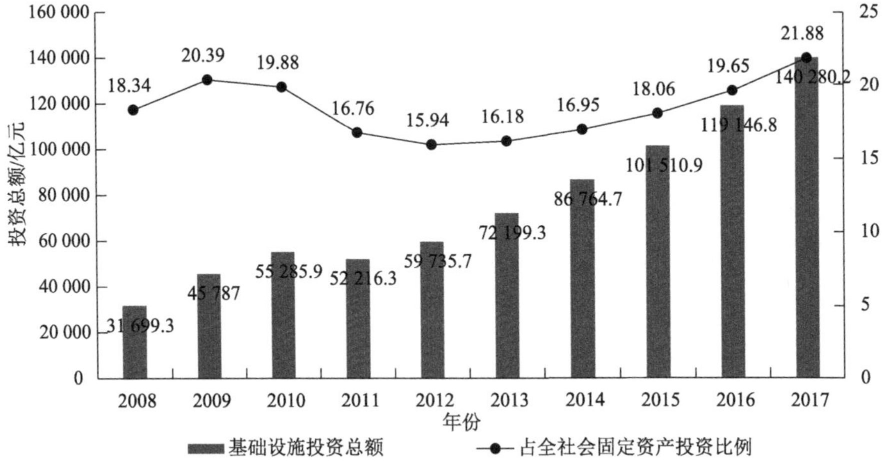

图 1-2　2008～2017 年我国基础设施投资总额及其占全社会固定资产投资比例

资料来源：历年《中国统计年鉴》

究其原因，我国近 10 年基础设施投资变化势必与国内外环境密切相关。2005 年 10 月，党的十六届五中全会上提出“新四化”倡导新型城镇化；2007 年 10 月，中共十七大确立“新五化”，利用科学发展观推进新型城镇化。可见，我国对城镇化建设的重视程度，城镇化基础设施建设工作也不断推进。加上 2008 年全球金融危机发生后，为了缓冲其对中国经济的影响，我国政府出台了 4 万亿元的经济刺激方案，其中大部分资金用于基础设施建设，以扩大内需，推动国民经济稳步增长，由此各地方政府投资热情空前高涨，大大超过了中央的预计，故基础设施投资总额在 2008 年后呈现上升的趋势（廖茂林等，2018）。但当时基础设施建设主要以政府为主导，财政资金是融资的主要渠道，然而，随着建设规模的不断扩大，这种以财政资金为主的单一的融资渠道已经不能再满足基础设施建设的需求，导致财政压力较大，政府意识到需要合理地控制投资力度，调整优化产业结构，将传统的“粗放型”投资向“集约型”投资转变，如加大对科教等软性基础设施的投资力度，产业结构由第一产业向二三产业倾斜等。据统计，2015 年二三产业增加值占国内生产总值（GDP）比重为 91%①，这足以说明工业以及现代服务业实现加速发展，产业结构高度化进程得以不断加快。故 2009 年后其占全社会固定资产投资比例有一定幅度的下降，但基础设施投资总额呈总体增加趋势。2012 年 11 月，中共十八大明确新型城镇化的发展路径，“新四化”的融合共进，在大力提倡新型城镇化的背景下，尤其突出了城镇化基础设施建设的重要性，且近年来融资渠道更加多样化，社会资本参与建设缓解了一定的财政压力，且我国自 2013 年提出“一带一路”倡议以来，基础设施项目建设被列为国家年度经济的重要任务，在“一带一路”倡议迫切的要求下，近年来中央不断加大基础设施建设的投入力度，故自 2012 年至今，基础设施投资总额及其占比均不断增加。

1.1.3　我国基础设施投资建设的分类状况

依据表 1-1 中我国基础设施分类统计其投资总额，结果如图 1-3 所示。由图 1-3 可知，2008～2017 年我国各类基础设施投资总额呈现逐渐递增的态势，其中交通运输、能源动力、社会公共、通信、水资源和供排水类基础设施投资总额变化比较明显，生态环境和防灾类基础设施投资总额没有发生大幅度变化。究其原因：①国家政策支持，例如，2008 年底我国政府出台了 4 万亿元的刺激计划，其中近一半投入铁路、公路和机场等重大交通基础设施方面，2014 年出台了主要针对铁路、水利、港口等基础设施建设领域的支持棚户区改造、信息消费、节能环保的微刺激政策（胡海峰等，2018）；②国家重大战略和倡议的实施，如京津冀协同发展、长江经济带、粤港澳大湾区建设等一系列重大战略以及“一带一路”倡议的实施，促进了交通运输、能源动力类基础设施的建设；③需求旺盛，城镇化发展如城市人口的增加，对交通运输、社会公共、通信类基础设施产生大量的需

---

① 《2015 年国民经济和社会发展统计公报》初步核算，第一产业增加值 60 863 亿元，增长 3.9%；第二产业增加值 274 278 亿元，增长 6.0%；第三产业增加值 341 567 亿元，增长 8.3%。第一产业增加值占 GDP 的比重为 9.0%；第二产业增加值占 GDP 的比重为 40.5%；第三产业增加值占 GDP 的比重为 50.5%，首次突破 50%。

求；④各类基础设施建设投资不足，例如，受现行财政、税收等方面的制约，社会公共类基础设施一体化的建设布局难以到位、城乡区域基础设施供给不平衡（邓茗尹和张继刚，2016）；⑤科技的进步对基础设施的建设提出新的要求，例如，电动汽车、无人驾驶技术等方面的发展影响到交通方式的选择。而生态环境和防灾类基础设施投资总额变化不大，分析发现，主要原因可能在于该类基础设施未供给范围的减小以及城市中该类基础设施趋于饱和，因此，对于该类基础设施的投资主要集中在开拓基础设施未覆盖地区以及跨区域基础设施建设等方面。

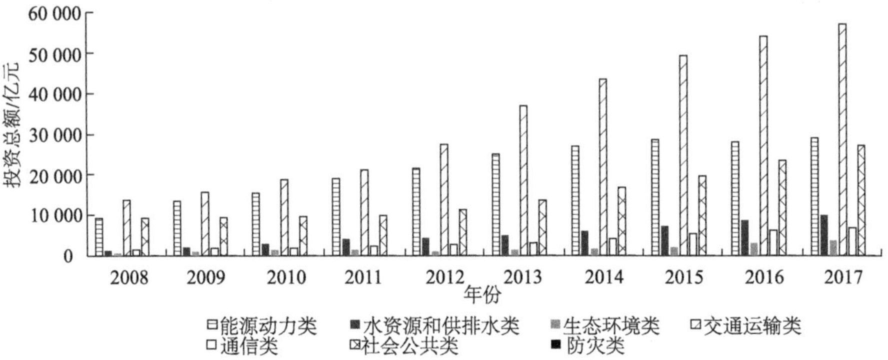

图 1-3　2008～2017 年我国各类基础设施投资总额

资料来源：历年《中国统计年鉴》

各类基础设施投资总额在全部基础设施投资总额中的占比情况如图 1-4 所示。由图 1-4 可知，各类基础设施投资总额占比最高的是交通运输类，其次是能源动力类，占比第三的是社会公共类。

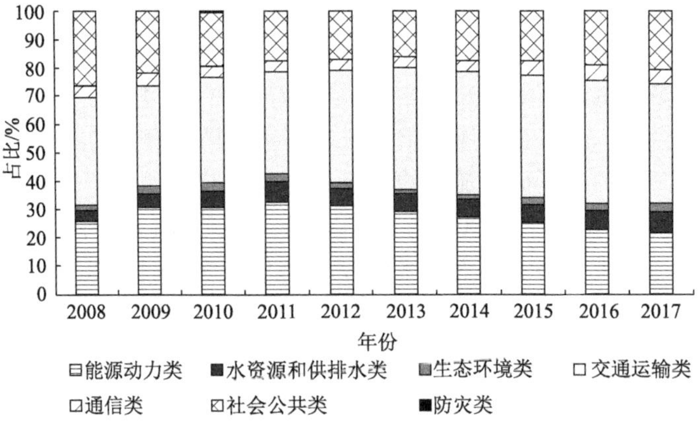

图 1-4　2008～2017 年我国各类基础设施投资总额占比

资料来源：历年《中国统计年鉴》

（1）交通运输类基础设施在经济社会发展中占据举足轻重的地位。究其原因，主要有以下几方面：①交通基础设施是促进经济增长的关键因素，例如，年猛（2019）主要从投资效应、成本节约效应和市场准入效应三方面说明了交通运输类基础设施对经济增长的促进作用；②促进城镇化发展，不同地区交通运输类基础设施的差异性对城镇化进程产生重要影响；③促进产业结构优化升级，例如，来逢波等（2018）通过梳理交通运输类基础设施建设对区域产业发展的影响路径，采用 Granger 因果关系检验方法，得出交通运输类基础设施建设与产业发展具有较强的因果关系；④促进我国进出口贸易，例如，杨恺钧和褚天威（2016）基于中国 30 个省（自治区、直辖市）2003～2014 年的样板数据，将“冰山型”成本纳入新国际贸易理论中，发现交通运输对周边区域的进口贸易有促进作用。

（2）能源是推动城市化、工业化进程的重要物质动力，能源动力类基础设施也成为我国国民经济和社会发展的重要基础，其在全部基础设施投资中占比较高的原因主要有以下几方面：①能源动力类基础设施能够促进区域经济增长和制造业的发展，例如，杜军和鄢波（2018）通过分析 11 个沿海省市 2003～2014 年的面板数据发现，能源动力类基础设施互联互通对区域经济增长具有显著促进作用，欧阳艳艳和张光南（2016）则指出制造业作为国民经济的支柱产业，能源动力类基础设施对其具有显著的促进作用；②提高出口产品质量，例如，马淑琴等（2018）通过系统 GMM 回归发现，能源动力类基础设施是制约东部地区出口产品质量的关键因素；③有助于区域经济合作，推动各国形成命运共同体，能源动力类基础设施是现代经济和现代物流体系、工业体系、社会服务体系的基础，跨国能源动力类基础设施的建设将起到推动或促进各国之间经济的融合发展、优化能源结构和降低能源供应成本等作用。

（3）随着我国经济的不断发展，基础设施的投资重点正在向为第三产业提供公共服务的教育、医疗等社会公共类基础设施方面转移，体现了新型城镇化以人为本的发展特点。社会公共类基础设施投资在全部基础设施投资中占比高的原因主要有以下几方面：①社会公共类基础设施能够加大人力资源建设，例如，郑荷芬等（2013）指出，教育、医疗、文化等基础设施的投入将会逐渐提升一国劳动力中的高等人力资本要素，进而推动现代服务贸易的发展；②调整和优化产业结构，社会公共类基础设施建设能增加第三产业在国民经济中的比重，通过人才和技术输送，推动第一和第二产业的技术创新和产业升级；③满足城乡发展和社会民生需要，提高新型城镇化质量。

1.2 基础设施类 PPP 项目概述

科学地选择基础设施项目所采用的建管模式是提高公共产品和服务生产与供给效率的保障。基础设施项目传统的建管模式为公办公营，即政府直接投资和运营。自 20 世纪七八十年代以来的非国有化的世界性思潮，带动民间资本参与基础设施项目，使得公私合作模式，甚至私人经营模式越来越多地成为基础设施项目选择的建管模式，PPP 模式因此在基础设施项目中兴起并广泛应用。

1.2.1 PPP 模式的界定与分类

2014 年，我国政府开始在全国范围内大力推广 PPP 模式。为了体现我国 20 余年实践中 PPP 模式的中国特色，《财政部关于推广运用政府和社会资本合作模式有关问题的通知》（财金〔2014〕76 号）（以下简称“财金 76 号文”）赋予了 PPP 一个中国名字——政府和社会资本合作。

1. PPP 的界定

PPP 这一概念于 1997 年在英国被提出，泛指公共部门通过与私营部门建立伙伴关系提供公共产品或服务的方式，而公私双方合作的深度和形式则没有具体规定，因此，联合国训练研究所（UNITAR，2000）将建设-移交（BT）、建设-运营-转让（BOT）、私人主动融资（PFI）等均归入 PPP 范畴。由此可见，PPP 更多地体现为一种公共项目投资与管理的思想，而 BT、BOT 等则更多地体现为一种公共项目投融资与建设管理模式，正因如此，有些学者以如下的组合方式来描述，例如：PFI/PPP、BOT/PPP，前者指私人融资的公私合作，即 PFI 项目；后者指以 BOT 方式实现的公私合作，即 BOT 项目。关于 PPP 的界定，本节整理了部分权威机构的观点，如表 1-2 所示。

表 1-2　相关机构对 PPP 模式的界定

序号	机构名称	主要内容
1	加拿大 PPP 国家委员会	公共部门和私人部门基于各自的经验建立起的一种合作经营关系，通过适当的资源分配、风险分担和利益共享机制，最好地满足事先清晰界定的公共需求

续表

序号	机构名称	主要内容
2	英国 PPP 委员会	公共部门和私营部门之间基于共同的期望而形成的一种风险共担政策机制
3	英国财政部	是一种以公共部门和私人部门相互合作为主要特征的安排。从最广义的层面看，PPP 可以包括从公共部门独立运作到私人部门独立运作之间的各种合作执行政策、提供服务和建造基础设施的方式
4	美国 PPP 国家委员会	一种介于外包和私有化之间，并结合了两者特点的公共产品提供方式，它充分利用私人资源进行设计、建设、投资、经营和维护公共基础设施，并提供相关服务以满足公共需求
5	世界银行（学院）	私营部门和政府部门之间达成长期合同，提供公共资产或服务，由私营部门承担项目主要风险及管理项目的责任，并根据绩效情况得到报酬
6	欧盟委员会	公共部门和私营部门之间的一种合作关系，双方根据各自的优劣势共同承担风险和责任，以提供传统上由公共部门负责的公共项目或服务
7	联合国训练研究所	涵盖了不同社会系统倡导者之间的所有制度化合作方式，目的是解决当地或区域内的某些复杂问题。包含两层含义，其一是为满足公共产品需要而建立的公共和私人倡导者之间的合作关系，其二是为满足公共产品需要，公共部门和私人部门建立伙伴关系进行的大型公共项目的实施
8	联合国开发计划署	指政府、营利性企业和非营利性组织基于某个项目而形成的相互合作关系的形式，通过这种合作形式，合作各方可以达到比预期单独行动更有利的结果
9	亚洲开发银行	在基础设施和其他服务方面，公共部门和私营部门的一系列的合作关系，其特征有：政府授权、规制和监管，私营企业出资、经营提供服务，公私长期合作、共担风险、提高效率和服务水平
10	中国财政部 财金 76 号文	政府和社会资本合作模式是在基础设施及公共服务领域建立的一种长期合作关系。通常模式是由社会资本承担设计、建设、运营、维护基础设施的大部分工作，并通过“使用者付费”及必要的“政府付费”获得合理投资回报；政府部门负责基础设施及公共服务价格和质量监管，以保证公共利益最大化
	中国财政部 财金 156 号文	是在基础设施和公共服务领域政府和社会资本基于合同建立的一种合作关系
11	中国国家发展和改革委员会（发改投资 2724 号文）	PPP 模式是指政府为增强公共产品和服务供给能力、提高供给效率，通过特许经营、购买服务、股权合作等方式，与社会资本建立的利益共享、风险分担及长期合作关系
12	中国国务院（国办发 42 号文*）	政府采取竞争性方式择优选择具有投资、运营管理能力的社会资本，双方按照平等协商原则订立合同，明确责权利关系，由社会资本提供公共服务，政府依据公共服务绩效评价结果向社会资本支付相应对价，保证社会资本获得合理收益

*国办发 42 号文，即《国务院办公厅转发财政部发展改革委人民银行关于在公共服务领域推广政府和社会资本合作模式指导意见的通知》（国办发〔2015〕42 号）

2. PPP 模式的分类

根据世界银行等相关机构给出的 PPP 模式分类，结合我国相关政策文件，将 PPP 模式分为管理外包类、特许经营类及私有化类（表 1-3）。其中，特许经营类是目前我国 PPP 模式中最常见的类别。

表 1-3 常见的 PPP 模式及其分类

类别	运作方式	定义	合同期限	备注
管理外包类	委托运营（operations & maintenance，O&M）	政府将存量公共资产的运营维护职责委托给社会资本或项目公司，社会资本和项目公司不负责用户服务的 PPP 运作方式	≤8 年	政府保留资产所有权，只向社会资本或项目公司支付委托运营费
	管理合同（management contract，MC）	政府将存量公共资产的运营、维护及用户服务职责授权给社会资本或项目公司的项目运作方式	≤3 年	政府保留资产所有权，只向社会资本或项目公司支付管理费，通常做移交-经营-移交的过渡方式
特许经营类	移交-经营-移交（transfer-operate-transfer，TOT）	政府将存量资产所有权有偿转让给社会资本或项目公司，并由其负责运营、维护及用户服务，合同期满后资产及其所有权等移交给政府的项目运作方式	一般为 20～30 年	项目有偿转让后，政府暂无资产所有权
	改建-运营-移交（rehabilitate-operation-transfer，ROT）	政府在 TOT 模式的基础上，增加改扩建内容的项目运作方式	一般为 20～30 年	ROT 模式属于 TOT 模式范畴
	建设-运营-转让（build-operate-transfer，BOT）	由社会资本或项目公司承担新建项目设计、融资、建造、运营、维护和用户服务职责，合同期满后项目资产及相关权利等移交给政府的项目运作方式	一般为 20～30 年	
	设计-施工-融资-运行（design-build-finance-operate，DBFO）	公共部门根据合同约定，向私人部门支付一定费用并使用该设施，同时提供与该设施相关的核心服务，而私人部门只提供该设施的辅助性服务	一般为 20～30 年	
	建设-移交（build-transfer，BT）	政府利用非政府资金来进行基础非经营性设施建设项目的一种融资模式。项目工程由投资人负责进行投融资，具体落实项目投资、建设、管理。工程项目建成后，经政府组织竣工验收合格后，资产交付政府；政府根据回购协议向投资人分期支付资金或者以土地抵资，投资人确保在质保期内的工程质量	一般为 20～30 年	由 BOT 方式演变而来
私有化类	建设-拥有-运营（build-own-operate，BOO）	指由社会资本或项目公司承担新建项目设计、融资、建造、运营、维护和用户服务职责，必须在合同中注明保证公益性的约束条款，社会资本和项目公司长期拥有项目所有权的项目运作方式	长期	由 BOT 方式演变而来

1.2.2 PPP 模式的发展

2014 年，我国政府开始在全国范围内大力推广 PPP 模式，财政部于 9 月 23 日发布了第一份推广 PPP 模式的正式文件——财金 76 号文，自此，PPP 项目数量开始呈现爆炸式的增长。不过，在 PPP 迅速发展过程中，部分地方也出现了泛化、异化等不规范现象，于是，2015 年发布的国办发 42 号文等政策明确提出，要建立统一信息发布平台，及时公开 PPP 项目实施情况等信息，确保项目实施公开透明、有序推进。2016 年初，“目前国内最权威、最完整、最实用的关于 PPP 的官方信息平台和数据库”——全国 PPP 综合信息平台及其项目库（以下简称“财政部 PPP 项目库”）上线（已于 2020 年 2 月 17 日进行了全新升级换代改造并上线运行）。2017 年末，为了进一步规范 PPP 项目运作，防止 PPP 异化为新的融资平台，坚决遏制隐性债务风险增量，财政部发布了《关于规范政府和社会资本合作（PPP）综合信息平台项目库管理的通知》（财办金〔2017〕92 号）对已入库的 PPP 项目进行集中清理。2018 年开始，PPP 从迅速扩张的“增长年”或者“落地年”进入所谓的“规范年”。2018 年 4 月 24 日，财政部发布了《关于进一步加强政府和社会资本合作（PPP）示范项目规范管理的通知》（财金〔2018〕54 号文），对核查存在问题的 173 个示范项目分类进行处置，并且提出要引以为戒，加强项目规范管理，建立健全长效管理机制。在从严监管的背景下，PPP 项目的开展与实施趋于谨慎，致使 PPP 项目成交数量和规模均开始呈现下降趋势。根据明树数据的《2018 年中国 PPP 市场年报》，2014～2018 年的 PPP 市场成交情况呈现“倒 U”形，如图 1-5 所示。

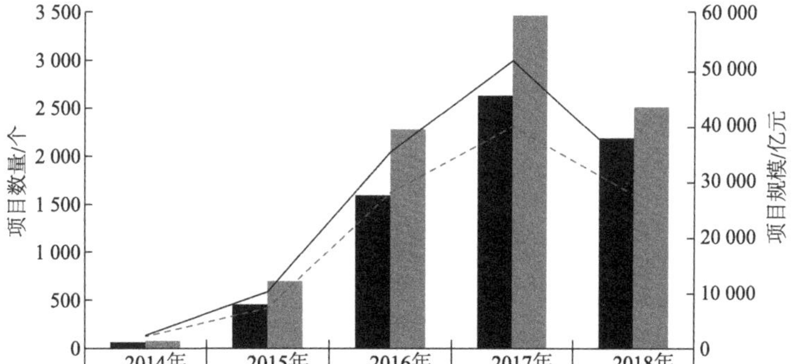

	2014年	2015年	2016年	2017年	2018年
项目数量（财政部）	62	455	1 592	2 633	2 185
项目数量（全口径）	77	699	2 278	3 464	2 513
项目规模（财政部）	2 110	7 130	27 749	39 564	27 326
项目规模（全口径）	2 317	10 055	34 996	51 320	31 621

图 1-5　2014～2018 年 PPP 项目年度成交情况统计图

图中 PPP 项目数据统计分为两个口径：①财政部，指财政部 PPP 项目库数据，包括项目管理库中进入采购或执行阶段并公布了成交信息的项目，若项目管理库中准备阶段的项目及储备清单中识别阶段的项目实际已公开中标信息，则纳入成交项目分析范围；②全口径，指明树数据观测的全国所有公开采购的 PPP 项目，包含了入财政部 PPP 项目库中的执行阶段项目，以及未入财政部 PPP 项目库的成交项目

资料来源：明树数据

事实上，被实务界誉为“中国 PPP 教父”的王守清教授早已指出，PPP 模

式在我国的发展符合 Gartner 咨询公司提出的技术成熟度曲线（the hype cycle）（图 1-6）。据此可将我国政府在全国范围内推广 PPP 的过程划分为：启动期（或萌芽期，对应 2014 年）、超出预期的高峰期（对应 2015～2017 年上半年）、泡沫破裂的低谷期（起始于 2017 年下半年）、经 PPP 规范有序发展后进入的爬坡期（或复苏期）、饱和期（或成熟期）。

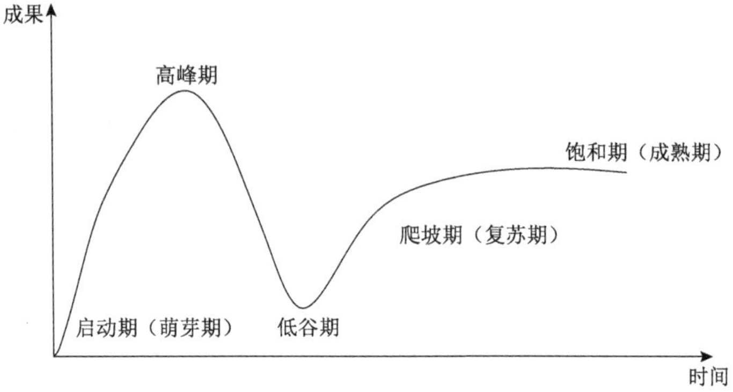

图 1-6　技术成熟度曲线

1.2.3　PPP 模式在我国基础设施项目中的应用

根据财政部 PPP 项目库公布的数据，截至 2019 年上半年，我国累计入库项目 9036 个，依据表 1-1 中我国基础设施分类统计各类别 PPP 项目情况，如表 1-4 所示。

表 1-4　我国各类基础设施 PPP 项目情况（单位：个）

序号	项目类别	项目总量	具体项目分布		项目区域分布			应用年份	具体项目举例
					中部	东部	西部		
1	能源动力类	218	供热	107	74	81	63	1984	供电厂、燃气站、燃气管道等
			供电	46					
			其他	65					
2	水资源和供排水类	1746	污水处理	783	546	721	479	1997	自来水厂、水库、供水排水管道、污水处理厂等
			给排水	326					
			其他	637					
3	交通运输类	2153	道路	1387	684	874	595	1987	公路、桥梁、隧道、轻轨、地铁、机场等
			其他	766					

续表

序号	项目类别	项目总量	具体项目分布		项目区域分布			应用年份	具体项目举例
					中部	东部	西部		
4	通信类	194	有线网络	67	79	53	62	—	电信、邮政、移动通信、有线网络等
			其他	127					
5	生态环境类	1632	垃圾处理	736	525	604	503	—	绿地、垃圾处理场、公园等
			景观绿化	226					
			其他	670					
6	社会公共类	2915	医疗等	1424	959	1028	928	—	学校、医院、监狱、保障性住房等
			其他	1491					
7	防灾类	178	防汛/震	76	65	52	61	—	防震、防汛设施等
			其他	102					
总计		9036	—		2932	3413	2691	—	—

1. 从项目总量来看

我国基础设施 PPP 项目中，能源动力类 218 个，水资源和供排水类 1746 个，交通运输类 2153 个，通信类 194 个，生态环境类 1632 个，社会公共类 2915 个，防灾类 178 个，分别占项目总数的 2.4%、19.3%、23.8%、2.1%、18.1%、32.3%、2.0%。从各类基础设施的投入数量可以看出，目前我国 PPP 项目主要应用于水资源和供排水类、交通运输类、生态环境类、社会公共类 4 种类别，并在社会公共类中应用最广。PPP 模式在以上 4 类基础设施行业运用较广的原因主要有：①财政部、国家发展和改革委员会（简称国家发改委）、国务院发布的文件中对 PPP 模式适用的领域给出了规定，根据财金 76 号文等有关文件，PPP 模式主要适用于能源、水利、环境保护、轨道交通、公共服务等领域；②不同类别的基础设施 PPP 项目，其执行效果具有一定的异质性，项目成败存在较大差异，例如，姚东旻和邓涵（2017）发现，通信类 PPP 项目失败率较高，而社会公共类 PPP 项目失败率相对偏低。

2. 从具体项目分布来看

各类基础设施中不同性能的 PPP 项目投入数量并不均匀，有所侧重。以我国排名前 4 的基础设施为例，水资源和供排水类主要以污水处理项目及给排水类项目为主，交通运输类以城市道路建设项目为主，生态环境类则重点投入垃圾处理项目与景观绿化项目，而社会公共类更注重投入和群众生活密切相关的医疗、教育、养老、保障性住房等项目，其原因主要是：①PPP 模式在上述性能的基础设施项目中应用较早，经验丰富，相对其他项目而言技术更为成熟，例如，我国早期的广深珠高速公路项目、成渝高速公路项目、大场水厂 BOT 项目等；②根据财政部、国家发改委及国务院公布的文件，我国重点推进污水处理、医疗、养老、公路等领域 PPP 模式的应用，例如，我国目前颁布的《国务院办公厅转发卫生计生委等部门关于推进医疗卫生与养老服务相结合指导意见的通知》(国办发〔2015〕84 号)、《关于推进水污染防治领域政府和社会资本合作的实施意见》(财建〔2015〕90 号）等文件。

3. 从项目区域分布来看

我国中部、东部、西部地区基础设施总量分别为 2932 个、3413 个和 2691 个，各占项目总数的 32.4%、37.8%、29.7%。从各类基础设施数量来看，东部地区各类基础设施数量整体略高于其他两个地区，中部地区次之，西部地区则略微偏低。造成不同区域 7 类基础设施 PPP 应用情况不同的原因主要有：①基础设施建设一般与各城市经济发展水平有关，因此，各类基础设施配置水平会与城市等级相挂钩，东部地区一线城市相对较多，经济发展更为迅速，而中部地区，特别是西部地区，经济发展相对落后，从而导致三者之间基础设施的差异；②经济发达地区多为人口大省，对各类基础设施的需求较多，因此，PPP 模式在东部地区基础设施中往往应用更多。

4. 从应用年份来看

能源动力类基础设施项目在我国应用最早，根据我国 PPP 项目发展历程，1984 年，我国采用 BOT 模式引进的深圳沙角 B 电厂项目是我国第一个具有现代意义的 PPP 项目。此后，PPP 模式开始陆续在交通运输类、水资源和供排水类等基础设施中得到应用，代表性项目有广深珠高速公路、成都第六水厂等。PPP 模式最先运用于能源动力类主要有以下几方面原因：①能源是城市发展的重要动力来源，对经济增长具有巨大推动作用；②能源对国家正常运转、居民日常生活、城市环境等至关重要，是关系国家安全的重要战略资源；③能源是各国的重要组成部分，国际能源基础设施建设有利于加强各国之间的沟通与合作，扩大国际市场。

1.3　PPP 模式在基础设施项目中的应用效果

PPP 模式在基础设施项目中的应用是否比传统的政府采购模式更有利于提高公共项目的服务绩效、满足公众的需求？为了回答这一问题，本节以地铁项目为例，构建其 PZB①服务质量差距模型（service quality model，也称 5GAP 模型）和重要性-绩效表现分析（importance performance analysis，IPA）模型的整合模型，对比分析采用 PPP 模式的北京地铁 4 号线（特许经营期 30 年）和采用政府传统采购模式的北京地铁 1 号线。

1.3.1　问题提出

轨道交通在我国新型城镇化进程中存在极大的建设需求，但仅凭政府财政支出或银行贷款往往难以满足该类项目建设投资，而 PPP 模式不仅可以解决上述问题，而且能够有效提高公共产品和服务的供给效率，故《国务院办公厅关于进一步加强城市轨道交通规划建设管理的意见》（国办发〔2018〕52 号）提出：“支持各地区依法依规深化投融资体制改革，积极吸引民间投资参与城市轨道交通项目……规范开展城市轨道交通领域政府和社会资本合作（PPP）。”由此，我国地铁项目广泛采用 PPP 模式。PPP 项目产出包括服务、公共产品和项目资产，由于服务具有差异性、无形性、不可分离性和不可贮存性等特点，故其与公共产品和项目资产相比，往往难以标准化和规范化（Javed et al.，2013），为此本节围绕服务展开研究。在地铁 PPP 项目中，公众对服务的体验和感知程度较深，且其服务体验和感知结果不仅是对项目服务绩效的有效反映，同时也是影响公众满意度的关键，故地铁 PPP 项目的服务绩效至关重要。目前，我国地铁 PPP 项目存在诸多问题，如车厢拥挤、手机信号不佳等常见现象，致使其提供的公共服务往往难以满足公众需求，故其服务绩效亟须改善。

分析现有文献可知，公共项目服务绩效改善的研究主要集中在绩效监测机制以及公众满意度评价两方面，前者如 Reddy 等（2014）基于案例研究提出采用平

① 该模型于 1985 年由英国剑桥大学的三位教授 Parasuraman、Zeithaml 和 Berry 提出，故简称为 PZB。

衡计分卡（BSC）监测地铁公共项目服务的关键绩效指标（KPI），并依据公众反馈的 KPI 分值采取相应的服务绩效改善措施；后者如 Lee 等（2016）基于结构方程模型（SEM）分析得出高铁公共项目服务中对公众满意度产生显著影响的 KPI 并予以改善，进而促使服务绩效提升。显然，上述研究共同点在于归纳出公共项目服务的 KPI，采用一定方法从中识别出表现不佳或导致公众满意度不高的若干 KPI，并将其作为服务绩效改善的参考依据，但均未考虑用于投入资源的资源有限性，缺乏服务绩效改善的侧重点。鉴于此，本研究的创新点在于：①基于 PPP 项目旨在追求公众利益最大化的特点，打破了传统基础设施建设项目中更注重产出中资产和产品的思维定式，聚焦于地铁 PPP 项目服务层面的研究；②考虑了项目公司投入资源的有限性，将服务运营管理理论中“重要性感知”与“感知质量”维度移植到 PPP 领域的研究中，基于轻重缓急的原则建立了服务绩效指标改善的优先级次序。

1.3.2 文献分析

目前，很多专家一致认为应将公众（people）纳入 PPP，使其延伸至 P4 模式，并在服务交付过程中注重以公众为导向（Majamaa et al.，2008）。在地铁 PPP 项目中，由政府部门代表公众与项目公司（私人部门）签署 PPP 合同，由项目公司为公众供给公共产品与服务，故政府部门的诉求是提高政府绩效和实现社会效益的最大化，而公众的诉求是满足公共服务需求和改善生活质量。由此，鉴于服务运营管理理论以使用者为导向，本研究基于公众感知的视角，从公众和政府部门两方面对地铁 PPP 项目的服务绩效指标进行文献分析。

（1）对于公众的服务绩效指标分析。公众是地铁 PPP 项目中公共服务的接受者和体验者，具有感知意识，且其对服务的感知结果一定程度上反映了地铁 PPP 项目的服务绩效。分析文献可知，现有研究主要基于重要度等级（Reddy et al.，2014）、服务项目类别（Shen et al.，2016）和服务质量特性（Wang et al.，2014）三个角度构建服务绩效指标体系。其中，公认度较高的指标包括车站设备（equipment and facilities）（如车站及车载广播、售票充值机设置、检票口设置）、清洁舒适性（cleanliness and comfort）（如车站及车厢卫生、车站及车厢温度、车站及车厢拥挤度）、乘坐便捷性（speediness and convenience）（如换乘效率、导乘标志、列车准点率）、员工服务（staff service）（如员工仪表、员工服务态度、员工解决问题效率）和安全保障性（safety and security）（如车站及列车安保措施、电梯维护保养）；少数文献提出的指标包括便民设施（convenient facilities for passengers)（如手机信号、广告海报宣传、候车座椅设置）(Reddy et al.，2014；Shen et al.，2016)；极少数文献提出的指标包括损坏修复（damage repair）(如站内涂鸦清除、车体划痕修复、设施损坏维修）(Reddy et al.，2014)。

（2）对于政府部门的服务绩效指标分析。政府部门推广 PPP 模式的另一目的为转变政府职能，使其从烦冗和微观事务中解脱出来，将更多精力和资源投到宏观的治理工作中，进而促使政治绩效、经济绩效和社会绩效的有效提升，因此，对于秉承执政为民原则的政府而言，地铁 PPP 项目的服务绩效即为公众感知的政府部门通过与私人部门合作供给公共产品和服务所做出的贡献和成绩。有鉴于此，本研究借鉴 PPP 项目 KPI 的“利益相关者”维度中与公众感知相关的部分指标，分析现有文献可知，Yuan 等（2012）开发的 PPP 项目 KPI 体系中，“利益相关者”维度的指标“公众意愿满足”即公众可感知到的政府在社会福利改善方面做出的贡献；Mladenovic 等（2013）开发的 PPP 项目 KPI 体系中“利益相关者”维度的指标“经济效益”和“社会福利”即公众可感知到的政府为社会和经济发展做出的成绩，“廉洁表现”、“决策水平”和“行政效率”即公众可感知到的政府在行政工作中体现出来的整体素质和综合能力。因此，基于公众感知视角的地铁 PPP 项目服务绩效指标主要包括政府业绩感知（如经济发展贡献感知、社会福利贡献感知）和政府形象感知（如廉洁表现感知、行政效率感知、决策水平感知）。

1.3.3　研究设计与研究方法

1. 模型构建

项目公司（私人部门）在地铁 PPP 项目的服务绩效改善中所投入的资源是有限的，为提高服务绩效、得出改善的侧重点，本研究尝试引入服务运营管理理论，通过构建 PZB 和 IPA 整合模型得出服务绩效指标改善的优先级次序；同时，该模型选取并结合了 PZB 中的“感知质量”和 IPA 模型中的“重要性感知”两个维度，克服了 PZB 评价维度的单一性和 IPA 模型中“绩效表现感知”评价维度的主观性。该模型以全部服务绩效指标“感知质量”均值为 AB 轴，以“重要性感知”均值为 CD 轴，将其呈散点状分布于以下 4 个区域：①继续保持（keep up the good work)，表示公众对该区域的指标非常重视并很满意，应保持现有服务绩效改善的资源投入水平；②加强改善（concentrate here)，表示公众对该区域的指标非常重视但不满意，处于服务绩效改善的高优先级次序；③低改善顺序（low priority)，表示公众对该区域的指标不重视且不满意，处于服务绩效改善的低优先级次序；

④过度供给（possible overkill），表示公众对该区域的指标不重视但很满意，应适当降低现有的服务绩效改善的资源投入水平，将其配置到其他服务绩效指标改善中。

2. 问卷设计

本研究拟采用 Shen 等（2016）构建的服务绩效指标体系，一方面因为其在同类研究中具有很高的认可度；另一方面因为其是参照苏州市地铁项目开发的，该市地铁较为发达，其经验对我国其他城市具有较大的参考价值。由于当前历史阶段我国某些城市地铁站人为破坏现象时有发生，宜在上述指标体系补充 Reddy 等（2014）识别的“损坏修复”指标。鉴于无论采用 PPP 模式还是采用政府传统采购模式的地铁项目，两者具有同源性，故前者的服务绩效指标同样适用于后者，将上述对于公众的指标与文献分析中识别的对于政府的指标整合，最终构成了完整的地铁项目服务绩效指标体系（表 1-5）。本研究问卷采用利克特 5 级量表设计地铁项目服务绩效指标的测量选项，重要性感知选项为非常重要、重要、比较重要、一般、不重要；感知质量选项为完全满意、满意、一般、不满意、完全不满意；依序赋予 5、4、3、2、1 五个等级分值。本研究选取了 30 位公众进行了预调查，数据通过了信度和效度检验，表明设计的问卷具有较好的内部一致性和可靠性，可进行大样本的随机抽样调查。

表 1-5　地铁项目服务绩效指标

维度	一级指标	二级指标
公众	车站设备（S_1）	车站及车载广播（S_{11}）、售票充值机设置（S_{12}）、检票口设置（S_{13}）
	清洁舒适性（S_2）	车站及车厢卫生（S_{21}）、车站及车厢温度（S_{22}）、车站及车厢拥挤度（S_{23}）
	乘坐便捷性（S_3）	换乘效率（S_{31}）、导乘标志（S_{32}）、列车准点率（S_{33}）
	员工服务（S_4）	员工仪表（S_{41}）、员工服务态度（S_{42}）、员工解决问题效率（S_{43}）
	安全保障性（S_5）	车站及列车安保措施（S_{51}）、电梯维护保养（S_{52}）
	便民设施（S_6）	手机信号（S_{61}）、广告海报宣传（S_{62}）、候车座椅设置（S_{63}）
	损坏修复（S_7）	站内涂鸦清除（S_{71}）、车体划痕修复（S_{72}）、设施损坏维修（S_{73}）
政府	政府业绩感知（S_8）	经济发展贡献感知（S_{81}）、社会福利贡献感知（S_{82}）
	政府形象感知（S_9）	廉洁表现感知（S_{91}）、行政效率感知（S_{92}）、决策水平感知（S_{93}）

3. 数据采集

4 号线是由北京京港地铁有限公司建设运营的，该公司是由香港铁路有限公司和北京首都创业集团有限公司两家社会资本（各占 49%的股份）以及代表政府出资的北京市基础设施投资有限公司（占 2%的股份）共同组建的。1 号线是由北京地铁运营有限公司负责建设运营的，该公司是国有独资的特大型城市轨道交通线网的专业运营商。将同一城市采用不同政府采购模式的两个地铁项目进行对比分析，排除了城市人口密度和政府部门行政管理水平等干扰因素，确保公众对地铁项目服务绩效的感知差异仅源于两条地铁线所采用的模式不同。

课题组分别在 1 号线和 4 号线的两个站点随机地对刚乘坐该地铁线后准备出站的公众进行调查，请求他们根据乘坐本地铁线的实际体验和感受填答问卷。1 号线的调查发放纸质版和电子版问卷共计 400 份，成功收回 249 份问卷，其中有效问卷 202 份，问卷回收率 62.25%，有效率 81.12%，其中，男性占 47.5%，女性占 52.5%；年龄 20 岁及以下占 12.4%，20～40 岁占 53.5%，40～60 岁占 26.7%，60 岁及以上占 7.4%；上学者占 47.5%，在职者占 46.4%，退休者占 6.1%，自由职业者占 0%。4 号线的调查发放纸质版和电子版问卷共计 400 份，成功收回 258 份问卷，其中有效问卷 201 份，问卷回收率 64.50%，有效率 77.91%，其中，男性占 48.3%，女性占 51.7%；年龄 20 岁及以下占 11.4%，20～40 岁占 59.7%，40～60 岁占 23.4%，60 岁及以上占 5.5%；上学者占 46.8%，在职者占 47.3%，退休者占 5%，自由职业者占 1%。两次调查所选取的样本数量相近，两者性别分布比例较为均衡，且年龄和职业状态的分布比例基本相近，并与总体的实际情况基本相符，保证了数据具有一定的代表性和可靠性，也为地铁 PPP 项目和普通项目服务绩效的对比提供了合理性和可行性。

4. 信度与效度分析

本研究运用 SPSS24.0 软件对数据进行分析，采用 Cronbach's α 系数作为检测调查问卷内部信度的标准，分别对两份问卷的整体以及公众和政府两个维度进行了可靠性分析，得出 Cronbach's α 系数均大于 0.7，结果表明问卷不需删除任何题项，且具有较高的内部信度（表 1-6）。两份问卷在预调查的基础上进行了部分修改和完善，能够较全面地反映公众对地铁项目的服务绩效指标的重要性感知和感知质量，故其内容效度较高，同时对两份问卷进行结构效度分析，得出 KMO 度量值均大于 0.6，且 Bartlett 球形检验的显著性 p 值均小于 0.01，均通过了 Bartlett 球形检验，表明问卷结构效度较高，样本适合进行因子分析。

表 1-6 调查问卷信度和效度分析结果

分析对象	北京地铁 4 号线 PPP 项目					
	重要性感知			感知质量		
	Cronbach's α	KMO	p 值	Cronbach's α	KMO	p 值
问卷整体	0.812	0.833	0.00	0.788	0.812	0.00
公众维度	0.794	0.843	0.00	0.750	0.814	0.00
政府维度	0.755	0.774	0.00	0.702	0.688	0.00
分析对象	北京地铁 1 号线政府传统采购项目					
	重要性感知			感知质量		
	Cronbach's α	KMO	p 值	Cronbach's α	KMO	p 值
问卷整体	0.794	0.82	0.00	0.716	0.742	0.00
公众维度	0.754	0.82	0.00	0.701	0.751	0.00
政府维度	0.783	0.80	0.00	0.787	0.691	0.00

1.3.4 数据分析与结果讨论

1. 重要性感知和感知质量差距分析

采用配对样本 t 检验方法对 4 号线和 1 号线服务绩效指标的重要性感知和感知质量数据进行处理，得出结果如表 1-7 所示。由表 1-7 可知：①4 号线和 1 号线服务绩效指标的重要性感知与感知质量分值通过检验得出的 p 值均为 0.00，达到小于 0.01 的显著性水平；②公众对 4 号线和 1 号线服务绩效指标的重要性感知和感知质量分值均存在显著差距；③公众对 4 号线大部分服务绩效指标（占比 75%）的感知质量均值略高于 1 号线，表明采用 PPP 模式的 4 号线服务绩效略优于采用政府传统采购模式的 1 号线。

表 1-7 重要性感知和感知质量差距分析结果

维度	二级指标	北京地铁 4 号线 PPP 项目				北京地铁 1 号线政府传统采购项目			
		重要性感知均值	感知质量均值	差距均值	p 值	重要性感知均值	感知质量均值	差距均值	p 值
公众	S_{11}	4.38	3.74	0.64	0.00	4.33	3.70	0.63	0.00
	S_{12}	4.16	2.23	1.93	0.00	4.28	2.20	2.08	0.00
	S_{13}	4.44	2.02	2.42	0.00	4.47	1.99	2.48	0.00
	S_{21}	4.32	4.03	0.29	0.00	4.41	3.91	0.5	0.00

续表

维度	二级指标	北京地铁 4 号线 PPP 项目				北京地铁 1 号线政府传统采购项目			
		重要性感知均值	感知质量均值	差距均值	p 值	重要性感知均值	感知质量均值	差距均值	p 值
公众	S_{22}	4.20	3.89	0.31	0.00	4.40	3.80	0.6	0.00
	S_{23}	4.23	2.10	2.13	0.00	4.51	2.06	2.45	0.00
	S_{31}	4.08	3.70	0.38	0.00	4.20	3.67	0.53	0.00
	S_{32}	4.23	3.10	1.13	0.00	4.20	3.07	1.13	0.00
	S_{33}	4.21	3.76	0.45	0.00	4.35	3.57	0.78	0.00
	S_{41}*	2.56	3.67	−1.11	0.00	2.52	3.84	−1.32	0.00
	S_{42}	4.30	3.95	0.35	0.00	4.24	3.91	0.33	0.00
	S_{43}	4.13	3.91	0.22	0.00	4.24	3.52	0.72	0.00
	S_{51}*	4.50	4.31	0.19	0.00	4.54	4.37	0.17	0.00
	S_{52}*	4.46	4.22	0.24	0.00	4.42	4.27	0.15	0.00
	S_{61}*	4.18	3.56	0.62	0.00	4.27	3.72	0.55	0.00
	S_{62}	2.50	3.67	−1.17	0.00	2.57	3.29	−0.72	0.00
	S_{63}*	2.91	2.53	0.38	0.00	2.78	2.65	0.13	0.00
	S_{71}	1.94	4.42	−2.48	0.00	2.05	4.38	−2.33	0.00
	S_{72}	1.91	4.49	−2.58	0.00	1.95	4.46	−2.51	0.00
	S_{73}	4.07	3.84	0.24	0.00	4.03	3.68	0.35	0.00
政府	S_{81}	4.62	4.10	0.52	0.00	4.56	3.29	1.39	0.00
	S_{82}	4.63	4.13	0.50	0.00	4.55	3.26	1.32	0.00
	S_{91}	4.69	4.25	0.44	0.00	4.64	3.43	1.16	0.00
	S_{92}	4.66	4.14	0.52	0.00	4.59	3.33	1.30	0.00
	S_{93}	4.50	4.03	0.47	0.00	4.42	3.26	1.29	0.00
均值		3.9524	3.6716	0.8684	—	3.9808	3.4652	1.0660	—

注：地铁项目服务绩效指标共计 20 个，其中 5 个指标为采用 PPP 模式的 4 号线的感知质量均值略低于采用政府传统采购模式的 1 号线的，其代码已标记“*”以示区别

2. 重要性感知和感知质量描述性分析

本研究使用 MINITAB 17.0 软件构建了 4 号线和 1 号线 PZB 和 IPA 整合模型图（图 1-7）。图 1-7（a）中，落在区域 1 的指标共 15 个，占比 60%；落在区域 2 的指标共 5 个，占比 20%；落在区域 3 的指标共计 2 个，占比 8%；落在区域 4 的指标共计 3 个，占比 12%。图 1-7（b）中，落在区域 1 的指标共 11 个，占比 44%；落在区域 2 的指标共 9 个，占比 36%；落在区域 3 的指标共计 3 个，占比 12%；落在区域 4 的指标共计 2 个，占比 8%。

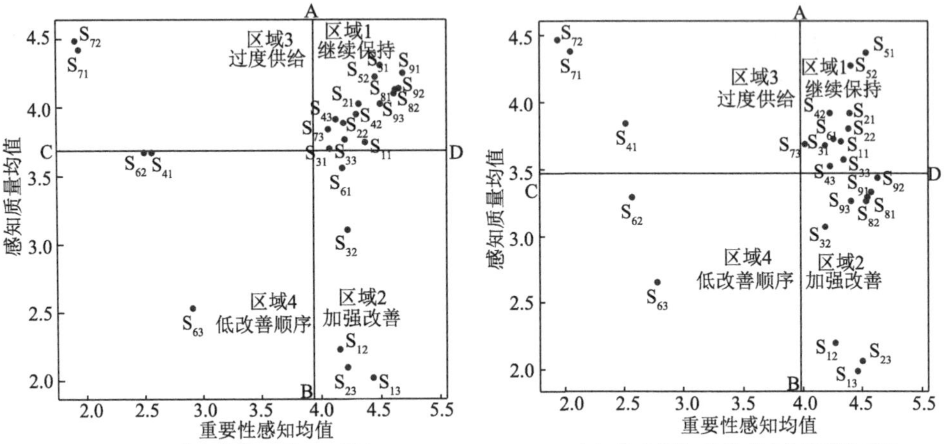

（a）北京地铁4号线PPP项目　　（b）北京地铁1号线政府传统采购项目

图 1-7　北京地铁 4 号线和 1 号线 PZB 和 IPA 整合模型

3. 研究结果及讨论

（1）区域 1（继续保持）。区域 1 中的指标重要性感知和感知质量分值均较高。4 号线和 1 号线在该区域的共有指标包括车站及车载广播（S_{11}）、车站及车厢卫生（S_{21}）、车站及车厢温度（S_{22}）、换乘效率（S_{31}）、列车准点率（S_{33}）、员工服务态度（S_{42}）、员工解决问题效率（S_{43}）、车站及列车安保措施（S_{51}）、电梯维护保养（S_{52}）、设施损坏维修（S_{73}），表明无论采用 PPP 模式还是政府传统采购模式的地铁项目，其在安全保障性和损坏修复方面，以及便民设施[手机信号（S_{61}）除外]、员工服务[员工仪表（S_{41}）除外]、清洁舒适性[车站及车厢拥挤度（S_{23}）除外]、乘坐便捷性[导乘标志（S_{32}）除外]方面的大部分指标表现均很理想，应继续保持，从各指标的感知质量均值可以看出，除了在安全保障性[车站及列车安保措施（S_{51}）、电梯维护保养（S_{52}）]方面采用政府传统采购模式的 1 号线具有略微优势外，采用 PPP 模式的 4 号线在其他方面均更胜一筹。

区域 1 中，4 号线出现而 1 号线未出现的指标包括经济发展贡献感知（S_{81}）、社会福利贡献感知（S_{82}）、廉洁表现感知（S_{91}）、行政效率感知（S_{92}）、决策水平感知（S_{93}），而 1 号线的上述指标出现在区域 2 中，表明采用 PPP 模式比采用政府传统采购模式更有利于提升公众对政府部门的好感度，公众通常认为该情况下政府部门业绩更为突出、形象更佳，故前者应继续保持，而后者应加强改善。经与实务工作者讨论认为，该结果主要归因于以下两点：①私人部门相比政府部门而言，在地铁项目建设与运营管理中效率更高；②政府部门从地铁项目建设与运营管理的微观事务中解脱出来，从事宏观的调控与监管工作，更有利于维护其在公众心目中的形象。

（2）区域 2（加强改善）。区域 2 中的指标重要性感知分值较高，但其感知质量分值较低。4 号线和 1 号线在该区域的共有指标包括售票充值机设置（S_{12}）、检票口设置（S_{13}）、车站及车厢拥挤度（S_{23}）、导乘标志（S_{32}），表明无论采用 PPP 模式还是政府传统采购模式的地铁项目，其在车站设备[车站及车载广播（S_{11}）除外]方面的大部分指标，以及清洁舒适性[车站及车厢卫生（S_{21}）、车站及车厢温度（S_{22}）除外]和乘坐便捷性[换乘效率（S_{31}）、列车准点率（S_{33}）除外]方面少部分指标表现不佳，两者均应加强改善，但从各指标的感知质量均值可以看出，4 号线要比 1 号线具有略微的优势。经与实务工作者讨论认为，无论是采用 PPP 模式的 4 号线还是采用政府传统采购模式的 1 号线均需在这些服务绩效指标上加强改善，可能主要归因于北京市人口密度大、人流密集、地铁运力严重不足等客观因素，拥堵的路面交通状况使得地铁成为北京市民出行的首选交通方式，致使其客流量大，站内售票充值和检票设备数量供不应求，车厢拥挤不堪，地面标志常被人群遮挡，导乘效率显著降低，在该现实状况下，依靠地铁运营管理中采取相应措施改善服务绩效难度较大，并且收效甚微；即便如此，4 号线还能在这些服务绩效指标的感知质量上略高于 1 号线，说明在改善地铁项目服务绩效方面，PPP 模式相比政府传统采购模式还是更有优势的。

区域 2 中，4 号线出现而 1 号线未出现的指标为手机信号（S_{61}），表明采用 PPP 模式与采用政府传统采购模式的地铁项目相比，前者对于该指标的表现不佳，应加强改善，而后者较为理想，应继续保持。经与实务工作者讨论认为，该结果主要归因于在满足基本要求的情况下，通信运营商对 4 号线和 1 号线存在服务歧视，即 4 号线的项目公司是 2006 年成立的特殊目的公司（special purpose vehicle，SPV），而 1 号线的项目公司是 1969 年成立的特大型专门经营城市轨道交通运营线网的国有独资企业，后者在合作时长、消费规模上都相对于前者具有绝对优势，且拥有政府背景，通信运营商对其服务要求更加严格。

（3）区域 3（过度供给）与区域 4（低改善顺序）。区域 3 中的指标重要性感知分值较低，但其感知质量分值较高。4 号线和 1 号线在该区域的共有指标包括站内涂鸦清除（S_{71}）、车体划痕修复（S_{72}），由上述指标坐标数据可知，损坏修复方面[设施损坏维修（S_{73}）除外]大部分指标相对于重要性而言表现相当理想，可适当将过度投入的资源配置到其他指标的改善中。经与实务工作者讨论认为，该结果可能归因于北京首都的特殊性，即北京是全国的政治、文化和国际交流中心，而地铁是北京的一张“名片”，地铁硬件设施的使用状况既展示着一个城市的形象，也映射着国民素质，虽然这些指标对公众的出行体验而言并非十分重要，但北京地铁项目公司出于改善市容市貌、维护国家形象的考虑对其给予充分重视。

区域 4 中的指标重要性感知和感知质量分值均较低。4 号线和 1 号线在该区域的共有指标包括广告海报宣传（S_{62}）、候车座椅设置（S_{63}），表明无论采用 PPP 模式还是政府传统采购模式的地铁项目，其在上述指标的表现均不理想，应将其置于改善的低优先级次序。经与实务工作者讨论认为，该结果可能归因于客观条件的影响，一方面由于客流密集，而站内空间有限，候车座椅设置数量受限；另一方面由于地铁广告内容审核注重运营的安全性，禁止广告画面色彩过于强烈，防止公众长时间驻足观看，影响站内客流疏散。

4 号线和 1 号线的员工仪表（S_{41}）指标分别属于区域 4 和区域 3，表明采用 PPP 模式与政府传统采购模式的地铁项目相比，前者对于该指标的表现不佳，应将其置于改善的低优先级次序，后者表现相当理想，可适当将过度投入的资源配置到其他指标的改善中。经与实务工作者讨论认为，该结果可能归因于 4 号线项目公司出于节约成本考虑，所招募的各站点导乘人员多为中老年，并将其工服设为蓝领装，主要侧重于实用性，而 1 号线项目公司招募的各站点导乘人员多为青壮年，并将其工服设为制服装，兼具美观性和实用性，后者更多地考虑到首都的精神面貌和活力展示，更加重视员工仪表。

1.3.5 研究结论与管理启示

本研究引入服务运营管理理论，并构建了地铁项目的 PZB 和 IPA 整合模型，运用该模型对采用 PPP 模式的北京地铁 4 号线和采用政府传统采购模式的北京地铁 1 号线进行服务绩效评价。结果显示，公众对前者 75%的服务绩效指标的感知质量均值均略高于后者，说明采用 PPP 模式有利于提高地铁类项目的服务绩效。同时，将所有服务绩效指标按照其改善的紧迫程度分为四类，据此制定了地铁 PPP 项目服务绩效改善的资源配置方案，即将受到客观因素制约且改善收效甚微的指标排除，优先将资源配置在手机信号（S_{61}）指标的改善上，并以站内涂鸦清除（S_{71}）、车体划痕修复（S_{72}）指标表现理想为前提，尽量减少对上述两个指标的资源投入，将多余的资源配置在其他指标的改善中。基于此，本研究为政府部门提供以下 3 点管理启示。

（1）推广 PPP 模式在地铁项目中的应用有助于改善公众对公共服务的满意度。采用 PPP 模式通常被认为是缓解政府财政压力、实现项目融资的一种手段，但事实上，其更长远的目的在于充分利用社会资本在专业、竞争和创新等方面的优势，提高公共产品和服务的供给效率。由结果讨论可知，关于公众的服务绩效指标共计 15 个，其中，10 个指标的感知质量均值均为 4 号线优于 1 号线，占比 66.67%，表明采用 PPP 模式与采用政府传统采购模式的地铁项目相比，前者的建设和运营管理效率更高。采用 PPP 模式促使地铁项目运作效率提升的动力主要源于社会资本能够最大限度地拓展利润获取区间。例如，财金 156 号文提出了两种项目合作期限的规定方式，其中一种为自合同生效之日起，设置一个固定的项目合作期限，且不再分别设置建设期和运营期，此时，社会资本出于自身经济利益的考虑，会尽最大努力来保证项目如期甚至提前投入运营，以便能够早日开始回收成本和获得合理回报。由此可见，不同于政府部门为了履行其经济职能而提供公共产品和服务，社会资本是为了追逐更多利润，甚至是为了生存与发展而按照 PPP 合同约定提供公共产品和服务，其显然拥有更强劲的动力。为了追求合理利益的最大化，社会资本势必会将先进的科学技术和优越的服务理念结合起来，通过有效提高项目管理和服务水平，进而显著提升地铁项目的运作效率，提高公共服务与公众诉求的契合度。鉴于此，政府部门应推广 PPP 模式在地铁项目中的应用以改善公众对公共服务的满意度。

（2）推广 PPP 模式在地铁项目中的应用有助于提升公众对政府部门的好感度。政府部门通过与社会资本合作减少了对地铁项目中微观事务的过度参与，有效地提高了宏观的社会治理效率。由结果讨论可知，关于政府部门的服务绩效指标共计 5 个，全部指标的感知质量均值均为 4 号线优于 1 号线，占比 100%，表明政府部门与社会资本合作提供公共产品和服务可以显著改善其在公众心目中的形象，突显其在经济发展和社会福利方面所做出的贡献和成绩。采用 PPP 模式促使政府部门社会治理效率提升的动力主要源于社会资本能够最大限度为其分担公共服务供给的烦冗事务，使其有效提高行政效率和决策水平。例如，发改投资 2724 号文提出，政府部门应转变职能，合理界定职责定位，从公共产品和服务的直接“提供者”转变为社会资本的“合作者”以及 PPP 项目的“监管者”，让专业的人做专业的事，促使政府部门致力于做好政策制定、发展规划、市场监管和指导服务的工作，保证社会经济的长期可持续发展。地铁项目复杂程度普遍较高，政府部门通过应用 PPP 模式将地铁项目建设和运营管理的部分责任及风险转移给社会资本，推动政府部门实现简政放权，进而将更多的精力集中于项目的决策、监管以及宏观的治理工作中。由此可见，政府部门通过与社会资本合作提供公共产品和服务不仅推动了职能转变，促使公私之间优势互补，实现互利共赢，并且塑造了良好的政府形象，显著提高了地铁项目带来的经济效益和社会福利，使得政府部门在宏观治理中所获得的工作成果更加突出。鉴于此，政府部门应推广 PPP 模式在地铁项目中的应用。

（3）政府部门应做好市场监管和指导服务工作以确保 PPP 模式充分发挥效应。由结果讨论可知，4 号线员工仪表（S_{41}）和手机信号（S_{61}）两个指标的感知质量均值均低于 1 号线，前者表明社会资本为了实现最大限度地盈利，可能在合作过程中存在过度压低成本的投机行为，一定程度上对服务绩效产生了不利影响；后者表明地铁 PPP 项目公司的混合所有制性质可能使其在市场上接受服务时被资源供应商歧视对待，往往导致服务绩效难以达到理想水平。因此，为充分发挥 PPP 模式的正面效应，促使社会资本高品质和高效率地供给公共产品和服务，政府部门应做好市场监管和指导服务工作：一方面，尽量避免社会资本为追求自身利益而影响公众利益的投机行为，促使社会资本在合同中规定的服务标准基础上尽善履约，实现公共利益最大化；另一方面，保障社会资本在接受服务时获得公平待遇，保证其接受的服务水平与原有地铁运营公司相比是无歧视的，进而促使公共产品和服务供给效率与质量的有效提高。

第 2 章　PPP 项目的履约问题分析

与一般工程项目不同，PPP 项目的本质在于借助私人部门[①]的资金、竞争力与创新潜能来提高公共产品的供给效率，强调交易双方的风险共担以及整个项目的绩效导向。关系专用型投资以及不完全信息的存在使得长期契约（long-term contract）成为 PPP 项目的最佳选择，并呈现显著的“双边锁定”特征；然而，由于 PPP 项目的长期性，加之成本和需求的不可缔约性，交易双方采取机会主义行为的可能性大幅增加，PPP 项目“履约困难”现象普遍存在：交易双方常常陷入无休止的谈判中，最终只能通过风险逆向回流给政府或者以昂贵的诉讼方式解决分歧，而这与 PPP 模式强调公私双方合作伙伴关系的初衷是相背离的。成功的 PPP 所追求的绝不止于敷衍履约，这将在很大程度上抑制私人部门在技术与管理上的创新，进而导致公私双方交易目标的折减；事实上，PPP 项目相比一般工程项目而言，更应追求私人部门的尽善履约，从而使公私双方实现最大收益，充分激发私人部门的经济活力。

2.1　PPP 项目履约困难的现象分析

履约过程的顺利程度是衡量 PPP 项目成功的标准之一，自 2014 年我国政府在全国范围内大力推广 PPP 模式以来，PPP 项目的数量呈“井喷式”增长，然而，实践中大部分 PPP 项目履约过程困难重重。例如，PPP 专家王守清教授在 2006 年接受采访时，被问及 20 世纪 90 年代我国 BOT 项目中失败案例所占比例及其失

---

① 鉴于当前历史时期公有制企业在我国经济发展中的重要地位与作用，私人（private）部门通常是指与发起该 PPP 项目的政府（public）没有直接行政隶属关系，从而真正能够实现风险分担的经济实体，具体包括中央企业、外地国有企业、民营企业以及外资企业，因此，我国目前推广的 PPP 又称为政府和社会资本合作。

败原因时指出："完全失败的项目不多，但是比较失败的案例比较多，所谓比较失败的案例是指项目相关各方（政府、企业、百姓等）都不满意，甚至出现争议和官司。"柯永建和王守清（2011）指出："在发展尚不成熟的中国，情况更不容乐观，往往一方因为对项目的紧迫性让步接受对方的条件，但在项目实施中却不能兑现承诺从而导致合同争端，以致目前国内只有少量项目能够正常运行。"

2.1.1 PPP 项目履约困难的界定

PPP 项目履约困难的界定可参考相近概念——合同履行障碍，其源于德国法律中的"给付障碍"，比"违约""合同责任"等法律条文中使用的术语更有包容性，涵盖了大量造成合同履行异常的情形。吴彬彬（2017）综合国内外学者的观点认为，合同履行障碍是指合同当事人或第三人开始参与合同订立到全部合同义务履行完毕过程中，由各种主观或客观原因所导致的合同不能顺利完成的情况；他通过调研总结出 PPP 项目合同履行障碍的主要表现包括：①公共部门提前终止与项目公司的合同关系并回购特许经营权；②政府与项目公司之间重新谈判发生频繁；③项目公司在建设项目时对生态环境造成污染；④项目公司建设的项目未实现预期合同目标或与合同目标适得其反；⑤政治或环境等不可抗力的发生，给项目公司造成极大亏损；⑥政府方无法实现预期承诺给予项目公司相应的补贴；⑦项目公司或承包商的资信不足以承担 PPP 项目；⑧新政策的发布或法律的变更促使原合同规定发生相应变化，项目公司缺乏应对措施；⑨运营期内，项目公司获得的收益不足以收回前期投入的成本。

如前所述，导致 PPP 项目合同履行障碍的原因包括主观和客观两方面，而本研究中的 PPP 项目履约困难仅考虑公私双方主观原因导致的合同不能顺利完成的情况，这里所谓的主观原因包括公私双方的机会主义、不作为、盲目决策等。有鉴于此，本研究将 PPP 项目履约困难界定为，自公私双方签订 PPP 合同至全部合同义务履行完毕的过程中，由于交易双方机会主义、不作为、盲目决策等主观原因导致的 PPP 合同不能顺畅履行，甚至不能顺利完成的情况。

2.1.2 PPP 项目履约困难的案例

本研究遴选出 10 个履约过程出现问题的 PPP 项目，如表 2-1 所示。所列项目缔约时间分布在 PPP 模式发展的各个历史时期，项目所在地遍及不同市场成熟度的多个省市，项目类型涉及供水、污水、供电等采用 PPP 模式的主流领域，私人部门涵盖外资企业、民营企业与国有企业等多种类型，履约过程存在的问题主要表现为四方面：①服务质量不达标；②公私双方发生纠纷、申请仲裁和启动诉讼程序；③社会资本撤资（即对于由多个社会资本出资的 PPP 项目，其中一家社会资本撤资，而该项目并未因此而提前终止）；④提前终止。由表 2-1 可知，即便是在北京、上海等市场经济发展水平较高的城市，由资金雄厚、经验丰富的知名企业充当私人部门的 PPP 项目，其履约过程中也存在各种形式的问题，由此可以推断，PPP 项目的履约困难并非偶然现象，而是在我国 PPP 发展的不同历史阶段、在多个领域的项目中一直存在的普遍现象。

表 2-1　PPP 项目履约困难的典型案例

编号	项目名称	私人部门	项目签约年份	特许经营期限/年	问题描述	症状			
						服务质量不达标	纠纷/仲裁/诉讼	社会资本撤资	提前终止
1	上海延安东路隧道复线 BOT 项目	香港晶立有限公司	1994	30	上海出台新政策，不允许政府承诺固定回报，因此私人部门与政府重新谈判，于 2002 年政府回购该项目				√
2	泉州刺桐大桥 BOT 项目	泉州名流实业股份有限公司	1995	30	1997 年出现竞争项目，项目公司运营困难，2016 年政府回购该项目				√
3	福州闽江四桥 BOT 项目	香港秀明国际投资有限公司	1997	28	政府未履行双方签订的《专营权协议》中的承诺，致使该公司经营陷入严重困难，2004 年走上仲裁，2005 年正式解除合作		√		√
4	廉江塘山水厂 BOT 项目	中法水务投资有限公司	1997	30	1999 年项目闲置，并开始启动诉讼程序，直至 2012 年政府回购该项目		√		√
5	长春北郊污水处理 BOT 项目	长春汇津污水处理有限公司	2000	20	2003 年，排水公司停止向项目公司支付任何污水处理费，经多次调解无果，长春汇津污水处理有限公司提出行政起诉，最终以长春汇津污水处理有限公司败诉告终，2005 年政府回购该项目		√		√
6	深圳龙岗平湖垃圾焚烧发电 BOT 项目	中联实业股份有限公司、万德能源投资有限公司	2001 年立项	25	附近社区臭气弥漫，噪声较大，排出的废水、废气、粉尘等污染附近水库；建该厂时社会资本承诺投资 10 亿元，实际只投资了 3 亿元	√			
7	杭州湾跨海大桥 BOT 项目	雅戈尔集团、宋城集团等 17 家民营企业	2001	30	2005 年出现竞争性项目，2012 年全年资金缺口超过 8 亿元，自 2008 年开始，民营企业陆续退出股份或撤资			√	

续表

编号	项目名称	私人部门	项目签约年份	特许经营期限/年	问题描述	症状			
						服务质量不达标	纠纷/仲裁/诉讼	社会资本撤资	提前终止
8	青岛海泊河和麦岛污水处理厂改建扩建项目	法国威立雅水务集团、中国光大国际有限公司	2003	25	2003 年被查出排放污水的水质超标；2007 年项目公司擅自将污水处理厂的回用水管道接到自来水管主管道上，污染了自来水水质，因此政府与社会资本重新谈判；2014 年法国威立雅水务集团在项目公司中的股份被中国光大国际有限公司全资附属公司中国光大水务投资有限公司收购	√		√	
9	国家体育场“鸟巢”BOT 项目	中国中信集团有限公司、北京城建集团、美国金州（控股）集团有限公司	2003	30	政府要求项目公司减少 1000 个停车位、减少体育场中商业设施、取消闭合顶盖等，这些改变直接影响体育场的商业运营，致使项目公司亏损，进而在 2009 年中信联合体放弃 30 年特许经营权，转而获得永久股东身份				√
10	西宁市第一污水处理 TOT 项目	江苏鹏鹞环保集团有限公司	2008	30	2013 年因西宁政府长期拖欠水费，江苏鹏鹞环保集团有限公司提起诉讼；2014 年 12 月，因出水水质超标，西宁市环境保护局向水厂发出数张共计数百万元的罚单	√	√		

2.2 PPP 项目履约绩效的影响因素分析

2015 年 5 月 12 日，李克强在“全国推进简政放权放管结合职能转变工作电视电话会议”上发表讲话，称“本届政府成立伊始，开门办的第一件大事就是推进行政体制改革、转变政府职能”，以及“政府有所不为方能更好有所为”①。我国从 2014 年 9 月开始大力推行 PPP 模式，一方面是为了缓解政府财政压力、提

① 李克强在全国推进简政放权放管结合职能转变工作电视电话会议上的讲话. http://www.gov.cn/guowuyuan/2015-05/15/content_2862198.htm[2015-05-15].

高公共产品供给效率；另一方面是为了适应国家治理现代化、转变政府职能。然而，由于 PPP 项目历时较长，在项目执行过程中出现的一些变化可能会导致私人部门合作积极性减弱，使其消极履约，甚至发起基于机会主义的再谈判，而此类情况会使公共部门从直接管理公共项目的烦琐事件中抽离出来后，又陷入双方的纠纷中，妨碍其职能的转变。相关研究也表明，PPP 项目中公私双方保持一种稳定、良好的关系是项目成功的关键因素之一。因此，公共部门不仅应关注 PPP 项目的成本、工期、质量等项目绩效，还需考虑如何使私人部门更加积极履约、双方合作过程更加顺利，即本研究中所指的履约绩效。

现有 PPP 项目的相关研究中，尚未发现关于 PPP 项目履约绩效的相关文献，且履约绩效关注的是项目履行过程，不能直接参考项目成功、利益相关者满意等研究的相关成果；然而，我国自 20 世纪 80 年代至今进行了大量的 PPP 项目实践，项目参与者对合作过程中双方的关系有较为深刻的感受，在相关的文献、新闻报道等中也有大量成功项目的经验分享、失败项目的教训总结。由此可见，本研究具有理论基础较为匮乏而实践资源丰富的特点，在管理科学领域，解决此类问题常用扎根理论的方法，为了提高分析效率，可使用 NVivo 10 软件辅助编码工作，本节将按照这一思路对 PPP 项目履约绩效的影响因素进行分析（杜亚灵等，2017a）。

2.2.1　资料收集及整理

扎根理论强调资料来源的多重性，本研究通过以收集与分析文本资料为主、以访谈为辅两种途径获取研究资料。

1. 文本资料的收集与分析

本研究通过收集与分析网络资源中的资料以获取 PPP 项目履约绩效的影响因素。具体获取途径如下：①在中国知网（CNKI）中以“PPP”和“成功”或“失败”为主题，搜索 2010～2016 年的文献，挑选其中运营状况良好（视为成功）、提前终止或双方产生纠纷（视为失败）项目的相关文献；②2015 年 7 月，国家发改委官方网站发布了 13 个 PPP 项目典型案例，并附有这些案例的介绍资料；③自 2014 年 5 月起，由中国财政学会公私合作研究专业委员会主办、北京大岳咨询有限责任公司承办“中国 PPP 沙龙”，每期以一个 PPP 项目为主题，如北京地铁 4 号线、泉州刺桐大桥 BOT 项目等，邀请国内 PPP 专家进行点评及项目负责人分享经验，北京大岳咨询有限责任公司在官网上分享了其会议实录；④其他渠道，如通过百度等搜索我国较为典型 PPP 项目案例的新闻报道以及项目参与人对此项目的心得体会。分析并摘录以上研究资料中造成公私双方合作顺利或不顺利原因的相关内容，将其汇总整理以形成电脑文本。

2. 访谈

通过文本资料的收集与分析，研究者对 PPP 项目的履约绩效有了初步认知，再通过访谈实践及科研人员可对其进行修正与补充。本研究小组联系了若干从事 PPP 项目的咨询公司和科研机构，最终确定的 6 名受访者分别为某 PPP 项目咨询公司管理人员 4 名、高等院校从事 PPP 项目研究并担任过 PPP 咨询服务的科研工作者 2 名。访谈前一周通过电子邮件向受访者发送访谈提纲，访谈开始前，研究者先向受访者介绍研究主题，而后请受访者回忆其参与过的 PPP 项目，围绕以下 2 个话题展开访谈：①以其参与过的项目为例，受访者认为导致其成功或失败的原因；②以受访者的经验，哪些因素可以促使私人部门积极履约，哪些因素会导致其消极履约。另外，对于文本资料中涉及而受访者未提到的因素，与其进行讨论确认。研究者向受访者保证谈话内容仅作为学术研究，在征得受访者同意后对访谈过程进行录音，访谈结束后将访谈录音逐字逐句整理形成电脑文本，与文本资料一起导入 NVivo 10 软件中进行编码。

2.2.2 范畴挖掘与提炼

1. 开放性编码

本研究借助 NVivo 10 软件对资料进行编码工作，首先对资料进行开放性编码，即将资料逐步概念化和范畴化。其具体步骤如下：①将相似文本资料编码到一级节点（即概念）下；②仔细分析一级节点，剔除其中相互矛盾的概念，并将其余概念继续归类至二级节点（即副范畴）下；③使用该软件中“复合”检验是否存在遗漏编码。为避免失真，尽量使用原始资料的语句对概念命名。经过开放性编码，最终得到 70 个概念、21 个副范畴，因概念较多无法一一列出，在此仅给出每个副范畴中概念的个数，如表 2-2 所示。

表 2-2 PPP 项目履约绩效的开放性编码结果

编号	副范畴	副范畴内涵	概念个数
A1	职责分工的明确性	政府各职能机构及受其委托的咨询机构在前期科学论证与立项、PPP 项目入库、采购、执行等阶段分工明确，各部门之间没有职能交叉或遗漏	5

续表

编号	副范畴	副范畴内涵	概念个数
A2	政府行政支持	政府提供配套政策、财政、金融以及审核审批等高效的行政支持，避免“弹簧门”现象	4
A3	政府契约精神	采购过程规范透明、公平公正，项目执行过程未利用其行政权力干扰项目正常运行，对于政府付费或提供可行性缺口补助的项目，政府按时付费	4
A4	公务员清廉	通过建立完善的公务员监督、考核机制，以防考核压力及利益驱动下的腐败寻租行为	2
A5	行政监管	政府部门对项目文件的审批，对项目进行验收和备案，对产出质量的不同频率检查等	5
A6	公众监管	积极向社会公布项目进展及实施情况、广泛征集公众意见并接受公众监督	3
A7	实施机构监管	监管日常安全运营及中期评估或为实现制衡监管而在项目公司内部设置协调委员会	3
A8	社会资本的财务能力	社会资本具有较强的资金实力、融资能力及获得财务担保（金融支持）等能力	3
A9	社会资本的技术能力	社会资本掌握核心技术资源、人力资源及具有创新能力	4
A10	社会资本的管理能力	社会资本具有高度规范的管理体系以处理组织间关系，有风险管理及建设运营等能力	4
A11	社会资本的经验	社会资本拥有丰富的同行业项目经验，例如，类似项目的运营管理经验	4
A12	社会资本的信誉	社会资本的信誉水平，例如，具有较高的企业资质、较多的荣誉及奖励、较少的诉讼记录等	3
A13	社会资本的责任感	社会资本具有很强的提供公共产品质量或（和）服务以造福社会的责任意识	1
A14	社会资本的发展战略	社会资本的战略定位（如国外企业打开国内市场、欲通过本项目提升自身知名度及经验）为其努力做好项目提供动力	1
A15	风险分担的合理性	合同中约定合理的风险分担机制，例如，约定最低采购量、合理的资本金比率等	3
A16	投资回报的激励性	合同中约定详细的奖励及补偿机制、定价调价机制以及排他性约定	4
A17	控制的适当性	合同中明确约定公共资产、产品或（和）服务的产出标准并对违约情况进行详细说明	2
A18	项目公司制度的完善性	项目公司内部制定完善的财务、薪酬、采购等管理办法和制度，建立决策、检查和报告等机制，使公司运营有章可循	6
A19	项目公司组织结构的合理性	项目公司中成员企业构成、股份比例、管理层人员比例等设置合理，使其在政府的适度控制下充分发挥优势	3
A20	协调机制	项目实施过程所涉及的所有部门间具有顺畅的协调机制，例如，政府设立对接小组，专门负责与项目公司相关事宜的对接	2
A21	沟通的充分性	公私双方采用现场谈判、往来函件、电话等形式以及再谈判等充分沟通与决策	4

2. 主轴编码

考虑到开放性编码得到的副范畴较多且命名差别较大，本研究的主轴编码阶段使用人工编码方式。首先，研究小组成员对开放性编码结果进行讨论，根据其实施主体及性质将副范畴进一步归类为主范畴并命名；其次，将研究小组讨论结果反馈至受访者，向其征询意见；最后，根据受访者意见再次进行小组讨论，最终得出双方均较为认可的结果。通过主轴编码，最终得出 8 个主范畴，如表 2-3 第 2～3 列所示。

3. 选择性编码

本研究的选择性编码提取核心范畴的步骤如下：①使用 NVivo 10 软件对主轴编码得到的主范畴进行聚类分析；②鉴于得到的结果规律性较为模糊，经过研究小组讨论后认为，影响 PPP 项目履约绩效的因素，按照其实施主体分为政府及社会资本因素，故将核心范畴初步定为政府方因素和社会资本方因素；③研究小组尝试将 8 个主范畴归入上述 2 个核心范畴中，但发现其中一些主范畴无法归类，如合同的合理性，经过内部讨论及向受访者征询意见后，认为这些不属于上述 2 个核心范畴的主范畴均为政府和社会资本在合作过程中的影响因素，其实施主体为政府和社会资本双方，因此增加“公私双方合作因素”这一核心范畴。最终得到 3 个核心范畴，如表 2-3 第 1 列所示。

表 2-3　主轴编码及选择性编码结果

核心范畴	主范畴	副范畴
政府方因素	指导服务的充分性	职责分工的明确性、政府行政支持
	政府行为的规范性	政府契约精神、公务员清廉
	监管架构的合理性	行政监管、公众监管、实施机构监管
社会资本方因素	社会资本的能力	社会资本的财务能力、社会资本的技术能力、社会资本的管理能力、社会资本的经验
	社会资本的合作意愿	社会资本的信誉、社会资本的责任感、社会资本的发展战略
公私双方合作因素	合同的合理性	风险分担的合理性、投资回报的激励性、控制的适当性
	项目公司的状况	项目公司制度的完善性、项目公司组织结构的合理性
	政企互动	协调机制、沟通的充分性

4. 编码结果的信度检验

本研究通过在 NVivo 10 中比较不同研究者对文本资料编码的一致性来对编

码结果进行信度检验。首先，由两名研究者背对背进行编码，其中节点名称在编码前即给定；其次，使用“编码比较”进行比较，最终得出政府方因素、社会资本方因素、公私双方合作因素的 Kappa 系数分别为 0.793、0.842 和 0.758，均大于 0.7，证明研究者对资料编码的一致程度是可以接受的。

2.2.3 研究结果的分析

通过扎根理论，本研究得出 PPP 项目履约绩效的影响因素包括政府方因素、社会资本方因素及公私双方合作因素 3 个核心范畴，以下分别对其进行分析。

1. 政府方因素

研究结果显示，政府方因素包括指导服务的充分性、政府行为的规范性和监管架构的合理性 3 个类属，这与公共部门在 PPP 项目中领导者、合作者和监管者的角色定位相对应：①作为 PPP 项目的领导者，公共部门有责任为项目的顺利实施提供指导服务。基于社会交换理论，当公共部门具备支持私人部门的条件（即各职能部门分工明确）及主观意愿并被私人部门感知到时，会使私人部门产生内在激励，使其更愿意付出努力，做出超出缔约范围之外且促使项目顺利实施的行为，而若公共部门内部分工混乱、相互推脱或者未为项目的顺利履行提供支持，则私人部门容易产生对抗思维以“消极怠工”甚至“以牙还牙”，采取机会主义行为以实施报复。相关研究也表明，如果缺乏公共部门的支持，则几乎所有关于公私合作关系的努力都是表面的（superficial）和无效的（Fawcett et al.，2006）。例如，在同期电力 PPP 项目纷纷撤销和改制的情况下，广西来宾 B 电厂 PPP 项目顺利完成了移交，在项目移交仪式上，广西来宾法资发电有限公司总经理特别感谢了广西政府的支持。②作为合作者，公共部门应按照法律法规及合同要求规范自身行为。若公共部门的行为规范，则合作过程中公共部门的行为对于私人部门而言是可以预期的，私人部门对公共部门也更加信任，因此更愿意与之合作；若公共部门的行为不规范，则容易降低私人部门的期望，继而降低其合作积极性。例如，在青岛海泊河和麦岛污水处理厂改建扩建 PPP 项目中，合同签订之后政府认为价格不公平而单方面要求降低价格，政府行为的不规范导致作为社会资本的法国威立雅水务集团对其产生不满情绪，因此法国威立雅水务集团利用合同中政府按照处理量付费的条款，将回用水管道直接接到自来水主管道上以补偿其收益，危及了公众健康。③作为监管者，公共部门应设置合理的监管机制以确保私人部门受到全方位监管，若监管机制健全、严格，则在合作过程中，公共部门可以检测到经营风险（operational risk），并且一旦私人部门提供服务失败，公共部门可以对其进行经济处罚（Robinson and Scott，2009）。因此，私人部门在项目执行过程中采取机会主义被公共部门察觉的概率增大，被惩罚的风险也会相应增加，使得其不会轻易违反合同，而若监管机制设置不健全，公共部门无法及时观察到私人部门的履约行为、判断其合规性并做出相应处置，则私人部门为实现自身利益，会更加倾向于利用信息优势做出有损于公共利益的行为。例如，在天津经济技术开发区污水处理厂 PPP 项目中，作为社会资本的法国威立雅水务集团私自接收来自服务区外的高浓度废水，直到被某环保组织披露后，政府监管部门才发现此违规事件，经调查，政府只对该厂水质进行定期检查，使社会资本容易通过提前停止违规行为等方式规避监管。

2. 社会资本方因素

私人部门对履约绩效的影响表现在其能力和合作意愿两个方面上：①公共部门在采购阶段选取的私人部门应尽可能具备财务、技术、管理等能力及相关经验。若私人部门不具备这些能力，则可能无法判断其行为能否促进项目顺利实施，或即便可以做出判断，其能力“短板”也会限制其履行效果；而具有相应能力的私人部门可以在准确做出判断的基础上，发挥其能力优势，从而促使项目顺利履行。例如，在北京市地铁运营有限公司连年亏损、靠政府大量补贴的情况下，北京京港地铁有限公司只取得较少补贴便使其运营的北京地铁 4 号线处于盈利状态，国家发改委综合运输研究所城市交通研究室主任表示，北京京港地铁有限公司良好的盈利状况得益于其社会资本——香港铁路有限公司是一家上市公司，在用人效率、资本运营等方面都有精细的计算。②社会资本的合作意愿体现在其信誉、责任感和发展战略上，根据有限理性假设，具有远期发展战略的私人部门，比起当前效用，其可能更看重未来效用，会更加注重声誉（聂辉华，2009），往往会适当放弃一些短期利益从而选择积极履约，而若私人部门过于看重当前利益，则不会过于注重声誉，因此，选择具有良好信誉、责任感和发展战略的私人部门，可以避免因其只注重当前效用而采取机会主义行为，从而保障私人部门良好的履约绩效。

3. 公私双方合作因素

公私双方合作因素包括合同的合理性、项目公司的状况和政企互动 3 个类属：①合同的合理性分为风险分担的合理性、投资回报的激励性和控制的适当性，这与合同治理理论中合同最优设计的“权责利对等”原则相吻合。对于一般工程项目，《建设工程施工合同（示范文本）》（GF—2013—0201）（以下简称“13 版合同”）中规定了合同的通用条款和专用条款，承发包双方只需将专用条款内容补齐即可形成合同，而对于 PPP 项目，由于不同项目差异性较大，形成类似于一般项目的合同范本较为困难，然而，我国政府仍然发布了财金 156 号文和发改投资 2724 号文，其附件中的 PPP 项目合同指南以报告或条款解释的形式对实践部门人员编制合理的合同进行指导，由此可见，PPP 项目中公私双方签订合理的合同对于项目的顺利履行至关重要。例如，北京地铁 4 号线 PPP 项目经历了从 2004 年到 2006 年长达 2 年的谈判，双方聘请了国内外知名的咨询、财务、法律及技术等方面的顾问，就项目的定价、客流量预测及双方的权利和义务等方面进行了细致的谈判，最终签订了合理的合同，而北京地铁 14 号线 PPP 项目在 4 号线项目合同的基础上，又根据项目本身特点，对本项目的重点风险进行研究并在 PPP 合同中落实处置方法，项目运营至今，双方合作良好。②项目公司的状况包括项目公司制度的完善性、项目公司组织结构的合理性，在较为规范的项目公司中，如上市的项目公司，一方面，股东通过其持股比例获得决策权力，因此，项目公司内部事务的决策通常能够符合股东的利益及公司的长远利益；另一方面，上市公司须向公众披露其经营成果、财务状况等信息，使得公共部门、行业主管部门及公众对其进行充分监督，保证其行为符合项目需求及公众利益。③政企互动体现在协调机制和沟通的充分性，PPP 项目中的公私双方应是地位平等的“合作者”，若项目合同签订后在与私人部门沟通的过程中，公共部门只以“监管者”甚至“上级”的角色对私人部门施加行政命令，则一方面，私人部门可能会由于得不到其应有的地位和尊重而产生不公平的心理，另一方面，私人部门的一些关于提高项目效率的想法可能无法与公共部门进行沟通，从而影响项目履约绩效。

2.2.4　管理启示与展望

本研究通过文本分析及访谈，运用扎根理论得出 PPP 项目履约绩效的影响因素。研究结论对实践部门有以下三点管理启示。

1. 政府应通过职能转换以及行政法治化不断完善政府治理

根据本研究结论，为提高 PPP 项目履约绩效，政府应从以下三方面完善政府治理：①政府应转换职能，不同于传统模式下政府公共产品或服务提供者的角色定位，PPP 项目中，政府转变为项目的领导者、合作者及监管者，因此，其应明确角色变化所带来的职能转换，避免过多参与项目经营过程中的具体事务，而将更多的精力放在为社会资本提供支持、规范行为自身及有效监管项目等方面。②政府应按照行政法治化原则，做到“行政机构法定”，当前政府各职能部门虽然有其分工的原则，但并未针对 PPP 项目进一步厘清其职责，因此，要实现行政事务由法定机构来处理，首先须针对 PPP 项目进一步明确政府各部门的权利和义务，做到各司其职、各守其分，避免出现“多头领导”或“无人问津”的现象。③在厘清各职能机构职责基础上，要实现法治政府，还需做到“行为方式法定”，政府应针对 PPP 项目出台法律法规规定政府各职能机构行政职权的行使条件、行为程序及处理方式等，并明确当违反有关规定时，政府职能部门中有关人员须接受的惩罚。综上，政府应通过职能转换以及按照行政法治化原则完善政府治理机制，通过规范自身进而更好地为 PPP 项目的顺利实施“保驾护航”。

2. 社会资本应建立现代企业制度，注重科研创新，爱惜企业声誉，进而不断提升自身实力

对于社会资本，应不断提升自身实力以更好地参与和完成 PPP 项目，具体而言其应做到以下三点：①社会资本应建立现代企业制度，以大型企业，特别是上市公司中的董事会、监事会、股东会及经理层之间相互制衡的法人治理结构为学习榜样，建立公司内部权力制衡机制以规范企业内部运作，提升企业实力。②社会资本应注重科研创新，一方面，PPP 的本质即欲借助社会资本的创新以提高公共产品和服务的供给效率，因此欲进入 PPP 市场，社会资本应提升其创新能力；另一方面，若社会资本为节省当前成本而忽略创新，则其很难长远立足于竞争日趋激烈的市场环境中，因此，社会资本应通过设置科研部门或增加科研投入提升其创新能力。③社会资本应积极提升自身声誉，PPP 项目一般涉及工程、融资、法律等多领域，且具有较为可观的收益，社会资本良好的声誉有助于其进入 PPP 市场，进而在保障社会资本 10～30 年生存的基础上，使其不断扩展视野，提升实力。

3. 政府应树立契约精神，以实现与社会资本的平等市场交易，并通过构建社会资本信誉平台扬优抑劣

政府作为 PPP 项目的合作者，在与社会资本进行交易过程中，应树立“契约精神”，实现与社会资本的平等交易：①政府和社会资本应签订较为公平的合同，在 PPP 这种市场化运作方式中，政府不应通过行政命令的方式与社会资本进行交易，而应该按照市场化原则规范自身思维及行为，与社会资本签订能够体现双方意愿的合同，以明确双方权（权力）责（风险）利（利益），使社会资本更好地遵守和执行合同。②在合作过程中，政府应与社会资本以平等的身份沟通协调，实

践中政府由于其传统习惯，倾向于使用行政权力命令社会资本，而国办发 42 号文规定政府和社会资本是法律地位平等的主体，因此，政府应转变观念，以“合作者”的身份与社会资本进行沟通，听取其有利于项目履行的意见及建议，通过双方合作共同促使项目顺利实施。此外，政府作为整个 PPP 市场的引导者，为规范社会资本行为，应建立社会资本的信誉管理平台，将其资质、参与项目履约情况、获奖情况及违约情况等纳入管理平台，进行动态管理和披露，并通过相关措施，如设立社会资本“红人榜”及“黑名单”，以对信誉良好的社会资本进行表彰、对信誉不良的社会资本进行批评，使其更加爱惜自身声誉，通过更好地履行合同以提升自身声誉。

本研究仍存在不足之处：①由于目前从事 PPP 项目的人员均较为繁忙，本研究最终只访谈到 6 人，虽然这 6 人均有较多的实践经验或较强的理论功底，但由于人数较少，研究结果不可避免地存在主观偏差；②当前虽然 PPP 项目在实践中较流行，相关网页、微信公众号等平台也存在不少实践人员对 PPP 项目的认知与理解，但由于实践人员水平参差不齐，其言论的正确性也有待商榷，而本研究为确保研究结论的准确度，选取较权威的网站或者挑选项目参与人的直观感受作为本研究的资料，致使收集到的资料较为有限。本研究通过扎根理论，得出 PPP 项目履约绩效的影响因素，后续研究可进一步使用实证方法验证这些因素，如风险分担、控制等，以及对履约绩效的影响机理。

2.3　PPP 项目履约问题研究的现状与趋势

新型城镇化发展战略为 PPP 提供了广阔的发展空间，自 2014 年起，我国以政府为主导大力推广 PPP 模式并遴选示范 PPP 项目，迎来了 PPP 模式应用于我国基础设施建设的热潮，这种实践需求带动了相关理论研究的增多。本节将针对 2008～2014 年 PPP 项目履约问题的英文文献，从研究主题、研究国家或地区、研究年限三个方面进行分类统计与分析，并据此预测 PPP 未来研究的增长点（杜亚灵和李会玲，2015）。

2.3.1　文献统计与分析

在工程索引（EI）数据库中，以“PPP”为 subject/title/abstract、文献类型选

择 journal article、年限锁定 2008～2014 年①进行检索，从中遴选出针对 PPP 项目履约问题的文献共计 117 篇，本研究将从研究主题、研究国家或地区、研究年限三个方面对上述文献进行统计与分析。

1. 基于研究主题的文献统计与分析

通过阅读与分析凝练出每篇文献的研究主题，据此对文献进行归类，并按每一研究主题所对应文献的数量降序排列，如表 2-4 所示。由表 2-4 可知，相应文献篇数排列前三的研究主题为风险分担、规制、成功因素；考虑到成功因素与失败原因类文献研究的高度相似及其相应文献篇数相差较少，故本研究将二者合并为成功因素/失败原因加以分析（合并后总篇数为 32 篇，排列第三）。

表 2-4 基于研究主题的 PPP 项目履约问题相关文献统计

序号	研究主题	英文主题	篇数/篇	所占比例/%	序号	研究主题	英文主题	篇数/篇	所占比例/%
1	风险分担	risk allocation/sharing	49	28	8	制度	institution/policy/law	6	3
2	规制	regulation	40	23	9	关系	relationship	6	3
3	成功因素	success factors	17	10	10	补偿	compensation	5	3
4	失败原因	failure factors	15	8	11	控制	control	4	2
5	政府保证	government guarantee	12	7	12	纠纷预测	dispute prediction/forecast	3	2
6	特许经营期	concession period	8	4	13	调价	toll adjustment	3	2
7	柔性	flexibility	7	4	14	信任	trust	1	1

（1）有关风险分担的研究主要是通过问卷调查、案例分析等方法，得出 PPP 项目中公私双方首选的风险分担（preferred risk allocation）方案，或运用多目标优化、人工神经网络等方法，进行 PPP 项目最优风险分担（optimal risk allocation）决策，目的均是得到一个尽量完备的初始合同；代表性人物为王守清及其研究团队（署名文献 9 篇）。

（2）通过文献分析可知，公共部门对 PPP 项目的约束分为公共代理机构（public

① 20 世纪 80 年代，深圳沙头角 B 电厂项目成为我国 PPP 实践中的首次尝试，之后，PPP 模式虽有应用但项目数量相对较少；由于 2008 年北京奥运会的需要，北京市政府采用 PPP 模式建设了奥运主场馆“鸟巢”等一批基础设施，由此带动了其他城市采用 PPP 模式进行基础设施建设，同时引起学术领域进行 PPP 研究的热潮，有鉴于此，本研究选取 2008 年及其以后的文献进行统计与分析。

agency）的项目控制与政府（government）的市场规制两个层级（Rashid and Aziz，2012）。以政府为主体、从市场层面对 PPP 项目进行规制的文献多是针对某一方面的研究，如 PPP 中心的建立、采购过程透明化、第三方影响等；而 Zhang 等（2015）明确提出了 PPP 项目规制的概念，并对其内涵和外延加以界定。

（3）有关成功因素/失败原因的研究主要是通过案例分析、问卷调查等方法，识别导致 PPP 项目成功或失败的主要因素，并对其进行重要性排序；通过对研究结果的分析可知，大多数文献将 PPP 项目成功或失败的因素归结为：制度环境的完善程度、规制、风险分担的合理性等方面。

2. 基于研究国家或地区的文献统计与分析

根据文献中案例、问卷或调研针对的项目或人群所在的国家或地区对文献进行统计，若文献中研究对象无国家或地区限定，则以文献第一作者所在的国家或地区为准，统计结果如图 2-1 所示。由图 2-1 可知，有关 PPP 项目履约问题的研究涉及 30 个国家或地区，其中文献数量居前三的为中国内地（大陆）、中国香港、中国台湾，居于第 4～6 位的为美国、英国、澳大利亚。根据 2011 年经济学人智库（The Economist Intelligence Unit，EIU）与亚洲开发银行联合开展的《亚太地区 PPP 模式环境评价报告》（*Evaluating the Environment for Public-Private Partnerships in Asia-Pacific: The 2011 Infrascope*）（美国不在亚太国家之列）：澳大利亚、英国处于 PPP 模式发展的成熟期，中国处于新兴期（其综合评价分值分别

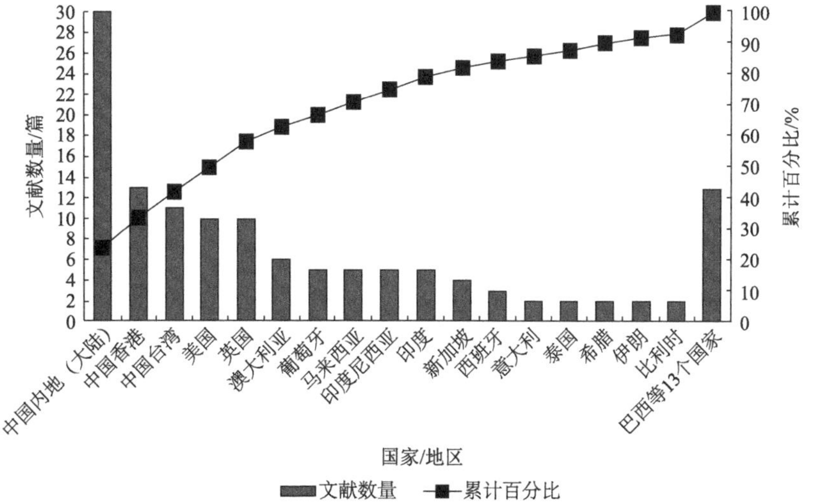

图 2-1　基于研究国家或地区的 PPP 项目履约问题相关文献统计

为 92.3、89.7、49.8），而在操作成熟度（operational maturity）这一单项评价中，中国居亚太国家之首，分值为 78.1，英国、澳大利亚此项的分值分别为 76.7、66.5[①]。

将中国与美国、英国、澳大利亚的文献进行对比分析，发现其相同之处为研究主题多集中于风险分担、规制、成功因素/失败原因三个方面，然而，由于中国与美国、英国、澳大利亚 PPP 模式发展成熟度的差异，其基于以上三个主题的研究侧重点有所不同。

（1）中国有关风险分担的研究多是基于经济学的视角，以实现项目的最大经济效益为目标，其文献中所体现的风险分担过程多为静态的一次性分配，代表性人物为王守清及其研究团队；美国、英国、澳大利亚则倾向于基于社会学的视角，考虑对私人部门的人文关怀，且其文献中所体现的风险分担过程多为动态的多次调整分配，如 Sharma 等（2010）以公平为原则建立了风险分担模型，Chiara 和 Kokkaew（2013）基于 PPP 项目中的不确定性探讨了动态/柔性的风险分担方案。

（2）中国有关规制的研究多是通过 PPP 规范性文件的建立与完善、PPP 模式推广的组织设计以保证实施过程的正常化、稳定性，如 Tserng 等（2012）探讨了国家 PPP 中心（national PPP unit）在 PPP 模式推广中的作用；而美国、英国、澳大利亚的 PPP 规范性文件、组织保障已相对健全，其有关规制的研究主要是通过相应机制的设计激发私人部门的竞争与创新潜能，如 Aziz 和 Nabavi（2014）分析了私人部门自提 PPP 项目（unsolicited public-private partnership，UPPP）的优势，并提倡政府完善相应机制设计以鼓励这种发起方式。

（3）中国与美国、英国、澳大利亚文献中识别出的 PPP 项目成功因素/失败原因大致相同，但其排序有所不同。影响中国 PPP 项目成功因素/失败原因中居首的为顶层制度设计的完善程度，如政府干预、政府信用（Chan et al.，2011）；美国、英国、澳大利亚则多为 PPP 项目的发起是否服务于公私双方的发展战略规划、是否为建立在伙伴关系上的联盟以及是否具有良好的前期规划等（Naisar，2013；Liu and Wilkinson，2014）。

3. 基于研究年限的文献统计与分析

本研究对所检索出的文献研究年限进行统计，结果如图 2-2 所示。由图 2-2 可知，中国针对 PPP 项目履约问题的文献数量增长趋势与全球相似，鉴于中国的

① 2011 年《亚太地区 PPP 模式环境评价报告》将 PPP 模式的发展划分为四个阶段，即初生、新兴、发达、成熟，并从以下六个方面对亚太国家的 PPP 环境进行评价：法律和监管框架（legal and regulatory framework）、制度框架（institutional framework）、操作成熟度（operational maturity）、投资氛围（investment climate）、融资服务（financial facilities）、地方适用性（sub-national adjustment）。

文献量占本研究所采用文献总量的比重较大（43%），故本研究仅分析中国 2008～2014 年针对 PPP 履约问题的研究走势。

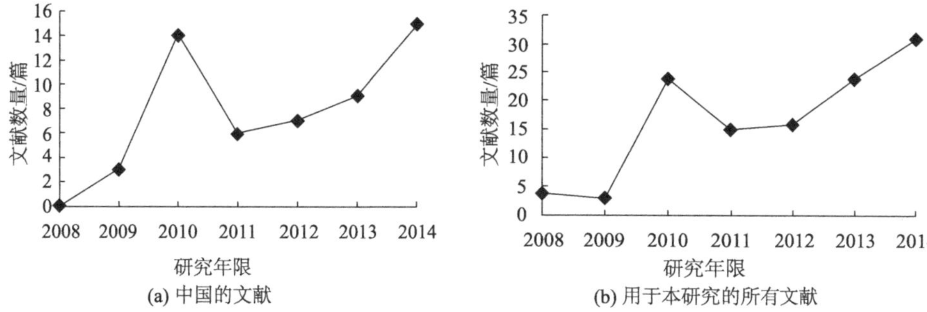

图 2-2　基于研究年限的 PPP 项目履约问题相关文献统计

（1）2010 年文献量陡增。对 2010 年的文献分析结果显示，其大多于 2008～2009 年收稿，本研究认为其主要原因为，为了迎接 2008 年北京奥运会，北京市政府采用 PPP 模式建设了一批基础设施项目，如奥运主场馆“鸟巢”、北京地铁奥运支线等，由此带动了其他城市采用 PPP 模式进行基础设施建设，同时引起学术领域进行 PPP 研究的热潮。考虑到学术研究是针对实践中出现的问题与需求而开展的，且期刊论文刊发具有滞后性，才使得 2010 年达到文献量的峰值。

（2）2011 年文献量骤降。2008 年全球金融危机及 5·12 汶川地震给我国经济造成较大冲击，为进一步扩大内需促进经济平稳增长，2008 年第四季度至 2010 年底国家财政累计投资 4 万亿用于民生工程、基础设施、生态环境建设和灾后重建。在此期间，以吸收社会资本投资为主要特点之一的 PPP 模式暂趋于沉寂，与此同时，学术领域对于 PPP 的研究热潮也暂告一段落。

（3）2011～2014 年文献量保持稳步增长。2010 年国务院先后颁布《国务院关于鼓励和引导民间投资健康发展的若干意见》（国发〔2010〕13 号）、《国务院办公厅关于鼓励和引导民间投资健康发展重点工作分工的通知》（国办函〔2010〕120 号），鼓励民间资本以独资、控股、参股等方式进入基础产业和基础设施领域。这些纲领性政策法规引导全国各地积极开展更大范围的 PPP 尝试，学术领域也基于实践中出现的问题对 PPP 模式展开更深入的探索。

2.3.2　发展脉络的梳理

基于以上的统计分析结果，本研究对所检索出的文献进行重新梳理，由此发现，克服PPP履约困难、保证项目顺利实施的相关研究，是随着对PPP项目中不确定性和再谈判认识的不断深入而发展的，其发展脉络可划分为以下四个阶段。

（1）将不确定性视为一种威胁，认为再谈判是PPP合同失败的主因，致力于设计相对完善的合同以避免再谈判，相关研究主要集中于合理风险分担、提供事前保证以及特许经营期计算。①案例研究发现，过多的再谈判通常源于PPP合同中未进行最佳的风险分担（Chan and Ameyaw，2013），因此，相关研究试图寻找中国PPP项目中首选的风险分担方案（Ke et al.，2010），或者提出PPP项目中公平/最佳风险分担的决策模型（Xu et al.，2010；Jin and Zhang，2011）。②政府提供的最小需求保证（minimum demand guarantee，MDG）、最小收益保证（minimum revenue guarantee，MRG）等事前保证，本质上仍是一种公私双方风险共担策略（risk-sharing strategy）或私人部门的风险缓解机制（risk-mitigation mechanisms）（Brandao et al.，2012），Wibowo等（2012）提出了易于操作的方法来确定政府保证的具体数额。③特许经营期计算亦反映合理风险分担的思想，如Carbonara等（2014a）提出了基于公平的风险分担原则的PPP项目特许经营期计算方法，并通过意大利南部城市巴里的港口BOT项目检验其适用性，Xu和Moon（2014）提出了在多重约束条件下确定BOT项目特许经营期的随机收益和成本模型。上述研究均致力于签订更为完备的PPP合同，然而，“过分书写”（overwriting）使PPP合同的刚性特征显著，无论预测技术如何发展，过度刚性的合同都不可能很好地治理一个长期交易（Cruz and Marques，2013a）。

（2）将不确定性视为一种假设，认为再谈判是不可避免的，致力于在合同中约定事后支持制度，防止再谈判成为机会主义的，相关研究主要集中于建立调价模型、进行事后补偿。Cruz和Marques（2013b）通过计量经济分析发现，合同中约定调整规则可大幅降低再谈判发生的概率，因此，Tan和Tan（2014）提出了未知需求情况下收费公路BOT项目的事后调价程序——帕累托改进（Pareto improvement）的试错程序；Xiong和Zhang（2014）提出了一个特许权再谈判框架，包括再谈判触发条件的判断与补偿措施的选择，并指出最常见的三种补偿措施为调整收费（toll adjustment）、合同展期（contract extension）、年度补贴或单一支付调整（annual subsidy or unitary payment adjustment）；Feng等（2014）研究了当合同未规定的意外事件发生导致需求量下降时，政府是否应当对私人部门进行运营期补偿以及如何补偿来实现私人部门收益和消费者剩余的帕累托改进。显然，该部分研究主要针对需求不确定条件下的合同价格，旨在弥补履约过程中意外事件对私人部门造成的损失或分享其带来的利润，属于操作的或战术的柔性（operational or tactical flexibility）。

（3）采用 PPP 不仅是为了解决公共部门的财政紧张，更重要的是借助私人部门的专业和创新来提高公共产品的供给效率，因此，部分研究开始更全面地考虑不确定性[①]，将再谈判视为拓展策略选择空间的机会，关注 PPP 合同战略的柔性（strategic flexibility），致力于增强合同的自适应性来激励私人部门实现项目价值增值，相关研究主要集中于设计柔性合同（flexible contract），以及与之匹配的信任、承诺等关系要素。前者如：Cruz 和 Marques（2013a）提出了合同柔性的复式矩阵模型，并通过一个医院 PPP 项目评估了采用柔性合同的益处；Song 等（2014）通过多案例分析提出了单一收益约束模式、多重收益约束模式和中间谈判模式三种弹性特许期决策模式。后者如：Cheung 等（2010a）研究发现，中国香港和澳大利亚公共部门一致认为，PPP 成功的关键即伙伴关系/承诺/信任（partnership spirit/commitment/trust）；Zou 等（2014）认为，PPP 项目中合同纽带（contractual bond）的维持依赖于交易双方关系的建立。

（4）上述研究均通过项目治理范畴的合同设计来改善 PPP 履约效率，然而，相关研究发现，当前中国 PPP 合同履行的最大风险或挑战为政府的市场规制不力，如政府干预、决策过程不佳、缺乏法律框架和政策引导（Ke et al.，2011），制度环境不完善引发很多项目治理问题（Zhang et al.，2015），因此，少数研究意识到顶层制度不健全诱发的不确定性同样阻碍再谈判的顺利开展，致力于完善政府的市场规制，为 PPP 合同的顺利履行提供良好的制度环境，相关研究主要集中于识别具体规制措施、分析某一规制措施。前者如 da Cruz 和 Marques（2012）通过案例分析发现，增加采购过程的透明度、标准化招标文件和合同条件是 PPP 合同顺利实施的关键；后者如 Tserng 等（2012）通过博弈分析明确了国家 PPP 中心在推广 PPP 中的角色为公私双方的信任建立者，并有国际会议论文开始探讨第三方影响（third-party influence）（Pineda and Arboleda，2014）、私人部门自提的发起方式（Aziz and Nabavi，2014）对 PPP 顺利履约的促进作用。

2.3.3 研究增长点的预测

虽然大部分国家或地区 PPP 的推广是为了解决政府资金短缺的困难，降低政府债务风险，但不可否认其更高层次的目的是利用私人部门的创新与竞争提高公

① Cruz 和 Marques（2013a）指出，不确定性分为四类，即模糊不确定性、认知不确定性、偶然不确定性、互动不确定性，而 PPP 项目的不确定性主要来源于三个方面，即成本超支（cost overruns）、需求预测（demand forecasting）和资本成本（capital costs）。

共产品的供给效率，并通过社会资本的激活与介入为市场经济发展注入一剂强心剂。因此，追求PPP项目中私人部门的尽善履约，激发其在技术与管理上的创新，从而满足公私双方的最大收益，成为PPP发展的未来趋势。有鉴于此，本研究认为关于PPP最有生命力的研究方向主要有如下三个。

1. 合同、关系和规制三方面研究的整合

通过上述分析可知，PPP履约问题的研究经历了由关注合同刚性向追求合同柔性的转换、由经济学视角下的利益共享向社会学视角下的伙伴关系的发展、由微观的项目治理向宏观的市场规制的延伸，现有研究通常凸显某一阶段的研究特征，鲜有综合体现不同发展阶段元素或特征的文献。然而，刚性天然地存在于组织和组织变化的过程中，PPP合同的长期性也使柔性必不可少，只有刚柔相济的合同及履约过程才能促使PPP项目成功；PPP项目是众多利益相关方在合同约束之下形成的一种半开放型的社会网络组织，表征态度或意向的关系要素必然与PPP合同及其履行存在交互作用；PPP在中国的推广不仅是一种公共项目采购方式的创新，更是政府职能从管理者向规制者的转变，合同对项目治理作用的发挥必然受到市场规制的限制或放大。有鉴于此，本研究认为PPP履约问题的未来发展趋势之一就是将刚性的合同、与柔性密切相关的关系、市场层面的规制纳入同一研究框架中，通过市场规制与项目治理的协同促进PPP效率的提高。

2. 考虑因私人部门认识或感知偏差而引起的经济手段效用的差异

以往研究主要通过合同安排、履约机制等经济手段实现PPP顺利履约，而很少考虑私人部门之间固有的个体偏差引起的上述经济手段作用效果的差异，而PPP履约问题研究的未来发展趋势之一就是越来越多地考虑交易双方的社会属性，体现对私人部门的人文关怀，致力于诱导或强化私人部门积极的认识或感知（如信任、公平感知），从而促使经济手段作用的充分发挥。以PPP项目中私人部门的公平感知为例，PPP是一种事前部分可缔约的长期契约，交易双方通过招投标或谈判形成初始合同，而在交易过程中再谈判又是不可避免的，依据Hart和Moore（2008）的参照点理论，再谈判是通过私人部门的公平感知而间接作用于其合作行为的①，而交易的长期性使得PPP初始合同必然是交易双方的合意或双方均认为公平的，故PPP初始

① Hart和Moore（2008）认为，契约为交易关系提供了一个参照点、一个交易主体的权利感受的参照点，在他们的模型中，一方交易当事人的履约行为是其从契约承诺中获得的权利感受的函数。

合同可视为交易双方进行再谈判的参照点[①]，由此可见，私人部门在 PPP 交易起始点（初始合同）具有较高的公平感知，而交易过程中的再谈判则会导致这种公平感知动态变化，因此，PPP 的顺利履约就需要再谈判能够以初始合同为参照点，使私人部门公平感知能够保持较高水平。

3. 更加倾向于激励私人部门在管理与技术上进行创新

各国或地区开始倡导 PPP 模式的时间虽有先后，但其目标基本一致，即短期目标为缓解财政支出压力，长远目标为发挥市场经济的能动作用，通过公私双方优势互补激发经济活力。各国在 PPP 实践初期主要关注其短期目标，即 PPP 模式对解决财政融资乏途问题的作用，相关研究也以保证 PPP 操作的规范化、稳定性为侧重点；随着 PPP 实践成熟度的不断提高，运用该模式的靶向逐步过渡到其长期目标，即私人部门在管理与技术上的创新对于经济的带动作用，相关研究也更多地致力于建立和完善相应机制设计以激发私人部门的创新潜能。根据 2011 年《亚太地区 PPP 模式环境评价报告》，图 2-1 中所涉及的国家和地区只有澳大利亚和英国处于 PPP 模式发展的成熟期（美国等不在亚太国家之列），在 PPP 履约问题研究上表征为多数文献关注倡导 PPP 模式短期目标的实现，但随着 PPP 模式发展不断成熟，其未来研究趋势必将向倡导 PPP 模式的长期目标逼近。例如：Yuan 等（2010）的研究发现，PPP 项目中不同利益相关者的绩效目标均包含带动当地经济发展（反映激发经济活力）、提高技术水平与获得技术转移（反映技术创新）、私人部门为公共部门提供额外的设施或服务（反映管理创新），但利益相关者对这 3 个子目标的关注度排序相对靠后（共计 15 个子目标，上述 3 个子目标处于第 11～13 位）。有鉴于此，本研究认为 PPP 履约问题研究的未来增长点为，在 PPP 模式操作的规范化、稳定性得以保证的基础上，追求私人部门在管理与技术上的创新，从而激发当地经济活力。

2.3.4　研究发展规律的总结

本研究从研究主题、研究国家或地区、研究年限三个方面，对 2008～2014

---

① 本研究认为，PPP 的履约与一般工程项目的履约是截然不同的，一般工程项目的业主通常在缔约前处于绝对强势地位，它们为了保护其权利感受、保证其利益实现而倾向于签订不利于承包商的合同，承包商为了生存而非盈利（生存是盈利的前提）有可能接受不公平的合同，并试图在缔约后通过二次经营将交易推进到己方认为公平的状态。因此，一般工程项目中公平感知的研究重点在于承包商对承发包合同的公平感知（观测时点为缔约时），如果承包商没有成功地进行二次经营，则合同执行过程中的公平感知为静态的；而 PPP 项目公平感知的研究重点则在于交易过程中的再谈判产生的公平感知，因为初始合同为交易双方的博弈均衡，关键是如何使得再谈判能够维持这种均衡，PPP 项目交易过程中的私人部门的公平感知是动态变化的。

年与 PPP 履约问题相关的英文文献进行分类统计，由此总结出该问题研究的发展规律：①逐步由经济学视角下的利益共享向社会学视角下的伙伴关系发展、由聚焦刚性合同以保证敷衍履约向追求柔性合同以促使尽善履约过渡；②本文献研究所针对的国家或地区中，中国 PPP 履约问题研究的文献量所占比重最大，且就这些文献的研究品质而言，PPP 模式发展相对成熟的国家或地区（根据 2011 年《亚太地区 PPP 模式环境评价报告》判定）的研究更关注尽善履约，而成熟度较低的国家或地区则多停留在保证敷衍履约的层面上；③中国 PPP 履约问题的研究趋势与国际上基本吻合，作为一种政府采购方式的创新，PPP 模式下履约问题的研究（与实践需求保持一致）必然与国家的政策和经济环境密切相关。在此基础上，本研究对上述文献中主张克服 PPP 履约困难的观点、思路或具体措施进行梳理、整合，并认为 PPP 未来研究的增长点在于，如何在保证敷衍履约的基础上实现私人部门的尽善履约。

第3章　PPP项目的善治及其实现

项目治理的目标为达到“善治”，善治即良好的或有效的治理，它是治理的一种状态。而实现善治的工具包括项目契约、法律法规、政府监管等“硬性的”治理工具以及代理人声誉、社会资本、合作伙伴之间的诚信等“软性的”治理工具。前者针对项目交易双方的对抗思维，它们对代理人的激励与约束缺乏弹性；后者是为了使项目交易双方的关系趋于信任和承诺，它并不改变项目契约的内容和各方权责利的分配，而是用一种新型的思维方式弱化分明的壁垒关系和对抗思维，降低双方的交易费用。仅从项目层面考察PPP项目的话，其“硬性的”治理即合同治理，“软性的”治理即关系治理。

3.1　公共项目管理绩效改善的范式变革

无论是管理学范畴还是经济学范畴，其一切学术研究的目的均为无止境地追求效率和效果，因此，项目管理绩效改善并非只是在管理绩效低下时才需要，而是工程项目研究领域的一个永恒话题，其相关研究自项目这一管理方式出现时即开始，并伴随着项目管理实践的发展而不断发展。随着项目所处经济、技术、制度等外部环境的变化，以及人们对项目本质认识的不断深入，对于“如何改善公共项目管理绩效”这一科学问题总有新的信仰、新的研究视角和新的解决思路，因而，公共项目管理绩效改善研究的范式不断更迭，研究范式的每一次转换都无异于该研究领域的一场革命。本节将系统回顾公共项目管理绩效改善研究的发展历程，指出随着技术、经济、制度等外部环境的变化以及工程实践的发展，人们对项目本质的认识不断深化；相应地，公共项目管理绩效改善研究依次经历了技术范式、组织范式、契约范式和关系范式，每一次范式转换都无异于公共项目管理绩效改善研究领域的一次革命，伴随着研究信仰、价值及技术的巨大变化。

3.1.1 公共项目管理绩效改善研究及其范式转换

1. 公共项目管理绩效改善研究

国际上一般按资金来源及社会效益影响的不同将工程项目分为公共项目（public project）和私人项目（private project）。前者是代表公众意志的政府行为，政府是工程项目的最终业主，具体包括纯经营性公共项目（如收费高速公路）、准经营性公共项目（如地铁、轻轨）和非经营性公共项目（如敞开式城市道路）；而后者是个人行为，政府除了环保、劳保、安全等方面外基本不干预。不同类别的工程项目，其管理方式也不一样。

对于工程项目管理绩效的认识，经历了三个发展阶段：①“绩效是结果”，该阶段往往以“铁三角”（成本、工期、质量）作为工程项目管理绩效评价的指标；②“绩效=结果+过程”，该阶段工程项目管理绩效的评价指标呈现多维度发展，人们逐渐意识到项目各阶段都有不同的评价指标，项目各利益相关者评价项目管理绩效的指标也不尽相同；③近年，一些发达国家对采用 PPP 模式的公共项目进行物有所值的判断，由于物有所值注重的是长期的公共服务产出，因此，其公共项目管理绩效更加关注未来。本研究将公共项目管理绩效界定为：以“4E”标准为前提的“过程+结果”，即在综合考虑公共项目的经济性（economy）、效率性（efficiency）、效果性（effectiveness）、公平性（equity）前提下，公共项目管理全过程中与项目目标相关的动态的组织行为以及这些行为所产生的静态的结果。

关于公共项目管理绩效改善的研究包括绩效评价与绩效改善途径两部分，前者是后者的依据，后者是前者的目的，公共项目管理绩效改善即“评价—改善途径—评价”螺旋上升的过程（图 3-1）。

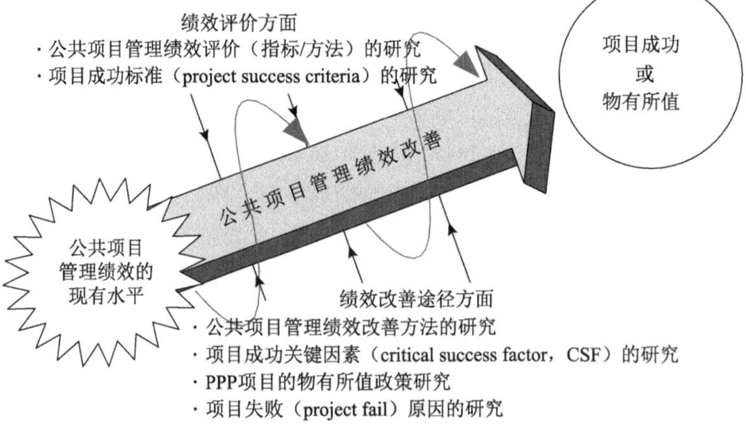

图 3-1　公共项目管理绩效改善研究示意图

2. 公共项目管理绩效改善研究的范式转换

在不同的历史时期，对于公共项目管理绩效改善的研究文献都有一个共享的信仰、价值、技术等的集合，这就是库恩所谓的“范式”（paradigm），科学研究范式的结构包括“世界观和价值观-基本定律和理论-模式、方法和技术”三个层次（托马斯·库恩，2003）；而在某一范式被广泛接受之后，研究者总能发现当时范式下的理论所解决不了的“例外”或“难题”，当这些不能被纳入范式的反常持续增多发展到一定程度时，研究者就开始尝试用不同的信仰和竞争性的理论取而代之。公共项目管理绩效改善研究的范式也是随着研究的深入、难题的出现而转换的，这本质上是对该领域研究的变革。公共项目管理绩效改善研究范式的转换与研究者对公共项目本质认识的发展是相对应的，如表 3-1 所示。

表 3-1 中所示公共项目管理绩效改善研究的四个范式可划分为两大类：原有的技术范式与组织范式均为从项目管理行为层面来实现公共项目管理绩效的改善，而新发展起来的契约范式以及初露端倪的关系范式则更多地强调从项目交易制度层面来实现公共项目管理绩效的改善。公共项目管理绩效改善研究的显著发展趋势即从管理层面逐渐深入到制度层面，并由于制度层面的变革引发了对管理层面的重新思考，公共项目管理绩效改善的 GMP（governance-management-performance，治理-管理-绩效）分析框架正是据此提出研究假设并通过实证研究验证的（尹贻林和杜亚灵，2010）。

3.1.2　公共项目管理绩效改善研究的原有范式

1. 公共项目管理绩效改善研究的技术范式

传统的项目管理将项目看作是一定约束条件下（主要是成本、工期、质量这一“铁三角”）具有明确目标的一次性任务，显然，这种界定将项目这一活动过程视为“黑箱”，强调其生产功能，关注其“投入-产出”的关系，从而更好地发展了项目管理技术。技术范式下的公共项目管理绩效评价仅考虑成本、工期、质量三个指标是否达到预期目标，改善途径的研究可分为如下两个方面。

（1）关于项目中“投入-产出”直接关系的管理。根据项目的定义，其投入即时间、资金等资源以及预期的项目产品质量标准，而产出即在一定程度上满足项目目标的项目产品，因此，项目的生产函数即

$$项目目标=f（项目的约束条件）=f（成本、工期、质量）$$

表 3-1 对公共项目的认识及公共项目管理绩效改善研究的范式转换

对公共项目本质认识的发展	项目定义	传统的项目管理将项目看作是一定约束条件下（成本、工期、质量等）具有明确目标的一次性任务	项目是人力资源和非人力资源组合成一个临时性的组织，以获得特定的目标	公共项目是在公共需求带动下，围绕公共品提供、生产、消费的各参与方在市场中通过一系列合约缔结而成的，具有生产功能的临时性契约组织	—
	项目本质	一个一次性任务	一个临时性组织	一组契约关系的集合	一个临时性社会网络
	特征	将项目视为“黑箱”，侧重强调其生产功能，关注其投入与产出的关系	强调了项目的组织属性，认为其不仅有生产功能，还是配置资源的工具	在认可项目的组织属性基础上，更加关注其交易的特性，彻底打开了项目的“黑箱”	侧重从社会学的角度来认识项目
	项目图示		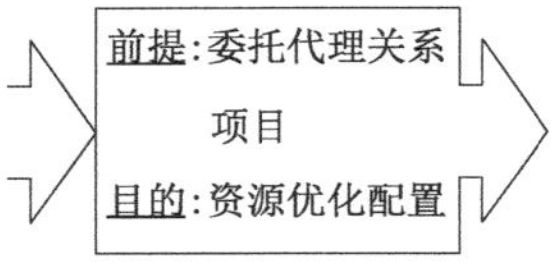	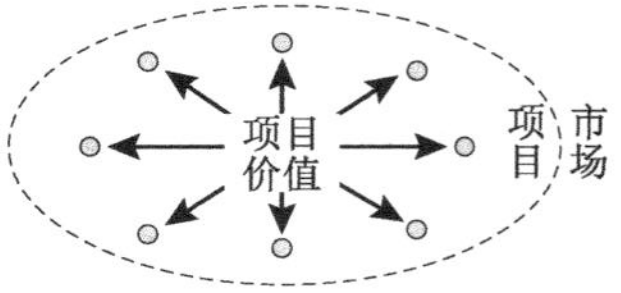	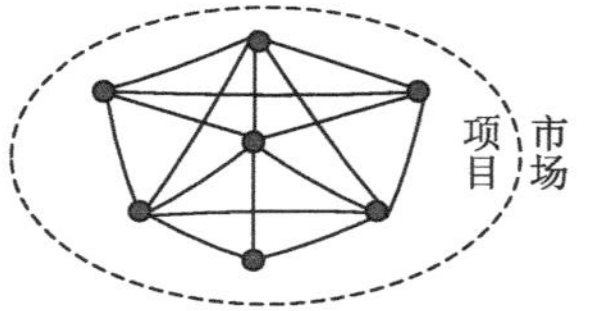
公共项目管理绩效改善研究的范式转换	研究范式	技术范式	组织范式	契约范式	关系范式
	研究信仰	项目是具有生产功能的“黑箱”	组织的变革能够适应一切变化，使项目资源得到最优配置（项目组织和政治层级官僚体系相似）	契约安排这一正式制度的完善能够提高项目交易的效率（交易双方之间是平等的市场关系）	非正式契约是对正式契约的补充与完善，是项目交易的润滑剂，能够提高项目交易的效率
	研究目的	理解项目中投入（资源）与产出（绩效）之间的关系，进而从技术层面改善项目管理绩效	理解项目吸收、存储、配置资源的能力与项目绩效间的关系，进而从组织层面改善项目管理绩效	协调利益相关者之间的契约关系，化解利益相关者之间的利益冲突，进而从正式制度层面改善项目管理绩效	增强项目这一临时性社会网络中的信任与规范程度，为项目治理添加润滑剂，进而从非正式制度层面改善项目管理绩效
公共项目管理绩效改善研究的范式转换	理论方法	关键路径法（CPM）、信息及文件分发表、计划评审技术（PERT）、甘特图、工作分解结构（WBS）、挣值分析（EVA）、风险管理等	项目集/群/组合管理、项目总控、项目集成管理、全生命周期项目管理等	项目治理理论（包括治理结构与治理机制） 合同治理、价值管理（VM）、利益相关者理论、风险分担等	项目治理理论（包括治理结构与治理机制） 关系治理、社会资本理论、声誉理论等

传统的项目管理工具多为管理成本、工期、质量等约束条件与项目目标之间的关系，从而实现项目进度和（或）成本，以及人力、设备等其他资源的计划与控制，如关键路径法、计划评审技术、甘特图、挣值分析。

（2）关于项目中"投入-产出"干扰因素的管理。传统的项目管理尽管将项目这一活动过程视为"黑箱"，但并不否认这一过程会受到很多不确定因素的干扰，项目管理绩效的优劣一定程度上取决对这些不确定因素的管理效果，因此，项目风险管理即成为技术范式下项目管理绩效改善研究的重要着力点，项目风险识别、分析、应对与监控中的每一环节均被开发出一系列的技术和方法，如图 3-2 所示。

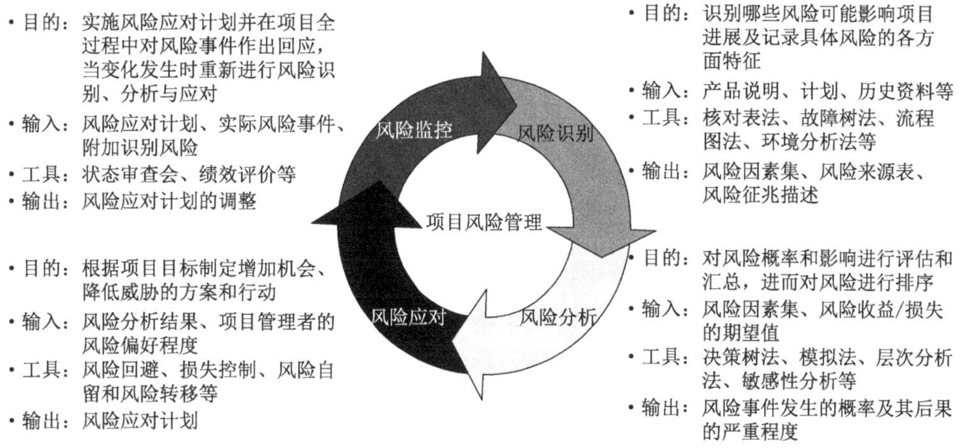

图 3-2　项目风险管理的内容

2. 技术范式到组织范式的变革

生产力的发展使得分工进一步细化，权力所有者由于受知识、能力和精力所限不能行使所有的权力了；另外，专业化分工产生了一大批具有专业知识的代理人，他们有精力、有能力代理行使好被委托的权力，由此在项目中产生了委托代理关系，项目发起人可以根据项目目标需要构造不同的组织结构。与此同时，迅速变化的外部环境与组织内部有限的资源之间的矛盾愈发凸显，项目因其相比功能性组织更适应变化而得到了推广，而为了更好地管理和应对变化，项目组织需要通过战略管理获取竞争优势，以便在瞬息万变的市场中立于不败之地。当然，高速发展的信息技术也为项目这一临时性组织的信息沟通与知识共享提供了技术支持。在上述三方面的驱动下，公共项目管理绩效改善研究范式发生了第一次变革：从技术范式转换到组织范式（图 3-3）。

3. 公共项目管理绩效改善研究的组织范式

委托代理理论的中心任务是研究在利益相冲突和信息不对称的环境下，委托

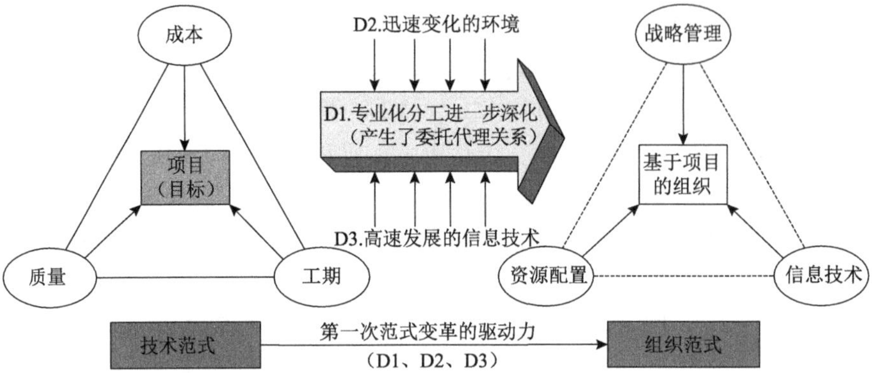

图 3-3　公共项目管理绩效改善研究的第一次范式变革

人如何设计最优契约激励代理人。Turner 和 Keegan（2001）运用委托代理理论分析了项目临时组织内部的结构，描述了项目组织中的两个角色——经纪人（broker）和干事（steward）产生的必然性及其任务和管理结构，并认为在项目组织中，不同参与者表现出不同的行为，并将导致不同的项目绩效。在以委托代理关系为特征的项目组织内部，委托人与代理人之间、不同项目之间的资源优化配置则是通过战略管理思想和信息技术平台实现的，表 3-2 列举了在实践中取得良好效果的组织范式下项目管理绩效改善理论与思想。

表 3-2　组织范式下主要项目管理绩效改善理论与思想及其代表性工程实践

理论或思想	核心指导思想的内涵	实现方法或技术	代表性项目	建设单位的特殊需求	经验总结成果
项目群管理理论	项目群管理就是组织为了实现其战略目标与利益而将多个同时进行或相互联系的项目和可操作性作业进行统一协调管理，从而获得单独管理各项目所无法获取的效益	现代信息技术、整体最优的原则	2010 年上海世界博览会浦东 AB 片区	解决多个项目之间的协调管理问题，使多个项目效益最大化	何清华等（2009）、乐云和蒋卫平（2010a）
项目总控	项目总控是以现代信息技术为手段，对大中型建设工程进行信息的收集、加工和传输，用经过处理的信息流指导和控制项目建设的物质流，支持项目最高决策者进行策划、协调和控制的管理组织模式	现代信息技术	厦门国际会展中心	解决项目建设管理过程中大量信息的高效处理	《项目总控：建设工程的新型管理模式》（专著）
大型工程综合集成管理	以我国系统科学家提出的综合集成方法论为指导，基于现代信息技术，大型工程建设项目集成可分为信息集成、过程集成、参与方集成三个层面，它们之间有相互嵌套、相互推动的辩证关系。只有实现了大型工程建设项目各个层面和方面的综合集成，才能真正实现其项目管理的综合效益，实现这个开放复杂巨系统“整体大于部分之和”和所谓的系统功能的“涌现”	现代信息技术、系统论、组织行为学	苏通大桥	解决大型工程建设管理的“显性”复杂性和“隐性”复杂性带来的集成管理问题	《大型工程综合集成管理——苏通大桥工程管理理论的探索与思考》（专著）

续表

理论或思想	核心指导思想的内涵	实现方法或技术	代表性项目	建设单位的特殊需求	经验总结成果
全生命周期项目管理思想	全生命周期项目管理思想致力于建立一个系统化的管理体系，需要我们在项目全生命周期的前期即从项目建成后运营的角度综合地考虑、分析，建立项目全生命周期的目标，并将此目标作为项目建设和过程绩效评估的基础	信息向前集成	浦东国际机场	符合上海航空枢纽建设的战略目标，以运营为导向——战略规划、项目管理的深度设计和过程控制均以运营期间的功能实现为指引	《以运营为导向的浦东国际机场建设管理》（专著）

3.1.3　公共项目管理绩效改善研究的新范式

公共项目管理绩效改善研究的新范式包括：以契约的合理设计与执行为中心的契约范式，以及通过交易双方关系的协调保障契约执行的关系范式。前者的代表性理论为合同治理，后者的代表性理论为关系治理，二者共同贡献于项目治理水平。合同治理与关系治理的整合亦成为项目治理理论完善的现实需要。

1. 公共项目管理绩效改善研究的契约范式

契约范式下的公共项目管理绩效改善研究强调正式制度框架对项目交易的约束，通过严格的契约规范项目交易双方的利益博弈。其代表性研究包括以下几方面。

（1）公共项目绩效目标的确定。契约范式认为，项目的本质是一组契约关系的集合，而这些契约关系是以项目价值为核心的。项目价值来源于项目绩效目标的完成，而项目绩效目标又包括了各个利益相关者的目标，各利益相关者目标的实现也就等同于其利益的实现，由此可见，项目各利益相关者目标、利益的实现即项目的价值。基于利益相关者分析的公共项目绩效目标确定是合理设计公共项目契约的前提。代表性研究如：尹贻林和万礼锋（2010）通过利益相关者分析进行 5 • 12 汶川地震灾后恢复重建保障性公共项目的绩效规划，包括识别项目中的众多利益相关者、确定各利益相关者的核心利益诉求、利益诉求的均衡分析以及确定项目绩效目标（即项目价值）。

（2）公共项目交易方式的选择。广义上讲，项目交易方式（project delivery system，PDS）的选择包括承发包模式（对应公共项目的治理结构）和合同安排（即契约设计）两方面。治理结构选择的标准即能够提高项目交易的效率，因此该部分研究包括不同治理结构交易效率的比较、治理结构选择的影响因素等。代表性研究如：Oyetunji 和 Anderson（2006）从控制成本增加、风险防控的角度对各种工程交易方式选择的效用进行了分析；严玲和崔健（2011）引入项目治理理论对国内多个城市轨道交通 PPP 项目的交易模式进行了对比与分析。关于契约设计方面，契约经济学认为，契约可以理解为节约交易成本的协调形式，其核心内容即支付、权利和责任（即风险）；而公共项目治理理论认为，合理的契约应是“主要利益相关者权责利对等”的，因此，公共项目契约的合理设计包括：基于项目控制权的风险分担机制、基于风险分担或代理人风险偏好（risk preferance）的取费机制等。

（3）其他公共项目治理机制的优化。为了保证契约的有效执行，公共项目通常设立代理人选择机制、代理人绩效评价或问责机制、政府监管机制等治理机制，它们与项目契约共同构成了“硬性的”治理工具的集合，因此，公共项目管理绩效的改善可以通过重构或优化这些治理机制来实现。

2. 公共项目管理绩效改善研究的关系范式

契约范式认为，合同治理水平与项目管理绩效之间为正相关关系，然而，实践中却总有与此相悖的现象。究其原因，契约范式下的治理研究往往基于“经济人”的假设，通过正式制度以及“硬性的”治理工具来应对已知的或潜在的交易风险，它不像社会学或社会经济学那样敏感于经济活动向社会关系的嵌入，这样就忽视了正式制度与非正式制度之间的互补关系。于是越来越多的学者意识到，较之正式契约，关系契约（如合作、信任、互惠等）对项目管理绩效也发挥着不可忽视的作用，社会资本与原有的物质资本和人力资本同样是项目交易中的重要资源，项目治理理论开始从社会资本的视角重新思考公共项目管理绩效的改善，最终导致了公共项目管理绩效改善研究的第三次范式变革。关系范式的显著特征即注重“软性的”治理工具与原有的“硬性的”治理工具的耦合，代表性研究包括以下几方面。

（1）关系治理对合同治理的补充。Jonas（2004）通过整理分析相关文献认为，项目治理可分为合同治理与关系治理两方面，前者关注以契约为核心的正式制度，而后者针对项目关系网络中以信任为基础的非正式制度。Zheng 等（2008）认为，二者是互补的交易治理形式，合同治理长于应对模糊性（ambiguity），而关系治理长于应对易变性（volatility），后者可以促进前者的效率和效果。尹贻林等（2011）认为，合同治理与关系治理的整合可以解决项目治理理论对工程实践中的很多现象解释力不足的问题，并构建了二者整合的研究框架。对于关系治理的核心——信任的研究，乐云团队构建了工程项目中信任产生机制的概念模型（乐云和蒋卫平，2010b），分析了信任与项目成本、法制监督的关系（乐云和蒋卫平，2010c），并且基于业主的视角论证了信任对项目成功的影响（蒋卫平等，2011）。

（2）合同不完全程度与社会资本量的匹配。Pryke（2005）证明了社会网络分析（social network analysis，SNA）作为分析建设工程项目治理工具的可行性。其中，社会资本是指处于社会网络或更广泛的社会结构中的，人们动员的能为自己（或组织）带来经济效益的社会资源，它以信任为基础、以互惠规范为内容、以社会网络为载体，其中信任是社会资本最核心的要素，社会资本的经济功能关键就在于降低交易成本。关于社会资本量的度量，谢继勇（2010）分析现有相关文献，在信任、规范、社会网络这三个社会资本核心要素的基础上，吸纳或释放各种相关的因素，提出了一套用于测度公共项目社会资本的指标体系。此外，杜亚灵和尹贻林（2012a）认为，既然合同天然是不完全的，在某一特定治理结构下的合同，其不完全程度可以是[0，1]的一个连续区间，那么，决策者可以根据项目交易双方的社会资本量选择合适的合同不完全程度，以求达到项目交易全过程交易费用最小。

（3）基于声誉效应的代理人选择与激励机制。Wang 和 Chen（2006）提出的治理均衡（governance equilibrium）中包括了四种治理机制，即显性合同、隐性合同、声誉和信任，每一种机制的优势都可以延伸至另一种机制的缺陷部分，从而形成一种互补关系。其中声誉是增强公共项目交易双方信任的重要因素，是一种能对公共项目代理人进行有效激励的长效机制。该方面研究如：严玲等（2010a）将声誉效应引入代建单位名录的管理中，分析在代建单位声誉的构成及声誉测量条件下的代建单位名录动态管理的制度设计。

3.2　项目治理理论概述

3.2.1　项目治理理论的提出

公共项目管理绩效改善研究原有的组织范式与之后发展起来的新范式具有共同的认知：①由于专业化分工的深入，项目中存在委托代理关系；②委托、代理双方之间的信息不对称以及利益冲突导致了代理问题。然而，新范式从如下三个方面否定了原有的组织范式对公共项目契约的认识以及对委托代理关系的预期，最终促成了公共项目管理绩效改善研究范式的第二次变革，由此提出了项目治理理论。①是完全契约还是不完全契约：原有的组织范式下，工程项目的契约被认为是完全契约，且忽略了契约的签订和执行费用，因此，研究的焦点仅为事前契约设计；然而，由于人的有限理性和交易费用的存在，契约天然是不完全的，因此，新范式下的研究主张关注事前契约设计及事后治理的全过程契约关系。②剩余索取权是否可转让：得到修正的委托代理理论认识到了契约的不完全，主张通过合理的形式使代理人拥有一定的剩余索取权，以此实现对代理人的有效激励，从而解决代理问题；然而，公共项目在公有产权约束下剩余索取权不可转让，这种代理问题的解决途径在公共项目中无法实施。③委托代理双方的关系：原有的组织范式认为项目组织和政治层级官僚体系相似，因此，对于项目中委托代理双方关系的预期为分明壁垒、对抗思维；然而，随着人们对契约不完全性的认识以及 PPP 这一思想的推广，私人部门的能力及其努力程度对公共项目的成败至关重要，在此情形下，公私双方必须由原来的壁垒分明、对抗思维转化为平等交易的市场关系、精诚合作的伙伴关系。

治理就是为了“协调利益相关者之间的关系，化解利益相关者之间的利益冲突”而进行的一系列制度层面的活动，这是治理的本质。项目治理能够构建一套包含一系列正式或非正式、内部或外部的制度或机制的制度体系。它科学合理地规定了项目主要利益相关者之间的权责利关系，从而在项目交易中建立起一种良好的秩序，并通过各种方法和手段来维持这种秩序，以求有效地协调利益相关者之间的关系并化解他们之间的利益冲突。简而言之，项目治理就是通过一套制度体系来建立并维持项目交易中的一种良好秩序的过程，而这种秩序就是规定各主要利益相关者应该怎样的，需要强调的是，项目治理不仅包括在项目这一契约组织形成时建立秩序的过程，更包括在项目建设管理全过程来维持这一秩序的过程，由此可见，项目治理并非只是在出现治理问题时才需要，而是贯穿整个项目交易的（图 3-4）。至于项目治理的结果，从宏观角度来看即在项目交易市场中营造了一种体制环境，从微观角度来看即在项目交易内部建立和维持了一种良好的秩序（尹贻林和杜亚灵，2010）。

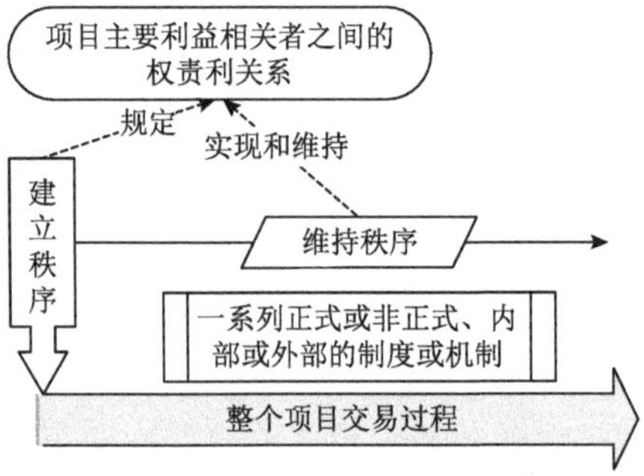

图 3-4 项目治理定义的解析图

资料来源：尹贻林和杜亚灵（2010）

3.2.2 项目治理的目标——善治

项目治理的目标为，达到利益相关者之间关系的协调和利益的趋同，从而最终实现项目价值，即所谓的“善治”（good governance）。根据联合国亚洲及太平洋经济社会委员会（UN-ESCAP）的理解，无论是国际治理、国家治理、公司治理，还是项目治理，达到善治需要满足以下八个方面的要求（Abednego and Ogunlana，2006）：

（1）所有利益相关者都积极参与，且这种参与必须是预先通知的、有组织的；

（2）完善的法律法规，通过这些法律法规来强制性保证公平；

（3）透明性，即所有决策及其执行必须严格遵守法律法规，而且有关的信息对于其各利益相关者而言必须是可获得的并且是易于获得的；

（4）及时响应，即所有的利益相关者都能够对某一决策做出及时、合理的响应；

（5）一致性导向，即组织中的不同利益团体必须能够协调统一，他们必须清楚组织整体的最优利益以及如何实现；

（6）公平与共享，即所有参与方都具有平等的机会来改善或维持其利益；

（7）效力与效率，即能够充分利用可获得的资源来得到满足要求的产出，同时能够可持续地利用资源以及保护环境；

（8）责任性，即所有参与方都能够对其所做决定或其行为负责，并且通过透明度或法律法规强制其负责。

Abednego 和 Ogunlana（2006）将以上善治的八大要求应用到 PPP 项目中，认为 PPP 项目的善治必须满足以下八点：

（1）在正确的时机做出正确的决策，这是积极参与的一种形式；

（2）完善的合同；

（3）信息透明，尤其是公共部门与私营部门之间；

（4）响应，即对于任何决策都能在合理的时限内做出具体的活动作为响应；

（5）持续的项目控制与监督，以便达成项目共同的目标，满足所有利益相关者的利益；

（6）公平，在所有的项目参与方之间，特别是公私部门之间，建立真正的伙伴关系；

（7）效力和效率；

（8）责任，以用户的满意以及公众的参与作为终极责任。

3.2.3 项目治理的内容

1. 治理结构与治理机制

项目的治理根据其内容的特征分解为治理结构（governance structure）与治理机制（governance mechanism）。治理结构对应项目治理定义中的“秩序”，是项目制度体系的框架，用于定义其主要利益相关者的契约关系，是一种固化的东西，它与其所处的自然、经济和市场环境相匹配才能充分发挥效力，因此在一定历史时期内是相对稳定的；而治理机制对应治理定义中的实现和维持“秩序”，是用来解决项目契约不完全性的手段和方法，是一种相对灵活的东西，在一个确定的项目中可以根据需要进行调整。由于治理结构是在项目这一契约组织形成时即确定和建立起来的，而治理机制是在此之后的项目管理全过程中应用并发挥效用的，因此可以说，治理结构是治理机制的现实载体，治理机制依赖于一定的治理结构，同时，治理机制是治理结构的灵魂，没有治理机制，治理结构不起任何作用（尹贻林和杜亚灵，2010）。

2. 合同治理与关系治理

Winch（2001）建立的建设项目全生命周期交易治理理论框架包括垂直治理和水平治理两个维度，把业主、总承包商、建筑师等都纳入了垂直治理范围，将水平治理分为水平分级治理（体现为雇佣关系）和水平市场治理（体现为供应链）两类。沙凯逊（2010）认为，对垂直治理的研究以交易费用和委托代理的解释逻辑为主，对水平治理的研究以合作竞争的解释逻辑为主。基于此，邓娇娇和严玲（2015）指出，按照垂直治理与水平治理的划分及其研究的着力点，公共项目治理中委托代理关系的研究重点是“政府业主—项目管理方—承包方”委托代理链条上以项目管理方为核心的代理问题的解决；项目各参与方之间的合作竞争关系则是面对项目参与各方的交易关系中，冲突的解决及良好合作关系的建立。相应地，代理问题的解决以契约治理机制为主，冲突的解决及合作关系的建立则倚重于关系治理机制。由此可见，项目的治理根据其内容的性质分解为合同治理（contractual governance）与关系治理（relational governance），前者是指通过合理的正式制度的设计和安排进行治理，而后者则是通过关系规范来实现治理。

学术界对组织间合同治理与关系治理的关系争论已久，主要形成了两种代表性观点。①替代关系，即契约治理和关系治理具有同等功能，可以相互替代；或者一种类型的治理机制对另一种类型的治理机制的基础或优势具有抑制性进而产生了替代（Huber et al.，2013）。②互补关系，这种关系具体表现为一类治理机制创造条件促进了另一类治理机制发挥作用（Poppo and Zenger，2002），即支持机制（enabling mechanisms）；此外，两类治理机制可以解决对方的局限性，通过“补偿机制”的方式也可以实现二者的互补（Li et al.，2010）。严玲等（2016）基于16个非经营性代建项目考察了公共项目中契约治理与关系治理的关系，揭示出二者是互补关系。具体而言：公共项目治理框架中的契约治理（包括风险分担机制、报酬机制、选择机制、问责机制）与关系治理（包括信任、承诺、沟通、合作）都能有效改善项目管理绩效，并且，总的来说契约治理处于更为核心的位置，其中，关系治理主要是通过影响契约治理中的风险分担机制实现互补效应，而契约治理并不会必然导致双方对抗关系，而是可能提升公共项目关系治理水平。

3.3　最优契约与合同治理

契约，不论是隐含的还是显性的，涉及两个或者多个当事人之间某种持续的关系。没有彻底的、一劳永逸的交易，当事人需要设计契约来规范持续的契约关系。交易契约设计的最基本原因是非对称信息，即缔约当事人一方知道而另一方不知道，甚至第三方也无法验证，即使能够验证，也需要花费很大物力、财力和精力，在经济上是不划算的。为了更高效地达成交易的目标，当事人追究最优契约，而合同治理则是实现最优契约的重要途径。

3.3.1　交易中的契约及其分解

“契约”一词，俗称合同、合约或协议，英文为contract（或者compact、covenant）。在经济学的概念体系中，所有的经济活动都可以看作是一种交易，所有的交易都可以看作是一种契约，它不仅包括具有法律竞争力的契约，也包括一些默认契约及隐含契约。本研究中对“契约”与“合同”不做具体区分，在提及“契约”一词时亦包含“合同”含义。

1. 依据完备性可将契约分为完全契约和不完全契约

契约可分为完全契约和不完全契约。完全契约是指，契约在经济关系实质性地发生之前就毫无遗漏地规定了当事人在未来所有可能拥有的权利和承担的义务，并且存在一个公正的第三方可以无成本地保证契约执行，因此，完全理性的当事人只要按部就班地根据事前的约定行事就是最好的。然而，由于人们不可能是完全理性的，总有一些情况是事前无法预料的，或者由于一些契约条款在事后无法被完全执行，因此契约天然是不完全的（聂辉华，2009）。

关于不完全契约的定义，至今仍没有一个明确而完整的表述。Hart（1995）用精练的语言将其定义为：不能穷尽未来所有可能性（偶然性、或然性）的契约。他认为不完全契约的实质是契约当事人双方对于信息是可观察的，但是却不能被第三方（如法院）所证实。不完全契约理论范畴从契约自身的不确定性着手，认为导致契约不完全性的因素主要有以下三点：现实不确定性的存在、契约当事人的有限理性、契约第三方的不可证实性或有限理性。因此，为了解决契约条款的不完全性，以及由不确定性事件引起的契约条款问题，需要建立不同的机制。

2. 从时间维度可将契约分为初始契约和再谈判

在不完全契约条件的分析框架下，当发生契约中未能清晰描述或明确规定的情形或事件时，契约当事人必将对不可预测情形或事件的解决办法和收益配置等进行再谈判，以求提高契约效率，保证交易的完成，因此，契约从时间上被划分为初始契约和再谈判。初始契约的不完全程度是一个连续的区间，不完全程度越高意味着初始契约的灵活性越大。如果交易双方选择了较高不完全程度的初始契约，那么问题的重心就在于对事前的权利（包括再谈判权利）进行机制设计或制度安排，并依赖于交易双方较高的社会资本来保障这种制度安排的顺利实施；如果交易双方选择了较低不完全程度的初始契约，那么问题的重心就是事后对契约执行情况的监督。不完全契约与完全契约之间的关系如图 3-5 所示。

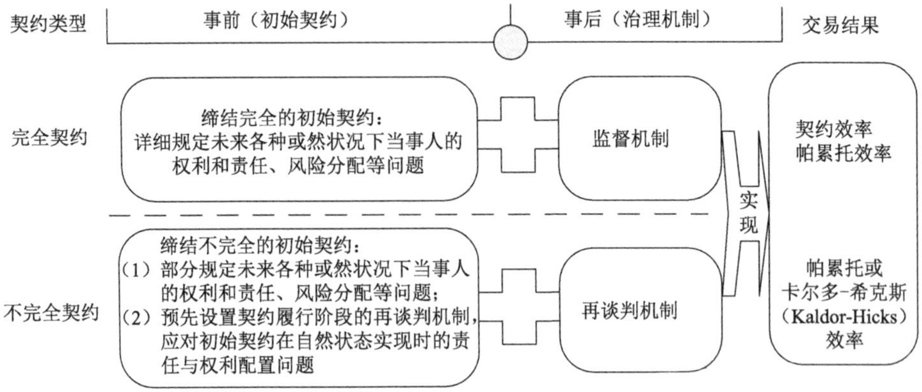

图 3-5 完全契约与不完全契约的效率实现模型

资料来源：根据杨瑞龙和聂辉华（2006）绘制

3.3.2　最优契约设计的基本原则

现代契约理论认为，在放松了阿罗-德布鲁范式假设条件的情况下，仍存在一种在现实的约束条件下的最优契约，通常这不是帕累托最优契约，而是一种次优的契约。一个最优契约需满足以下条件：①要求委托人与代理人共同分担风险；②能够利用一切可能利用的信息，也就是说，在经济行为者隐藏行动和隐藏信息时，要利用贝叶斯统计推断来构造一个概率分布，并以此为基础设计契约；③在设计机制时，其报酬结构要因信息的性质不同而有所不同，委托人和代理人对未能解决的不确定性因素和避免风险的程度要十分敏感（科斯等，1999）。

关于最优契约设计的基本原则，目前学术界存在三种观点，它们的基本主张、认可程度以及实用性评价如下。

1. 交易费用最小的原则：在对代理人定价中节省的交易成本多于抵消特定信息的损失

交易费用理论认为，契约设计的优劣体现在交易费用的大小上。该理论指出，契约是一个用于分析交易过程的方法论工具，可被理解为交易双方为了实现交易而进行的制度安排，在这种制度安排下的总交易费用（事前、事后交易费用之和）越低，意味着其效率越高，因此，“对代理人定价中节省的交易成本多于抵消特定信息的损失”的契约设计最优（科斯等，1999）。

虽然这一原则具有较高的认可度，但准确度量交易费用的困难和间接估算的随意性与特殊性为其应用设置了明显的障碍。由于对不同契约安排中的交易费用进行“比较分析”亦非易事，所以该原则不能广泛应用于实践。准确度量交易费用的困难主要体现在以下两个方面：首先是新制度经济学界尚未形成一个得到广泛接受的交易费用的概念，对交易费用的外延也没有一个统一的看法，因此，到底哪些费用为交易费用尚未形成具体而统一的可操作性的结论；其次是与新古典经济学所研究的商品贸易不同，交易概念所包含的范围较广，很多费用难以具体衡量。有鉴于此，新制度经济学家往往间接地估算交易费用的大小，但这种分析往往以所能获得的有限的信息为基础来构造模型，在前提假设中忽视了很多重要变量的作用，相关结果并不令人信服，而且这种分析往往也只能局限于一些特定领域，不具有普遍性；另有，威廉姆森提出以“比较分析”的方法将交易费用应用于制度分析，对不同制度之间或组织之间的比较分析，只需将关注点放在其特定的差异上，进一步分析这些差异所导致的各自交易费用水平的差异，比较制度经济学正是由此发展起来的，显然，“比较分析”的方法仅适合于不同组织之间的制度效率比较或者是对某一特定制度进行改善的效果分析(胡乐明和刘刚,2009)。

2. 刚性与灵活性均衡的原则:最佳的契约形式是在保护权利感受的刚性与促进事后效率的灵活性间进行权衡取舍

Hart 和 Moore(1999)、Segal(1999)通过引入“复杂性”(complexity)的概念证明:当交易环境非常复杂时,事前排除无效率交易和事后防止“敲竹杠”(hold-up)的成本太高,因此缔结一个完全契约的收益太少;在复杂情况下,即便事前可以描述所有的或然状况,只要相关变量不可证实并且不能禁止再谈判,那么任何契约都将收敛于一个“君子协议”(null contract)。因此,Hart 和 Moore(2004)把契约看作是一种结果清单(a list of outcomes),创造性地提出“精细的契约”和“粗糙的契约”这两个概念:粗糙的契约好处在于事后能够更加灵活以方便双方调整,坏处是调整的空间大意味着事前的专用性投资可能在事后被“敲竹杠”,从而降低了事前投资的积极性;精细的契约好处在于可以保证当事人事前专用性投资的积极性,但是事后调整范围很小。由此可见,精细的契约是刚性的,有利于遏制双方的投机行为,但是会导致事后灵活性的丧失;相反,粗糙的契约会带来投机行为,从而损失当事人的利益,但能增强灵活性进而提高事后效率。

随着行为经济学的发展,“自利偏见”(self-serving biases)、“互惠”(reciprocity)、“报复”(retaliation)等行为经济学概念被用于解释契约理论中的问题。行为经济学认为,最佳的契约形式是内生的,是在保护权利感受的刚性与促进事后效率的灵活性之间进行权衡取舍。该学派将契约视为一种“参照点”(reference point),即当事人判断利益得失的主观标准,交易双方会以事前的竞争性缔约收益为参照点在精细的契约和粗糙的契约之间进行取舍:如果代理人认为自己在事后得到了应得的利益,他将选择精细的契约,以作为“互惠”的礼物;而如果代理人觉得在事后被对方欺骗或利益受损,为了“报复”他会选择粗糙的契约(Hart and Moore,2008)。由此可见,最优的契约形式要在使交易伙伴感到利益获得保障从而选择的精细的契约和作为受到不公正待遇而选择报复的粗糙的契约之间进行权衡。

本原则的认可程度不及“交易费用越小,契约设计越优”原则,并且对于交易双方而言,准确地了解对方的感受以及在此基础上进行权衡取舍都是非常困难的,因此,该原则也只是引入了一个新的视角。

3. 权责利对等的原则:主要利益相关者“权责利对等”的契约设计最优

契约经济学认为,契约安排的确切形式——不论是资本雇佣劳动(即劳动契约）还是劳动雇佣资本（即资本契约），在其中隐含规定了当事人的权利（权）、责任（责）和支付（利）。这种支付是或有支付，它们取决于确定的活动和确定的自然状态，但是，它们却远不是市场的完整集合的完全替代者。这种支付的“明细表”决定了对每一个当事人的激励，包括对当事人履行其“责任”和运用其“权利”的激励。对权利和责任的约束以及在各种情况下不能履约的后果，则很少在签订的契约中非常详细地加以规定，而是依靠法律或声誉来执行。治理的本质即“协调利益相关者之间的关系”，而契约的核心内容权利、责任、支付是界定与反映交易双方之间关系的重要途径，权利是为一定责任而设立的，配置权利必须对等于所分配的责任；责任意味着要承担一定的风险，承担风险的同时亦应承担由此风险所带来的损失或享受风险收益，因此，项目治理理论认为，契约的最优设计应做到“权责利对等”（尹贻林和杜亚灵，2010）。由于项目治理理论是 20 世纪 90 年代发展起来的新生理论，学界对项目治理的定义仍未达成一致，因此，本原则的认可程度亦不及“交易费用越小，契约设计越优”原则，然而，由于风险分担、权利配置、利益分配的相关研究较为丰富，在工程实践也有可操作性较强的措施与方案，因此，相比其他两个原则而言，“权责利对等”原则具有较强的实用性和可操作性。

3.3.3　合同治理的概念及其基本内容

合同治理（contract governance），又称正式治理（formal governance），是指以正式契约规范交易过程，以降低项目交易风险带来的交易成本，进而改善项目绩效。显然，合同治理是基于经济学视角的。至于合同治理的内容划分，主要有以下两种思路。

1. 依据合同安排的结构设置进行内容划分

契约经济学认为，契约[①]可以理解为节约交易成本的协调形式，其核心内容即支付、权利和责任，三项内容中又以“支付”为中心，它是激励当事人履行其“责任”和运用其“权利”的手段（科斯等，1999）；而项目治理理论认为，契约的最优设计应做到“权责利对等”（尹贻林和杜亚灵，2010）。由此可见，依据合同安排的结构设置，合同治理包括风险分担（即责任或责）、控制权配置（即权利

① 经济学范畴的“契约”或“合约”，即对应于工程领域中的广义的“合同”，包括合同的签订、修正与补充等内容。

或权）、利益分配（即支付或利）三部分内容，且三部分内容之间是有内在关联关系的，即风险分担、控制权配置与利益分配应相互匹配，拥有什么样的权利就应当承担什么样的风险，承担了多少风险就应当获得多少收益。现有关于合同治理的大部分文献通常都至少包含了上述三项内容。例如：邓娇娇和严玲（2015）认为，公共项目合同治理可划分为基于项目所有权配置的风险分担机制、基于风险分担的代建人报酬机制、基于声誉的代建人选择机制、基于项目管理绩效改善的代建人问责机制四个维度；Cox 和 Thompson（1998）认为，合同治理由四个 R 组成，即双方的合同关系（relationship）、在交易中各方的责任（responsibilities）、合同对行动和事件的风险（risk）安排、合同补偿的机制（reimbursement），这四部分相互影响决定了合同关系行为。

2. 依据合同的功能进行内容划分

有学者认为保障项目参与方的投资和权益可能并不是合同所具备的唯一功能和目的，并试图去理解项目参与方如何合理有效地利用合同的其他功能，促进项目交易的顺利进行和绩效提升（Barringer and Harrison，2000）。Schepker 等（2013）指出，合同治理包括控制功能、协调功能、适应功能三部分内容，权基琢鋆（2016）总结相关研究得出了相同的结论，并解释道：①交易成本理论认为，合同可以通过抑制机会主义行为进而保障项目参与方的投资，合同治理的控制功能强调的是对项目既定目标和项目参与方行为结果的一种约束；②合同的协调功能指的是合同通过对项目参与方的职责角色进行明确、制定有效的程序流程规定、建立有效的沟通机制等手段将项目任务合理地分配给项目参与方的过程，其强调的是对项目进行的流程实施监督和管理；③合同治理的适应功能指的是针对交易过程中可能产生的不可预测的突发事件在合同中制定相应的处理原则和指导方针的过程，其强调的是对不能预测事件处理的描述。

3.4 关系契约与关系治理

“关系契约”的概念最早是由美国法学家 Macneil（1978）提出的，他认为每项交易都是嵌在复杂的关系中的，理解交易行为需要理解交易中所包含的关系，预期未来的关系影响契约的长期安排。“关系治理”是在此基础上衍生出来的概念。

3.4.1　关系契约及其基本特征

Poppo 和 Zenger（2002）认为，交易双方订立条款完善严谨的正式契约能够缩小双方合作中的风险范围，降低风险发生的可能性，从而使双方能够更加互信，建立更多长期合作关系；另外，契约设计过程中形成的原则也能作为后续合作的参考依据，以便双方更容易协商一致。然而，现实的不确定性、契约当事人的有限理性和契约第三方的不可证实性导致了契约的不完全性。所以现实中不存在上述条款完善严谨的正式契约，关系契约则具有适应性的特点，可以根据外部环境的变化做出调整。通过关系契约建立的持续稳定的合作关系可以使契约条款的设计更加简化，有助于打破正式契约在适应性方面的局限，从而弥补正式契约在实践中的不足。

Baker 等（2002）将关系契约理解为没有写入正式契约，在契约双方长期的关系中通过互相预测对方的行动而维持的一种行为模式，或者说是一种基于未来关系价值的非正式协议。由此可见，关系契约是一种超市场合同，它和正式合同一样，能够起到降低交易成本和减少交易风险的作用（Poppo and Zenger，2002）。组织间的关系契约有助于弥补正式契约的某些缺陷，如契约双方只能在事后看到交易结果，在这种情况下，只有通过双方建立的关系契约才能保证合作顺利进行。关系契约的基本特征包括如下四方面。

1. 自执行机制

Baker 等（2002）认为，关系契约的主要特征是自执行机制，也就是说关系契约下的交易在很大程度上是由契约当事人自行协调并执行的。关系契约是一个自我实施的条款或协议，将关系契约置于交易双方一个特定的环境中，在此环境中，这些条款或协议不能被第三方（如法院）证实。例如，一个正式契约的条款必须在双方签约之前加以明确界定，并且也能在事后被第三方证实，而一个关系契约可能只是基于契约双方可预见的结果而达成的承诺。关系契约的自执行机制的前提条件是契约双方的关系所具有的未来价值必须尽可能充分大，同时表现为正效益，双方又都能从中分享可以贴现的效益流，从而使得双方均自愿维持合作关系，而不愿背弃承诺，做出持续性的有损双方合作关系的事情（Jonathan，2003）。

2. 适应性

关系契约是基于双方未来关系价值的非正式性、长期性约定，允许契约双方根据自身所了解和掌握的知识、数据（动态信息），在双方长期的合作中，随着外部环境的变化而努力去适应，随着实际情况的改变而积极调整策略。委托人和代理人在这一过程中都做出了超出正式契约范围的行为，符合了彼此的期望。

3. 主观性

一方面关系契约表现出很强的适应性，另一方面关系契约又要求契约双方能够充分地信任和理解对方；对双方各自的工作内容和职能进行详尽描述的难度越大，就显得越需要这份信任和理解，同时这份信任和理解又会对关系契约的履行起到促进作用。因此，关系契约的存在和履行，依赖于契约双方的信任和理解，也就是说需要发挥人的主观能动性。一旦双方不能互相信任、理解出现分歧时，就会发生违约行为，这使得关系契约表现出较强的主观性。另外，关系契约中对双方表现的业绩评价，同样具有主观性，也加深了关系契约的主观性。

4. 对信息的要求较弱

与依赖于第三方证实的正式契约相比，关系契约对信息的要求较弱，使其具有更广泛的应用范围（Gibbons，2005）。通常，在契约双方的经济交易行为中，对实际行为的监管和对信息数据的核实可能会因代价过高而得不偿失。另外，经济行为人的行为只能在一定程度上影响交易结果，也无法将双方不同行为的影响精确地分割开来进行评价，而只能在分析结果的基础上加上一个未知的随机误差来进行估计。正是因为现实中几乎不存在完全契约，无法将双方的行为都在正式契约中进行描述，所以才需要通过非正式的、隐性的约定，即关系契约来完善和补充。

3.4.2 关系治理的概念及其基本内容

关系治理（relational governance），又称非正式治理（informal governance），是通过隐性的关系契约和开放式合同对双方行为进行规范与协调，以建立和加强长期合作关系。显然，关系治理是基于社会学视角的，它认为项目内嵌于它所处的社会网络中，因此，必然受到相应关系性规则的影响，关系性规则的这一治理作用即为关系治理。正如 Cao 和 Lumineau（2015）所说的，关系治理可以通过关系规范的建立或者主体对关系持续的期望来减少和降低合作过程中投机行为发生的概率。

至于关系治理的内容，可参考近年相关研究中关系治理的维度，如表 3-3 所示。其中较有代表性的如：Heide 和 John（1992）指出关系治理是通过交易双方之间的信任、承诺、合作等规范要素，以及联合行动、共同解决问题等行为要素来确保合作双方共有资产完整性和维持合作关系；邓娇娇和严玲（2015）运用扎根理论的方法，基于中国公共项目的素材获得了公共项目关系治理的五维度内容，其中，信任、承诺、沟通、合作均是现有研究广泛涉及和探讨的，但对行业惯例则鲜有研究，作者认为这恰恰是中国公共项目治理具有的特殊性。由表 3-3 可知，现有研究对于关系治理的维度划分并未达成较为一致的结论，甚至同一学者对关系治理划分的若干维度通常并非一个层级的关系要素，例如，合作常被理解为信任、沟通等的结果，信任、沟通等是项目层面的关系要素，而行业惯例则是市场层面的关系要素；此外，不同研究对象的交易关系必然存在特殊性，但现有研究对关系治理的维度划分却鲜少考虑这种特殊性。当然，有一点是几乎所有关系治理相关研究认可的，即信任是关系治理的重要维度，其他维度通常是服务于信任的关系要素（如承诺、沟通、行业惯例、规范）或者信任带来的结果（如信息共享、合作、联合解决问题）。

表 3-3　现有研究中关于关系治理的维度划分

序号	文献	研究对象	关系治理的维度
1	李晓光等（2018）	PPP 项目	信任、承诺、沟通、合作
2	骆亚卓等（2018）	一般工程项目	信任、承诺、合作、沟通
3	郑传斌等（2017）	PPP 项目	信任、承诺、沟通、合作
4	吕文学和李智（2016）	一般工程项目	灵活性、团结性、信息交换
5	邓娇娇和严玲（2015）	公共项目	信任、承诺、沟通、合作、行业惯例
6	严玲等（2013）	公共项目	信任、承诺、沟通、公平
7	谢洪涛和陈帆（2013）	一般工程项目	信任、联合解决问题
8	梁永宽（2012）	一般工程项目	信息共享、目标一致性、联合解决问题、人际关系
9	尹贻林等（2011）	公共项目	信任、规范、网络
10	邓春平和毛基业（2008）	离岸软件外包项目	信任、交流、相互适应调整

3.5　PPP 项目善治实现的研究框架

根据行为与目标的关系可知，PPP 项目治理是为了实现善治，而善治的实现状况对项目治理活动具有指导意义。有鉴于此，本研究将在分析 PPP 项目履约问题和项目治理理论的基础上围绕两个问题展开，即“如何实现 PPP 项目善治”，以及“如何判断 PPP 项目实现了善治”。第一个问题可依据项目治理的内容寻求解决思路，如前所述，项目治理的内容根据其特征可分解为治理结构与治理机制，根据其性质可分解为合同治理与关系治理。本书认为，虽然 PPP 是多种运作方式的集合，但其治理结构存在较多共性的东西，致使以前者为依据的研究受限，而后者与PPP项目履约问题的研究增长点“合同、关系和规制三方面研究的整合”、公共项目管理绩效改善新范式涵盖的契约范式和关系范式吻合，因此，本书将据此建立PPP项目善治的三种实现途径，即合同治理、关系治理以及合同治理与关系治理的适配。第二个问题的解决可借鉴Abednego和Ogunlana（2006）提出的PPP项目善治的八大要求。通过分析可知，上述八大要求适用于对履约过程中的PPP项目进行善治的实时评判，但其较为理论化，很难进行客观、准确的评价，因此，本书将建立一个能够简单、准确评判的构念来代替它；同时，考虑到PPP项目总要履约结束或者提前终止，因此，有必要建立一个能够综合评价PPP项目治理最终效果的构念，用于对特定PPP项目甚至是PPP市场的善治进行长远评判。本书的研究工作是在过去的近十年间完成的，长期跟踪和从事PPP项目善治的研究使得作者对于该领域未来的发展有一些个人的想法，因此，在后记部分将对该领域未来的研究简单地进行展望。本书的研究框架如图3-6所示。

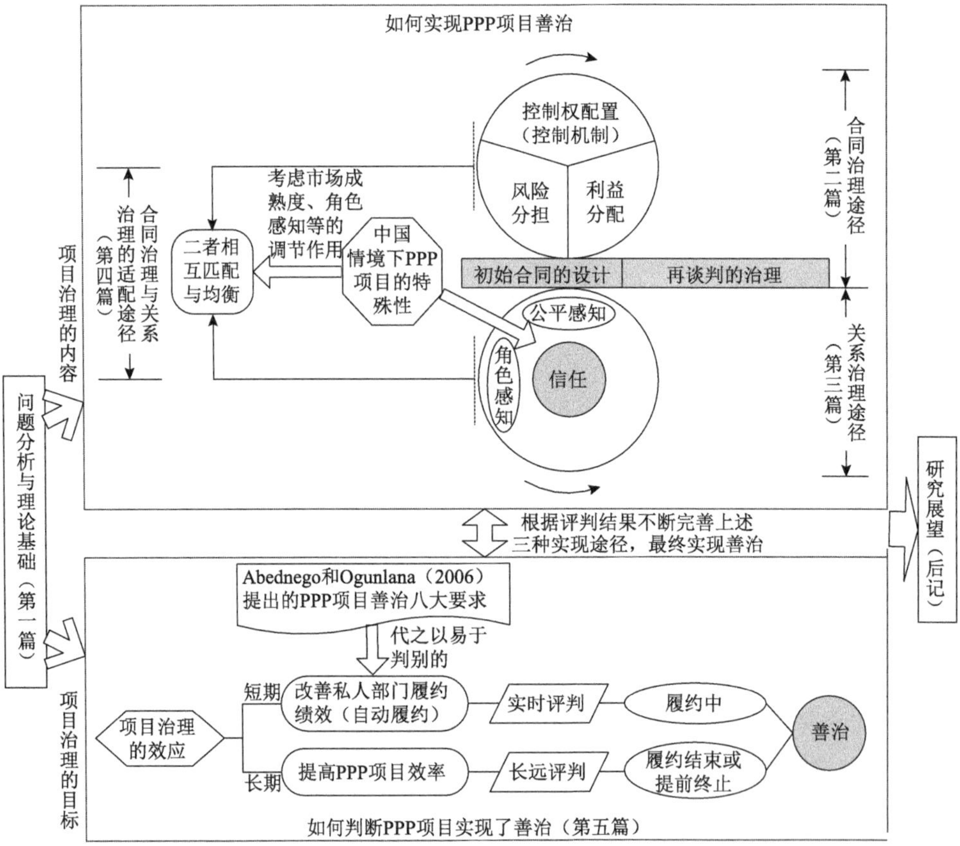

图3-6 本书的研究框架

第二篇

PPP 项目中的合同治理

PPP 项目成功地交付公共产品或服务的关键在于公私双方之间良好的合作伙伴关系，而这一关系主要是通过正式的合同来建立并且维系的，由此可见，合同这一治理途径对于 PPP 项目成功的重要性。合同是所有权和经营权分离导致的委托代理问题的治理方式。行为经济学认为，最佳的合同形式是在保护权利感受的刚性与促进事后效率的灵活性之间进行权衡取舍，因此，本篇将涉及初始合同设计时的焦点问题，即合同刚性与合同柔性的平衡，这也决定了合同执行过程中的再谈判。合同详细规定了交易双方的支付、权利和责任，项目治理理论认为，最佳的合同形式为“权责利对等”，因此，本篇将分别探讨合同中合理的控制权配置（控制机制）、风险分担以及利益分配；事实上，“权责利对等”的原则就意味着三者是不可能被彻底分离开来的，例如，风险分担的基本原则之一即对风险最有控制力的一方承担，而风险分担通常都是通过具体的利益分配条款来实现的。

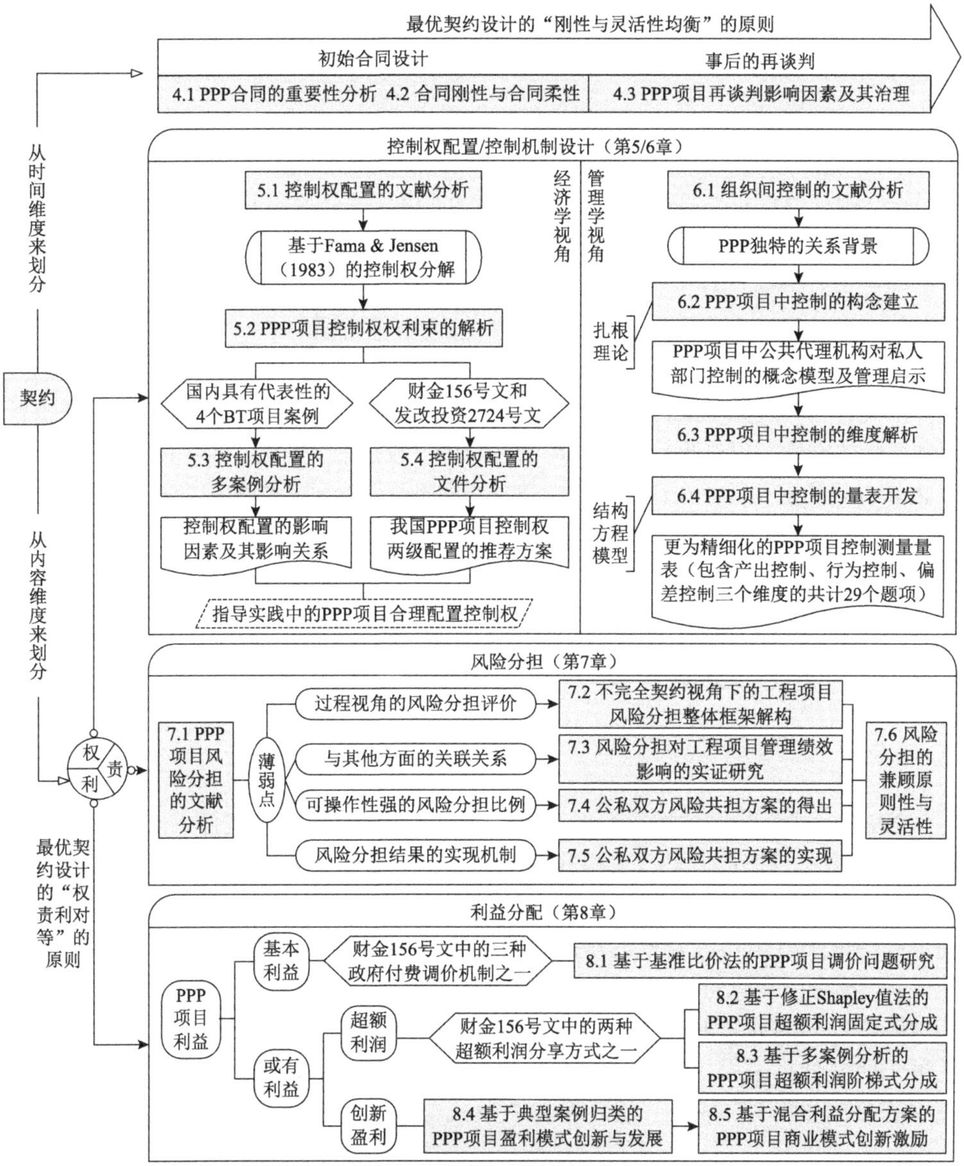

第二篇各章节之间的逻辑关系

第 4 章　初始合同设计与再谈判

合同治理的本质是通过交易关系中的正式制度——契约（或合同）来规范交易过程，而从时间维度可将契约（或合同）分为初始契约（或合同）和再谈判，二者之间边界的设定对于交易双方而言是一种至关重要的抉择，即：若在初始合同中约定得过多，则必然导致合同执行过程中灵活性的丧失，进而错失项目增值的机会；若在初始合同中约定得过少，又不得不在合同执行过程中进行大量的再谈判，进而诱发机会主义行为。正如 Hart 和 Moore（2008）指出的那样，最佳的契约形式是在保护权利感受的刚性与促进事后效率的灵活性间进行权衡取舍。本章将以 BT 项目为例阐释 PPP 合同的重要性，在此基础上，建立合同刚性与合同柔性的构念及其结构维度，分析合同柔性的影响因素，最后分析了 PPP 项目再谈判的影响因素及其治理手段。

4.1　PPP 合同的重要性分析

PPP 合同是界定与规范公私双方合作伙伴关系的重要文件，本节将以 BT（build-transfer，即建设-移交）模式为例阐释其重要性（杜亚灵和尹贻林，2011a）。为了解决政府短期内资金短缺的困难，我国地方政府曾一度热衷于对那些经营期间不经济或不宜出卖经营权的基础设施建设项目采用 BT 模式。广义上讲，BT 也是一种具体的 PPP 运作方式，2012 年 12 月 24 日发布的《关于制止地方政府违法违规融资行为的通知》（财预〔2012〕463 号）直指地方政府与融资平台违规融资，其虽未明文禁止采用 BT 模式，但对 BT 项目规范化运作提出的高要求必将使实践中的 BT 项目逐渐减少，从而为 PPP 模式在中国的推广做好准备。

4.1.1　BT 项目投资控制的特殊性

BT 项目最显著的特征在于政府（或其授权的单位——发起人）与投资人之

间的“回购式契约”，即政府授权投资人负责项目的投融资和建设，项目竣工经验收合格后即由政府（或发起人）按约定进行回购。BT 项目的回购式契约意味着，投资人在 BT 项目建设期间投入的一切与 BT 项目相关的资金，都将最终通过回购过程转嫁给政府，同时政府还要支付这些资金的时间价值，政府运用 BT 模式进行基础设施建设实质上是“超前消费、信用透支”的过程，BT 项目最终的出资者和所有者仍是政府。因此，BT 项目的投资控制具有双重的投资控制主导者。

（1）不完全契约理论（incomplete contracting theory，即 GHM 模型[①]）认为，应由提供重要投资[②]的一方拥有控制权[③]，也就是那些能够对决策产生实质性影响的权利（Hart and Moore，1990）。在 BT 项目建设期间提供重要投资的为投资人[④]，它毋庸置疑地拥有 BT 项目建设期间的控制权（包括特定控制权和剩余控制权），直接对其进行投资控制。依据项目所有权配置的一般原则，需做到剩余控制权与剩余索取权相对应（张维迎，1996），然而，投资人拥有 BT 项目的剩余控制权，但却由于 BT 项目的公有产权约束以及非（准）经营性不可能拥有（即使是如 BOT 项目那样在一定特许期内暂时拥有）与之对应的剩余索取权，因此，BT 项目投资人必然产生利用自身的专业优势和所拥有的项目控制权追逐个体利益的动机，从而产生投资控制动力不足，甚至恶意扩大投资规模的现象。

（2）政府是回购式契约中约定的回购者，从回购式契约所涵盖的整个时期（即“建设期间+回购期间”）来看，政府才是提供重要投资的一方[⑤]。政府是 BT 项目最终的出资者和所有者，具有充足的投资控制动力，然而，其在 BT 项目建设期间并没有直接提供重要投资，因此，政府只能在事前通过设计合理的回购式契约获得 BT 项目建设期间的控制权，从而能够作用于或者影响投资人，间接地对 BT 项目进行投资控制。

4.1.2 BT 项目投资控制系统构建的主线——控制权传导

以往关于建设项目投资控制的研究多为基于普适性工具和方法的实际问题的

---

① 该理论是由格罗斯曼和哈特（Grossman and Hart，1986）、哈特和莫尔（Hart and Moore，1990）等共同创立的，因此也称为 Grossman-Hart-Moore（GHM）模型。

② 在本研究中可理解为，其投入与否能够对项目的进展产生重大影响的投资。

③ Hart 和 Moore（1990）将契约性控制权分为特定控制权和剩余控制权，前者是指那种能在事前通过契约加以明确规定的决策权，后者是指那种事前没有在契约中明确规定的决策权。

④ 因为 BT 项目投资人所拥有（或可以融资到）的大量资金是在政府资金短缺的情况下进入的。

⑤ 因为如果政府不允诺提供资金（即出资回购建成的 BT 项目），BT 项目投资人将不会开始建设。

解决，将项目全过程划分为若干阶段（即以时间为主线），抓住各阶段投资控制的关键节点并提出相应的解决方案（图 4-1），如在设计阶段推行限额设计和应用价值工程，在施工过程中严格控制工程变更和进行签证管理等。这些研究通常将项目投资控制这一连贯的过程割裂，且为单一主体立场的投资控制，是一种微观的、应对性的分析状态，而未将其上升到理论高度进行系统的分析，这主要是因为建设项目投资控制是一个庞大的系统工程，而研究人员并未抓住一个统领所有投资控制实际问题的纲领，致使其不可进行理论整合。

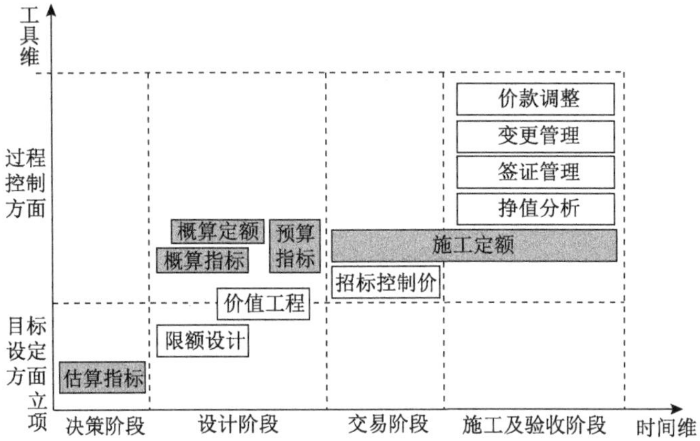

图 4-1 传统的以时间为主线的二维投资控制系统

阴影部分表示建设工程定额体系中的各项内容

本研究认为，BT 项目权力的核心内容即控制权，它涉及项目建设与运营中公共部门和私营部门两个投资主体由谁来掌控项目投资最终的决策权的问题。在政府与 BT 项目投资人缔约之前，政府享有全部的项目控制权，并通过行政委托的方式部分转移给 BT 项目发起人；而后政府选择并委托合适的投资人购买专业化项目管理服务，包括 BT 项目的投融资及建设管理，必然要通过 BT 项目回购式契约将部分控制权让渡给投资人；同样，投资人（或其组建的 BT 项目公司）选择并委托合适的承包商或分包商，由它们完成 BT 项目的全部或部分施工管理，必然也要通过承发包合同将投资人所拥有的控制权的一部分让渡给承包商或分包商，从而使得控制权在 BT 项目多层多级委托代理链中传导。相关研究指出，PPP 项目控制权配置的合理性是决定 PPP 合作模式效率的关键（张喆等，2007），因此，应该如何在政府与 BT 项目投资人（或其组建的 BT 项目公司）之间、BT 项目投资人（或其组建的 BT 项目公司）与承包商或分包商之间合理地配置控制权并保证双方控制权的充分发挥即成为 BT 项目投资控制的关键。有鉴于此，本研究构建以多层多级委托代理链为特征的 BT 项目投资控制系统（图 4-2），并以这一多层多级委托代理链中传导的控制权为主线来解构它，从而使 BT 项目投资控制系统具备可分析性。

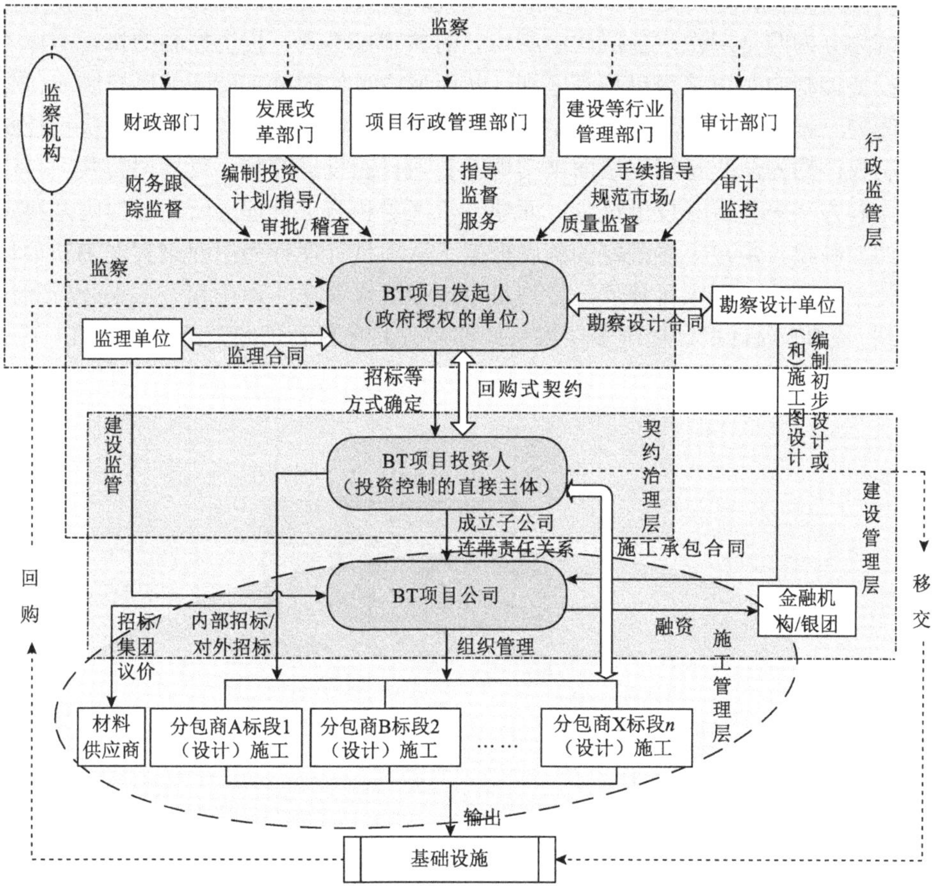

图 4-2　以多层多级委托代理链为特征的 BT 项目投资控制系统示意图

4.1.3　BT 项目投资控制的多层次系统

将建设项目投资控制系统按照投资控制执行主体不同进行划分，而不是按照项目过程进行划分，这样更有利于投资控制系统的透彻分析和提出切实可行的投资控制方案。鉴于 BT 项目具有双重的投资控制主体这一特殊性，本书以其多层多级委托代理链中传导的控制权为主线来构建其投资控制系统，并对其进行了层次划分，每层配置或设计不同的激励和约束方式，实现 BT 项目投资控制的全员参与以及确保他们采取针锋相对的投资控制手段，有效避免了传统的投资控制中“眉毛胡子一把抓”的现象。

根据控制权传导所处的多层多级委托代理链段的不同，可将 BT 项目投资控制系统划分为四个层次，各层次中所传导的控制权不同，投资控制的执行主体不同，投资控制的实现途径也相互区别，从而形成了如图 4-3 所示的以控制权传导为主线的三维投资控制系统。其中行政监管层和契约治理层所传导的为决策控制的控制权，均为从交易制度层面来实现 BT 项目的投资控制，可运用公共项目治理理论和方法来分析其投资控制；而建设管理层和施工管理层所传导的则是决策经营的控制权，是在上述既定的制度框架下从项目管理行为层面来实现 BT 项目的投资控制，可运用项目管理，特别是全过程造价管理的理论和方法来分析其投资控制。该 BT 项目投资控制多层次系统亦与公共项目管理绩效改善的 GMP 范式相吻合（表 4-1）。

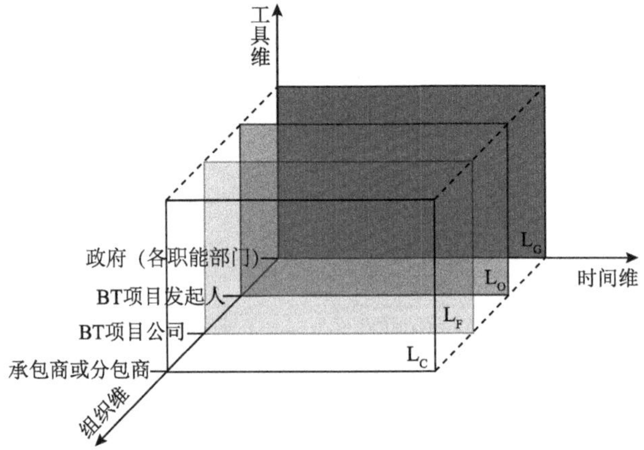

图 4-3　以控制权传导为主线的三维投资控制系统

①组织维箭头方向即 BT 项目中控制权的传导方向。②L_C 表示以承包商或分包商（contractor）为主导的投资控制分层；L_F 表示以 BT 项目公司（firm）为主导的投资控制分层；L_O 表示以 BT 项目发起人（organizer）为主导的投资控制分层；L_G 表示以政府（各职能部门）（government）为主导的投资控制分层

表 4-1　BT 项目投资控制系统的层次划分及其与 GMP 范式的对应关系

序号	层次名称	控制权传导所处的多层多级委托代理链段（参与方）	配置的控制权	投资控制执行主体	投资控制途径	所属范畴	对应 GMP
1	行政监管层	政府（各职能部门） ↓ BT 项目发起人	决策控制的控制权	政府	制度框架设计，审批、监督，责任追究	交易制度层面	治理（G）
2	契约治理层	BT 项目发起人 ↓ BT 项目投资人		BT 项目发起人（代表政府）	科学选择投资人、合理设计回购式契约		

续表

<table>
<tr><th>序号</th><th>层次名称</th><th>控制权传导所处的多层多级委托代理链段（参与方）</th><th>配置的控制权</th><th>投资控制执行主体</th><th>投资控制途径</th><th>所属范畴</th><th>对应GMP</th></tr>
<tr><td>3</td><td>建设管理层</td><td>BT 项目投资人
↓
BT 项目公司</td><td rowspan="2">决策经营的控制权</td><td>BT 项目公司（代表投资人）</td><td>全过程造价管理、决策与审查</td><td rowspan="2">管理行为层面</td><td rowspan="2">管理（M）</td></tr>
<tr><td>4</td><td>施工管理层</td><td>BT 项目公司
↓
承包商或分包商/材料供应商</td><td>承包商或分包商/材料供应商</td><td>全过程造价管理</td></tr>
<tr><td>目标</td><td colspan="6">BT 项目投资控制（需以项目管理绩效的三大指标成本、质量、工期之间的均衡为前提）</td><td>绩效（P）</td></tr>
</table>

1. 交易制度层面的投资控制

契约性控制权分为特定控制权和剩余控制权。政府将决策经营的控制权授予专业化的投资人，由其来完成 BT 项目投融资、建设管理甚至施工管理的工作；同时，政府保留特定控制权最核心的部分——决策控制的控制权，影响和监管投资人，以保证 BT 项目的公益性目标。此外，由于投资人是 BT 项目建设期间提供重要投资的一方，因此，投资人除拥有 BT 项目回购式契约所赋予的特定控制权外，还理所当然地拥有 BT 项目的剩余控制权，然而，从治理的角度来看，投资人所拥有的 BT 项目的剩余控制权与剩余索取权不对应，为 BT 项目的投资控制留下了隐患。因此，作为 BT 项目的最终投资者和所有者，政府必须在 BT 项目建设期间即运用其所掌握的决策控制的控制权，通过治理途径来促使投资人合理利用其所拥有的决策经营的控制权，以求充分激发投资人的投资控制动力，有效进行 BT 项目的投资控制。

掌握决策控制的控制权的政府主要是在其设计的制度框架下，通过审批和监督进行 BT 项目的投资控制，另外需要设置政府按照规定进行审批和监督的制度保障，即责任追究制度（图 4-4）；而代表政府的 BT 项目发起人对于掌握决策经营的控制权的投资人则是通过优化期间以信任为基础的交易关系来实现投资控制的，发起人主要通过遴选固有能力优秀的投资人以期获得较高的初始信任以及充分激发既定投资人的固有能力以维持交易双方的信任关系两方面进行投资控制（图 4-5）。

2. 管理行为层面的投资控制

从建设项目的具体建设管理过程来看，项目投资主要反映为工程造价。建设项目是一个过程，因此，建设项目造价的确定与控制也是一个过程，人们在项目全过程中都需要开展建设项目造价管理工作。BT 项目投资人通常是从施工阶段

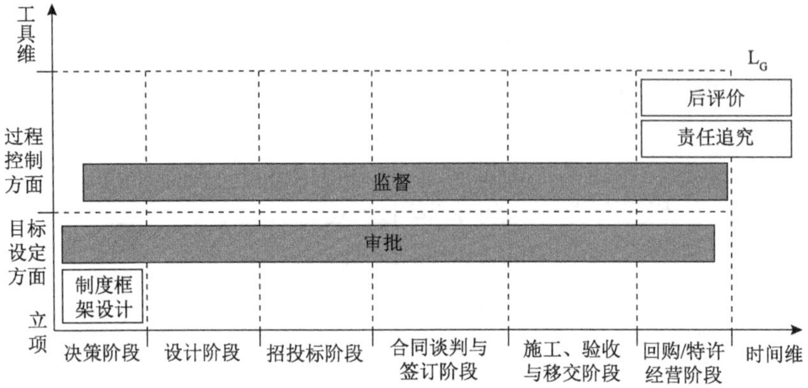

图 4-4 以政府（各职能部门）为主导的投资控制分层

政府（各职能部门）在投资控制中的主要功能即决策控制（决策包括提议、审批、执行、监督四个环节，其中审批与监督属于决策控制，提议与执行属于决策经营），阴影方框表示决策控制的相关内容，其他方框表示决策控制前、后的相关工作内容

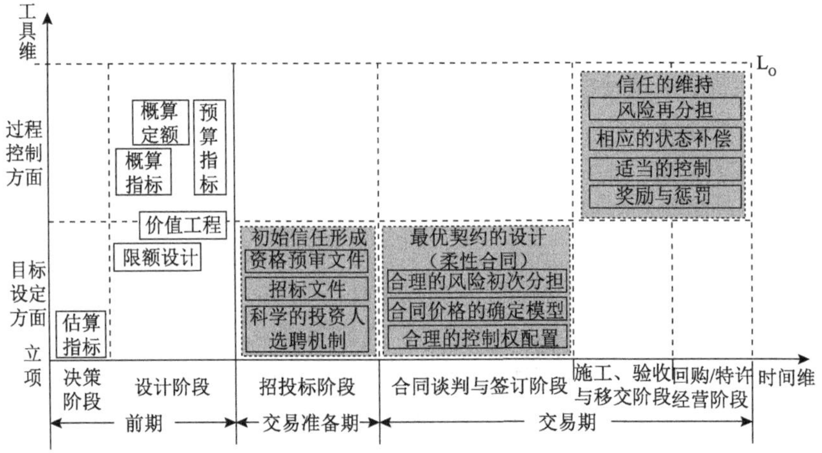

图 4-5 以 BT 项目发起人为主导的投资控制分层

BT 项目发起人在项目前期投资控制中的主要功能即决策经营，在交易准备期及交易期投资控制中的主要功能即以信任为基础的交易关系的优化（包括初始信任的形成以及信任的维持，其中最优契约的设计既有初始信任形成的作用，也有信任维持的作用）

（为了实现设计与施工的有效衔接，也可从施工图设计阶段）开始介入的，在此之前的造价管理工作均由政府或其代表（即 BT 项目发起人）直接控制和管理。在 BT 项目建设期间，政府或其代表（即 BT 项目发起人）已通过回购式契约将 BT 项目的投融资及建设管理委托给 BT 项目投资人负责，作为在建设期间提供重要投资的投资人而言，其拥有 BT 项目的部分特定控制权和全部的剩余索取权，是 BT 项目投资控制的直接主体；而政府只能通过合理设计回购式契约来获得 BT 项目建设期间的特定控制权，从而间接实现对 BT 项目的投资控制。因此，为了实现 BT 项目

既定的投资控制目标，政府必须考虑如何将其掌握的对于 BT 项目的部分特定控制权渗透至建设管理层，并且通过“回购式契约+施工承包合同”渗透至施工管理层。

BT 项目公司掌握 BT 项目决策经营的控制权，其实现投资控制的主要手段即通过二次招标或内部招标选择固有能力优秀的施工单位，选择优秀的材料供应商，并在项目建设期间进行签证管理、变更管理、价款调整、挣值分析等管理或技术工作（图 4-6）；同时，BT 项目公司通过施工承包合同将部分决策经营的控制权让渡给承包商或分包商，他们通过计量支付、签证管理、变更管理、价款调整、挣值分析等管理或技术工作实现投资控制（图 4-7）。

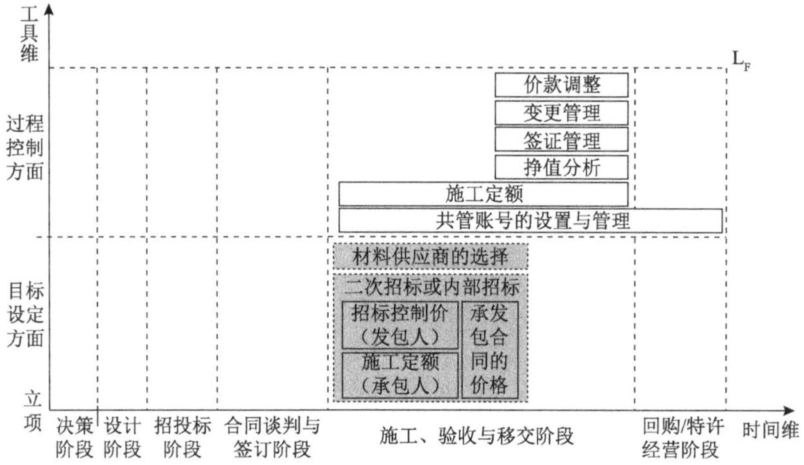

图 4-6　以 BT 项目公司为主导的投资控制分层

BT 项目公司在投资控制中的主要功能即 BT 工程的工程造价管理

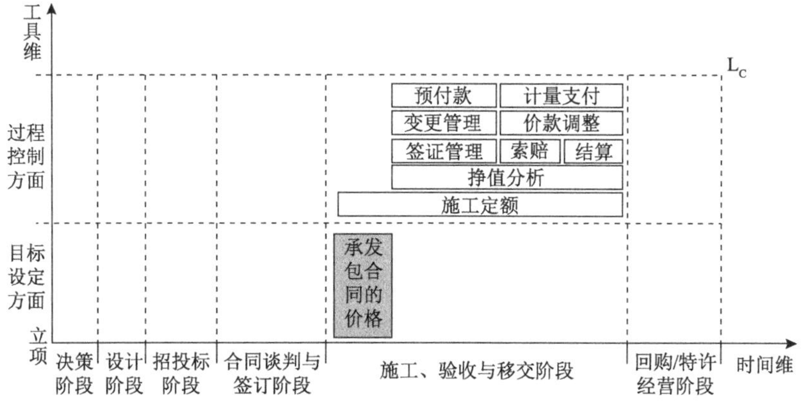

图 4-7　以承包商或分包商为主导的投资控制分层

承包商或分包商在投资控制中的主要功能即整体工程或各标段的工程造价管理

4.1.4 BT 项目投资控制的重要节点——回购式契约

如前所述，政府、BT 项目发起人、BT 项目投资人、BT 项目公司、（若干）承包商或分包商等多个主体通过行政的或市场的委托代理形成如图 4-8 所示的多层多级委托代理链。该链条上控制权的传导使得各主体获得了一定的 BT 项目投资控制权责，因而呈现不同的投资约束或投资控制目标。上述众多利益相关者分属公、私两大阵营，它们的利益诉求和投资控制主动性不同，而由图 4-8 可知，契约治理层的回购式契约是衔接 BT 项目投资控制的公、私两大阵营，使双方利益趋同、目标一致的重要节点。如果回购式契约设计不当，政府会在 BT 项目建设期间失去控制权，或者拥有过多控制权而遏制投资人的能动性。由此可见，回购式契约设计的合理性是政府对 BT 项目进行投资控制成败的关键，政府需要利用其在回购式契约签订之前所拥有的主导优势合理设计 BT 项目的回购式契约，从而适当掌握 BT 项目建设期间的特定控制权。

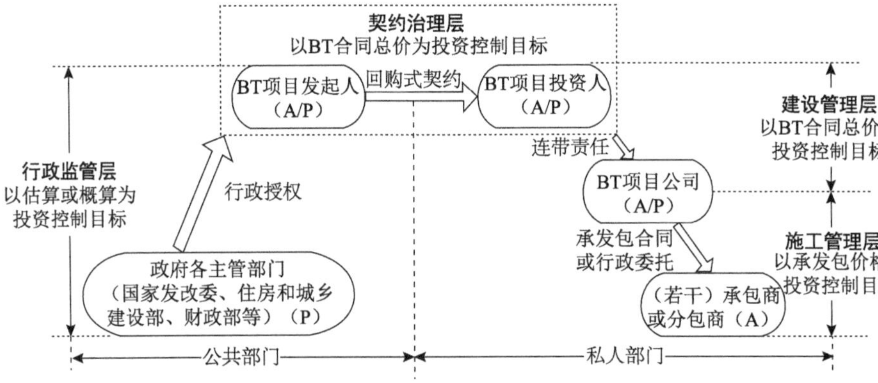

图 4-8 以回购式契约为核心的 BT 项目投资控制系统

⟹ 表示控制权的传导方向，其上文字表示控制权传导方式

1. 回购式契约在 BT 项目合同体系中的地位

2003 年 2 月，建设部发布《关于培育发展工程总承包和工程项目管理企业的指导意见》（建市〔2003〕30 号），首次在国家正式公布的政策性文件中明确工程项目可按照 BT 模式组织实施，此后，我国一些省市相继出台指导性文件试点推行了 BT 模式，也成功实施了一些代表性 BT 项目。总体而言，目前，国内通行的 BT 模式包括施工二次招标型、直接施工型、施工同体型三种，三者的对比分析如表 4-2 所示。BT 项目中的合同包括发起人与投资人之间的回购式契约（即 BT 投融资建设合同）、BT 项目公司与承包商之间的施工承包合同、投资人与金

融机构之间的贷款合同、设计单位与发起人和/或投资人之间的勘察设计合同、监理单位与发起人和/或投资人之间的监理合同、材料/设备供应商与发起人和/或投资人之间的采购合同、总承包商与分包商之间的分包合同等。上述合同将 BT 项目发起人、投资人、承包商、金融机构、勘察设计单位、监理单位、供应商等项目参会方耦合为一体，它们共同构成了 BT 项目的合同体系，而毋庸置疑，回购式契约（即 BT 投融资建设合同）与施工承包合同是 BT 项目合同体系的核心，而其他合同则从属和服务于它们。

表 4-2　国内三种通用 BT 模式的对比

比较项 \ 类型	施工二次招标型	直接施工型	施工同体型
勘察设计单位的选择	BT 项目发起人	BT 项目发起人	BT 项目发起人
勘察设计管理	前期由 BT 项目发起人负责，实施阶段由 BT 项目公司负责	BT 项目发起人	BT 项目发起人和 BT 项目管理机构负责
施工单位选择	由 BT 项目公司组织二次招标	BT 项目发起人在 BT 模式招标时确定	BT 项目发起人在 BT 模式招标时确定
施工发包主体	BT 项目公司	BT 项目发起人	BT 项目发起人
施工承包主体	不特定（公开招标确定）	BT 投资人的成员（若为联合体）或下属单位	BT 投资人的成员（若为联合体）或下属单位
监理单位	BT 项目公司	BT 项目发起人和 BT 项目公司共同管理	BT 项目发起人和 BT 项目管理机构共同管理
投资人与施工单位关系	无直接利害关系（合同关系）	同体或关联	同体
建设管理职责的承担者	BT 项目公司	BT 项目公司	BT 投资人
建设管理机构的形式	独立法人	独立法人	非法人
贷款主体	BT 项目公司或 BT 投资人	BT 项目公司或 BT 投资人	BT 投资人
BT 项目中的主要合同关系	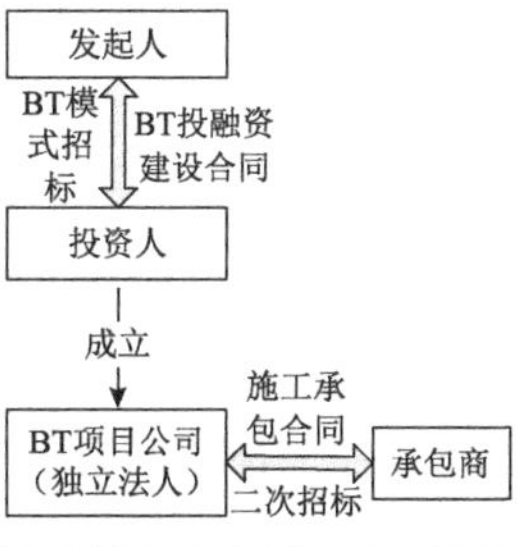	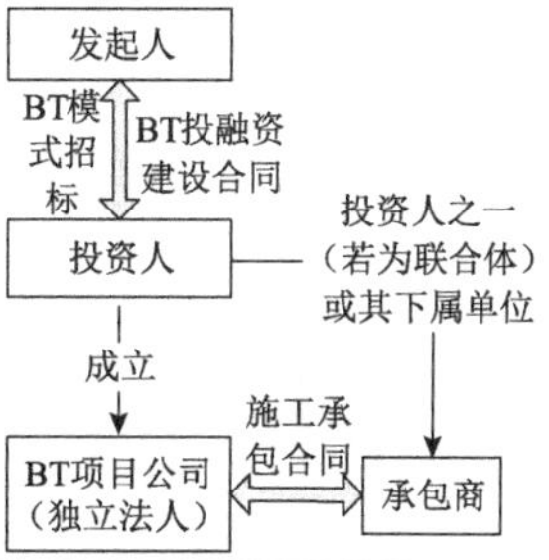	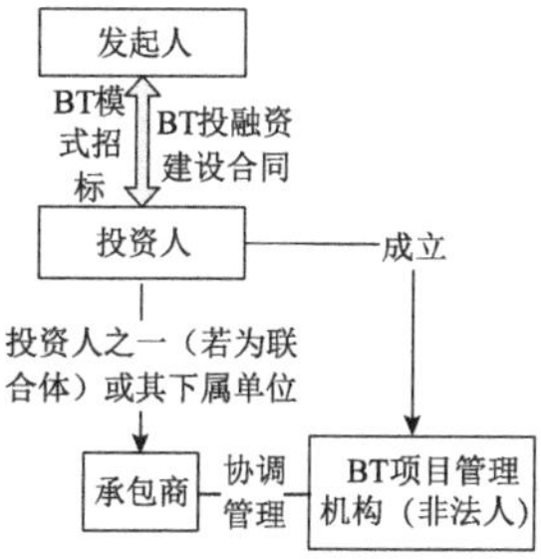

（1）BT 项目中的两级合同关系。由表 4-2 中的图示可知，施工二次招标型与直接施工型两种 BT 模式下的回购式契约（即 BT 投融资建设合同）和施工承包合同是分属上、下两个层级的合同关系，而施工同体型 BT 模式下的施工承包合同被内部化。处于上级的回购式契约（即 BT 投融资建设合同）主要对 BT 项目的合同价以及交易双方在投融资、建设管理以及回购方面的权责进行界定，由于目前我国尚无通用的 BT 合同文件，不同 BT 项目的合同均是根据项目特殊需求经由交易双方长时间的谈判签订的；处于下级的施工承包合同是 BT 项目投资人成立的 BT 项目公司与承包商就施工（也可包括施工图设计）签订的，其与一般施工承包项目中的承发包合同无异。

（2）回购式契约在 BT 项目合同体系中处于统领全局的地位。由于回购式契约（即 BT 投融资建设合同）在签订时间上先于 BT 项目中的施工承包合同，所包括的交易内容多于 BT 项目中的施工承包合同，且对于施工承包合同起到导向与限制的作用，因此，回购式契约（即 BT 投融资建设合同）在 BT 项目合同体系中的地位是统领全局、举足轻重的。

2. BT 项目回购式契约的特殊性

与一般契约相比，BT 项目的回购式契约的特殊性还体现在以下三点。

（1）根据当事人交易对象的不同，契约分为很多类，最为重要的是劳动契约和资本契约（科斯等，1999），BT 项目交易双方在回购式契约中约定由投资人向政府提供投融资和建设管理两类服务，前者属于资本的范畴，而后者属于劳动的范畴，因此，回购式契约是劳动契约和资本契约相混合的契约。

（2）BT 项目的回购式契约与 DBB（design-bid-build，设计-招标-建造）、EPC（engineering procurement construction，工程总承包）、企业型代建等建设管理模式下的主合同相比，具有明显的二分区间的特征，第一个区间与上述建设管理模式的合同一样对应 BT 项目的建设期，第二个区间则是上述建设管理模式的合同所没有的，对应 BT 项目的回购期。

（3）在 BT 项目中，投资人拥有大量资金或具有超强融资能力可以解决政府短期内资金不足的困难，即其投资的专有性，同时，投资人一旦将巨额资金投入期限较长的非（准）经营性 BT 项目，这些资金将成为沉没成本，即其投资的专用性，BT 项目投资的“专用性”和“专有性”特点确保了回购式契约的稳定性相比一般契约而言较强（杨瑞龙和杨其静，2001）。

由于投资人拥有 BT 项目建设期间的控制权，包括特定控制权和剩余控制权，而政府只能在事前通过设计合理的回购式契约获得 BT 项目建设期间的特定控制权，从而能够作用于或者影响投资人，间接地对 BT 项目进行投资控制，因此，如果回购式契约设计不当，政府则会在 BT 项目建设期间失去控制权，或者拥有过多控制权而遏制投资人的能动性。由此可见，回购式契约设计的合理性是政府对 BT 项目进行投资控制成败的关键，政府应利用其在回购式契约签订之前所拥有的主导优势合理设计 BT 项目的回购式契约，从而适当掌握 BT 项目建设期间的特定控制权，在 BT 项目的投资控制中扮演舵手的角色。

4.2　合同刚性与合同柔性

第 3 章述及的最优契约设计的基本原则之一为“刚性与灵活性均衡的原则：最佳的契约形式是在保护权利感受的刚性与促进事后效率的灵活性间进行权衡取舍”，即当事人选择签订一个严密的合同（a tight contract）抑或一个宽松的合同（a loose contract）。实践中的合同通常是介于二者之间的某一种状态，即刚性与柔性以一定匹配比例共同存在着，合同刚性或合同柔性并不适用于对一个合同进行非此即彼的整体评价，而仅适用于对合同各方面内容表征进行具体描述（因此亦有合同的刚性条款与柔性条款之称）。项目中不确定性越大，越是凸显柔性的价值，正如 Schepker 等（2013）指出的那样，合同的功能已超越结构化和保卫交易双方的权利，而转向协调与适应。本节将在文献综述的基础上（娄黎星，2016a），基于一般工程项目对合同刚性与合同柔性进行阐释，包括其构念及结构维度（杜亚灵等，2014a），并对合同柔性的影响因素进行识别（娄黎星，2016b）。

4.2.1　合同柔性的文献分析

关于柔性的研究集中于组织管理、战略管理、运营管理和供应链管理中，而适应外部不确定性的项目柔性包括产品柔性和过程柔性（Olsson，2006）。鉴于项目的成功实施依赖于连接各参与方的合同，项目合同柔性的研究得到广泛关注；PPP 合同的长期性使其不确定性更为明显，因此，关于合同柔性的研究大多以 PPP 项目为研究对象。

1. 合同柔性的界定

倪得兵和唐小我（2009）通过对国外战略管理、运作管理等多领域关于柔性的文献进行分析，指出柔性的根本属性是可行选择空间大小和反应速度快慢，即决策的范围柔性和速度柔性。Husby 等（1999）把工程项目的柔性定义为在整个工程项目实施过程中为达到工程预期结果所需的应对不确定环境的调整能力。因此，工程合同柔性是交易双方对达到工程预期结果所需的应对不确定性（机会或者威胁）的合同调整能力，体现为交易双方对不确定性事件在合同签订以及执行过程中主动和被动地选择空间大小。

从应对不确定性的角度出发，Cruz 和 Marques（2013a）认为合同柔性作为项目不确定性补偿机制，指出在一定边界条件下给予特许经营商依据项目实际情景进行调整的权利有利于价值的提升。也有从风险分担的角度探讨合同柔性的，例如：Chiara 和 Kokkaew（2009）认为柔性合同支持项目风险在参与方之间的有效转移可以提升合同行为效率；Tan 和 Yang（2012）把公路项目 BOT 合同分为完全柔性和部分柔性，前者指的是政府完全承担风险，私人投资者获得的回报是政府补贴和收费，后者指的是政府和私人投资者共同分担风险，私人投资者获得的回报源于公路收费，暗含的思想是合同柔性体现为风险分担。从合同执行的角度来看，Hart 和 Moore（2008）认为能够根据发展状态调整的合同具有柔性，也即允许交易双方重新谈判。从合同柔性的载体来看，Crocker 和 Reynolds（1993）认为固定价格合同不允许价格调整，柔性最低；成本加酬金合同是最不完备合同，柔性最大。Harris 等（1998）认为不完备合同和激励合同都具有柔性。

2. 合同柔性的维度划分

Nystén-Haarala 等（2010）指出，合同条款和合同执行过程都存在柔性。Yli-Renko 等（2001）认为，合同执行柔性指的是交易双方愿意用关系代替合同来适应变化的程度，可依据在合同执行过程中合同的重要程度以及非正式协议是否比合同多来衡量；并且，Weber 等（2011）发现合同条款的设计能够从心理上影响双方在合同执行过程中的行为和协作，因此，合同执行过程中的柔性根植于合同条款柔性。而关注合同条款柔性主要包括以下几方面：①价格柔性，如 Crocker 和 Reynolds（1993）认为，对于长期合同而言，根据市场上材料、设备、人工费价格波动给出不同的价格调整公式，是合同柔性的体现；②工期柔性，如 Vassallo（2010）合同柔性还可体现在 PPP 项目弹性特许期的设计上；③激励柔性，如 Bubshait（2003）认为，合同中激励性质的设计或条款也能体现合同柔性，激励合同包括固定价格激励（包括保证最大担保激励和奖励/惩罚激励）、带有激励条款的成本补偿激励、绩效激励（总价合同的绩效激励包括工期的前提完成）和安全激励；④重新谈判柔性，如 Argyres 等（2007）认为，权变计划针对交易中可能遇到的不确定事件，可采用明确的调价条款或者程序来表示，也可以采用合同中的开放型条款表示。

3. 合同柔性的影响因素

现有研究涉及的合同柔性的影响因素主要包括以下几方面：①项目自身属性，包括项目持续时间、项目投资额、项目技术难度，如 Vanneste 和 Puranam（2010）通过实际调研，发现项目技术难度大的情况下，合同交易方通过类似项目历次学习使得合同中技术条款增加，合同柔性增加；②项目参与者特征，包括声誉、信任、讨价还价能力、风险偏好、以往良好的交易经历或预期未来将有可能再交易，如 Crocker 和 Reynolds（1993）针对合同的选择（单价合同、总价合同、成本加酬金合同）进行研究，发现当合同当事人热衷于诉讼和缺少替代供应商时，倾向于选择确定的价格条款；③项目所处社会文化环境，横向来看，Lamoreaux（2005）比较美国和法国的商业方面的法律体制，发现美国的法律更严格，因而实践中合同柔性更差，纵向来看，Kosnik（2014）对 30 年的水电合同进行分析，发现环境规制对合同柔性有影响，演变趋势是合同柔性战胜合同刚性。

4.2.2　合同柔性与合同刚性构念的建立

威廉姆森（2002）援用美国契约法学家麦克尼尔的分类法将合同分为三类：①古典合同就是那种把与产品的供给或服务有关的一切可能性都写清楚且严格限制其修订的合同；②新古典合同就是那种事前对交易程序做出明确规定并指定一个双方都信赖的第三方在事后调解纠纷、评价绩效的合同；③关系型合同不是对交易双方行为的详细计划达成协议，而是对行为总目标的实现制定广泛适用的原则和对意外事件发生时制定处理程序和准则，甚至可以不拟定初始合同。上述三类合同在事前缔约成本、事后讨价还价的多寡以及应对变化的灵活性方面具有显著区别，其中古典合同与关系型合同属于两种极端情况，而实践中的合同通常是处于它们之间的某种状态，即刚性与柔性以一定配比共同存在：合同刚性即无论交易的外部环境发生何种变化，交易双方的行为与选择都必须受到合同条款的约束和限制，它表征了一种静态的交易秩序；合同柔性即交易的外部环境发生变化时，交易双方依据合同中制定的规则，在合同所预留的空间中经济而又快速地响应变化（或不确定性）的能力，它表征了一种动态的交易秩序。合同刚性或合同柔性并不适用于对一个合同进行非此即彼的整体评价，而仅适用于对合同各方面内容表征进行具体描述，因此，亦有合同的刚性条款与柔性条款之称。

只有刚性而没有柔性的合同无法灵活地应对变化，还会导致基于再谈判而形成的项目价值增值路径的丧失；只有柔性而没有刚性的合同则会失去原则与底线，增加机会主义行为的可能，最终流于庸俗（Athias and Saussier，2008）。通过上述分析可知，合同应是兼具刚性与柔性特征的，最佳的合同是在保护权利感受的刚性与促进事后效率的柔性之间进行权衡取舍（Hart and Moore，2008），这一事实已得到工程管理领域部分学者的重视与认可，例如：Athias 和 Saussier（2008）对 PPP 项目这一充斥着不确定性的交易过程进行分析，指出成功的 PPP 合同设计的关键即确定刚性与柔性的均衡点（trade-off），此时交易双方适应变化的成本与发起再谈判的成本之和方能最小；Nystén-Haarala 等（2010）认为，合同中既应该包括明确的固定条款，又应该包括富有弹性甚至是具有战略性模糊的条款，这样才能够使合同双方进一步满意。由于工程领域的合同通常需按规定（法律法规、规范性文件、成熟的合同范本等）约定，其通常具有较大的合同刚性，而拟定专用合同条款的高成本、工程领域普遍的低信任水平以及对己方谈判力的不自信都很容易导致合同柔性的不足（Nystén-Haarala et al.，2010），因此，如何为工程项目合同注入柔性一直是一个热门议题。工程项目中合同刚性与合同柔性的作用概括如表 4-3 所示。

表 4-3 工程项目中合同刚性与合同柔性的作用概括

合同特征	必要性	积极作用	消极作用	作用原理
合同刚性	项目成功的“保健因素”：柔性并不排斥刚性，刚性天然地存在于组织和组织变化的过程中	防卫作用：适当的合同刚性能够使承发包双方感受到其权利受到保护、结果可以预期，从而提高其事前专用性投资的积极性	事后灵活性的丧失	使交易双方忌惮不履约将受到的报复或惩罚而不得不履约
		约束作用：适当的合同刚性能够抑制机会主义行为，是承发包双方在交易中行事的原则和底线		
合同柔性	项目成功的“激励因素”：为合同注入柔性是考虑到合同天然的不完备性	应变作用：适当的合同柔性使得承发包双方可以灵活地应对变化，促进事后效率、保障配合与合作	引发机会主义行为	使交易双方为了获得更大的利益而主动地相互配合来履约
		激励作用：适当的合同柔性将激励承包人对项目有利的行为，从而拓展发包人的策略选择空间、提升项目价值		

4.2.3 合同柔性与合同刚性的维度划分

工程项目中柔性的价值随着不确定性的增加而增加，近年来，由于工程项目本身及其所处环境不确定性的日益增加，合同柔性的研究受到越来越多的关注，学者们试图揭示为合同注入柔性的途径或者衡量合同柔性程度的指标。柔性可以注入到工程项目合同的权利配置、风险分担、价格、工期甚至质量等方方面面，例如，国家发改委等九部委局联合编制的《中华人民共和国标准施工招标文件（2007 年版）》中，工程变更的范围和内容之一为“改变合同中任何一项工作的质量或其他特性”，事实上，只要承发包双方形成合意即可重新制定交易秩序。综合现有研究，合同柔性主要集中在以下四个方面：①价格柔性，如 Athias 和 Saussier（2008）研究了 PPP 项目合同设计中价格条款（price provisions）的问题，指出固定价格合同是最为刚性的，而设定价格调整条款、价格补偿机制甚至价格调整再谈判机制的合同会更加柔性；②合同中规定的重新谈判机制（关于提前终止、模式变更、合同期限、风险再分担等），如 Susarla（2012）指出合同条款中应写明在某些状况下允许执行再谈判（renegotiation），重新谈判机制是实现合同柔性的关键；③合同中规定的纠纷预防与解决机制（包括所应遵循的原则、程序、指定的第三方等），如吕文学和花园园（2010）从降低交易成本的角度指出，工程争端的事前预防比目前常见的事后解决更具优越性，而预防措施之一即在合同中设置争端早期警告制度，从而使合同更加具有弹性；④在合同中注入激励要素，如石莎莎和杨明亮（2011）指出，激励要素可以促使合同参与方向实现预期目标、提高绩效水平的方向努力，从而提高合同的柔性。其中价格柔性最受关注，甚至有研究将价格柔性等同于合同柔性（Athias and Saussier，2008），其原因在于：契约经济学认为，合同的本质内容为权利、责任与支付（即价格），而支付决定了对每一个当事人的激励，包括对当事人履行“责任”和运用“权利”的激励；而从法律经济学角度看，合同是一种民事法律关系，其本质上是具有物质利益内容的财产关系。

为合同注入柔性是考虑到合同天然的不完备性，然而，柔性并不排斥刚性，刚性天然地存在于组织和组织变化的过程中（谢卫红等，2003）。适当的合同刚性能够使当事人感受到其权利受到保护、结果可以预期，从而提高其事前专用性投资的积极性（Hart and Moore，2004）。由于目前工程领域合同的刚性普遍偏高，亟须为合同注入柔性，因此，现有研究中鲜见合同刚性的专题研究，而多是将合同刚性作为合同柔性的对立面来提及的，旨在通过对比分析阐明合同刚性太过、合同柔性不足的危害。工程项目合同呈现出显著的柔性条款逐渐增多、刚性条款适当减少的趋势，例如，从 19 世纪工程合同实践普遍遵循的价格包含原则（inclusive price principle）①，到《建设工程工程量清单计价规范》（GB 50500—2013）（以下简称“13 版清单”）中倡导的合理风险分担原则的发展。事实上，对于合同

① 合同约定履行并完成工程所需的全部必须工作和临时的必要工作的费用均已包含或分摊在合同价格里，据此履行合同即价格包含原则。

刚性研究较为深入的文献大多均为基于风险分担的视角。例如：Zaghloul 和 Hartman（2003）发现加拿大建筑市场的业主倾向于在合同中设定大量的免责条款（包括工作条件的不确定、工程延误事件、赔偿、违约金、合同文件的完整性），免责条款导致的不合理的风险分担无疑会使合同太过刚性，不利于柔性合同的形成，导致项目成本的上升；Shan 等（2010）认为历时较长的 PPP 项目应力求使合同刚性与 PPP 效率达到一个均衡，合同柔性能够通过风险分担的动态调整保障项目各方利益的实现，从而防止不合理风险分担下的机会主义及道德风险。支付、权利和责任是合同的三大核心内容，合同设计追求“权责利对等”，因此，合同刚性的表征或评价可以初始合同中的风险分担为切入点，根据前文对合同刚性的界定应包括：①风险分担基本原则的合理性；②针对承包商的保障风险分担方案实现的约束机制，主要是履约保证金、质量保证金、预付款保函、约定的对承包商的惩罚措施四个方面；③针对业主的保障风险分担方案实现的约束机制，主要是支付保函、业主履约不力或违约时承包商拥有索赔权的约定两个方面。工程领域较为丰富的法律法规、成熟的合同范本等使得合同刚性通常较大，而拟定专用合同条款的高成本、工程领域信任水平普遍偏低以及对己方谈判力的不自信通常易于导致合同柔性的不足（Nystén-Haarala et al.，2010）。有鉴于此，现阶段我国工程项目中柔性合同的设计应致力于合同刚性的适当与合同柔性的充分。

4.2.4 合同柔性的影响因素分析

本小节将采用扎根理论的方法来识别一般工程项目中施工合同柔性的影响因素，采用半结构化访谈以及真实项目的合同文件来采集文本资料，研究重点在于：①识别施工合同柔性的表征；②施工合同柔性的影响因素及分类；③施工合同柔性影响因素与合同柔性之间的关联路径分析。

1. 资料收集与整理

本研究的初始访谈提纲由 3 个问题构成：①工程项目中有哪些不确定性因素会影响到项目的完成？这些不确定因素在施工合同管理中如何应对？②您觉得有哪些因素影响到合同结算价格与合同签约价的差异？这些因素在施工合同条款设计时如何考虑？③在您经历的项目中，是否发生过合同签订时没有考虑到的情况，这种情况下交易双方如何能够继续完成项目？什么因素会影响到交易双方的行为？在访谈过程中不断分析和比较收集的资料，增加问题④应对合同执行过程中未预料的不确定性事件的行为规定是否在施工合同条款中体现？如果体现，在施工合同条款中是如何体现的？半结构化访谈过程从 2014 年 6 月至 12 月，历时半年时间，受访者选自建筑业拥有 5 年及以上从业经历的业主方或者承包商项目经理，受访者分布地区主要是天津地区，共计采集到 16 个业主方项目经理和 22 个承包商项目经理的访谈记录作为本研究文本分析资料的访谈部分。

本研究文本分析资料的真实项目合同文件部分主要包括市政道路（12 个）、高速公路（4 个）、房地产（4 个）共 20 份专用合同文本。合同文本对访谈记录起到支持作用。通过半结构化访谈获取 38 份样本数据，其中 30 份数据用于扎根理论研究，剩余 8 份数据用于饱和度检验。所有样本数据均经过整理、整合、质证，以确保编码分析的准确性。

2. 范畴挖掘与提炼

扎根研究的第一步是通过开放性编码进行资料的概念化和范畴化，针对大量资料归纳概念和范畴来反映资料内容，具体开放性编码概念分析和范畴如表 4-4 所示。

表 4-4　开放性编码概念分析和范畴

序号	范畴	概念
1	合同柔性存在	一般受访者都表示：合同没有柔性是不能执行的，合同执行与合同签订时状态不完全相同，需要合同具有柔性
2	材料、设备价格、施工机械台班费用的市场变动情况在合同中的调整	由于外界经济环境的变化，主材价格、设备价格、施工机械台班价格等可能出现波动，合同中有相关的处理程序
3	工期变动的调整	合同中规定了工期提前的奖励或者工期拖后的惩罚
4	工程量变更	合同中规定工程量变更的项目、处理程序以及工程量变更后价款的处理情况
5	不可抗力造成的损失	不可抗力发生给业主和承包商带来损失的责任归属问题
6	工程量清单缺、漏导致的数量变化	业主是否承认工程量清单的缺、漏以及修改的义务，还是认为工程量清单与图纸不符视为已经分摊在该项目其他的单价上
7	法律法规、政策变动对工程项目的影响	基准日期之后法律法规的变动给业主和承包商带来的风险的分配
8	奖励/惩罚	合同是否规定了经由合理化建议节约资金的收益分享机制，或者获得质量奖项的奖励，或者有类似的奖励措施；如果项目质量不好，安全问题较多，给业主声誉方面造成不好影响等方面，是否有惩罚措施
9	对待合同的态度	业主代表和承包商施工人员在交易进行过程中认可不违背合同的前提下关系重要
10	发生紧急事件后双方的处理程序	合同实施过程中，出现突发事件需要紧急处理，能否基于共同完成合同的目的首先通过合作处理突发事件，事后补程序
11	商定成本高低	由于发生合同没有覆盖到的状况变化，需要双方商定，签订补充协议的成本高低

续表

序号	范畴	概念
12	争议解决速度快慢	交易双方本着共同的目标能否以最快速度解决合同发生过程中的争议，不影响项目的施工
13	商定的程序	合同中规定了重新商定的触动机制以及商定的程序
14	争议解决的程序	合同中预设了争议的解决途径以及程序
15	项目规模	项目规模大小用投资额来衡量。规模大的项目不确定因素多
16	项目技术难度	项目技术难度与施工过程需要的工艺以及专业类型有关。技术难度越大，不确定性因素越多
17	项目持续时间	项目的持续时间越长，不可预见因素越多
18	双方是不是重复交易	交易双方是否以前共同参与过某一个项目。如果是政府工程，承包商是否以前参与过该政府的其他工程。业主的项目经理与承包商公司或者承包商项目经理之前是重复交易，或者承包商项目经理与业主或业主方项目经理之前是重复交易
19	双方对将来合作的预期	如果承包商得到业主下一次合同授予的承诺，则本次交易承包商更愿意考虑合作
20	信任	交易双方的信任能够导致处理紧急情况时，首先应对，然后补手续
21	合作	从初始签订合同开始，交易双方是否愿意合作，并且表现积极
22	承包商类似项目的经历	承包商以前是否承担过类似的项目，项目的规模、技术难度如何
23	承包商的资质	承包商资质等级，表明承包商的管理能力水平
24	承包商的财务状况	承包商良好稳定的财务状况，有利于项目的执行
25	承包商以往工程中的表现	承包商在以往项目中的表现，如履约率、索赔率、合作程度等
26	业主类型	业主可能是政府或者是私营单位。同是政府投资项目，还可以分为市政府、区政府以及其他类别
27	通用合同类型和工程量清单计价规范	按照支付方式，合同类型主要包括单价合同、总价合同、成本加酬金合同。业主方根据项目特点选择适当的通用合同类型，在专用合同中设置柔性空间
28	法律法规的变动	如果经验表明法律法规的出台比较频繁，则要求合同中需要考虑应对该可预见到不确定性因素的措施，通常与工程所在行业有关系
29	外部市场通行做法	僧多粥少造成的业主强势地位，导致承包商在合同谈判时对合同影响很小，在合同执行过程中应尽量采取合作的方式

主轴编码的主要目的是发现和建立范畴间的各种联系，通过聚类分析，形成更加具有概括性的范畴。通过对资料的反复考察、循环分析和提取：①将“材料、设备价格、施工机械台班费用的市场变动情况在合同中的调整”“工期变动的调整”“工程量变更”“奖励/惩罚”“不可抗力造成的损失”“工程量清单缺、漏导致的数量变化”“法律法规、政策变动对工程项目的影响”作为亚类归并在子群体成员“合同条款柔性”类属之下；②将“对待合同的态度”“发生紧急事件后双方的

处理程序”“商定成本高低”“争议解决速度快慢”作为亚类归并在子群体成员“合同执行柔性”类属之下；③将“商定的程序”“争议解决的程序”作为亚类归并在子群体成员“合同条款柔性与合同执行柔性的关系”类属之下；④将“业主类型”“承包商的资质”“承包商类似项目的经历”“承包商的财务状况”“承包商以往工程中的表现”作为亚类归并在子群体成员“项目交易方的特征”类属之下；⑤将“项目持续时间”“项目规模”“项目技术难度”作为亚类归并在子群体成员“项目特征”类属之下；⑥将“双方是不是重复交易”“双方对将来合作的预期”“信任”“合作”作为亚类归并在子群体成员“项目交易双方的关系”类属之下；⑦将“通用合同类型和工程量清单计价规范”“法律法规的变动”“外部市场通行做法”作为亚类归并在子群体成员“外部环境和规制”类属之下。经过提炼后得到 7 个类属，最终形成的主范畴及其概念内容见表 4-5。

表 4-5　主范畴及其概念内容

序号	主范畴	概念
1	合同条款柔性	材料、设备价格、施工机械台班费用、人工费单价的市场变动情况是否在合同中规定不作调整，或者在合同中规定调整的边界；工程量变更，工程量清单缺、漏导致的数量变化，不可抗力造成的损失，法律法规、政策变动对工程项目的影响是否能实现交易双方合理的风险分担。工期的变动、质量的提高是否能实现有效的奖励或者惩罚
2	合同执行柔性	在遵从合同的前提下以关系为重，发生紧急事件后能够先处理后补文档，发生争议后商定成本低，争议能够顺利解决都是合同执行过程中的柔性体现，是交易双方本着完成项目目标采取的措施
3	合同条款柔性与合同执行柔性的关系	合同条款中预设的商定触发机制以及流程、争议解决流程对于合同执行过程不可或缺。对于合同未预见的不确定事件对合同执行产生的影响，采用商定以及确定的程序，如果商议不成，可以采用争议解决程序。这些措施相应的程序在合同条款中需要说明
4	项目交易方的特征	业主特征主要体现在业主类型方面，是私人工程还是政府工程。如果是政府工程，是哪一级政府工程。如果是私人业主，其融资能力如何。业主类型更多地体现了业主的支付能力。承包商的资质、类似项目的经历、财务状况、以往工程的表现等特征表征承包商的信誉，关系到业主方合同柔性的程度
5	项目特征	项目持续时间长、规模大、所需要的工艺技术复杂，都会导致项目的不确定性增大。项目所用主材、设备、人工的市场价格受外部市场变化影响大，则项目的不确定性大。为了保证项目的成功执行，交易双方会在合同条款设置时考虑应对不确定性的适当的柔性
6	项目交易双方的关系	双方是不是重复交易直接影响到合同条款柔性。在合同执行过程中，双方对将来合作的预期会影响到合同的执行柔性。在合同签订以及执行过程中，双方是否有信任以及之后的信任维持会影响到合同签订条款柔性以及合同执行过程中的柔性。双方是否愿意合作会影响合同执行过程中的柔性
7	外部环境和规制	通用合同类型和所采用的工程量清单规则会很大程度上影响到合同条款柔性。法律法规的变动会影响到合同条款柔性。市场竞争激烈程度对合同柔性有影响

选择性编码主要是对类属与亚类属建立逻辑关系，并聚集到主范畴的过程。通过对其中的相互影响以及因果关系的分析，最终归纳得到四大类关系（表 4-6）。

表 4-6 基于主轴编码的四大类关系

序号	关系类别	影响关系的概念	关系的内涵
1	合同条款柔性与合同执行柔性的关系	合同柔性、合同条款柔性与合同执行柔性的关系	合同条款柔性指的是在合同条款中体现出来的应对未来不确定性事件发生的措施，主要包括调价条款、变更条款、激励条款、商定条款以及争议解决条款。合同执行柔性指的是在合同执行过程中交易双方是否认同关系比合同更重要、紧急事件发生后交易双方是否愿意先解决问题事后补手续、商定的成本高低以及是否愿意通过合作解决争议。合同条款柔性通过商定条款和争议解决条款建立针对未预料到的不确定性事件的解决程序，从而与合同执行柔性发生关系
2	项目特征对合同柔性的影响	项目特征	工期长、技术复杂、投资额大对合同条款柔性有影响。如工期很长就要考虑到主材、设备市场价格变化对合同价格的影响，合同柔性就高。如果工期短则不需要考虑主材市场价格变化对合同价格的影响，合同柔性就小。技术越复杂、投资额越大导致项目复杂性变大，不确定性增加，因而合同柔性越大
3	交易双方的关系对合同柔性的影响	项目交易方的特征、交易经历、对将来合作的心理预期、信任以及合作	业主类型、承包商的能力和声誉会影响到合同条款柔性和执行柔性。交易双方之前的交易经历会影响到合同条款柔性，双方在交易过程中信任以及合作、对将来交易的心理预期会影响到合同执行过程中的柔性。同时，交易过程中的交互行为会影响到交易双方的心理预期
4	外部环境和规制对合同柔性的影响	通用合同类型和工程量清单计价规范、法律法规的变动、行业通行做法	根据现行建筑业规范，不同合同的通用条款中已经具有不同的柔性空间；同一业主的若干工程的合同柔性趋于一致。买方市场并且买方以政府投资为主，造成业主方决定合同的柔性程度

3. 理论模型的提出与检验

本研究旨在通过扎根理论，识别施工合同柔性的表现形式，探讨施工合同柔性的影响因素，并揭示其影响因素作用机理。研究的核心问题可以范畴化为工程项目中合同柔性的影响因素及其作用机理的理论模型，如图 4-9 所示。在该模型中体现了四类关系：①合同条款柔性与合同执行柔性通过“商定条款”和“争议解决条款”发生联系；②外部环境和规制对合同柔性存在影响，重点影响到合同条款柔性；③项目特征对合同柔性存在影响，重点影响到合同条款柔性；④交易双方的关系对合同柔性存在影响，既会影响到合同条款柔性也会影响到合同执行柔性。

为检验理论模型的饱和度，研究将未录入的 8 个样本数据进行了开放性编码、主轴编码及选择性编码，分析过程并未发现新的概念及范畴，亦未产生新的关系，得到的结果仍然符合图 4-9 所示的理论模型，因此，该理论模型符合饱和度检验要求。

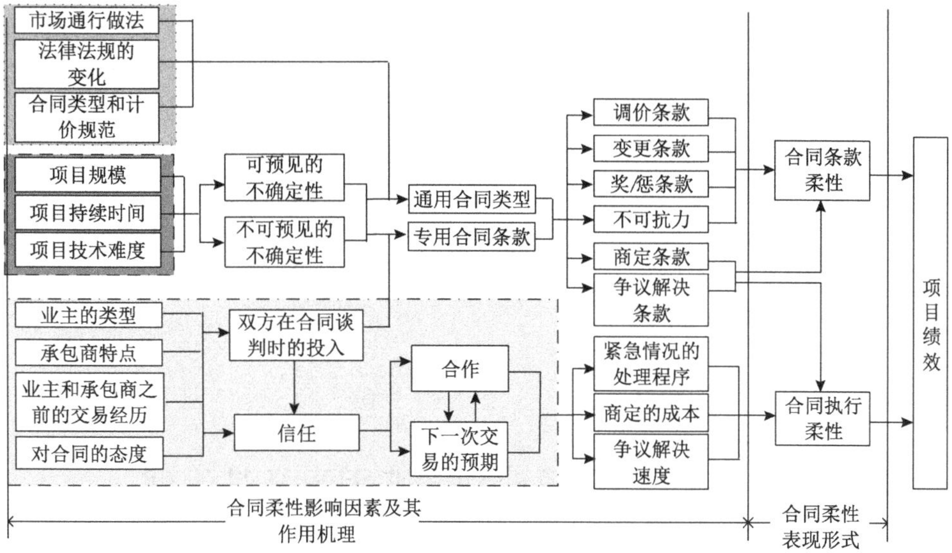

图 4-9　合同柔性影响因素及其作用机理的理论模型

4. 合同柔性影响因素的作用机理分析

由图 4-9 可知，影响合同柔性的因素共有三类，即项目特征、交易双方的关系、外部环境和规制，以下将分别解释它们影响合同柔性的机理。

项目的特征包括工期、技术复杂性、投资额。多数受访者表示，如果工程的工期比较短，合同中会明示“不因市场价格变化以及政策变化而调价”；如果技术复杂性比较高，合同中通常会给出由于合理化建议导致成本节约的分享措施；如果投资额比较大，不可预见因素多，业主和承包商约定的合同柔性空间会比较大。

交易双方良好的关系能够扩大合同的开放性，增加合同执行柔性。①业主的性质体现在当时的支付能力以及预计的支付能力，受访者普遍表示：业主方支付不及时，承包商会视业主性质考虑是否继续施工，如果是政府的工程，可以考虑继续施工；如果是私人项目发生支付困难的情况，则承包商会很快停工。②承包商的信誉由以往的工作经历、资质等体现，会对双方的初始信任产生影响，对合同条款柔性有明显影响。③在交易过程中建立的信任和合作会影响到合同执行柔性，访谈中有这样的表达：“业主在施工过程中支付不及时，由于能够看出业主不是主观故意的，其他方面合作比较愉快，业主也承诺将来项目愿意与我们合作，我们信任业主，会继续把该工程干好。”也有项目经理表示承接过世界银行贷款高速公路项目和某省高速公路项目，尽管合同签订条款柔性不同，但是合同执行的效果都很好，主要原因在于双方沟通比较多，合作顺利。

由业主强势地位所造成的风险大部分转移给承包商，是目前建筑业存在的普遍现象。13 版合同和 13 版清单所推行的合理风险分担能够使得合同条款具有更多柔性。业主选择不同计价模式的合同，单价合同、总价合同、成本加酬金合同已经基本确定了合同柔性的水平，承包商可以在谈判过程中争取奖励等柔性空间体现在专用合同条件中，在合同执行过程中根据情势变更原则争取对己方有益的条件。项目所属行业不同，合同条款柔性和合同执行柔性不同，因为不同行业的规定不完全相同，技术以及人员素质不完全相同，企业性质有所差异，因而导致合同执行效率不同。

4.3　PPP 项目再谈判影响因素及其治理

PPP 项目漫长的合作周期，且合同本身的不完备性，导致其初始合同不能完全预见到将来的不确定事件，因而在合同执行过程中，再谈判不可避免。根据 PPP 项目再谈判的相关文献得出各国和地区的 PPP 项目再谈判状况一瞥如表 4-7 所示，显然，不同国家或者同一国家的不同行业 PPP 项目再谈判发生的比例不同，但不管是发达国家，还是发展中国家，PPP 项目再谈判现象都非常普遍；再谈判发生的时间距离签订合同的时间比较近，说明再谈判的发生并不是因为合同的长期性以及不完备性，很可能是公共部门或者私人部门的战略故意，因为通常再谈判发生的时间距离签约时间比较长时，才可能是因为项目所处的环境发生了变化，并且签约时不可预见，或者合同只是约定了触发条件，并没有给出具体调整方向。本节将基于文献分析，探讨 PPP 项目再谈判的影响因素及其治理手段（娄黎星，2016c）。

表 4-7　各国和地区 PPP 项目再谈判状况一瞥

地区	行业	PPP 项目数量/个	再谈判比例/%	第一次再谈判距离签约的时间/年	数据来源
拉丁美洲地区	全部	—	41.5	2.2	Guasch（2004）对 1980～2002 年的 1000 个 PPP 项目调查发现：①第一次再谈判距离特许经营合同被授予平均时间为 2.2 年，项目通常还处在施工阶段；②再谈判的过程一般持续 3～12 个月才能完成；③公私双方作为再谈判的发起者所占比例相当，私人部门发起的稍高于公共部门发起的
	电力		9.7	—	
	交通		54.7	3.1	
	水务		74.4	1.6	

续表

地区	行业	PPP 项目数量/个	再谈判比例/%	第一次再谈判距离签约的时间/年	数据来源
美国	高速公路	—	40	7	Engel 等（2011）针对 1991～2010 年的美国交通 PPP 项目进行分析，发现再谈判发生的时间是在合同签订后 7 年左右
法国	停车系统	252	73	—	Beuve 等（2014）针对 1963～2008 的 252 个项目进行分析，发现只有 5.2%的项目再谈判发生在运营期第一年
英国	全部	—	55	—	英国国家审计署（NAO）2001 年年报
葡萄牙	运输	37	51	3.3	Cruz 和 Marques（2013b）针对葡萄牙 1984～2008 年的 87 个 PPP 项目进行分析，得出各行业 PPP 项目数量及其再谈判比例和首次时间
	道路	13	100	2.4	
	铁路	3	100	3.7	
	港口	21	14	7.0	
	健康	5	20	1.0	
	水务	29	100	1.5	
	能源	16	19	15.0	
	总数	87	67	6.3	

4.3.1 再谈判的诱发因素分析

引起PPP项目再谈判的因素不仅包括合同不完备、外部环境变化等客观因素，还包括交易双方的机会主义行为、采购过程决策不当等主观因素。例如：Bitran 等（2013）对 1993～2010 年哥伦比亚、秘鲁和智利的 PPP 项目进行分析，发现再谈判初次发生时间距离签约时间非常短，分别是 1 年、1.4 年和 2.7 年，这暗示了导致再谈判原因并不仅仅是合同不完备，更多的可能是因为初始合同设计不足或者是交易双方的机会主义行为。

1. 合同不完备

环境不确定和人的有限理性使得合同不可避免是不完备的，合同不能提供面对所有未能预见问题的条款，签订合同的人很难写出完备合同，因为完备合同的制定成本太高。而且，即使制定出完备合同，也会因为完备合同执行过死导致交易双方创造性不易发挥。签订合同所依据的公共部门提出的需求说明书也是不完备的，难以事无巨细地说明质量、功能等所有要素。Cruz 和 Marques（2013b）在对葡萄牙道路 PPP 项目案例分析的基础上，发现造成再谈判的直接原因是设计变更（共计 14 次，其中 9 次变更是由于政治原因、5 次变更是由于环境因素）、征地的推迟（4 次）、交通流量低于预测（2 次），在合同中并未预定相应的处理程序或者处理程序在合同执行过程中与环境不相匹配。

2. 外部环境变化

PPP 项目的初始合同应当能够反映当时的项目内部和外部环境，以及对将来合同持续期的内部和外部环境的预测，但是外部环境，如经济环境、项目的实际需求、政治稳定、不可抗力等都可能发生始料不及的变化，因而造成合同再谈判。外部环境变化也是客观造成 PPP 项目初始合同不完备的主要原因，外部环境变化导致的再谈判可以是为了通过合作填补初始合同规定中的空白，也可能沦为机会主义行为和寻租的途径。

3. 私人部门机会主义行为

市场的竞争性越强，PPP 项目投标人出现战略行为的可行性越大。Engel 等（2009）发现私人部门低报价的目的在于中标，期望在合同执行过程中通过再谈判来打破平衡。战略行为的发生有三种原因，即私人部门知道再谈判的可能性是很高的、再谈判过程控制很少使得私人部门能够达成目的、选择私人部门的评价标准更多地放在报价上。因此，为了赢得合作机会，投标人即使认为自己的报价不具有可持续性，也会报过于乐观的低价。公共部门因为专业技能不足，无法分辨，最终选择报价最低的投标人。在合同执行过程中，先前的竞争变成交易双方的双边依赖，在位者具有先动优势。如果私人部门不能实施激进投标承诺的条款，就会依靠自己的信息优势，要求再谈判。公共部门重新选择私人部门的成本非常高，也不能承担项目终止的风险，因此会答应私人部门的要求，这就会造成社会剩余损失。

4. 公共部门机会主义行为

特许经营合同有瑕疵也可能是因为公共部门经验欠缺，分配给项目的人力资源和经济资源不足，政治周期临近使得公共部门准备特许经营合同过程匆忙，PPP 项目仓促上马（Guasch，2004）。公共部门如果想要更正特许经营合同的初始瑕疵或者改变不恰当的合同条款，就会发生再谈判，而再谈判的成本通常是下一任管理者或者是使用者来承担的。对于公共部门的机会主义行为，Guasch 等（2007）提出合同设计、规制框架不足，无效的制度环境，外部环境变化更容易增加公共部门首先提出再谈判的可能性。公共部门主导的再谈判会影响私人部门进入的信心，最终导致高的资金成本或者削弱投资（Guasch and Straub，2009）。PPP 项目合同属于公共采购合同，在公共采购合同案例中，关系合同易于被认为是第三方风险或者公共部门机会主义行为，因此公共采购合同更容易是官僚的、刚性的（Spiller，2008），这些原因都使得 PPP 项目容易出现正式再谈判。

在导致私人部门主导再谈判以及公共部门主导再谈判的影响因素分析中，大部分变量的影响方向是相同的，例如：规制存在使得再谈判减少、价格限额规制使得再谈判增加、选举使得再谈判增加、最小的收入担保使得再谈判增加。但是，也有些变量对公共部门主导的再谈判和私人部门主导的再谈判的影响方向是相反的，例如：私人融资占总投资比例越大，私人部门主导的再谈判越多，公共部门主导的再谈判越少；投资需求增加会减少公共部门首先提出再谈判的可能性，增加私人部门提出再谈判的可能性；较高的腐败水平，会增加公共部门首先提出再谈判的可能性，减小私人部门提出再谈判的概率。

5. 采购过程决策不当

采购过程决策不当包括采购方式选择不当、采购文件评审方法不当、初始合同设计不足等方面。Guasch（2004）发现评标准则中低价中标更容易导致事后再谈判，合同执行过程中基于过程的控制比基于绩效指数的控制更容易导致再谈判，规制框架中制定价格上限比固定回报率更容易导致再谈判，通过合同规制比通过制度规制更容易导致再谈判。Cruz 和 Marques（2013b）也发现招投标方式与再谈判概率存在关联关系，通过公开招标方式授予特许经营权导致再谈判的概率要比直接授予特许经营权高，并且这些现象随着投标人数量增加愈发严重；公共部门当然希望通过市场竞争获得好处，然而，投标人越多，市场竞争越激烈，激烈的竞争使得“赢者诅咒”[①]现象更容易发生；如果投标人认为合同执行中可以通过再谈判获益则更会降低报价，促使投标激进；如果评标准则倾向于低价中标，则这种评标准则促使再谈判发生的概率增加。Marques 和 Berg（2010）重新审视了在基础设施 PPP 项目中合同的优势和劣势，发现对于所有 PPP 合同而言，合同失败、再谈判现象都与公共项目招标文档有关，风险并没有在初始合同中有效分配，也没有在合同管理过程中有效监督。

---

① “赢者诅咒”，即在 PPP 项目采购阶段，由于综合能力较强的投标人可以为项目提供更有价值的服务，因此可能会比较弱的投标人的报价高，而由于公私双方信息不对称，项目实施机构并不完全了解所有投标人的实际综合能力，往往会选择价格较低的投标人（即“赢者”），使得类似于“柠檬市场”的现象出现，而中标人为提高收益，通常会在项目实施过程中采取机会主义行为，使得项目实施机构受到“诅咒”。

4.3.2 再谈判行为的结果分析

从理论上讲，学者们希望通过再谈判补充初始合同、提高社会福利，进而促进项目成功，但实践中不乏将再谈判视为机会主义的，导致社会福利下降，进而阻碍项目成功的现象。

1. 补充初始合同，提高社会福利

再谈判的结果可能是合作性的，不能把再谈判增多单纯作为合同无效的表现，当交易双方知道自己扩大社会剩余的努力从长远来看能够得到回报时，他们才有动力替对方着想，基于合作的再谈判能够提高社会剩余，增加社会福利（de Brux，2010）。Susarla（2012）认为，授予代理人一定权力，通过风险均衡以及嵌入式学习，再谈判能够实现帕累托改善。而且，如果合同中规定不允许再谈判，并且私人部门认为该条款可置信，会影响投资规模或者决定不投资，则 PPP 项目可能不会开始。因此，允许再谈判也是应对外部不可预见不确定因素的有效手段，在合同签订阶段，能够降低签约成本；在合同执行阶段，能够降低合同的适应成本。

2. 诱发机会主义行为，导致社会福利下降

由于初始签订的合同不能适应环境变化，再谈判程序不得不启动以适应不可预见的问题，尽管理论推演认为再谈判能提高公众福利，并且个别案例分析能证明再谈判是合作性的（de Brux，2010）。但 Cruz 和 Marques（2013b）的实证研究结果表明，再谈判经常是倾向于满足私人部门的要求，数据统计结果表明，在 60%～70%的再谈判中私人部门能够获得特许期延长、价格提高或者减少投资义务等好处，最终由使用者或者纳税人承担。Engel 等（2009）对智利的 PPP 项目再谈判结果进行分析，发现再谈判使得合同金额增加了 1/3，也支持了上述观点。

4.3.3 再谈判行为的治理手段

为了避免 PPP 项目中的再谈判是机会主义的，保证其尽量是有利于公私双方合作的，可通过市场层面的规制、项目层面的合同治理与关系治理，以及全生命周期的视角来对再谈判行为进行治理。

1. 市场规制手段

Stern（2012）认为，规制可以分为合同规制和非合同规制。非合同规制被称为是外部规制，作为PPP项目中有序合同再谈判的基础，提供补偿合同不完备的机制，给出合同不完备问题的事前经济以及法律的基础，在维持合同可持续性方面发挥着重要作用。Engel等（2009）表明写进PPP合同中的条款即使约定了合同修改的最高价格也不能阻止合同在修订时超过最高价格。众所周知，良好定义的合同不能克服执行的无效率，尤其是当再谈判发生在施工阶段完成之后。Estache和Saussier（2014）认为，实证分析结果并不能证明合同规制是一个好的工具，尤其在项目复杂、合同不完备性大的情况下，因此需要外部规制和合同规制共同作用。建立完善的法律和制度系统能够更好地治理再谈判，在秘鲁等地的PPP项目规制采用的如下手段已经有效减少再谈判的发生（Guasch et al.，2014）。

（1）招标规制。在合同或者项目初期进行高水平的准备；明确说明有效的土地征用和权利保护的途径；制定关键投标程序，招标中要定义什么是激进的不计后果的投标，以及这些投标人的财务模型或者其他的财务担保。增加采购程序的透明性、促进投标文件和合同条款的标准化有利于提高PPP项目物有所值（da Cruz and Marques，2012）。对于政策制定者要详细分析招标程序、招标文档制定、评标方法选择、合同签订以及合同管理。Bitran等（2013）通过对拉丁美洲地区调研以及再谈判数据的跟踪，发现项目最初应该严格地进行物有所值事前评估，对于公共投资部分进行审计以阻止乐观性偏见，进行规制制定以及合同管理监管是有效减少再谈判不良后果的手段。

（2）社会规制。实施透明法案，规定用来做出需求公告、政府决策的媒介，增加公共部门接受再谈判需求的政治成本。建立私人部门声誉机制，阻止那些由于过度激进的投标行为驱动的再谈判行为，同时使用恰当的竞争因素比如奖励来增加私人部门的退出成本。通过社会规制手段，建立市场信誉，完善市场竞争，通过市场机制完善社会规制手段。

（3）激励规制。经济规制除了包括进入规制、社会规制，还包括收费规制，收费规制体现了激励功能。PPP项目最常见的激励机制是价格上限、回报率以及合同期机制。一旦发生再谈判，补偿措施也相应调整，如收费调整、合同期延长，每年补贴或者单边支付调整（Xiong and Zhang，2014）。通常，公共部门更愿意采取的措施是合同期延长，而考虑到机会成本，可能增加补贴是一个更好的方式。因此，在激励机制设定中要考虑项目公共部门和私人方需求，采用更适当的激励规制。

（4）PPP委员会的建立。在外部规制中很重要的是建立PPP委员会，作为独立的第三方，解决再谈判各方的争议，尤其是针对合同外的再谈判。导致合同外再谈判的因素是提前未可知的，之前没有任何合同再谈判触发因素提前约定，公共部门和私人方需要分析合同不匹配的基本原因，希望对合同的新特征达成一致，这种再谈判的结果就要接受 PPP 委员会的监督，来检查该合同是否公平，对双方以及对社会公众的影响。PPP 委员会可以是财政部所领导的跨部门委员会，也可以是独立的第三方由专业人士构成的委员会，规范再谈判流程，解决再谈判争议，增加再谈判过程的透明度。提高公共部门的 PPP 合同管理能力，PPP 项目的监管机构在合同设计和合同管理方面能够发挥非常大的作用。

2. 合同治理手段

合同的优化设计是一种很重要的治理手段。Guasch 等（2014）提出再谈判中的一个重要原则：PPP 初始合同要保证物有所值，后续的再谈判不能违背初始合同的初衷，私人部门必须承担初始合同中的要求以及风险；初始合同是合同执行阶段的参照点，合同修改不能改变初始合同中的风险分配原则，再谈判不能用于修正激进高风险的招标行为。Andres 等（2008）提出了“更好的合同”的概念，即能够阻止再谈判频繁发生的合同，例如，在合同中规定通过处罚的方式使签订合同五年内不发生再谈判的条款。

合同治理的具体手段包括以下三种。①提高合同的完备程度：Cruz 和 Marques（2013c）认为提高合同的完备程度能够减少不可抗力带来的合同再谈判发生的频率，公私双方签约时应约定触发再谈判的事件及其阈值，这些触发条件通常是一些财务指数，如投资者内部收益率、偿债备付率等，或者也可以公共部门设立的 KPI 来表示，显然，这是一种事前防控机制，使用效果依赖于阈值或者 KPI 标准制定的合理性，如果阈值太低则变更太容易，如果阈值太高则容易导致合同外的再谈判。正视再谈判的发生，建立定性的以及定量的再谈判触发机制，保证再谈判是可以预测的，并且能够遵循合理的途径来控制再谈判。②为合同适当注入柔性：Domingues 和 Zlatkovic（2015）提出合同柔性是容许不确定性适应的一个有效工具，认为建立一个开放性的 PPP 合同可以有效治理再谈判。PPP 项目合同柔性基于实物期权理论，通过在合同中设置阶段性条款提供柔性，这些阶段性条款可以是因条件成立而早期终止，也可以是依据条件成立而自动增加特许时间，建立公共部门和私人部门之间的收益分享机制，激励私人部门积极参与以及设立权变条款等（Domingues et al.，2014）。然而，PPP 合同中合同柔性并不是越大越好，要设置合理的合同柔性：太多柔性会导致不想要的机会主义行为；太少柔性会丧失增进福利的机会（Athias and Saussier，2008）。③合同中进行合理的风险分担：

大量文献表明，合理的风险分担是 PPP 项目成功的关键因素，合同中需约定一个再谈判的冻结期，例如，合同签订后 3～5 年内不允许再谈判，并包括详细的合同条款说明；同时，建立风险分配矩阵，合同中的任何条款不得修改其规定的风险分配，PPP 法律应禁止风险分配矩阵被修改，再谈判不能作为修正初始合同的错误以及修正激进投标的工具，合同中应该规定再谈判的过程、标准。

3. 关系治理手段

PPP 项目通常有较长的持续期，交易各方的关系对于项目的成功有重要的作用。Domingues 和 Zlatkovic（2015）认为，PPP 模式中最重要的是 partnership，也就是公共部门和私人部门之间的合作伙伴关系。真正实现合作关系，要求双方有共同的价值观、共同的目的。建立有效的沟通机制允许对不可预见问题更好地反映，加强合作者的双赢承诺，促进共同解决问题。声誉、重复性交易会减少再谈判过程中双方的机会主义行为，关系合同能提高交易双方的合作程度。大量文献中探讨合同治理和关系治理互补或者替代的关系，但是都认为合同和关系是能够促使项目成功的两种途径。

4. 全生命周期的视角

无论从合同的角度还是规制的角度，再谈判的治理都要求采用全生命周期集成的视角（Cruz and Marques，2013b）。在 PPP 项目决策阶段，避免为了使项目成立而对项目的成本和收益进行过于乐观的预期（Flyvbjerg et al.，2009），选择最适宜采用 PPP 模式的项目，采用物有所值评价，以免不好的项目进入 PPP 程序。

设计阶段强调项目产出说明书的详细程度、评标准则的建立以及初始合同条款的规定。产出说明书的详细与否说明了政府部门对项目是否准备充分。评价标准过分强调报价可能导致潜在的私人部门投标激进，致使合同刚开始就产生再谈判。初始合同条款的约定体现合理的风险分担原则，有效合同控制条款的缺失导致再谈判，刚性合同可能在减少再谈判次数的同时，会增加隐性成本。

项目实施阶段公共部门要降低信息不对称程度，掌握项目建造运营信息关键信息，以便预先控制再谈判的发生，或者在再谈判发生后论证是否满足私人资本方的索赔要求。公共部门有效的合同管理要求投入人力以及财力到监管方面，能够降低再谈判的负面产出。

PPP 合同执行前、执行中以及执行后都要考虑 KPI，合同执行前制定 KPI，合同执行过程中监督各项绩效指数并进行评估，合同期结束后进行后评价，合同执行的数据以及后评价的数据反馈至合同规制以及外部规制的制定。从项目参与各方权利义务责任的分配角度考虑全生命周期也是必要的。如 Engel 等（2009）提出如果 PPP 项目投资和付费被本届政府所承担，则有效减少政府主动提出再谈判将责任承担转移给下届政府的可能性。

4.3.4 管理启示

从以上分析可以发现，PPP 项目中由于合同期长，项目利益相关者众多，多重目标约束，不可预见因素多，合同自身具有不完备性等原因客观导致再谈判的发生不可避免，而再谈判发生有可能导致两种结果，一种是基于合作的依据现状对初始合同的补充，另一种是基于机会主义行为的初始合同补偿。而对再谈判行为的治理则从两个维度展开，在初始合同签订之前使得合同完善，以及正视再谈判的发生，从流程以及规制上保证再谈判的公平公正，引入关系治理的信任、沟通等手段促使其向合作的方向发展。

1. 正视再谈判的存在

现有的研究仍然停留在再谈判的现状描述上，比如再谈判发生的频率、再谈判发生的时间、再谈判的提出者、再谈判的持续时间、再谈判的成本等。已经有少量研究开始将再谈判作为一个既定现象，分析再谈判如何影响合同更新（Beuve et al.，2014），再谈判如何补偿（Xiong and Zhang，2014）等。中国的 PPP 项目即将大规模展开，借鉴发展中国家的教训，吸取 PPP 模式成熟度高国家的经验，都是中国在目前发展进程中亟须启动的工作。

2. PDCA 循环改善合同规制和外部规制

由于人的认识能力有限，预测能力有限，合同永远是不完备的。提高合同的完备程度，降低合同执行过程中的适应成本，是合同规制和外部规制改善的目的。Xiong 和 Zhang（2014）提出在合同中制定补偿模型关键的问题在于预估将来的现金流量，基于历史数据应用时间序列模型能够预估这些复杂参数。对历史同类型项目进行收集，基于以往数据的分析，不断的 PDCA 循环可以有效改善评标方法、合同中再谈判触发机制、再谈判补偿方案制定、再谈判制度设计，促使合同规制和外部规制发挥应有效果。

3. 重视沟通、信任等软性技术对合同再谈判的影响

高的合同柔性或者是低的合同设计水平都会提高交易双方机会主义行为。沟通和信任对 PPP 初始合同的设立、合同的执行以及合同的更新都有重要作用，能够补偿合同规制和外部规制的不完备。基于信任的关系治理能够为交易提供润滑剂，加强 PPP 项目中的合作更有利于促使交易双方应对未能提前预测的不确定性发生，一旦发生再谈判，有利于促使再谈判达成利益相关者的满意。

第 5 章　合理的控制权配置

对控制权进行合理的配置不仅能够降低交易成本，而且能够激励当事人进行专用性投资，因此，学界一致认为，控制权配置的合理性是决定 PPP 项目合作效率的关键；不同的治理结构下控制权的配置方案自然是不同的，即使是在同一治理结构下不同项目的控制权配置亦应视具体情况有所差别。首先，本章将在对控制权配置进行文献分析的基础上，依据 Fama 和 Jensen（1983）的观点，将交易过程中每一个决策节点的控制权分解为提议权、审批权、执行权、监督权四种类型，从而形成整个交易过程中控制权的权利束；其次，通过多案例分析考察同一治理结构下的不同项目中控制权配置的差异及其诱因；最后，通过分析发改投资 2724 号文和财金 156 号文附件中的 PPP 项目合同指南，得出我国政府现阶段推荐的 PPP 项目控制权配置框架。

5.1　控制权配置的文献分析

5.1.1　控制权及其分解

国内外学者主要从经济学和法学的角度分析和探讨企业控制权的内涵。对于控制权（rights of control）问题的关注源于企业中委托代理关系的出现，伯利和米恩斯（2005）将控制权解释为通过行使法定权力或施加影响，对大部分董事有实际的选择权，他们把控制权定义为选举董事会或多数董事的权力，因为指挥公司的行为是通过董事会来进行的，控制权掌握在那些有实际权力挑选董事会（或其中的大部分成员）的个人或群体手中；哈罗德·德姆塞茨（1999）认为，企业控制权“是一组排他性使用和处置企业稀缺资源（包括财务资源和人力资源）的权利束”；周其仁（1997）从决策经营的角度解释控制权为“对一公司的业务经营及决策有主导之权力”，指出企业控制权是排他性利用企业资产的权力，特别是利用企业资产从事投资和市场营运的决策权。据此，徐霞和郑志林（2009）指出，PPP 项目中的控制权涉及项目建设与运营中公共部门和私营部门两个投资主体由谁来掌控项目投资最终的决策权的问题；叶晓甦等（2011）将 PPP 项目控制权定义为，PPP 项目参与主体为实现效益最大化而投入 PPP 项目的资源的控制权集合。

关于控制权的分解，代表性观点主要有以下几种。Hart 和 Moore（1990）将企业的契约性控制权分为特定控制权和剩余控制权，前者是指那种能在事前通过契约加以明确规定的决策权，后者是指那种事前没有在契约中明确规定的决策权。Aghion 和 Tirole（1997）将控制权分为名义（或形式）控制权和实际控制权，前者指理论上应由谁做出决策，一般源于所有权，如股份公司的股东大会具有对公司重大事项的决策权；后者指实际做出决策的权力，其来源于对信息的掌握，具有名义控制权的人未必就是实际控制权的主体。Fama 和 Jensen（1983）按照企业的决策程序，将企业决策过程划分为决策经营和决策控制，前者指提出资源利用和契约结构的建议及执行已认可的决策，即决策提议和执行；后者指对所需执行的提议做决策选择及考核决策代理人的绩效并给予奖励，即决策审批和监督；相应地，将控制权大致分为决策控制的控制权和决策经营的控制权两个层次。

5.1.2 控制权配置的模型

对控制权进行合理的配置不仅能够降低企业的生产成本和交易成本，而且能够激励契约当事人进行专用性投资，进而将企业效率最大化。因此，在企业内部和企业间的合作中，制度安排方面最为关键的内容是控制权的配置问题。①完全契约是委托代理理论的假设，在委托代理理论中，控制权是外生给定值，掌握在委托人手中，然而，由于代理人在经济活动中占有信息优势，实质上使其拥有了实际控制权。②在不完全契约理论中，假设契约具有不完全性，从而使得剩余控制权的配置显得尤为重要，其认为物质资产所有者拥有剩余控制权，因此，该理论又叫作“控制权理论”或“新产权理论”。表 5-1 罗列了不完全契约视角下经典的控制权配置模型，从中可以发现，研究对象的范围在不断扩大，考虑的影响因素在不断增加，研究结论的适用性也在不断增强。

表 5-1 不完全契约下控制权最优化配置问题的解决模型

<table>
<tr><th rowspan="2">比较项模型</th><th colspan="3">模型的假设条件</th><th rowspan="2">决定控制权配置的因素</th><th rowspan="2">研究结论</th><th rowspan="2">不足之处</th></tr>
<tr><th>合作方类型</th><th>产出品属性</th><th>进行投入的主体</th></tr>
<tr><td>GHM（Grossman and Hart，1986；Hart and Moore，1990）</td><td>私–私</td><td>私人物品</td><td>双方</td><td>契约双方投资的重要性</td><td>（1）解决不完全契约引起的关系专用性投资不足及市场效率低下问题最有效的办法就是买方与卖方一体化，即一方把另一方未在契约中明确界定的剩余控制权购买过去。
（2）有效的剩余控制权配置必须是在激励机制下购买方获得的收益能够充分弥补出售方遭受的损失。
（3）为了最大限度地减少“敲竹杠”行为，应将剩余控制权配置给对专用性投资更为重要的一方</td><td>（1）仅是针对企业间合作生产私人物品的情况。
（2）只考虑了契约双方投资的重要性</td></tr>
<tr><td>HSV（Hart et al.，1997）</td><td rowspan="3">公–私</td><td>公共物品</td><td>私人一方</td><td>对产品和服务成本及质量改进的影响</td><td>对于公共部门提供公共产品和服务的最佳范围，他们认为当产品和服务成本的降低对质量的不良影响可以得到控制或者公共部门的雇员对利益集团的庇护问题很严重时，就应该对公共产品和服务采取私有化措施；反之，公共产品和服务则应由公共部门提供</td><td>并未指出产出品的属性对控制权配置的影响，且在该模型中只有企业单方进行投入</td></tr>
<tr><td>BG（Besley and Ghatak，2001）</td><td>纯公共物品</td><td>双方</td><td>双方对物品价值评价的高低</td><td>如果双方投资生产的是公共物品或服务，那么不论投资的相对重要性或其他生产技术方面的因素如何，控制权都应该由对产品价值判断较高的一方拥有</td><td>—</td></tr>
<tr><td>FM（Francesconi and Muthoo，2006）</td><td>准公共物品</td><td>双方</td><td>（1）契约双方投资的重要性；
（2）双方对该物品价值评价的高低；
（3）物品的公共化程度</td><td>开始动态地研究控制权配置问题，即根据影响因素的变化，公私部门间的控制权分配方式也随之变化。
（1）当物品的公共化程度很低时，控制权应该根据投资的重要性全部由主要的投资者拥有，而不考虑双方对物品价值的评价因素（与 GHM 模型一致）。
（2）当物品的公共化程度很高时，控制权交由对物品价值评价较高的一方拥有，而不考虑双方投资的重要性（与 BG 理论一致）。
（3）在某些特殊情况下（比如私人部门与公共部门的投资比值大于某一特定数值），即使物品的公共化程度较高，也应该把控制权交给投资更重要的一方拥有。
（4）如果双方的投资重要性没有差别，那么当物品公共化程度较低时，控制权就不应该全部归一方所有，而应该在双方之间进行合理分配，且对物品价值评价较低的一方应分享更高比例的控制权。
（5）当物品公共化程度处于中间水平时，则控制权应该全部交由对物品价值评价较低的一方拥有</td><td>忽略了合作期较长这一因素对公私部门合作生产准公共物品时控制权配置的影响</td></tr>
</table>

表 5-1 中控制权配置模型有一个共同的缺陷：对控制权的配置采用 0/1 配置的方法，即只有一方完全掌握全部控制权，并未考虑到现实中往往是合作双方都拥有部分控制权的情况。事实上，已有部分学者开始认识到，控制权的配置应是一个连续变量（Kirilenko，2001），后续关于 PPP 项目中控制权配置的模型大多都对其进行了纠正。

5.1.3　PPP 项目的控制权配置

叶晓甦等（2011）将 PPP 项目控制权定义为，PPP 项目参与主体为实现效益最大化而投入 PPP 项目的资源的控制权集合，它包含了三层含义：PPP 项目控制权主体是政府部门、私营部门和社会公众；控制权目标是为了实现各方效益最大化；控制权结构主要包括项目的资源的实质控制权和在项目经营期间信息充分条件下的剩余控制权，即项目公司的经营决策权、经营管理权和收益分配权。控制权配置影响 PPP 项目中公私双方的投入水平，过度的行政指定式控制权分配将会导致合作效率的损失，基于合作双方自由选择基础上的合理的控制权配置一方面能够保证企业选择较低的自利性投入和较高的公益性投入并满足私人部门的激励相容条件，另一方面也能够激励公共部门的公益性投入，从而达到更高的 PPP 合作效率（张喆和贾明，2012）。代表性的 PPP 项目控制权配置模型如表 5-2 所示。

表 5-2　PPP 项目控制权配置问题的解决模型

比较项模型	研究对象	决定控制权配置的因素	控制权配置方式	研究结论	创新之处
OBK（Onishi et al.，2003）	PFI 项目	双方利益关系的一致性程度	0/1 配置	政府和项目公司的利益关系越一致，越宜将特许经营期内控制权配置给项目公司（采用 BOT 范式）；当政府和项目公司的利益关系对立程度很大时，控制权配置给任何一方，都会导致另外一方收益很小	以政府与项目公司利益的一致性为解释变量构建 PPP 项目特许经营期内控制权配置的决策模型
ZJ（张喆和贾明，2012）	中国卫生医疗领域的 PPP 合作	（1）契约双方投资的重要性程度； （2）双方对项目价值的评价高低； （3）物品的公共化程度；	连续化配置	在 PPP 合作中，控制权作为重要的隐性激励手段对企业和非营利组织发挥重要的激励作用： （1）相比行政指定控制权情况下而言，将控制权的配置权交给对合作项目评价高的一方能够使得企业较少地进行自利性投入（为增加自有收益而进行的投资）的同时，企业和非营利组织更多地进行公益性投入（为增加社会福利而进行的投资），从而提高 PPP 合作效率。	（1）对 PPP 项目合作双方投资的类型加以区分，即私人部门进行自利性投入和公益性投入；而公共部门仅进行公益性投入。

续表

比较项 模型	研究对象	决定控制权配置的因素	控制权配置方式	研究结论	创新之处
ZJ （张喆和贾明，2012）	中国卫生医疗领域的PPP合作	（4）物品价值的可度量程度； （5）合作关系的长期性	连续化配置	（2）无论企业和非营利组织对合作项目的评价如何，当非营利组织掌握的控制权份额小于某一个值（实验中为0.738）时，将控制权较多地分配给非营利组织会起到激励企业减少自利性投入的作用；而当非营利组织掌握的控制权份额大于某一值（实验中为0.738）时，将控制权较多地分配给企业而适当减少非营利组织的控制权会起到激励企业减少自利性投入的目的。 （3）在更多的情况下，将控制权较多地分配给企业会起到激励企业进行公益性投入的目的。 （4）同样地，在更多的情况下，将控制权较多地分配给非营利组织也会起到激励其积极进行公益性投入的目的	（2）控制权配置的连续化，即将控制权作为一个连续变量，研究在不同影响因素的情况下控制权的最优化配置范围。 （3）贴近中国现实，假设政府在PPP项目合作中占主导地位
Hu （胡振，2012）	PPP项目	（1）项目公司维护成本控制水平； （2）项目公司的风险管理水平； （3）物有所值效果与项目公司拥有的控制权呈二次曲线关系，因此，二次项系数、一次项系数及对称轴位置决定着控制权的最佳配置	时点上为0/1配置，时区上为连续化变量	（1）以物有所值效果作为PPP项目中政府收益的评价指标，假设控制权为连续变量的条件下分析投资、成本和收益等变量，构建控制权配置与物有所值效果的相关关系模型，结果发现，物有所值效果与项目公司拥有的控制权呈二次曲线关系。 （2）项目公司的投资控制水平并不影响控制权配置的决策，而维护成本控制水平和风险管理水平则是控制权配置的重要影响因素，而这两个方面均是体现项目公司在运营阶段管理水平的重要标志，这要求政府在PPP项目控制权配置进行决策时，应对项目公司的管理经验和水平进行科学评估和定位	（1）充分考虑PPP项目运作的实际，将0/1配置和连续配置有效结合，在时点上坚持0/1配置，在时区上将控制权设置为连续变量。 （2）充分考虑政府监管和风险分配这两个因素，以及由此带来的成本、收益的变化，并在分析控制权配置、投资结构、维护成本之间的关系的基础上构建控制权配置的决策模型，分析控制权的选择机理

Aghion 和 Tirole（1997）是在雇佣制的治理结构中考虑控制权的差异，而尹振东和李飞（2009）是比较了雇佣制和合伙制的治理结构的不同。同理，PPP 项目控制权配置的结果造就了不同的治理结构，即 PPP 中各种不同的运作方式（BOT、PFI、BT 等），甚至是同一治理结构中的差异，即同一运作方式下的多种细分。①前者如胡振（2012）认为，根据建设期、特许经营期内和特许经营期后这三个阶段控制权配置的不同，PPP 项目可以划分为三种基本范式：基本范式 I 的主要特征是在全寿命周期内政府拥有控制权，即通常所说的 BTO；基本范式 II 的主要特征是特许经营期内项目公司拥有控制权，其他阶段政府拥有控制权，即通常所说的 BOT；基本范式III的主要特征是特许经营期内和特许经营期后控制权

均属于项目公司，即通常所说的 BOO。从实践来看，不同国家对这三种基本范式的选择倾向是不同的，例如在日本，截至 2009 年 3 月，在 340 个案例中，BTO、BOT 和 BOO 三种范式分别为 270 个、49 个和 21 个，所占比例分别为 79.41%、14.41%和 6.18%；而我国 PPP 项目则主要采用 BOT 范式运作，BTO 和 BOO 这两种范式很少应用。②后者如严玲等（2010b）将 BT 模式分为强 BT、标准 BT、弱 BT 三种，其中弱 BT 模式主办方控制权大，而强 BT 模式主办方控制权小，标准 BT 介于两者之间。当 BT 主办方对 BT 项目控制越深入，其所承担的控制成本就越高，控制风险也就越低，当然，随之会带来监管工作量和难度的增加，对 BT 主办方管理能力提出更高的要求，BT 主办方需要对控制成本和控制风险进行均衡比较。

5.2　PPP 项目控制权权利束的解析

如本书的 4.1 节所述，PPP 项目涉及的多个参与主体通过行政的或市场的方式形成多级委托代理链：在公共部门与私人部门缔约之前，政府（代表公众）享有全部的项目控制权，并通过行政委托的方式部分转移给公共部门（即项目实施机构）；而后公共部门通过 PPP 合同又将部分控制权让渡给其所选择的私人部门（即社会资本）；同样，私人部门或其组建的项目公司也可通过承发包合同将其所拥有的控制权的一部分让渡给其所选择的建设单位或施工单位。PPP 项目多级委托代理链上的多个主体分属公、私两大阵营，二者目标的差异性致使公、私两大阵营之间控制权的合理配置成为决定 PPP 项目效率的关键，因此，本研究所关注的是通过 PPP 合同实现的，政府各主管部门、项目实施机构、社会资本、项目公司之间的控制权配置。

5.2.1　控制权分解的必要性分析

现有研究多将 PPP 项目全过程或其所划分成的若干时区的控制权视为一个整体，并在政府部门和私营部门之间进行 0/1 配置或按照某一比例进行配置：前者如表 5-1 中的 HSV、BG、FM 模型以及表 5-2 中的 OBK 模型；后者如张喆和贾明（2012）在构建控制权配置对合作效率影响的数学模型的基础上，通过实验研究方法收集数据并进行假设，得出非营利组织掌握控制权份额的临界值为 0.738。然而，控制权是围绕“决策”过程的一系列权利，只有将其解构为各个具体权利，才能在公私双方之间进行明确的权利划分，因此，本研究将控制权视为一个权利束，依据 PPP 项目全过程中的控制节点将其解构为各个具体权利。

5.2.2 双方交易过程中决策节点的识别

已有研究对 PPP 项目的主要决策节点进行了识别，本研究将直接借鉴比较有代表性的两个研究结论。①伍迪等（2015）结合项目管理——工作分解结构——工具和扎根理论方法建立了一套 PPP 项目决策的识别方法，基于此方法并借助 NVivo 质性分析软件，根据已有研究和国家颁布的 PPP 合同范本建立了包含 28 个决策节点的 PPP 项目决策清单（表 5-3）。此外，为了决策者更好地将决策清单应用于合同设计、权利配置等过程，其建立 PPP 项目的决策结构，提出了将该清单中的决策节点进行分类的项目过程和决策性质两个视角：前者是指从整体上看，该清单是按项目过程发展的归纳，不同的决策可能发生在项目进行的不同阶段，但清单中的某些决策所在项目阶段的归属并不清晰，如表 5-3 中的 d16 可能发生在建设和运营阶段，而 d6 可能发生在项目全生命周期中；后者是指决策权利在公私双方之间配置还需考虑决策的性质，故表 5-3 中的各项决策还可以根据人事决策、资金决策、经营决策等性质进行分类。②杜亚灵和王剑云（2013）专门针对 BT 项目识别其交易过程中的决策节点（图 5-1），其认为 BT 项目公私双方交易过程是从投资人介入项目开始，至 BT 项目回购期结束为止的，而关于投资人介入项目的时点，理论上是从施工图设计之后，但实践中也有从初步设计之后即介入的。在这一过程中存在很多决策节点，需要由某一个或若干参与方在占有一定信息和经验的基础上，在若干可供选择的方案中做出更有利于实现既定项目目标的选择，BT 项目交易中控制权权利束的分解需以准确地识别这些决策节点为前提。

表 5-3　伍迪等（2015）建立的 PPP 项目决策清单

节点号	决策节点名称	决策目标	决策方案与计划
d1	勘察设计单位招标	委托具有相应资质机构从事新建、改扩建工程的勘察、设计工作	勘察设计单位的委托方式、选择要求等
d2	工程勘察	勘察地质、水文、气象、交通等条件与数据以满足工程设计的要求	勘察对象与范围、勘察技术手段等

续表

节点号	决策节点名称	决策目标	决策方案与计划
d3	初步设计及补充纠正	分析工程所需技术、经济、资源等条件，对项目进行宏观设计并不断完善	项目设计依据和方法、主要工艺流程等
d4	施工图设计	基于初步设计而绘制可用于工程施工的尽可能详细的建筑、安装图纸	施工图设计标准、技术规范等
d5	融资方案设计与实施	为满足项目投资需求而设计实施筹集资金方案、金融工具选择等	项目公司组建方案、融资方式、回报方式等
d6	资金到位和使用	完成融资交割，统筹项目设计、建设、运营、维护等资金的使用	资金支配计划、投资期限等
d7	担保与保险	项目参与方为降低风险造成的经济损失而设计实施担保、保险方案	保函形式、抵押方式、保险公司选择等
d8	监理单位招标	将新建、改扩建工程的监理工作委托给具有相应资质的机构	监理单位的委托方式、选择要求等
d9	施工单位招标	委托具有相应资质机构从事新建、改扩建工程的建设施工及管理	施工委托方式、施工合同模式等
d10	设备、材料等专业供应商招标	选择供应商为新建、改扩建工程提供设备、材料、专业施工等商品和劳务	商品质量要求、劳务专业标准等
d11	征地拆迁和交通疏解	拆除障碍物、降低工程对周边影响并实现土地使用条件和施工条件	征地补偿计划、交通疏导方案等
d12	施工现场场地准备	为实现开工条件而进行“三通一平”、临时设施搭建、原材料储存堆放等	场地准备计划、材料调配方案等
d13	施工组织设计	制定合理的施工方案、技术经济和组织措施以达到资源的有效配置	设计要求、资源条件等
d14	施工进度控制	通过规划、控制和协调完成施工进度安排，并在必要时调整进度计划	工期控制方案、开竣工日期要求等
d15	材料、设备和施工质量控制	通过行动方案和资源配置的计划、实施、检查和监督来实现预期质量目标	质量检测标准、控制计划等
d16	工程变更	为满足干系人需求、自然条件等因素变化而导致工程范围、规模、标准等变化	变更触发条件、变更内容与范围等
d17	工程计量支付与价款结算	根据已完成工程量按规定支付工程进度款	计量与结算方法、工程完成情况等
d18	安全管理及事故处理	降低项目在建设、运营等过程中安全事故的发生概率，妥善应对突发事故	安全管理措施、事故应急预案等
d19	争议处理	妥善处理项目执行过程中引发的争议，保障各参与方合法权益	争议触发条件、解决方式等
d20	完工检验与竣工验收	确保项目全面符合规划设计要求、建筑施工和设备安装质量要求	检测指标、验收标准等
d21	设备、系统调试与试运行	根据项目检测结果进行设备、系统的调试，以达到运营要求	试运行计划、调试范围与指标等

续表

节点号	决策节点名称	决策目标	决策方案与计划
d22	运营、维护、服务供应商招标	委托具有相应资质机构从事系统、设备运营、维护维修、产品服务工作	供应商委托方式、合同模式等
d23	运营管理	执行系统、设备经营计划，确保运营状况满足投资要求并正常提供产品服务	项目经营计划、运营期投资安排等
d24	质保维修与维护管理	通过定期检查、维护和故障抢修保证系统、设备完好，满足正常运营需求	检测维修计划、设备技术质量标准等
d25	产品、服务定价与调整	保证产品服务的价格和特许期在合理范围，并保证投资者能获得合理利润	定价原则、调价方案、特许期的调整原则等
d26	产品、服务交付管理	向用户提供满足数量、质量、安全等要求的产品、服务	产品服务交付安排、标准等
d27	工程及相关资料、权力移交	保证项目在特许期后系统、设备仍能够正常运行并提供产品、服务	移交方式、移交程序、移交内容等
d28	回购支付	项目投资者完成特许期的责任后无偿或有偿移交项目以满足财务要求	回购方式、残值计算等

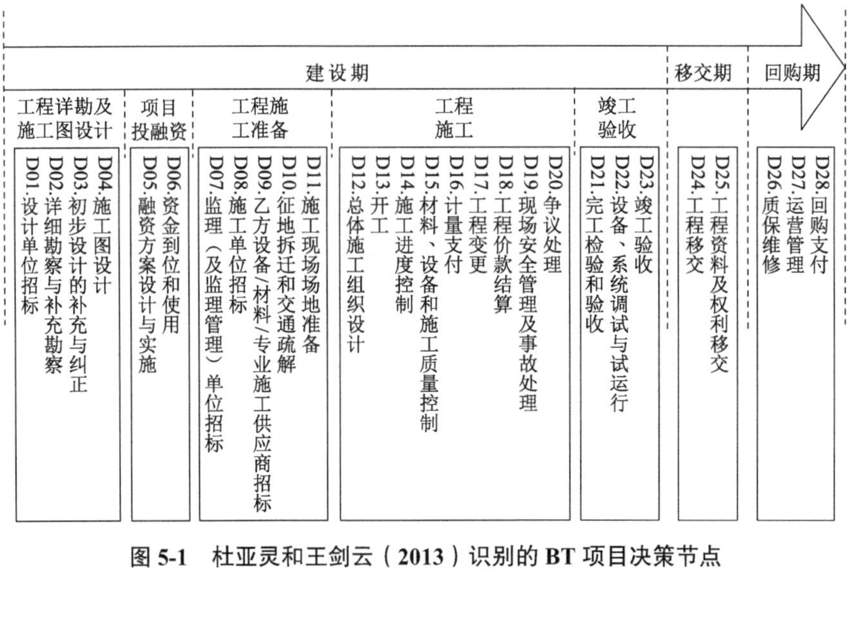

图 5-1　杜亚灵和王剑云（2013）识别的 BT 项目决策节点

5.2.3　各决策节点上控制权的分解

根据 Fama 和 Jensen（1983）的观点，表 5-3 和图 5-1 中的每一个决策节点的决策过程均可分为提议、审批、执行和监督四个不同的阶段，其中提议是指生成资源使用的方案或计划，审批是指在生成的若干方案中做出选择或对生成的计划是否可以执行进行判断，执行是指将选定的方案或计划付诸实践，监督是对执行过程的跟踪和执行结果的评价。一般而言，提议和执行是由同一主体完成的，统称为决策经营，而审批和监督是由同一主体完成的，统称为决策控制（Fama and Jensen，1983）。由此可见，PPP 项目交易中各决策节点的控制权可划分为决策控制的控制权和决策经营的控制权两个层次，提议权、审批权、执行权、监督权四种控制权，而决策控制的控制权相比决策经营的控制权而言更为关键，掌握了它即可在 PPP 项目交易过程中居于主导地位；鉴于其中的审批是决策过程中构想和实践的临界点，因此，审批权是控制权的核心，对于 PPP 项目交易中控制权配置的分析主要关注各决策节点上审批权的归属。

5.2.4　控制权配置一般原则的确定

由于契约天然是不完全的，契约性控制权又分为特定控制权和剩余控制权，二者均可按照决策过程细分为提议权、审批权、执行权、监督权。分析表 5-1、表 5-2 所示 PPP 项目控制权配置的决定因素，本研究认为 PPP 项目中特定控制权和剩余控制权配置的一般原则如下：

（1）特定控制权的配置结果是在 PPP 项目公私双方的交易契约中进行明确定义的，其与公私双方合作的方式密切相关，通常情况下，应由对项目产品成本及质量改进影响较大的一方拥有决策经营的控制权（与 HSV 模型一致），而由对项目价值判断较高的一方拥有决策控制的控制权（与 BG 模型一致）；同时，PPP 项目控制权的配置也是双方博弈均衡的结果。PPP 项目是通过公共部门向私人部门购买专业化的投融资、建设管理、运营管理服务来实现公私双方合作的，由此可见，投融资、建设管理、运营管理决策经营的控制权应配置给私营部门，而其决策控制的控制权应配置给公共部门。

（2）剩余控制权及其配置并未在交易契约中进行明确规定，GHM 模型、FM 模型、ZJ 模型均认为，提供的投资重要性程度较大的一方应当获得 PPP 项目的剩余控制权。而在 BT 项目中，由于 BT 项目投资人所拥有或可以融资到的大量资金是在政府资金短缺的情况下进入的，因此，投资人毋庸置疑地拥有 BT 项目建设期间的剩余控制权，其亦可通过契约将这些剩余控制权让渡给它的代理人；而在回购期间，政府作为 BT 项目的所有者依约出资回购建成的 BT 项目，因此，政府部门拥有这一阶段的剩余控制权。

5.3 控制权配置的多案例分析

通过文献分析可知，现有的 PPP 项目控制权配置研究存在一定的不足之处，为本研究提供了启示。①PPP 泛指公共部门通过与私营部门建立伙伴关系提供公共产品或服务的方式，而公私双方合作的深度和形式则没有具体规定，联合国训练研究所将 BT、BOT、PFI 等多种模式均归入 PPP 的范畴，由此可见，现有关于 PPP 项目控制权配置的研究涉及多种不同的治理结构。例如，胡振（2012）认为 PPP 项目可划分为 BTO、BOT、BOO 三种基本范式，其控制权配置决策即 PPP 项目范式选择的过程；虽然也有少数学者指出同一治理结构下控制权配置的差异性，但并未对其进行深入分析（严玲等，2010b）。有鉴于此，本研究将在 BT 这一特定治理结构下，分析不同项目控制权配置的差异。②现有研究多采用模型分析或实验研究的方法进行 PPP 项目控制权配置，得出的研究结论虽然能够在一定程度上揭示其内在规律，但往往缺乏可操作性，对于实践中工程合同的设计与签订缺乏现实的指导意义，如张喆和贾明（2012）实验得出非营利组织掌握控制权份额的临界值为 0.738，但该数值在实践中很难准确测度和实现。有鉴于此，本节将采用多案例比较分析的方法分析同一治理结构下不同项目中控制权配置的差异及其诱因（杜亚灵和王剑云，2013）。

5.3.1 案例选择及简介

本研究选择曾经参与或调研的具有代表性的四个 BT 项目为案例，通过案例对比分析来考察同一治理结构下不同项目中控制权配置的差异及其诱因。四个案例项目的入选理由及其简介如下。

（1）深圳地铁 5 号线 BT 工程。该工程服务于第 26 届世界大学生运动会，全长 47.651 公里，车站 27 座，工程规模巨大，工期十分紧张，概算投资 200.58 亿元，是截至目前国内采用 BT 模式的已完工的投融资数额最大的城市轨道交通项目。其发起人深圳市地铁集团有限公司通过邀请招标确定中国中铁股份有限公司为投资人，双方采用可调总价合同，由投资人组建的 BT 项目公司——中铁南方投资发展有限公司履行项目法人职责，负责该工程的投融资、施工图设计、施工和移交工作，具体表现为直接施工型 BT 模式。该工程于 2007 年 12 月 21 日试验段开工，2011 年 6 月 22 日全线开通试运营，取得了良好的实施效果。

（2）北京奥运地铁支线 BT 工程。该工程服务于 2008 年北京奥运会，线路全长约 4.7 公里，全部为地下线，概算投资 24.2 亿元，是国内第一个采用 BT 模式的城市轨道交通项目。其发起人北京地铁十号线投资有限责任公司通过公开招标确定中国铁路工程总公司、中铁电气化局集团有限公司、中铁三局集团有限公司联合体为投资人，双方采用可调总价合同，由投资人组建的 BT 项目公司——北京中铁工投资管理有限公司具体履行建设管理职能，具体表现为直接施工型 BT 模式。该工程于 2005 年 5 月开工，2007 年 12 月完工，取得了良好的实施效果。

（3）天津滨海旅游区围海造陆项目一期工程。该工程服务于滨海旅游区开发建设，主要包括围堤、吹填及软基处理三部分内容，工程造陆总面积约 432 万米^2，总投资近 20 亿元。其发起人天津泰达投资控股有限公司通过招标确定中交投资有限公司为投资人，双方采用可调总价合同，由投资人组建的 BT 项目公司——天津中交滨海新城建设有限公司具体履行建设管理职能，具体表现为直接施工型 BT 模式。该工程于 2009 年 9 月开工，2011 年 7 月完工，取得了良好的实施效果。

（4）天津理工大学育梁路校区土地预收购及新校区建设工程（天津理工大学新校区建设二期工程）。该工程包括图书馆、学生宿舍、食堂等各种单体工程，建设规模共计 30.61 万米^2，已于 2012 年 9 月部分完工并投入使用，计划于 2013 年 3 月全部完工，其发起人为天津理工大学，投资人为天房集团，双方约定由发起人将天津理工大学育梁路校区土地预出让给投资人，而投资人则向发起人缴纳预付定金并以一个固定的综合单价（4600 元/米^2）包干投资建设天津理工大学新校区二期工程（预付定金＝土地价格－建设包干费用），具体建设管理职能由天房集团的子公司（相当于 BT 项目公司）履行。该工程的建设管理模式本质上为二次招标型 BT 模式，交易双方采用了固定总价合同，这种土地置换式 BT 模式为国内多个城市的“大学城”建设提供了借鉴，天津市政府鼓励天津市各高校新校区建设采用。

5.3.2　控制权配置的结果比较

通过分析四个案例项目 BT 合同中的具体条款可得出其特定控制权的配置结果。对于 BT 合同中未进行明确规定的决策节点的剩余控制权，认定建设期间由私营部门拥有，回购期间由公共部门拥有，从而得出四个案例项目控制权的配置结果如表 5-4 所示。鉴于审批权是控制权的核心，该表统计了四个案例项目审批权在公（G 或 O）、私（I 或 F）双方之间的配置比例，所得数值越大，意味着公共部门对 BT 项目的控制强度越大，即该 BT 模式越弱，从而将 BT 模式细分为相对强 BT、适中 BT、相对弱 BT。值得注意的是，本研究所得到的 BT 模式细分只是通过比较四个案例项目得出的，由于可供分析的案例项目有限，本研究并未得出具有明确控制权配置比例数值的 BT 模式细分结果。

表 5-4　BT 项目公私双方控制权配置的多案例比较

决策节点序号	深圳地铁 5 号线 BT 工程				北京奥运地铁支线 BT 工程				天津滨海旅游区围海造陆项目一期工程				天津理工大学新校区建设二期工程			
	提议权	审批权	执行权	监督权	提议权	审批权	执行权	监督权	提议权	审批权	执行权	监督权	提议权	审批权	执行权	监督权
D01	G	G	G	G	O	G	O	G	[redacted]							
D02	F_D	I	F_D	O	F_D	I	F_D	O	[redacted]							
D03	OI	O	F_D	O	OI	O	F_D	O	[redacted]							
D04	F_D	I	F_D	O	F_D	I	F_D	O	[redacted]							
D05	OF	I	F	O	F	I	F	O	F	I	F	O	I	I	I	O
D06	F	I	F	GO	F	I	F	GO	OF	I	F	GO	I	I	I	O
D07	O	G	O	G	O	G	O	G	O	G	O	G	O	G	O	G
D08	OI	O	I	O	OI	O	I	O	I	OI	F	O	F	I	F	O
D09	F	I	F	O	F	I	F	O	F	I	F	O	F	I	F	O
D10	O	G	OI	G	O	G	O	G	O	G	O	G	O	G	O	G
D11	F	I	F	O	F	I	F	O	F	I	F	O	F	I	F	O
D12	FO_S	I	F	O_S	F	I	F	O_S	F	I	F	O	F	I	F	O
D13	OI	O	OF	G	OI	I	F	G	F	I	F_B	O_S	F	I	F_B	O_S
D14	OF	O	F	O_S	F	I	F	O_S	F_B	F	F_B	O_S	F_B	F	F_B	O_S
D15	F	I	F	GO_S	F	I	F	GO_S	F_B	F	F_B	O_S	F_B	F	F_B	O_S
D16	F_B	I	F	O_S	F_B	I	F	O_S	F_B	F	F	O_S	F_B	F	F	O_S
D17 A 类	OI	G	F	O_S	OI	G	F	O_S	OF	O	F_B	O_S	F	O	F_B	O_S
D17 B 类	OI	O	F	O_S	I	O	F	O_S								
D17 C 类	OI	I	F	O_S												
D18	F_B	I	F	GO_S	F_B	I	F	GO_S	F_B	I	F	O_S	F_B	I	F	O_S
D19	F	I	F	O_S	F	I	F	O_S	F_B	F	F_B	O_S	F_B	F	F_B	O_S
D20	OI	G	GOI	G	IF	O	OIF	G	OI	G	OIF	G	OI	G	OI	G
D21	F	O	OFO_S	O_S	F	O	OFO_S	O_S	F	O	OFO_S	O_S	F	O	OFO_S	O_S

续表

决策节点序号	深圳地铁 5 号线 BT 工程				北京奥运地铁支线 BT 工程				天津滨海旅游区围海造陆项目一期工程				天津理工大学新校区建设二期工程			
	提议权	审批权	执行权	监督权	提议权	审批权	执行权	监督权	提议权	审批权	执行权	监督权	提议权	审批权	执行权	监督权
D22	I	O	OI	G	O	O	OF	G	—	—	—	—	—	—	—	—
D23	I	O	GOI	G	F	O	OF	G	I	O	OI	G	I	O	OI	G
D24	I	O	OI	G	O	G	OI	G	I	O	OI	G	I	O	OI	G
D25	I	O	OI	G	O	G	OI	G	I	O	OI	G	I	O	OI	G
D26	O	O	I	O	O	O	I	O	OI	G	I	G	OI	G	I	G
D27	O	G	O	G	O	G	O	G	O_R	G	O_R	G	O	G	O	G
D28	OI	I	O	G	OI	I	O	G	OI	I	O	G	O	I	O	G
（审批）控制权配置比例	公：私=17：13=1.308				公：私=15：14=1.071				公：私=11：13=0.846				公：私=10：13=0.769			
BT 模式细分	相对弱 BT				适中 BT				相对较强 BT				相对很强 BT			

注：（1）G（government）代表政府各主管部门；O（organiger）代表 BT 项目发起人；I（investor）代表 BT 项目投资人；F（firm）代表 BT 项目公司；F_D代表设计单位（其控制权是 BT 项目公司让渡的）；F_B代表施工单位（其控制权是 BT 项目公司让渡的）；O_S代表监理单位（其控制权是 BT 项目发起人让渡的）；O_R代表 BT 项目发起人指定的机构（通常为使用单位）。（2）A 类指由发起人原因引起的涉及工程范围、规模及标准的工程变更，允许调整合同价款；B 类指由发起人原因引起的其他变更，允许调整合同价款；C 类指由于投资人原因引起的变更，不允许调整合同价款。（3）本表采用了图 5-1 中识别出的 BT 项目决策节点。（4）本表灰色区域表示，投资人介入 BT 项目较晚，公私双方控制权配置并不涉及这些决策节点

5.3.3　控制权配置的影响因素分析

在同一治理结构下的四个案例项目，其控制权配置结果却存在不同之处。本研究认为 BT 模式下项目控制权的配置还应考虑如下六方面因素的影响。

（1）项目产品的公共化程度越高，越适宜采用相对弱的 BT 模式。本研究选取案例的项目产品包括三类，即地铁、围海造陆和学校。其中，地铁的使用人范围最广，即公共化程度最高，一旦该类项目失败或项目产品存在质量缺陷，其所造成的不良社会影响将是巨大的，因此，作为项目最终所有者的公共部门在地铁建设项目中倾向于掌握更多的控制权；而学校相对而言公共化程度最低，因此，公共部门倾向于掌握更少的控制权。

（2）项目的复杂程度越高，越适宜采用相对弱的 BT 模式。相比学校建设项目，地铁项目具有工程规模大、建设专业多、技术复杂程度高、实施风险大的特

点，因此，采用 BT 模式的地铁项目倾向于让投资人在初步设计之后即介入，且施工图设计单位沿用发起人招标确定的设计单位，旨在保证项目设计的连贯性与可施工性；并且，地铁项目通常采用“建设-运营一体化”的组织管理模式，作为项目最终使用者的发起人是地铁项目运营期间所有风险的承担者，因此，其对 BT 项目建设期间的控制强度更大，审批制度更为严格，监督范围更加广泛。

（3）根据政府部门（主要是 BT 项目发起人）特殊需求确定其对 BT 项目的控制强度。例如，深圳地铁 5 号线必须在第 26 届世界大学生运动会召开前投入运营，政府部门对于该项目的施工进度有着更高的要求，因此，不同于北京奥运地铁支线的施工进度控制（D14）审批权配置给投资人，深圳地铁 5 号线 BT 合同中将施工进度控制（D14）审批权配置给了发起人；此外，深圳地铁 5 号线相对北京奥运地铁支线采用了更弱的 BT 模式，主要原因在于其发起人在以往的地铁项目中扮演着总承包商的角色，其拥有自己的建设管理队伍和丰富的建设管理经验，希望在深圳地铁 5 号线建设中加大控制力度。

（4）项目所在地区私有化程度越高，越适宜采用相对强的 BT 模式。BT 模式诞生于私有制国家，是公共部门与私人部门合作并伴随有产权转移的公共产品供给方式，然而，在以公有制为主的我国，BT 项目的内涵与运作方式必然有所差别。本研究认为这种差别集中体现在控制权的配置上，我国公有制为主体的经济体制导致其更适宜采用相对较弱的 BT 模式，甚至在一些大型基础设施建设项目中扮演 BT 项目私营部门一方的为国有企业，如深圳地铁 5 号线 BT 工程的投资人中国中铁股份有限公司、天津理工大学新校区二期工程的投资人天房集团均为国有独资企业。

（5）根据交易双方选择的 BT 合同类型确定合理的控制强度。根据 Turner 和 Simister（2001）的合同类型选择模型，BT 项目应选择总价合同，包括固定总价合同和可调总价合同。鉴于我国当前的经济形势，工程规模大、建设周期长的 BT 项目（如地铁、桥梁、围海造陆）通常采用可调总价合同，此时应将更多的控制权配置给公共部门；而相对规模较小、建设周期短的 BT 项目（如学校、医院、绿化）通常采用固定总价合同，此时则可以将更多的控制权配置给私人部门。

（6）交易双方相互信任程度越高，越适宜采用相对强的 BT 模式。若发起人让渡给投资人过多的控制权，则可能滋长投资人的事后机会主义行为；若发起人让渡给投资人的控制权不足，则投资人预期到对方的“敲竹杠”行为就会投资不足。因此，在上述五方面因素既定的情况下，控制权的配置还应考虑交易双方相互信任程度，如果相互信任程度较高，则发起人可适当多让渡一些控制权给投资人，使信任作为正式契约抵制事后机会主义的补充；如果相互信任程度较低，则发起人可适当少让渡一些控制权给投资人，通过加强控制来抵制事后机会主义。

5.3.4　研究结论

控制权配置的合理性是决定 PPP 项目效率的关键因素，而控制权配置不仅取决于项目所选定的治理结构，同时也是交易双方博弈均衡的结果，因此，即使是在同一治理结构下，不同项目的控制权配置方案也会存在细微的差别。本研究通过对比分析四个采用 BT 模式的案例项目的控制权配置方案揭示了 BT 项目控制权合理配置所应遵循的一般原则以及导致其存在细微差异的原因。研究得出以下结论。

（1）PPP 项目的控制权可以交易过程中的决策节点为垂直维度、以决策过程的阶段划分为水平维度分解为决策控制的控制权和决策经营的控制权两个层次，提议权、审批权、执行权、监督权四种控制权，其中审批权是控制权的核心，且应明确由一个主体单独拥有。

（2）应将决策经营的控制权配置给对项目产品成本及质量改进影响较大的一方，并将决策控制的控制权配置给对项目价值判断较高的一方；而 PPP 项目的剩余控制权应由提供的投资重要性程度较大的一方获得。这是 PPP 项目中控制权配置的一般原则，政府部门可据此确定项目的治理结构。

（3）同一治理结构还可以根据公私双方之间控制权（以审批权为准）的配置比例细分为相对强 BT、适中 BT、相对弱 BT。对于选定 BT 模式的工程项目而言，政府部门应根据项目产品的公共化程度、项目的复杂程度、政府部门特殊需求、项目所在地区私有化程度、BT 合同类型以及交易双方相互信任程度采用合适强度的 BT 模式细分。

上述研究结果对 BT 模式下项目控制权的合理配置提供了有益的参考。值得注意的是，本研究认为，当控制权配置的差异导致主要利益相关者契约关系发生变化时，控制权配置即为治理结构的问题；当控制权配置的差异并不能导致主要利益相关者契约关系的改变，而仅仅是作为调整主要利益相关者之间制衡关系的手段时，控制权配置即为治理机制的问题。

5.4　控制权配置的文件分析

现阶段，公私双方拟定 PPP 项目合同可依据的最权威的文件，即财金 156 号文的附件《PPP 项目合同指南（试行）》，以及发改投资 2724 号文的附件 2《政府和社会资本合作项目通用合同指南（2014 年版）》，本节将对上述两个文件中的控制权配置进行分析（寇越等，2017）。

5.4.1 我国 PPP 项目中控制权的两级配置

财金 113 号文中明确规定：“社会资本可依法设立项目公司。政府可指定相关机构依法参股项目公司。”而我国实践中，政府指定相关机构（通常是当地国有企业，即原来的地方政府融资平台公司）依法参股项目公司的 PPP 项目居多。财金 156 号文中对此更进一步规定为：“项目公司可以由社会资本（可以是一家企业，也可以是多家企业组成的联合体）出资设立，也可以由政府和社会资本共同出资设立。但政府在项目公司中的持股比例应当低于 50%、且不具有实际控制力及管理权。”而发改投资 2724 号文也进一步规定如下：“如政府参股项目公司的，还应明确……”由此可见，我国 PPP 项目中公私双方之间的控制权配置分为两级（图 5-2）：①项目实施机构（政府部门）与项目公司之间通过 PPP 项目合同进行控制权的第一级配置，其中，特定控制权应依据 PPP 合同相关条款确定其归属，而剩余控制权应由负责投融资的项目公司掌握；②由于社会资本与政府方代表（通常是地方国有企业，即原来的地方政府融资平台公司）共同出资成立项目公司，因此，通过 PPP 项目合同配置给项目公司的那部分控制权，又按照股权比例在社会资本与政府方代表之间进行第二级配置。由此可见，项目实施机构以及参与组建项目公司的政府方代表所掌握的控制权之和才是 PPP 项目中公共部门真正配置到的控制权，而参与组建项目公司的社会资本所掌握的控制权才是 PPP 项目中私人部门真正配置到的控制权。

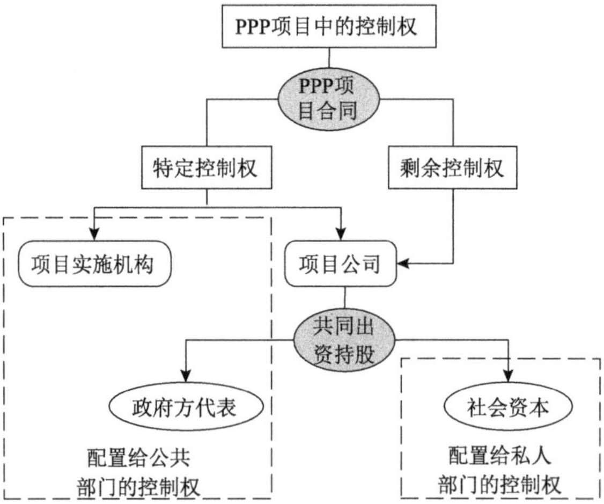

图 5-2 PPP 项目中公私双方之间控制权的两级配置

5.4.2　项目实施机构与项目公司之间的控制权配置

针对表 5-3 中列出的 28 个 PPP 项目决策节点，本研究分析了财金 156 号文和发改投资 2724 号文在各个决策节点上的控制权配置方案，得出表 5-5，并探讨了两个文件在控制权配置上不完全一致的各个决策节点。值得注意的是，财金 156 号文侧重于指导 PPP 项目合同“应该如何约定”，而发改投资 2724 号文侧重于指导“应该约定什么”，因此，关于控制权配置方案，财金 156 号文比发改投资 2724 号文更加明确。

表 5-5　根据财金 156 号文和发改投资 2724 号文的 PPP 项目控制权配置方案

<table>
<tr><th rowspan="2">节点号</th><th rowspan="2">决策节点名称</th><th colspan="5">财金 156 号文</th><th colspan="5">发改投资 2724 号文</th><th rowspan="2">是否一致</th></tr>
<tr><th>提议权</th><th>审批权</th><th>执行权</th><th>监督权</th><th>依据条款</th><th>提议权</th><th>审批权</th><th>执行权</th><th>监督权</th><th>依据条款</th></tr>
<tr><td>d1</td><td>勘察设计单位招标</td><td>C</td><td>G</td><td>C</td><td>G</td><td rowspan="4">第二章 PPP 项目合同的主要内容—第七节 项目的建设—一、项目的设计—（二）设计工作的分工，（四）设计的审查（注意：此处仅为常见的设计工作分工情况）</td><td>A</td><td>A</td><td>A</td><td>G</td><td rowspan="4">第三章 合作关系—第 8 条 合作内容；第五章项目前期工作—第 19 条 前期工作任务分担、第 21 条 政府提供的前期工作支持、第 22 条 前期工作监管</td><td rowspan="4">V</td></tr>
<tr><td>d2</td><td>工程勘察</td><td>C</td><td>G</td><td>C</td><td>G</td><td>A</td><td>A</td><td>A</td><td>G</td></tr>
<tr><td>d3</td><td>初步设计及补充纠正</td><td>C</td><td>G</td><td>C</td><td>G</td><td>A</td><td>A</td><td>A</td><td>G</td></tr>
<tr><td>d4</td><td>施工图设计</td><td>C</td><td>G</td><td>C</td><td>G</td><td>A</td><td>A</td><td>A</td><td>G</td></tr>
<tr><td>d5</td><td>融资方案设计与实施</td><td>C</td><td>C</td><td>C</td><td>G</td><td>第二章 PPP 项目合同的主要内容—第五节 项目的融资</td><td>A</td><td>A</td><td>A</td><td>A</td><td>第四章 投资计划及融资方案—第 14 条 融资方案、第 16 条 投融资监管</td><td>N</td></tr>
<tr><td>d6</td><td>资金到位和使用</td><td>C</td><td>C</td><td>C</td><td>G</td><td>第二章 PPP 项目合同的主要内容—第七节 项目的建设、第八节 项目的运营、第十七节 政府方的监督和介入</td><td>C</td><td>C</td><td>C</td><td>G</td><td>第十章 收入和回报—第 58 条 财务监管</td><td>Y</td></tr>
<tr><td>d7</td><td>担保与保险</td><td>C</td><td>C</td><td>C</td><td>G</td><td>第二章 PPP 项目合同的主要内容—第十二节 履约担保、第十四节 保险</td><td>A</td><td>A</td><td>A</td><td>A</td><td>第六章 工程建设—第 31 条 工程建设保险；第八章 运营和服务—第 47 条 运营期保险</td><td>N</td></tr>
<tr><td>d8</td><td>监理单位招标</td><td>C</td><td>C</td><td>C</td><td>G</td><td>第二章 PPP 项目合同的主要内容—第七节 项目的建设—二、项目的建设；第二章 PPP 项目合同的主要内容—第十七节 政府方的监督和介入</td><td>C</td><td>C</td><td>C</td><td>G</td><td rowspan="3">第六章 工程建设—第 33 条 建设期监管</td><td rowspan="3">Y</td></tr>
<tr><td>d9</td><td>施工单位招标</td><td>C</td><td>C</td><td>C</td><td>G</td><td rowspan="2">第二章 PPP 项目合同的主要内容—第七节 项目的建设—二、项目的建设；第二章 PPP 项目合同的主要内容—第十七节 政府方的监督和介入</td><td>C</td><td>C</td><td>C</td><td>G</td></tr>
<tr><td>d10</td><td>设备、材料等专业供应商招标</td><td>C</td><td>C</td><td>C</td><td>G</td><td>C</td><td>C</td><td>C</td><td>G</td></tr>
</table>

续表

<table>
<tr><th rowspan="2">节点号</th><th rowspan="2">决策节点名称</th><th colspan="5">财金 156 号文</th><th colspan="5">发改投资 2724 号文</th><th rowspan="2">是否一致</th></tr>
<tr><th>提议权</th><th>审批权</th><th>执行权</th><th>监督权</th><th>依据条款</th><th>提议权</th><th>审批权</th><th>执行权</th><th>监督权</th><th>依据条款</th></tr>
<tr><td rowspan="2">d11</td><td rowspan="2">征地拆迁和交通疏解</td><td>G</td><td>G</td><td>G</td><td>G</td><td rowspan="2">第二章 PPP 项目合同的主要内容—第六节 项目用地；第二章 PPP 项目合同的主要内容—第十七节 政府方的监督和介入</td><td rowspan="2">A</td><td rowspan="2">A</td><td rowspan="2">A</td><td rowspan="2">G</td><td rowspan="2">第六章 工程建设—第 24 条 政府提供的建设条件，第 29 条 征地、拆迁和安置</td><td rowspan="2">V</td></tr>
<tr><td>C</td><td>C</td><td>C</td><td>G</td></tr>
<tr><td>d12</td><td>施工现场场地准备</td><td>C</td><td>C</td><td>C</td><td>G</td><td rowspan="9">第二章 PPP 项目合同的主要内容—第七节 项目的建设—二、项目的建设；第二章 PPP 项目合同的主要内容—第十七节 政府方的监督和介入</td><td>C</td><td>C</td><td>C</td><td>G</td><td rowspan="9">第六章 工程建设</td><td rowspan="8">Y</td></tr>
<tr><td>d13</td><td>施工组织设计</td><td>C</td><td>C</td><td>C</td><td>G</td><td>C</td><td>C</td><td>C</td><td>G</td></tr>
<tr><td>d14</td><td>施工进度控制</td><td>C</td><td>C</td><td>C</td><td>G</td><td>C</td><td>C</td><td>C</td><td>G</td></tr>
<tr><td>d15</td><td>材料、设备和施工质量控制</td><td>C</td><td>C</td><td>C</td><td>G</td><td>C</td><td>C</td><td>C</td><td>G</td></tr>
<tr><td>d16</td><td>工程变更</td><td>C</td><td>C</td><td>C</td><td>G</td><td>C</td><td>C</td><td>C</td><td>G</td></tr>
<tr><td>d17</td><td>工程计量支付与价款结算</td><td>C</td><td>C</td><td>C</td><td>G</td><td>C</td><td>C</td><td>C</td><td>G</td></tr>
<tr><td>d18</td><td>安全管理及事故处理</td><td>C</td><td>C</td><td>C</td><td>G</td><td>C</td><td>C</td><td>C</td><td>G</td></tr>
<tr><td>d19</td><td>争议处理</td><td>C</td><td>C</td><td>C</td><td>G</td><td>C</td><td>C</td><td>C</td><td>G</td></tr>
<tr><td>d20</td><td>完工检验与竣工验收</td><td>C</td><td>C</td><td>C</td><td>G</td><td>C</td><td>G</td><td>C</td><td>G</td><td>N</td></tr>
<tr><td>d21</td><td>设备、系统调试与试运行</td><td>C</td><td>C</td><td>C</td><td>G</td><td rowspan="3">第二章 PPP 项目合同的主要内容—第八节 项目的运营（“具体项目中如何划分项目的运营责任，需要根据双方在运营方面的能力及控制力来具体分析，原则上仍是由最有能力且最有效率的一方承担相关的责任。”此处仅为常见的运营期分工）；第二章 PPP 项目合同的主要内容—第十七节 政府方的监督和介入</td><td>C</td><td>C</td><td>C</td><td>G</td><td rowspan="4">第八章 运营和服务</td><td rowspan="3">Y</td></tr>
<tr><td>d22</td><td>运营、维护、服务供应商招标</td><td>C</td><td>C</td><td>C</td><td>G</td><td>C</td><td>C</td><td>C</td><td>G</td></tr>
<tr><td>d23</td><td>运营管理</td><td>C</td><td>C</td><td>C</td><td>G</td><td>C</td><td>C</td><td>C</td><td>G</td></tr>
<tr><td>d24</td><td>质保维修与维护管理</td><td>C</td><td>G</td><td>C</td><td>G</td><td>第二章 PPP 项目合同的主要内容—第九节 项目的维护</td><td>C</td><td>C</td><td>C</td><td>G</td><td>N</td></tr>
<tr><td rowspan="2">d25</td><td rowspan="2">产品、服务定价与调整</td><td rowspan="2">A</td><td rowspan="2">A</td><td rowspan="2">C</td><td rowspan="2">G</td><td rowspan="2">第三章 不同付费机制下的核心要素</td><td>G</td><td>G</td><td>C</td><td>G</td><td rowspan="2">第十章 收入和回报—第 56 条 服务价格及调整（分为“执行政府定价的价格及调整”与“项目合同约定的价格及调整”两部分）</td><td rowspan="2">V</td></tr>
<tr><td>A</td><td>A</td><td>C</td><td>G</td></tr>
</table>

续表

节点号	决策节点名称	财金 156 号文					发改投资 2724 号文					是否一致
		提议权	审批权	执行权	监督权	依据条款	提议权	审批权	执行权	监督权	依据条款	
d26	产品、服务交付管理	C	C	C	G	第二章 PPP 项目合同的主要内容—第八节 项目的运营；第二章 PPP 项目合同的主要内容—第十七节 政府方的监督和介入	C	C	C	G	第八章 运营和服务	Y
d27	工程及相关资料、权力移交	C	G	C	G	第二章 PPP 项目合同的主要内容—第十九节 项目的移交	C	G	C	G	第九章 社会资本主体移交项目	Y
d28	回购支付	A	A	A	G	第二章 PPP 项目合同的主要内容—第十八节 违约、提前终止及终止后处理机制	A	A	A	G	第十二章 合同解除—第 67 条 合同解除的财务安排	Y

注：（1）关于控制权配置方案，G（government）代表政府部门，C（company）代表项目公司，A（alternative）代表公私双方可根据需要在合同中具体约定。（2）关于两个文件对于同一控制权的配置方案是否一致，Y 代表一致，N 代表不一致，V 代表本质上一致

1. 两个文件的控制权配置方案本质上一致的决策节点

由表 5-5 可知，该类节点主要涉及 d1～d4、d11、d25。①两个文件在项目前期工作涉及的 d1～d4 决策节点上都考虑到了社会资本介入的时点不同，前期工作既可以由政府部门做，也可以由社会资本做，具体的控制权配置应根据实际的前期工作分工情况在合同中约定；两个文件的区别在于：财金 156 号文明确指出，“根据政府已完成设计工作的多少，PPP 项目合同中约定的设计范围也会有所不同”，并给出了“常见的设计工作分工”，而发改投资 2724 号文仅规定“项目合同应分别约定政府和社会资本主体所负责的前期工作内容”。②两个文件在决策节点 d11“征地拆迁和交通疏解”上的区别在于：财金 156 号文明确了土地权利取得的一般原则，即“在 PPP 实践中，通常根据政府方和项目公司哪一方更有能力、更有优势承担取得土地的责任的原则，来判定由哪一方负责取得土地”，并给出了“由政府方负责提供土地使用权”和“由政府方协助项目公司获得土地使用权”两种实践选择；而发改投资 2724 号文将建设用地、交通条件、市政配套等作为政府提供的建设条件，这显然是指由政府方负责提供土地使用权的情况，而其规定“项目合同应约定征地、拆迁、安置的范围、进度、实施责任主体及费用负担，并对维护社会稳定、妥善处理后续遗留问题提出明确要求”，这显然是指由社会资本负责征地拆迁事宜的情况。③两个文件在决策节点 d25“产品、服务定价与调整”上的区别在于：财金 156 号文是按照不同付费机制来分析，指出“根据相关法律法规规定、结合项目自身特点，设置合理的定价和调价机制”，而发改投资 2724

号文是按照产品和（或）服务定价方式的不同来分析，指出“项目合同应按照收益与风险匹配、社会可承受的原则，合理约定项目服务价格及调整机制”。

2. 两个文件的控制权配置方案不一致的决策节点

由表 5-5 可知，该类节点主要涉及 d5、d7、d20、d24。前二者属于一类，即财金 156 号文给出的是常见的控制权配置方案，如“通常项目公司有权并且有义务获得项目的融资”“大多数 PPP 项目合同会约定由项目公司承担购买和维持保险的相关义务”；而发改投资 2724 号文则仅对 PPP 项目合同“需要明确”“应约定”的事宜进行规定，并不涉及这些事宜上的常见以及较少见的方案。后二者属于一类，由于两个文件发布者的职能分工不同，其对 PPP 项目建设期和运营期的重视程度存在细微差异，即财金 156 号文对 PPP 项目运营期的相关规定更细致，专设一节（第二章第九节）指导“项目的维护”，并明确指出有关项目维护的权利义务“通常会与项目运营放在一起统一规定，但也可以单列条款”，该节明确规定“在 PPP 项目合同中，通常会规定项目公司在合同生效后、开始运营日之前编制项目维护方案并提交政府方审核，政府方有权对该方案提出意见”，这就意味着政府部门对项目维护方案具有审批权；而发改投资 2724 号文对 PPP 项目建设期的相关规定更细致，有专门的条款（第 30 条）规定“项目验收”，明确指出“项目验收应遵照国家及地方主管部门关于基本建设项目验收管理的规定执行”，这就意味着政府部门对项目验收具有审批权。

5.4.3 政府方代表与社会资本之间的控制权配置

在表 5-5 中，通过 PPP 项目合同配置给政府部门的控制权，还会在政府的不同职能部门之间进行再配置，而配置给项目公司的控制权还会根据股权比例，在参与组建项目公司的若干个主体之间进行再配置，其中，这些主体可划分为社会资本和政府方代表两大类。根据股权比例配置给政府方代表的控制权，本质上仍是由公共部门掌握的。

我国实践中，项目公司通常有以下三种股权比例设置方案。①政府方代表与社会资本所持股权比例相当，如乐陵市人民医院拆迁项目，其由政府方委托乐陵市乐华投资发展有限公司与山东省水务发展集团有限公司共同出资组建项目公司：政府方以乐陵市人民医院、妇幼保健院全部资产以及中医院可移动资产认缴出资，入股净资产总额约 2 亿元，占合资公司股权比例为 49%；社会资本方以资金形式认缴出资 2.1 亿元，占合资公司股权比例为 51%。②政府方代表只出一小部分资金，剩余部分由社会资本出资，政府在其中只起到杠杆作用，如北京地铁 4 号线的投资建设分为 A、B 两个相对独立的部分，仅 B 部分采用 PPP 模式，成立了该 PPP 项目公司——北京京港地铁有限公司，而北京京港地铁有限公司是由北京市政府国有独资企业北京市基础设施投资有限公司，以及香港地铁有限公司、北京首都创业集团有限公司按 2∶49∶49 的出资比例组建的。③政府方代表占有大部分股权，其拥有绝对的话语权，如长沙磁悬浮列车项目是由社会资本发起的：政府方代表包括长沙市轨道交通集团有限公司代表长沙市政府持股 32.8%、湖南湘铁集团铁路建设有限公司代表湖南省政府持股 29.7%、湖南机场股份有限公司代表湖南省政府持股 7.8%，社会资本包括中车株洲电力机车有限公司持股 7.8%、中国铁建股份有限公司持股 21.9%，上述主体共同组建特许经营公司——湖南磁浮交通发展股份有限公司，负责长沙磁悬浮快线的投资建设与运营。

我国实践中的 PPP 项目，项目公司中政府方代表和社会资本双方持股比例的确定通常出于以下考虑。①政策文件规定，如财金 156 号文中明确指出特许经营公司中政府占股不应超过 50%；②政府对项目控制的需求程度，一般而言，政府方投资比重越大，其对项目的控制程度越大，但实践中不乏通过投资比重的机巧设置来实现政府的控制需求的，如在北京地铁 4 号线项目中，政府的作用是对两个社会资本进行平衡，起到杠杆的效果，因此，该项目中北京市基础设施投资有限公司、香港地铁有限公司和北京首都创业集团有限公司的出资比例为 2∶49∶49；③双方自身条件限制，如湖南长沙磁悬浮列车项目是由私人部门发起的 PPP 项目，在该项目中私人部门虽拥有技术但缺乏资金，而公共部门需要这项技术来为公众提供轨道交通服务，因此，政府方代表的出资比例达到了 70.3%。

第6章　公共代理机构对私人部门的控制

PPP 是公共代理机构和私人部门为提供公共服务而建立起来的长期合作伙伴关系。然而，作为项目主要参与方的公私双方，其绩效目标有所不同：公共代理机构追求的是公共设施效用的最大化，而私人部门则期望从项目中获得较高利润。私人部门作为项目的实施者，具有明显的信息及专业优势，为实现其绩效目标，可能采取机会主义行为从而威胁到公共部门绩效目标的实现，因此，公共代理机构需要对私人部门的行为进行规范与引导，即本研究中所指的交易关系中的控制。公共代理机构对私人部门的控制必须是恰到好处的：控制不足将诱发私人部门的机会主义行为，不利于项目目标的实现甚至造成自身利益的损失，控制过度又可能阻碍私人部门的技术和管理创新，扼杀其尽善履约的可能。由此可见，控制直接决定着 PPP 项目的履约绩效，有必要对其进行精准测度和精细化管理。PPP 项目控制是一个多维度的抽象概念，现有研究与实践并未很好地解答其科学界定、结构维度与测度问题。有鉴于此，本章将进行 PPP 项目中公共代理机构对私人部门控制的构念建立与量表开发（图 6-1），其中，控制构念的建立与控制量表的探索性分析一并采用扎根理论进行，控制量表的验证性分析采用 SEM 进行。

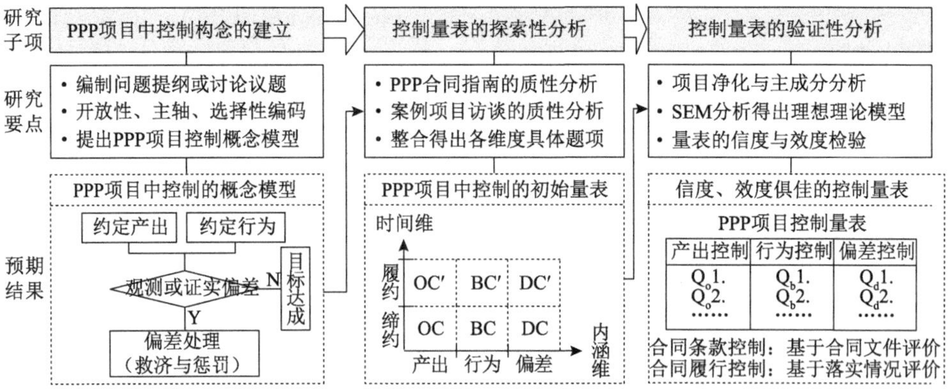

图 6-1　PPP 项目中控制构念建立与量表开发的研究逻辑

6.1　组织间控制的文献分析

工程项目中控制的研究多是对质量、成本、工期的控制，或是对项目团队等组织内部的控制，而本研究则针对组织间交易关系中的控制。通过文献综述发现，相关研究主要集中在以下三方面（杜亚灵和张凯红，2015）。

6.1.1　控制的构念与维度划分

1. 控制的构念

现有文献中关于控制的构念主要从广义和狭义两方面进行界定，其中广义的控制不仅包括正式契约，还增加了合作文化、价值取向等隐性契约的内容（Woolthuis et al.，2005），正式契约以外的内容通常使用社会控制、非正式控制或基于价值的控制等术语来描述；而狭义的控制是通过正式的有法律效力的契约来抑制交易过程中的机会主义行为（Das and Teng，2001），通常使用合同、正式控制或者基于措施的控制等术语来描述。本研究探讨的是狭义的控制（即正式控制），现有文献中关于正式控制构念的具体研究情况如表 6-1 所示。

表 6-1　组织间控制的界定

序号	文献	研究领域	构念	核心词
1	严兴全等（2010）	营销领域	正式控制指的是卖方采用正式程序及书面约定对其与买方的交换关系进行规范	正式程序、规范
2	李世超等（2011）	产学研合作项目	控制方是指通过一系列明示合同、规则或者程序对违约事实进行界定，并对投机行为给予必要的约束、处罚和威慑，从而抑制机会主义行为的侵害	规则、程序；约束、处罚和威慑
3	Brattström 和 Richtnér（2014）	产学研合作项目	正式控制是指通过监督合作伙伴，使其行为具有可预测性	监督、行为、可预测
4	王琦等（2014）	IT 外包项目	契约控制提供了法律约束和制度框架，是控制不确定性带来风险的重要手段	法律约束、制度
5	孔鹏举和周水银（2014）	供应链	正式控制指的是通过契约来设定目标，并规定成员责任、义务相关的奖惩机制	目标、奖惩机制

续表

序号	文献	研究领域	构念	核心词
6	Liu 和 Deng（2015）	IT 项目	控制通过评估行为、过程或者相应的奖励措施来影响受控者的行为	评估行为、过程
7	张水波等（2015）	工程项目	合同控制是指交易双方通过合同设计以降低对方越轨行为的概率，从而实现合同中约定的结果	行为、结果
8	姜新宽等（2016）	工程项目	合约控制是指对达不到理想行为或者结果而产生的偏差进行控制	行为、结果、偏差

通过对现有文献中与控制相关的构念进行分析发现，由于领域的不同，学者们对控制的构念并不统一，但对上述构念提取核心词后发现，其可大致归结为目标/结果、行为/程序、偏差等，因此，以往研究对控制本质的认识是比较一致的。

2. 控制的维度划分

本研究所指的控制仅限于基于合同的正式控制，其是通过合同等正式的规章制度来规范交易双方的合作行为，从而实现组织目标的一种治理途径，现有文献中对控制维度的研究较为丰富，其维度划分方式也多种多样，主要可以分为以下两类。

（1）按控制的内容划分。广泛采用的维度划分是将正式控制划分为行为控制（或程序控制）和结果控制（或产出控制）两个维度，前者主要关注实现目标的过程，后者更关注预期结果的达成情况，具有代表性的文献如：Badenfelt（2010）将工程项目中的控制分为产出控制（output control）和行为控制（behavior control）；孔鹏举和周水银（2014）将控制分为结果控制和行为控制，并探讨了控制对供应链协同的作用，其中，行为控制会检查目标实现过程中是否遵循了预期的活动或流程，而结果控制会规定预期实现的目标及依据目标实现情况采取的奖惩措施，其不会干预目标的实现过程。

（2）按控制的时间属性划分。在项目的不同阶段，由于项目外在环境或内部因素的影响，各个项目阶段的控制并不会一成不变，因此，对控制进行维度划分时应充分考虑项目所处的阶段。现有研究中按控制的时间属性对其进行维度划分的代表性文献如：Yang（2013）从建设项目的工作阶段出发，将合同控制划分为缔约前的合同条款控制（contract term control）和缔约后的合同履行控制（contract implementation control）两个维度，其中合同条款控制指的是在合同中规定的交易一方对另一方的约束，而合同履行控制指的是在项目执行过程中对合同条款的实现情况；Rashid 和 Aziz（2012）基于三种治理原型，即市场治理（market governance）、官僚治理（bureaucracy governance）、混合治理（hybrid governance），从探索阶段、缔约阶段和履约阶段考察了业主对承包商采用的控制机制。

通过分析上述文献发现，控制的维度划分主要是按控制的内容划分和按控制的时间属性划分两种方式，具体采用哪种维度划分方式，取决于具体的研究内容。当按控制的时间属性划分时，比较一致的观点是将控制划分为缔约时的合同条款控制和履约时的合同履行控制，而在整个项目过程中的任何一个时点上按控制的内容划分时，现有文献中存在专门针对 PPP 项目中控制维度划分的研究，其将控制划分为产出控制、偏差控制和行为控制三维度。

6.1.2　控制机制或控制措施

为了顺利实现组织目标，交易一方往往希望采取有效的控制机制（control mechanisms）或控制措施（control measure）以使另一方按照双方共同的利益行事，现有研究中涉及的控制机制或控制措施主要包含三种类型：①明确产出或程序的标准；②违约行为的观察与证实；③实施惩罚。具体的控制机制或控制措施如表 6-2 所示。

表 6-2　控制机制或控制措施的文献分析

序号	文献	控制机制或控制措施	类型
1	Robinson 和 Scott（2009）	产出说明（output specification）	①+②
		绩效监测（performance monitoring）	
2	Bohn 和 Teizer（2010）	高分辨率摄像机（high-resolution cameras）	②
3	Tuuli 等（2010a）	设定绩效目标（performance targets）	①+②
		行为守则（codes of conduct）、手册（handbooks）	
4	Canonico 和 Söderlund（2010）	制订活动计划（design activity plans）	①+②
		建立正式反馈系统（formal feedback systems）	
5	Rashid 和 Aziz（2012）	精心设计书写合同（detailed written contract）、按绩效支付（payment based on real activities or output）、抵押安排（hostage arrangement）	①+②
		监测（monitoring）、旨在回报产出和行为的频繁的绩效测量（frequent performance measurement to reward outputs and behaviour）	
6	Issac 和 Navon（2014）	全球定位系统（GPS）、射频识别技术（radio frequency identification，RFID）、3D 相机和激光扫描仪（3D cameras and laser scanners）	②

续表

序号	文献	控制机制或控制措施	类型
7	Yang（2013）	详细的条款（detailed terms）、明确项目的起讫时间（clearly define the beginning，stop and termination）	①+③
		对违约方进行处罚（financial penalties shall be taken against the breaching party）	
8	Liu等（2014a）	详细规定产出（specifying outputs）	①+②
		指导行为（directing behaviors）	
9	Javed等（2014）	产出说明（output specification）	①
10	张水波等（2015）	履约保函、预付款支付、质量保证金	①+③
		约定问题（如进度、质量及安全事故等）出现时对承包商的惩罚	

通过对上述文献的分析发现，现有研究中的控制机制或控制措施多种多样，而每个项目所采取的控制机制或控制措施也不止一种。即使是相同的控制机制或控制措施，其在不同项目中所规定的严格程度也可能是存在差异的，此外，在同一个项目中的不同阶段，合同条款中所规定的控制程度与其在具体执行过程中实际实施的控制程度也是不同的。

6.1.3 控制与其他因素之间的关系

现有文献中对控制与其他因素之间关系的研究主要包含以下三点。

1. 控制的前因

现有文献中关于影响控制选择的主要因素有项目所处阶段、外在环境和性质等。典型文献如：Tuuli等（2010a）通过质性研究对5个建设项目进行分析发现，项目所处的环境以及项目的性质影响着控制机制的选取；杜占河等（2013）分析了IT服务外包中控制策略组合的演变路径，其指出，在项目初期，主要是自我控制，在项目开发阶段，主要是正式控制，在项目实施阶段，正式和非正式控制同时存在，而合作关系水平较低时，以正式控制为主，当合作关系水平逐渐加深时，不同国家采用的控制类型也存有差异。

2. 控制与绩效之间的关系

（1）控制直接影响绩效。控制直接影响绩效的方式主要有两种：①将控制作为一个整体，研究其对绩效的直接影响，并且部分研究指出控制与柔性因素结合使用可能会改变其单独使用时对绩效产生影响的作用结果，如熊焰（2010）通过实证研究指出，仅仅采用监控机制甚至会反向作用于供应商绩效，而采用多元的控制机制（监控和柔性因素合并）能够明显地提升供应商绩效；②从控制的某一维度分析其对绩效的影响，不同的控制模式对绩效产生的影响往往存在差异，如刘汕等（2012）发现加强结果控制与价值观控制均能积极提升项目过程绩效，而加强自我控制对项目过程绩效的提升却并不显著，原因在于自我控制过于强调单方的作用，而忽略了双方的合作及组织目标的实现。

（2）控制间接影响绩效。控制对绩效的间接影响作用更多地体现在，控制通过信任等某一中介变量的作用才能对绩效产生影响，持此观点的研究如：Yang 和 Shuai（2012）向建筑类公司里的主要负责人员发放了 424 份问卷，并采用 SEM 检验了承包商信任、业主信任、合同控制和项目绩效之间的影响路径，研究结果指出，业主的合同控制对项目绩效的直接影响并不显著，而由于承包商信任的中介作用，业主的合同控制间接对项目绩效起作用。

3. 控制与柔性因素的关系

控制与柔性是两种不可缺少的项目治理机制，现有文献中关于控制与柔性因素之间关系的研究大多数都强调了控制与柔性因素的共同作用有利于项目成功。例如：Osipova 和 Eriksson（2013）通过案例研究指出，过度的控制易阻碍柔性管理，并会限制联合风险管理的实施，联合风险管理既需要控制来管理已识别出的风险，也需要柔性机制来处理不可预见的风险；Huang 和 Pi（2014）探讨了 BOT 项目中履约保函与赋予特许经营者提前终止权（termination rights）之间的关系，结果显示，协调好控制与柔性管理之间的关系有利于项目顺利完成。在此基础上，通过进一步分析控制与柔性因素之间关系的文献发现，控制与信任等关系要素之间关系的研究在逐渐增多，具有代表性的文献如：初浩楠和廖建桥（2008）通过实证的研究方法指出能力控制、结果控制能够正向影响认知信任，并负向影响情感信任；Badenfelt（2010）主要探讨了业主与承包商之间信任和控制的关系，研究发现，业主往往通过使用多样的控制机制来保证承包商的行为值得信任。

通过上述分析可知，以往针对控制的前因的成果鲜少，而关于控制与绩效之间相互作用的成果略多。此外，大多数学者在研究控制与绩效之间的关系时都涉及了柔性因素，并且证实了其对上述二者之间的关系所起到的重要作用，于是，有部分学者专门针对控制与柔性因素之间的关系进行了更为细致的研究，其中，信任是常常被涉及的柔性因素之一，因此，有必要进一步探讨控制对信任的影响。

6.2 PPP 项目中控制的构念建立

由上述文献分析可知，现有研究多是承发包关系背景下的控制，而 PPP 具有区别于承发包关系的显著特征：①PPP 是一种长期契约关系，交易范围不仅涵盖建设阶段，其向后拓展至运营阶段、移交阶段，向前延伸至设计阶段甚至是前期规划阶段，交易双方是一种伙伴关系而非一般的委托代理关系；②PPP 关系中的控制通常是指公共代理机构对进行关系专用性投资的私人部门施加的，而承发包关系中的控制通常是指作为出资方的业主对承包商施加的；③PPP 关系中的控制关注资产的获得或服务的交付明显多过于其具体实现过程。有鉴于此，本节将采用扎根理论的方法建立 PPP 项目中控制的构念（杜亚灵等，2017b）。

6.2.1 研究方法和资料收集及整理

1. 研究方法

现有研究中尚未发现关于 PPP 项目中公共代理机构对私人部门控制的构念建立或量表开发的相关文献，而在实践中，我国自 20 世纪 80 年代至今积累了大量的 PPP 项目经验，虽然实践部门人员对控制缺乏理论认知，但公共代理机构对私人部门的控制始终存在于每个 PPP 项目中。由此可见，本研究具有理论基础较为匮乏而实践经验丰富的特点，在管理科学领域，解决此类问题常用扎根理论方法，即从实地调研着手，通过访谈等方式获取研究资料并从中提炼概念与范畴，从而上升到理论层面的质性研究方法。它可以分为资料收集和编码两个阶段，其中资料通常通过访谈、文本分析及民族志等方式获得，而随着研究工作的深入，依次通过开放性编码、主轴编码和选择性编码进行资料的编码工作。本研究通过对实践部门人员的访谈及分析国家推荐使用的 PPP 相关合同文件两种途径获得资料，再将收集的资料进行编码，最终实现对 PPP 项目中控制的清晰界定及给出其理论框架。

研究者对资料进行编码是件费时费力的工作，且编码结果的准确性容易受到研究者教育背景、生活工作经历等因素的影响，为提高其效率及客观性，本研究宜使用 NVivo 10 软件辅助文本资料的管理及编码工作。该软件提供了两种编码方法：①“自上而下”，即当研究者已对研究主题有一定认知并提出维度划分的假设时，可先根据假设构建节点框架，再将资料内容编码到相应节点中；②“自下而上”，即在没有研究假设的情况下，研究者直接通过浏览资料进行细致的编码，然后合并相同或相似节点以将其分组，重复上述工作最终形成节点框架。扎根理论提倡研究者不带任何假设进入研究现场，因此本研究采用第二种编码方法。此外，在资料编码过程中，研究者对节点进行分组的结果易受其主观因素的影响，为提高分组准确性，可使用 NVivo 10 提供的“聚类分析”功能模块对节点进行自动分组后与手动分组结果进行比较，然后通过研究小组讨论后确定最终分组结果；为提高编码工作的效率及检验研究结果的信度，研究者可使用该软件中的“查询”功能。

2. 资料收集及整理

扎根理论强调资料来源的多重性，本研究依次采用访谈和文本分析两种方式收集资料。

（1）访谈。访谈要求受访者具有丰富的 PPP 项目实践经验或理论知识，因此研究者联系了若干从事 PPP 项目的咨询公司及科研机构，最终确定的 4 名受访者包括：来自上海济邦投资咨询有限公司和北京金准咨询有限责任公司的项目经理或项目总监各 1 人、来自高等院校专门从事 PPP 项目研究并承担过国内 PPP 工程咨询服务的科研工作者 2 人。在访谈前一周通过 E-mail 发送访谈提纲，进行访谈时先请受访者回忆其参与过的若干 PPP 项目，而后围绕以下两个话题展开：①政府部门（即理论上的公共代理机构）在项目的每个阶段[①]对社会资本（即理论上的私人部门）采取何种措施约束社会资本，防止其投机行为；②社会资本做过的违反合同约定甚至损害公众利益的事情，以及建议政府部门采取何种措施来防止该类事件再次发生。为保证记录内容的完整性和后期研究的可重复检验性，在征得受访者同意后对访谈过程进行录音；访谈结束后研究者及时将录音资料整理成电脑文本，整理过程逐字逐句完全忠实于录音资料，以保证研究过程的严谨性和研究结论的可靠性。

（2）文本分析。进行文本分析的最佳资料是实践中具体 PPP 项目的合同，但由于其涉及商业机密或较为敏感，因此不易获得。本研究退而求其次，即以发改投资 2724 号文附件 2《政府和社会资本合作项目通用合同指南（2014 年版）》和财金 156 号文附件《PPP 项目合同指南（试行）》作为文本分析的资料。

---

① 根据发改投资 2724 号文，PPP 项目分为前期、建设期、运营期及移交期。

这两个合同指南是有丰富 PPP 项目经验的实践工作者和知名学者经过讨论形成初稿，并经过多轮征求意见及修改后出台的，因此能够反映 PPP 项目合同的共性且为相对先进的。以前期对 PPP 项目中控制的文献分析结果及访谈的初步结论为指导来进行文本分析可有效提高其效率，研究者反复研读两个合同指南，将符合下列条件的条款摘录形成电脑文本：①在访谈中受访者提及的相关内容对应的段落（或条款）；②根据文献对于控制的界定，经研究小组讨论后一致认为可以对私人部门起到约束作用以实现项目目标的段落（或条款）。将上述段落（或条款）摘录完成后与访谈文本一起导入 NVivo 10 中进行下一步的编码工作。

6.2.2 范畴挖掘与提炼

1. 开放性编码

进行资料分析的第一步是开放性编码，即通过对文本资料的分解、比较和归类，逐步将其概念化和范畴化。概念化是将原始资料分解为独立的念头、事件并加以命名，范畴化是把属性相似或意义相关的概念聚敛成范畴并为其命名的过程。在 NVivo 10 中，具体步骤如下：①仔细浏览文本资料，逐字逐句进行分析，将类似条款及受访者语句编码到相同的一级节点（即概念）下；②将相似或相关一级节点合并形成二级节点（即副范畴）；③使用该软件中的“查询”功能模块中“复合”检验是否有遗漏编码，以二级节点“产出标准和要求的变更”为例，搜索文本中含“变更”字样但不在此二级节点下的内容（NVivo 10 中对应的关系类型为“与非”），经查询得到符合条件的 10 个参考点，涉及“合同变更”“法律变更”“保险条款变更”“建设方案变更”等相关内容，其中建设方案变更属于对公共资产标准和要求的变更，因此将其编码在本节点下，而其他内容均与产出标准和要求无关，故将其略去。为保证编码结果的可靠性，本研究只保留具有 2 个及以上参考点的概念，通过开放性编码，最终获得 123 个概念、28 个副范畴，因概念较多无法一一列出，在此仅给出每个副范畴的概念数，如表 6-3 所示。

表 6-3 PPP 项目中公共代理机构对私人部门控制的开放性编码结果

编号	副范畴	副范畴内涵	概念数
A1	公共资产的标准和要求	合同中详细约定了在双方合作范围所涵盖的项目规划与设计、工程建设、运营维护与修理、项目移交阶段，社会资本的工作内容与深度、需要采用的技术标准和规范要求，以及开始下一阶段工作所必须具备的条件，从而使得新建公共资产（如果有的话）以及移交公共资产是明确的、可预期的	7

续表

编号	副范畴	副范畴内涵	概念数
A2	公共产品或（和）服务的标准和要求	合同中详细约定了社会资本的服务范围和内容、生产规模或服务能力、技术标准或运营规范、产品或服务的质量要求以及安全生产要求、环境保护要求等，从而使得该 PPP 项目公共产品或（和）服务的质量、数量、绩效及其生产过程对周边环境、人群的影响是明确的、可预期的	5
A3	产出标准和要求的变更	合同中明确约定了运营期间公共产品或（和）服务标准和要求变更的触发条件、变更程序、方法和处置方案；合同中明确约定了更新改造和追加投资的范围、触发条件、实施方式、投资控制、补偿方案等（运营期间需要进行更新改造和追加投资的项目）；合同中还明确约定了建设方案变更的触发条件、变更程序、方法和处置方案（合作范围包含建设阶段的项目）	3
A4	产出的计量或评价	合同中明确约定了所提供公共产品或（和）服务的计量方法、标准、程序以及计量争议解决（按使用量付费）；合同中明确约定了绩效评价指标和评价方法（按绩效付费）；合同中明确约定了新建公共资产的绩效评价指标与评价方法（非经营性项目）	3
A5	项目投资的约定	对于包含新建或改扩建工程的 PPP 项目，合同中明确规定了工程建设总投资及其构成；对于包含政府向社会资本主体转让资产（或股权）的 PPP 项目，合同中明确了受让价款及其构成	4
A6	实际投资的认定	合同中明确了社会资本对约定的项目总投资所承担的投资控制责任，并明确规定了实际投资的认定方法，以及项目投资发生节约或超支时的处理方法	3
A7	项目融资安排的约定	合同中明确约定了因新建、改扩建、大中修等发生的项目总投资的资金来源、到位计划，以及社会资本通过在相关资产和权益上设定抵质押担保等方式进行融资的权限，并将完成融资交割作为该合同全部生效的前提条件	4
A8	公共产品或（和）服务的定价	合同中明确约定了公共产品或（和）服务定价的依据、标准，社会资本在运营期间可获得的其他收入（如副产品的权属和处置权限），以及未达绩效标准时政府付费的扣减机制和超额利润的分享机制（如约定投资回报率上限、约定双方收入分成的计算方法）	6
A9	公共产品或（和）服务的调价	合同中明确约定了公共产品或（和）服务价格调整的周期或触发条件、调价方法、调价程序	4
A10	合作期限的约定与延长	合同中明确约定了公私双方的合作期限及其起讫日期、延长该合作期限的具体事由，以及延长时间的确定方法	4
A11	重要时间节点的设定	对于“自合同生效之日起一个固定的期限”的 PPP 项目，合同中明确约定了开工日、试运营日、运营日、移交日、付费日期等重要时间节点；而对于“分别设置独立的设计建设期间和运营期间，并规定运营期间为自项目开始运营之日起的一个固定期限”的 PPP 项目，除一些重要时间节点外，合同中还明确约定了项目的建设进度安排、移交进度安排等，以及建设期出现延误的处理办法	5
A12	对于计划内工作的监管	合同中明确约定了前期工作、投融资、建设、运营与维护、财务工作的监管主体（如政府部门招标确定监理管理机构）、监管内容（如计划内维护、计划内暂停服务）、方法和程序，赋予了政府部门在不影响项目正常施工/运营/维护的情况下进场检查和测试的权利，审查设计文件、维护方案等并提出意见的权利	7
A13	对于计划外变化的监管	合同中明确约定了计划外变化发生时的处理程序和方法，如计划外维护、计划外暂停服务的处置及责任承担、法律变更的处置及其导致合同变更或合同解除的触发条件、处置程序	3

续表

编号	副范畴	副范畴内涵	概念数
A14	对于社会资本特定权利的限制	合同对于政府部门授予社会资本的一些工作权利予以限制，例如：在合同中约定建设承包商或运营维护分包商的资质要求、未经政府批准不得将该项目涉及的土地使用权转让给第三方或用于该项目以外的其他用途	2
A15	向政府部门的信息披露	合同中明确规定了政府部门在项目实施期间的知情权，包括建设期审阅项目计划、进度报告及其他有关资料，运营维护期审阅运营维护手册、日常运营维护记录和有关项目运营情况的报告；同时明确约定了社会资本定期提交公共产品或（和）服务绩效情况报告、财务年度报告和专项报告以及设置特殊专用账户的义务	7
A16	向公众的信息披露	合同中详细约定了项目公司依法向社会公开披露信息的范围（如项目产出标准、运营绩效）与方式	2
A17	保险制度	合同中明确约定了社会资本或项目公司在建设期、运营期需要购买的相关险种以及承担的维持保险的相关义务，并将保险（主要是建设期保险）生效作为全部合同条款生效的前提条件	3
A18	履约担保	合同中明确规定了社会资本分阶段地向项目实施机构提供履约保函或质保金（具体可能包括建设期履约保函、运营维护期履约保函/维护保函、移交维修保函/移交质保金等）的具体事宜（包括类型、提供方式、提供时间、担保额度、兑取条件和退还等），并将提交建设期履约保函等担保作为全部合同条款生效的前提条件	7
A19	中期评估与后评价	合同中明确约定了政府部门有权委托第三方机构开展中期评估和后评价，社会资本应予以配合	2
A20	SPV 的组建与稳定性	合同中明确约定了政府部门根据不同类型的需求适当出资入股（参与组建 SPV），约定了在不同阶段相应调整股权结构的办法，并在合同中明确设定限制股权变更的条款	3
A21	权力转让的限制	合同中明确约定了社会资本不得擅自转让政府部门授予的权力，如转让该 PPP 合同、出租特许经营权等	2
A22	违约的认定	合同中采用概括加列举的方式明确界定了社会资本在各阶段工作中的违约行为或违约事实，并视影响情况将其进行了等级划分（如划分为重大违约和一般违约）	8
A23	违约责任承担	合同中明确规定了违约行为的处理程序（如违约发生后的确认、告知、赔偿等）及其时限，赋予了社会资本及时地采取适当补救措施的义务，并详细约定了社会资本各种违约行为或违约事实情况下责任承担方式（赔偿损失并纠正、临时接管、提前终止或合同解除）及其选择顺序	5
A24	损害赔偿的确定	合同中明确约定了当社会资本的违约行为对政府部门造成经济损失时，损失赔偿的计算方法，该方法充分体现了违约责任及向无过错方的利益让渡，损失赔偿的计算公式可操作性强	3
A25	损害赔偿的支付	合同中明确约定了政府部门损失赔偿计算成果的审核、认定和支付程序以及支付方式，如可从履约担保中扣抵相应金额，且社会资本应确保在规定的期限内将履约担保的金额补齐	5
A26	支付违约金	对于会对政府部门造成重大损失的某些违约行为或违约事件，合同中明确约定了其违约金的金额和上限，以及违约金支付的方式和程序，如公共产品不合格的违约金、逾期投入运营的违约金	5
A27	临时接管	合同中明确规定了政府部门或其指定的第三方可以临时接管（又称介入）项目实施的社会资本违约行为及在此基础上的其他事由（如项目公司在约定期限内自行补救无效），并规定了临时接管的实施程序、接管范围和时间、接管期间各方的权利义务等	5

续表

编号	副范畴	副范畴内涵	概念数
A28	提前终止	合同中明确约定了，导致合同终止（又称为项目提前终止或合同解除）的社会资本违约行为以及在此基础上的其他事由（如项目公司在约定期限内自行补救无效、临时接管仍然无法补救项目公司的违约），并规定了合同终止的程序、财务安排等事宜	6

2. 主轴编码

通过开放性编码得到的副范畴意义和关系仍较为广泛和模糊，而主轴编码则可将各独立的副范畴通过类聚分析建立关联，形成更加具有概括性的范畴，进一步发展资料的性质与维度。本过程最初使用 NVivo 10 中“聚类分析”功能模块对开放性编码形成的 28 个副范畴进行归类，但得到的结果经研究小组讨论后认为偏差较大，其原因在于：软件通常根据材料来源的相同性（即聚类依据为“编码相似性”）或节点名称的相似性（即聚类依据为“单词相似性”）进行聚类，而副范畴的材料来源无法反映其间的关联性，且研究小组在对副范畴进行命名时，考虑到编码结果的准确性，多以原始资料的语句为名称，致使名称之间的差别较大。有鉴于此，主轴编码采用人工编码方式，主要通过以下 3 个步骤进行：①研究小组成员对开放性编码得到的 28 个副范畴进行内部讨论，将表述意思相近的内容归为一类，并根据其反映的性质进行适当命名；②将归类结果反馈至接受访谈的受访者，并向其征询意见；③研究小组就受访者的意见再次进行讨论、修改，最终得出研究小组和受访者均较为认可的归类结果。通过主轴编码共得到产出说明、投融资等 11 个主范畴，如表 6-4 第 3～4 列所示。

3. 选择性编码

选择性编码是指通过不断梳理范畴之间的关系，从主范畴之中挖掘能包容其他范畴的核心范畴，将其系统地与其他范畴进行联结，从而构建出完整的理论框架的过程。本研究挖掘核心范畴的过程为：①运用 NVivo 10“聚类分析”功能模块对主轴编码得到的 11 个主范畴按照单词相似性进行聚类；②鉴于聚类分析结果的规律较为模糊，经过文献分析及研究小组内部讨论后得出“控制”一词的本源含义是施控者通过事先确立的标准对受控者的行为进行衡量与评价，并在出现偏差时进行纠正，交易关系中控制的本质亦是如此，故本研究将副核心范畴确定为产出控制、行为控制和偏差控制；③研究小组对聚类分析结果进行内部讨论及向受访者征询意见后对其进行调整，将 11 个主范畴归入 3 个副核心范畴中，并最终提炼出“PPP 项目中公共代理机构对私人部门的控制”这一核心范畴，如表 6-4 第 1～2 列所示。

表 6-4 主轴编码及选择性编码结果

核心范畴	副核心范畴	主范畴	副范畴
PPP 项目中公共代理机构对私人部门的控制	产出控制	产出说明	公共资产的标准和要求、公共产品或（和）服务的标准和要求、产出标准和要求的变更、产出的计量或评价
		投融资	项目投资的约定、实际投资的认定、项目融资安排的约定
		价格机制	公共产品或（和）服务的定价、公共产品或（和）服务的调价
		时间安排	合作期限的约定与延长、重要时间节点的设定
	行为控制	监管机制	对于计划内工作的监管、对于计划外变化的监管、对于社会资本特定权利的限制
		信息披露	向政府部门的信息披露、向公众的信息披露
		制度保障	保险制度、履约担保、中期评估与后评价
		组织保障	SPV 的组建与稳定性、权力转让的限制
	偏差控制	偏差识别	违约的认定、违约责任承担
		损害赔偿	损害赔偿的确定、损害赔偿的支付
		救济措施	支付违约金、临时接管、提前终止

4. 编码的信度检验

本研究对编码的结果进行了信度检验，即通过比较不同研究者对资料的编码一致性。在 NVivo 10 中，研究小组两名成员背对背对资料进行编码，其中节点名称在编码前即给定两名研究者，然后使用该软件“查询”功能模块中的“编码比较”进行比较，得出产出控制（0.863）、行为控制（0.817）、偏差控制（0.758）的 Kappa 系数均大于 0.7，由此说明研究者对文本资料编码的一致程度是可以接受的。

6.2.3 研究结果的分析

1. PPP 项目中的控制与一般工程项目的区别

通过扎根理论的三级编码，本研究识别出 PPP 项目中公共代理机构对私人部门控制的结构维度，包含产出控制、行为控制和偏差控制 3 个维度。相较于一般工程项目中发包人对承包人的控制，PPP 项目中的控制主要有以下三点差别。

（1）PPP 项目中的控制由一般工程项目中的 2 个维度拓展成 3 个维度。一般工程项目中的相关研究将控制划分为产出控制和行为控制，本研究得出的 PPP 项目中的控制包含产出控制、行为控制及偏差控制 3 个维度，其中偏差控制并不是 PPP 项目中特有的内容，而是将一般工程项目中的违约金（liquidated damage）等内容从产出控制中分离出来，并加入 PPP 项目中特有的救济措施——临时接管后形成的。其中，之所以将纠正偏差的相关内容从产出控制中分离，是因为在一般工程项目中发包人通过严格的行为控制可以促使承包人达到其产出目标，而在 PPP 项目中，为充分发挥私人部门的主观能动性，合同中对私人部门行为的规定较为粗糙，为了抑制这种情况给 PPP 项目带来的风险，公共代理机构必须加强合同中的产出控制及偏差控制，使得 PPP 项目中关于纠正偏差相关内容较多，故而本研究将其从产出控制中分离。此外，PPP 项目的救济措施中涵盖了比一般工程项目更为丰富的内容，其主要原因为：①从法律角度讲，一般工程项目合同属于民事合同，其违约救济方式包括实际履行、损害赔偿等，而 PPP 项目合同是具有行政属性的特殊民事合同，政府介入权作为行政合同的一种特权，应在 PPP 项目合同中适当采用；②提供公共产品和服务是政府部门的基本职能，PPP 模式的使用不会使其转移给私人部门，无论 PPP 项目出现任何异常状况，公众谴责的对象仍是政府部门，因此，政府部门必须对私人部门无法继续按照合同运营的项目实施接管以保证公共产品和服务的连续性。例如，2009 年黑龙江省方正县供热项目由于社会资本资金缺乏等问题，出现供暖危机，政府经过实施出资帮助等一系列措施后，社会资本仍无法正常运营，在此情况下政府成立接管委员会以接管项目，保障了当地居民的正常供暖。

（2）相较于一般工程项目，PPP 项目更注重产出控制而非行为控制。一般工程项目中，发包人对承包人的产出控制仅针对建设项目的成本、质量、工期三个方面，而对其具体履约行为的规定较为细致、监管更为严密，例如规定承包人每月提交进度报告，发包人对关键工序的质量验收，甚至使用自动摄像头监测和跟踪承包人现场的履约情况（Bohn and Teizer，2010）；本研究通过扎根理论得出的 PPP 项目中的产出控制包括产出说明、投融资、价格机制及时间安排，其维度增多且每个维度的内涵更为丰富，而 PPP 合同中对于私人部门实现产出的过程则规定较少。以大连中心城区垃圾焚烧 PPP 项目为例，天津泰达环保有限公司副总经理（该项目社会资本方）在北京大岳咨询有限责任公司举办的“中国 PPP 沙龙”中表示：“协议细节中对主流处理工艺，包括焚烧处理工艺、烟气处理工艺、污水处理工艺、飞灰处理工艺进行了明确的界定，炉排炉、烟气处理加炉内脱硝、加四大除尘，这些工艺一确定，处理效果有保证。污水处理明确了厌氧、耗氧等整套污水处理工艺，整个污水处理按此下来肯定是达标的。”由此可见，PPP 项目相比一般工程项目，更加注重产出控制而非行为控制，究其原因：①PPP 项目涵盖投融资、设计、建设、运营及移交等多个时期，涉及公共资产、公共产品或（和）服务等多种产出，与一般工程项目相比，交易时间较长且产出物呈现多样化特点，故合同中对项目产出的规定更加丰富；②PPP 不仅是政府采购模式的创新，更是转变政府职能的契机，若公共代理机构过多介入公共产品或（和）服务中的微观事务，则使其负担加重的同时无法更专心地履行监管职责，而“重产出、轻行为”的控制策略有利于公共代理机构职能的转变，使其从传统的“管理者”转变为“监督者”和“合作者”，确保 PPP 项目的高效运营。

（3）PPP 项目行为控制中直接控制少，更多的是通过机制设计实现私人部门的“自我控制”（self-control）。一般工程项目中，发包人通常通过直接监管承包人的履约行为以实现对其行为的控制，例如较为频繁地审查项目进度、检查发票（investigate invoices）等（Badenfelt，2010）；而在 PPP 项目行为控制的 4 个主范畴中，仅有“监管机制”为公共代理机构直接对私人部门采取的控制，其他 3 个主范畴均为公共代理机构通过机制设计，间接地控制私人部门的行为。例如，保险制度可以使保险公司帮助公共代理机构监督私人部门的履约行为；在访谈中一位受访者认为，公共代理机构和私人部门各自派代表共同组建 SPV，使得公私双方在“一个屋檐下”工作，公共代理机构能够更快捷、真实地把握私人部门的日常运营状况，使得私人部门不会轻易违反合同；在安庆市外环北路工程 PPP 项目中，考虑到运营期前期私人部门可能想通过直接违约，将项目变成 BT 模式，从而提前收回项目成本，此段时间的违约风险较大，因此合同中将此段时间内的运营维护保函设定较高以降低其违约风险。由此可见，PPP 项目的行为控制相较一般工程项目，直接控制明显减少，而更多的是通过机制设计，使私人部门产生内生约束力而实现的间接控制。造成此种差别的原因为：①推行 PPP 的本质原因即欲借助私人部门的竞争和创新以提高效率，通过在合同中设计相关机制来减少公共代理机构的直接控制，给予私人部门更多的空间，则私人部门会充分利用其专业优势进行创新，从而提高公共产品和服务的供给效率；②PPP 项目中产出控制的设计也体现了上述原则，即产出标准的设计可以对私人部门产生内在约束，从而减少履约过程中的直接控制，如财金 156 号文的附件《PPP 项目合同指南（试行）》规定了关于合作期限的两种方式，即“自合同生效之日起一个固定的期限”和“分别设置独立的设计建设期间和运营期间，并规定运营期间为自项目开始运营之日起的一个固定期限”，在大连中心城区垃圾焚烧 PPP 项目中，“特许经营期明确约定了特许期包含了建设期，使企业自加压力推进建设进度”，尽快投产运营以取得收益，使得采用此种方式时公共代理机构无须对建设期进度进行密切监管。

2. PPP 项目中控制的概念模型

一般工程项目中有研究将控制分为合同条款控制（contract term control）及合同履行控制（contract implementation control）（Yang，2013）。本研究结论主要是通过对财金156号文、发改投资2724号文中的两个合同指南进行文本分析得出的，因此，只涉及合同条款控制。事实上，合同条款控制是指在合同中规定的合同一方对另一方的约束，而合同履行控制是指在项目执行过程中对合同条款的实现情况，即前者是对控制的计划、后者是该控制计划的实现程度，二者呈现的强度可能存在差异，但其所涉及的内涵必然是相同的。根据质性分析的结果，本研究将 PPP 项目中公共代理机构对私人部门的控制定义为，公共代理机构在合同中对 PPP 项目的产出进行描述与量化、对合同履行过程中私人部门的履约行为设置监管措施及保障机制、对私人部门可能出现的偏差进行界定以及对已经出现的偏差约定纠偏措施的过程，具体而言包括以下三部分内容：①对于 PPP 项目产出的公共资产、公共产品或（和）服务的产出说明、投融资、价格机制、时间安排进行具体的约定，约定的内容包括标准的制定及其调整；②PPP 项目对私人部门履约行为的控制分为两方面，通过审查、监测等方式进行的直接控制，更多的是通过机制设计使私人部门实现“自我控制”的间接控制；③一旦观察到私人部门的违约行为或证实私人部门的违约事实，根据合同约定对公共代理机构进行损害赔偿、对私人部门进行相应惩罚、对 PPP 项目进行必要的违约救济。综上所述，PPP 项目中的控制是一个包含产出控制、行为控制及偏差控制的三维度构念体系，其概念模型如图 6-2 所示。

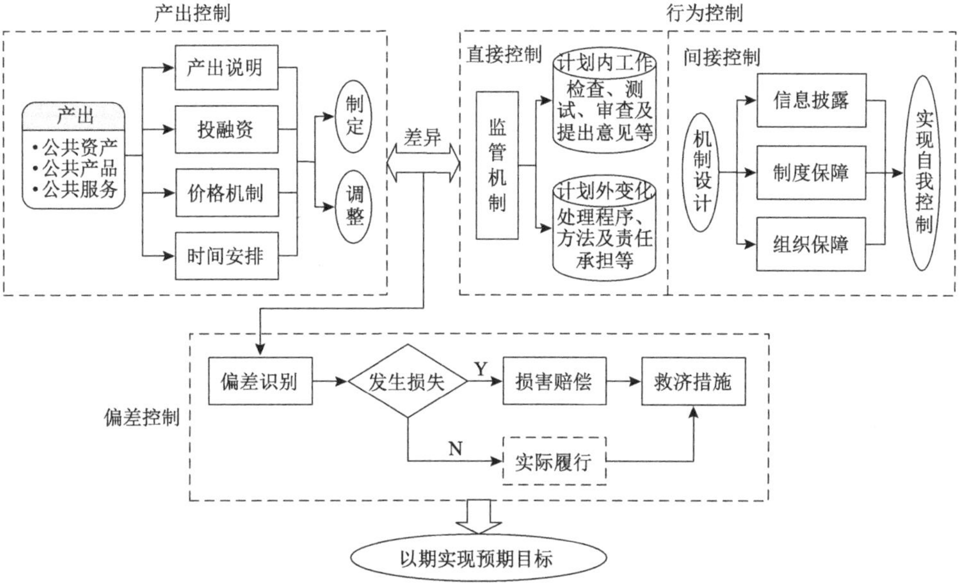

图 6-2　PPP 项目中公共代理机构对私人部门控制的概念模型

6.2.4 管理启示与展望

本研究通过访谈及文本分析获取研究资料，运用扎根理论分析得出 PPP 项目中公共代理机构对私人部门控制的结构维度，并在分析其与一般工程项目中发包人对承包人控制的区别的基础上，得出控制的构念及概念模型，研究结论对实践部门有以下三点管理启示。

1. 相较于一般工程项目，PPP 项目应“重产出、轻行为”

在实践中，部分 PPP 项目实施机构[①]没有认识到 PPP 项目和一般工程项目的区别，通常按照一般工程项目监管方式对社会资本或项目公司[②]的履约行为进行严密的控制，并且将 PPP 项目仅视为一种政府采购方式，重点关注资金的筹集、套现等，而常常忽视公共产品或（和）服务的绩效等产出标准（张燎，2010）。根据本研究的结论，项目实施机构不应按照一般工程项目的监管方式“重行为、轻产出”，而应转变观念，重点关注社会资本或项目公司所供给的公共资产、公共产品或（和）服务在质量、数量、交付时间、价格等方面是否符合绩效标准。因此，PPP 项目合同对于产出的规定应全面、细致，例如，PPP 项目不应按照一般工程项目的做法，仅在合同中约定建筑物的成本、质量、工期的标准，其产出涉及公共资产、公共产品、公共服务，三种产出性质不同，因此应分别约定其产出标准；此外，不同于一般工程项目的持续时间较短且成本较容易预测，PPP 项目周期较长，难以准确预测其成本与需求的变化，而合理的定价及调价机制有利于实现社会资本或项目公司“盈利不暴利”，因此也应在合同中详细约定。

2. 项目实施机构应减少对社会资本或项目公司的直接控制，强调通过机制设计实现其“自我控制”

相关研究表明，政府干预是中国 PPP 项目失败的首要原因（Ke et al.，2011），因此，项目实施机构应给社会资本或项目公司“松绑”，从而充分发挥其主观能动性和创新精神。然而在实践中，项目实施机构仍然主要通过检查、测试等方式对社会资本或项目公司进行直接控制。究其原因，一方面，PPP 项目采购阶段的中标者（the winner）往往不是最优者（the“best”bidder）（Marques and Berg，2010），

---

① 即本研究中的公共代理机构，财金 113 号文称其为“项目实施机构”。

② 即本研究中的私人部门，财金 113 号文称其为“社会资本”或“项目公司”。

中标的社会资本或项目公司在项目实施过程中会倾向于采取机会主义行为以增加自身收益，从而造成“赢者诅咒”的现象，因此项目实施机构不得不加强对社会资本或项目公司的干预；另一方面，合同中的一些机制在实践中流于形式，例如，在访谈中一位受访者甚至提到，某项目实施机构为确保 PPP 项目程序上的合规性且加快进程，代替社会资本或项目公司缴纳履约保函，此种现象使得履约保函没有发挥其控制社会资本或项目公司履约行为的作用。因此，项目实施机构应充分认识到 PPP 合同中信息披露、制度保障、组织保障等控制机制的重要性，通过机制的设计及其实际履行实现社会资本或项目公司的“自我控制”，如约定向公众披露的相关信息，使得作为公共资产、公共产品或（和）服务的最终使用者的公众帮助项目实施机构监督社会资本或项目公司，以增强 PPP 项目的公正性和透明性。同时，还可以在设计关于产出标准的合同条款时注入适当的柔性，以激励社会资本或项目公司进行“自我控制”；详细约定偏差控制的条款，并加入救济机制，以弥补 PPP 项目中行为控制较少带来的风险。

3. 健全 PPP 项目的相关法律，增强社会资本或项目公司的安全感

在访谈过程中，研究者向受访者说明本次访谈主题，即项目实施机构对社会资本或项目公司的控制后，部分受访者表明更需要的是社会资本或项目公司对项目实施机构的控制，因为在实践中，社会资本或项目公司的很多决策都受制于项目实施机构的行政命令或被其强加干预，但对项目实施机构的这种行为表示无可奈何。究其原因，一些地方的项目实施机构缺乏契约精神，且掌握着单方面变动“游戏规则”的权力（贾康等，2014）；而对于社会资本或项目公司，由于相关法律法规的缺失，其合法权益往往得不到有力的保障。因此，应完善 PPP 项目相关立法以将项目实施机构的权力“关进笼子”。事实上，国家发改委等六部门共同发布的《基础设施和公用事业特许经营管理办法》（2015 年第 25 号令）（以下简称“25 号令”）最初是以法律的形式酝酿起草的，但最终成为“办法”，其法律效力较低，政府需出台更高级别的法律以提高社会资本进入 PPP 项目的积极性。除此之外，实践中 PPP 项目的具体操作程序还有待规范化，以临时接管为例，相关法律法规中并没有对其流程予以明确规定，当发生临时接管的触发条件之一——社会资本或项目公司违约时，有两种接管方式，一种是发现社会资本或项目公司违约后立即接管，另一种是先给予其一定期限自行补救，若在约定期限内仍无法补救再实施接管（朱蕾等，2007），财金 156 号文的附件《PPP 项目合同指南（试行）》中规定使用第二种方式，然而财金 156 号文只是推荐性文件而不是强制性文件，使得实践中双方可能就此问题出现纠纷。综上，有关部门应建立 PPP 项目的相关

法律法规及规范项目的执行程序，以保障社会资本或项目公司的利益，促进 PPP 项目目标的实现。

本研究仍存在的不足之处：①因具体的 PPP 项目合同不易获得，进行文本分析的资料为两个合同指南，其内容较为宽泛及理想化；②鉴于目前从事 PPP 项目时间较长的实践工作者相对较少，且大多工作繁忙，较难与其预约访谈，本研究最终接受访谈的人员仅有 4 人，虽然这 4 人均具有丰富的理论或实践经验，但仍不可避免其主观认知对研究结论造成一定影响。本研究基于质性分析方法——扎根理论，得出的控制构念及结构维度带有一定主观性，因此，后续研究可通过实证方法开发量表以验证本研究结论，此外，对于 PPP 项目中的控制与其他变量之间关系的研究、控制措施的补充与完善等也是有待研究的重要问题。

6.3 PPP 项目中控制的维度解析

上文建立的 PPP 项目控制的构念包含产出控制、行为控制、偏差控制三个维度，本节将对这三个维度进行深入的解析（杜亚灵等，2017c）。

6.3.1 产出控制

PPP 项目的产出既包括最终用于满足公众需求的公共产品或（和）服务，还包括直接生产或辅助供给上述公共产品或（和）服务，并且在交易结束后交由公共部门拥有和控制的公共资产。私人部门通过规划设计、投融资建设（包括新建、改扩建）以及运营期间的维护来形成或保值公共资产，通过运营管理生产或供给公共产品或（和）服务。相关研究结果显示：公私双方在合同中详细明确地约定产出的绩效标准是一种行之有效的 PPP 项目控制方式，能够大大提高再谈判的效率（Liu et al.，2014a；Javed et al.，2014）；并且，基础设施项目不同类型的绩效标准嵌套（nested）形成项目交付的目标，数字化目标（digital objects）能够提高项目绩效的可计量性（accountability），更有利于实现对交易对象的控制（Whyte and Lobo，2010）。

PPP 项目兼具工程项目和政府采购的双重特征，因此，设定其产出的绩效标准可参考这两方面的研究成果：工程项目通常是从时间、成本和范围三方面详细规定产出的（Liu et al.，2014a），而产品订购合同中的核心内容为标的物属性（规格、质量、数量等）、交货期和订购价格（胡盛强等，2015）。显然，二者的共同之处即关于产出的说明、对于时间安排的约定；二者的区别在于，工程项目的主要交易内容是投资建设，因此以成本作为产出绩效标准，而产品订购的主要交易内容为标的物的供给，因此以价格作为产出绩效标准，考虑到 PPP 项目兼有投融资建设和维护、产品或（和）服务供给两种性质的交易内容，其产出绩效标准宜同时包括投融资和价格机制。此外，PPP 合同的长期性使得交易过程中的变化是不可避免的，因此产出绩效标准必须是柔性的，以便在未来通过再谈判进行调整，有鉴于此，PPP 项目产出绩效标准的每一方面都应该包括初始绩效标准的设定、绩效标准的调整方法两部分内容。综上所述，PPP 项目产出控制即对其公共资产、公共产品或（和）服务从产出说明、投融资、价格机制、时间安排四个方面分别进行描述或量化，并以此作为评价私人部门行为绩效的标准；描述或量化的内容既包括初始设定的绩效标准，又包括对初始绩效标准的调整方法。

6.3.2　行为控制

为了确保既定产出绩效标准的达成，当事人还须通过指导行为来持续约束和影响交易对象（Liu et al.，2014a），在此过程中通过观察或证实来判定交易对象的行为是否偏离既定规则（Badenfelt，2010），这就是行为控制。工程项目中行为控制的实施方式是多样化的，包括通过合同赋予业主监管的权利、正式的组织结构设计以及管理制度安排（Eriksson and Laan，2007）；而通过多案例研究发现，公共代理机构在 PPP 合同执行过程中的控制主要包括持续的产出和行为监控（continuous monitoring of output and behaviour）、广泛的事后信息流（extensive “ex-post” information flow）、抵押安排（hostage arrangement），其中监控的重要内容之一即组成联合委员会（joint committee），它可谓是 PPP 项目特定的组织标志（Rashid and Aziz，2012）。事实上，相比一般工程项目，PPP 项目大大弱化了直接监管或监控，致使公共代理机构在交易中处于不利位置，为了弥补和扭转这一态势，公共代理机构就需要更多地通过信息披露、制度设计、组织设计来间接地对私人部门进行行为控制，且只有当间接控制措施得力的情况下，直接监管才可能是有效的（Rashid and Aziz，2012）。

整理与分析现有文献，本研究认为 PPP 项目的行为控制主要包括以下四个方面：①监管机制，即通过合同赋予公共代理机构对私人部门提议和执行的相关工作进行审批和监督的权利，如 Robinson 和 Scott（2009）指出，PFI 项目绩效监测真实反映服务交付水平的程度决定控制效果；②信息披露，即通过合同赋予私人部门向公共代理机构和公众持续地提供项目特定信息的义务，其中进展报告（progress reports）、联合账号（joint accounts）是最常见的控制措施（Rashid and Aziz，2012）；③制度保障，即通过保险、履约保函、中期检查等成熟的制度安排对私人部门履约形成一种内生或外来的约束力，如 Huang 和 Pi（2014）通过案例研究证明，作为 BOT 项目的共同特征，履约保函（performance bond）能够对私人部门形成约束，以确保其履行合同义务直至合同结束；④组织保障，即通过股权结构设计与调整来优化公共代理机构的决策话语权，以及通过组织稳定来提高私人部门决策的谨慎程度，如盛和太等（2011）通过分析国内外 8 个典型 PPP 项目发现，项目公司股权结构是影响项目实施效率的重要因素，刘婷等（2014）也依据国际经验指出，公共代理机构可以通过增持或减持股权来调节其对私人部门的控制。其中，监管机制是公共代理机构对私人部门的直接控制，而后三者均为通过机制设计来实现私人部门的自我控制。

6.3.3 偏差控制

PPP 将市场机制引进基础设施投融资领域，并对该基础设施进行商业化运作，这种公私双方之间平等的市场交易出于自愿、结于互利。一旦其中一方被观察到有违约行为或被证实有违约事实，须按照市场经济的法则对对方进行损害赔偿，甚至是接受经济惩罚，以求交易双方的利益平衡以及交易的正常进行；并且，PPP 项目的私人部门均为自主经营、自负盈亏、独立核算的具有法人资格的社会经济组织，是以盈利为最终目标的，经济赔偿和经济惩罚是对其进行威慑和警示的有效手段。正因如此，有些文献将激励性支付（incentive-based payment）作为公共代理机构控制私人部门的重要手段（Rashid and Aziz，2012；Eriksson and Westerberg，2011）。此外，向公众提供公共产品或（和）服务是政府部门的基本职责，其不会因为采用 PPP 模式而转移给私人部门；且在 PPP 项目中，即便私人部门是公共产品或（和）服务的实际提供者，一旦出现差错，政府部门仍是公众谴责的主要对象（Rashid and Aziz，2012），因此，应将 PPP 合同当作特殊的民事合同处理，可同时适用行政合同特有的规则和救济方式。例如，李明超（2013）指出，当公众利益遭受或面临重大损害时，公共部门有权采取临时接管措施来保障公用事业运营的连续性和稳定性。

控制的最终目的为消除已经发生的偏差，甚至是预防可能出现的偏差，从而使交易处于"应有状态"。组织间交易关系中的控制针对的偏差主要是交易对象的违约，违约的原因和结果各种各样，选择高效的违约救济方式是弥补合同不完全、保护合同当事人权益的重要途径，PPP 项目中私人部门违约后通常采用损害赔偿（含违约金）、实际履行（例如，发现项目公司违约后，在公共代理机构实施临时接管或主张提前终止之前，须按照 PPP 项目合同的约定书面通知项目公司并给予其一定期限自行补救）、合同解除（即提前终止）等合同救济方式，以及临时接管这一行政救济方式。综上所述，PPP 项目中的偏差控制，即对被识别的私人部门违约行为或违约事实，公共代理机构通过获得相应的损害赔偿而使交易恢复"原有的状态"，并通过要求私人部门支付违约金、在一定期限内自行补救以及临时接管、提前终止等救济措施而使交易达到"应有状态"的过程，其中损害赔偿与各种救济措施均直接关乎私人部门的经济利益，对私人部门的履约行为起到威慑和警示作用。PPP 项目的偏差控制包括偏差识别、损害赔偿、救济措施三个方面。

6.4　PPP 项目中控制的量表开发

根据供应链等领域研究的发展轨迹，组织间控制的研究通常会由进行归纳总结的经验研究逐渐深入至揭示内在规律的实证研究，而实证研究的前提即控制的精准测度。然而，现有研究关于工程项目全过程中所采用的控制手段或控制机制的居多，而控制测度方面的研究相对较少；少量文献提及的业主对承包商控制量表也比较简单，对于控制的系统性、过程性体现不足。有鉴于此，本节将基于控制手段或控制机制的研究成果，从控制实施过程的视角，针对 PPP 这一特殊的关系背景开发更为精细的组织间控制测度量表（杜亚灵等，2017c）。

6.4.1　量表设计与数据收集

1. 量表设计

在本实证研究之前，课题组已运用扎根理论的方法对 PPP 项目中控制的构念与结构维度进行了探索性研究，有鉴于此，本研究根据开放性编码所得到的副范畴对应的文本资料设计题项，且尽量采用发改投资 2724 号文附件 2《政府和社会资本合作项目通用合同指南（2014 年版）》和财金 156 号文附件《PPP 项目合同指南（试行）》中的核心词汇和表述方式。对于各个题项所陈述的观点，要求受试者根据自己在 PPP 领域丰富的实践经验和专业知识选择其对每个观点的认可程度。初始问卷形成后，先后在天津理工大学公共项目与工程造价研究所（IPPCE）、PPP 实务工作者中进行两轮小范围问卷预测试，不断调整和完善量表中语意表达不完整或表达存在歧义的题项，最终形成初始量表，详见表 6-5。

表 6-5 PPP 项目中公共代理机构对私人部门控制的初始量表及题项来源

维度	分类	题项概要	编号	题项来源
产出控制	产出说明	公共资产（新建的、维护的和移交的）在各个阶段的技术标准和规范要求	a1	F 第 18/25/30/42/52 条，C 第二章第七/八/九/十九节
		公共产品或（和）服务的供给标准和要求，以及生产过程对周边环境、人群的影响的要求	a2	F 第 40 条，C 第二章第八节
		项目产出标准和要求的变更事宜，包括公共产品或（和）服务标准和要求变更、更新改造和追加投资、建设方案变更等	a3	F 第 27/41/43 条
		公共产品或（和）服务的计量（按使用量付费）或绩效评价事宜（按绩效付费），甚至是新建公共资产的绩效评价事宜（非经营性项目）	a4	F 第 45 条，C 第二章第十一节、第三章
	投融资	工程建设总投资或资产（或股权）受让价款的约定	a5	F 第 12 条
		社会资本投资控制责任的明确、实际投资的认定方法以及节约或超支的处理方法	a6	F 第 13/28 条
		项目融资安排的约定，社会资本通过在相关资产和权益上设定抵质押担保等方式进行融资的权限，并将完成融资交割作为该合同全部生效的前提条件	a7	F 第 14/42 条，C 第二章第五节
	价格机制	公共产品或（和）服务的定价，包括社会资本的收入范围、定价依据和标准	a8	F 第 55/56/57 条，C 第二章第十一节、第三章
		扣减政府付费事宜，即对公共产品或（和）服务未达到绩效标准的情形及严重程度进行界定、约定相应处理程序、设置政府付费扣减比例	a9	
		超额利润限制机制，如约定投资回报率上限，超出上限部分归政府所有或公私双方分成	a10	
		公共产品或（和）服务的价格调整，包括调价周期或触发条件、方法、程序	a11	
	时间安排	合作期限及其起讫日期的约定，以及延长该合作期限的具体事由和延长时间的确定方法	a12	F 第 9 条，C 第二章第三/八节
		开工日、运营日、移交日等重要时间节点的设定，甚至进度安排的约定、建设期出现延误的处理办法	a13	

续表

维度	分类	题项概要	编号	题项来源
行为控制	监管机制	对于计划内工作的监管事宜，包括监管主体、内容、方法和程序；赋予政府部门在不影响项目正常施工/运营/维护情况下的进场权，审查设计文件、维护方案等并提出意见的权利	b1	F 第 16/22/58 条，C 第二章第七/八/九节
		对于计划外变化（如计划外维护、计划外暂停服务、法律变更）的监管事宜，包括处理程序和方法	b2	F 第 64/75 条，C 第二章第八/九/十五节
		对社会资本特定权利的限制，包括承包商选择、该项目涉及的土地使用权等	b3	C 第二章第六/七/十七节
		社会资本在项目运营期间主副产品的权属和处置权限、可获得的其他收入（特殊项目收入）及其获取方式	b4	F 第 44/55/57 条，C 第三章第三节
	信息披露	政府部门在项目实施期间的知情权，包括审阅计划、进度报告、运营维护手册和记录等，社会资本定期报告以及设置特殊专用账户	b5	F 第 42/58 条，C 第二章第七/八/十七节、第四章第三节
		项目公司依法向社会公开披露信息的范围（如项目产出标准、运营绩效）与方式	b6	F 第 78 条，C 第二章第八节
	制度保障	相关保险的购买与维持义务，并将指定保险（主要是建设期保险）生效作为全部合同条款生效的前提条件	b7	F 第 31/47 条，C 第二章第四/十四节
		赋予社会资本分阶段地向项目实施机构提供履约保函或质保金的义务，并将提交指定担保作为全部合同条款生效的前提条件	b8	F 第 11/53 条，C 第二章第四/十二节
		政府部门有权委托第三方机构开展中期评估和后评价，社会资本应予以配合	b9	F 第 48 条，C 第二章第八节
	组织保障	政府部门根据不同类型的需求适当出资入股（参与组建 SPV），约定了在不同阶段相应调整股权结构的办法，并在合同中明确设定限制股权变更的条款	b10	F 第 7 条，C 第二章第十/十七节
		社会资本不得擅自转让政府部门授予的指定权力，如转让该 PPP 合同、出租特许经营权等	b11	F 第 8/76 条
偏差控制	偏差识别	社会资本在各阶段工作中违约行为或违约事实的界定与等级划分	c1	F 第 17/23/34/37/50/54/59/70 条，C 第二章第十八节
		违约责任的承担，包括违约行为的处理程序及其时限，社会资本及时采取适当补救措施的义务，违约责任承担方式（包括停止侵害、消除影响、支付违约金、赔偿损失以及解除项目合同等）及其选择顺序	c2	F 第 71/72 条，C 第二章第十八节
	损害赔偿	公平合理、可操作性强的损害赔偿确定方法，仅限社会资本的违约行为对政府部门造成经济损失时	c3	F 第 67 条，C 第二章第四/八/九节
		损害赔偿的支付，包括损害赔偿计算成果的审核、认定和支付程序以及支付方式	c4	F 第 67 条，C 第二章第八节
	救济措施	违约金的具体事宜，仅针对那些对政府部门造成重大损失的社会资本违约行为，如公共产品不合格的违约金、逾期投入运营的违约金	c5	F 第 71 条，C 第二章第八/二十一节

续表

维度	分类	题项概要	编号	题项来源
偏差控制	救济措施	政府部门或其指定的第三方临时接管（又称介入）项目实施的具体事宜，包括触发事由以及临时接管的程序、范围和时间、接管期间各方的权利义务等	c6	F 第 48 条，C 第二章第五/十七/十八节
		项目提前终止（即合同解除）的具体事宜，包括触发事由以及提前终止的程序、财务安排等	c7	F 第 65/66/67 条，C 第二章第八/十/十八节、第三章第一节、第四章第三节

注：F 代表发改投资 2724 号文中的附件 2《政府和社会资本合作项目通用合同指南（2014 年版）》；C 代表财金 156 号文中的附件《PPP 项目合同指南（试行）》

2. 数据收集

本研究在“问卷星”网站上注册并发布调查问卷（为了避免对受试者的误导，将表 6-5 中 31 个题项进行随机排序），通过以下两种渠道采集数据：①向课题组曾经合作过或者认识的 PPP 实务工作者发放问卷，并在其帮助和引荐下向其从事 PPP 实践的同事和合作者发放问卷，该部分受试者所在单位包括 PPP 专业咨询机构（如上海济邦投资咨询有限公司、北京金准咨询有限责任公司）、政府部门以及国内部分 PPP 项目公司；②在 CNKI 数据库中以“PPP”或“BOT”为主题检索近 5 年发表过的期刊论文，向其通信作者所登记的 E-mail 发送问卷调查的邀请。问卷采用利克特 5 级量表的方式——“完全同意，能够深刻体会到”表示 5 分、“完全不同意，根本没有必要”表示 1 分——要求受试者根据自己在 PPP 领域丰富的实践经验和专业知识给出其对问卷中每个观点的认可程度。

本研究共收回问卷 81 份，剔除填写不完整、具有明显“Z”字形及填答结果多为同一数值的无效问卷后，剩余有效问卷 72 份，问卷的有效率为 88.89%。通过问卷中受试者背景信息部分数据统计可知：受试者中 26.39%目前就职于投融资咨询机构、19.44%就职于 PPP 项目公司或政府部门、48.61%就职于科研机构或高等院校，中高层管理者占到 72.22%，本科及以上学历者占到 100%，从事 PPP 项目实务操作或（和）科学研究工作 3 年以上者占 51.39%，由此可知，受试者具有相当的 PPP 专业知识储备或（和）较为丰富的 PPP 实践工作经验，他们填答问卷所获取的数据是相对准确、可靠的；受试者中对 PPP 合同或协议非常了解或比较了解的占 63.89%，对发改投资 2724 号文和财金 156 号文非常熟悉或比较熟悉的占 52.78%，参与过的 PPP 项目或（和）研究过 PPP 合同的总数量在 3 个以上的占 40.28%，其中有 33.33%的受试者亲身参与过或熟悉合同的 PPP 项目属于财政部公布的首批 30 个 PPP 示范项目或国家发改委发布的 13 个 PPP 典型案例，这说明受试者对 PPP 合同的合理性是有一定发言权的，甚至对 PPP 合同执行效果是有切身体会的。

6.4.2　数据分析与研究结果

1. 探索性因子分析

（1）信度分析与项目净化。采用 SPSS17.0 软件对量表的信度和效度进行分析。运用 Cronbach's α 系数来判断整个量表的信度，一般情况下，Cronbach's $\alpha>0.5$ 表明量表信度符合要求，Cronbach's $\alpha\geqslant0.7$ 表明量表信度良好；利用单项-总量修正系数（CITC 系数）判断单个题项的信度，以便在因子分析之前对题项进行净化，一般认为，应删除 CITC 系数<0.5 的题项。数据分析结果显示：表 6-5 所示量表的 Cronbach's α 值为 0.904（>0.7），表明该量表的总体信度较好，量表整体上可接受；31 个观测变量的 CITC 系数只有 a4（0.467）、b9（0.396）的小于 0.5，删除该观测变量后所得量表的 Cronbach's α 值上升至 0.929，且剩余 29 个观测变量的 CITC 值均大于 0.5。

（2）效度分析。采用探索性因子分析检验量表的效度，但在此之前需要进行 KMO 样本测度和 Bartlett 球形检验，以确保本研究数据适合进行探索性因子分析。数据分析结果显示：PPP 项目中控制量表的 KMO 值为 0.682（>0.5），且 Bartlett 球形检验显著（$p<0.01$），表明样本数据可以进行因子分析。在此基础上，采用主成分分析法对样本数据进行因子萃取，采用最大方差法进行转轴，选取特征根大于 1 的因子，最终成功萃取出 8 个因子。为了保证萃取的因子具有理论价值，本研究采用以下三个标准来筛选合适的题项：①要进行概念的单维度检验，把测量同一概念的多个观测变量进行因子分析，保证这些观测变量只能负载于同一因子；②各题项在其测量对象上的完全标准化因子负荷大于 0.45；③同一因子内的任何观测变量与其他变量的内涵保持一致。探索性因子分析的结果与原先设置的题项分类基本一致（表 6-5 中共 11 个分类，旋转成分矩阵显示，“投融资”和“价格机制”为同一因子、“损害赔偿”和“救济措施”为同一因子、“监管机制”和“制度保障”为同一因子），仅有 2 个观测变量出现了重新分类：①a9 由原来的“价格机制”调至“救济措施”；②b4 由原来的“监管机制”调至“价格机制”。

2. 验证性因子分析

（1）一阶验证性因子分析。运用 AMOS21.0 软件对样本数据进行验证性因子分析，为了更好地验证模型的准确性，本研究提出竞争模型进行比较分析。设定两个备择模型：M1 为一阶三因子模型，假设 3 个因子即表 6-5 中的“维度”，分别为产出控制、行为控制、偏差控制，用于解释它们的题项分别为 12 个（a1～a13，其中 a4、a9 除外，另增加 b4)、9 个（b1～b11，其中 b4、b9 除外)、8 个（c1～c7，另增加 a9)；M2 为一阶十一因子模型，假设 11 个因子即表 6-5 中的“分类”，其具体结构为经探索性因子分析调整过的表 6-5（删除 a4、b9，a9 调至“救济措施”、b4 调至“价格机制”)。针对上述两个模型，以一阶因子为潜在变量，以每个一阶因子对应的题项为观测变量，进行一阶验证性因子分析，分析结果显示：M1 的拟合结果不甚理想，而 M2 的各拟合指标均达到了可接受的标准；同时，M2 中各观测变量在其测量对象上的完全标准化因子负荷均大于 0.45（详见图 6-3)，且在显著性 $p<0.05$ 的水平下显著，说明观测变量能有效反映其测度的构念特质。因此，PPP 项目中公共代理机构对私人部门控制的 M2 得到了验证。

（2）二阶验证性因子分析。在一阶十一因子结构确定的前提下，进一步验证二阶三因子模型（M3)，即按照表 6-5 的结构在一阶因子的基础上形成 3 个二阶因子——“产出控制”“行为控制”“偏差控制”。分析结果显示：该二阶模型各拟合指标值均达到相应的标准；此外，3 个二阶因子与 11 个一阶因子之间的标准化路径系数均大于 0.45（详见图 6-3)，且在显著性 $p<0.05$ 的水平下显著。由此可见，M3 与样本数据拟合良好，该模型得到了验证。

（3）三阶验证性因子分析。M3 中 3 个二阶因子之间相关度较高（产出控制-行为控制为 0.68，产出控制-偏差控制为 0.89，行为控制-偏差控制为 0.72)，说明这些因子可能受到更为高阶因子的影响，为此，在 M3 基础上进一步验证三阶单因子模型（M4)，即假设存在一个高阶因子（公共代理机构对私人部门的控制）主宰 3 个二阶因子——“产出控制”“行为控制”“偏差控制”。分析结果显示：相比基础模型 M3，M4 的 χ^2 增加值达到了显著水平，拟合指标 CFI、NFI、IFI 略有上升，RMSEA 略有下降；此外，三阶因子与 3 个二阶因子之间的标准化路径系数均大于 0.45（详见图 6-3)，且在显著性 $p<0.05$ 的水平下显著。由此可见，M4 与样本数据拟合良好，产出控制、行为控制、偏差控制 3 个维度能够收敛到 PPP 项目中公共代理机构对私人部门控制这个三阶构念上。

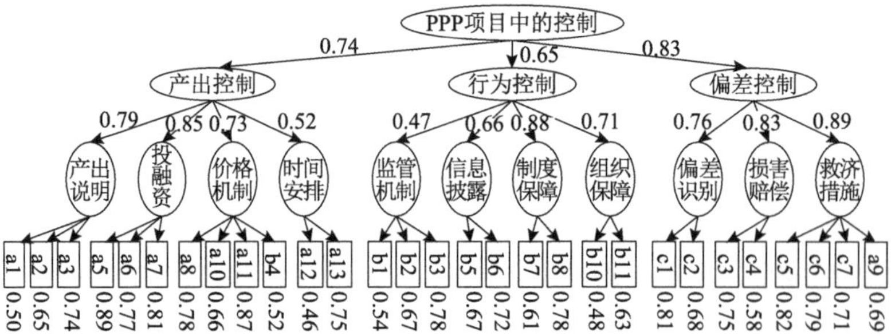

图 6-3 PPP 项目中公共代理机构对私人部门控制的结构模型

3. 量表的信度与效度检验

为了验证所开发量表的信度，采用 Cronbach's α 内部一致性系数来检验多维度量表的内部一致性和可靠性。运用 AMOS21.0 软件对 PPP 项目中控制总量表及其 3 个维度分量表的 Cronbach's α 系数进行检验，分别为 0.865、0.806、0.872（表 6-6），可见本研究的测量项目之间内部一致性较好，测量模型具有良好的信度水平。

量表的内容效度和效标效度主要通过规范、严谨的量表开发过程来保证，而建构效度的检验方法为，如果每个维度的平均变异数抽取量（AVE）值的平方根显著高于该维度与其他维度之间的标准化相关系数，则表明该量表的构建效度较好。数据分析结果显示，本量表中经探索性因子分析保留的 29 个题项在相应的潜在变量上的完全标准化因子负荷均大于 0.5，且达到显著性水平，相应的 AVE 值均大于 0.5，三个潜在变量 AVE 的平方根均大于其与其他潜在变量之间的标准化相关系数（详见表 6-6），表明本量表的建构效度通过检验。

表 6-6　公共代理机构对私人部门控制量表的信度与效度检验结果

维度	产出控制	行为控制	偏差控制	题项数	Cronbach's α	AVE
产出控制	1（0.778）			12	0.865	0.605
行为控制	0.410*	1（0.712）		9	0.806	0.507
偏差控制	0.605**	0.521**	1（0.825）	8	0.872	0.681

注：对角线括号内为本维度 AVE 值的平方根
*表示显著性水平 0.05，**表示显著性水平 0.01

6.4.3　分析与讨论

课题组约访了 4 名实务工作者，其中 PPP 专业咨询机构 2 人、高等院校科研人员 2 人，将实证分析结果反馈给他们并与其就此进行了讨论。

1. 应删除的观测变量

通过对样本数据进行信度检验和项目净化，删除了题项 a4、b9，经课题组与 PPP 实务工作者讨论认为，其原因分别为：①公共产品或（和）服务按使用量付费的前提为绩效标准的明确性与可计量性。其具体计量易于采用通用技术手段实现，结果也相对明确不易产生纠纷，因此，在合同中明确约定按使用量付费的公共产品或（和）服务计量对私人部门的控制作用有限。而对于具有无形、异质、不易量化或描述等特点的公共产品或（和）服务，其有效的绩效评价是一项难度很大的工作，且作为 PPP 项目公共部门的地方政府往往优先考虑资金筹集、资产套现等问题，而忽视运营期间公共服务的质量和安全性（Zou et al.，2014），因此，实践中通常无法在合同中明确约定按绩效付费的公共产品或（和）服务的绩效评价事宜，当然，也有少数 PPP 项目开始在此方面寻求突破[①]。②中期评估和后评价在实践中常常流于形式，大大弱化了其对私人部门的控制效应，一方面是因为其涉及企业的商业机密或政府部门的敏感问题，公私双方都缺乏将其做好、做实的积极性，另一方面是因为当前独立、专业化的第三方机构相对于全国各地蜂拥而上的 PPP 项目可谓是杯水车薪，但也只有它们才可能做出独立、客观、公正的评判。

2. 应重新分类的观测变量

通过样本数据的探索性因子分析将 a9、b4 两个观测变量进行了重新分类，经课题组与 PPP 实务工作者讨论认为，其原因分别为：①扣减政府付费事宜（a9）与超额利润限制机制均是在财金 156 号文的“第三章 不同付费机制下的核心要素”中被述及的，本研究据此将其归入“价格机制”，但受访者则将超额利润限制机制视为价格机制中的调价方式，而将扣减政府付费视为一种违约救济措施，即项目实际绩效未达到约定标准时公共代理机构对私人部门实施的惩罚；②发改投资 2724 号文“第八章 运营和服务”中的第 44 条述及主副产品的权属和处置权限，“第十章 收入和回报”中的第 55 条在规定社会资本收入范围时提及“在项目运营期间可获得的其他收入”、第 57 条述及特殊项目收入，而财金 156 号文“第三章 不同付费机制下的核心要素”中的“第三节 可行性缺口补助”提及政府还可通过“授予项目周边的土地、商业等开发收益权等方式”提高项目公司的整体收益水平，由此可见，b4 是“监管机制”和“价格机制”的交叉项，本研究在问卷调查量表中将其归入“监管机制”，但受访者认为 b4 表面上看是政府部门的监管措施，但本质上涉及公私双方之间的利益分配，宜归入“价格机制”。

3. 公共代理机构对私人部门控制的测量模型

验证性因子分析结果显示：①产出控制、行为控制、偏差控制与公共代理机

---

① 安庆市外环北路工程 PPP 项目就分别设置了可用性绩效考核指标（从质量、工期、环境保护、安全生产等方面设置，将其作为竣工验收的重要标准）和运营维护期绩效考核指标（从四个层级设置，在运营维护期内通过常规考核和临时考核的方式对项目公司服务绩效水平进行考核），并将绩效考核结果与政府采购支付费用挂钩。

构对私人部门控制之间的路径系数分别为 0.74、0.65、0.83，说明偏差控制最为重要，其次是产出控制，而行为控制的贡献度最低，并且对 M3 的分析显示，产出控制与偏差控制之间的相关度系数高达 0.89，这与理论上将二者归为“结果控制”一类是吻合的，由此可见，PPP 项目不同于一般工程项目，是相对“重结果控制、轻过程控制”的，并且对私人部门起着警示与惩罚作用的偏差控制要比起着导向和验证作用的产出控制对控制整体效果的贡献度更大，实务工作者认同这一研究结论，但均表示 PPP 项目实际操作中这一方面做得不够好。②产出控制与其所主宰的 4 个因子中，投融资的路径系数（0.85）最大，而时间安排的路径系数（0.52）最小。这可用 Rajan 等（2014）对印度国有公路项目的比较分析结果来解释，即 PPP 项目成本超支发生率高，而非 PPP 项目的工期延误发生率高。实务工作者认为，地方政府通常将 PPP 视为解决资金短缺的一种融资方式，因此更为重视投融资、定价调价事宜，而私人部门出于自身经济利益的考虑，往往比政府部门更急于投入运营，且实践中的 PPP 项目也通常会按时甚至提前投入运营，因此政府部门对时间安排相对没那么重视。③行为控制与其所主宰的 4 个因子中，监管机制的路径系数（0.47）最小，而信息披露、组织保障、制度保障的路径系数都比较大，这说明通过后三者机制设计实现私人部门的“自我控制”是相比直接的“监管机制”更被认可的行为控制措施。实务工作者指出，实践中政府直接干预的现象比较普遍，这主要是因为对私人部门的不信任，政府部门确实应适当减少直接监管、充分运用机制设计实现间接控制，而信息披露、制度保障、组织保障等机制设计有待进一步优化。④偏差控制与其所主宰的 3 个因子的路径系数相差不大，救济措施的路径系数（0.89）最大，偏差识别的路径系数（0.76）最小。实务工作者强调，PPP 项目交易周期长、不确定因素多等特点使得私人部门的违约情况势必存在且处理起来比较复杂，因此，合理明晰地约定违约责任的承担方式并详细规定每一种救济措施能够对私人部门的偏差起到更好的控制效果，相对而言，违约行为或违约事实的界定与等级划分在同行业中已基本形成固定模式，因此，实务工作者感觉其对偏差控制的效果贡献度相对较低。

6.4.4　研究总结与管理启示

本研究基于自动履约理论及相关文献分析，建立了 PPP 项目中公共代理机构对私人部门控制的构念，在课题组前期质性研究基础上设计问卷获取数据，经过实证分析开发了 PPP 项目中控制的量表，包括产出控制、行为控制、偏差控制三个维度的共计 29 个题项。从理论价值来看，该量表的开发实现了 PPP 项目中公共代理机构对私人部门控制的全面而准确的测度，为 PPP 项目中控制与其他要素（如信任、履约绩效）之间关系的研究提供了技术支持。从实践意义来看，我国大力推广的 PPP 模式不仅是政府采购方式的一种创新，更是我国政府进行公共治理创新、推动政府职能转变的一个契机，要求政府部门由传统的“管理者”转变为“监督者、合作者”，而本研究梳理和归纳了项目实施机构（即理论上的公共代理机构）对社会资本（即理论上的私人部门）的控制措施，为我国政府部门提炼出了一套 PPP 项目中完善的合同控制机制，有利于引导其合理设计 PPP 合同，进而促使 PPP 项目成功。

基于实证分析结果，本研究对现阶段我国 PPP 项目实施机构提供以下三点管理启示：①PPP 合同中对结果的控制应相对重于对过程的控制，以便政府部门从繁重的具体事务中解脱出来，从而做好统筹协调和监督防控等本职工作，同时也可为社会资本营造一个宽松的空间，有利于他们进行管理和技术创新，正如 Zou 等（2014）指出的那样，明确的目标设定是重要性仅次于高级行政部门承诺的 PPP 项目关系管理关键成功因素。②行为控制应以通过机制设计实现私人部门的“自我控制”为主，因为政府部门必须充分激发社会资本的主观能动性才能获得 PPP 项目所需要的挑战性大、创新性强的服务。对社会资本的履约行为进行适当的控制是必要的，但过度的直接监管意味着不被信任、被束缚。事实上，通过机制设计实现私人部门“自我控制”的思想应渗透到 PPP 合同的方方面面。例如，财金 156 号文推荐的项目合作期限确定方式之一为“自合同生效之日起一个固定的期限”；又如，国内某 PPP 专家认为 PPP 合同中应明确规定，若该项目提前终止，私人部门需要在重新组建的 SPV 或本项目运营公司中持有一定的股份，以促使其在本项目提前终止之前认真履行职责、提前终止之后承担相应风险。③偏差控制应着力于对违约责任与救济措施的约定，由于 PPP 项目的公共品性质、公益性目标，在规定时间内保质保量地为公众提供公共产品或（和）服务才是最重要的，因此，私人部门一旦发生偏差，PPP 合同应不仅能让交易恢复“原有的状态”，还必须使其达到“应有状态”，这就要求双方在合同中对违约责任的多种承担方式（如停止侵害、消除影响、支付违约金、赔偿损失、解除项目合同等）进行有机组合、梯队安排，并对主要的救济措施进行详细规定。

本研究的不足之处在于：首先，仅研究了 PPP 项目中公共代理机构对私人部门的控制，而事实上，在组织间交易关系中的控制应该是双向的，故此才能实现双方的“制衡”。有的实务工作者在访谈中表示，我国现阶段的 PPP 项目更需要解决的是私人部门对公共代理机构的控制，对此，本研究认为，这一问题的解决必须同时做好以下两方面，即在市场层面需要通过 PPP 立法来把政府的行政权力关进笼子里，这也有利于增强政府部门的契约精神，在项目层面要靠公共代理机构在合同中对私人部门做出的“承诺”（如财金 156 号文中“第二章 PPP 项目合同的主要内容”的“第十三节政府承诺”），从而使私人部门的利益受到法律的保护。其次，公共代理机构对私人部门的控制涉及的合同条款众多，致使本量表题项较多、填答耗时，课题组历时近 3 个月时间仅获取有效样本数据 72 组，然而，理论上讲，SEM 分析的样本容量须为 100～200 组，样本容量不足致使本研究成果仍有进一步优化的空间。

此外，公共代理机构对私人部门控制的构念及其结构维度是通过分析自动履约理论和相关文献得出的，故该研究结论具有普适性；而控制量表的开发与验证则是基于调研中国 PPP 市场所获取的文本资料和样本数据，因此，其适用于中国 PPP 项目，仅供国外 PPP 项目中控制的测度借鉴或参考。PPP 项目中公共代理机构对私人部门控制的构念与量表的提出，将为后续的 PPP 项目中控制与关系要素（如信任、公平感知）之间的关系研究、项目层面的控制与市场层面的规制之间的关系研究做好理论准备。

第7章　合理的风险分担

由于工程项目具有一次性与独特性特点，其通常比生产制造企业面临更多的风险，而交易双方之间契约关系的实质即风险分担问题，其对工程项目合同的履行效率具有决定性作用。多数专家均认为，工程项目的成功在很大程度上依赖于其中的风险被正确地识别、评估、理解以及将其全部分配给合适的主体进行管理。至于PPP项目，合理的风险分担相比一般工程项目尤为重要，因为PPP项目的本质特征即“风险共担、收益共享”，风险分担是PPP项目达成“多赢”合作的核心理念之一；然而，PPP项目中的不同参与方对于合理的风险分担往往有着不同的理解（Abednego and Ogunlana，2006），并因此易于产生争议和纠纷而降低项目成功的可能性。由此可见，发现PPP项目与一般工程项目中风险分担的区别，研究公私双方对合理风险分担的不同理解，并将研究成果应用于实践，是实现PPP项目善治的重要途径。有鉴于此，本章首先对PPP项目风险分担进行文献分析（杜亚灵和尹贻林，2011b），鉴于该领域的研究薄弱地带，对风险分担整体框架、风险分担对工程项目管理绩效的影响、公私双方共担风险的分担临界及其具体实现进行了专项研究。

7.1　PPP项目风险分担的文献分析

任何工程项目中都存在风险，风险是可管理的、可减轻的、可转移的或可接受的，但却是不可忽视的。实证研究表明，工程项目中合理地分摊风险能够大量节约项目费用和时间；并且风险分担是项目风险责任或利益的划分过程，具有激励功能。风险分担一直是工程领域的研究热点，原因在于其复杂性：①风险分担是涉及多个利益相关者的博弈均衡过程，它一般情况下难以达到最优，而只能实现次优，即合理的风险分担；②风险分担的优劣不易评价，按理说应该是能带来项目高绩效的风险分担为优，但那只能在项目结束后评价，而目前并没有一套对风险分担格局进行即时评价的指标体系；③项目风险因素众多，导致风险分担成为一个系统工程，而项目绩效也是一个多维度的概念，使得基于风险分担来改善绩效变得不够明了，其间的复杂作用关系有待进行深入研究。

7.1.1　合理风险分担的相关概念

在对 PPP 项目合理风险分担进行文献分析前，首先要明确合理风险分担的概念，本研究将在明确界定风险分担的基础上，论述最优的与合理的风险分担之间的关系。

1. 风险分担的界定

risk allocation（RA）被定义为：对可能会导致项目未来损失或收益的责任进行合理界定，并将它们在项目不同利益相关者之间进行合理划分的过程，其旨在提高项目利益相关者控制风险的积极性，从而促成项目成功。这一概念翻译至国内则产生了“风险分配”与“风险分担”两个不同的概念，这是因为 PPP 项目的风险分担存在着一方承担和双方共担两种截然不同的方式。然而，“风险分配”与“风险分担”两个概念在现有的一些研究中仍是混淆使用的，因此，有必要对它们进行辨析。

（1）“风险分配”重在界定某一风险明确的、独立的归属，即某一风险由公私双方中的一方全部承担（assume）。

（2）“风险分担”则具有双重含义。《汉语大词典》中“分担”一词有两种含义，一种表示分别承担（assume），另一种表示共同承担（share），这与“风险所有权”（ownership of risk）的概念采用主体全部或者部分承担风险损失的区分方法是一致的。当风险分担表示分别承担时，其等同于风险分配的概念；当风险分担表示共同承担时，就涉及确定此风险在公私双方之间分摊的比例问题。

通过上述分析可知，风险分担是比风险分配更为丰富的概念，其涵盖了 PPP 项目中公私双方风险划分的全部内容：①风险在公私双方之间的分配，确定由公私各方独立承担的风险；②对剩余的那些需要由双方共担的风险，确定双方各自承担该风险的比例。有鉴于此，本研究采用风险分担的概念，但所分析的文献也有包含风险分配的。

2. 最优的与合理的风险分担

PPP 项目的风险分担通常是在若干主体之间通过风险转移的方式进行，主要是通过复杂的合同安排来实现的。实践中，PPP 项目的风险分担通常是由公私双方凭直觉粗略估计决策的，具有多变、主观等特征，并且公共部门官员往往错误地认为，“采用 PPP 模式就是要把尽量多的风险转移给私营部门”，而私人部门通常将承担更多的 PPP 项目风险简单地看成是获得更多回报的机会。然而，事实上风险分担与 PPP 项目效率之间并非简单的正相关或负相关关系，政府不应该将风险最大化地转移给私人部门，而应该寻求风险的最优分担格局（王守清和柯永建，2008）。

（1）最优的风险分担。在任何项目中都存在最优的风险分担，它能够大幅度降低项目的交易成本，提高项目治理水平进而促使项目成功，PPP 项目风险分担的相关研究正是为了寻找并达到这个最优状态。然而，最优风险分担的达成并非易事：Siebert（1987）从单个主体的角度给出风险分担的最优点，即该主体风险管理成本与风险损失之和最小时的风险分担状态[图 7-1（a）]；柯永建等（2008a）从私人部门的角度给出风险分担的最优点，即使 PPP 项目物有所值最大时的风险分担状态[图 7-1（b）]。显然，他们都是从工程项目单个主体的角度来寻找风险分担的最优状态的，而事实上，PPP 项目的风险分担是公私双方博弈的结果，并且在公私双方的博弈过程中政府通常不愿意承担风险，因此，风险分担很难达到最优状态。

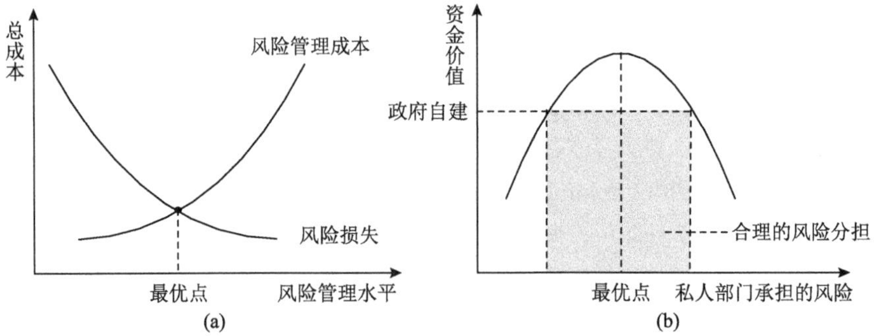

图 7-1 最优的风险分担

资料来源：Siebert（1987）、柯永建等（2008a）

（2）合理的风险分担。既然风险分担的最优状态很难达到，那 PPP 项目的风险分担至少要接近这个最优状态，也就是围绕着最优风险分担量的一个各方都能接受的区间[如图 7-1（b）的阴影部分]，因此，绝大多数文献探讨的是合理的风险分担（proper risk allocation），也有国外文献称之为有效的风险分担（efficient risk allocation）。PPP 项目合理的风险分担是公共部门与私人部门双方博弈所达成的一个相对稳定状态，也可将其视为私人部门向公共部门索要提供特定服务的价格与其所承担风险之间的一种权衡结果，正是由于其相对稳定性，决定了 PPP 项目风险分担是贯穿项目全过程的动态过程。

由上述分析可知，最优的风险分担即 PPP 项目绩效卓越时所对应的风险分担格局，此时风险分担方案的任何调整都不能再贡献于 PPP 项目绩效，是风险分担的帕累托最优解。然而，由于公私双方的主观意愿和偏好、私人部门自身利益而不是项目整体利益最大化的考虑等因素，风险分担的最优状态往往难以实现，公私双方通过博弈均衡只能接近这一最优状态，亦即风险分担的次优解区间，这也就导致了 PPP 项目风险分担的复杂性，使得实践中 PPP 项目的风险分担主观性强、决策模糊，而风险分担与 PPP 项目绩效，特别是投资控制效果之间的关联关系也显得不够明确。

7.1.2 PPP 项目风险分担的研究路径

通过对 PPP 项目风险分担研究内容的整理与分析可以发现，该领域的研究具有以下三种最基本的研究路径，该领域的相关研究均采用了以下某一种路径或者若干种路径的组合。

1. 路径 1：理论推演（理论→理论）

即依据某一较为成熟的理论或者通过理论分析得出一种规律性的结论。例如，“风险偏好”这一风险分担原则的由来就是基于经济学里的基本理论——组织对风险的偏好是不同的，通常会有风险喜好、风险中性和风险厌恶三种态度。又如，合理的风险分配必须具备两个功能：其一，分配的结果可以减少风险发生的概率、风险发生后造成的损失以及风险管理成本；其二，分配的结果在项目周期内有利于培养各方的理性和谨慎的行为，这意味着各方要有能力控制分配给自己的风险，并为项目的成功而有效地工作。而刘新平和王守清（2006）正是基于这一观点提出了 PPP 项目风险分配应遵从的三条主要原则：由对风险最有控制力的一方控制相应的风险、承担的风险程度与所得回报相匹配、承担的风险要有上限。

2. 路径 2：理论应用（理论→实践）

即依据某一理论或者规律得出风险分担的具体结果，包括：具体的风险分配方案（甚至据此编制合同文件）、相关的政策建议等。根据风险分担原则，运用数学模型法方法进行风险分担的研究多属此类，例如，吴艳霞等（2006）通过分析 PPP 项目的利益相关者，利用模糊层次分析法建立项目融资各参与方的风险矩阵，按照风险最优分配原则，使用匈牙利法对风险矩阵求解，最终得到具体的风险分配方案。

3. 路径 3：实践总结（实践→理论）

即通过分析成熟的合同条件[如国际咨询工程师联合会（FIDIC）合同、美国建筑师协会（AIA）工程承包合同]、成功或失败的具体项目（一个或多个）的风险分担情况（通过这些项目的合同获得）、从业人员丰富的实践经验（通过问卷调查、访谈等方式获得）等，从中提炼和总结出关于风险分担的一般规律，包括 PPP 项目风险分担的惯例、原则、影响因素、程序要点等。

（1）分析标准合同文件得出风险分配一般结果。例如，张水波和何伯森（2003）通过分析 1999 年版 FIDIC 合同条件得出了常见的工程风险分类以及国际标准合同条件范本中的风险划分。

（2）分析一个或多个成功或失败的 PPP 项目得出风险分配一般结果，该类研究成果比较丰富。例如：ANDI（2006）分析了印度尼西亚 BOT 项目中的风险分配，统计得出了印度尼西亚 BOT 项目中风险分配的一般惯例；Shen 等（2006）以香港迪士尼乐园为例，探讨了 PPP 模式下如何有效地分担风险，结果显示，公共部门应承担获得场地、法律和政策风险，而私营部门应承担设计和施工风险、运营风险、行业风险，这样的分担方式有利于提高项目绩效；王守清和柯永建（2008）对国际上特别是发展中国家 PPP 项目风险分担情况进行了调研，汇总和分析调研结果得到 PPP 项目风险分担的一般结果；亓霞等（2009）选取了自 20 世纪 80 年代以来在中国实施的 PPP 项目中 16 个失败的案例，通过分析识别出导致这些项目失败或出现问题的 13 个主要风险因素，并对其产生原因和内在规律进行深入分析，最终得出的结论之一为，PPP 项目风险分担应建立公平合理的风险分担机制，并具体阐释了我国 PPP 项目风险分担的惯例。

（3）通过问卷调查获取从业人员的丰富经验，对其进行分析从而得出风险分配一般结果和原则。例如，Li 等（2005）通过问卷方式调查了英国 38 个参与 PPP 项目的政府官员和私人投资者，以期发现不同的项目参与者其分担风险的倾向性，结果表明，不可抗力风险、法律风险、税收变化风险双方共担，通货膨胀风险和需求风险主要由私人部门承担，利率、运营收入不足、建设成本超支、建设期拖延、运营成本上升等风险完全由私人部门承担，另外该研究还得到了英国 PPP 项目风险分配的基本原则，即对于单项风险通常是由哪一方来承担。

（4）分析标准合同文件得出风险分担的原则。例如，王颖（2003）比较了 FIDIC 红皮书和银皮书中的风险分配，认为红皮书合同中的发包方之所以比银皮书合同中的发包方承担更多的风险，是因为前者比后者更具对工程的控制力和影响力（即权利），这就意味着应将风险分配给具有相应权力的一方。

（5）分析成功或失败的 PPP 项目得出风险分担的原则。例如：Wang 和 Chou（2003）通过对我国台湾地区高速公路 BOT 项目的实证研究，认为哪一方对风险更有控制力则由哪一方来承担此风险；柯永建等（2008b）分析了英法海峡隧道项目的失败原因，结果表明，基础设施 PPP 项目风险应该由对该风险最有控制力的一方承担，即政府应承担公共政策、法律变更等风险，项目公司应承担项目融资、建设、采购、经营和维护等风险。

7.1.3　PPP 项目风险分担研究评述

纵观风险分担研究文献可以发现，该领域的研究已经基本成体系，然而，仍存在相对薄弱的研究点。

1. 风险分担评价的研究主要是从项目结果角度进行的，缺乏对其过程优化的指导

现有研究主要关注如何达成合理的风险分担，如上述的风险分担过程、原则与方法的研究，然而，对于某一具体项目的风险分担方案如何评价其优劣则鲜少受到关注，特别是从过程的角度而非项目结果的角度来评价，风险分担过程因此可能失去了对其进行检查与修正的机会。该方面研究如：朱宗乾等（2010）认为 ERP 项目风险分担效果可从是否降低风险管理成本、是否降低项目整体的风险损失、是否调动了项目各合作方风险管理的主动性三方面进行评价，显然，这是从项目结果的角度评价风险分担的。事实上，依据特定原则（某些原则或有不同侧重的原则）制定的风险分担方案，从中必然可以提炼出一些反映这些原则的满足程度的可观测指标，可以据此对风险分担进行评价，廖秦明和李晓东（2010）在这方面进行了些许尝试，建立了一套 Partnering 模式项目融资风险分担指标体系。

2. 注重风险分担自身的研究，与其他方面的关联关系研究薄弱

（1）关于影响风险分担的因素。明确项目风险分担的众多影响因素是有效进

行风险分担的基本保障。多数学者对风险承担主体的风险偏好或意愿、项目管理模式[①]、融资形式、项目特点、双方对 PPP 项目融资模式的理解误区、标准程序和合同文件等影响因素已达成共识。然而，项目风险分担的影响因素绝不仅于此，例如：王颖（2003）认为，FIDIC 红皮书中的发包方之所以比银皮书合同中的发包方承担更多的风险，是因为前者比后者更具对工程的控制力和影响力（即权利）；尹贻林和杜亚灵（2010）指出，公共项目主要利益相关者的权（权利）、责（风险）、利（利益）应对等，这就意味着权利配置与利益分配也将影响风险分担；此外，朱宗乾等（2010）通过文献分析、现场访谈等途径归结出影响 ERP 项目风险分担的相关因素，并通过问卷调查对其进行相关分析，识别出 ERP 项目的关键影响因素，包括风险控制能力、风险预期损失、承担风险意愿、风险损失承担能力和风险控制成本，虽然该研究是针对 ERP 项目，但其研究方法值得借鉴。由此可见，现有文献只是粗略提及权利配置、利益分配等风险分担影响因素，对其研究有待进一步深入，特别是有关的实证分析。

（2）关于风险分担对其他方面的影响。明确风险分担对 PPP 项目的哪些方面有影响，有助于理解其重要性以及辅助项目主要利益相关者实现项目成功。相关研究主要涉及以下两方面。

一方面，风险分担对项目绩效的影响。这里的项目绩效通常不是项目绩效整体，而是项目绩效的关键指标之一，如项目成本、项目资金价值等。例如，Oudot（2005）认为，风险分担对项目总体成本的影响归结为三个效应，即生产成本效应、交易成本效应和风险承担成本效应。生产成本效应是指风险分担可以激励承担者有效控制风险，降低风险的发生概率，减少项目的生产成本；交易成本效应是指如果具有明确的风险分担准则和格局，会避免双方在这个问题上的复杂谈判，减少谈判时间和成本；而风险承担成本效应是指承担风险的一方会要求相应的风险补偿，导致项目成本的增加。此外，Frederick（2002）指出，风险分担要达到承担风险的总经济成本最小的效果，这也就认可了风险分担对项目总成本的影响。又如，柯永建等（2008a）指出，风险分配与项目资金价值之间的关系呈倒马鞍曲线。也有少数文献关注风险分担对项目绩效整体的影响，例如，Abednego 和 Ogunlana（2006）指出，良好的项目治理或称之为善治（good project governance）会对合理的风险分担有积极影响，而合理的风险分担贡献于更好的项目绩效（better project performance）。总之，该部分研究中关注风险分担对项目整体绩效影响的文献不足，且多停留在概念层面上，多数研究只是提出风险分担对项目绩效或其某一关键指标

① Turner 和 Keegan（1999）对传统管理（DBB）、设计施工（DB）、施工管理（CM）三种不同的项目管理模式的风险分配状况分别做了概括性估计。

有某种影响，但是该影响是否真实存在、具体影响机理却没有涉及。

另一方面，风险分担对项目的利益分配的影响。关于风险分担对项目收益分配影响的研究主要针对 BOT 项目展开，特别是 BOT 项目的特许定价，对于这一问题，大连理工大学的戴大双教授于 2005 年申请并获批一项国家自然科学基金面上项目“基于风险分担的 BOT 项目特许定价模型研究”，他指导的多名硕士及博士研究生均针对这一问题展开研究并撰写了学位论文，包括杨卫华、张印、韩明杰、孙淑云、于英慧等。该方面研究如：杨卫华（2007）探讨了如何依据风险分担进行 BOT 项目的特许定价；叶晓甦等（2010）以公私合作利益分配原则为前提，建立起基于风险调整的利益分配模型。由此可见，该部分研究多以 BOT 项目为研究对象，而甚少涉及其他类型的 PPP 项目，并且多是基于数学模型的方法（如博弈论）。

3. 风险分担比例的研究薄弱

现有研究多是关于单纯的风险分担，其结果止于确定某一风险是政府完全承担、私人部门完全承担抑或公私双方共同承担，而公私双方应以何种比例共担这一风险却鲜少受到关注。事实上，单纯的风险分配相对容易，上述风险分担方法中的多种方法均可实现，然后将其结果在合同中约定并据此执行即可，而对于 PPP 项目的参与方而言，如何确定那些共担风险的分担比例，以及由此所带来的相关权利和收益的合理配置才是难点：杨秋波和侯晓文（2008）运用马科维茨模型证实了存在公共部门和私营机构风险分担的最佳比例，使得 PPP 项目整体风险最小。现有的少数关于风险分担比例确定的研究都是针对 BOT 项目，从项目收益或成本角度出发进行的定量研究，例如：范小军等（2007）、杨卫华（2007）分别运用拉格朗日函数法和博弈论的方法来确定公私双方风险分担的具体比例，然而，这两种方法在 PPP 项目实践中的不易掌握，限制了其广泛使用。

4. 风险分担结果的实现机制研究薄弱

PPP 项目的风险分担结果通常是通过载入并执行合同来实现的，然而，有些风险分担结果不但需要借助于合同，还需要借助于相应的机制设计来保证其实施，特别是对于那些需要公私双方共担的风险，设计相应的机制以保证合同的执行显得至关重要，然而这方面研究很少有文献关注。例如：Medda（2006）利用博弈论对 PPP 项目风险分担问题进行了模型研究，认为由于机会主义的影响，公共部门和私人部门在风险分担中应该利用策略性的谈判模式来达成最优合同，但并未给出策略性谈判的要点；Singh 和 Kalidindi（2006）探讨了由公共部门来承担印度公路 PPP 项目交通税费风险（traffic revenue risk）的机制设计，研究指出，在基于年金的 BOT 模型（annuity-based BOT model）中，公共部门每半年或一年一次地支付给特许经营的私人部门一笔固定的年金，这笔资金将补偿特许经营的私人部门在设施建设、运营和维护方面支出的费用并包括对其上述工作给予的回报，这笔费用与交通使用这些设施的程度无关，因此特许经营的私人部门也就不承担交通税费风险。

7.1.4 研究启示

通过上述文献分析可知，PPP 项目风险分担研究已基本体系化，但仍存在研究相对薄弱的地带，这也将是该领域未来的发展方向。本章后续各节则是针对上述研究薄弱地带进行的尝试：①鉴于“风险分担评价的研究主要是从项目结果角度进行的，缺乏对其过程优化的指导”，本研究认为破解这一研究缺陷的先决条件在于构建风险分担整体框架，只有实现了风险分担的过程化，才能在此基础上实现风险分担评价的过程化；②鉴于现有研究“注重风险分担自身的研究，与其他方面的关联关系研究薄弱”，本研究将以一般工程项目为对象，实证研究风险分担对工程项目管理绩效的影响，而风险分担对项目利益分配的影响可参见本书第 8 章；③鉴于“风险分担比例的研究薄弱”，本研究将以综合管廊 PPP 项目中的地质条件风险为例，探讨其在公私双方之间共担方案的得出，值得注意的是，风险共担比例在理论上完全讲得通，但在实践中却难以落实，因此，本研究更关注公私双方共担某一风险的方式，更确切地讲是共担某一风险的临界；④鉴于“风险分担结果的实现机制研究薄弱”，本研究将深入探讨污水处理 PPP 项目通过最低需求保证来实现市场需求变化风险共担的具体措施，以供其他行业 PPP 项目公私双方实现风险共担参考。此外，还需强调的是，合理的风险分担应该是视具体情况而定的，因此，实践中不存在风险分担方案的标准答案，只存在一成不变的风险分担基本原则，本研究将通过国际 PPP 项目中政治不可抗力的风险分担来阐释这一问题。

7.2 不完全契约视角下的工程项目风险分担整体框架解构

由于风险意味着未来的损失或收益，目前，在我国的工程建设实践中，业主普遍倾向于把风险一味地交由承包商承担，使承包商处于不利位置，而承包商则因此试图在施工过程中以变更、调价、索赔（或反索赔）等手段获得更高的结算价款，双方的对抗思维造成履约过程中无休止的责任推诿进而引发纠纷，致使工期延误、投资失控，甚或工程质量低劣，同时也导致承发包双方自身利益受损，严重阻碍了工程项目管理绩效的提高。究其原因，施工过程中承发包双方责任推诿的普遍现象植根于双方未能进行合理的风险分担，即未对可能会导致项目未来损失或收益的责任进行界定，并将这些责任在项目主要利益相关者之间进行明确划分；同时又未能预设合理的事后支持制度，致使履约过程中的风险再分担无据可依，事后治理不能有效弥补合同的不完全。有鉴于此，本节将从不完全契约的视角重新审视工程项目的风险分担，将其解构为缔约阶段的风险初次分担和履约过程中的风险再分担两个联动过程，强调前者天然的不完备性和对后者的规范作用，以及后者固有的治理属性和对前者的弥补与调节作用（杜亚灵和尹贻林，2012b）。风险分担整体框架的构建有利于充分发挥其在合同中的激励功能以及在履约过程中的治理作用，改善工程项目风险分担的效率和效果。

7.2.1 工程项目风险分担研究的演进路径

在传统研究范式下，风险分担主要是嵌入在风险管理的一般框架中，被视为风险应对的一种策略，是一种静态的一次性分配过程，多数研究集中于技术层面，而事实上，它是一个与合同有着密切关系的动态的复杂过程，具有较强的制度属性。通过文献综述可知，工程项目风险分担研究明显循着以下两条演进路径。

1. 由技术层面向制度层面拓展

现有文献多集中于研究具有普遍应用价值的风险分担技术：①风险分担的原则与方法，包括由最有控制力的一方承担、有承担该风险意愿的一方承担等风险分担原则以及风险分配矩阵、统计分析、博弈论等风险分担方法，少数研究已深入运用数学模型方法确定 PPP 项目中公私双方风险分担比例；②风险收益的补偿方式，主要基于博弈论等数学模型的方法针对 BOT 项目特许定价展开；③从实践风险分担结果（主要体现在实践项目的合同、成熟的合同文本、政府的有关政策或建议中）中得出风险分担方案的一般规律，如柯永建等（2008b）分析了英法海峡隧道项目的失败原因，得出 PPP 项目风险分担的一般方案。然而，风险分担不同于风险管理，其属于项目治理的范畴，更注重从制度层面来协调利益相关者的关系，解决其间的利益冲突，对此也有不少学者一再强调自己的观点。例如：Turner 和 Simister（2001）认为，从项目治理角度看，合同本身也是一种项目治理机制，其目的一是发展一种合作性的项目组织，二是恰当地分配项目风险及对其进行管理；Joyner（2007）认为，PPP 项目的独特之处在于公共部门通过合同将项目中的大量风险都转移给私营部门来应对，因此该类项目的关键为如何通过风险分担来实现对项目参与方的规制；Ruuska 等（2011）指出，风险分担与契约安排、激励机制、保障措施等都是经常提及的项目治理的核心要素；尹贻林和杜亚灵（2010）强调项目中主要利益相关者承担的风险应与其权利配置、利益分配对等。

由此可见，现有风险分担文献的研究视角过于集中于技术层面，倾向于把风险分担视为风险管理的一部分，从而忽视了风险分担是项目治理的核心要素这一重要事实，因而也就忽略了通过风险分担来向项目交易过程注入项目治理因素这一工程项目管理绩效改善的重要途径，这样的研究范式对于承发包双方的很多利益冲突无能为力，亟须从制度层面基于项目治理理论来重新审视风险分担以及风险分担与合同之间的关系。

2. 由静态的一次性过程向动态的可调过程转变

国内学者通常将风险分担划分为若干阶段并与项目阶段进行对应。例如：刘新平和王守清（2006）设计了 PPP 项目的风险分配框架，即风险初步分配阶段（对应可行性研究）、风险全面分配阶段（对应投标与谈判）、风险跟踪和再分配阶段（对应 PPP 项目的建设和运营阶段）；柯永建等（2008a）在此基础上探讨了 PPP 项目中风险分担的时点，包括可行性研究报告、招标文件、确定中标人、特许权协议；严玲和赵华（2009）将代建项目中政府委托人与代建人风险分配过程划分为风险初次分配（对应招标文件）和风险详细分配（对应代建单位风险报价及合同签订后的谈判）两阶段。总体而言，多数学者认为风险分担的过程包括交易之前项目发起人的风险初步分担，以及交易过程中交易双方的风险初次分担和风险再分担。事实上，不少文献隐含地将风险分担分为合同签订时的风险分担以及履约过程中的风险分担：①对合同签订时风险分担的研究相对较为丰富，如 Kangari（1995）针对 17 个风险分担合同条款进行离差统计分析以得出有明显分担倾向的风险，张水波和何伯森（2003）从 1999 年版 FIDIC 合同条件中得出国际标准合同条件范本中的风险划分；②对履约过程中风险分担的研究相对较少且多视其为合同管理或风险管理的范畴，如田威（2001）指出变更、调价、索赔（或反索赔）是承包商利用风险创收的三大支柱，Zaneldin（2006）认为风险分担哲学是解决工程索赔的有效途径；③涉及合同签订时风险分担与履约过程中风险分担之间关系的文献则更少，如美国建筑行业协会的争端预防与解决研究小组对 191 个单位（业主与承包商约各半）的调查显示，工程项目施工阶段产生争端的十大原因之首即合同条款中的风险分担不合理（何伯森，2000）。

上述关于风险分担整体框架的观点均是通过经验分析得出的，并未明确指出划分的理论依据，亦未对不同阶段风险分担从本质上进行区分与联系。多数文献强调风险分担在缔约阶段的重要性，而认为履约阶段仅为合同管理或风险管理范畴，将二者进行关联分析以实现风险分担过程动态性的研究不多，从而弱化了风险分担整体框架的制度属性。风险分担是一个与合同有着密切关系的动态的复杂过程，而并非静态的一次性活动，缔约阶段风险分担与履约过程中风险分担具有继承性与互补性，它们能否通过合同这一纽带很好地耦合对风险分担治理作用的发挥至关重要。

7.2.2　工程项目风险分担整体框架的构建

契约经济学认为，契约可以理解为节约交易成本的协调形式，其详细地规定了支付、权利和责任，而责任即意味着承担一定的风险，由此可见，风险分担是契约的重要组成部分。契约可分为完全契约和不完全契约。完全契约是最有效率的，然而，由于未来的不确定性或者出于节省交易成本的考虑，现实中的合同不可避免地存在漏洞，即缔约当事人在合同条款中对于未来的风险有规定不尽之事宜，或者由于一些合同条款在事后无法被完全执行，因此，契约天然是不完全的，交易双方只能致力于接近完全契约。由于不完全契约不能规定各种或然状态下的权责，主张在自然状态实现后通过再谈判来解决，因此，在现实中，契约安排除了在条款的完备程度上存在差异，更为重要的是，它们的执行方面及事后支持制度也存在很大差异。正因如此，新制度经济学的学者们将契约的执行环节或事后支持制度看作一个核心问题，并将大量的研究放在了合同的实施或执行方面，而项目治理理论正是因此而产生并发展起来的。通过上述分析可知，契约经济学从时间维度将契约分为初始契约（即合同）以及再谈判。初始契约的不完全程度是一个连续的区间，不完全程度越高意味着初始契约的灵活性越大。如果交易双方选择了较高不完全程度的初始契约，那么问题的重心就在于对事前的权利（包括再谈判权利）进行机制设计或制度安排，并依赖于交易双方较高的社会资本来保障这种制度安排的顺利实施；如果交易双方选择了较低不完全程度的初始契约，那么问题的重心就是事后对契约执行情况的监督。最佳的初始契约即为在遏制交易双方投机行为的刚性与促进事后效率的灵活性之间进行权衡取舍。

事实上，风险分担是“契约”或“合同”的重要内容，其必定具有与合同相同的动态性与多次性。鉴于从时间维度上可将契约分为初始契约与再谈判，相应地，风险分担亦可分为签约阶段的初次分担以及履约阶段的再分担（图 7-2），二者通过合同实现其联动关系，共同构成工程项目风险分担的整体框架。前者重在接近完备的风险分担，并通过提高风险初次分担的恰当性向合同中注入激励契约[①]，促使代理方按照委托方的意愿更加有效地工作；而后者重在通过交易双方的博弈确定合同中未规定却在事后出现的风险的归属，并依据合同中隐含的事后支持制度对不当的风险分担以及与之对应的利益分配进行调整，从而通过项目治理来弥补初次风险分担的不足。从新制度经济学视角来看，合理的风险分担贡献于高效率的制度安排，而制度影响经济行为和经济绩效；从管理学视角来看，项目管理绩效的优劣取决于项目管理结果实现项目目标的程度，而风险是致使项目管理结果偏离项目目标的唯一原因，合理的风险分担是有效管理项目风险、实现项目管理绩效卓越的重要保障。通过上述分析可知：风险的初次分担与再分担具有继承性与互补性，前者决定了后者的效率和效果，而风险初次分担与再分担的效率与效果均贡献于工程项目的管理绩效。

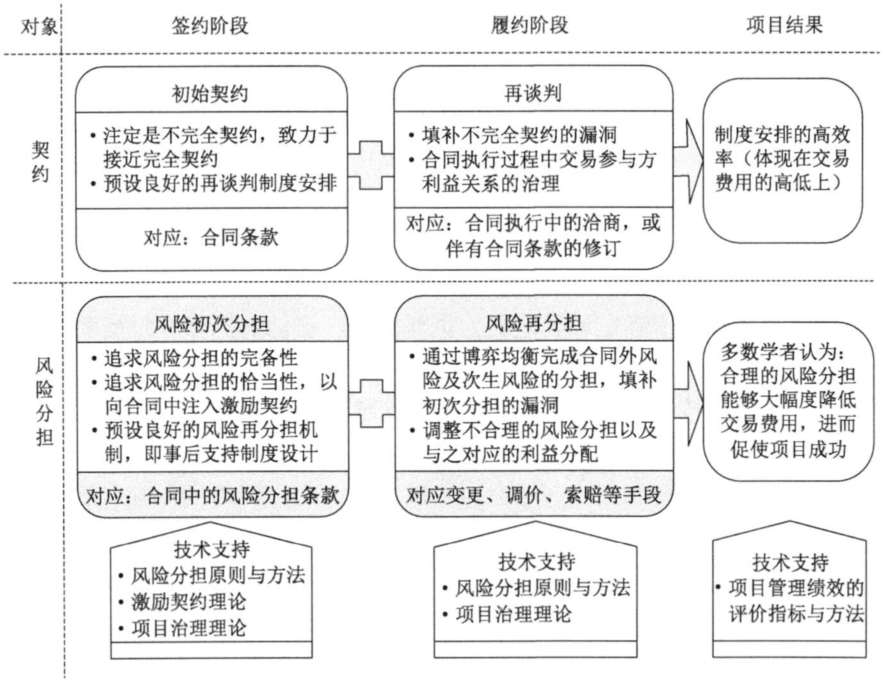

图 7-2　由契约的概念推演而来的风险分担的界定与划分

---

① 激励契约是指，委托人采用一种激励机制以诱使代理人按照委托人的意愿行事的一种条款。用契约理论的术语表示，一个激励机制方案也就是一个契约。一个完全契约可以解决激励问题，但是正如其他契约一样，作为一种契约的激励契约也必然是不完备的。

7.2.3　风险初次分担的解析

风险初次分担是指交易双方通过初始合同的谈判与签订，约定那些未来可能会带来损失或收益的项目责任在彼此之间的划分结果或划分规则的过程，其重在接近完备的风险分担，同时预设良好的事后支持制度为风险再分担提供治理依据。风险初次分担过程对应工程项目招投标及合同签订阶段，交易双方博弈均衡的结果体现为初始合同中的相关条款。

由于人的有限理性，缔约阶段的风险初次分担不可能涵盖项目交易过程中的全部风险，并且，对于某些项目风险而言，由于在合同中恰当地定义其承担方的交易费用明显高于在履约过程中双方谈判确定其承担方的交易费用，交易双方更倾向于选择不完备程度较高的风险初次分担方案，因此，风险初次分担的完备性程度是由交易双方的有限理性以及出于交易全过程交易费用最小的考虑决定的。在合理地确定风险初次分担不完备程度的前提下，交易双方还应通过提高风险初次分担的恰当性向合同中注入激励契约，促使代理方按照委托方的意愿更加有效地工作，同时预设良好的事后支持制度，如合同主体承担风险与其控制权、收益的分别匹配等，为风险再分担提供治理依据。事后支持制度使得初始合同由不完全合同转变为柔性合同，其与风险初次分担的完备程度的均衡或耦合程度决定了初始合同的柔性程度。

根据最优初始契约的标准，风险初次分担的内容如表 7-1 所示。现有关于风险分担原则的研究多是针对风险初次分担的，这些风险分担原则也可作为测度风险初次分担效果的具体指标。①风险分担的完备性，具体观测指标包括合同中未经分配风险的比例、合同中风险承担者规定的明确性等；②风险分担的正确性，具体观测指标包括风险承担者能预见风险发生的概率、能正确评估风险发生的后果、有技术和经验应对风险、能承受风险发生后的损失等；③风险分担的激励性，具体观测指标包括承担的风险与权利相对称、与收益相对称等；④风险分担的公平性，具体观测指标包括双方承担的风险均有上限、承担自身恶意行为或渎职引起的风险、承包商承担风险所要求的取费能被业主接受、风险承担者有承担该风险的意愿或偏好等。

表 7-1　最优初始契约到风险初次分担内容的推导

序号	最优初始契约的标准		风险初次分担的内容	
1	完全契约是最有效率的，但契约天然是不完全的；交易费用越低，契约设计越优	应使缔约阶段与履约阶段交易费用总和最小	当承发包双方社会资本较高时，承发包合同应尽量为事后谈判预留足够的空间；当承发包双方社会资本较低时，承发包合同中尽量对所有的项目风险进行分担	风险分担的完备性

续表

序号	最优初始契约的标准		风险初次分担的内容	
2	契约的功能为通过制度的激励使优势风险承担人（当事人中能以较低成本消化该风险的一方）承担风险，从而实现效率的终极诉求	应在初始契约中预设良好的事后支持制度	承发包合同中将项目风险分配给了最有能力承担该风险的一方	风险分担的正确性
3	产权安排的效率可以从两方面来考察，其中之一为产权的激励作用，即产权安排是否有利于将外部化收益转化为内在激励		风险分担作为产权安排的途径之一，应体现其激励功能，即通过承发包双方合理地分担风险，向合同中注入激励契约，促使代理方按照委托方意愿更有效地工作	风险分担的激励性
4	主张公平的交易		承发包合同中不存在有违双方意愿的条款及明显有失公允的条款	风险分担的公平性

注：最优初始契约的标准整理自胡乐明和刘刚（2009）

7.2.4 风险再分担的解析

风险再分担是指交易双方依据初始合同中约定的项目责任划分规则，通过再谈判或签订补充协议来填补初始合同中的漏洞和调整风险初次分担中的不恰当之处，其重在通过项目治理的手段弥补初始合同的不完全，灵活应对项目交易中的变化；在工程实践中表现为，承发包双方在履约阶段依据合同通过变更、调价、索赔（或反索赔）等手段对未在初始合同中进行（合理）分担的风险以及履约过程中出现的次生风险进行再分担。由于当事人的有限理性，风险初次分担不可能是完备的或完备的成本过高，因此，在工程项目的施工及竣工验收阶段进行风险再分担即成为必需，相应地，其效果应从风险再分担的规模和实施效率两方面衡量，前者侧重再谈判的“量”，可从再谈判所消耗的相对时间、范围和结果三个维度观测，而后者则侧重再谈判的“质”，可从风险再分担的经济性和认可程度两个维度观测。

由于风险初次分担的不完备性，在合同执行过程中对其漏洞进行弥补、对其不当之处进行调整的风险再分担即成为必需，它在工程实践中表现为，承发包双方在合同执行过程中依据合同中预设的事后支持制度，通过变更、调价、索赔（或反索赔）等手段对未在合同中进行合理分担的风险以及履约过程中出现的次生风险进行再分担。风险再分担是风险初次分担的继承与补充，其执行的效率与效果依赖于风险初次分担中预设的事后支持制度，同时也受到交易双方的信任、规范、社会网络等社会资本的影响，否则，交易中的一方当事人将利用合同的不完全占用另一方的准租，即所谓的“敲竹杠”现象。由此可见，与风险初次分担相耦合的风险再分担能够通过项目治理手段来弥补合同的不完全，灵活应对项目交易中的变化。根据再谈判的界定，风险再分担的内容如表 7-2 所示。

表 7-2　再谈判到风险再分担内容的推导

序号	初始契约	再谈判的内容	风险再分担的内容	
1	初始契约天然是不完全的	由于人的有限理性以及出于节省交易费用的考虑，契约在经济关系实质性地发生之前不可能毫无遗漏地规定当事人在未来所有可能承担的权利和义务，需要通过再谈判来解决遗漏事项	通过交易双方的博弈确定初始合同中未规定却在事后出现的风险（包括初始合同中遗漏的风险以及履约过程中出现的次生风险）的归属，即签订补充协议	风险分担的可扩充性
2		由于人们不可能是完全理性的，总有一些情况是事前无法预料的，或由于一些契约条款在事后无法被完全执行，因此需通过再谈判来根据变化对初始契约进行调整	通过交易双方的博弈对初始合同中不完全恰当的风险分担进行调整，以应对实际的变化，即调整合同条款	风险分担的可调适性
3	初始契约中应预设良好的事后支持制度	再谈判是在初始契约这一前提下展开的，用于弥补初始契约的不完全，同时又受到初始契约的制衡	根据初始合同中预设的事后支持制度，当交易双方承担的风险有所变化时，合同安排的其他方面，特别是收益也应做出相应调整，工程实践中主要通过变更、调价、索赔（或反索赔）等合同管理手段来执行	风险分担的可执行性

注：再谈判的内容整理自胡乐明和刘刚（2009）

虽然目前鲜少有文献对风险再分担给出明确定义或者对其进行系统研究，但已有不少文献涉及风险再分担各部分内容的具体实施。①签订补充协议：在合同的执行过程中出现合同中未约定或者约定不明确的风险时，需双方通过协商的方式确定这一风险各方应当承担的内容，发包方希望能尽可能少地支付额外的价款，承包方希望能够减少风险带来的损失或者获得额外的利润，因此，达成补充协议并非易事，该方面文献如，林琪（2003）通过典型案例分析了合同挫折（frustration of contract）原则在施工索赔中的应用，认为二者本质上都是风险再分担机制。②调整合同条款：承发包双方通过风险初次分担所达到的均衡状态是相对的，如果在后续阶段某一因素变化打破了这一均衡状态，则应按照合同规定对其进行调整以达到新的均衡（成虎，2008），该方面文献如，杨文宇（2010）指出，在 PPP 项目的风险分担问题上，公共部门和私营部门应提前在特许协议中设置双方都能接受的调整条款，以便在后续阶段风险再分担时减少争议和冲突，再次达到双方权利和义务的平衡。③工程变更、调价与索赔等合同管理手段：这些合同管理手段（特别是索赔）普遍被视为承发包双方之间风险的再分配，承包商甚至将其视为利用风险创收的三大支柱，合理的变更、调价与索赔使合同约定的收益分配不但不因风险的出现而遭受扭曲，甚至能实现其效用最大；反之，合同的不完全则会演变为争议与纠纷，导致项目管理的低绩效。

7.3 风险分担对工程项目管理绩效影响的实证研究

合理的风险分担是承发包双方博弈所达成的一个相对稳定状态，也可将其视为承包人向发包人索要价格与其所承担风险之间的一种权衡结果，它能够大幅度降低项目的交易成本，提高项目治理水平进而促使项目成功，这一事实已得到广泛认可。根据经验知识获得风险分担方案的目的在于提高工程项目管理绩效，但这些风险分担方案是否确实影响以及如何影响工程项目管理绩效却鲜有研究涉及。有鉴于此，本节将运用 SEM 方法揭示风险分担对工程项目管理绩效的影响（杜亚灵等，2014b），其创新之处在于：①通过风险分担与工程项目管理绩效之间关系的实证分析得出合理风险分担的启示，这种“反馈式”研究思路有别于传统的研究思路，即根据经验知识对合理的风险分担进行决策，以期获得良好的项目管理绩效；②对于合理风险分担的考察，不仅包括传统的每个风险因素在交易双方之间分配结果的合理性，还包括风险分担实施阶段（风险初次分担和风险再分担）选择的合理性。研究成果将有利于引导承发包双方通过风险分担方案的优化来实现工程项目管理绩效的改善，从而促使项目成功。

7.3.1 理论模型的构建

1. 风险初次分担与风险再分担之间关系的假设

交易费用理论认为，合同的优劣体现在整个项目交易中发生的交易成本的大小上，而产生交易成本的主要原因即机会主义和信息的有效处理（威廉姆森，2002）：由于交易双方的有限理性、信息不对称以及未来的不确定性，交易双方事前（ex ante）的重心在于充分搜寻和有效处理信息，以保证在初始合同谈判与签订中做出正确决策，因此，充分搜寻与有效处理信息产生的成本是事前交易成本的主要部分；事后（ex post）的重心在于确保交易双方顺利执行初始合同，并弥补漏洞、纠正偏离，因此，为了有效限制交易双方机会主义行为而产生的成本是事后交易成本的主体部分。有鉴于此，能够促使项目成功的合理风险分担就是在“增加事前交易成本以实现尽可能完备的风险初次分担，但牺牲促进事后效率的灵活性”与“在风险初次分担上留有充分空间，但须增加事后交易成本来抑制因此引起的机会主义行为”之间权衡（Abednego and Ogunlana，2006）。

不少文献均隐含地将风险分担分为风险初次分担（first risk allocation，FA）和风险再分担（risk reallocation，ReA）两个阶段，但通常是将二者割裂开分析的，涉及二者之间互动关系的文献很少。美国建筑行业协会的争端预防与解决研究小组对 191 个单位（业主与承包商约各半）的调查显示，工程项目施工阶段产生争端（即低效率的风险再分担）的十大原因之首即合同条款中的风险分担（即风险初次分担）不合理（何伯森，2000），由此可见，风险初次分担与风险再分担之间是联动的。行为经济学将初始合同视为再谈判的“参照点”（Hart and Moore，2008）。当交易双方付出很大代价搜寻与处理信息以保证更加完备的风险初次分担时，就意味着在初始合同中未进行（合理）分担的风险越少，则风险再分担的规模也就越小；同时，过于精细而刚性的合同条款有利于遏制交易双方的机会主义行为，降低事后治理的复杂程度，因此，对于为风险再分担提供治理依据的事后支持制度的要求也就越低。而当交易双方为了节约事前交易成本而选择了较低完备程度的风险初次分担时，初始合同中的漏洞和偏差就会增加事后机会主义行为的可能，此时风险再分担的实施效率就取决于初始合同中的事后支持制度是否为事后治理提供了充分的依据；并且，由于规模效益的作用，风险再分担的规模越大，其实施效率也就越高。基于上述分析，本研究提出如下假设：

假设 H1a：风险初次分担的完备程度越高，对初始合同中事后支持制度的要求就越低；

假设 H1b：风险再分担的规模越大，越有利于提高风险再分担的实施效率。

假设 H2a：风险初次分担的完备程度越高，风险再分担的规模就越小；

假设 H2b：初始合同中事后支持制度越完善，风险再分担的实施效率就越高。

2. 风险分担与工程项目管理绩效关系的假设

合理的风险分担是承发包双方达成共赢合作的核心理念之一，是项目治理的重要组成部分。学者的实证研究表明，工程项目中合理地分摊风险能够大量节约项目费用和时间：Ahwireng-Obeng 和 Mokgohlwa（2002）指出，合理的风险分担应达到承担风险的总经济成本最小的效果；Oudot（2005）认为，风险分担对项目总体成本的影响可归为三个效应，即生产成本效应、交易成本效应和风险承担成本效应；王守清和柯永建（2008）也指出，风险分担与项目资金价值之间的关系呈倒马鞍曲线。由此可见，现有研究成果普遍认可合理的风险分担对项目管理绩效（project management performance，Pf）具有积极的影响，只是它们所指的项目管理绩效通常不是项目管理绩效整体，而是其关键指标之一，如项目成本、项目资金价值等。当然，也有学者指出风险分担对项目管理绩效整体的影响，如 Abednego 和 Ogunlana（2006）明确指出，合理的风险分担通过提高项目治理水平贡献于更好的项目绩效。

上述文献并未明确地将风险分担划分为风险初次分担与风险再分担两个过程，然后分别探讨每个过程对工程项目管理绩效的影响，该类研究较少且缺乏实证，如 Aghion 等（1994）的研究表明，工程项目承发包合同的效率与初始合同安排有关，风险分担作为初始合同安排的核心内容直接影响承发包合同的效率实现，而工程项目管理绩效不仅与初始合同安排有关，还受到履约过程再谈判的影响。其实上述多数文献中所谓的风险分担仅指合同中的风险初次分担，对于风险再分担与工程项目管理绩效关系的研究通常被归入合同管理或风险管理的范畴，而风险再分担的途径通常包括变更、调价、索赔（或反索赔）。合同管理或风险管理对工程项目管理绩效的积极作用是不言而喻的，如 Semple 等（1994）分析了加拿大 24 个工程项目中的争议和索赔，认为工程项目费用和进度超过计划值的主要原因是工程变更，并将索赔定义为非常严重和破坏性的变更。风险分担的两个过程割裂开来进行分析使得风险分担与项目管理绩效之间的作用关系产生断带，因此，本研究将关注风险初次分担、风险再分担以及工程项目管理绩效之间的关系，从而彻底打开风险分担影响工程项目管理绩效的“黑箱”。

基于上述分析，本研究提出如下假设：

假设 H3a：风险初次分担的完备程度对工程项目管理绩效有直接的正向影响；

假设 H3b：初始合同中的事后支持制度对工程项目管理绩效有直接的正向影响；

假设 H3c：风险再分担的规模对工程项目管理绩效有直接的正向影响；

假设 H3d：风险再分担的实施效率对工程项目管理绩效有直接的正向影响。

基于上述理论分析及研究假设，本研究涉及的主要变量及其间的逻辑关系可用图 7-3 表示。

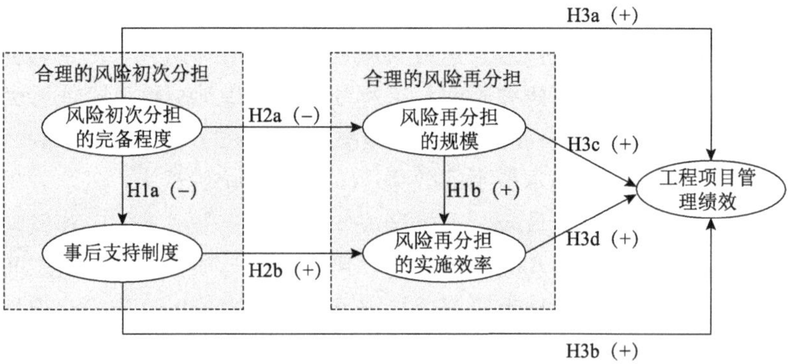

图 7-3 待证的理论模型

7.3.2　研究设计与研究方法

1. 样本和数据采集

风险分担对工程项目管理绩效的影响受到很多因素的干扰，如经济及技术水平、市场状况、项目类型、项目管理模式等。为了排除这些干扰因素，本研究选择北京、天津、武汉、广州4个城市近3年内的房屋建筑类政府投资项目为备选样本，这4个城市的经济及市场状况相似，非经营性政府投资项目均采用企业型代建模式，限定在房屋建筑类项目是为了保证不同样本项目的复杂性相同。在4个城市相关主管部门的协助下，首先选定48个建设项目作为本次研究的样本（其中北京17个、天津13个、武汉10个、广州8个）；然后确定各样本项目甲、乙双方主要负责合同签订与管理的4～8个专业人员，并邀请他们针对该项目的具体情况填答问卷，确保了对各样本项目的风险分担和工程项目管理绩效观测变量的准确评价。

本次问卷调查共计发放问卷316份，收回问卷267份，其中有效问卷231份，问卷的总回收率为84.5%，有效率为86.5%。通过问卷中受试者情况部分数据统计可知，52.4%的受试者来自工程项目合同的甲方（即政府部门），47.6%的受试者来自乙方（即承包商或代建单位），来自甲、乙双方的受试者基本持平可以有效避免不同立场对合理风险分担理解上的偏颇；受试者中本科及以上学历的占72.7%，工作经验在3年以上的占85.7%，参与该项目的招投标、合同管理至竣工验收全过程的占81.4%，保证了本次问卷调查所采集数据的可靠性。

2. 测量量表及其信度和效度检验

基于上文对工程项目风险分担整体框架的分析，通过参考现有的实证研究所使用的观测变量以及理论研究达成的共识得出本次研究的测量量表初稿。采用结构化问卷来收集数据，所有观测变量均采用利克特5级量表打分法收集数据：“完全同意”或“很大”表示5分、“大部分同意”或“较大”表示4分、“一般”表示3分、“大部分不同意”或“较小”表示2分、“完全不同意”或“很小”表示1分。要求受试者根据其自身的工程实践经验和专业知识，对工程项目风险分担和项目管理绩效情况做出判断。通过先后在本研究团队、合同管理实践工作者中的两轮小范围问卷前测，不断调整与完善问卷中各观测变量的描述，以最大限度地消除正式问卷调查中受试者的困惑与分歧，最终形成本研究测量量表（表7-3）。

表 7-3　测量量表的变量来源及其信度和效度分析

<table>
<tr><th>潜在变量</th><th>观测变量</th><th>变量释义</th><th>Cronbach's α</th><th>组合信度（CR）</th><th>KMO 值</th></tr>
<tr><td rowspan="3">风险初次分担的完备程度</td><td>FA1.全面性</td><td>合同条款将双方交易中存在的所有项目风险都进行了分配</td><td>0.724</td><td rowspan="3">0.691</td><td rowspan="3">0.813</td></tr>
<tr><td>FA2.正确性</td><td>合同将风险分配给了最有能力管理并承受风险发生后的损失的一方</td><td>0.653</td></tr>
<tr><td>FA3.可执行性</td><td>合同中风险分担的相关条款用语规范、准确，不会引起误解</td><td>0.731</td></tr>
<tr><td rowspan="3">事后支持制度</td><td>FA4.激励性</td><td>合同中风险分担与控制权配置、利益分配相对等，且风险承担者有承担该风险的意愿或偏好</td><td>0.689</td><td rowspan="3">0.667</td><td rowspan="3">0.612</td></tr>
<tr><td>FA5.灵活性</td><td>合同中的风险分担条款具有弹性，留下了可调整的空间</td><td>0.607</td></tr>
<tr><td>FA6.再谈判机制的预设</td><td>在合同中对交易双方未来可能出现的分歧与争议约定了处理程序和原则</td><td>0.652</td></tr>
<tr><td rowspan="3">风险再分担的规模</td><td>ReA1.再谈判时间占实际工期的比例</td><td>合同执行过程中再谈判累计所用时间所占实际工期的比例</td><td>0.705</td><td rowspan="3">0.726</td><td rowspan="3">0.708</td></tr>
<tr><td>ReA2.再分担的风险范围</td><td>在合同执行过程中出现合同中未约定或者约定不明确的风险的量</td><td>0.642</td></tr>
<tr><td>ReA3.合同价款调整幅度</td><td>合同执行过程中因风险再分担进行谈判而达成一致的工程价款调整总额度所占该工程项目总投资的比例</td><td>0.867</td></tr>
<tr><td rowspan="2">风险再分担的实施效率</td><td>ReA4.再分担的经济性</td><td>为了风险再分担而进行的谈判所花费的交易双方的资源的经济性</td><td>0.693</td><td rowspan="2">0.651</td><td rowspan="2">0.618</td></tr>
<tr><td>ReA5.双方的认可程度</td><td>风险再分担兼顾了双方的利益诉求，因而双方能积极地承担这些风险，没有推诿或逃避现象</td><td>0.627</td></tr>
<tr><td rowspan="4">工程项目管理绩效①</td><td>Pf1.工期实现情况</td><td>工程基本按照预先拟定的进度计划实施，因而较好地实现了工期目标，甚至提前完工</td><td>0.627</td><td rowspan="4">0.603</td><td rowspan="4">0.624</td></tr>
<tr><td>Pf2.工程质量水平</td><td>工程质量符合国家相关标准</td><td>0.761</td></tr>
<tr><td>Pf3.成本节约程度</td><td>工程完工时的实际成本与计划成本相比基本相符，甚至有所节约（排除通货膨胀的影响）</td><td>0.604</td></tr>
<tr><td>Pf4.利益相关者满意</td><td>工程的承发包双方及使用者等核心利益相关者对该项目产品表示满意</td><td>0.592</td></tr>
</table>

① 采用笔者所在研究团队前期研究所开发的工程项目管理绩效评价指标，指标来源及调查问卷可参见尹贻林和杜亚灵（2010）。

本研究采用 Cronbach's α 系数对所得样本数据进行信度分析，通常认为 Cronbach's $\alpha \geqslant 0.7$ 属于高信度，达到 0.5 即合乎最低可接受水平的信度要求；Bagozzi 建议社会科学领域潜在变量的 CR 达到 0.6 即可。利用 SPSS16.0 软件分析表明，本研究数据的信度符合要求（表 7-3）。而关于测量量表的效度水平可通过后文的验证性因素分析（即测量模型分析）来检验，通常认为观测变量在其测量对象上的完全标准化因子负荷可以接受的最低标准为 0.45，该值越大表明观测变量与潜在变量之间存在统计上的显著性越好，数据的效度就越高，但在此之前需要进行 KMO 检验，以确保本研究数据适合进行后续的因素分析。利用 SPSS16.0 软件分析得知，本研究各潜在变量的 KMO 值均大于其最低标准值 0.5（表 7-3），本测量量表总体的 KMO 值 0.579 亦大于 0.5，表明本研究数据适合做因素分析。

7.3.3　研究结果

1. 模型与数据的拟合

本研究选择 AMOS7.0 软件作为分析工具，采用其中的结构方程模式和最大似然估计（maximum likelihood estimation）方法来检验提出的理论模型与假设。由表 7-4 可知，结构模型的各项拟合指数均符合其判断标准的要求，此外，其中各观测变量的完全标准化因子负荷均大于 0.7，并在统计意义上高度显著（t 绝对值＞1.96），表明模型与数据拟合良好。

表 7-4　本研究模型拟合度检验

拟合指数	绝对拟合指数					相对拟合指数	
	χ^2	df	χ^2/df	p	RMSEA	NFI/NNFI	CFI
判断标准	—	—	＜2	＞0.05	＜0.08	＞0.90	＞0.90
估计值	283.72	187	1.52	0.265	0.061	0.904/0.913	0.922

2. 假设检验结果

本研究各潜在变量之间结构关系的假设检验结果如表 7-5 所示。通常认为，参数统计量的估计值应达到显著水平（t 绝对值＞1.96 或 $p<0.05$），标准化路径系数最好介于 0.45～0.95，此时即可认为这一假设是成立的。当然，假设是否成立主要以参数统计量的估计值是否达到显著水平加以衡量，标准化路径系数越大表明两个潜在变量之间的作用强度越大。由表 7-5 可知，风险再分担的规模与风

险再分担的实施效率呈正相关（路径系数为 0.21，t 值为 1.37），但未达显著；影响工程项目管理绩效的 4 个风险分担要素中，事后支持制度、风险再分担的实施效率都正向显著地影响工程项目管理绩效，就总体样本的检验结果来看，风险再分担的实施效率的影响（路径系数为 0.68，t 值为 7.84）较之事后支持制度的影响（路径系数为 0.46，t 值为 5.03）要大。因此，8 个研究假设中 H1b、H3a、H3c 没有通过检验。

表 7-5 假设检验结果

假设编号	假设描述	路径系数	t 值	结论
H1a	风险初次分担的完备程度→事后支持制度	−0.51	−4.76***	反向支持
H1b	风险再分担的规模→风险再分担的实施效率	0.21	1.37	拒绝
H2a	风险初次分担的完备程度→风险再分担的规模	−0.57	−7.12**	反向支持
H2b	事后支持制度→风险再分担的实施效率	0.75	9.54***	支持
H3a	风险初次分担的完备程度→工程项目管理绩效	0.19	1.22	拒绝
H3b	事后支持制度→工程项目管理绩效	0.46	5.03**	支持
H3c	风险再分担的规模→工程项目管理绩效	0.24	1.27	拒绝
H3d	风险再分担的实施效率→工程项目管理绩效	0.68	7.84***	支持

表示显著性水平 0.01，*表示显著性水平 0.001

3. 分析与讨论

为了进一步揭示风险分担对工程项目管理绩效的影响机理，本研究约访了本次问卷调查的 6 名受试者，并就表 7-5 所示的假设检验结果与他们进行了探讨。

（1）风险初次分担与风险再分担之间具有互补与联动关系。通过本研究理论分析可知，初始合同的风险分担功能体现在两个方面：其一，以适当的完备程度定义风险初次分担的结果；其二，实现风险分担与其他治理机制的耦合，为履约过程中的风险再分担提供治理依据、拓展治理空间。假设 H1a 得到反向支持、路径系数为−0.51，说明上述初始合同的两个风险分担功能呈替代关系，即当风险初次分担的完备程度较高时，对事后支持制度的要求就可以适当放低。假设 H2a 得到反向支持且路径系数较大（−0.57），说明风险初次分担与风险再分担之间具有明显的继承性。假设 H2b 得到支持且路径系数较大（0.75），说明事后支持制度对风险再分担的实施效率具有显著促进作用，由此可见，风险再分担与风险初次分担之间具有显著的互补、联动关系，合同中预设的事后支持制度是衔接风险初次分担与再分担的桥梁，能够实现风险分担两阶段的动态性与继承性，很大程度上决定了风险再分担能否有效弥补初始合同的不完全。此外，假设 H1b 未通过检验且路径系数只有 0.21，说明风险再分担的规模与其实施效率并没有显著影响，经济学中普遍存在的规模效益在风险再分担过程中并不一定适用。

实践工作者也强调，当承发包双方签订较为粗糙的合同（即风险初次分担的完备程度较低）时，合同谈判与签订阶段的工作量与工作难度均会减小，但再谈判、变更、调价、索赔（或反索赔）等合同管理工作量（即风险再分担的规模）往往会比较大，这一工程实践中的现象与假设 H2a 得到反向支持相一致；另外，合理的风险初次分担确实能够对合同管理过程（即风险再分担）起到规范作用，尤其是事后支持制度可以有效提高合同的自执行能力，是交易双方签订合同时应予以特别关注的，这一实践经验与假设 H2b 得到支持且路径系数较大相契合。

（2）风险初次分担对工程项目管理绩效的总影响效应显著。假设 H3a 路径系数为 0.19 但未达显著，表明风险初次分担的完备程度对工程项目管理绩效并无显著的直接影响，而如表 7-6 所示，其具有较大的间接影响，总效应值−0.49，也就是说，初始合同中风险初次分担的完备程度越高，工程项目管理绩效倾向于越低，这与传统观念中“为了实现更高的项目管理绩效就应在初始合同中尽可能地定义所有风险因素的承担方”相悖。假设 H3b 得到支持，路径系数为 0.46，说明初始合同中的事后支持制度对工程项目管理绩效具有显著的直接影响，另如表 7-6 所示，事后支持制度通过风险再分担的实施效率对工程项目管理绩效还具有更大的间接影响，效应值为 0.51，因此，事后支持制度对工程项目管理绩效的总效应值高达 0.97。上述假设检验结果意味着，在初始合同的两个风险分担功能之中，事后支持制度相比风险初次分担的完备程度而言对工程项目管理绩效具有更大的影响，因此，交易双方与其刻意追求全面而僵化的初始合同条款，不如通过预设完备的事后支持制度来提高风险分担的制度属性，从而实现提高工程项目管理绩效。

表 7-6　风险分担各要素对工程项目管理绩效的效应分析

<table>
<tr><th>要素名称</th><th>效应类型</th><th>具体路径</th><th>效应值</th><th>总效应值</th></tr>
<tr><td rowspan="3">风险初次分担的完备程度</td><td>直接</td><td>—</td><td>0</td><td rowspan="3">−0.49</td></tr>
<tr><td rowspan="2">间接</td><td>风险初次分担的完备程度→事后支持制度→工程项目管理绩效</td><td>−0.23</td></tr>
<tr><td>风险初次分担的完备程度→事后支持制度→风险再分担的实施效率→工程项目管理绩效</td><td>−0.26</td></tr>
<tr><td rowspan="2">事后支持制度</td><td>直接</td><td>事后支持制度→工程项目管理绩效</td><td>0.46</td><td rowspan="2">0.97</td></tr>
<tr><td>间接</td><td>事后支持制度→风险再分担的实施效率→工程项目管理绩效</td><td>0.51</td></tr>
<tr><td rowspan="2">风险再分担的规模</td><td>直接</td><td>—</td><td>0</td><td rowspan="2">0</td></tr>
<tr><td>间接</td><td>—</td><td>0</td></tr>
</table>

续表

要素名称	效应类型	具体路径	效应值	总效应值
风险再分担的实施效率	直接	风险再分担的实施效率→工程项目管理绩效	0.68	0.68
	间接	—	0	

实践工作者认同事后支持制度对工程项目管理绩效的正向积极影响，但并不认同风险初次分担的完备程度对工程项目管理绩效的消极影响。他们认为，初始合同中风险分担方案的激励性有利于提高交易双方的主观能动性，从而规范他们的履约行为、提高他们的履约效率，而初始合同中的弹性合同条款和履约规则的明确能够有效减少再谈判中的分歧与摩擦，因此，预设完善的事后支持制度是初始合同中合理风险分担的重要内容；然而，对风险初次分担的完备程度则要视情况而认定，与声誉良好、实力雄厚或者有过愉快合作经历的对象交易时，没有必要签订过于详尽而僵化的初始合同，但当与彼此之间了解有限或有过不愉快合作经历的对象交易时，初始合同中风险分担方案越完备越有利于规避利益受损。由此可见，风险分担方案的合理性不仅取决于市场状况、项目复杂性、项目管理模式等客观因素，也受到交易双方的可信赖程度的影响。

（3）风险再分担的实施效率对工程项目管理绩效具有显著正向影响。假设 H3c 路径系数为 0.24，未达显著，表明风险再分担的规模对工程项目管理绩效并无显著的直接影响，而如表 7-6 所示，风险再分担的规模对工程项目管理绩效亦无间接影响，这说明工程项目管理绩效与合同执行过程中再谈判的多少以及合同价款调整的幅度无显著关系。假设 H3d 得到支持且路径系数较大（0.68），说明风险再分担的实施效率对工程项目管理绩效具有显著的直接影响，这种直接影响甚至高于事后支持制度的（0.46），另如表 7-6 所示，风险再分担的实施效率对工程项目管理绩效并无间接影响。由表 7-6 可知，关于对工程项目管理绩效的总体影响效应，初始合同中的事后支持制度最高（0.97），风险再分担的实施效率其次（0.68），风险初次分担的完备程度再次（–0.49），风险再分担的规模没有任何影响（0），这表明风险初次分担要比风险再分担对工程项目管理绩效的总影响效应更大一些；另外，风险再分担的实施效率在风险初次分担的完备程度、事后支持制度对工程项目管理绩效的间接影响中扮演了重要的中介角色，这充分表明风险再分担的实施效率在合理风险分担中举足轻重。

实践工作者强调，交易双方经常为了一个分歧反复地进行谈判，这种耗时长久却通常毫无结果的谈判不但可能延误工期、增加交易成本，同时也会降低交易双方的满意度，因此，工程项目管理绩效取决于其合同管理的工作效率，而不是工作量，这与上述假设检验结果相一致。由于变更、调价、索赔（或反索赔）等合同管理工作的效率在很大程度上取决于风险初次分担为其提供的依据和制定的规则，因此，初始合同中的风险初次分担会对工程项目管理绩效具有更深远的影响，这也是交易双方对初始合同非常看重的原因所在；而另一方面，高效率的合同管理工作是风险初次分担的制度属性得以实现的重要渠道，因此，合同管理也是项目成功的决定性因素。

7.3.4　管理启示

本研究通过理论分析解构了工程项目中的风险分担整体框架，构建了“风险初次分担→风险再分担→工程项目管理绩效”的待证模型，并运用 SEM 对其中的研究假设进行了实证检验，获得了一些有价值的结论。基于实证分析结果，本研究对工程项目交易双方提供以下三点重要管理启示。

首先，工程项目中合理的风险分担应包含动态发展、具有继承性的两个过程。工程实践中通常将风险再分担视为合同管理的内容，从而割裂了其与风险初次分担的关联，忽略了其制度属性，不利于工程项目管理绩效的改善；而把风险再分担视为合同中风险初次分担的延续，就可以增强合同的柔性，在一定程度上减轻承发包双方的对抗思维，有利于提高合同执行效率。例如：如果从合同管理的视角看合同价款的调整问题，那么，交易双方将过多地关注于由此产生的自身利益得失，而忽略初始合同对合同执行与再谈判的指导与规范作用，容易引发交易双方之间的利益纠纷与责任推诿；但如果从风险分担的视角看待此问题，那么，合同价款的调整本质上是自然状态实现后合同双方根据风险再分担的结果所进行的利益分配方案的调整与优化，而风险再分担的依据则可从初始合同中找到，这显然是有利于更有秩序和效率地进行合同价款调整的。

其次，为了有效提高工程项目管理绩效，交易双方不仅要重视合同签订过程中的风险初次分担，也要高度重视合同执行过程中的风险再分担。交易效率的实现依赖于合同的签订与合同的执行两种性质的工作，前者完成风险初次分担，而后者实施风险再分担。然而，工程实践中普遍存在“重合同签订，轻后续管理”的现象，其实质上是交易双方在运用静态的合同来应对变化中的事件，同时也不利于发挥风险初次分担对风险再分担的规范作用，这必然会对工程项目管理绩效产生消极影响。本研究实证分析结果显示，风险再分担的实施效率对工程项目管理绩效的直接影响效应为 0.68，是风险分担四个要素中最大的，足可见风险再分担对项目成功的重要性。

最后，完善初始合同中的事后支持制度是提高工程项目管理绩效的重要途径。

工程实践中的“重合同签订”现象通常是交易双方耗费大量时间和精力以求签订一份包含工程项目中一切风险因素的初始合同，即理论上所谓的完全合同，然而，由于人的有限理性以及交易成本的存在，这几乎是不可能的。其实人们往往小觑了初始合同中事后支持制度的重要作用，本研究实证分析结果显示，事后支持制度对工程项目管理绩效的总影响效应为 0.97，是风险分担四个要素中最大的，因此，在追求完备的风险初次分担这项工作边际效用递减时，交易双方不如投入更多的时间和精力在完善事后支持制度上，也许会更有利于促使项目成功。

7.3.5 研究局限与未来研究方向

（1）本研究的有效问卷只有 231 份，未达到理论上所要求的数量，这可能会在一定程度上影响实证分析结果的精确性，因此，本研究还需要通过不断增加样本容量来进一步完善；另外，所选取的 48 个样本项目分布在北京、天津、武汉、广州 4 个城市，且仅涉及房屋建筑类政府投资项目，根据特定地区的特定类型项目所得出的研究结论是否适用于所有类型的建设项目还有待考察，后续研究可分别考察不同类型（房屋建筑类、城市轨道交通类等）、不同性质（公共项目或私人项目）以及不同发展水平的地区的建设项目，并进行对比性研究，将有助于提高本研究概念模型的普适性。

（2）本研究通过样本项目的选择排除了经济及技术水平、市场状况、项目类型、项目管理模式等因素对本实证研究的干扰，但通过与实践工作者的交流发现，交易双方的可信赖程度乃至社会资本也是影响合理风险分担的重要因素，不同之处在于：人们通常认为其他因素会影响交易双方之间风险分担量的配置，而本研究认为可信赖程度则更多地影响风险初次分担与风险再分担两阶段之间风险分担量的配置。至于交易双方之间可信赖程度乃至社会资本对工程项目中合理风险分担的影响则是未来的研究方向。

7.4 公私双方风险共担方案的得出

PPP 项目涉及的风险众多，且相当大的一部分应由公私双方共担，相比而言，公私双方共担的风险分担方案要比由单独一方承担的风险分担方案复杂得多，且风险共担方案的得出与风险的具体特征有较大关联，很难针对所有公私双方共担风险制定风险共担方案的得出办法，但不同风险的风险共担方案得出过程是可以相互借鉴与参考的，因此，本研究将以综合管廊 PPP 项目中的地质条件风险为例，分析其风险共担方案的得出过程（杜亚灵等，2020a）。

7.4.1　研究准备

自《国务院关于加强城市基础设施建设的意见》（国发〔2013〕36 号）中明确提出“开展城市地下综合管廊试点”以来，我国先后确定了 25 个管廊试点城市，综合管廊建设呈现蓬勃发展趋势。2015 年 8 月，国务院提出以 PPP 模式全面推进综合管廊建设。根据中国政企招标采购信息平台及财政部 PPP 项目库公布的数据，截止到 2018 年末，我国约 75%的综合管廊项目都采用了该模式。综合管廊作为城市地下空间建设的一种，其覆盖面积广、空间跨度大、防水要求高的特点及我国地下空间信息数据不全不准、地质环境复杂、地下工程活动频繁的特点共同决定了地质条件风险是综合管廊建设中的重要风险（袁长丰等，2012；潘朝等，2013）。PPP 项目的基本特征是“利益共享、风险共担”。但地质条件风险因其特殊性，发生时很可能带来严重的经济损失。若仅让一方单独承担此类风险，易造成双方利益冲突，甚至导致合作关系破裂，因此，合理的风险分担对保证双方利益及项目正常运营十分重要。然而，目前 PPP 项目中该风险的分担问题还存在较大争议，有鉴于此，本节将基于刘新平和王守清（2006）提出的学术界认可度较高的 PPP 项目三大风险分担原则，即由对风险最有控制力的一方控制相应的风险、风险与收益相匹配、风险分担要有上限，探讨综合管廊 PPP 项目中地质条件风险如何在公私双方之间合理分担的问题。

1. 地质条件风险的界定与分类

目前工程管理领域相关研究中关于地质条件风险的界定极少，因此，本研究查阅了 CNKI 中与地质条件风险内容、性质相近的其他风险的界定，如地下情况不明、不良地质、水文地质风险、不利物质条件等。本研究对文献中已提出的地质条件风险的概念进行归纳整理，大致分为以下三种：①指合理勘测外的地质问题，影响项目继续执行的风险，如施工时遇到的断层、溶洞等（张荣贵和赵存明，2010）；②指不良地质构造或性状，对项目建设产生不利影响的风险，如地质条件异常导致的项目工期延长或终止（赵争，2017）；③指地质勘察数据不准确、不及时，对工程施工造成负面影响的风险，如提供的地质资料与实际地质情况出入较大，导致工程量增加等（饶文华等，2011）。综上所述，本研究将地质条件风险界定为：由于不能对地质条件进行完全、准确的预测，从而对工程产生负面影响，引发经济或财务损失的风险。通过对相关文献中所涉及的地质条件风险的主要表现形式进行归纳发现，地质条件风险的形成原因主要有两个：一是实际地质条件情况与提供的地质资料不符，表现为岩土分类有误、数据处理不准等；二是受外界因素限制，地质情况难以准确预测，如不可预见的滑坡、崩塌、泥石流等。有鉴于此，本研究根据其形成原因将地质条件风险划分为两类，即地质条件不明风险和地质资料不准风险，如图 7-4 所示。

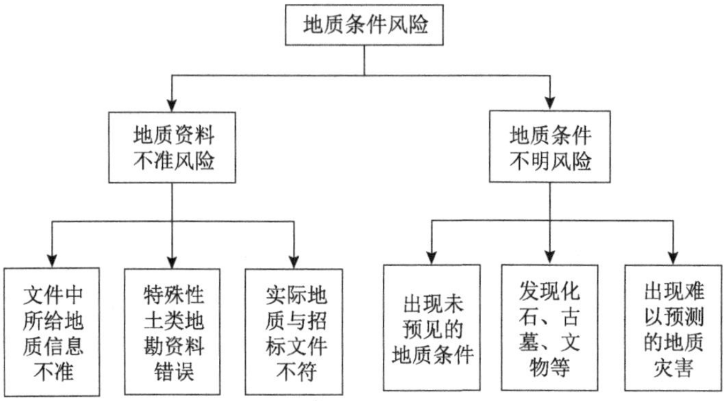

图 7-4 地质条件风险的分类

2. 地质条件风险的分担主体识别

根据综合管廊施工流程，综合管廊建设期间与地质条件分析有关的工作主要是管廊规划及勘察。《住房城乡建设部关于印发〈城市地下综合管廊工程规划编制指引〉的通知》（建城[2015]70 号）指出，管廊规划期间对地下空间、地质、水文等情况进行研究的目的是分析建设该项目的必要性和可行性。因此，该工作并不会引发地质条件风险。根据《市政工程勘察规范》（CJJ 56—2012）、《关于印发〈吉林省城市综合管廊工程施工图勘察设计文件编制技术规定纲要（试行）〉的通知》（吉建设〔2015〕20 号）①等有关文件，勘察工作主要是查明地下埋设物、地层结构、地基工程性质、特殊性岩土分布等。由此可见，该工作可能对地质条件风险产生影响，与地质条件风险高度相关，识别其勘察主体对制定合理的风险分担方案较为重要。

① 目前还没有专门的综合管廊工程勘察规范文件，因此，本研究参考了《关于印发〈吉林省城市综合管廊工程施工图勘察设计文件编制技术规定纲要（试行）〉的通知》（吉建设〔2015〕20 号）。

本研究归纳整理了 PPP 项目库中所有正处于执行阶段并公示了明确信息的 21 个综合管廊国家示范项目，其中石河子地下综合管廊 PPP 工程等共计 8 个项目的勘察工作由社会资本承担，而平潭综合实验区地下综合管廊干线工程（一期）等另外 13 个项目则由政府部门承担。由此可见，勘查工作主体可能是社会资本也可能是政府部门。鉴于在实践中，当政府部门负责勘察工作时，基于行为保证机制，因工作疏忽等原因造成的地质条件风险一般自行承担（叶欣晨等，2018）。因此，本研究将主要分析社会资本承担勘察工作时地质条件风险的分担问题。

7.4.2　综合管廊 PPP 项目中地质资料不准风险的分担

风险在某一方控制力之内时，该方才有动力为管理风险而努力。本研究基于该理念，首先根据“最有控制力一方承担风险”原则，确定出地质资料不准风险的承担主体；在此基础上，考虑到实际项目中风险造成的损失可能远超交易一方的承受力，因此，还应遵循“风险承担上限”原则；最后，根据“风险与收益对等”原则，得出承担的风险应通过获得合理的收益或者承担相应的损失来体现。

1. 最具控制力方的确定

根据“最有控制力一方承担风险”原则，让更有能力承担该风险的一方控制风险可最大限度降低其发生的概率或损失。实践中，地质资料不准风险通常表现为实际地质条件信息与文件中所给的数据、文字有较大差异或文件中的地质条件信息有误。由此可见，该风险是可以选择对勘察工作更具控制力的一方通过更细致的勘察来有效避免的。

在综合管廊 PPP 项目中，社会资本承担勘察工作时主要分两种情况：①社会资本自行组织勘察，例如，新疆乌鲁木齐城北新区地下综合管廊工程 PPP 项目（A 包）政府部门在招标文件中投标人须知第 13 条明确指出“联合体成员提供项目的设计、勘察服务”；②社会资本依法选择有资质的勘察单位进行勘察，例如，石河子地下综合管廊 PPP 工程合同第 5.1.4 款明确规定“乙方负责依法选择有资质的设计单位完成项目的勘测、施工图设计工作”。对于前者，社会资本可根据勘察工作流程预测可能引发该类风险的问题，通过制定详细合理的勘察方案、加强人员培训、引入先进技术、完善管理制度等手段来防止或降低地质资料不准风险的发生，而政府部门只能对勘察工作进行监督检查。对于后者，社会资本可以通过对勘察单位进行严格的资格审查，或咨询相关专业的专家（如设计、施工或监理专业）对勘察单位进行比选，并及时跟进勘察进度，对每个勘察节点进行审核，而政府部门却无法对勘察单位进行监督检查。所以，相比之下，社会资本方对地质资料不准风险更具控制力。因此，可认为社会资本承担地质资料不准风险更为合理。

2. 社会资本承担地质资料不准风险的上限分析

由于地质条件风险难以预估，发生时很可能导致社会资本极大提高机会成本，增加资金利息支出，在时间表上也会延误运营管理，甚至直接影响项目成功实施。例如贵州六盘水市综合管廊项目，该项目预期投资为 0.75 亿元/公里，2 年内建成完工，但因施工期间出现熔岩地质发育、地下水位高、溶洞溶槽等各种不利地质条件，最终导致实际投资超 1.2 亿元/公里，工期延长近 10 个月。由此可见，让社会资本单独承担该风险带来的全部损失是不合理的，很可能使其利益受损，甚至导致项目失败。因此，当社会资本作为“最具控制力一方”承担该风险后，还应考虑风险承担上限原则。

目前，PPP 相关文件中还没有对风险承担上限的具体规定，现有文献也仅有一篇运用合作博弈模型研究了风险承担上限的具体确定，但可操作性较差，对本研究的参考价值不大。有鉴于此，本研究追根溯源，根据 PPP 模式坚持的最基本原则“盈利但不暴利”，制定社会资本承担该风险的合理上限，使其能收回成本并获得合理收益。合理收益通常体现在投资回报率上，根据《财政部关于印发〈政府和社会资本合作项目财政承受能力论证指引〉的通知》（财金〔2015〕21 号），合理利润率是投资回报率的指标，其主要以商业银行中长期贷款利率水平为基准，充分考虑可用性付费、使用量付费、绩效付费的不同情景，结合风险等因素确定。而项目财务内部收益率能反映项目实际的收益水平，体现项目承受风险的能力。因此，本研究将投资回报率与项目财务内部收益率相结合来判断社会资本承担风险的上限，详见表 7-7。根据学术界对 PPP 盈利模式的研究，有学者指出当财务内部收益率不低于或大于投资回报率时，社会资本才“有利可图”（沈菊琴等，2018；陈占涛和雒钊，2018）。由此可见，当社会资本承担地质资料不准风险时，若项目财务内部收益率小于投资回报率，表明其风险分担与收益不对等，社会资本承受的风险已超出自身能力范围，难以获利。此时，超出上限部分的风险应由政府部门承担，否则应由社会资本全部承担。

表 7-7　投资回报率和项目财务内部收益率比较及上限分析

指标	投资回报率	项目财务内部收益率
含义	在合同中约定，以商业银行中长期贷款利率水平为基准，充分考虑可用性付费、使用量付费、绩效付费的不同情景，结合风险等因素确定	指项目在整个计算期内，各年净现金流量现值累计等于零时的折现率
特点	反映社会资本能从项目中得到的合理经济回报	反映项目实际的收益水平，能体现项目承受风险的能力。不易受外部参数影响，完全取决于项目实施过程的现金流量，比较客观
结论	当项目财务内部收益率大于等于投资回报率时，社会资本承担地质资料不准风险且能获得合理收益；当项目财务内部收益率小于投资回报率时，社会资本承担的地质资料不准风险已超出上限	

7.4.3　综合管廊 PPP 项目中地质条件不明风险的分担

地质条件不明风险包括出现未预见的地质条件，发现化石、古墓、文物等，出现难以预测的地质灾害，由于这三种细分风险存在较大的特征差异，因此，本节将分别对这三类地质条件不明风险的分担问题进行研究。

1. 出现未预见的地质条件的风险分担

未预见的地质条件是指在勘察工作中无法勘测出的具体地质条件，该风险是由勘探技术仪器的分辨率和精度有限等客观因素造成的，公私双方对该风险都不具备控制力。现有文献对 PPP 模式下该风险的分担研究仅有 3 篇且所得结论中应由公私双方共担、政府部门承担、社会资本承担的观点各占其一。因此，本研究参考了一般项目中该风险的分担方式，在一般项目中，该风险均按“不利物质条件”处理，依据 FIDIC 合同相关条款，由发包人承担。

然而，PPP 项目与一般项目的交易关系存在显著不同。①一般工程项目的承发包双方签订的合同为短期契约，是一种委托代理关系；而 PPP 项目的公私双方签订的合同是一种长期契约，公私双方强调的是一种合作伙伴关系，相比一般工程项目更注重公私双方以合作精神执行合同，显然，该风险由公私双方共担更符合合作伙伴关系的定位。②由公私双方共担该风险更符合财金 156 号文中的风险分担原则，更有利于项目利益最大化；政府部门为了保证工程质量，通常选择的都是业务能力高、业绩较好、经验丰富的社会资本。例如，财政部 PPP 项目库中排序前 10 的综合管廊项目，社会资本参与综合管廊建设的普遍资质要求，也是最低资质要求是具备市政公用工程施工总承包一级资质证书。此种情况下，当风险发生时作为有经验的承建方，社会资本最有能力和机会及时采取有效措施降低风险带来的损失，所以，由其承担部分该类风险将有利于整个项目的顺利实施。有鉴于此，本研究认为综合管廊 PPP 项目中的地质条件风险应由公私双方共担，具体分担比例可由公私双方根据自身能力以及风险偏好，通过协商谈判确定。

2. 发现化石、古墓、文物等的风险分担

通过分析实践中的 PPP 合同发现，发现化石、古墓、文物等风险通常都会有单独的合同条款约定，例如，海东市核心区地下综合管廊 PPP 项目及湖北省十堰市地下综合管廊 PPP 项目在合同第 7.6.3 款中指出：乙方在建设期间发现的古墓、文物等应及时通知甲方、采取有效保护措施，并根据甲方给出的意见实施工程。鉴于综合管廊 PPP 项目还没有统一的示范合同文本，本研究查阅了财政部 PPP 项目库中公示的 21 个国家示范综合管廊 PPP 项目的合同，发现除白银市地下综合管廊试点项目、中山翠亨新区翠城道北段地下综合管廊及同步建设工程 PPP 项目、福建省厦门市翔安新机场片区地下综合管廊 PPP 项目外，其余 18 个项目均设有发现化石、古墓、文物等时的相应条款且风险分配方案基本一致。例如，湖北省宜昌市点军区地下综合管廊与市政道路工程 PPP 项目，山西省寿阳县市政道路、地下综合管廊及配套设施 PPP 项目，四平市地下综合管廊 PPP 项目等都规定：因发现化石、古墓、文物等引发的工期延误及费用增加等风险由甲方承担。综上所述，我国实践中现有的 PPP 项目通常对此类风险的分配方案为政府部门承担，社会资本按政府部门提出的处理意见实施后所发生的直接费用由政府部门补偿，所延误的工期相应顺延。

3. 出现难以预测的地质灾害的风险分担

根据《地质灾害防治条例》（国务院令第 394 号），地质灾害通常是指山体崩塌、滑坡、泥石流等各种与地质作用有关的灾害。由于此种风险是项目合同双方无法合理预见、避免及克服的，故参考 PPP 项目中不可抗力的风险分担方案。事实上，在实践中已有一些项目将地质灾害视为不可抗力事件处理，如湖北省宜昌市点军区地下综合管廊与市政道路工程 PPP 项目，在实施方案中将地震、洪水等引起的崩塌、山体滑坡、泥石流等认定为不可抗力事件。

财金 156 号文中关于不可抗力的法律后果主要包括：①免于履行；②延长期限；③免除违约责任；④费用补偿；⑤解除合同。本研究参照该文件中不可抗力风险的责任划分情况，选取了财政部 PPP 项目库中最新的 10 个正处于执行阶段并公示了合同文本的国家示范综合管廊 PPP 项目进行分析发现，实践中的综合管

廊 PPP 项目对不可抗力风险一般为双方共担，责任划分也与财金 156 号文中基本一致。例如，河北省衡水市深州市恒信路地下综合管廊 PPP 项目、云南省文山州文山市城南片区地下综合管廊建设工程 PPP 项目等在合同中规定：发生不可抗力事件时，双方各自承担相应损失，由此导致的合同违约免除责任，延误的工期予以顺延。综上所述，对于双方均不能控制又无过错的地质灾害风险应由公私双方共担，造成的损失遵循“各自损失各自承担”的分担原则，同时对地质灾害导致的完工延误予以顺延（延长建设期而不延长经营期）。

7.4.4　研究总结

综合管廊 PPP 项目对解决城市管线杂乱、节约地下资源、美化城市形象等方面具有积极作用。本研究基于风险分担原则及相关文件，对其建设过程中的地质条件风险分担问题进行了分析，该成果具有以下实践意义：①有利于社会资本获取合理收益，保障其合法权利，提高其投资热情；②能有效减少公私双方的经济纠纷，使政府部门更加平等地与社会资本合作，提升政府的职能效率，维持政府部门良好的公众形象；③有利于维护公私双方的良好合作伙伴关系，达到双赢效果；④有利于推进 PPP 模式在我国综合管廊建设中的广泛应用，切实保障综合管廊的高质量发展。

7.5　公私双方风险共担方案的实现

任何交易中的风险分担方案最终都是通过利益分配来实现的，PPP 项目中的风险共担方案通常也是通过定价调价、补偿或赔偿等实现的；但公私双方共担某一具体风险的实现路径可能有所区别，本节将以污水处理 PPP 项目中的市场需求变化风险为例，阐释我国实践中公私双方共担该风险的实现过程（杜亚灵和凌美鲜，2020）。《关于在公共服务领域深入推进政府和社会资本合作工作的通知》（财金〔2016〕90 号）明确指出，因 PPP 模式在污水处理领域运用较为广泛，且操作相对成熟，各地新建项目要“强制”应用该模式。PPP 项目中公私双方顺利开展合作的基本条件即私人部门获得合理的投资回报，而污水处理类项目的投资回报主要取决于其市场需求，即污水处理量。然而，污水处理 PPP 项目的污水处理量受到诸多因素的影响，例如，小区拆迁、化工企业停产等导致进水量下降，地区发展、人口增多等使得进水量激增，周期性和季节性造成污水排放量的波动等，上述因素都使得该类项目的市场需求不稳定，而市场环境的不稳定性导致市场预测与实际需求存在出入而产生风险。财金 113 号文指出，最低需求风险由政府承担，其目的就是让政府承担一定的需求风险，增加项目的可融资性并激励社会资本。当市场需求变化风险发生时，政府和私人部门都无法控制其发生并单独承受其造成的损失，且 PPP 模式的本质要求公私双方通过合作来提供基础设施，因此市场变化需求风险由双方共担才更为公平、合理（Ke et al.，2010）。市场需求风险的变化会影响投资者收回成本及获得合理回报，甚至导致项目失败。若完全由社会资本承担市场需求变化风险可能会超出其风险承受力的范围，并增加风险管控成本，这也违背了 PPP 项目“风险共担，收益共享”的原则。因此政府合理承担部分风险，对提高社会资本积极性和项目的成功至关重要。

7.5.1 文献分析

财金 113 号文指出，原则上最低需求风险由政府承担，这意味着设置最低需求保证是公私双方共担市场需求变化风险的一种方式，但文件中并未涉及具体情况。相关文献对于污水处理 PPP 项目最低需求风险也多集中于风险承担主体的识别，而很少有文献针对最低需求保证的合理设置进行深入研究。

1. 最低需求保证

本研究以“市场需求变化”“市场需求风险”作为主题在 CNKI 数据库中搜索相关文献并对其整理分析可知，对于按量付费的 PPP 项目而言，政府和社会资本对于市场需求变化风险的共担方式主要表现为政府提供最低需求量保证。例如，欧纯智和贾康（2018）指出，为了防止双方无法预测的客观因素即市场需求被严重高估而导致项目破产，政府一般会向社会资本提供最低需求量保证，使项目的收益能够覆盖成本。继而本研究又以“最低需求”“最低需求风险”为主题在 CNKI 和外文数据库中进行检索，发现相关文献关于最低需求保证的研究主要包括以下两个方面。①最低需求量的设置，部分学者通过建立模型对最低需求量进行测算，如彭祖祥等（2018）运用期权定价方法和净现值法构建了政府补贴最低需求量测算模型，提出了最低需求量的计算思路；而部分学者将项目前期的预测量作为最低需求量的参考值，如 Marzouk 和 Ali（2018）通过污水处理的案例研究得出，使用基础流入量（base inflow）作为计算最小流量保证（minimum flow guarantee）的参考，可以在政府和社会资本之间实现公平的风险分担。②不同需求量区间的价格调整，如高颖等（2015）指出需求量下降时，有效的需求量补偿需要政府重新设定合理的价格上限，通过构建私人部门和消费者剩余模型得出重设价格上限时的满足条件。

鉴于学术界就污水处理 PPP 项目的最低需求量以预测污水量为基准进行合理设置已基本达成共识，且实践过程中的运用也趋于一致。而最低需求的相关文献鲜少涉及其价格调整，故以下对此类相关文献进行进一步搜索分析。

2. 污水处理 PPP 项目的收费价格结构

由于以上述“最低需求”等为主题搜索到的文献有限，为了进一步对现有的 PPP 项目污水处理服务费价格的文献整理分析，故以“污水处理服务费”“污水处理 PPP 项目定价/调价”为主题进行搜索，现有文献研究就污水处理 PPP 项目采用调价公式法调整污水处理服务费单价已基本达成共识，但依据成本范围不同有以下两种收费价格结构：①以总成本为基础的污水处理服务费单价结算，如刘欢欢等（2016）考虑了以总成本为费用基础的定价结构；②基于二部制定价法[①]结算，如李明（2010）将影响污水处理成本因素分为企业可控性因素和不可控因素，达到超进水量时以不可控因素构成的超进单价计算；张玉春和曹业启（2016）利用二部制定价思想分析相关影响因素，利用净现值的方法构建了价格模型。

为了更好地实现政府和社会资本合理共担市场需求变化风险，政府应根据其导致的实际处理水量的不同设置对应单价，然而，现有研究关于污水处理 PPP 项目最低需求量的测算较为成熟，而对于污水处理服务费的价格设置尚未达成一致，鉴于此，本研究将采用案例分析法对其进行细化研究，希望能为污水处理 PPP 项目的实践运用提供一定的指导。

7.5.2 案例的选择

由上述文献分析可知，污水处理 PPP 项目可以按照总成本为基础和二部制定

---

① 二部制定价法的价格形成包含两部分：第一部分是与污水处理量无关的按月或按年支付的基本费，即固定费用总额；第二部分是按污水处理量支付的“从价费”，即边际成本总额（短期等于可变成本总额）。

价法进行结算支付，本研究将依据上述两种价格设置思路选取相对应的案例展开研究。本研究依据以下几个条件选择案例：①具有代表性和可借鉴性，污水处理 PPP 项目的来源仅限于国家发改委公布的 13 个典型 PPP 项目，财政部政府和社会资本合作中心项目管理库（以下简称“项目管理库”）中的国家示范项目或上海济邦投资咨询有限公司、北京大岳咨询有限责任公司等权威咨询机构参与的具有重大意义的 PPP 项目；②覆盖本研究中 2 种收费价格结构，从中共选取 3 个具有代表性的项目；③资料的可获取性较高，便于提供本研究需要的资料。经过相关搜索发现，项目管理库中大悟县污水处理设施 PPP 项目、南京市仙林污水处理 PPP 项目以及武邑县污水处理 PPP 项目符合上述条件，故选取为本研究的研究案例，项目的具体信息如表 7-8 所示。

表 7-8 污水处理 PPP 项目概况

序号	项目名称	污水处理服务费价格基础	运作模式	总投资/万元	回报机制	签约时间/合作期限	最低需求风险分配主体
1	大悟县污水处理设施 PPP 项目	以全部成本核算的污水处理服务费单价	BOT	24 925	政府付费	2016 年/经营期 25 年（含建设期 1 年）	政府
2	南京市仙林污水处理 PPP 项目	二部制定价法	TOT	约 50 000	政府付费	2015 年/30 年	政府
3	武邑县污水处理 PPP 项目	二部制定价法	TOT	11 000	可行性缺口补助	2016 年/25 年	政府

7.5.3 案例的对比分析

由表 7-8 可知，为了更好地实现市场需求变化风险的共担，污水处理 PPP 项目最低需求风险的承担主体一般为政府，而 3 个项目的价格基础有所差异。由于市场需求变化，污水处理服务费的价格需根据不同水量区间进行设置，由前文研究可知，污水处理 PPP 项目基础水量①的设定已基本达成一致，即根据设计规模设定阶梯式增长的基础水量，为了清晰地解构 2 种污水处理价格的设置方式，下面以上述 3 个案例为例具体分析不同水量区间的结算单价的构成（图 7-5）。

① 基础水量又称基本水量、保证水量或保底水量，即政府和社会资本双方约定的最低需求保证量，当实际处理水量低于基础水量时仍按照基础水量结算；设计水量指按照污水处理厂设计规模正常运转时达到的日均处理水量。实践项目中一般设定阶梯式增长的基础水量，即运营期前几年的基础水量一般按照设计规模的百分比设置，均小于设计水量，直到某个运营年份达到最高基础水量即设计水量并运营至期满。

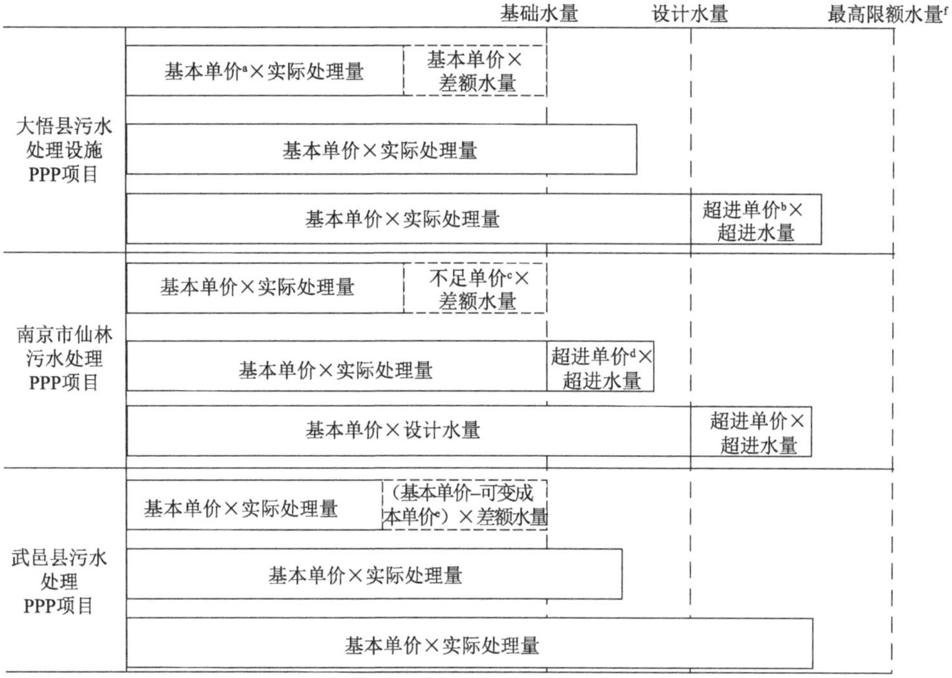

图 7-5　污水处理 PPP 项目收费价格结构

a. 基本单价：以项目总成本和合理收益进行测算的污水处理服务费单价；b. 超进单价＝基本单价×50%；c. 不足单价：实际进水量低于基础水量，则低出部分水量只按固定成本（含利税）结算，双方约定为基本单价的 60%；d. 超进单价：实际进水量高于基础水量，则高出部分只按实际发生的可变成本（含利税）结算，双方约定为基本单价的 40%；e. 可变成本单价：双方约定为 0.20 元/米^3；f. 最高限额水量：大悟县特许经营协议中将其约定为当期已建成投产能力的 110%，其余 2 个项目未做明确约定

资料来源：项目管理库中的项目施工方案、特许经营协议和 PPP 项目合同等

7.5.4 结果讨论

对于污水处理这类具有流量特征的 PPP 项目，污水处理服务费价格的合理设置有利于政府提供最低需求保证的实现，使得政府和社会资本双方市场需求变化风险合理共担。为了进一步揭示污水处理 PPP 项目价格调整机理，本研究将对上述筛选的案例进行细化分析，由于 3 个项目均根据污水处理量的不同划分相应区间并设置对应单价，进行分段结算，因此，以下将划分不同水量区间进行讨论。

1. 实际处理水量≤基础水量

根据 2 种污水处理服务费价格设置的思路，不同 PPP 项目对此是否做出细分的选择有所不同。例如：①大悟县污水处理设施 PPP 项目直接以基本单价和基础水量计算，其基本单价主要根据住房和城乡建设部颁布的《市政公用设施建设项目经济评价方法和参数》（建标〔2008〕162 号）（以下简称“建标 162 号文”）进行测算，总成本主要包括工资福利费、大修费、化验检验费、基本电费等固定成本以及可变电费、药剂费、污泥处理运输费等可变成本，以总成本和项目合理收益率进行财务测算得出综合单价即基本单价。②南京市仙林污水处理 PPP 项目和武邑县污水处理 PPP 项目则对这部分水量进行了细分，由基础水量和实际处理水量的差额部分增设了不足单价和可变成本单价，其均为在以总成本测定的基本单价的基础上进行了相应的调整所得。南京市仙林污水处理 PPP 项目不足单价的设置主要依据建标 162 号文中固定成本分类，再将基本单价中的利税按二者成本比例进行切分，便形成了“不足单价”，主要包括职工薪酬、固定资产折旧费用、修理费用、财务费用等；③武邑县污水处理 PPP 项目双方约定可变成本单价为 0.2 元/米^3，根据此项目的物有所值评价报告可知，主要以经营维护成本为基础进行确定。

政府为了履行最低需求保证的承诺，保证社会资本的合理收益，在污水进水量低于基础水量时，3 个项目对实际处理水量的部分均以双方约定的基本单价计算，主要区别在于差额水量的单价：①大悟县污水处理设施 PPP 项目仍以基本单价计算，简单方便，便于投标企业和监管机构测算、观察和比较，降低双方谈判协商成本和管理成本，但也说明社会资本无论经营好坏，都可以在收回成本的基础上再获得一笔收益，可能会降低其努力改善经营、降低成本的积极性；②南京市仙林污水处理 PPP 项目以二部制定价法引入不足单价，仅以固定成本结算，这部分成本与污水处理量没有太大关系，只要污水处理规模已定，其基本不会改变，即污水处理厂运行时都应该得到固定成本的补偿，其主要体现项目的投资成本及合理利润（含所得税），但这种精细化的设置会增加双方谈判的成本；③武邑县污水处理 PPP 项目将差额水量用基本单价扣除可变成本，也是仅以固定成本计算。综上可知，仙林污水处理 PPP 项目不足单价的设置既保障了项目公司资本性投入能正常回收，又维护了政府的合理利益，相对而言较为合理。

2. 基础水量＜实际处理水量≤设计水量

这部分水量区间一般指项目实际处理水量基于基础水量和设计水量之间。实践中由于城市规划人口逐年递增，3 个项目均根据设计规模设定阶梯式增长的基础水量，运营期前几年的基础水量一般低于最高基础水量即设计水量。若为应达设计水量的运营年份，则按上述“实际处理水量≤基础水量”计算；而若为达到设计水量之前的运营年份，则针对上述 3 个案例而言：①大悟县污水处理设施 PPP

项目和武邑县污水处理PPP项目均以项目总成本测算的基本单价和实际处理量进行计算。②南京市仙林污水处理 PPP 项目双方约定超过基础水量即为超进水量，所以即使未达到设计水量，但超过任一运营年基础水量的部分都算作超进水量，故引入了“超进单价”，即依据建标 162 号文中可变成本分类，再将基本单价中的利税按二者成本比例进行切分，便形成了“超进单价”，具体包括药剂费用、电力费用、尾水尾气、污泥处置费用等。超出基础水量的部分只按照可变成本计算，未超出部分按总成本计算。

由上可知，实践项目中存在 2 种设置超进水量的方式：①超过设计水量的部分算作超进水量，大悟县污水处理设施 PPP 项目和武邑县污水处理 PPP 项目对超过当年基础水量但并未超过设计水量的部分仍以基本单价计算，对于未处理的水量按照全成本计算，可能会使社会资本获得超额收益且削弱其降低成本，提高管理水平的积极性，损害政府和公众的利益；②超过双方约定的任一运营年份的基础水量就算作超进水量，以超进单价计算，虽然大悟县污水处理设施 PPP 项目和仙林污水处理 PPP 项目是 2 种设置超进单价的方式，但均低于基本单价，与项目可变成本密切相关，故社会资本就有动力改善客观因素之外的影响污水处理量因素，以降低运营成本，如通过人员培训提高操作成熟度，加强自身管理能力等。综上可得，按照双方约定的阶梯式基础水量，超过任一运营年份基础水量设置超进单价可以合理保护各方利益，且符合 PPP 项目“风险共担，收益共享”的原则。

3. 实际处理水量＞设计水量

当实际处理水量大于设计水量时，按照 PPP 项目“盈利但不暴利”的原则，加之污水处理行业准公益性的特点，一般政府会对超进水量区间的价格进行调整以保护政府和社会公众的利益。但调整方式按照本研究的 2 种价格结构有所差异。例如：①大悟县污水处理设施 PPP 项目将超过设计水量但不超过最高限额水量的部分单独定价为超进单价，即基本单价的 50%，但仍是以全成本为基础的价格；②南京市仙林污水处理 PPP 项目则采用超进单价结算，剔除固定成本费用，计算污水处理厂运行期间实际发生的可变成本；③武邑县污水处理 PPP 项目未对此部分进行价格调整，按照实际处理量和基本单价结算。虽然仙林和武邑 2 个项目未对最高限额水量做出明确约定，但都以污水处理厂正常运转并达到规定的排放标准为前提。对于超过最高限额水量的污水，社会资本应与政府进一步协商决定，否则政府无义务支付相应的污水处理服务费用。

超进水量的价格设置主要是避免企业暴利，根据 PPP 项目“风险共担，收益共享”的原则，超过设计水量的利润应由双方共享。由于社会资本的管理水平越高，变动成本就会控制得越好，设置超进单价可以通过投标竞争促使其创新污水处理技术，从而降低成本，给社会公众带来更大的福利。我国污水处理 PPP 实践中超进单价的设置主要有以下两种：①南京市仙林污水处理 PPP 项目中超进单价主要体现了项目的可变成本及合理利润，因此仅对与污水处理量相关的生产运营和维护成本进行合理补偿，这种方式对项目成本进行了科学的划分，扣除未发生的运营成本，有利于实现政府、社会资本和公众的多方共赢；②大悟县污水处理设施 PPP 项目简单以基本单价的 50%作为超进单价，在防止社会资本暴利的同时也降低了双方协商的成本，但不足之处是在项目运营期较短、固定成本占比较大时，社会资本缺乏提高其管理水平和创新技术的动力。综上而言，针对超进水量部分以二部制定价法设置超进单价较为科学合理。

7.5.5 管理启示与展望

本研究通过文献及案例讨论，分析实践项目中基于不同水量区间的污水处理收费价格结构，对比得出各区间较为科学合理的价格设置方式。研究结果对 PPP 实践部门有以下三点管理启示。

1. 公私双方应在 PPP 合同中明确、具体地约定共担风险的实现方式

PPP 项目中存在许多需要公私双方共担的风险，柯永建等（2008a）通过文献综述得出，法律变更、行业规定变化、市场需求变化、通货膨胀及不可抗力共 5 个风险需要公私双方合理共担。污水处理是我国 PPP 模式应用较早、操作较为成熟的行业，该类项目中公私双方共担市场需求变化风险的实现方式值得其他行业参考，即公私双方事先约定最低需求保证，并根据实际处理水量分段定价便于结算。例如，南京市仙林污水处理 PPP 项目依据不足水量、超进水量分别增设不足单价和超进单价，使双方在共担市场需求变化风险发生时，能按照相应条款处理。因此，PPP 项目中的其他共担风险应在 PPP 合同相关条款中明确双方应承担的风险范围及具体实现方式，这样双方在项目执行过程中严格按照合同履行即可，有利于项目目标的实现。如果双方只约定风险共担而未对如何实现共担做具体约定，则共担风险一旦发生，双方可能会互相推诿责任，陷入再谈判与争执纠纷中，从而增加项目成本，影响双方合作关系。当然，公私双方在合同中明确某种共担风险的具体实现方式需要各行业在实践中不断地尝试、探索，逐渐发现并沉淀下公私双方最佳的合作方式，从而保障项目顺利实施。

2. 公私双方风险共担的实现应遵循公平原则，追求风险与收益对等

PPP 项目履约绩效的改善乃至项目的成功需要良好的合作关系，而良好的合作关系是以提高社会资本的公平感知为前提的，其中分配公平是公平感知构念中最早被识别且最重要的维度。分配公平是指当事人在交易关系中所获得的回报（即收益）与其贡献（即承担的风险）对等。因此，风险共担的落脚点在于双方收益如何分配。例如：南京市仙林污水处理 PPP 项目中双方约定由政府提供最低需求保证，即实际水量低于基础水量的风险由政府承担，为了维持社会资本正常运营，差额水量部分只补偿固定成本，不包含实际未发生的可变成本，而超过基础水量的风险由社会资本承担，超进水量部分只按实际发生的可变成本结算，不包含固定成本，这种价格设置体现了双方的收益要与各自承担的风险对等，有助于提高社会资本的合作积极性及公平感知；而大悟县污水处理设施 PPP 项目各水量区间均以总成本为基础计算，可能会造成双方承担的风险与所得收益不对等，从而增加政府财政负担并滋长社会资本的投机心理。同理，PPP 项目中其他共担风险的实现也应遵循公平原则，一旦社会资本感到不公平，将采取应对措施甚至机会主义行为以保护自身利益以弥补损失，不利于 PPP 项目的成功。例如：地质条件风险是影响综合管廊 PPP 项目建设的重要风险，应在公私双方间按照风险分担的原则进行公平合理的分配，并根据风险分配结果双方各自承担地质条件风险发生后造成的相应损失，从而保证双方具有较高的公平感知，提高项目履约绩效。

3. 公私双方在谈判协商时应考虑社会公众的利益，以实现多方共赢

目前，专家一致认为应将公众（people）纳入 PPP，使其延伸至 P4 模式，并在服务交付过程中注重以公众为导向，之所以纳入公众是因为 PPP 项目投资建设的根本目的并非为了盈利，而是为社会公众提供服务，公众是最终使用者和利益相关者。因此双方协商谈判的结果必须为公众所接受的，政府既要保证项目具有吸引力，也要引导社会资本自觉付出一定的努力，保障公众利益最大化。例如，相较于大悟县污水处理设施 PPP 项目均以总成本为基础计算，仙林污水处理 PPP 项目中双方约定对于不足水量只按固定成本计算，超进水量只按与实际发生的可变成本计算，且均低于基本单价，这样精细化的设置既有效地维护了公众的利益，又使得社会资本为了自身利益自觉付出高努力管控成本。因此，公私双方在协商谈判时应着眼于最终使用者即社会公众的利益，以提升项目的综合价值，达到多方共赢的效果。

本研究仍存在不足之处：①仅从项目管理库现有的国家示范项目中选取相应案例，虽具有一定代表性，但来源有限，且案例数量仅 3 个，案例筛选范围有限

且数量较少可能会导致研究结论的可靠性有待商榷；②对所选取案例的分析只是依据所能获取的公开资料，同时结合课题组及少数实务工作者的访谈进行的，然而，每个项目双方谈判时所考虑的因素错综复杂，甚至一些价格资料因涉及商业机密而未公开，用于案例对比分析的资料有限导致本研究分析过程中不可避免地存在一些偏颇和主观观点。

7.6 风险分担的兼顾原则性与灵活性

财金 113 号文“第三章 项目准备”中对“风险分配基本框架”的规定如下：“按照风险分配优化、风险收益对等和风险可控等原则，综合考虑政府风险管理能力、项目回报机制和市场风险管理能力等要素，在政府和社会资本间合理分配项目风险。原则上，项目设计、建造、财务和运营维护等商业风险由社会资本承担，法律、政策和最低需求等风险由政府承担，不可抗力等风险由政府和社会资本合理共担。”财金 156 号文附件中的《PPP 项目合同指南（试行）》，在第二章的“第一节 PPP 项目合同概述”中也明确给出了风险分配原则和常见风险分配安排，并强调“具体 PPP 项目的风险分配需要根据项目实际情况，以及各方的风险承受能力，在谈判过程中确定，在实践中不同 PPP 项目合同中的风险分配安排可能完全不同”。由此可见，我国 PPP 相关政策体现了风险分担理论研究的重要观点，即风险分担要遵循一定的基本原则，但必须视具体情况而定。本节将以国际 PPP 项目中的政治不可抗力为例，来阐释 PPP 项目风险分担应兼顾原则性与灵活性的基本要求（杜亚灵等，2020b）。

2017 年 5 月 14 日，国家主席习近平在北京出席“一带一路”国际合作高峰论坛开幕式，并发表题为《携手推进“一带一路”建设》的主旨演讲，提出要“创新投资和融资模式，推广政府和社会资本合作”①。随着“一带一路”的深入发展，大量的中央企业，特别是能源和基础设施建设公司作为“private”走出去，参与到越来越多的国际 PPP 项目的建设中。然而，拥有新机遇的同时也带来了新的风险，“一带一路”沿线存在部分国家政治局面复杂、宗教多元化以及部分地区恐怖主义、极端主义盛行等问题，导致 PPP 项目在建设经营过程中可能遭遇的政

① 习近平在“一带一路”国际合作高峰论坛开幕式上的演讲. http://www.xinhuanet.com/politics/2017-05/14/c_1120969677.htm[2017-05-14].

治不可抗力风险也随之增大。通过分析部分国外 PPP 项目失败的案例发现，政治不可抗力风险发生概率高、危害严重。例如，据中国广播网北京 2011 年 8 月 23 日消息，中国石油集团长城钻探工程有限公司由于政局动荡，导致其在利比亚和尼泊尔等 6 个海外项目合同终止，影响全年收入 12 亿元[①]。近年来，我国企业对外投资项目并未像预期的那样获得高收益的回报，原因之一是未能有效地防控风险（孙南申，2018）。合理的风险分担能提高我国企业的风险控制能力，促进项目成功。

7.6.1　政治不可抗力的界定

现有研究对政治不可抗力的描述大多仅涉及对政治不可抗力事件进行说明，缺乏理论抽象其本质的界定，因此有必要对政治不可抗力进行系统界定。本研究通过文件和文献的对比发现，“政治不可抗力”还有其他表述方式，如“政治风险”或者“重大政府负面行为”，例如《PPP 合同条款指南》第 2.1 条明确指出：重大政府行为事件也被称为“政治风险”或“政治不可抗力”。因此，对政治不可抗力的界定也可参考“政治风险”和“重大政府负面行为”的界定。通过文献分析发现，相关研究对上述三个概念的描述通常围绕“政治因素”“无法控制”“不能避免”等核心词语。例如，黄河和 Nikita（2016）认为，由政治因素引起的不连续地出现在商业环境中，导致对外投资的资产或利润损失的任何类型的政治事件都可视为政治不可抗力风险。有鉴于此，本研究将政治不可抗力界定为：由国内或国际政治因素引起的，可能会影响项目正常进展的无法控制、不能预见、不能避免的风险。

相关研究通常只列举部分政治不可抗力事件，缺乏全面性。本研究通过文件和文献的查阅，对政治不可抗力事件进行全面的识别：①PPP 相关文件中对政治不可抗力的列举，如财金 156 号文明确提及的政治不可抗力事件包括国家政府强制的征收征用、政府不可控的法律变更、未获审批等政府行为，世界银行集团 2017 年出版的《PPP 合同条款指南》中明确列举的政治不可抗力事件包括全国性罢工、国有化和公共部门拒绝授予许可、发生战争、发生恐怖主义事件、抗议；②相关文献大多采用列举法对政治不可抗力事件进行描述，例如，黄剑（2017）主要列举了民族矛盾、宗教冲突和恐怖主义等政治不可抗力风险。由于不同研究在对政治不可抗力事件的描述上有略微差别，本研究经过对相似事件的归类整理，共计整理出 12 个政治不可抗力事件，如表 7-9 所示。

---

① 海外能源投资风险猛增中石油六项目损失 12 亿. http://economy.enorth.com.cn/system/2011/08/23/007182010.shtml [2011-08-23].

表 7-9 政治不可抗力事件的识别

代码	名称	来源		代码	名称	来源	
		文件	文献			文件	文献
P1	战争或军事冲突	√	√	P7	恐怖主义活动	√	√
P2	禁止出口或者相关管制	—	√	P8	国际、国内组织反对	—	√
P3	政府强制征收、国有化	√	√	P9	外汇管制、汇率变动	—	√
P4	内乱、暴动	—	√	P10	政府拒绝授予许可	—	√
P5	民族矛盾、宗教冲突	—	√	P11	法律、政策变动	√	√
P6	国家政权变更频繁	—	√	P12	其他国家干预	—	√

7.6.2 政治不可抗力事件的分级

鉴于不同政治不可抗力事件发生的概率以及对国际 PPP 项目的重要程度不同，对于参与“一带一路”PPP 项目的我国企业而言，为了降低己方投资失败的可能性，需要将政治不可抗力事件进行分级，并将己方有限的资源和精力优先投放在发生概率最高、对国际 PPP 项目最关键的部分政治不可抗力事件上。值得注意的是，同一事件在相关研究中出现的频次越高即公认度越高，亦即发生概率越大；对于发生概率高、与国际 PPP 项目关联度大的政治不可抗力事件，自然是国际 PPP 项目中应当重点关注的关键事件。有鉴于此，本研究以政治不可抗力事件在相关研究中出现的频次为横轴，以相关研究中涉及政治不可抗力时的项目类型为纵轴，将上文识别出的所有政治不可抗力事件进行分区，如图 7-6 所示。

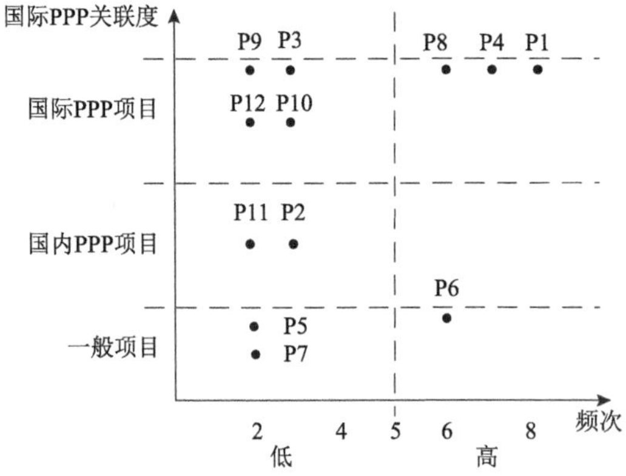

图 7-6 政治不可抗力事件的分级

由图 7-6 可知，P6 相对于 P5 和 P7 来说发生的可能性更大，由于这 3 个事件提取自一般项目的相关研究中，因此它们可能与国际 PPP 项目的关联度较低；P2 和 P11 虽然发生的可能性较低，但是提取自国内 PPP 项目的相关研究中，因此与国际 PPP 项目有一定的关联度；P1、P4 和 P8 相对于 P3、P9、P10 和 P12 来说发生的可能性更大，由于这 7 个事件提取自国际 PPP 项目的相关研究中，因此与国际 PPP 项目的关联度最高。由此可见，在国际 PPP 项目中，尤其是在“一带一路”提出之后我国企业“走出去”参与到其他国家的 PPP 项目中时，为了项目的顺利进行和双方的友好合作，应将处于图 7-6 坐标区域中最右上方的 P1、P4 和 P8 这 3 个政治不可抗力事件作为合同中重点约定的事件或者是在项目运行过程中重点关注的事件。P6 在一般项目政治不可抗力的研究中提及较多，经分析认定其在国际 PPP 项目中依然比较关键，例如，李原和汪红驹（2018）指出，若东道国通过政策的重大调整对外国投资设置壁垒，则投资项目可能会遭遇困境被迫叫停；此外，P3、P9、P10、P12 虽然被研究的频次不高，但却是国际 PPP 项目中特别提及的风险，因此，这 5 个政治不可抗力事件是需要次级关注的。P2 和 P11 被研究频次不高，且多为国内 PPP 项目相关研究提及的风险，有鉴于此，如果在对上述 8 个风险的有效应对采取相应措施的前提下，若资源和精力仍有富余，可给予一定的关注。而 P5 和 P7 被研究频次不高，且是针对一般项目的研究提及的，在所有的政治不可抗力事件的分级中处于最末一级别。有鉴于此，本研究将处于图 7-6 坐标区域上方的 P1、P4、P8、P3、P9、P10、P12 以及右下方的 P6，这 8 个政治不可抗力事件作为关键事件进行后续研究。

7.6.3　关键政治不可抗力事件的风险分担方案分析

在实际情况中，对于政治不可抗力事件是否由政府方独自承担或者由公私双方共同承担，抑或是由社会资本作为商业风险独自承担很难决定。现有研究较少涉及政治不可抗力的风险分担，对于不可抗力风险的分担，相关研究主要涉及政府方独自承担和双方共担。理论上，多数研究认为，相对于社会资本而言，政府对不可抗力的承受能力较大、控制能力也相对较强，并且为了鼓励社会资本积极参与 PPP 项目，不可抗力风险的主要承担方是政府。事实上，这种将不可抗力风险直接归为一方的做法，有违公平原则。由上述政治不可抗力事件分级的结果可知，不同事件的重要程度不同，对于参与国际 PPP 项目的我国企业来说应重点关注关键事件的风险分担。本研究整理相关文献中涉及的政治不可抗力事件的风险分担结果，如表 7-10 所示。

表 7-10 文献中政治不可抗力事件的风险分担结果

序号	风险名称	政府独自承担	社会资本独自承担	双方共担
P1	战争或军事冲突	岐温华（2018）	—	吴瑾（2013）
P7	恐怖主义活动	郭琰和覃宇（2017）	张志红和刘慧（2017）	—
P4	内乱、暴动	吕会娟等（2017）	—	梁冬玲（2014）
P11	法律、政策变动	柯永建等（2008a）	—	—
P5	民族矛盾、宗教冲突	—	李琪（2017）	蒋涌（2016）
P6	国家政权变更频繁	Li 等（2005）、Lam 等（2007）	—	—
P8	国际、国内组织反对	刘畅旸等（2019）	—	刘思昊和朱晖（2019）
P12	其他国家干预	张晨（2014）	—	—

对比分析可知，现有研究对少数政治不可抗力事件的风险分担具有一致性，而对大多数政治不可抗力事件的风险分担不一致。前者如法律、政策变动风险，由于政府有能力影响规章制度、法律和政策等的制定，故该风险应由东道国政府承担。后者如恐怖主义活动风险，郭琰和覃宇（2017）指出由于东道国政府对此类风险拥有更强的控制力，故此类风险发生时，政府应当承担更为广泛的责任；张志红和刘慧（2017）则提出对于政治不可抗力风险中的可投保风险可以通过商业保险规避，对于不可投保风险，如保险领域存在恐怖主义排除条款，则由公私双方共同承担。由上述分析可知，除了直接与政府有关的政治不可抗力事件外，大多数政治不可抗力事件的风险分担不明确。对于国际 PPP 项目中发生概率大、严重性强的政治不可抗力，若合同中能事先规定某项风险的承担主体，则能减少不可抗力发生后的争议和纠纷。有鉴于此，本研究将针对关键政治不可抗力事件风险分担不一致的情况进行分析。

7.6.4 政治不可抗力风险分担原则的确定

虽然相关研究并未对国际 PPP 项目中政治不可抗力事件风险分担不一致的现象做出解释，但是在国内 PPP 项目中，已有学者对此现象做出研究。例如，柯永建和王守清（2011）对来自中国 PPP 项目案例的分析总结、问卷调查/专家访谈的统计分析结果以及政府部门提供的风险分担建议三种可参考的 PPP 项目风险分担结果分析发现，对于政府强制征收、国有化风险无法确定其归责对象，虽然项目因部分条款违反中央政策被政府征收，但是其原因有可能是负责项目的政府官员违规操作或者是社会资本利用政府对 PPP 项目的认识不足而签订的不平等条约，这种情况下，该风险的归责对象应视情况而定。正如世界银行集团出版的《PPP 合同条款指南》中规定的那样：在所有的政治不可抗力事件中，有一些更加容易受到缔约政府部门的控制，这些风险的性质使得它们不能或不会由社会资本承担，因此市场惯例是这些事件的风险由缔约政府部门承担。

由此可见，政治不可抗力风险的分担没有确定的方案，而是在“风险分配给最有控制能力或者最有管理能力的一方”这一基本原则的基础上，根据项目的具体情况而定，这样更有利于风险的管理，从而提高 PPP 项目的整体利益。事实上，不同国家政治、经济、社会环境等不同，不能笼统地将一国 PPP 项目的风险分担简单地套用在其他国家上，同样地，某一 PPP 项目中风险分担的做法也不能直接套用在其他项目上。简言之，政治不可抗力的风险分担是不应该有固定的标准答案的，也就是说，风险分担的基本原则不变，但是风险分担方案在不同国家、不同项目中有所不同，合理的风险分担方案应当视具体情况而定。分析发现，政治不可抗力的风险分担与东道国环境密切相关：有的国家政局不稳、冲突不断，政府对某一政治不可抗力事件在很大程度上能够预见或控制，依据风险分担的基本原则，该风险更多地由政府承担；而对于政局相对稳定的国家，政治不可抗力风险的分担在遵循基本原则的基础上，从实际情况出发，由于政府同社会资本一样无法预见或控制此风险，应当由双方共同承担。例如，在那些战争频繁的国家，由于政府比社会资本更有能力预见或控制这种风险，战争这一政治不可抗力事件更多地应由政府承担，而在几乎不可能发生任何形式战争的国家里，政府对战争这一政治不可抗力事件的预见能力与社会资本一样低，因此，在这种情况下就应该由公私双方共担这一风险。

7.6.5　研究总结

本研究通过文献分析、文件整理、案例分析等途径界定了政治不可抗力；识别出了 12 个政治不可抗力事件并对它们进行等级划分；对各政治不可抗力事件的风险分担进行了文献分析，但同时强调，合理的风险分担应该是视具体情况而定的，因此，实践中不存在风险分担方案的标准答案，只存在一成不变的风险分担基本原则，正如何伯森和万彩芸（2001）所概括的那样：“哪一方能够最好地控制该项风险，且能产生最大的整体效益，则将该风险分配给谁。”事实上，反映上述思想的研究成果早已有之，即风险分担的影响因素，研究结果显示，影响风险分担的因素既包括项目自身的，也包括外部环境的。例如：Vega（1997）主张工程项目风险分担要达到多赢的局面，应该结合具体项目类型及特征予以分担；Arndt（1998）认为风险分担是一个动态的过程，能够随着外部条件与合同各方情况的变化而改变；张水波和何伯森（2003）通过全面归纳风险分担原则指出工程项目风险分担并没有绝对的原则问题，应该根据基本原则结合项目实际情况及合同双方的风险态度进行分配。

第 8 章　合理的利益分配

通过文献分析可知，PPP 项目利益分配的相关研究所依据的理论主要包括公平理论和博弈理论，对比分析两类研究可知，二者的侧重点有所不同。前者更关注双方的合作，旨在指导参与方在合作之初基于各方投入确定初始的利益分配方案，合作后按照各方的实际贡献等影响利益分配的因素，对初始分配方案进行调整。例如，Tang（2014）运用 Shapley 值法，基于付出与回报对等的原则构建了产业技术创新战略联盟的利益分配模型，研究发现，合同约定的收益应与资源投入正相关，合同约定的补偿应与承担的风险正相关，以达到激励联盟成员提升合作创新绩效的目的。而后者更关注合作中的对抗，通常围绕合作完成后双方对利益分配的谈判。例如，代建生和范波（2015）运用 Nash 谈判模型，考察了双边道德风险下合作研发的两部线性分成问题，研究发现，谈判能力确定双方最终能从合作中分享多少利益，而研发效率和协同创造能力确定最优线性分配比例。事实上，PPP 项目利益分配的过程一定是囊括以上两种理论的（图 8-1），即公平理论体现了利益分配的前半程，即各当事人根据合同约定以及己方在履约过程中实际的贡献制定预期的利益分配方案，通常不同当事人的预期利益分配方案是不同的；而博弈理论体现了利益分配的后半程，即交易双方针对利益分配方案进行谈判，经过不断的博弈和妥协，最终形成双方认可的一个利益分配方案。鉴于基于公平理论的利益分配前半程完全是合同治理范畴的，而基于博弈理论的利益分配后半程可能包含关系治理的内容，本章主要依据公平理论，基于合同约定以及合同执行情况来研究 PPP 项目的利益分配。值得注意的是，实践中的公平通常都是相对的，它其实是一个社会比较的过程：纵向来看，是自己的付出与回报相比较；横向来看，是将自己的利益分配结果与同时期、同行业、同类型的其他项目相比较。

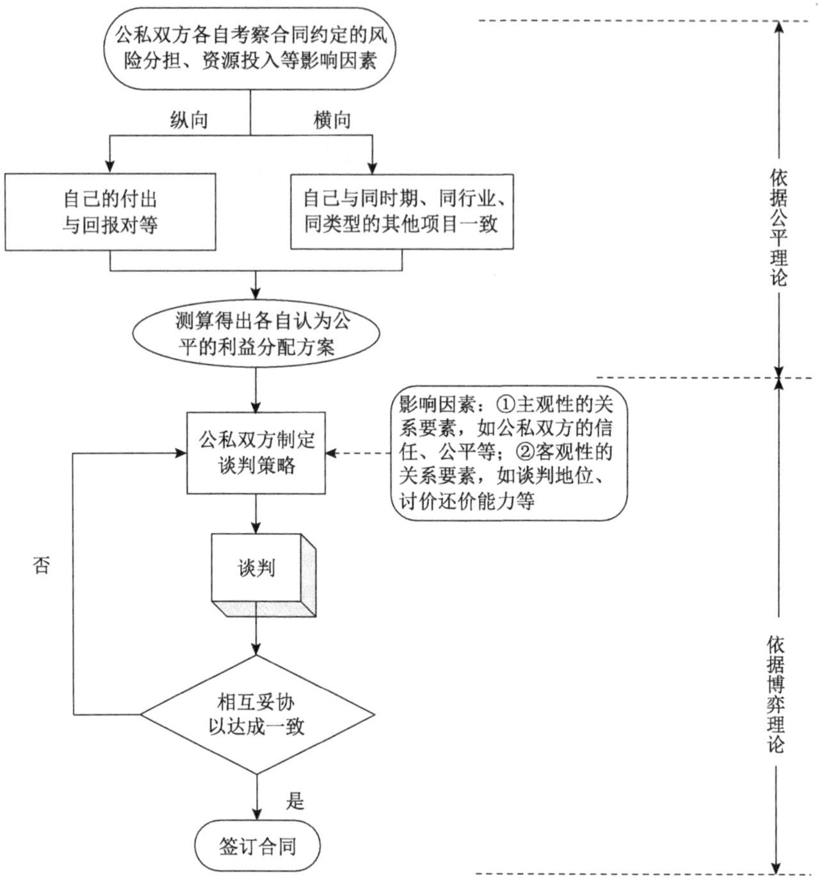

图 8-1　PPP 项目利益分配过程

8.1　基于基准比价法的 PPP 项目调价问题研究

PPP 项目由于合同周期长，致使其在未来 20～30 年项目成本及市场需求很难被预测，容易导致价格异常波动。而价格是风险和收益合理分配的核心，因此，为了平衡各方利益，合理分担风险，通常需要对 PPP 项目调价。财金 156 号文的附件《PPP 项目合同指南（试行）》规定了三种政府付费的调价机制，即公式调整机制、基准比价机制和市场测试机制，其中基准比价机制既能激励社会资本进行自我优化，提高服务效率，又能降低公私双方调价的谈判成本。然而，随机选取财政部政府和社会资本合作中心 2017 年第一季度入库的 113 个社会公共类项目（包含医疗、文化、教育、体育、养老等），发现规定了调价方法的有 91 个，其中明确使用基准比价法的有 21 个，占比仅 23%，由此可见，基准比价法在实践中运用较少，研究空间较大。财金 156 号文仅对基准比价法进行了简单的界定，即项目公司定期将其或其分包商提供服务的定价与同类服务的市场价进行对比，并就两者存在的价差与政府进行协商调价，关于如何基于基准比价法进行合理调价的规定尚不完善，致使该方法在实际应用中面临两大难题：①同一服务或产品在市场上存在多种价格，如何从中得到一个合理的市场价文件并未说明；②当项目定价与市场价存在差异时，考虑到各方利益，价格具体调整为多少文件没有规定。有鉴于此，本节将通过借鉴其他行业比价的相关研究，将基准比价法分解为市场价格的确定及自身价格的调整两部分；以河北沧州污水处理厂为例，按照比价对象遴选、影响因素分析、价格归一化处理的流程得出其市场价格；通过案例分析确定出现行价与市场价的缺口比例，在此基础上，根据投资回报率调价原理对现行价格做出调整（杜亚灵和刘玲，2020）。

8.1.1 文献综述

1. 其他行业的比价

CNKI 数据库中关于基准比价法的文献甚少，因此，对与其原理相似的二手车行业、房地产行业、医疗行业等文献进行分析，发现当前的比价方法大致有以下两种：①直接比较法，通过选取与自身相同的比价对象，将其价格进行区域差异修正，确定出市场价格，在此基础上调整自身现行价格。例如，隋博（2014）选取相同二手车，根据两者所在地区平均价格差对比价对象价格进行区域修正，确定出二手车市场价格，并对待评估二手车当前价格做出调整。②类比法，该方法是目前行业中运用较为广泛的一种方法，主要是选取与待评估对象相似的比价对象，通过两者的差异比较，将比价对象的价格按“优增劣减”的方式处理得出市场价格，据此对待评估对象价格做出调整。例如：陈煜红和何鑫（2005）选取相似住宅为比价对象，识别出容积率、区域位置等差异因素，通过类比量化处理得出住宅项目的市场售价，并对待评估住宅当前的价格进行微调；李力等（2015）选取相似紫杉醇药品，针对剂型、规格等差异进行差量处理，确定出紫杉醇市场价格，认为当前的紫杉醇价格应适当降低；张璐琴（2014）对再生水与自来水的生产厂家、区域、用途等差异进行处理，确定了再生水的市场均衡价格，认为当前的居民及非居民用再生水价格应适当降低。综上所述，比价主要是确定出市场价格并对自身价格做出调整，具体可以分为以下 4 个步骤：选取相同或相似的比价对象、识别导致价格差异的因素、对差异部分进行修正确定出市场价、调整自身价格。

2. PPP 项目的调价

PPP 项目调价通常需要达到触发条件，如运营成本变动幅度或社会资本投资回报率超过一定比率等。目前，学者们采用的调价方法主要有以下三种：①成本法，将价格分为成本及投资回报两部分，通常认为投资回报不变，仅对成本变动部分调价。例如，刘月芹（2007）以贵阳小河污水处理厂为例，对成本变动情况进行核算，按照约定的投资收益率得出调整后的污水处理价格。②固定收益率法，通过调增或降低价格维持收益率不变，例如，陈爱国和卢有杰（2006）提出的税后利润调价法，其实质就是通过调整基础设施价格来保证收益不变的。③最高限价法，通过对价格设置上限，约束社会资本的调价幅度，此种调价方法类似于投资回报率管制，是一种通过控制价格来保持投资回报率稳定的手段。例如，周思娇（2018）基于污水处理调价问题，对最高限价法的原理进行研究，认为其本质是根据成本变动幅度调整污水处理价格，而投资回报率不发生变化。由此可见，对于 PPP 项目调价问题，尽管各学者采用的调价方法不同，但原理却相近，即调价过程中双方约定的投资回报率是保持不变的，一般只是对价格变动部分做出调整。

8.1.2 市场价格的确定

基准比价法在实际运用中需要与同类服务进行市场价格比较。因此，如何确定出较为精确合理的同行业市场价格对比价结果至关重要。基准比价法多适用于社会公共类，而污水处理项目是公共服务类的一种，且 PPP 模式在污水处理行业的应用已经历十多年发展，相对其他领域更为成熟，经验更加丰富。因此，本研究以污水处理行业为例，通过比价对象遴选、影响因素分析、价格归一化处理确定其市场价格。

1. 比价对象遴选

本研究参照二手车行业、房地产行业、医疗行业等选取比价对象的方法，结合比价对象选取时可替代性的原则，归纳出比价对象的选取要点：①特性相似，如二手车比价一般选取与自身结构、性能、配置、新旧程度等相近的车辆（屠卫星，2012）；②类别一致，如医疗服务比价时，综合医院只和综合医院进行对比，中医院只和中医院进行对比（翁一冰，2017）；③等级相同，如手术类医疗服务比价，需要对手术等级进行区分，相同等级的手术医疗服务才进行比较（王海银等，2017）。

综上所述，本研究以河北沧州污水处理厂 PPP 项目为例，进行比价对象的选择。该项目于 2016 年投入运营，污水处理服务费 1.327 元/吨，投资回报率 5.38%，项目特征为 A^2O 处理工艺，污水处理量 2.5 米 ^{3}/日，污水类别为居民生活污水，出水等级为一级 A 类，建筑规模为 IV 类。本研究根据其项目特征、类别、等级在全国范围内随机挑选出了 5 个满足要求的污水处理厂，分别为潮南居民生活污水处理厂、长春营城污水处理厂、湖北荆门污水处理厂、唐山芦台一期污水处理厂及贵阳市农村生活污水处理厂。

2. 影响因素分析

将所选的污水处理厂与河北沧州污水处理厂进行价格对比并对造成差异的因素进行分析。由于引起价格差异的因素繁多，若对所有因素进行评估，工程量大、程序复杂，操作起来较为困难，故仅选取关键影响因素分析。本研究从项目参与者及项目外部环境 4 个角度对各学者识别的价格影响因素进行归纳，通过文献分析，本研究共确定出 16 个主要价格影响因素（图 8-2）。鉴于所选取的污水处理厂，在技术水平、污水处理质量等方面基本相同，服务质量与技术水平 2 个因素对价格的影响暂且忽略。

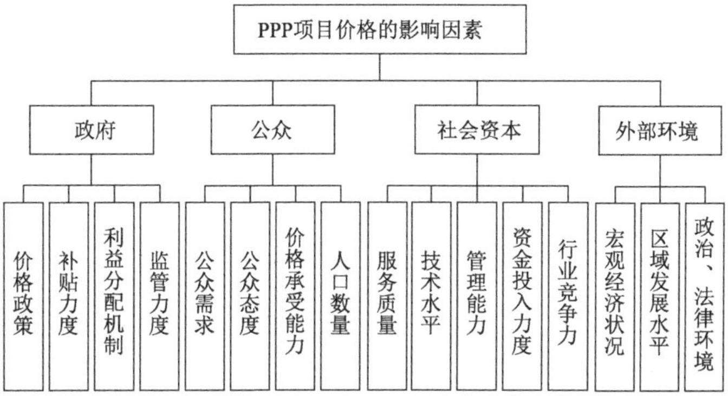

图 8-2　PPP 项目价格的影响因素识别

3. 价格归一化处理

由于上述识别出的价格影响因素较多且难以量化，因此采用模糊综合评价法对其进行定量化处理。模糊综合评价法主要是利用模糊数学方法，实现多因素从定性评价到定量评价的转换。本研究以潮南居民生活污水处理厂为例，将其与待评估对象进行对比，对造成双方价格差异的因素进行处理，具体建模步骤如下：

（1）构建评价因素集。根据价格影响因素的主要来源，构建因素集 $U=\{u_1,u_2,u_3,u_4\}$={政府，公众，社会资本，外部环境}。

（2）构建评语集。$V=\{v_1,v_2,v_3,v_4,v_5\}$ =（优，较优，相同，较劣，劣）=（1.4，1.2，1，0.8，0.6），其中 V 表示潮南居民生活污水处理厂相对河北沧州污水处理厂在上述 4 个方面价格影响因素上的优劣程度。

（3）确定指标权重。确定指标权重的方法一般有专家打分法、层次分析法（AHP）等，本研究采用层次分析法，将一级指标进行两两比较，邀请专家按“1～9”的标度对重要性赋值，进而算出权重 U=（0.456, 0.235, 0.107, 0.201）。

（4）建立模糊评价。根据各因素对价格的影响情况，结合本项目实际情况及专家打分结果，确定出二级评价指标的判断矩阵如下：

$$R=\begin{bmatrix} 0.281 & 0.326 & 0.167 & 0.225 & 0.000 \\ 0.321 & 0.094 & 0.155 & 0.428 & 0.000 \\ 0.000 & 0.000 & 0.246 & 0.487 & 0.265 \\ 0.284 & 0.621 & 0.096 & 0.000 & 0.000 \end{bmatrix}$$

（5）模糊计算。根据计算公式：$Z=U\times R$=（0.261, 0.285, 0.158, 0.269, 0.028），按照最大隶属度原则，选取 Z 中的最大值作为最终评语等级。即 $Z_{\max}=Z_2=0.285$，由此可知，就上述 4 个方面价格影响因素而言，潮南居民生活污水处理厂相对河北沧州污水处理厂较优，其修正后价格为 $P_1=P_0\times k=1.327\times 1.2\approx 1.592$元/吨（其中，$k$ 代表评分等级系数，评分为“优”时，k 取值 1.4；评分为“较优”时，k 取值 1.2；评分为“相同”时，k 取值 1；评分为“较劣”时，k 取值 0.8；评分为劣时，k 取值 0.6）。同理，可确定出剩余 4 个污水处理厂修正后价格分别为 1.062 元/吨、1.858 元/吨、1.592 元/吨、1.062 元/吨。最后，取所求价格均值，得出河北沧州污水处理厂服务费市场价格 $P'=\frac{1}{i}(P_1+\cdots+P_i)$=1.433元/吨。

8.1.3 自身价格的调整

根据财金 156 号文对基准比价法的规定，当社会资本方现行价格与市场价格不等时，项目公司可与政府协商调价。但文件中对于两者价格相差多少时可以调价、自身价格具体调整为多少等问题没有给出详细说明，是实践中采用该方法时必须解决的问题。

1. 市场价与现行价缺口比例的设置

缺口比例的设置可以帮助社会资本明确价格调整的触发条件，其价格变动只有超过设定的比例才可以申请调价。通过查阅污水处理 PPP 项目合同，发现各项目中设置的价格缺口比例并不统一，如表 8-1 所示。

表 8-1　污水处理 PPP 项目价格缺口比例设置情况

序号	项目名称	年份	缺口比例/%	条款内容
1	昌平区农村分散污水处理 PPP 项目	2016	5	调价幅度超过生效日约定的污水处理服务费 5%时，可以申请调价
2	随州市城北污水处理厂 PPP 项目	2016	6	调价系数 K≥6%时，按实际变动调整价格
3	大亚湾第一水质净化厂 PPP 项目	2015	10	污水处理单价变动幅度超出 10%时，予以同等幅度调整价格
4	通城县经济开发区污水处理厂 PPP 项目	2017	5	污水处理单价变动超过 5%及以上，乙方有权申请临时调价
5	安仁县污水处理厂	2014	5	调价系数 K≥105%时，可申请调价
6	广东省雷州市污水处理项目	2009	3	调价系数 K≤3%时，不予调价
7	华安县农村污水处理设施建设 PPP 项目	2017	10	单价调整幅度累计 10%以上，予以调价
8	安徽省六安市叶集区污水处理 PPP 项目	2018	5	污水处理成本影响因素综合指标累计涨幅超过 5%时，触发价格调整条件
9	山东省日照市五莲县污水处理 TOT 项目	2015	3	污水处理服务费单价调整幅度小于等于 3%时，不予调整
10	临沂经济技术开发区第二污水处理厂 PPP 项目	2018	5	双方计算出的污水处理服务费单价调整幅度小于等于 5%时，不予调整

由表 8-1 可知，目前合同中设置的污水处理服务费价格缺口比例为 3%～10%，但更多地集中在 5%附近。有鉴于此，本研究将 5%作为缺口比例设置的基准数，参照合同中该比例设置的最低下限及最高上限，按照 2%的浮动范围，确定出缺口设置范围在 3%～7%较为合理。政府设置缺口比例通常是基于“盈利但不暴利”的原则，综合考虑社会资本的成本与收益关系，避免其陷入亏损。因此，缺口比例具体设置为多少，双方还应结合实际情况协商确定。

2. 自身价格调整方法

该案例中污水处理服务费现行价为 1.327 元/吨，经测算的市场价为 1.433 元/吨。假定双方协商确定的缺口比例为 6%，显然，社会资本可申请调价。从近年来河北省物价局及《中国统计年鉴》发布的数据（表 8-2）可以看出，造成两者价格差异的主要原因是污水处理成本上涨。根据投资回报率调价原理，为维持社会资本的初始投资回报率，使其可以收回成本并获得合理回报，有必要对成本变动部分进行调价。

根据合同内容，双方最初核算的成本为 0.884 元/吨，由电费、药剂费、人工费及其他费用构成，各项金额分别为 0.332 元/吨、0.151 元/吨、0.189 元/吨、0.212 元/吨，所占权重为 0.375、0.171、0.214、0.240。但随着有关价格的增长，截止到运营期第三年（2018 年），其成本共变动

$$m = 0.884\times[0.375\times(0.534/0.529)+0.171\times(104.6/97.6)+0.214\times(91575/77162) + 0.240\times(102.4/101.5)-1] = 0.051\text{元}/\text{吨}$$

由此可知，河北沧州污水处理服务费应调整为 P=1.327+0.051=1.378 元/吨。即此价格是维持初始投资回报率不变的底线，社会资本可在 1.378～1.433 元/吨之间与政府谈判确定最终价格。

表 8-2　河北省污水处理服务费相关成本价格及数据

项目	2016 年	2017 年	2018 年
下水道动力电/（元/千瓦时）	0.529	0.547	0.534
化工原料购进价格指数（上年＝100）	97.6	108.4	104.6
水生产和供应业职工年平均工资/元	77 162	84 590	91 575
消费价格指数（上年＝100）	101.5	101.7	102.4

8.1.4 管理启示

本研究基于基准比价法，以污水处理行业为例，对河北沧州污水处理厂的市场价格进行确定，将其与现行污水处理服务费价格进行比较，并在投资回报率不变的基础上对现行价格做出调整。通过上述分析，本研究得出以下三点管理启示。

1. 基准比价法的推广需要政府完善相关信息平台，提供技术支持

基准比价法的运用有利于社会资本通过与同类服务行业比价对自身成本及服务方式进行回顾，及时提高服务效率与质量。但实践中基准比价法的运用并不广

泛，主要原因是某些行业市场价格难以直接获取，社会资本需耗费人力、财力等去询价、比价，过程烦琐漫长。因此，为更好地推广该方法，政府应为其提供技术支持，在现有的平台上，增加或发布一些与基准比价法有关的功能或信息。以目前我国“最权威、最完整、最实用的关于 PPP 的官方信息平台和数据库”——财政部政府和社会资本合作中心的财政部 PPP 项目库为例，政府可从以下两方面对其进行改进。①社会资本采用基准比价法需要根据项目特征、类别、等级等选择合适的比价对象，而该平台目前是按照省份、行业等进行项目选择的，尚无法满足基准比价法的操作要求，因此，政府可考虑强化平台筛选功能，例如，在一级限定条件下划分出更为细致的二级限定条件，在项目所属行业下划分出项目特征、类别、等级等，在所属省份下划分出市、县、镇等，以便社会资本快速遴选合适的比价对象；②基准比价法需要与同行业市场价做比较，而该平台提供的多是新闻动态、行业政策法规、行业动向等方面的信息，行业价格方面的信息较少，因此，政府可以录入一些常见行业的市场价格，如污水处理行业、交通运输行业、基础设施行业等，便于社会资本进行现行价与市场价的比较。

2. 政府应为基准比价法的调价启动时机设置缓冲空间

财金 156 号文规定，当现行价与市场价不同时，社会资本即可申请调价。这意味着，只要存在价差，随时能启动调价，显然，这在实践中是不可行的。①社会资本现行价格低于同行业市场价格可能只是自身技术水平落后或服务效率低下导致的一种暂时现象，在后期的运营中，社会资本通过自我反思，改进技术水平或提高工作效率，可能会重新恢复到市场价格水平，而无须进行调价；②排除上述原因，价格也并不适宜“一变就调”，因为频繁地调价会加重政府工作负担，增加公私双方调价谈判成本，同时还会引起公众不满。因此，为弥补上述不足，政府应当为基准比价法的调价启动时机设置一定的缓冲空间，减少调价次数。例如，因社会资本自身原因导致的价格偏差，政府可给予一定时间，让社会资本先自行确认价差存在的原因并进行反思。或者，政府可参照 13 版清单计价规范对建筑行业材料价格调整的相关规定，即“发承包双方未对材料价格调整幅度做出约定时，材料单价变化超过 5%的，对超出部分做出调整”，在文件中为现行价与市场价设置价格缺口比例或直接给定缺口比例的设置范围，社会资本的价格变动幅度必须达到约定比例才可申请调价。

3. 调价过程中社会资本应合理选择谈判策略

财金 156 号文中明确规定，当比价结果不同时，由社会资本向政府提出申请，双方通过协商进行调价。由此可见，调价是一个先基于公平原则各自确定价格，后基于博弈理论进行协商谈判的过程。基准比价法是一种同市场价进行比较，并在自身原价与市场价的范围内进行调价的方法，对于政府而言，只有根据投资回报率调价原理对自身价格进行调整才能确保 PPP 项目“物有所值”，而事实上，无论最终将自身价格调整为自身原价与市场价这一范围内的哪个数值，都谈不上损失或犯错，因此，政府承担的调价风险较小，致使其防备心理较弱。此种情况下，社会资本有较大的谈判策略发挥空间。例如，合理利用中国“人情社会”中的关系，当双方感情良好时，社会资本考虑到政府部门一般不会过于苛刻，可以选择高报价策略，反之，则应选择低报价策略；正确估计政府的谈判能力，在实际谈判过程中，谈判力较强的一方往往更具有控制力，能够使对方做出让步。因此，若政府的谈判经验、团队实力等明显优于自己，社会资本应倾向于选择较为保守的低报价策略，反之，可选择高报价策略。

本研究是以财金156号文为基础的，通过一个案例对基准比价法的调价问题进行研究，尚存在以下不足：①基准比价法在实践中运用较少，相关文献数量有限且多是基于理论的客观分析，鲜少展开深入研究，可供参考的资料不多。因此，本研究只能参照与其原理相似的其他行业，结合自己对基准比价法的理解，将其分解为市场价格确定及自身价格调整两部分，最终结果不可避免地存在一定程度的个人主观性；②本研究仅选取一个污水处理厂案例进行分析，该研究过程中比价对象的选取方法、缺口比例的设置范围等可能只适用于污水处理行业，无法推广到所有领域，存在一定的局限性。

8.2 基于修正 Shapley 值法的 PPP 项目超额利润固定式分成

截至2019年一季度末，项目管理库累计使用者付费类项目627个、投资额1.3万亿元，分别占项目管理库的7.1%和9.4%；累计可行性缺口补助类项目4892个、投资额8.7万亿元，分别占项目管理库的55.3%和64.9%。采用这两种付费机制的项目，如高速公路、地铁等，因市场需求量激增、通行费价格下降等原因可能产生超额利润，即实际收益超过预期收益上限的部分，根据 PPP 项目“风险共担，收益共享”的基本原则，公私双方应共享该超额利润。对此，财金156号文中明确了两种超额利润的分享方式，其中之一为设置分成比例。目前，我国 PPP 项目超额利润分成的方式包括固定式和阶梯式两种，本节将探讨固定式分成的确定问题。

8.2.1　研究方法的选择

PPP 是公共部门与私人部门为了提供高效的公共产品和服务、满足公众需要所建立的长期合作关系，它主要是通过 PPP 项目合同建立和维系的，在我国实践中，PPP 项目合同通常是由政府或政府授权机构与项目公司就 PPP 项目合作所订立的①。不同于传统的工程建设项目，PPP 项目中公私双方形成的是一种随着交易时间的延续和交易的展开而不断修正的契约关系，因此，它们是一种真正意义上的合作伙伴关系，而不是委托代理关系。另外，PPP 项目以利益共享和风险共担为基本特征，其最终目的是通过公私双方的合作创造新价值，即公众对公共产品和服务更高的满意度，这一点也与以节约投资为基本特征的传统工程建设项目不同。显然，PPP 符合博弈论中的合作博弈、非零和博弈，适用于 Shapley 值法。

Shapley 值法是解决动态合作联盟中参与者利益分配问题的一种方法，通过利益相关者贡献度对等的分配原则，可以得到利益相关者的利益分配比例。其一般定义为：设集合 $I=\{1,2,\cdots,n\}$，如果对于 I 的任一子集都对应着一个实数函数 $v(s)$，用 $\varphi_i(v)$ 表示在合作 I 下第 i 个成员所得的利益分配额，则合作 I 下各个合作成员所得利益分配的 Shapley 值为

$$\varphi_i(v)=\sum_{s\in s(i)} w(|s|)\left[v(s)-v(s|i)\right] \tag{8-1}$$

式（8-1）中：

$$w(|s|)=\frac{(n-|s|)!(|s|-1)!}{n!} \tag{8-2}$$

其中，$s(i)$ 是集合 I 中包含成员 i 的所有子集，$|s|$ 是 s 中元素个数，$w(|s|)$ 是加权因子，$v(s)$ 是子集 s 的利益，$v(s|i)$ 为子集 s 中除去合作伙伴 i 后可取得的利益。

8.2.2　Shapley 模型的修正

Shapley 值法虽然考虑了各合作成员的边际贡献，但实际上隐含了风险均担等

---

① 财金 156 号文指出：PPP 项目合同是由政府方（政府或政府授权机构）与社会资本方（社会资本或项目公司）依法就 PPP 项目合作所订立的合同；社会资本通常不会直接作为 PPP 项目的实施主体，而会专门针对该项目成立项目公司，作为 PPP 项目合同及项目其他相关合同的签约主体，负责项目具体实施。

假设，而在实际项目中，存在着多种影响项目利益分配的因素，因而有必要对 Shapley 值进行修正。鉴于 PPP 项目利益分配影响因素的相关文献较多，本研究将筛选认可度最高的少数几个影响因素，并将其纳入利益分配模型中以实现对经典 Shapley 模型的修正。以分成比例的影响因素为节点、不同因素在同一篇文献中出现视为关系，绘制社会网络关系图（图 8-3），从而识别出对 PPP 项目超额利润分成比例影响最大或者认可度最高的前三位因素依次为风险分担（采用建模方法来进行利益分配，必须实现对各影响因素的量化）、投资占比和贡献度。然而，贡献度是指公私双方为了实现项目的最大收益而采取积极行动的程度，既包含合同约定部分，也包含合同外实际执行情况：前者是指合同赋予各方的义务；后者则指由于 PPP 项目在实际实施时所处的外部环境复杂多样，公私双方为了应对外部环境的变化而做出的牺牲或进行的优化。鉴于本研究考察的是公私双方在 PPP 合同中约定超额利润的分成，而不涉及 PPP 合同执行过程，因此，仅将风险分担投资占比作为修正 Shapley 值法的影响因素，而不考虑贡献度及其以后的影响因素。

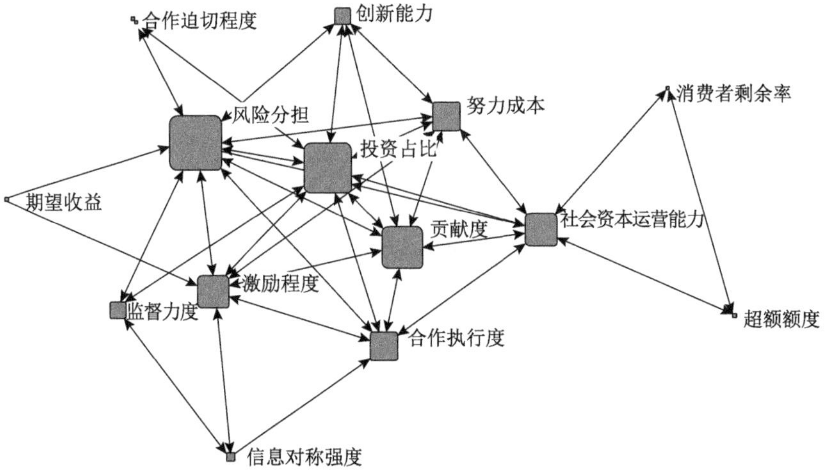

图 8-3　PPP 项目超额利润分成比例关键影响因素的社会网络图

（1）风险分担系数。依据公平偏好理论，付出应当与收益正相关，因此，承担风险越大，期望得到的超额利润比例应该越大。PPP 项目超额利润的产生涉及的主要风险有市场环境风险和项目公司内部风险。前者主要包括客户需求风险、合作者风险和竞争者风险等；后者主要有财务风险、技术风险、管理风险和人力资源风险等。

（2）投资占比。根据相关文件规定，项目公司可由政府方代表和社会资本方共同出资成立①，通过对实际项目的分析发现，在我国实践中，绝大部分 PPP 项目的项目公司都有政府方参股，因此，本研究中的投资占比即项目公司中政府方代表与社会资本的资本金比例。依据公平偏好理论，投资者投入的资金越大，其期望的收益就越大，因此，超额利润分享应与资本投入成正比。

8.2.3　模型构建与求解

1. 模型的建立

假设在 PPP 项目执行过程中无大的决策变动，政治和法律环境相对稳定，且超额利润分享经过磋商谈判可达到均衡、双方认可的理想效果。设在 Shapley 值的基础上，考虑影响超额利润分享的因素，建立超额利润分享修正因素的集合 $J=\{j\}, j=1,2$，分别代表风险分担系数和投资占比。建立第 i 个合作伙伴关于第 j 个修正因素的测度值 a_{ij}，得到修正因素测度值分析表如表 8-3 所示。

表 8-3　修正因素测度值分析表

i \ j	1（风险分担系数）	2（投资占比）
政府部门（即公共部门 G）	a_{G1}	a_{G2}
项目公司（即私人部门 P）	a_{P1}	a_{P2}

根据表 8-3，得到影响超额利润分享的修正矩阵 A：

$$A=\begin{pmatrix} a_{G1} & a_{G2} \\ a_{P1} & a_{P2} \end{pmatrix}$$

对矩阵 A 进行归一化处理，得到矩阵 $B=\left(b_{ij}\right)_{n\times m}$。然后确定各影响因素对超额利润分享的影响程度 $\lambda=\begin{pmatrix}\lambda_1 & \lambda_2\end{pmatrix}^{\mathrm{T}}$，根据公式：

$$\begin{pmatrix}R_G & R_P\end{pmatrix}^{\mathrm{T}}=B\times\lambda$$

其中，R_G 和 R_P 分别表示调整后各影响因素对政府部门（即公共部门 G）和项目公司（即私人部门 P）超额利润分享的综合影响程度，经过调整的各方实际应得的超额利润为

① 财金 113 号文指出：社会资本可依法设立项目公司，政府可指定相关机构依法参股项目公司。文中的政府方代表即政府指定的相关机构如国企等。

$$V_G = \varphi_G + \left(R_G - \frac{1}{n}\right) \times V(s) \tag{8-3}$$

$$V_P = \varphi_P + \left(R_P - \frac{1}{n}\right) \times V(s) \tag{8-4}$$

其中，在 PPP 项目中，n 的数值为 2。根据上述公式，可以得到基于 Shapley 值修正的 PPP 项目超额利润分成方案。

2. 参数确定方法

（1）风险分担系数的确定。本研究中的风险分担系数主要通过层次分析法确定。假设 a_{G1} 和 a_{P1} 分别表示公私双方的综合风险分担系数，在 PPP 项目超额利润产生过程中双方面临市场环境风险（A_1）和项目公司内部风险（A_2）两种，每一种风险在政府部门和项目公司之间的分担系数为 m_i 和 n_i，其中 $m_i + n_i = 1$，则

$$a_{G1} = w_1 m_1 + w_2 m_2$$

$$a_{P1} = w_1 n_1 + w_2 n_2$$

其中，w_i 表示两种风险的权重系数。

下面我们对风险分担系数进行确定，假设评价因素的评价集为 v={低，较低，中等，较高，高}，评价值为 $v = \{0.1, 0.3, 0.5, 0.7, 0.9\}$。若 A_1 = {客户需求风险，合作者风险，竞争者风险}，按其对 PPP 项目超额利润产生的影响程度赋予权重值 $\alpha = (\alpha_1 \quad \alpha_2 \quad \alpha_3)$，我们邀请 5 位高校的风险管理专家对获取超额利润的风险进行评估，并对结果进行统计，从而得到模糊关系矩阵：

$$U = \begin{pmatrix} U_1 \\ U_2 \\ U_3 \end{pmatrix} = \begin{pmatrix} r_{11} & r_{12} & r_{13} & r_{14} & r_{15} \\ r_{21} & r_{22} & r_{23} & r_{24} & r_{25} \\ r_{31} & r_{32} & r_{33} & r_{34} & r_{35} \end{pmatrix}$$

对市场环境风险中的单风险因素进行模糊综合评价，得到风险系数矩阵：

$$B_1 = \alpha \times U = (\alpha_1 \quad \alpha_2 \quad \alpha_3) \times \begin{pmatrix} r_{11} & r_{12} & r_{13} & r_{14} & r_{15} \\ r_{21} & r_{22} & r_{23} & r_{24} & r_{25} \\ r_{31} & r_{32} & r_{33} & r_{34} & r_{35} \end{pmatrix}$$

则公私双方对于市场环境风险的风险分担为

$$m_1 = B_1 \times V^{\mathrm{T}}$$

$$n_1 = 1 - m_1$$

同理，若 A_2 = {财务风险，技术风险，管理风险，人力资源风险}，按其对获取超额利润的影响程度赋予权重值 $\alpha' = (\alpha'_1 \quad \alpha'_2 \quad \alpha'_3 \quad \alpha'_4)$，得到模糊关系矩阵：

$$U'=\begin{pmatrix}U_1'\\U_2'\\U_3'\\U_4'\end{pmatrix}=\begin{pmatrix}r_{11}' & r_{12}' & r_{13}' & r_{14}' & r_{15}'\\ r_{21}' & r_{22}' & r_{23}' & r_{24}' & r_{25}'\\ r_{31}' & r_{32}' & r_{33}' & r_{34}' & r_{35}'\\ r_{41}' & r_{42}' & r_{43}' & r_{44}' & r_{45}'\end{pmatrix}$$

对项目公司内部风险中的单风险因素进行模糊综合评价，得到风险系数矩阵：

$$B_2=\alpha'\times U'=\begin{pmatrix}\alpha_1' & \alpha_2' & \alpha_3' & \alpha_4'\end{pmatrix}\times\begin{pmatrix}r_{11}' & r_{12}' & r_{13}' & r_{14}' & r_{15}'\\ r_{21}' & r_{22}' & r_{23}' & r_{24}' & r_{25}'\\ r_{31}' & r_{32}' & r_{33}' & r_{34}' & r_{35}'\\ r_{41}' & r_{42}' & r_{43}' & r_{44}' & r_{45}'\end{pmatrix}$$

则公私双方对于项目公司内部风险的风险分担为

$$m_2=B_2\times V^{\mathrm{T}}$$

$$n_2=1-m_2$$

（2）投资占比的确定。投资占比即项目公司中政府方代表与社会资本的资本金比例（包括后期资本金的追加），通过计算可得公私双方的投资占比的测度值 a_{G2} 和 a_{P2} 。

（3）参数 λ 的确定。对于超额利润分享影响系数 λ 的确定，我们通过专家打分的方式征求专家的意见，所得的结果采用层次分析法构造风险分担系数和投资占比对超额利润分享影响因素的重要性评判矩阵，确定各指标的权重向量 λ 。

3. 结果分析

在特定的 PPP 项目中，产生的超额利润 $V(s)$ 可以通过项目公司财务账面核算来确定， φ_G 和 φ_P 可以由专家根据公式（8-1）和（8-2）进行估算。因此，假设进行 Shapley 值修正后政府部门应得的利益为 V_G ，占 $V(s)$ 的比重为 y，通过以下运算过程可得公式（8-5）：

$$V_G=V(s)\times y=\varphi_G+\left(R_G-\frac{1}{2}\right)\times V(s)$$

$$\begin{pmatrix}R_G\\R_P\end{pmatrix}=B\times\lambda^{\mathrm{T}}=\begin{pmatrix}b_{G1} & b_{G2}\\ b_{P1} & b_{P2}\end{pmatrix}\begin{pmatrix}\lambda_1\\ \lambda_2\end{pmatrix}=\begin{pmatrix}b_{G1}\lambda_1+b_{G2}\lambda_2\\ b_{P1}\lambda_1+b_{P2}\lambda_2\end{pmatrix}$$

$$y=\frac{\varphi_G}{V(s)}+R_G-\frac{1}{2}=\frac{\varphi_G}{V(s)}-\frac{1}{2}+b_{G1}\lambda_1+b_{G2}\lambda_2 \tag{8-5}$$

式（8-5）中， y 表示政府部门的超额利润分成比例，是因变量； b_{G1} 和 b_{G2} 表示政府部门的风险分担系数与投资占比，是自变量；其余均在具体项目中为已知数，而 PPP 项目中公私双方之间的超额利润分成比例即为 y（$1-y$）。对于尚未签订合同的 PPP 项目，公私双方均可根据其所估计的运营期潜在超额利润状况以及期望的超额利润分成方案来确定己方承担的风险和投资占比。然而，正如 5.4 节中指出的那样，我国实践中 PPP 项目公私双方投资占比的确定通常取决于政策文件规定、政府对项目控制的需求程度、双方自身条件限制，在这些情况下，投资占比 b_{G2} 就成了已知数，自变量只有一个风险分担系数 b_{G1}，是个一元一次函数，显然，PPP 项目超额利润的分成应与双方承担的风险成正比。

8.2.4 算例分析

某大型轨道交通 PPP 项目的核心利益相关者为政府部门（即公共部门 G）和项目公司（即私人部门 P）。经测算，该 PPP 项目潜在的超额利润为 2000 万元。如果该项目不采用 PPP 模式，由政府部门按照传统的建运一体化模式运作，则潜在超额利润为 500 万元；如果由该社会资本单独运作该项目，则潜在超额利润为 800 万元。经协商约定，公私双方出资比例分别为 30%和 70%，确定该 PPP 项目中超额利润的分成比例步骤如下。

第一步，计算原始 Shapley 值：

$$\varphi_G = \frac{0!\times 1!}{2!}\times 500 + \frac{1!\times 0!}{2!}\times(2000-800) = 850$$

$$\varphi_P = \frac{0!\times 1!}{2!}\times 800 + \frac{1!\times 0!}{2!}\times(2000-500) = 1150$$

第二步，确定各参数测度值：

邀请专家针对公私双方在合同中约定的风险分担方案打分，采用层次分析法测得公私双方的风险分担系数分别为 a_{G1}=0.6 和 a_{P1}=0.4；根据题意可知，公私双方的投资占比分别为 a_{G2}=0.3 和 a_{P2}=0.7；根据专家打分得到风险分担、投资占比对超额利润分享的影响系数为 $\lambda=(0.8 \quad 0.2)$。根据上述参数测度值可得修正矩阵 $A=\begin{pmatrix} a_{G1} & a_{G2} \\ a_{P1} & a_{P2} \end{pmatrix}=\begin{pmatrix} 0.6 & 0.3 \\ 0.4 & 0.7 \end{pmatrix}$，对其进行归一化处理，得到矩阵 $B=\begin{pmatrix} b_{G1} & b_{G2} \\ b_{P1} & b_{P2} \end{pmatrix}=\begin{pmatrix} 0.6 & 0.3 \\ 0.4 & 0.7 \end{pmatrix}$。

第三步，代入式（8-5）计算政府部门应分得的超额利润占超额利润总额的比例：

$$y = \frac{850}{2000} - \frac{1}{2} + 0.6\times 0.8 + 0.3\times 0.2 = 0.465$$

第四步，计算社会资本应分得的超额利润占超额利润总额的比例：$1-y=0.535$。

最终求得公私双方超额利润分成为 0.465∶0.535。

值得注意的是，公私双方还可根据其所期望的超额利润分成方案来制定风险分担方案，即若想要分得更多的超额利润，就要承担更多的风险。假设根据专家打分得到风险分担、投资占比对超额利润分享的影响系数仍为 $\lambda = (0.8 \quad 0.2)$，则根据式（8-5）计算政府部门应分得的超额利润占超额利润总额的比例（图 8-4）：

$$y = \frac{850}{2000} - \frac{1}{2} + 0.8b_{G1} + 0.3 \times 0.2 = 0.8b_{G1} - 0.015$$

显然，若政府部门想要得到 40%以上的超额利润，就必须承担 69%以上的风险。

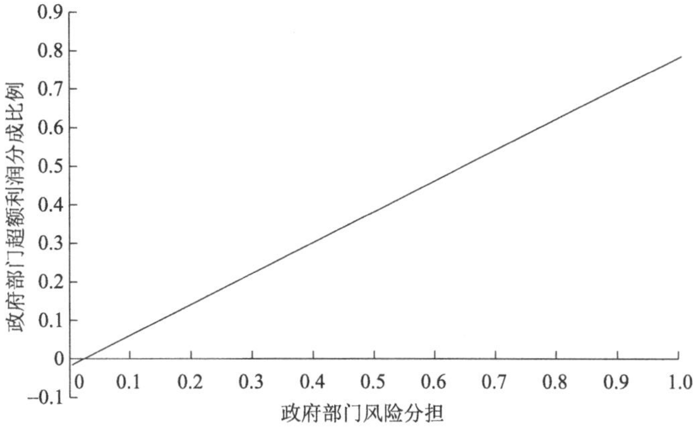

图 8-4　风险分担系数与政府部门超额利润分成比例的关系

8.3　基于多案例分析的 PPP 项目超额利润阶梯式分成

PPP 项目商业价值的不断发掘使得其潜在超额利润越来越高，阶梯式分成方法越发受到青睐。财金 156 号文中指出，政府在设计付费机制时可以就超额部分与项目公司进行分成，以限制其获得超出合理预期的超额利润，但未对具体的分成比例做出明确规定。对此，王守清解释为，超额利润的分成比例应根据具体情况具体分析和谈判，且需按不同超额量设置不同的分成比例[①]。有鉴于此，本节

① 王守清在新浪微博中，对财金 156 号文未明确规定超额利润分成比例做出解释。

将对 PPP 项目超额利润阶梯式分成方法的确定问题进行研究，以期为 PPP 项目提供借鉴价值，鉴于侧重付出与回报对等的纵向公平研究较多（如本书 8.2 节中基于修正 Shapley 值法的 PPP 项目超额利润固定式分成），本研究侧重于市场内横向公平的多案例比较（杜亚灵等，2020c）。

8.3.1 阶梯式分成的必要性

从理论上讲，公私双方分享超额利润符合“风险共担，收益共享”的原则，能起到防止暴利、激励社会资本和维护公众利益等作用。相关文件，如财金 113 号文、财金 156 号文，明确规定公私双方有分享超额利润的权利和义务。大多数文献采用修正的 Shapley 值法得到一个公私双方利益分享的确定比例，实践中也存在公私双方在合同中规定一个固定分成比例的做法，显然这是固定式分成[图 8-5（a）]，它简单易操作，但在超额利润超高时不能起到抑制社会资本暴利的作用。事实上，只有社会资本的超额利润越高而其分成比例越低[图 8-5（b）]，才符合“盈利但不暴利”的原则，即最理想的分成方式一个超额利润对应一个分成比例的点对点式分成，但其需要花费的时间成本和资金成本过高，不适合推广使用。阶梯式分成方式[图 8-5（c）]的操作难度介于二者之间，且在防止社会资本暴利和维护公众利益等方面更加公平，其适用于采用使用者付费或可行性缺口补助机制中盈利能力较强的项目，如交通运输类项目、城镇综合开发项目等。从图 8-5（c）中可以看出，阶梯式分成比例的确定从两个方面进行：划分阶梯段和确定每个阶梯上的分成比例。

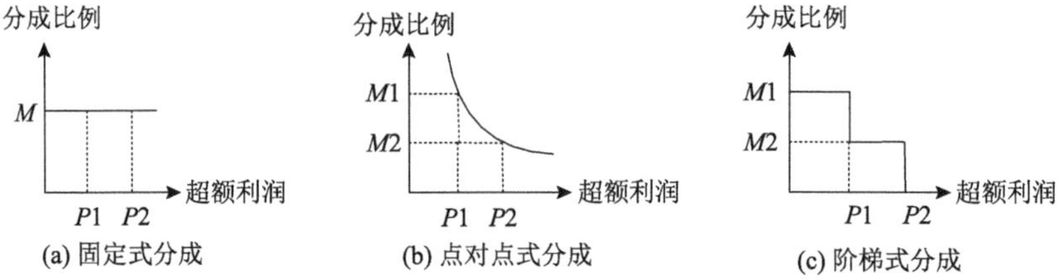

图 8-5 PPP 项目超额利润三种分成方式的对比

8.3.2 超额利润分成比例的阶梯划分

本研究所选案例满足以下几个条件：①具有代表性及可借鉴性，案例来源于国家发改委发布的典型案例和财政部公布的国家级示范项目；②在已发布的实施方案中对超额利润采用阶梯式分成方法，并划分好阶梯及每个阶梯的分成比例；③为了总结出现阶段具有参考性的结论，剔除与多数项目差别较大的案例。根据上述条件，最终筛选出的案例如表 8-4 所示，通过对这些案例的对比分析，总结出现阶段我国 PPP 项目超额利润分成的阶梯划分惯例。

表 8-4　PPP 项目案例的超额利润分成阶梯划分

序号	项目类型	项目名称	投资比重（政府：社会资本）	盈利能力评价	潜在超额额度			各阶梯分成比例（政府：社会资本）
					较低	较高	超高	
1	交通运输	河北省沧州市渤海新区黄骅港综合港区物流园区	1∶9	强			√	①100%~120%为 4∶6; ②120%~150%为 6∶4; ③>150%为 8∶2
2	交通运输	盱眙港口、产业园及道路建设项目	1∶9	强			√	①100%~110%为 3∶7; ②110%~130%为 6∶4; ③130%~150%为 9∶1; ④>150%为 10∶0
3	交通运输	山东省济宁市环湖大道东线工程（微山段）PPP 项目	1∶9	较强			√	①120%~140%为 4∶6; ②140%~160%为 5∶5; ③>160%为 6∶4
4	交通运输	河北省太行山等高速公路[项目包（一）+项目包（二）]	49∶51	较强			√	①100%~120%为 5∶5; ②120%~140%为 7∶3; ③>140%为 10∶0
5	交通运输	云南省红河州滇南中心城市群现代有轨电车示范线项目	49∶51	弱	√			①100%~110%为 5∶5; ②>110%为 8∶2
6	交通运输	河北省衡水市邯港高速公路衡水段	4∶6	一般		√		①112.6%~120%为 5∶5; ②120%~130%为 7∶3; ③>130%为 10∶0
7	市政工程	北京地铁 4 号线	2∶98	一般		√		①100%~115%为 5∶5; ②>115%为 6∶4
8	市政工程	西安市地铁临潼线（9 号线）一期工程	4∶6	弱	√			①100%~115%为 5∶5; ②>115%为 8∶2
9	体育	江苏省扬州市仪征市铜山体育小镇片区开发建设项目	2∶8	强			√	①100%~110%为 5∶5; ②110%~115%为 6∶4; ③>115%为 8∶2
10	城镇综合开发	山东省德州市禹城市德州高新技术产业开发区中央创新区核心区 PPP 项目	5∶95	一般		√		①100%~110%为 6∶4; ②>110%为 7∶3

注：为保证潜在超额额度判断的客观性，本研究选择实施方案中对项目盈利能力的评价（对于实施方案中未提及的参考可行性研究报告）来衡量其潜在超额额度，对盈利能力评价“弱”的项目潜在超额额度较低；评价“一般”的潜在超额额度较高；评价“较强”和“强”的潜在超额额度超高

1. 通常而言，划分的阶梯数与项目潜在超额额度正相关

由于采用阶梯式分成方法需要付出额外的时间和费用成本，若产生超额利润的可能性较小，则直接采用固定式分成方法即可防止社会资本暴利和节约成本。因此，本研究建议仅在项目的潜在超额额度较高或超高时进行阶梯划分。依据 PPP 项目“盈利但不暴利”的原则，社会资本的超额利润越高分成比例越低，故潜在超额额度越大时，划分的阶梯数越多才能设置更多逐渐降低的分成比例。由表 8-4 可知，多数项目的潜在超额额度越高，划分的阶梯段数越多。实际操作中，参考项目潜在超额额度的大小，确定是否采用阶梯式分成方法以及划分的阶梯段数。

2. 实践中通常划分 2 或 3 个阶梯，阶梯跨度通常与潜在超额额度正相关

对案例中的阶梯数和阶梯跨度[①]进行分析发现：①采用 2 或 3 个阶梯的案例数占案例总数的 90%，由此可见，实践中多采用 2 或 3 个阶梯。由表 8-4 可知，市政工程项目通常划分 2 个阶梯，交通运输项目通常划分 3 个阶梯；②潜在超额额度较高、超高的项目通常分别以 10%或 15%、20%为阶梯跨度，前者如案例 7 和案例 10，后者如案例 4，由此可知，潜在超额额度越高，阶梯跨度越大；③实践中超额利润多以 100%、110%、115%、120%和 140%为分段点，具有一定的借鉴价值。通过对案例的深入分析以及与实践工作者的讨论，本研究认为：

（1）采用 2 个阶梯的项目通常潜在超额额度一般或较高，由于出现超高额利润的可能性较小，主要考虑对社会资本的激励，通常阶梯跨度较小：对于潜在超额额度一般的项目，划分 2 个阶梯作为以防万一性质的条款，由于前期测算存在一定偏差，实际运营中一旦出现超额利润，可以采用合同规定的分成比例进行分配，建议超额利润采用 100%～110%和大于 110%进行分段；对于潜在超额额度较高的项目，划分 2 个阶梯可以同时起到防止暴利和节约成本的目的，建议采用 100%～115%和大于 115%进行分段。

（2）采用 3 个阶梯的项目通常潜在超额额度超高，此时设置 3 个阶梯能在防止暴利的前提下，最大限度地发挥社会资本在运营管理技术、效率等方面的优势，通常阶梯跨度较大，建议采用 100%～120%、120%～140%和大于 140%进行分段。

（3）对于未从超额利润＞100%开始分成的项目，通过查阅相关合同文件并与实践工作者讨论，本研究认为政府可能出于对项目公司的激励，按照可研报告中

① 假设第一阶梯 100%≤超额利润＜120%，第二阶梯超额利润≥120%，则阶梯跨度为 20%，分段点为 100%和 120%。

的预测值另外设置一个超过 100%的比例作为超额利润分成的前提条件，如案例 6 从超额利润＞112.6%时开始分成。

8.3.3　超额利润分成各阶梯上比例的确定

通过案例分析以及与实践工作者讨论发现，各阶梯的分成比例并非单一取决于某一个因素，而是多种因素相互作用的结果。通过与课题组的讨论，本研究选取每个阶梯上分成比例的主要影响因素进行分析。

1. 第一阶梯的分成比例主要考虑项目所在行业的成熟度

行业的成熟度可用项目管理库中该行业的项目数量来衡量，数量越多说明 PPP 模式在该行业的应用中积累了更多的经验，则该行业的成熟度越高。统计发现，市政工程和交通运输项目等行业成熟度较高，而体育和城镇综合开发项目等市场成熟度较低。

实践中，PPP 项目市场成熟度越高，政府承担的风险越低。收益是对承担风险、提高效率的奖励，若一方承担更多的风险，它必然期望获得更多的收益作为补偿。依据风险收益对等的原则，风险分担比例对分成比例起关键作用。由上述分析可知，社会资本的分成比例与该项目所属行业的成熟度呈正相关关系。实践中，通常情况下，第一阶梯的分成比例是政府大于社会资本还是政府小于社会资本，在成熟度相似的行业是相同的，在成熟度不同的行业则相反。因此，在确定第一阶梯分成比例时，项目所属行业的成熟度是关键因素：①成熟度较高的行业，因绩效评价指标健全、政府的监管能力提高等原因，社会资本承担较多风险，政府与社会资本常采用小于等于 5∶5 的比例；②成熟度较低的行业，政府承担更多的风险，例如旅游 PPP 项目面临缺乏“物有所值”评价的定量分析指标、细致设计和专业性等问题，对推进高质量的 PPP 项目落地非常不利，如果项目失败极易影响政府的公信力，鉴于此，应把政府的分成比例略微上调，实践中常采用大于等于 5∶5 的比例。

2. 最终阶梯的分成比例通常趋近于社会资本不分成

实践中，由于最终阶梯的超额额度不设上限，故超额利润超过某个超高值时公私双方的分成比例不再调整。因此，能否真正地防止暴利，最终阶梯的分成比例十分重要。由表 8-4 可知，10 个案例中有 4 个案例最终阶梯的分成比例设置为 8∶2、3 个案例设置为 10∶0、2 个案例设置为 6∶4、1 个案例设置为 7∶3。由此可知，最终阶梯的分成比例大致趋近于社会资本不分成。通过案例分析发现，项目潜在超额额度的大小是影响最终阶梯分成比例的关键因素：①当潜在超额额度较高时，为了调动社会资本的积极性，可以适当放松最终阶梯上对社会资本获得超额利润的限制，如案例中常采用 8∶2 的比例；②当潜在超额额度超高时，由于出现的概率较小，作为防备性质的条款，为了防止暴利、维护公众利益，政府几乎不再考虑对社会资本的激励，因此设置逼近于 10∶0 的比例；③少数项目最终阶梯采用案例 3 中 6∶4 的比例，当项目出现超高额利润时，这一比例无法抑制社会资本暴利，此种情况下，政府通常与社会资本再谈判重新确定分成比例。

3. 同行业中第二阶梯的分成比例更多地考虑公私双方的投资比重

通过文献分析可知，利益分配的影响因素还涉及资源投入，如公私双方的资金投入、政府政策上的支持和优惠等。由于合同文件中对公私双方的资金投入规定比较明确而找不到其他投入的准确信息，故本研究主要研究资金投入与第二阶梯分成比例的关系。由表 8-4 可知，采用三阶梯分成方式的项目中，第二阶梯常采用 6∶4、7∶3 的比例。从中间阶梯采用的分成比例来看，社会资本仍然可以分得较多利润。由此可知，与最终阶梯抑制暴利的目的相比，第二阶梯激励社会资本的目的较强。统计发现，同行业第二阶梯的分成比例更多地取决于公私双方的投资比重。以交通运输类项目为例，政府与社会资本投资比重为 1∶9 时，第二阶梯常采用 6∶4 的分成比例，如案例 1 和案例 2；政府与社会资本投资比重接近 5∶5（政府的投资比重略小于社会资本）时，第二阶梯常采用 7∶3 的分成比例，如案例 4 和案例 6。

8.3.4 管理启示

本研究通过多案例分析，得出以下结论：①阶梯式分成方法通常划分 2 或 3 个阶梯，潜在超额额度较高、超高的项目通常分别以 10%或 15%、20%为阶梯跨度，超额利润多以 100%、110%、115%、120%和 140%为分段点；②第一阶梯成熟度较高的行业常采用小于等于 5∶5 的比例，成熟度较低的行业常采用大于等于 5∶5 的比例；③最终阶梯常采用 8∶2、10∶0 的比例；④中间阶梯常采用 6∶4、7∶3 的比例。基于此，对政府部门提供以下三点策略建议。

1. 推荐盈利能力强的行业采用阶梯式分成方法

研究结论显示，阶梯式分成方法适用于使用者付费或可行性缺口补助机制中盈利能力较强的行业。阶梯式分成面临较多的谈判和交易费用，导致实践中操作较复杂，有些项目更倾向于采用固定式分成。2018 年 12 月 1 日，在第三届中国 PPP 论坛开幕式上，国家发改委投资司副司长韩志峰在致辞中表示要充分发掘 PPP 项目的商业价值。随着 PPP 项目商业价值的提升，越来越多的项目面临较高的潜在超额利润，这种情况下若广泛采用固定式分成，有可能违背 PPP 项目“盈利但不暴利”的基本原则。政府作为 PPP 的市场规制者，应当完善相关法律法规或规范性文件，使其在市场发展过程中起引导作用。具体而言，可体现在以下两方面：①在 PPP 相关文件中，推荐交通运输、体育、城镇综合开发等盈利能力较强的行业采用阶梯式超额利润分成；②甚至可以规定，潜在超额利润超过一定比例的项目强制性采用阶梯式分成方法。

2. 设置阶梯式分成比例应综合考虑多种因素

通过上述分析可知，采用阶梯式分成来分享超额利润时即便是借鉴同行业其他项目的做法，仍需适当考虑各项目自身的具体情况，致使分成方案的确定过程较为复杂、烦琐。实践中的政府部门在编制项目实施方案或签订 PPP 合同时，切忌盲目模仿或全盘照搬同行业其他项目的做法，而是应当根据实际情况综合考虑多种因素制定分成比例。例如：①项目自身的因素，如潜在超额额度等，研究结论显示，阶梯式分成的梯段划分和最终阶梯的分成比例都与潜在超额额度有关，因此在编制项目实施方案时，对潜在超额额度的测算应尽量准确，以保证阶梯式分成的准确性；②行业和市场的发展，如行业成熟度等，随着行业的不断成熟与发展，社会资本承担更多风险，依据风险收益对等的原则，政府应以动态的眼光调整分成比例。虽然项目前期制定合理的超额利润分配机制需花费较多的谈判成本，但是能保障 PPP 项目后期的正常运营，减少争议和纠纷。例如泉州刺桐大桥，由于前期未制定超额利润分配机制，项目实际运营中出现超额利润时，没有一个明确的利益分配方案，导致社会资本暴利，威胁到政府和公众的利益。

3. 采用阶梯式分成方法应当注重公平的实现

通过文献分析可知，分成比例的确定应秉持公平的原则，除了与风险分担和投资比重对应外，对于公平的实现还体现在一些细节上。例如：①实践中有的项目超额利润从大于 120%开始分成（如表 8-4 中的案例 3），这就意味着，超额利润在[100%，120%）时并未在公私双方之间进行分享，而全部归项目公司所有。这显然是政府过度让利的一种表现，最终导致公众利益受损，有悖于公平原则。有鉴于此，建议 PPP 项目超额利润从 100%开始分成，在保护公众利益的同时，也可以有效地抑制社会资本不劳而获或“天上掉馅饼”的投机心理。②实践中有些项目最终阶梯采用 8∶2、7∶3 的分成比例，由于未来经营收入具有不确定性，若实际运营中产生超高额利润，这种分成比例的设置将会导致社会资本暴利，对政府和公众来说不公平。基于此，作为防备性质的条款，建议最终阶梯采用 10∶0 的分成比例，有利于维护公众的根本利益。

本研究的不足之处：①实践中采用阶梯式分成的项目很多，由于篇幅和时间有限，本研究仅选择了部分典型案例和国家级示范项目进行分析，致使结论存在一定偏差；②本研究结论仅通过案例数据分析、与课题组及部分实践工作者讨论得出，未对项目当事人进行访谈，导致影响因素的分析可能存在偏颇。随着实践的丰富，本研究将通过分析更多案例、项目调研等方式提高结果的准确性。

8.4 基于典型案例归类的 PPP 项目盈利模式创新与发展

PPP 本质上是要借助私人部门的资金与竞争（特别是创新）来改善公共产品的供给效率，是一种激励相容的制度安排；然而，公私双方通常具有截然不同的利益诉求，公共部门关注公众需求的满足，而私人部门强调获取利润，因此，保证私人部门适当盈利是避免其关系专用性投资不足、提高其竞争与创新积极性的关键。自 20 世纪 80 年代的深圳沙头角 B 电厂项目开始，我国实务界不断摸索与尝试各种行之有效的 PPP 项目盈利模式，积累了较为丰富的经验[①]。有鉴于此，本节将依据企业管理中“利润=收益－成本”这一思路，将 PPP 项目盈利模式这一概念解构为收益结构、成本结构和目标利润，搜集并分析多个中国 PPP 项目典型案例，最终提出 PPP 项目盈利模式创新与发展的树形框架，以期为我国实践中公私双方根据 PPP 项目类型和特征等选择适当的盈利模式提供借鉴与指导（杜亚灵和尹贻林，2015）。

8.4.1 伙伴关系思维方式下的 PPP 项目盈利模式

PPP 项目盈利模式即在满足公共部门价值主张的前提下去实现私人部门适当

① 2011 年《亚太地区 PPP 模式环境评价报告》将 PPP 模式的发展划分为四个阶段——初生、新兴、发达、成熟，并从以下六个方面对亚太国家的 PPP 环境进行评价：法律和监管框架、制度框架、操作成熟度、投资氛围、融资服务、地方适用性。虽然综合评价显示中国的 PPP 模式发展处于新兴期，但在操作成熟度这一单项评价中，中国居亚太国家之首。

盈利，公共部门价值主张为公共产品或服务的保质保量供给，主要通过公共部门对私人部门的控制、政府对 PPP 项目的监管实现，因此，PPP 项目盈利模式的关键问题即在于如何保证私人部门的适当盈利。在传统思维方式下，PPP 只是政府进行基础设施建设或开展公共事业的一种新型的融资方式，借此减轻其财政压力（李秀辉和张世英，2002），因此，公私双方均关注私人部门的投入与回报共同形成的投资回报率或目标收益率：过低的投资回报率或目标收益率不利于私人部门积极性的发挥，甚至将迫使其退出基础设施和公用事业领域；而较高的投资回报率或目标收益率将会给政府带来沉重的财政负担。PPP 项目的公私双方过度关注“投入-回报”之间的关系，甚至在确定投资回报率或目标收益上表现出对抗思维，违背了 PPP 伙伴关系的初衷。

审计署数据显示，截至 2013 年 6 月底，我国各级政府负有偿还责任的债务约 20.7 万亿元，如何监控和化解债务风险备受外界关注。2014 年，我国政府开始在全国范围内大力推行 PPP，并密集发布 PPP 的相关文件，其中《国务院关于加强地方政府性债务管理的意见》（国发〔2014〕43 号）的基本思想为“修明渠、堵暗道”，即修了政府债券与 PPP 两条明渠，堵住“地方政府的融资平台公司”这一暗道；然而，该意见在鼓励运用 PPP 模式化解地方债务的同时还明确指出，“地方政府要加强对或有债务的统计分析和风险防控，做好相关监管工作”。由此可见，对于那些需要政府付费或者给予适当补贴的 PPP 项目（即非经营性和准经营性公共项目）而言，无论是政府部门还是社会资本，仅仅盯着这一项目既有的收益和财政补贴是不够的，更需要通过 PPP 项目盈利模式创新“将蛋糕做大”，政府可以因此避免 PPP 项目引起的新发生或有债务超出规定范围，社会资本也因此可以在投资回报率或目标收益率上减轻与政府部门的对抗，从而更顺利地实现其盈利。

事实上，PPP 的成功实施需要以伙伴关系思维为基础，公私双方必须摒弃对抗思维，互相尊重且积极主动地参与到项目中去，因此，如何在提高公共产品或服务供给效率的同时保证私人部门适当盈利，必须是公私双方共同面对、协力解决的问题，PPP 项目盈利模式的创新是在确定投资回报率或目标收益率之前不得不考虑的问题。在现实生活中，交易行为背后隐藏着价值交换，存在一定的价值交换范式或机制，而盈利模式这一概念即为了解释这种价值交换范式或机制；收益和成本决定了组织的经济价值，利润或盈利水平则是企业经济价值的直接体现，因此，盈利模式通常是指按照利益相关者划分的收入结构、成本结构以及相应的目标利润（朱明洋和林子华，2015）。

8.4.2 PPP 项目盈利模式之收益结构的优化

收益即财富的增加，其既包括货币收益，又可以包括声誉提高、潜在收益等非货币的。在将 PPP 单纯地视为一种新型投融资方式的传统思维下，由于非货币形式收益的不确定、不易度量等特征，鲜少被公私双方视为可选的回报方式，PPP 项目的收益仅限于货币收益；而在伙伴关系的思维方式下，公私双方的利益共享更侧重于共享社会成果、获得长期回报，因此，收益的内涵就逐渐拓展至声誉提高、潜在收益等非货币形式。PPP 项目可以通过优化收益结构实现盈利。

1. 捆绑私人产品，配补收益来源

当政府希望通过 PPP 模式获得的公共产品或服务属于非经营性（没有任何价格机制和现金流入，主要产生社会效益）或准经营性（有价格机制和现金流入，但无经营利润，成本无法收回）时，可以为该公共产品或服务配补适当的私人产品并捆绑提供，从而克服收费困难或收费不足的难题，即所谓的公共物品供给的捆绑模式或联合供给模式，最早提出这一思路的为哈罗德·德姆塞茨。25 号令明确规定，“向用户收费不足以覆盖特许经营建设、运营成本及合理收益的，可由政府提供可行性缺口补助，包括政府授予特许经营项目相关的其它开发经营权益”，从而充分肯定了这一盈利模式的合法性。

（1）增补资源开发权，弥补收益不足。政府以对 PPP 项目公司进行补偿的方式，将基础设施或公用事业项目（地铁、隧道、环境治理等）周边一定数量的资源（如土地①、旅游、矿产）的开发权出让给 PPP 项目公司，以捆绑的方式提高项目公司的整体盈利能力，以确保项目投资者获取合理回报，调动投资者的积极性，即所谓的资源补偿项目（resource compensate project，RCP）融资模式（朱蕊和王守清，2011）。例如：①香港地铁有限公司的盈利模式可总结为“轨道交通＋地产商业”的组合，即以轨道交通的投融资建设与沿线地产商业的开发同步进行，由香港地铁有限公司的收益结构可知，地产商业开发的收入占总收入的50%以上，正因如此，香港地铁有限公司成为全世界范围内服务水平最好、运营效率最高、盈利情况最为理想的地铁公司之一。②2004 年 4 月，澳大利亚维多利亚州政府决定在亚拉河畔现有的墨尔本会展中心旁边建设一个世界级的会议中心，维多利亚

---

① 《关于在收费公路领域推广运用政府和社会资本合作模式的实施意见》（财建〔2015〕111 号）明确规定：“收费不足以满足社会资本或项目公司成本回收和合理回报的，在依法给予融资支持，项目沿线一定范围土地开发使用等支持措施仍不能完全覆盖成本的，可考虑给予合理的财政补贴”，从而明确了 PPP 项目中的土地开发补偿。

州政府通过招标确定由 Plenary Group 为首的承包联合体（简称“Plenary 联合体”）作为私人部门，负责该项目的开发、设计和建设，并且授予 Plenary 联合体长达 25 年的特许期。为了提高该项目的可经营性，公私双方制定了会议中心周边区域的扩充性商业开发计划，包括在新墨尔本会展中心附近建设办公区、住宅区、零售专区以及一个五星级的希尔顿酒店，并翻修码头上一艘名叫波利伍德赛德的老帆船，将其货棚改造成餐厅，从而通过经济乘数效应显著增加了项目效益。

（2）授权提供配套服务，拓展盈利链条。当 PPP 项目供给的基础设施或公用事业建成后，必需相应的配套服务才能正常运转时（如医疗、教育等项目），政府可授权 PPP 项目公司提供这种可以产生预期收益的配套服务（如餐饮、物业、绿化），从而通过延长价值链创建现金流、补偿主体项目财务上的不可行。例如：英国国家医疗卫生服务体系（NHS）与百威斯特公司（Bywest）合作的西米德尔塞克斯大学医院（West Middlesex University Hospital）项目，百威斯特公司负责其投融资与建设，西米德尔塞克斯大学医院基金会负责该项目的运营管理，为了补偿与回报百威斯特公司的建设投入，将该医院运营期间的配套服务项目全部交由百威斯特公司负责，包括餐饮、搬运、安全、保洁、维护和物品供给，服务周期或从 35 年延长至 60 年，服务费由英国政府支付。

（3）开发副产品，增加收益来源。对于有些项目而言，PPP 项目公司在提供政府需求的公共产品或服务的同时，还可以附带生产出同一类型不同性质的（如保障性住房 PPP 项目中的限价房）或者完全不同类型但有密切依存关系的（如路灯节能、城市公共停车场站等项目中的广告、建筑作品知识产权的授权使用[①]）更具经营性的副产品，以此弥补主产品项目财务上的不可行。例如，北京丰台区郭庄子和昌平区回龙观限价房项目中增配的商品房开发，梅州模式公厕项目中用以养厕的店铺、饭店、办公楼、垃圾中转站。具体策划方案既可由公共部门主动提出，也可由私人部门策划提出、公共部门审核批准。前者如：英国森德兰市采用 PFI 方式对市内街道的照明、标志和街道设备（3.05 万个灯柱和 6000 个公路标志）进行设计、安装、运营、维护和融资，合同期限为 30 年，且要求最长 5 年内更换完所有设备，该项目中的私人部门在合同期内的前 5 年获得一次性支付 265 万英镑用于更换完所有设备，其后运营期每年通过经营灯杆和公路标志广告、交通 CCTV 增加费等第三方收益（折现共计 158.9 万英镑）来作为维护投资和获取相应回报。后者如：德国将公厕进行市场化运作，以期在弥补政府资金不足的同时，促进公厕在节能、节水、环保等技术上的创新，1990 年在柏林市公共厕所经

① 2009 年 1 月 14 日，国家体育场有限责任公司通过公证取证起诉浏阳市熊猫烟花有限公司生产的“盛放鸟”烟花产品侵害国家体育场（“鸟巢”）建筑作品著作权，法院最终判决熊猫烟花集团股份有限公司、浏阳市熊猫烟花有限公司停止侵害、赔偿原告损失 10 万元，熊猫（北京）国际信息技术有限公司停止侵权。

营权拍卖会上，后来被称为“茅厕大王”的汉斯·瓦尔即承诺免费提供公厕设施及其维护和清洁工作，当时其竞争对手都认为他疯了，于是在缺少竞争、承诺免费建厕、只要求交纳低廉管理费的情况下，瓦尔公司一举拿下全柏林市的公厕经营权；瓦尔公司的盈利点显然不在厕所门口 0.5 欧元的投币口上，其最大的收入来源是这些公厕外墙的广告经营，它把柏林市的很多厕所外墙变成了广告墙，加之瓦尔公司的墙体费用比一般广告公司低得多，使得香奈尔、苹果、诺基亚等很多著名公司都在公厕上做广告。

2. 冠名公共产品，增值私人部门声誉资本

对于私人部门而言，能够为其自身增值、为其发展助力的收益不仅限于货币形式的，还可以是提高知名度、潜在收益等非货币形式的，因此，PPP 项目还可以冠名公共产品作为私人部门的回报，特别是对于那些投资规模相对较小、供特定人群使用或会对特定人群留下印象的项目，若该特定人群为某一商品的潜在客户，则生产该商品的企业可投资并冠名该项目，日本丰田汽车公司就热衷于这一类 PPP 项目。例如，丰田汽车公司捐赠 350 万元人民币在天津建造过街天桥，命名为“丰田桥”，虽然丰田桥无法产生任何直接现金收益，但丰田汽车公司通过得到该桥的冠名权而收获了巨大的隐性声誉收益。又如，丰田汽车公司负责了 NBA 球队休斯敦火箭队的主场——“丰田中心球馆”的投融资建设与维护，但并不负责其运营以收回建设投资，而是通过为体育场馆冠名来吸引丰田中心球馆看比赛的火箭队球迷购买丰田轿车。

8.4.3 PPP 项目盈利模式之成本结构的优化

成本是私人部门进行投资建设、特许运营所必须耗费资源的货币表现，因此，成本结构优化既可以是减轻私人部门的一次性建设投入、通过规模经济降低单位产品成本，也可以是其通过技术和管理创新减少日常运营成本。

1. 集成融资模式，分摊建设投资

对于建设期投资规模较大、运营期收费不足的公共项目，可将其进行适当的分割，只对其中部分工程（与运营成本及效率密切相关的）采取 PPP 模式或对不同部分采取不同的 PPP 模式细分，从而减轻私人部门对该项目的一次性建设投入，提高其可盈利性。例如：①北京地铁 4 号线的全部建设内容划分为 A（征地拆迁

和土建工程)、B(机电设备的购置和安装)两部分，北京市政府只将占总投资 30% 的 B 部分（投资额约为 46 亿元）交由香港铁路有限公司（香港特区政府控股的上市公司)、北京首都创业集团有限公司（当地国有企业）和北京基础设施投资有限公司（当地国有企业）共同组建的北京京港地铁有限公司（SPV）来负责融资建设（即 BOT 模式)，此外，该 SPV 负责北京地铁 4 号线的运营管理、全部设施（包括 A 和 B 两部分）的维护和除洞体外的资产更新，以及站内的商业经营，通过地铁票款收入及站内商业经营收入回收投资，特许经营期（30 年）满后将 B 部分项目设施无偿地移交给北京市政府，将 A 部分项目设施归还给北京地铁四号线投资有限责任公司。②昆明快速公交系统（BRT）项目（包括交通枢纽站、首末站、场站、沿途站牌的建设）建设规模大，收费显著不足，对民间资本缺乏吸引力，为此，昆明市政府采取了 BOT-BT-TOT 的集成融资模式：将资金需求量大、投资收益较好且建设周期长的专用道建设（包括路面建设、交通枢纽站、首末站和场站的建设）部分采用 BOT 模式交由 A 公司负责；将资金需求量相对较小、无收费机制、建设周期短的车辆购置及智能交通系统建设部分采用 BT 模式交由 B 公司负责；A 公司建设完成后通过租赁协议将专用道部分的经营权移交给 C 公司，同时，B 公司在建设完成并由政府回购后，再由政府将车辆购置及智能交通系统部分的经营权移交给 C 公司，至此，整个 BRT 项目采用 TOT 模式交由 C 公司负责经营。

2. 打包运作形成规模效应，降低单位产品成本

在 PPP 项目中，私人部门需要进行一定规模的建设投资或者购买项目一定期限的产权或经营权，那么，若公共产品或服务的需求量过小则 PPP 项目的产能过剩，导致私人部门的盈利性差或者需要政府对差额部分进行财政补贴，可见，确保 PPP 项目适当规模的需求，从而降低单位产品的成本是 PPP 项目盈利的一种思路，这一思路尤其适用于规模小且分布零散的项目。以各省（自治区、直辖市）公布的首批 PPP 项目清单中普遍受到青睐的污水处理项目为例，规模越大对投资者越有吸引力，而规模小的项目基本不具备投资者对市场化经营的收益要求，因此，对于普遍存在规模小且分布零散特点的乡镇污水项目，国内的通常做法即打包运作、“一厂一价”。例如，深圳龙岗 10 座污水处理厂打包转让项目、海南 16 座污水处理厂打成两个“项目包”委托运营项目、江阴 4 座污水处理厂打包招商项目等。又如，江西省工业园区污水打包 BOT 项目：2010 年 8 月，江西省政府颁布了鄱阳湖生态经济区的规划，把工业园区污水处理设施建设列为十大节能减排工程之首，要求在 2015 年建成 102 个工业园区的污水处理项目；2011 年 5 月，

江西省政府与中国节能环保集团签署全面的战略合作框架（规划日处理量237万吨，总投资146亿元），由江西省城镇建设投资有限公司（出资20%）与中国节能环保集团有限公司（出资80%）组建的中节能环保投资发展（江西）有限公司（SPV）负责江西省102个工业园区的污水和固废处理、环保节能，工作范围包括投资建设、运营管理，特许期限30年，由政府来进行付费。

3. 进行管理或技术创新，降低运营成本

采用PPP模式不仅是为了解决公共部门的财政紧张，更重要的是借助私人部门的专业和创新来提高公共产品的供给效率，因此，私人部门为了拓展其盈利空间，应在特许经营过程中充分发挥其主动创新积极性，通过管理或技术创新不断降低其运营成本，这一思路主要适用于城市供水、污水处理等PPP发展相对成熟的领域。例如：在湖南省长沙市东部近郊的长沙县，牛角冲社区与长沙绿动循环再生资源有限公司合作推出“绿色循环积分计划”，居民在长沙绿动循环再生资源有限公司注册后，将领取到各自的专属二维码，居民将家中可回收垃圾打包后贴上二维码投放到社区的专用回收桶后，公司会将垃圾运往循环分拣中心通过扫描二维码确定居民信息，根据垃圾的种类数量换算成积分录入用户账户，居民的二维码垃圾积分达到一定数量后可兑换生活用品或抵用小区的物业费。集中回收后再由PPP项目私人部门进行垃圾分类是一项耗时、耗力的事，而对于形成并投放生活垃圾的居民而言，垃圾分类却是举手之劳、轻而易举的事，长沙绿动循环再生资源有限公司通过二维码社区垃圾回收模式这一管理创新，充分调动了广大居民的积极性，大幅压缩了其进行垃圾分类的成本，进而极大地拓展了其盈利空间。

8.4.4 PPP项目盈利模式之目标利润的稳定

获取利润是企业价值增长的主要方式，因此，能否获取稳定、可持续的利润是企业进行投资的重要决策依据，有鉴于此，不但要让PPP项目私人部门“有钱可赚、有利可图”，还要确保其利润的相对稳定与可持续，降低私人部门在PPP项目中实现目标利润的风险也是其重要的盈利模式设计思路之一。

1. 将盈亏状况不同的公共产品捆绑，提高目标利润的可持续性

基础设施和公用事业领域既有现金流入充裕的经营性公共项目，也有现金流入不足的准经营性公共项目，甚至还有没有任何现金流入的非经营性公共项目。

经营性公共项目对私人部门具有强大的吸引力，采用 PPP 模式有可能造成私人部门“暴利”，置政府于尴尬境地；而准/非经营性公共项目则对私人部门缺乏吸引力，采用 PPP 模式后政府需要进行适当的财政补贴或者需要付费，从而给政府带来一定的财政压力。为了吸引私人部门进入更为广泛的基础设施和公用事业领域，同时确保 PPP 项目“盈利但不暴利”，可以将盈亏状况迥异的项目捆绑实施 PPP，实现“以丰养歉”：既可以是同类公共产品中盈亏状况不同的项目捆绑，如捆绑交通流量不同的高速公路路段，也可以是具有特定联系的异类公共产品中盈亏状况不同的项目捆绑，如海水淡化与发电捆绑。代表性项目如：天津北疆发电厂循环经济 PPP 项目由国家开发投资集团有限公司、天津市津能投资公司、天津长芦汉沽盐场有限责任公司按 64∶34∶2 的比例共同投资建设与运营管理，该工程由“发电工程、海水淡化、浓海水制盐、供热、土地整理、废物利用”六个分项工程组成，提供电力、热力、淡水、土地、盐化产品、建材等多种重要产品，其中，海水淡化工程是循环经济的关键环节，由于受生产成本及供水体制等约束而一直处于亏损状态，该项目就是将盈利性差的海水淡化工程与盈利性较好的发电工程捆绑，实行“以电养水”的政策，发电工程的盈利弥补海淡工程的亏损；鉴于天津北疆发电厂循环经济 PPP 项目整体上看是盈利的，其二期工程规划的 2 台 100 万千瓦发电机组和 30 万吨/日海水淡化装置已于 2014 年 12 月 24 日获国家发改委核准。

2. 运营前期合理设定保底量，提高目标利润的稳定性

由于 PPP 合同的长期性，成本与需求的不确定即成为其显著特征。为了保证私人部门目标利润的稳定性，公私双方通常会设定最小需求保证或最小收益保证，即我国 PPP 实践中所谓的保底量，这本质上是一种公私双方风险共担策略或私人部门的风险缓解机制（Carbonara et al.，2014b）。由于我国经济与社会发展较快且 PPP 市场还不健全，运营前期设定保底量的做法在污水处理、垃圾处理、隧道、桥梁等具有流量特征的 PPP 项目，以及新能源汽车充电等市场不成熟的项目中普遍存在，下面介绍污水处理与垃圾处理两个领域的具体做法。①污水处理 PPP 项目通常会在运营期前 3～5 年按设计处理规模的一定比例设定阶梯式增长的保底水量，剩余特许经营期内则以设计规模为保底水量，根据按月付费的惯例，若当月实际处理量达不到保底量则仍按保底量计付污水处理服务费（不考虑暂停、罚款等特殊情况），从而使得投资人获得可预期的、稳定的现金流担保；该领域运作比较成功的如合肥市王小郢污水处理厂资产权益转让（TOT）项目。②与污水处理略有区别，垃圾处理项目保底量的设定需要综合考虑实际垃圾供应量及预期增长速度、设计处理规

模、垃圾含水率以及垃圾处理设备的实际负荷能力，如果为垃圾焚烧发电项目还需考虑焚烧率；此外，由于一年之中的垃圾供应量会因季节变化出现较大波动，因此，垃圾供应保底量不是按月执行，而是按年累计执行的，即只在开始付费日起每满一年时才计算年度累计实际垃圾处理量，若该累计量低于年垃圾保底量则按全年垃圾保底量计算全年应付垃圾处理费（不考虑暂停、罚款等特殊情况）；该领域运作比较成功的如荣成垃圾焚烧发电 BOT 项目。

8.4.5 研究总结

1. PPP 项目盈利模式的树形框架

相关数据显示，采用 PPP 模式并不一定会让政府“更省钱”，国际上判断一个公共项目是否采用 PPP 模式通常都是看其相比传统模式增加的成本相对于公共产品供给效率或公共服务质量的提升是否物有所值，因此，不同于一般工程项目中承发包双方之间“零和博弈”的特征，PPP 项目的公私双方更多地追求项目的价值增值，是可以实现共赢的。有鉴于此，双方应克服传统思维方式下公私双方在投资回报率或目标收益率上的矛盾与对抗，这就要求双方都以一种伙伴关系思维积极地进行盈利模式的设计与创新：公共部门应广泛借鉴国内外成功案例的经验，主动地为 PPP 项目选用合法、适当的盈利模式，或客观地对待私人部门提出的盈利模式方案；而私人部门则应充分发挥其专业、竞争优势，在交易阶段向公共部门提供可行的盈利模式方案，在建设期或运营期通过技术或管理创新优化项目成本。综合上文分析结果得到 PPP 项目盈利模式创新与发展的树形框架，如图 8-6 所示。

2. 创新与不足之处

本研究的创新性体现在以下两个方面。

（1）现有文献多为针对企业内部盈利模式的研究，如姜农娟等（2014）以 XC 集团为例分析了土地一级开发企业的盈利模式，而本研究分析的是 PPP 项目（公私双方交易过程）中的盈利模式。“盈利模式”这一概念已由原来的强调获取利润发展为实现价值主张，对于企业盈利模式的研究多考察企业一方利润获取情况；然而，PPP 项目盈利模式涉及公私双方至少 2 个组织，其中公共部门的价值主张为提高公共产品或服务的供给效率，而私人部门的价值主张则为当前的或潜在的利润获取，有鉴于此，对于 PPP 项目盈利模式的研究应是在满足公共部门价值主张的前提下去实现私人部门适当盈利。

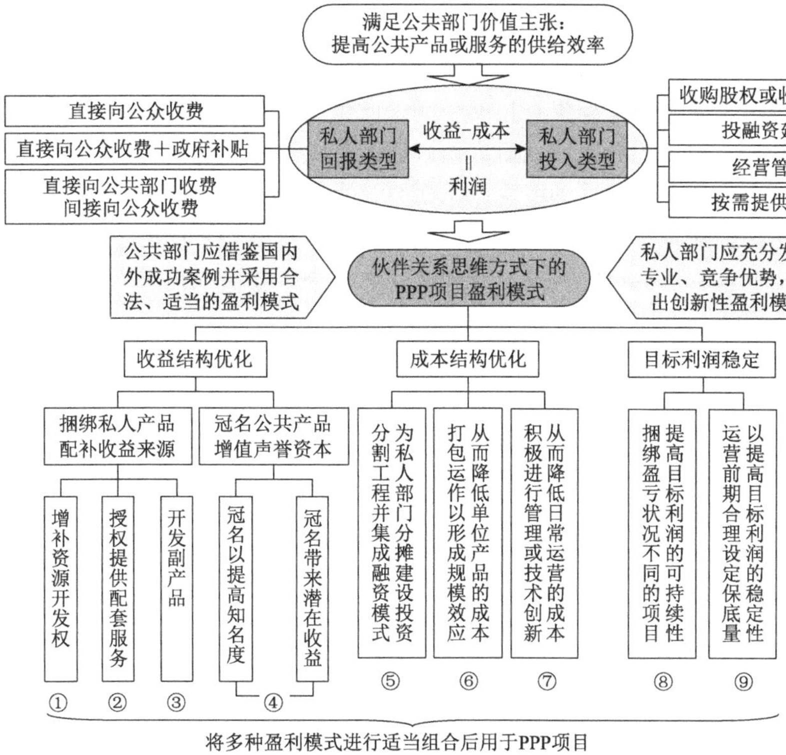

图 8-6　基于典型案例的 PPP 项目盈利模式树形框架

①城市轨道交通、城市综合交通枢纽、铁路、港口/码头、水库、环境治理等项目捆绑土地、旅游、矿产等资源开发项目；②医疗、教育、养老服务设施、场馆类、机场航站楼等项目捆绑餐饮、物业、绿化等配套服务；③公厕与垃圾投放设施、路灯节能、城市公共停车场站、城市公共交通、高速公路等项目捆绑广告、授权使用建筑作品知识产权等副产品，保障性安居工程捆绑商品房这一副产品，海水淡化捆绑工业制盐这一副产品等；④投资规模相对较小、供特定人群使用或会对特定人群留下印象的项目，若该特定人群为某一商品的潜在客户，则生产该商品的企业可投资并冠名该项目；⑤城市轨道交通等投资规模大、专业复杂的工程，可根据专业进行分割并分别选择适当的融资模式；⑥规模小且分布零散的能源站（供热/冷）、（生活、工业）污水处理、（生活、餐厨）垃圾处理项目；⑦城市供水、能源站（供热/冷）、污水处理、垃圾处理等 PPP 发展相对成熟的领域；⑧既可以是同类公共产品中盈亏状况不同的项目捆绑，如捆绑交通流量不同的高速公路路段，也可以是具有特定联系的异类公共产品中盈亏状况不同的项目捆绑，如海水淡化与发电捆绑；⑨污水处理、垃圾处理、隧道、桥梁等具有流量特征的项目，以及新能源汽车充电等市场不稳定的项目

（2）现有对于 PPP 项目盈利模式的探讨通常是针对某一个或某一类具体项目的，如朱蕊和王守清（2011）以某湿地公园为例分析了通过资源补偿项目实现 PPP 项目盈利，却鲜有构建 PPP 项目盈利模式理论框架的。现有 PPP 的研究通常涉及其盈利模式，但较少明确提出“盈利模式”这一概念；少数文献分析 PPP 项目盈利模式，但通常是针对某一个具体项目，是以项目为导向的研究，致使本领域研究成果呈现碎片状，亟须构建一种理论体系或概念框架将碎片状的研究成果进行整合。有鉴于此，本研究将从盈利模式概念解构出发，通过多个典型案例的搜集

与归类抽象出 PPP 项目盈利模式的树形框架，从而使该部分研究理论化、系统化。

值得注意的是，由于本研究搜集到的案例数量有限，图 8-6 所示的 PPP 项目盈利模式创新与发展树形框架仍有拓展空间。此外，盈利模式是获取利润的逻辑与方法，随着价值理论的导入，其研究重心逐渐从关注企业利润转向关注用户价值，从而提出了“商业模式”的概念；本研究认为，项目是具有特定目标的一次性任务，更是组织配置资源、创造价值并最终达成自身战略目标的手段或方式，因此，未来 PPP 项目私人部门应从公众价值主张出发，以公众需求为中心开展价值创造和价值传递，在实现公众价值的同时获取企业价值。

8.5 基于混合利益分配方案的 PPP 项目商业模式创新激励

PPP 的缘起之一为缓解政府的债务压力，这也是最为大众熟知的目的。然而，随着我国 PPP 项目的“井喷式”增长，政府付费和可行性缺口补助总额剧增，政府的财政压力有增无减，改变 PPP 项目利益来源靠政府补贴的现状是 PPP 模式在我国得以可持续发展的关键。毋庸置疑，在 PPP 项目中，政府是通过项目的建设实施提供公共服务，而社会资本是以项目目标的实现获取收益，在不损害公众利益的前提下，何不将增加 PPP 项目利益的任务交给私人部门，从而将 PPP 项目的“蛋糕”不断做大？事实上，PPP 本质上是要借助私人部门的资金与竞争（特别是创新）来改善公共产品的供给效率，因此我们可以在 PPP 项目中引入企业管理中的商业模式创新，鼓励私人部门通过发掘、满足公众和政府部门新的价值主张来创造价值，以实现 PPP 项目利益来源的多元化。值得注意的是，现有 PPP 合同中鲜有条款涉及商业模式创新，且由于商业模式创新是对未知的探索，并不像其他内容那样能够在合同中明确地约定各方的权利义务，因此公私双方往往会考虑到创新的高失败率而选择在合同中保守地约定。

通过文献分析可知，PPP 项目中创新的研究主要集中于技术、采购方面，如 Leiringer（2006）认为可以通过设计自由、协同工作、风险分担、长期交流等途径激励私人部门进行技术创新；Ceruti（2017）提出在公共项目采购中，政府部门应选择擅长技术创新的私人部门来保证项目的可持续发展，而不是单纯考虑投入产出比。无论是哪种方面的创新，都离不开合同的规范和激励，而现有研究通常认为合理的利益分配是合同设计的关键。现有关于 PPP 项目利益分配的研究均针对预期利益或额外利益，商业模式创新所带来的利益显然属于后者，该方面研究主要采用多案例分析和构建模型两类方法：前者如杜亚灵等（2017d）探讨了 PPP 项目超额利润的具体分享方式，基于 29 个案例中投资回报率的统计分析得到一般 PPP 项目的投资回报率上限，并基于 5 个案例的总结确定超额利润的分成比例；后者如 Wang 和 Liu（2015）认为政府有权分享投资者获得的任何超额收益，并将公平偏好理论与传统的委托-代理模型相结合，计算出公私双方超额收益的分配比例。然而，这两种方法都有其不足：多案例分析法是基于对案例的分析统计得到的经验值，其精确度不够；构建模型法中不同的模型所对应的假设不同，且这些假设不一定适用于复杂多变的实际项目，因此所得结果的实用性略有不足。综上所述，本研究的创新点在于：①将企业管理中商业模式移植到 PPP 项目中，指出政府可以通过激励私人部门进行商业模式创新来提高项目的整体利益；②考虑到商业模式创新中公私双方的尽善履约行为，提出了基于合同约定的基本利益分配和基于尽善履约行为的奖励利益分配的混合利益分配方案。

8.5.1　文献分析

1. 商业模式创新及其途径

在企业管理中，商业模式通常被认为是一个组织在明确外部假设条件、内部资源和能力的前提下，用于整合组织本身、顾客、供应链伙伴、员工、股东或其他利益相关者来获取超额利润的一种战略新意图和可实现的结构体系以及制度安排的集合。通过文献分析可知，一个企业是否进行了商业模式创新主要通过新价值的获取来判断，新价值主要表现为收入的增加，且该收入不仅包括货币形式的收入，还包括知识产权或其他财产所有权的获取、声誉的提高和能力的提升。代表性研究如：Yang 等（2017）提出商业模式创新并不一定会发现新的产品或服务，而是使用新的方法来创建和交付现有的产品或服务并从中获取价值，同时，他们认为通过识别现有商业模式中未捕捉到的价值可以发现新的价值机会，从而进行商业模式的创新；Müller 等（2018）认为商业模式创新是对企业商业模式的关键元素或连接这些元素的体系结构进行设计更改，其目标是通过更全面的价值主张来提升客户的忠诚度。

对商业模式创新的路径分析将使商业模式创新由“直觉推动型”过程转向创造性与理性有机结合的可控过程。目前，对商业模式创新路径的研究主要有静态和动态两个视角。静态创新路径主要通过识别商业模式的构成要素，在此基础上更改某个或某些要素来实现商业模式创新。例如，Bocken 等（2014）认为商业模式由价值主张、价值创造和传递以及价值获取三种要素构成，改变价值获取的方式或改变价值主张，能够促进商业模式创新的可持续发展。动态创新路径主要包括两种思路，即基于价值链理论对价值网络进行重构或者通过关注商业模式的演化过程对商业模式创新过程进行阶段划分并分而治之。前者如高闯和关鑫（2006）认为企业可以通过对价值链上的价值活动进行细分，清晰地识别出自身价值活动的优劣势，然后对其内外部价值活动进行优化重组、整合及创新，最终实现有效的企业商业模式创新。后者如 Bucherer 等（2012）把商业模式创新分为分析（analysis）、设计（design）、实施（implementation）和控制（control）四个阶段：分析阶段可能持续几年，如管理者观察传统商业模式是否处于压力之下；设计阶段是一个迭代的过程，企业必须开发各种解决方案并进行可行性研究；实施阶段往往时间较短，这个阶段之所以必须快速发生，是为了避免在市场中引起混乱；控制阶段包括成功的控制和所有的内部、外部变革的监督，是一个持续的活动。

2. 尽善履约行为及其激励

承包人的履约行为依据契约参照点理论可分为字面履约行为、尽善履约行为和机会主义行为三种类型。现有关于利益分配的研究通常遵循的是项目治理理论中的权责利对等原则，即合同中约定的利益分配结果与合同中约定的权利和责任是匹配的。例如，何天翔等（2015）认为 PPP 项目是一种契约模式，在合同中明确规定了每个利益相关者的权利、义务和责任等，并应基于此对利益进行分配。显然，这种分配方式是以上述三种履约行为中的字面履约行为为基础的。然而，商业模式创新是对未知的一种探索，公私双方不可能在合同中对这种探索的过程及结果进行明确的约定。在这种情况下，为激励双方的商业模式创新行为，利益分配时不仅要考虑合同中约定的权利和义务，还应该包括在合同执行过程中双方额外承担的责任和履行的义务。现有研究中尽善履约的激励途径主要有公平感知和信任两个方面：前者如严玲等（2018）将承包人的公平感知分为分配公平感知、程序公平感知和互动公平感知三个维度，并指出分配公平感知（承包人获得的合同补偿要尽可能地与自身的实际付出和风险损失相匹配）是尽善履约行为最重要的驱动力；后者如张水波等（2015）认为承包方信任能够提升其角色外合作行为，激发其在合作中为项目创造更大的价值。因此，在对商业模式创新产生的利益进行分配时，并不适用于传统的依据合同约定的权责对利益进行分配的基本思路，而需要一种能充分考虑双方实际付出的分配方式。例如，田刚等（2014）提出合作前以各方的投入确定利益分配比例，合作后综合考虑各自的贡献、承担风险等因素来调整分配比例，最后根据创新绩效对分配额加以修正，以实现对创新的激励。有鉴于此，本研究提出了基于合同约定的基本利益分配和基于尽善履约行为的奖励利益分配的混合利益分配方案。

8.5.2　研究方法

由于基本利益是公私双方根据合同约定执行合同项目产生的利益，而奖励利益是双方的尽善履约行为给项目带来的利益，两者的性质不同，因此，所选用的分配方法也不同。

1. 基本利益的分配

如同 PPP 项目超额利润的分享一样，PPP 项目商业模式创新中基本利益的分配亦适用 Shapley 值法，且需对 Shapley 值进行修正。依据项目治理理论，合同需明确规定交易双方的控制权配置、风险分担与利益分配三方面内容，而最优合同则应是“主要利益相关者权责利对等”的，其中，利益应与责任是对等的，因此，商业模式创新所得的利益分配应由公私双方所承担的责任决定。合同中所涉及的责任主要包括所分担的风险和对项目的投入两方面，而后者可根据投入的性质不同分为投入的资金和履行的义务。综上所述，PPP 项目商业模式创新的利益分配所需考虑的影响因素，既包括 PPP 项目超额利润固定分成时需考虑的投资占比、风险分担系数，还应包括义务履行程度，本部分仅对义务履行程度进行具体说明。

项目公司是商业模式创新的主要执行者，其需要履行的义务包括投入创新所需要的人力、物力、财力和技术等资源以及对上述资源进行整合利用来实现创新；而政府作为项目公司的合作伙伴，其义务的主要表现方式为承诺给予政策上的支持、协助项目公司获得相关的政府审批、授予特许经营项目相关的其他开发经营权益以及提供相关配套公共服务和基础设施等。因此，在进行利益分配时，需要考虑双方在此次商业模式创新中履行上述义务的程度。

2. 奖励利益的分配

由于 PPP 项目商业模式创新中奖励利益的分配是针对公私双方或有的尽善履约行为，因此，其分配适宜采用主观性比较强的专家打分法，主要有以下三个步骤，鉴于其操作相对简单，故后文中不再对其进行赘述。

（1）识别各方的尽善履约行为并获得对方的确认。首先，通过将商业模式创新过程中公私各方的具体行为与签订的 PPP 项目合同相关条款进行对比，识别出双方的尽善履约行为；其次，将各方的尽善履约行为告知另一方进行确认。只有对经由对方确认的尽善履约行为进行打分，才能保证最终利益分配的公平有效，避免双方发生矛盾。

（2）对各尽善履约行为的贡献度进行打分。公私各方不同的尽善履约行为对商业模式创新成功的贡献度是不同的，所得的回报应与贡献度的大小成正比。但由于公私双方均是该项目的参与者，若由他们对其行为的贡献度进行评价，其结果必然不是客观合理的，因此需要独立的第三方对这些行为的贡献度做出客观公正的评价。有鉴于此，本研究邀请专家对每个尽善履约行为的贡献度进行打分。

（3）将同一主体多个尽善履约行为的贡献度分值进行归一化。若只有其中一方有尽善履约行为，则奖励利益都归于该方；若双方都有尽善履约行为，则邀请专家对各方的尽善履约行为分别进行赋权，加权求和得到各方所有尽善履约贡献度的总分，以双方总分之比作为奖励利益的分配比例。

8.5.3 基本利益的分配过程

1. 修正模型的建立

本研究主要基于以下假设：①在商业模式创新过程中无大的决策变动，政治和法律环境相对稳定。②利益分配经过磋商谈判可达到均衡、双方认可的理想效果。③我国政府为了 PPP 项目的可持续发展，政策上鼓励商业模式创新。

设在 Shapley 值的基础上，考虑影响利益分配的因素，建立利益分配修正因素的集合 $J=\{j\}, j=1,2,3$，分别代表了投资占比、风险分担系数和义务履行程度。建立第 i 个合作伙伴关于第 j 个修正因素的测度值 a_{ij}，得到修正因素测度值分析表见表 8-5。

表 8-5 修正因素测度值分析表

i \ j	1（投资占比）	2（风险分担系数）	3（义务履行程度）
G（公共部门）	a_{G1}	a_{G2}	a_{G3}
P（私人部门）	a_{P1}	a_{P2}	a_{P3}

根据表 8-5，得到影响利益分配的修正矩阵 A：

$$A=\begin{bmatrix} a_{G1} & a_{G2} & a_{G3} \\ a_{P1} & a_{P2} & a_{P3} \end{bmatrix}$$

对矩阵 A 进行归一化处理，得到矩阵 $B=\left(b_{ij}\right)_{m\times n}$。

然后确定各影响因素对利益分配的影响程度 $\lambda=\begin{bmatrix}\lambda_1 & \lambda_2 & \lambda_3\end{bmatrix}^{\mathrm{T}}$，根据公式：

$$[R_G \quad R_P]^{\mathrm{T}} = B \times \lambda$$

其中，R_G 和 R_P 分别表示调整后各影响因素对公共部门和私人部门利益分配的综合影响程度，则经过调整的各部门实际应得的利益为

$$V_G = \varphi_G + \left(R_G - \frac{1}{n}\right) \times V \quad (8\text{-}6)$$

$$V_P = \varphi_P + \left(R_P - \frac{1}{n}\right) \times V \quad (8\text{-}7)$$

其中，在 PPP 项目中，n 的数值为 2。根据上述公式，可以得到基于 Shapley 值修正的 PPP 项目商业模式创新的利益分配方案。

2. 模型参数的确定

（1）投资占比的确定。由于政府政策鼓励社会资本进行 PPP 项目的商业模式创新，因此社会资本可能会对商业模式创新追加投资。本研究中的投资占比即项目公司中政府方代表与社会资本的资本金比例（包括后期资本金的追加），通过计算可得公私双方的投资占比的测度值 a_{G1} 和 a_{P1}。

（2）风险分担系数的确定。本研究中的风险分担系数主要通过基于层次分析法的模糊综合评价法确定。假设 a_{G2} 和 a_{P2} 分别表示公私双方的综合风险分担系数，在商业模式创新过程中双方面临市场环境风险（A_1）和项目公司内部风险（A_2）两种，每一种风险在公共部门和私人部门之间的分担系数为 m_i 和 n_i，其中 $m_i + n_i = 1$，w_i 表示两种风险的权重系数，则

$$a_{G2} = w_1 m_1 + w_2 m_2$$

$$a_{P2} = w_1 n_1 + w_2 n_2$$

下面我们对风险分担系数进行确定，假设评价因素的评价集为 v={低，较低，中等，较高，高}，评价值为 $V = \{0.1, 0.3, 0.5, 0.7, 0.9\}$。若 A_1=｛客户需求风险，合作者风险，竞争者风险｝，按其对商业模式创新的影响程度赋予权重值 $\alpha = (\alpha_1 \quad \alpha_2 \quad \alpha_3)$，我们邀请若干高校的风险管理专家对商业模式创新的风险进行评估，并对结果进行统计，从而得到模糊关系矩阵 U，对市场环境风险中的单风险因素进行模糊综合评价，得到风险系数矩阵 $B_1 = \alpha \times U$，则公私双方对市场环境风险的风险分担为

$$m_1 = B_1 \times V^{\mathrm{T}}$$

$$n_1 = 1 - m_1$$

同理可得，公私双方对于项目公司内部风险的风险分担为

$$m_2 = B_2 \times V^{\mathrm{T}}$$

$$n_2 = 1 - m_2$$

（3）义务履行程度的确定。义务履行程度能够衡量公私双方在商业模式创新中所做的贡献，可通过以下方式确定：①由于公共部门的配合使商业模式创新过程顺利或提前运营带来的正收益与公共部门未能及时配合造成创新过程缓慢乃至停滞不前带来的负收益之间的差额作为公共部门所做的贡献，记为C_G。②将私人部门对创新所需要的人力、物力、财力和技术资源等的投入折算成资金C_P。

从而可得公私双方义务履行程度的测度值：

$$a_{G3} = \frac{C_G}{C_G + C_P}$$

$$a_{P3} = \frac{C_P}{C_G + C_P}$$

（4）参数λ的确定。对于利益分配影响系数λ的确定，我们通过专家打分的方式征求专家的意见，所得的结果采用层次分析法构造投资占比，风险分担系数和义务履行程度对利益分配影响因素的重要性评判矩阵，确定各指标的权重向量λ。

8.5.4 结果分析与算例分析

1. 结果分析

在特定的商业模式创新中，产生的新价值即总利益$V_{总}$可以通过项目公司财务账面核算来确定，φ_G和φ_P可根据经典 Shapley 值公式进行估算，合同约定的义务履行程度中的C_G和C_P可通过资金折算进行测定，基本利益占总利益的比重η以及公私双方的尽善履约贡献度μ_G和μ_P可由专家打分得到。因此，假设在基本利益和奖励利益中公共部门应得的利益为V_G和V_G'，通过以下运算过程可得基于修正 Shapley 公式的基本利益分配方案和奖励利益分配方案，即式（8-8）和式（8-9）：

$$\begin{pmatrix} R_G \\ R_P \end{pmatrix} = B \times \lambda^{\mathrm{T}} = \begin{pmatrix} b_{G1} & b_{G2} & b_{G3} \\ b_{P1} & b_{P2} & b_{P3} \end{pmatrix} \begin{pmatrix} \lambda_1 \\ \lambda_2 \\ \lambda_3 \end{pmatrix} = \begin{pmatrix} b_{G1}\lambda_1 + b_{G2}\lambda_2 + b_{G3}\lambda_3 \\ b_{P1}\lambda_1 + b_{P2}\lambda_2 + b_{P3}\lambda_3 \end{pmatrix}$$

$$R_G = b_{G1}\lambda_1 + b_{G2}\lambda_2 + b_{G3}\lambda_3 = b_{G1}\lambda_1 + b_{G2}\lambda_2 + \frac{C_G}{C_G + C_P}\lambda_3$$

$$V_G=\varphi_G+\left(R_G-\frac{1}{2}\right)\times V_{总}\times\eta=\varphi_G+\left(b_{G1}\lambda_1+b_{G2}\lambda_2+\frac{C_G}{C_G+C_P}\lambda_3-\frac{1}{2}\right)\times V_{总}\times\eta \quad (8\text{-}8)$$

$$V_G'=V_{总}\times(1-\eta)\times\mu_G \quad (8\text{-}9)$$

根据式（8-8）和式（8-9），我们可以得到以下结果：

（1）根据合同约定及执行情况确定利益分配。对于实践中已经处于运营期的项目，一旦它进行了商业模式创新且获得一定利益后，公私双方可以根据合同中约定的投资占比、风险分担系数及其实际的执行情况来进行利益分配。将投资占比b_{G1}、风险分担系数b_{G2}、合同约定的义务履行程度b_{G3}以及基本利益所占的比重η代入式（8-8）中，可得公共部门在基本利益中所分配的利益；将公共部门的尽善履约贡献度μ_G及基本利益所占的比重η代入式（8-9），可得公共部门在奖励利益中所分配的利益；两者相加就是公共部门在商业模式创新中所得的总利益。

（2）根据预期的利益分配确定合同约定及执行情况。①在签订 PPP 项目合同时，双方可以根据预期的利益分配来确定己方的投资占比和风险分担系数。由于商业模式创新的过程与结果是未知的，通常情况下公私双方的尽善履约行为是无法预知的，因此，双方在此阶段中对己方利益进行预期时仅按合同约定来考虑。值得注意的是，在实践中，公私双方的投资占比通常由于某些因素的限制而无法对其进行选择①，因而只需要考虑风险分担系数即可。将投资占比b_{G1}、合同约定的义务履行程度b_{G3}以及基本利益所占的比重η代入式（8-8）中，可得V_G关于b_{G2}的一元一次函数，显然，公共部门所得的利益与其风险分担系数成正比。②在商业模式创新的过程中，若其中一方或双方发现有尽善履约的机会，则可根据预期的利益分配来决定是否进行尽善履约行为，而这个决定往往受到诸多因素的影响，例如，现有专家库中的专家是否具备良好的道德品质和职业操守以及专家遴选机制是否完善等，如果当事人认为自己的尽善履约行为无法分配到与之相对应的利益，往往会放弃做出该尽善履约行为的机会。若其中一方或双方有尽善履约行为，则将投资占比b_{G1}、风险分担系数b_{G2}代入式（8-8）中，可得V_G关于b_{G3}和η的二元一次函数；式（8-9）则为V_G'关于μ_G和η的二元一次函数。

---

① 我国实践中 PPP 项目公私双方投资比重的确定通常出于以下考虑：①政策文件规定，如：财金 156 号文明确指出，特许经营公司中政府占股不应超过 50%；②政府对项目控制的需求程度，一般而言，政府方投资比重越大，其对项目的控制程度越大，但实践中不乏通过投资比重的机巧设置来实现政府的控制需求的，例如在北京地铁 4 号线项目中，政府的作用是对两个社会资本进行平衡，起到杠杆的效果，因此该项目北京市基础设施投资有限公司、香港地铁有限公司和北京首都创业集团有限公司的出资比例为 2∶49∶49；③双方自身条件限制，例如湖南长沙磁悬浮列车项目是由私人部门发起的 PPP 项目，在该项目中私人部门虽拥有技术但缺乏资金，而公共部门需要这项技术来为公众提供轨道交通服务，因此公共部门的出资比例达到了 70.3%。

2. 算例分析

某大型 PPP 轨道交通项目的核心利益相关者为公共部门(G)和私人部门(P)。现阶段国家为了 PPP 模式的可持续发展，发布相关政策来鼓励 PPP 项目进行商业模式创新。经过评估，若进行商业模式创新后，项目的总体利益比未创新前增加 1000 万元。如果公共部门或者私人部门单独进行商业模式创新，则公私双方所得利益分别为 200 万元和 400 万元。根据专家打分得到各影响因素对利益分配的影响系数为 $\lambda=(0.2\quad 0.5\quad 0.3)$。

（1）根据合同约定及其执行情况确定利益分配方案。若合同中已经对商业模式创新的具体内容进行约定，则其中的投资占比与风险分担系数就成了已知数。假设公私双方约定投资占比为 0.4 和 0.6；通过财务账面核算，得到公私双方义务履行程度的测度值分别为 0.4 和 0.6；根据专家对风险分担系数进行评估，得到公私双方的风险分担系数为 0.3 和 0.7。通过专家打分得到基本利益与奖励利益的比例为 0.7 和 0.3，且只有私人部门有尽善履约行为。

①基于经典 Shapley 值法。

$$\varphi_G=\frac{0!\times 1!}{2!}\times 200+\frac{1!\times 0!}{2!}\times(1000-400)=400$$

$$\varphi_P=\frac{0!\times 1!}{2!}\times 400+\frac{1!\times 0!}{2!}\times(1000-200)=600$$

②基于修正的 Shapley 值法。

计算各因素对公私双方利益分配的影响程度为

$$\begin{pmatrix}R_G\\R_P\end{pmatrix}=B\times\lambda=\begin{pmatrix}0.4&0.3&0.4\\0.6&0.7&0.6\end{pmatrix}\begin{pmatrix}0.2\\0.5\\0.3\end{pmatrix}=\begin{pmatrix}0.35\\0.65\end{pmatrix}$$

根据式（8-8）和式（8-9）可得公私双方利益分配结果：

$$V_G=400+(0.35-0.5)\times 1000=250$$

$$V_P=600+(0.65-0.5)\times 1000=750$$

③基于混合利益分配方案。

根据原始 Shapley 值公式得到：

$$\varphi_G=\frac{0!\times 1!}{2!}\times 200+\frac{1!\times 0!}{2!}\times(1000\times 0.7-400)=250$$

$$\varphi_P=\frac{0!\times 1!}{2!}\times 400+\frac{1!\times 0!}{2!}\times(1000\times 0.7-200)=450$$

根据式（8-8）和式（8-9）可得公私双方基于基本利益的分配结果：

$$V_G = 250 + (0.35 - 0.5) \times 700 = 145$$

$$V_P = 450 + (0.65 - 0.5) \times 700 = 555$$

公私双方基于奖励利益的分配结果：

$$V_G' = 0$$

$$V_P' = 1000 \times 0.3 = 300$$

由此可得，基于混合利益分配方案的利益分配结果为

$$V_{G总} = 145 + 0 = 145$$

$$V_{P总} = 555 + 300 = 855$$

三种不同分配方案的公私双方利益分配比重如图 8-7 所示。将该 PPP 项目的风险分担条款、投资占比、义务履行程度反馈给实务工作者，并向其描述合同执行过程中各方的尽善履约行为，在此基础上，要求实务工作者在以下三种利益分配方案中选择自己认为最为公平合理的一个。本研究共发放了 20 份调查表，收回 20 份，对实务工作者的选择进行统计，得到 85%的实务工作者选择了混合利益分配方案。由此可见，混合利益分配方案相较于经典 Shapley 值法和修正 Shapley 值法更加科学。

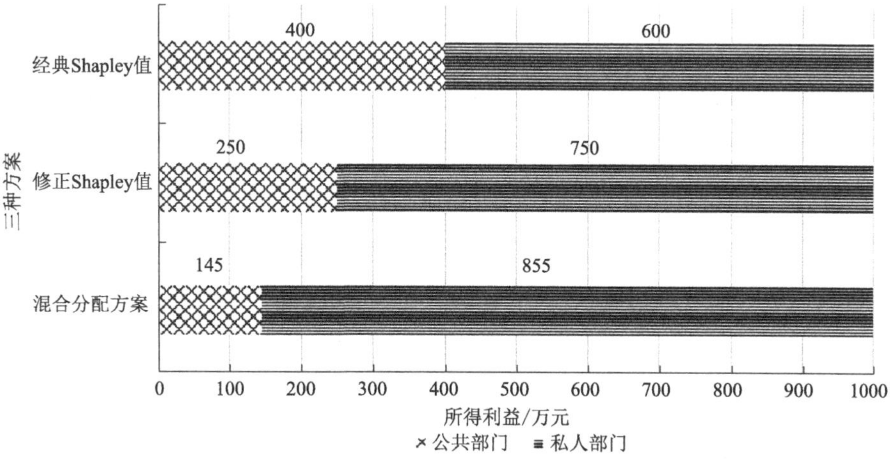

图 8-7　三种分配方案的公私双方的利益分配比重

（2）根据预期的利益分配方案确定风险分担系数。若该项目在签订合同时，公共部门由于资金有限，最多只能出资 40%，且估计己方在合同结束时的义务履行程度可达 0.4，则可得关系式 $V_{G总} = 500b_{G2} + 100$（图 8-8）。若公共部门想得到 300 万元以上的利益，则必须承担 40%以上的风险。

（3）根据预期的利益分配方案确定合同执行情况。按照合同约定，公私双方

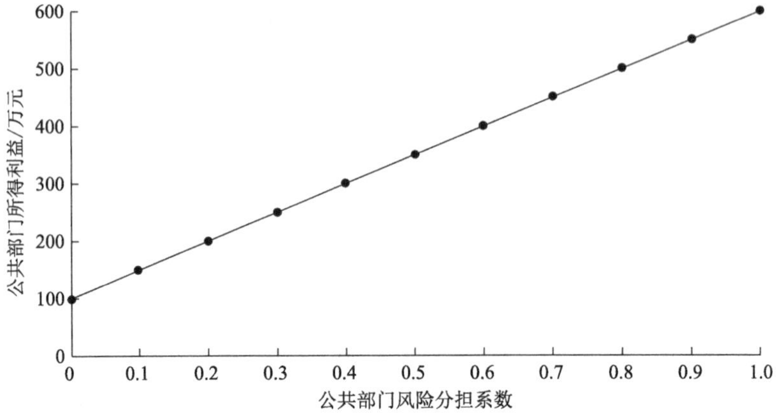

图 8-8　公共部门所得利益与风险分担系数的关系

的投资占比及风险分担系数分别为 0.4 和 0.6、0.3 和 0.7，则可得甲关系式 $V_G = 130 + 300b_{G3}$，根据公共部门的估计，其在合同结束时的义务履行程度可达 0.4，则其可分得 250 万元（图 8-9 中的 A 点），若公共部门认为这一利益分配结果不够理想，可以选择在后续的合同执行过程中：①提高己方的义务履行程度至 0.5，使得其分得的利益增至 280 万元（图 8-9 中的 B 点）；②抓住己方可以做出尽善履约行为的机会，为简化问题仅考虑公共部门有尽善履约行为的情况，若基本利益与奖励利益的比值为 0.7 和 0.3，则可得图 8-9 中乙关系式 $V_{G总} = 361 + 210b_{G3}$，公共部门分得的利益增至 445 万元（图 8-9 中的 C 点）；③同时做出上述两种决策，则公共部门分得的利益为 466 万元（图 8-9 中的 D 点）。

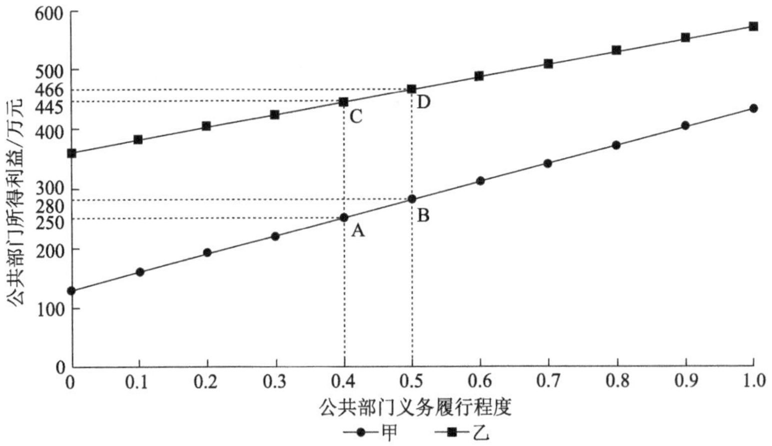

图 8-9　公共部门所得利益与义务履行程度的关系

8.5.5　管理启示

美国 Gartner 咨询公司提出了技术成熟度曲线，该模型能为一些行业的发展做出很好的预测。我国知名的 PPP 学术专家王守清以及实务工作者张燎认为，该曲线同样适用于我国的PPP模式的发展，即PPP在我国的发展将经历启动期(2014年)、高峰期（2015 年至 2017 年上半年）、低谷期（2017 年下半年至今）、爬坡期和饱和期 5 个阶段。显然，我国的 PPP 模式尚未发展成熟，公私双方分别以公共品的提供和项目的盈利为目标，鲜少考虑运营期的商业模式创新。但随着 PPP 模式的成熟发展，即到达爬坡期和饱和期时，商业模式创新将成为每一个 PPP 项目可持续发展的必由之路，这主要源于以下两方面：其一，创新是促进可持续发展最重要的动力，而创新最容易通过私营部门来实现；其二，随着经济发展以及人民生活水平的提高，未来公众的需求也会发生质的变化，公私双方需要通过创新来满足公众的需求。一旦 PPP 项目中出现商业模式创新，科学合理地设计 PPP 合同必将成为公私双方顺利合作的关键。如果不能合理地通过合同约定商业模式创新产生的利益分配，将会极大地挫伤双方的创新积极性，进而影响项目的整体效益。通过对商业模式创新所产生利益分配的研究，对我国 PPP 实务工作者提出以下三点管理启示。

1. 政府可通过适当措施来催化 PPP 项目中的商业模式创新

虽然商业模式创新是 PPP 项目可持续发展的必经之路，但其出现在 PPP 发展的哪个阶段将取决于政府的激励措施。政府可通过以下三大类措施引导和鼓励社会资本进行商业模式创新，以促使 PPP 项目中商业模式创新常态化能早日到来。①适当承担商业模式创新的风险：社会资本进行商业模式创新时会面临多种风险，并不能保证百分百成功，尤其在公私双方合作前期，由于所需的技术并不成熟或者对客户需求的认识不到位等原因，容易导致创新的失败，因此，政府应当主动多承担一些风险，一方面可以降低社会资本因商业模式创新可能失败带来的经济压力，另一方面也可表明政府同样在为 PPP 项目的商业模式创新而努力，给社会资本吃一颗“定心丸”。②适当增加投资占比：在 PPP 项目中，有些项目是需要长期依靠政府付费或可行性缺口补助的，为缓解政府的财政压力，对这些项目进行商业模式的创新迫在眉睫，同时也存在某些进行商业模式创新风险较大的项目，针对这两类项目，政府可通过适当加大投资占比来激励社会资本进行商业模式创新，即社会资本不只是单纯的项目投资者，而是通过技术入股的方式，在项目中提供技术、专业等的支持。③提高义务履行程度：项目公司无疑是商业模式创新的执行者，但若政府能够在合同中约定己方应履行的义务，并对项目公司做出相应的承诺，将消除项目公司在商业模式创新中孤军奋战的感觉，让它有一种与政府部门通力合作的体会，这种体会是激发项目公司潜能的关键。

2. 政府应该通过建立并完善专家库及专家遴选机制以确保专家评价的公正性

在对有商业模式创新行为的 PPP 项目进行利益分配时，不仅需要考虑公私双方对合同中约定的义务和责任的履行情况，更应考虑在创新过程中双方所做的尽善履约行为。由于尽善履约行为是在合同执行过程中公私双方本着互信合作的精神主动采取额外的某些行为，最大限度地实现项目的目标，因此对这些行为的衡量并没有可以依据的标准，只能依靠专家的经验通过打分来判断，所得的分值很大程度上取决于专家的专业素养和道德品质，进而会对专家提出更高的要求。基于此，本研究提出如下两点建议。①建立并完善专家库：专家库管理部门可定向邀请符合条件的专家，经评审后入库，也可在相关网站以及公众号平台公开征集专家，申请人可根据征集通知提交申请表及相关证明材料，经评审后成为入库专家；专家库管理部门可以专家的工作量、完成绩效和专业水平等情况每年对专家进行考核，考核结果作为是否清退出库的重要依据，若发现有专家有徇私舞弊行为，经查实后立刻从专家库中清退，并在网站上予以公示。②建立专家遴选机制：当需要对项目进行打分时，首先从专家库中随机抽取相同数量的实务界和学术界专家，并对专家人员的名单严格保密；其次在不影响打分的情况下，尽可能地隐去项目名称、单位及负责人等敏感信息，在此基础上，将项目资料、合同资料以及公私双方实际执行情况发给各个专家，请专家匿名打分；最后对专家反馈的结果进行汇总。

3. 公私双方可基于混合利益分配方案，根据预期的利益分配结果合理地设计 PPP 合同

我国现有的政策性文件中并未涉及商业模式创新产生利益的分配条款，同时，对商业模式所产生利益的性质也没有明确的界定。①分析财金 156 号文中附件《PPP 项目合同指南（试行）》和发改投资 2724 号文中附件 2《政府和社会资本合作项目通用合同指南（2014 年版）》这两个 PPP 项目合同的指导性文件发现，二者均未涉及商业模式创新所产生利益的分配；同时，《财政部关于印发〈政府和社会资本合作项目政府采购管理办法〉的通知》（财库〔2014〕215 号）（以下简称“财库 215 号文”）明确规定，“项目实施机构应当在 PPP 项目合同签订之日起 2

个工作日内，将 PPP 项目合同在省级以上人民政府财政部门指定的政府采购信息发布媒体上公告，但 PPP 项目合同中涉及国家秘密、商业秘密的内容除外"，故对中国政府采购网中 2018 年 1 月 1 日到 9 月 30 日公示的共 21 个 PPP 项目合同逐一进行研读，均未发现关于商业模式创新所产生利益分配的条款。②在现有政策文件中提及的关于 PPP 项目收益或利润的专业术语中，与商业模式创新所产生的利益最为贴近的即超额利润，财金 156 号文提出了投资回报率上限和超额利润分成比例两种超额利润分享方式，但并未规定具体的实现方法；事实上，超额利润通常是使用者需求激增或收费价格上涨导致项目公司获得的超出合理预期的利润，而商业模式创新产生的利益是公私双方主动承担较大风险进行商业模式创新得到的。基于上述两点，将商业模式创新所产生的利益归为超额利润并不十分恰当，需要针对商业模式创新所产生的利益分配进行新的合同条款设计。本研究提出了混合利益分配方案，在实践中，公私双方可以依据预期的商业模式创新利益分配结果来合理设计 PPP 合同条款或确定实际执行情况以及根据既定的 PPP 合同对商业模式创新所产生的利益进行分配。

第三篇

PPP 项目中的关系治理

随着工程实践中相悖于正式契约治理水平与项目绩效正相关关系的现象逐渐增多,越来越多的学者意识到应通过正式契约与关系契约的均衡来促使项目成功,虽然非正式契约不能脱离正式契约起作用，但却能够催化和放大正式契约减少交易风险的功效（Poppo and Zenger，2002），而信任正是非正式契约的核心，它常被作为一种风险管理的手段,成为与价格、权威并列的重要的资源分配模式(Dyer and Chu，2003)。信任是在交易过程中己方的弱点或漏洞（vulnerabilities）不会被对方利用的一种相互的信心（mutual confidence），它是由行为或选择导致的潜在的心理状态，同时又影响着后续的行为或选择，学术界与实务界普遍认为，信任可以有效缓解PPP项目交易双方普遍表现出的分明壁垒和思维对抗，弥补政府部门依赖于控制应对交易风险的不足，进而提高我国PPP效率。此外，PPP的相关研究不断开拓新的研究方向，近年来也开始对公平感知和角色感知这两个反映公私双方关系的概念表现出浓厚兴趣，前者在供应链、战略联盟等领域已得到深入研究，而后者在市场营销等领域被特别关注。有鉴于此，本篇将围绕PPP项目中的信任、公平感知、角色感知三个关系治理要素展开：对研究已十分深入的信任，重点阐释其动态演化特征，并证实其对合作或项目管理绩效的积极作用；对仍有很大研究空间的公平感知和角色感知，则重点阐释其构念及测度。

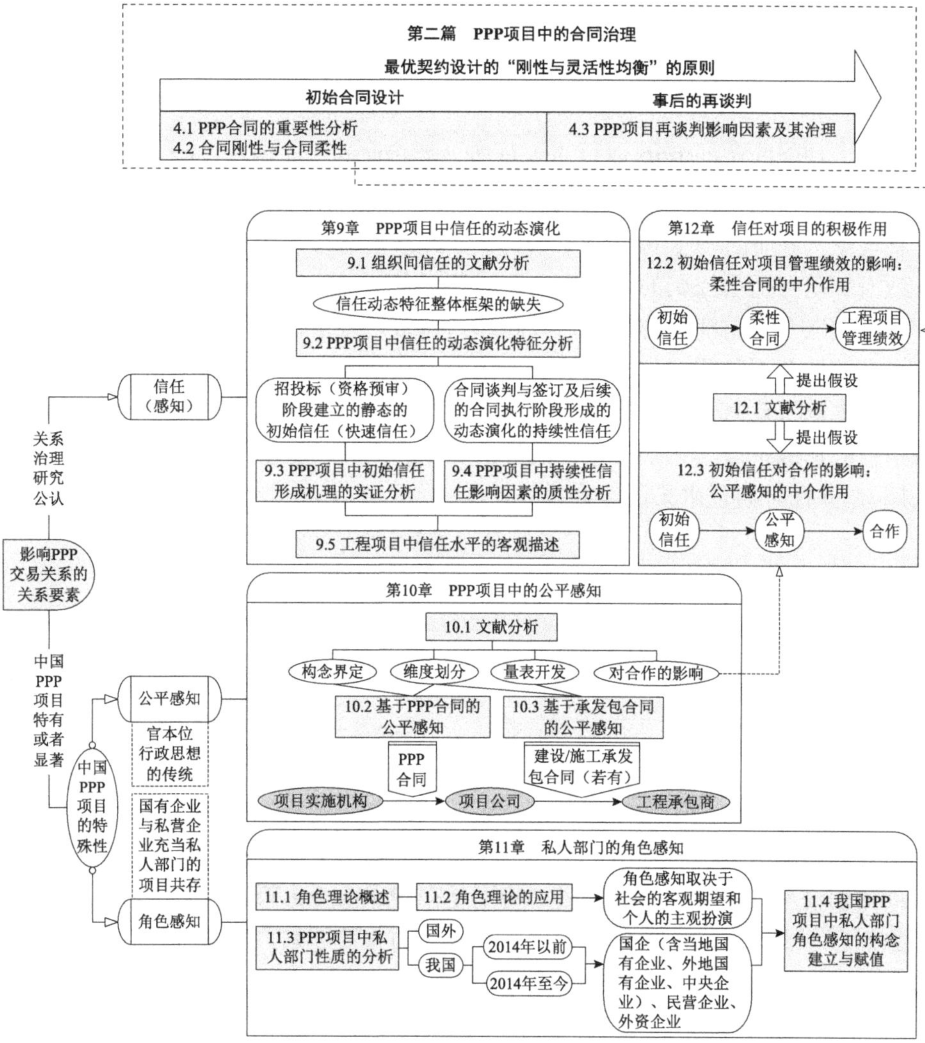

第三篇各章节之间的逻辑关系

第 9 章　PPP 项目中信任的动态演化

我国工程实践中的 PPP 项目通常呈现“零和博弈”的特征，政府部门则习惯于通过刚性的控制来限制私人部门的机会主义行为，然而，过多的控制反而加剧了这种现象，进而阻碍了 PPP 效率的提高。经济活动总是嵌入在一定社会关系中的，政府部门在适当控制的基础上，还需要开发信任这种良性社会关系的引导作用。信任是一个动态演化的过程，政府部门有效培育信任、积极规避工程项目中普遍存在的信任不足或信任过度的风险的关键在于掌握PPP 项目中信任的动态演化规律。本章将致力于构建 PPP 项目中信任的动态演化框架，在此基础上，揭示初始信任的形成机理、识别导致持续性信任动态演化的驱动因素（以合同谈判过程为例），并探讨信任水平的客观描述。

9.1　组织间信任的文献分析

信任问题高度依赖于特定的关系背景，因此，对于组织间信任的研究均是在某一特定的组织情境中进行的，关注度较高的如战略联盟中的信任、供应链成员企业间的信任等，而对于工程项目（特别是在 Partnering 模式下）中组织间的信任，虽然有不少文献均明确指出它是项目成功的关键因素，但对其进行深入研究的文献却相对较少。

9.1.1　信任的构念及其维度划分

信任的研究涉及人际信任和组织信任两个不同的层次，组织信任又可分为组织内信任和组织间信任两种类型，本研究旨在探讨组织间信任的相关问题。组织间的信任是一个多维度的复杂概念，虽然国内外的学者基于不同视角对信任提出了各种各样的概念界定及维度划分方式，但由于领域的限制或者信任具有高度情境依赖性的特点，至今为止，学术界尚未对信任形成统一的认识和理解。

1. 信任的构念

信任是一个涉及多学科、多层次的问题，现有国内外研究对信任概念的界定多种多样，主要可以区分为以下三种类型。①心理学视角下信任的研究通常是基于行为、心理等方面分析的，持此观点的学者如：Mayer 等（1995）认为信任指的是组织一方基于对对方的预期而愿意承担风险的意愿，其相信即使自己不去监视或者控制对方，另一方也会完成自己所交代的任务。②经济学视角下信任的研究通常被认为是理性选择的结果，持此观点的学者如：Williamson（1996）认为信任是人们在心里对风险与收益进行计算后的理性选择，信任可能带来的潜在风险不能超过潜在利益，否则就是无条件的、盲目的信任，这将使得信任者很难在市场中生存。③社会学视角下信任的研究往往是基于社会的宏观层面认识信任，更注重从社会关系对行为主体的影响来理解，对此论述比较经典的学者是 Barber（1983），其认为信任与社会秩序、预期内容以及社会关系等内容息息相关，其期望他人能够履行或坚持自然/道德秩序。

通过对各个视角下信任的定义进行归纳总结可以发现，各视角下信任定义的侧重点有所不同，经济学视角下的信任研究更关注经济理性，心理学视角下的信任研究更关注心理因素，社会学视角下的信任研究更强调社会关系。前者一般认为信任属于理性行为，而后两者通常认为信任属于非理性行为。鉴于大家对工程项目内涵的理解已经从之前的临时性组织逐渐转变为半开放性的社会网络，进而使得信任既有理性的一面，也会涉及非理性的一面，因此，从任何单一方面界定信任，都会失之偏颇。事实上，虽然各视角下对信任进行定义的侧重点存在差异，但是他们对信任本质的认识是基本统一的：①对另一方的正向期望；②愿意承担另一方可能存在机会主义行为的意愿；③与参与方的心理状态相关。

2. 信任的维度划分

从以往文献研究来看，大部分学者都认为信任具有多维度，且依据各种各样的划分标准对其进行了维度划分（表 9-1），在信任建立与维持过程中，不同维度的信任同等重要且在实践中是相互依赖的。通过归纳总结前人的研究得出主流的划分方式可以分为以下两类，具体采用怎样的划分方式取决于研究的内容及目标。

表 9-1 组织间信任维度划分的文献总结

序号	代表性文献	信任维度的划分	信任的来源
1	Lewicki 和 Bunker（1996）	谋算型信任（calculus-based trust）	来自对破坏或切断信任所付出代价以及建立或维系信任所带来利益的经济谋算，更多地体现双方的经济性关系
		了解型信任（knowledge-based trust）	来自在关系发展中彼此观察、关注对方对不同情况的反应进而培养出对对方的了解，可充分预测并确信对方的行为
		认同型信任（identification trust）	基于双方的亲密关系以及对他人理念及做事原则的认同，更多地体现双方的社会性关系
2	Lyons 和 Mehta（1997）	自利的信任（self-interested trust）	基于短期利益地相信对方，从自利的角度描述彼此间的关系
		社会的信任（socially orientated trust）	基于自己在这个社会网络中的责任，关心声誉等
3	Hartman（2000）	基于能力的信任（competence trust）	来自对对方按要求或期望完成某一任务的能力
		基于诚实的信任（integrity trust）	来自对对方诚实性格或行为方式的判断
		基于直觉的信任（intuitive trust）	由于双方拥有共同的信仰、友谊、情感而产生的相信对方的直觉
4	Pettit（2004）	基于可信度的信任	主要的信任方式，可信度可通过社会关系、声誉等获得
		基于信任响应的信任	由于一方先信任另一方而建立起来的
5	Wong 等（2008）	基于制度的信任（system-based trust）	关注正式的或程序上的安排而不考虑任何个人问题
		基于认知的信任（cognition-based trust）	来自对彼此组织或其中个人知识或信息的了解而建立起的信心
		基于情感的信任（affect-based trust）	通过对对方的感情投资或体贴关照而建立起双方的深厚情谊

（1）依据信任的来源划分。Das 和 Teng（2001）认为信任包括善意信任（goodwill trust）和能力信任（competence trust）。前者指合作伙伴有做这件事情的意图，常用的类似术语包括责任、可靠性；而后者指另一方有能力履行合同中的职责，常用的类似术语包括专业知识、技能。Mayer 等（1995）基于被信任者的特征将信任分为能力信任（ability trust）、友善信任（benevolence trust）和正直信任（integrity trust）三个维度。其中，能力是指能够使一方在某一特定领域具有影响力的技能，友善是指除了以自我为中心的利益外，希望对方做好事，正直是指一方坚持的原则能够被对方所接受；Mayer 等的观点与 Das 和 Teng 的没有本质上的区别，友善、正直和善意的区分度很小，在某种程度上可归结为善意。Wong 等（2008）建立了一个包含基于制度的信任、基于认知的信任和基于情感的信任三个维度的工程

项目信任框架。其中，基于制度的信任关注的是正式或程序上的安排而不考虑任何个人的问题，基于认知的信任是由于对组织中知识或信任的了解而建立起来的信任，基于情感的信任是通过对对方的感情投资而建立起深厚的感情。

（2）依据信任的发展阶段划分。Lewicki 和 Bunker（1996）提出了信任发展的三阶段理论，即由最初的基于谋算的信任（calculus-based trust），逐步发展为基于了解的信任（knowledge-based trust），最后达到基于认同的信任（identification trust）。其中，基于威慑的信任指的是一方会按彼此的诺言达成任务以避免接受惩罚，而按照自己的承诺去完成任务；基于了解的信任指的是一方非常熟悉另一方各方面素养，从而认为另一方的行为在自己的预测范围之内；基于认同的信任是指对对方价值观、意愿的理解和同意。与上述观点类似，潘旭明（2006）指出，当联盟企业间的合作增多时，信任很容易从合约信任发展为认同信任。仲秋雁等（2015）认为，企业间的信任可以划分为合作之前的先验型信任和合作过程中的计算型信任、了解型信任和认同型信任。

9.1.2　信任的特征及其与信任感知的关系

1. 信任的特征

随着信任研究的逐渐深入，越来越多的学者开始注意到信任具有动态变化的特征，代表性的信任发展模型如表 9-2 所示，针对信任进行动态描述的研究主要体现在以下两个方面。①信任强度的变化，例如：Barney 和 Hansen（1994）认为，集群网络中存在低、中、高三种程度的信任；乐云和蒋卫平（2010c）指出，工程项目中的信任与交易成本呈现出“U”形的函数关系，并在某一点达到最优水平。②信任结构的变化，例如：王雅娟（2015）认为，知识链演化中组织间信任影响因素的研究首要关注的就是其动态性、多维性及阶段性的特点，并指出信任的动态变迁轨迹是计算型信任（酝酿期）→制度型信任（组建期）→市场型信任（运行期）→联结型信任（解体期）；施绍华（2013）构建了工程项目中业主与承包商之间信任动态发展的模型，并指出其是一个多维度的概念，在初始阶段，由于交易双方没有交往、互动行为，仅存在计算型信任；在实施阶段，由于交易双方建立了良好的工作关系和私人关系，计算型信任与关系型信任一并存在；在未来合作阶段，更多的是对彼此后续行为的期望，主要表现为关系型信任。

表 9-2 组织间信任发展模型

序号	代表性文献	关系背景	信任阶段划分	解释说明
1	Barney 和 Hansen（1994）	经济交易（economic exchanges）	低度信任（weak form trust）	以追求短期利益为主的、缺乏效率的信任
			中度信任（semi-strong form trust）	介于追求低度信任与高度信任的中间状态
			高度信任（strong form trust）	以长期利益为主、具有强社会规范约束的、高效的信任
2	廖成林和乔宪木（2004）	虚拟企业	初始信任	在虚拟企业成立初期，成员企业彼此掌握的信息很少，只能依靠合作经历、声誉和承诺等因素决定授予信任的种类和程度，即初始信任
			持续信任	随着时间的演进和进一步互动，虚拟企业生命周期、机会主义行为、相互依赖性以及文化与地缘差异等成为决定虚拟企业信任的关键要素，初始信任逐渐过渡到持续信任
3	鲁耀斌和周涛（2005）	B2C	初始信任的建立	初始信任发生在信任的双方第一次遇见对方时，信任的一方通过一些特征来判断对方的可信度
			信任的维持	随着双方关系的进一步发展，他们进入了信任的维持阶段，此时双方都具有了关于对方的更多的信息和知识，因为信任的建立和对规章制度需要的减少，交易的效率得到了提高
			信任的下降	当双方完成了交易并长时间不再同对方交流和联系，信任水平可能逐渐下降甚至消失
4	王涛和顾新（2010）	知识链	尝试性信任	通常发生在合作初期，由于合作收益大于损失，且存在有效的网络制度规范和声誉传递机制，各方决定相信其他方，自身采取试探性合作态度
			维持性信任	合作进程中，各方逐步了解，形成共同的思考方式，进而形成共同目标和价值取向，他方行为可预测性增强，各方积极维持合作关系，相互信任程度增强
			延续性信任	合作尾声及合作结束后，合作过程中的信任关系信息通过网络迅速传播

通过分析总结现有文献发现，以往研究大致从信任强度和信任结构两方面论述了信任随着时间的推移是如何动态发展的，尤其是随着组织间合作期限的增长和交易双方互动的增加，交易双方之间信任的动态变化特征更加明显，可见，信任是动态发展的这一特征已被越来越多的学者认可。

2. 信任与信任感知

信任通常分为施信方的信任及受信方的信任感知，典型文献如：Lau 等（2007）认为信任理论包括两个方面，分别为信任（trusting）和被信任感（feel trusted)，二者所产生的主体不同，信任是指即使另一方可能存在机会主义行为，施信方也愿意承担这种风险，而被信任感是指被信任者感知到另一方为了双方的关系而愿意承担风险的意愿，并指出被感知到的信任可能会影响被信任者后续的行为及交易双方之间未来的关系；寿志钢等（2011）也区分了信任与被信任感，并指出被信任感是指受控方感知到的受控程度，而信任与被信任感可比作一枚硬币的两面，后者的变化会在很大程度上影响到双方之间信任关系的发展。通过对有关信任的文献进一步分析发现，关于信任感知的研究早已有之，虽然有部分文献所采用的主体词是“信任”，但通过进一步分析文献的具体研究内容发现，其实质上研究的是“信任感知”或“被信任感”，如张水波等（2015）研究了合同控制性与信任之间的关系，通过分析此文献的研究内容发现，他所指的信任并非施信方对受信方的信任，而是承包商对业主信任的感知，即承包商的信任感知。

上述研究表明，现有研究普遍认为关于信任的研究主要涉及施信方的信任和受信方的信任感知两方面，而二者仅是不一样的主体基于自身想法而对相同事件形成的主观感受，但以往研究对信任感知的关注度明显不足。由于信任是动态演化的，当信任与信任感知不对等时，二者处于不稳定状态，从而使得其在长期的博弈中逐渐变化，最终表现出趋同现象，持相同观点的研究如：Yang（2013）早已通过实证分析证明，信任具有很强的相互性，在合作伙伴不断地互动中，业主对承包商的信任程度与承包商感知到的其对自身的信任程度是基本相同的。

9.1.3　特定关系背景下信任的前因和作用结果

该方面研究主要包括如下三类。①信任驱动因素的识别，采用的识别方法如文献综述、元分析、统计分析，归纳现有文献中提及的信任前因或影响因素大致可归为交易双方固有特征（如声誉、能力等）、交易双方交互行为（如知识共享、信息沟通、响应性等）、交易双方心理契约（如承诺对称性、共同的价值观、情感等）、交易双方交互行为发生所处客观情境（如合同安排、兼容性等）四类（表 9-3），并且，Wong 和 Cheung（2004）通过实证研究发现，业主与承包商对于信任驱动因素的重要性排序是不同的。②信任的作用结果分析，即运用博弈论（Wong et al.，2005）、交易费用理论（乐云和蒋卫平，2010b）、问卷调查与统计分析（Wong and Cheung，2005；Jeffrey et al.，2009）等方法解释各种关系背景下信任对关系行为、合作水平、组织绩效、项目成功等的积极影响。③也有少数研究集成了上述两方面研究内容，如蒋卫平等（2012）基于业主方视角构建了“信任的前因→信任→项目成功”的理论模型并运用 SEM 对其加以验证与完善；Chow 等（2012）提出了信任建设机制与信任预期之间的关系模型并运用 SEM 进行了验证，研究发现，发展关系网络是最有力的信任建设机制。

表 9-3 组织间信任的前因或影响因素

序号	影响因素分类	关键影响因素	相关解释与文献支持
1	交易双方固有特征	声誉	多数研究一致认为，声誉确实对交易双方的信任产生显著的影响
		能力	在工程项目中，能够促使信任产生的能力包括交易双方的专业能力、管理能力甚至融资能力
		财务状况	财务状况良好且稳定的组织间更易于形成信任关系
		社会网络关系	社会网络关系意味着社会资源的丰富，有助于帮助组织与交易对象建立信任关系
		以往合作经历	实证研究结果显示，以往短暂的合作关系对后续合作中的信任具有消极影响，以往长期的合作关系对后续合作中的信任具有积极影响
2	交易双方交互行为	知识共享	交易双方之间知识共享程度越高，越有利于形成信任关系
		信息沟通	双向交流的信息量对信任具有显著的正向作用，包括信息沟通的频率、效果、公开性、完整性
		响应性	对交易对象的要求能够做出快速反应，有利于交易双方信任的提升
		监督	严密的监督不利于交易双方的信任
		问题或冲突的解决	恰当地解决问题或冲突有利于培养交易双方之间的信任
		非诉讼纠纷解决程序（alternative dispute resolution，ADR）的采用	工程项目中交易双方采用非司法的方式解决纠纷，有利于交易双方产生信任
		非正式关系的交往	交易双方成员之间的非正式社交活动有利于交易双方之间形成信任以及融洽的合作关系
		承诺的兑现	兑现自己对对方的承诺，有利于培养对方对自己的信任
3	交易双方心理契约	承诺对称性	交易双方向对方承诺的数量与内容呼应程度越高，越有利于培养双方之间的信任
		相互尊重	交易双方在态度上表现出对对方行为规范、价值观念的尊重，有利于交易双方信任形成
		利益共同体的感觉	具有利益共同体感觉的交易双方相互信任的可能性更大
		共同的价值观	具有共同价值观的交易双方相互信任的可能性更大
		情感	费孝通指出，中国人是差序格局的或者说是关系主义的，因此中国管理情境下的信任往往包含了强烈的人际情结

续表

序号	影响因素分类	关键影响因素	相关解释与文献支持
4	交易双方交互行为发生所处客观情境	合同安排	过于详细的合同条款、不合理的风险分担、过分强调经济激励与惩罚均不利于交易双方的信任
		兼容性	交易双方目标、组织文化、道德规范等方面可以相互融合的程度越高，越有利于交易双方信任的形成
		合作关系的持续时间	合作关系持续时间越长，本次合作中机会主义行为越少，越有利于形成信任
		交易对象可替代性/相互依赖程度	交易对象被其他组织取代的可能性越小，说明交易双方相互依赖的程度越高，则越容易形成二者之间的信任
		不确定性	工程项目中不确定性越高，越不利于信任的形成
		项目管理模式	Partnering 模式有利于培养交易双方的信任

资料来源：修改自 Wong 和 Cheung（2004）、乐云和蒋卫平（2010c）、曹玉玲和李随成（2011）

9.2　PPP 项目中信任的动态演化特征分析

由 9.1 节的文献分析可知，学者们对于信任这一潜在心理状态的动态特征已达成共识。本节将从中提炼出组织间信任的四方面动态特征，明确研究 PPP 项目中信任动态演化规律的必要性，进而提出 PPP 项目中信任动态特征的整体框架（杜亚灵和王垚，2012）。

9.2.1　组织间信任动态特征的总结

信任的发展需要经历一系列等级层次的连续阶段，总结现有文献中关于组织间信任动态特征的描述，主要散布在以下四个方面。

（1）多数研究一致认为，信任的动态特征主要表现为信任总体水平会随着时间的推移增强或衰减（甚至信任破裂），因此存在最优的信任水平。该部分研究多侧重于信任增强或衰减原因的解释，如 Laan（2009）认为信任的动态性源于风险，因此，信任问题的关键在于寻找信任与控制这两种项目风险管理手段之间的均衡，于是分析了“信任-风险-控制-项目绩效”之间的关系；乐云和蒋卫平（2010b）根据交易费用理论指出，工程项目中存在一个最优的信任水平使得业主方和承包商的交易费用最低；符正平和顾汉杰（2011）认为，当信任水平与依赖程度相互匹配的时候，集群内企业之间将达到最佳信任，最佳信任将随集群成长阶段的不同而发生动态演化。

（2）由于信任是一个多维度的概念，它不只是一个简单的增强或减弱的单维现象，因此，少数研究开始意识到不同时间节点上信任各维度在信任总体水平中所占比例的变化。例如：叶瑛和姜彦福（2009）指出，信任水平是信任的多个维度以某一比例的综合，随着双方在合作中信息不对称程度的降低，信任主体维度会经历从谋算型信任延伸到了解型信任，进而到认同型信任的过程；易朝辉（2011）则结合创业周期理论构建并验证了创业者与创业投资家信任发展的五维结构模型。该部分研究多为比较宏观的定性分析，而实证研究比较少见。

（3）对于信任的驱动因素，多数研究均是将合作或交易过程作为一个整体来识别的，但也有研究开始分析不同阶段信任的驱动因素及其作用结果的差异性。例如：陈明亮等（2008）运用 SEM 证明了无网络购物经验消费者的初始信任与有网络购物经验消费者的持续信任的驱动因素存在明显差异，而作用结果相似；殷茗和赵嵩正（2009）通过实证分析揭示了不同阶段专用资产投资对供应链协作信任、合作意图的差异性影响；王涛和顾新（2010）也指出，在知识链生命周期的不同阶段，信任受到不同因素的影响；乐云和蒋卫平（2010c）认为，合同对信任的作用是矛盾的，完备的合同有利于计算型信任的产生和发展，但又不利于关系型信任的产生和发展。显然，该部分研究多基于长久或持续的合作关系，而工程项目各阶段信任驱动因素的系统研究较少。

（4）由于信任嵌入在社会网络中，部分研究关注于信任的传递与循环。例如：王涛和顾新（2006）指出，信任或不信任会感染对方以及通过社会网络传递给第三方；Wong 等（2005）根据囚徒困境指出工程项目中总要有一方来开启信任的循环，并运用多元回归分析方法证明了这一角色应由承包商扮演。多数学者一致认可信任的传递与循环，但对其进行深入研究的却不多。

通过上述分析可知，组织间信任动态特征的研究现状具有如下特征：①多数研究集中于对组织间信任动态特征某一方面的分析，然而，信任的动态性应是上述四个方面的统一体，只有将这四个方面的研究成果纳入同一个研究框架下，才能更加详尽地阐释组织间信任的动态演化过程；②信任动态特征整体框架的缺失致使现有文献对信任动态演化过程的研究还不够微观和深入，仍未触及其机理层面。有鉴于此，本研究认为有必要专门针对 PPP 项目构建信任动态特征的整体框架，了解与掌握 PPP 项目中信任的动态演化过程，进而打开 PPP 项目中公私双方关系的“黑箱”。

9.2.2　PPP 项目中信任动态演化研究的必要性

私人部门的投资只有在 PPP 这种特定的交易关系中才体现出价值，在契约经济学中其被称为“关系专用性投资”，它改变了交易双方合作博弈的支付结构，使得项目交易由市场竞价的“事前多数”转变为相互依赖的“事后少数”，且随着关系专用性投资的增加，交易双方被锁定（locked in，又称“套牢”）在这种特定交易关系中的程度也逐渐增大。关系专用性投资致使交易双方高度相互依赖的同时，也增加了它们采取机会主义行为的可能（即交易风险较高）。在这种具有显著“双边锁定”特征的交易关系中，项目的成败在一定程度上取决于私人部门的投资决策，因此，PPP 项目倡导非对抗的工作方式，并以政府部门和私人部门的“双赢”为目标。然而，我国工程实践中 PPP 项目的交易双方通常表现出分明的壁垒和思维的对抗，政府部门想要更多地控制项目却不愿意提供足够的保障（guarantee），私人部门因而在进行投资决策时充满了对政府部门的防备，双方之间经常陷于为了解决大量分歧而展开的无休止的再谈判中，最终导致项目的高风险乃至失败。

究其原因，非重复博弈的特性致使 PPP 项目交易双方的合作关系很容易建立在一种狭隘的“机会主义”之上（刘家锋，2011），而政府部门通常将 PPP 等同于传统的总承包模式，依赖于以合同为中心的控制机制（如招投标、工程监理、履约担保、共管账户等）来限制私人部门的机会主义行为；虽然控制在应对 PPP 项目交易风险中是必不可少的，但对私人部门的行为进行完全控制是不经济甚至不可能的（Atkinson et al.，2006），反而还会使其产生被对方“敲竹杠”的顾忌，引发关系专用性投资不足，PPP 项目的合作关系亦将因此陷入“政府过度控制—私人部门猜忌与对抗—政府加强控制”的恶性循环中（Jin and Ling，2005；Badenfelt，2010）。事实上，经济活动总是嵌入在一定社会关系中的，特别是在中国的关系文化背景下，在进行适当控制的基础上，PPP 效率的提高还需受到信任这种良性社会关系的引导（Cheung et al.，2003），信任与控制是互补的关系（Poppo and Zenger，2002）。

从经济学的视角来看，信任是一种预期，即施信方承担不确定性带来的利益损失的同时，受信方不会由此而采取机会主义行为（Dyer and Chu，2003；Laan et al.，2012）。它是由行为或选择导致的潜在的心理状态（叶瑛和姜彦福，2009），同时又影响着后续的行为或选择，因此，信任并非一种静态的现象，而是一个动态演化的过程。在既定的控制水平下，信任水平的下降与信任结构的变化是导致合作关系破裂的直接原因（宝贡敏和鞠芳辉，2007），政府部门只有掌握了 PPP

项目中信任动态演化的规律，据此准确识别出各阶段信任的驱动因素，并通过有效调节与控制这些因素来将交易双方的信任水平及信任结构建立并维持在一个合理的区间，才能积极规避工程项目中普遍存在的信任不足或信任过度的风险（Laan et al.，2012；蒋卫平等，2012），同时使交易双方的合作伙伴关系呈现良性互动，进而提高 PPP 效率，促使项目成功。然而，现有研究多集中于对组织间信任动态特征某一方面的分析上，PPP 项目这一特定关系背景下①组织间信任动态演化所遵循的规律却少有研究涉及，因此，揭示 PPP 项目中微观的信任动态演化机理，从而为政府部门培育 PPP 项目中的信任提供技术支持，就成为一个有必要且亟须进行深入研究的课题。

9.2.3 PPP 项目中信任动态特征的整体框架

契约理论认为，交易双方机会主义行为的诱因即信息不对称（科斯等，1999），而项目治理理论认为，交易中的信任是信息不对称的重要治理机制（Faems et al.，2008），由此可见，PPP 项目中信任的动态演化机理研究还需以信息不对称问题为切入点。信息不对称可分为事前的逆向选择与事后的道德风险：①逆向选择问题的解决方案包括“信号传递”（signaling）模型和“信息甄别”（screening）模型②，前者对应于工程实践采购中的资格预审，后者则对应于工程实践中业主与中标人的合同谈判与签订；②道德风险的防范则需在合同执行过程中尽量减少不确定因素，并在自然状态实现后重新调整利益分配，对应于工程实践中的合同再谈判（涵盖工作性质具有较大差异的建设期和特许经营期）。通过上述分析可知，对于 PPP 项目中信任问题的研究应划分为如图 9-1 所示的四个阶段，其中涉及两种特质的信任：①在交易准备（即采购中的资格预审）阶段，交易双方根据对彼此固有特征的判断而形成静态的初始信任，它对交易双方信任的后续发展至关重要；②在交易过程中（即合同谈判与再谈判），交易双方根据彼此之间交互行为以及这些行为发生所处的客观情境不断更新对对方的预期，从而形成动态演化的持续性信任，并且，项目不同阶段工作内容的差异必然带来信任驱动因素及其作用效果的相应差异。

---

① 多数专家一致认为，信任问题高度依赖于特定关系背景，在不同的关系背景下会表现出明显的差异。

② 信息甄别模型指处于信息劣势的委托人提供多种契约，使处于信息优势的代理人做出最适合自己的契约选择。需要注意的是，工程领域并不是从多种契约中做出选择，而是以业主招标文件中的合同条件为蓝本，通过交易双方在谈判中的不断妥协逐渐逼近最适合中标人的契约选择。

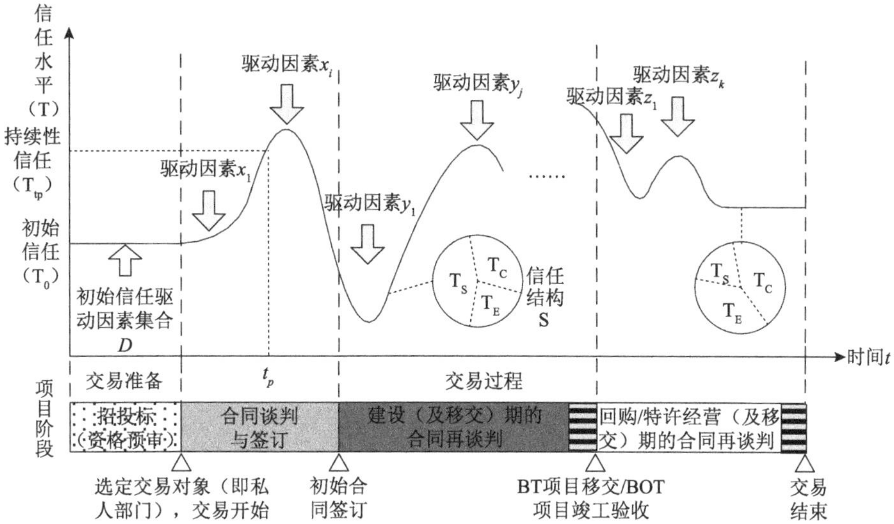

图 9-1　PPP 项目中信任的动态演化示意图

假设 PPP 项目中持续性信任采用了 Wong 等（2008）的信任框架，T_S 代表基于制度的信任，T_C 代表基于认知的信任，T_E 代表基于情感的信任

信任本身的动态特征包括信任水平及其维度构成随时间发展的变化，而信任本身的这种动态演化源于项目不同阶段工作内容的差异所必然导致的信任驱动因素及其作用结果的差异性，由此可见，信任动态特征整体框架的两大构件即信任（包括信任的结构维度与测度）和信任的驱动因素。

1. PPP 项目中信任的结构维度与测度

对于工程项目中信任维度划分与测度的研究较为成熟，如 Cheung 等（2011）在其构建的三维度信任框架基础上开发了一个工程项目的信任测度量表（a trust inventory）。本研究的重点在于选择适当的结构维度并开发适用于中国 PPP 项目的信任度测量表。①在 PPP 项目的招投标（资格预审）阶段，交易双方之间并无直接的交互行为，更没有情感、制度作为关系基础，他们只是根据对彼此固有特征的判断而形成静态的初始信任，也就是临时性组织组建初期的“快速信任”（swift trust）（Robert et al.，2009）。因此，该阶段政府部门应致力于信任的建立，信任维度划分宜采用 Hartman（2000）的观点，即基于能力的信任、基于诚实的信任、基于直觉的信任。②在合同谈判与签订以及后续的合同执行阶段，交易双方根据彼此之间交互行为以及这些行为发生所处的客观情境不断更新对对方的预期，致使持续性信任的水平与结构随着时间发展而不断变化，在公私双方建立了初始信任并开始交易的情况下，信任水平的下降与信任结构的变化是导致合作关系破裂的直接原因（宝贡敏和鞠芳辉，2007）。因此，该阶段发包人应致力于信任的维持，宜采用香港城市大学 Sai On Cheung 团队建立的三个维度工程项目信任框架，包含基于制度的信任、基于认知的信任、基于情感的信任（Wong et al.，2008）。以上仅是比较理想化的信任结构维度的选择，然而，在实际的研究过程中，往往囿于各种限制而需要退而求其次，例如，在本书后续关于信任的相关研究中，由于受到可获取的研究素材的限制，选择了 Das 和 Teng（2001）提出的能力信任和善意信任的两维度结构。

2. PPP 项目中信任的驱动因素

对于 PPP 项目这独特关系背景下的信任驱动因素的研究则相对较少，政府部门在交易双方的合作博弈中只有准确识别出 PPP 项目各阶段信任的驱动因素，并通过有效调解与控制这些因素来将交易双方的信任总体水平及各维度所占比例维持在一个合理的区间，才能积极规避工程项目中普遍存在的交易双方信任不足或信任过度的风险，切实保证私人部门贡献或投入本项目的合作行为（在该类项目中主要体现为减少机会主义行为），最终改善项目绩效。

9.3 PPP 项目中初始信任形成机理的实证分析

工程项目是一种典型的临时性组织（temporary organization），即职能和专业上具有显著多样性和互补性的若干成员为了一个共同的任务而暂时合作，这些成员之间通常缺乏合作历史，但在本次合作中需要密切配合、相互依赖（Tyssen et al.，2003）。快速信任专指临时性组织组建初期（对应工程项目的资格预审阶段）的信任状态，它更多的是基于角色的任务和专长而建立的（Adler，2007）。相关研究显示，快速信任是由外部信号（如声誉、角色、规则）和内在特质（如信任倾向、角色预期）共同决定的（Greenberg et al.，2007）。本节将揭示 PPP 项目中初始信任的形成机理（杜亚灵和闫鹏，2014）：首先通过文献分析得出 8 个资格预审评审指标，包括财务状况、技术能力、管理能力、安全和环境能力、力量投入、社会声誉、过往表现和工程经验，然后运用 SEM 证实它们对于快速信任的形成具有显著正向影响。结论显示，工程项目中快速信任的形成实质上就是当事人理性地获取关于交易对象的信息，并在据此判断交易对象充分行事的“可能性”时又不可避免地掺杂非理性因素的过程。

9.3.1　文献分析

如前所述，信任是一个多维度的概念，不同维度在信任总体水平中的比例分配即信任的结构，该方面代表性观点包括：Rousseau 等（1998）认为，信任可分为谋算型信任（calculus-based trust）、关系型信任（relational trust）、制度型信任（institution-based trust）三个维度；Hartman（2000）认为，工程项目中的信任包括基于能力的信任、基于诚实的信任、基于直觉的信任；Wong 等（2008）建立了包含基于制度的信任、基于认知的信任、基于情感的信任三个维度的工程项目信任框架；Yang 和 Shuai（2012）借鉴 Hartman（2000）的信任分类，同时考虑到中国社会广泛存在的较强的儒家文化，认为工程项目甲乙双方的信任应分为能力、关系、直觉三个维度（competence-based trust、guanxi-based trust、intuitive-based trust）。鉴于本研究仅涉及 PPP 项目中静态的初始信任，而不涉及动态演化的持续性信任，信任的维度应是交易双方的固有特征能够激发的，而与交易双方之间的交互行为无关（如谋算型信任、关系型信任、基于情感的信任），因此，本研究将采用 Hartman（2000）提出的基于能力的信任、基于诚实的信任、基于直觉的信任三维度信任结构框架，并在 Jeffrey 等（2009）的信任测度量表的基础上开发适用于中国 PPP 项目中初始信任的测度量表。

工程项目的资格预审是招标人为了确认投标人是否具备足够的能力为其完成拟建项目而进行的（张连营等，2003），是投标人通过信号传递使招标人建立对自己的信任的过程。鉴于工程项目招投标或资格预审的文献较多且实践操作相对成熟，本研究运用文献综述与资料分析的方法得出工程项目招投标中资格预审评审指标，如表 9-4 所示。

表 9-4　工程项目招投标中资格预审评审指标的文献分析

序号	代表性文献	财务状况	技术能力	工程经验	管理能力	过往表现	社会声誉	力量投入	安全和环境能力	备注
1	黄亚江和张水波（2012）	√	√	√	√		√			PPP 项目
2	位珍等（2012）	√	√		√		√			
3	周晓冬和王爽（2012）	√	√	√	√				√	EPC 项目
4	陈通等（2011）	√	√		√				√	PPP 项目
5	韩飞飞和胡瑞斌（2011）	√	√	√		√	√	√		
6	王薇等（2011）	√		√		√				BOT 项目

续表

序号	代表性文献	财务状况	技术能力	工程经验	管理能力	过往表现	社会声誉	力量投入	安全和环境能力	备注
7	许洪春和王丽珂（2010）	√	√			√	√	√		
8	Darvish 等（2009）	√	√	√	√	√	√			
9	Watt 等（2009）	√	√	√	√	√	√	√		
10	El-Sawalhi 等（2007）	√	√	√	√	√	√			
11	Zhang（2005a）	√	√		√				√	PPP 项目
12	刘亮晴和严薇（2005）	√	√	√		√	√	√		
13	朱华（2005）	√	√	√				√		国际工程
14	胡续梅（2004）	√	√	√	√					国际工程
15	张连营等（2003）	√	√	√	√	√	√	√	√	
16	赵健（2003）	√	√	√	√	√	√	√		
17	Mahdi 等（2002）	√	√	√	√	√		√		
18	Alarcon 等（2002）	√	√	√	√	√		√		
19	朱顺应等（2002）	√	√	√		√	√	√		
20	Wong 等（2000）	√	√	√	√	√				
合计		20/20	19/20	16/20	14/20	13/20	11/20	10/20	4/20	

9.3.2 假设提出与模型构建

1. PPP 项目中初始信任的前因分析

多数学者认为，由于信任是施信方与受信方之间的一种特殊关系，信任的前因包括受信方特征、施信方特征和双方交往特征三个方面，且多数研究集中于受信方特征和双方交往特征上（金玉芳和董大海，2004；乐云和蒋卫平，2010b）。而鉴于本研究的目标是揭示静态的初始信任的形成机理，因此仅关注受信方特征这一方面的信任前因即可，该方面代表性研究如：Wong 和 Cheung（2004）运用主成分分析法得出，无论对于业主还是承包商，声誉都是信任的影响因素中重要性排序第一的，而工作能力（包括技术能力和管理能力）和财政稳定性也是双方高度重视的信任影响因素；乐云和蒋卫平（2010b）认为，信誉、能力、言行一致性等静态因素对工程项目中信任的产生具有促进作用，其中言行一致性通常是通过当事人的过往表现来判断的。由此可见，工程项目中初始信任的前因与表 9-4 中的部分资格预审评审指标吻合，包括财务状况（financial status，以 F 表示）、技术能力（technical competence，以 T 表示）、管理能力（managerial competence，以 M 表示）、过往表现（performance in the past，以 P 表示）、社会声誉（reputation，以 R 表示），有鉴于此，本研究提出以下研究假设：

假设 Ha_1：PPP 项目私人部门的财务状况越好，公共部门对它的初始信任程度越高；

假设 Ha_2：PPP 项目私人部门的技术能力越强，公共部门对它的初始信任程度越高；

假设 Ha_3：PPP 项目私人部门的管理能力越强，公共部门对它的初始信任程度越高；

假设 Ha_4：PPP 项目私人部门的过往表现越好，公共部门对它的初始信任程度越高；

假设 Ha_5：PPP 项目私人部门的社会声誉越好，公共部门对它的初始信任程度越高。

另外，陈通等（2011）指出，PPP 项目中的私人部门通常要负责大型公共项目的设计、融资、建设及以后长期的运营，因此，私人部门必须拥有的能力不仅包括财务能力、技术能力（含施工过程中的安全、健康和环境管理的能力）和管理能力，还应包括可持续发展能力，故而，PPP 项目中的公共部门一般要求私人部门提交可持续发展能力报告。根据全球报告倡议组织（Global Reporting Initiative，GRI）的规定，其评价指标主要包括公共安全、工作体系的健康和安全、资源利用率及对废弃物的处理和循环利用等；持类似观点的又如：Zhang（2004）认为 HSE[①]控制能力是 BOT 项目私营部门选择的四个指标模块之一（另外三个指标模块为财务能力、技术能力、管理能力）；Kumaraswamy 和 Anvuur（2008）认为应将可持续发展能力与传统的技术能力、管理能力等整合为一个框架进行 PPP 项目团队选择决策。有鉴于此，本研究将施工过程中的安全、健康和环境管理的能力以及可持续发展能力统称为安全和环境能力（competence of security and sustainable development，以 S 表示），它也是 PPP 项目中初始信任的驱动因素。由此提出以下研究假设：

假设 Ha_6：PPP 项目私人部门的安全和环境能力越强，公共部门对它的初始信任程度越高。

2. 影响 PPP 项目中初始信任的其他因素分析

黄亚江和张水波（2012）采用网络层次分析法（ANP）对公共部门选择私营

---

① HSE 指的是健康（health）、安全（safety）和环境（environment）。

部门的17个影响因素进行排序，其中同类项目经验排在第6位，仅次于隶属财务能力的融资能力和财务抗风险能力、隶属管理能力的资金管理能力和工程项目管理能力以及隶属合作能力的信用水平，由此可见，工程经验（experience，以E表示）也是促使当事人信任交易对象的重要因素。并且，Watt等（2009）、黄亚江和张水波（2012）均将同类项目经验作为技术能力的观测变量之一，认为它可以有效减少组织学习成本，充分发挥私营部门的技术实力（Watt et al.，2009）；同理，工程经验亦对管理能力、安全和环境能力的发挥起到促进作用。有鉴于此，本研究提出以下研究假设：

假设 Ha_7：PPP项目私人部门的工程经验越丰富，公共部门对它的初始信任程度越高；

假设 Hb_1：PPP项目私人部门的工程经验越丰富，它的技术能力就越强；

假设 Hb_2：PPP项目私人部门的工程经验越丰富，它的管理能力就越强；

假设 Hb_3：PPP项目私人部门的工程经验越丰富，它的安全和环境能力就越强。

严玲和贾丽霞（2012）认为，代建人声誉可以使委托人通过学习他人的经验产生对该代建人的信任，此外，委托人的这种信任还来源于代建人因丧失声誉而为其自身未来利益造成的损失，由此可见，声誉是代建人通过一贯良好的过往行为形成的；研究结果还显示，在代建企业声誉的8个测量因子中，财务业绩的影响力度强于过往表现而高居榜首，它能够为企业提供充足资金，减少财务风险，进而提高政府对企业的信心。有鉴于此，本研究提出以下研究假设：

假设 Hb_4：PPP项目私人部门的过往表现越好，它的社会声誉就越好；

假设 Hb_5：PPP项目私人部门的财务状况越好，它的社会声誉就越好。

现阶段我国基础设施建设繁荣发展，同时承担多个工程建设项目的工程公司不在少数，以上述及的财务状况、技术能力等均为潜在投标人固有性质的表征，而能够使PPP项目公共部门形成信任的关键则在于该交易对象投入本项目中的技术、资金与人力情况，因此，国内工程项目资格预审通常会考察潜在投标人的当前工作负荷或计划分包/转包份额，以此判断其在该项目中的力量投入（devotion，以D表示）（张连营等，2003；许洪春和王丽珂，2010）。如果潜在投标人当前工作负荷过大，则招标人就会有该项目不能受到充分重视的顾忌，从而对该项目的顺利执行失去信心；而如果潜在投标人计划分包或转包的比例较大，将会增加其管理与协调难度，招标人也会担心自己对项目执行失去控制，从而降低其对潜在投标人的信任。有鉴于此，本研究提出以下研究假设：

假设 Ha_8：PPP项目私人部门在该项目上的力量投入越多，公共部门对它的初始信任程度越高。

基于上述理论分析与研究假设，构建 PPP 项目中初始信任的形成机理概念模型如图 9-2 所示。

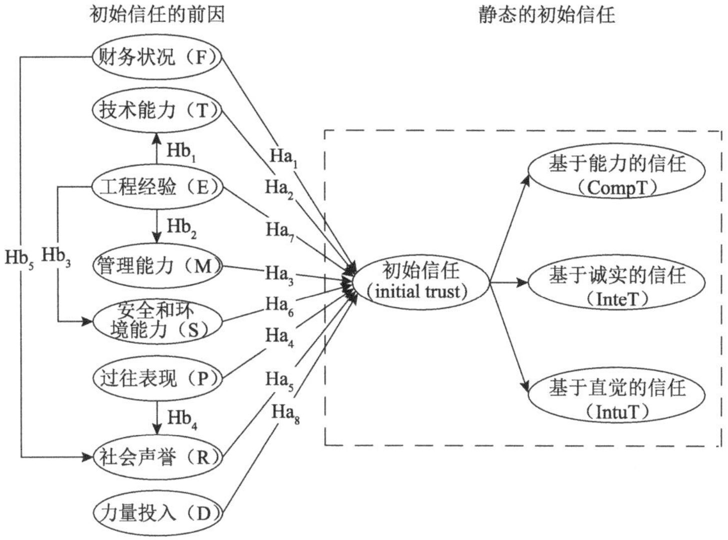

图 9-2　待证的理论模型

9.3.3　研究设计与研究方法

1. 样本和数据采集

本研究以已完成资格预审的 PPP 项目为样本进行数据采集，具体途径包括：其一，联络笔者所在研究团队曾经参与或调研过的 PPP 项目，在确认接受问卷调查后，向其推荐的该 PPP 项目公共部门一方的负责人或充分参与了其资格预审过程的人员发放问卷；其二，从笔者所在研究团队毕业的硕士、天津理工大学在读的项目管理硕士和工程硕士中有一部分曾经或正在参与某一个 PPP 项目，在他们的引荐与帮助下向上述 PPP 项目公共部门一方的参与人员发放问卷。本次问卷调查要求受试者回忆被测 PPP 项目招投标资格预审时对最终确定的私人部门各评审指标的评价以及当时对该私人部门的信任程度，并据此填答问卷；共计发放问卷 260 份，收回问卷 184 份，其中有效问卷 165 份，问卷的总回收率为 70.77%，有效率为 89.67%。通过问卷中受试者情况部分数据统计可知，44.24%的受试者在被测 PPP 项目中担任中、高层管理职务，受试者中本科及以上学历的占 87.27%，从事建设项目管理实践工作的年限在 3 年以上的占 52.12%，16.36%的受试者在参与被测 PPP 项目之前还参与过其他 PPP 项目，由此可见，本次问卷调查的受试者对 PPP 项目潜在投标人了解程度较高，确保了问卷数据的准确性。

2. 测量量表及其信度和效度检验

本研究需要量化的构念包括初始信任的前因和静态的初始信任。初始信任量表主要借鉴了 Jeffrey 等（2009）开发的能力、诚实、直觉三维度信任量表，经类似或相近题项合并，将题项数目由 20 个缩减为 10 个；初始信任前因量表主要是通过搜集和分析工程项目资格预审文件、承包商选择方面的文献开发的，具体题项如表 9-5 所示。除个别需要进行定量评价的题项外，其他题项均采用利克特 5 级量表打分法收集数据：“完全同意”表示 5 分、“大部分同意”表示 4 分、“一般”表示 3 分、“大部分不同意”表示 2 分、“完全不同意”表示 1 分。通过先后在本研究团队、招投标与合同管理实践工作者中的两轮小范围问卷前测，不断调整与完善问卷中各观测变量的描述，以最大限度地消除正式问卷调查中受试者的困惑与分歧，保证量表内容的有效性。

本研究采用 CITC 及 Cronbach's α 系数法删除量表中的不适当题项，并对所得样本数据进行信度分析。通常认为 Cronbach's $\alpha \geqslant 0.7$ 属于高信度，达到 0.5 以上即合乎最低可接受水平的信度要求，若某题项的 CITC＜0.3 且删除该题项后 Cronbach's α 提高到了可接受水平的信度要求，则应删除该题项，以改善量表的信度水平。利用 SPSS17.0 软件分析表明，删除“技术能力”因子中的“公司资质等级”题项、“社会声誉”因子中的“法人地位”题项、“过往表现”因子中的“对过往合作经历的体会”题项后，整个问卷的内部一致性较好，本研究数据的信度符合要求（表 9-5）。而关于测量量表的效度水平可通过后文的验证性因素分析（即测量模型分析）来检验，通常认为观测变量在其测量对象上的完全标准化因子负荷可以接受的最低标准为 0.45，该值越大表明观测变量与潜在变量之间存在统计上的显著性越好，数据的效度就越高，但在此之前需要进行 KMO 检验，以确保本研究数据适合进行后续的因素分析。利用 SPSS17.0 软件分析得知，本研究各潜在变量的 KMO 值均大于其最低标准值 0.5（表 9-5），本测量量表总体的 KMO 值 0.905 亦大于 0.5，表明本研究数据适合做因素分析。

表 9-5 测量量表的变量及其信度和效度分析

构念	因子	题项数目	题项内容	Cronbach's α		KMO 值	
初始信任前因	财务状况（F）	3	自有流动资金情况、信贷情况、财务抗风险能力	0.764	0.906	0.685	0.887
	技术能力（T）	4	公司资质等级*#、技术人员情况、项目经理情况、工程设备情况	0.544		0.666	

续表

<table>
<tr><th>构念</th><th>因子</th><th>题项数目</th><th>题项内容</th><th colspan="2">Cronbach's α</th><th colspan="2">KMO 值</th></tr>
<tr><td rowspan="6">初始信任前因</td><td>管理能力（M）</td><td>3</td><td>公司组织机构情况、管理人员综合素质、公司的社会关系网络</td><td>0.706</td><td rowspan="6">0.906</td><td>0.530</td><td rowspan="6">0.887</td></tr>
<tr><td>工程经验（E）</td><td>3</td><td>从业年限*、承建同类型工程的经验、承建类似现场条件施工经验</td><td>0.567</td><td>0.566</td></tr>
<tr><td>社会声誉（R）</td><td>3</td><td>法人地位*#、信用等级、工程竣工评价</td><td>0.652</td><td>0.536</td></tr>
<tr><td>过往表现（P）</td><td>5</td><td>业主反映、过往履约表现、违约记录、诉讼记录、对过往合作经历的体会#</td><td>0.763</td><td>0.718</td></tr>
<tr><td>力量投入（D）</td><td>2</td><td>当前工作负荷、计划分包或转包情况</td><td>0.621</td><td>0.546</td></tr>
<tr><td>安全和环境能力（S）</td><td>3</td><td>公共安全、工作体系的健康和安全、可持续发展</td><td>0.758</td><td>0.686</td></tr>
<tr><td rowspan="3">初始信任</td><td>基于能力的信任（CompT）</td><td>4</td><td>（1）您当时认为您的合作伙伴在未来的项目中将是专业且专注的
（2）您相信您的合作伙伴指派到本项目中的工程师和技术人员是富有竞争力的
（3）您当时就可以肯定您的合作伙伴有能力在本项目中取得预期成果
（4）当看到您的合作伙伴的业绩记录时，您找不出理由来怀疑他完成未来项目的能力和对其所做的准备工作</td><td>0.772</td><td rowspan="3">0.904</td><td>0.772</td><td rowspan="3">0.891</td></tr>
<tr><td>基于诚实的信任（InteT）</td><td>3</td><td>（5）您当时就相信，您的合作伙伴在项目的整个周期内都会遵守信用，并且是非常正直和廉洁的
（6）您当时就相信，您的合作伙伴在项目的整个周期内都会遵守严格的道德标准
（7）您当时就深信，您的合作伙伴在项目的整个周期内都会关心您的利益，不会轻易让您的利益蒙受损失</td><td>0.834</td><td>0.707</td></tr>
<tr><td>基于直觉的信任（IntuT）</td><td>3</td><td>（8）当时，您的“直觉”告诉您，您可以比较放心地与您的合作伙伴打交道
（9）当时，您就能“预感”到，与这个合作伙伴合作能够获得较好的结果
（10）当时，您“莫名”地觉得，对方是您可以信赖的合作伙伴</td><td>0.852</td><td>0.728</td></tr>
</table>

注：标注*的题项为定量评价部分，标注#的题项为为了改善量表信度水平而删掉的题项

9.3.4　研究结果与讨论

1. 测量模型分析

测量模型分析旨在检验观测变量反映潜在变量的有效性，本研究提出的理论模型包括初始信任的前因和静态的初始信任两个测量模型，其中前者是包括 8 个

自变量（且不同自变量之间存在相互影响）的一阶因子，而后者则为 1 个因变量的二阶因子。在进行假设检验之前，我们首先运用 AMOS7.0 软件对上述两个测量模型进行了检验，结果显示：初始信任的前因测量模型中，χ^2=220.707，df=192，χ^2/df=1.150＜2，p=0.076＞0.05，RMSEA=0.030＜0.08，AGFI=0.925＞0.90，GFI=0.969＞0.90，各观测变量的完全标准化因子负荷均大于 0.45；静态的初始信任测量模型中，χ^2=37.682，df=30，χ^2/df=1.256＜2，p=0.158＞0.05，RMSEA=0.040＜0.08，AGFI=0.924＞0.90，GFI=0.958＞0.90，各观测变量的完全标准化因子负荷均大于 0.45。由此可见，各项指标均达到可接受的参考值，表明本研究的 2 个测量模型均与数据拟合效果良好。

2. 结构模型与假设检验结果

运用 AMOS7.0 对假设模型与样本数据进行拟合分析，结果显示：χ^2=674.894，df=441，χ^2/df=1.530＜2，p=0.062＞0.05，RMSEA=0.057＜0.08，AGFI=0.923＞0.90，GFI=0.975＞0.90，结构模型的各项拟合指数均符合其判断标准的要求，表明本研究所提出的假设模型是可以接受的。本研究各潜在变量之间结构关系的假设检验结果如表 9-6 所示，通常认为，参数统计量的估计值达到显著水平（t 值＞1.96 或 p＜0.05），即可认为这一假设是成立的，且标准化路径系数 β 越大表明两个潜在变量之间的作用强度越大。此外，基于能力的信任、基于诚实的信任、基于直觉的信任与二阶因子的初始信任均显著相关（p＜0.001），标准化路径系数 β 分别为 0.959、0.881、0.857。

表 9-6 假设检验结果

假设编号	假设描述	标准化路径系数	S.E.	C.R.	p 值	是否支持原假设
Ha_1	财务状况→初始信任	0.393	0.114	1.547	0.007	支持
Ha_2	技术能力→初始信任	0.227	0.351	1.271	0.004	支持
Ha_3	管理能力→初始信任	0.511	0.079	1.338	***	支持
Ha_4	过往表现→初始信任	0.258	0.510	0.381	0.403	拒绝
Ha_5	社会声誉→初始信任	0.455	0.413	0.109	0.013	支持
Ha_6	安全和环境能力→初始信任	0.376	0.102	2.569	0.010	支持
Ha_7	工程经验→初始信任	0.210	0.169	2.552	0.151	拒绝
Ha_8	力量投入→初始信任	0.474	0.216	1.056	***	支持
Hb_1	工程经验→技术能力	0.609	0.106	5.531	***	支持

续表

假设编号	假设描述	标准化路径系数	S.E.	C.R.	p 值	是否支持原假设
Hb_2	工程经验→管理能力	0.917	0.104	7.726	***	支持
Hb_3	工程经验→安全和环境能力	0.773	0.120	7.274	***	支持
Hb_4	过往表现→社会声誉	0.877	0.137	5.852	***	支持
Hb_5	财务状况→社会声誉	0.109	0.129	0.908	0.364	拒绝

***表示显著性水平 0.001

3. 分析与讨论

为了进一步揭示 PPP 项目中初始信任的形成机理，本研究约访了本次问卷调查的 3 名受试者，并就表 9-6 所示的假设检验结果与他们进行了探讨。

（1）PPP 项目中初始信任的关键驱动因素。由表 9-6 可知，理论分析部分归纳的 8 个初始信任的前因中，除过往表现、工程经验对初始信任的影响并不显著（即假设 Ha_4、Ha_7 未通过检验）外，其余 6 个均与初始信任显著正相关，可视为 PPP 项目中初始信任的关键驱动因素。鉴于标准化路径系数 β 表征了两个潜在变量之间的作用强度，上述 6 个初始信任关键驱动因素的重要性排序为：管理能力（$\beta=0.511$）、力量投入（$\beta=0.474$）、社会声誉（$\beta=0.455$）、财务状况（$\beta=0.393$）、安全和环境能力（$\beta=0.376$）、技术能力（$\beta=0.227$）。

实践工作者对上述研究结论基本认同：①由于私人部门全面介入 PPP 项目的施工、运营（甚至设计）阶段的资金管理、风险管理等具体事务，因此其管理能力的强弱很大程度上决定着 PPP 合作的质量与效率，是 PPP 项目中初始信任最重要的驱动因素；②初始信任不仅来源于私人部门本身所固有的能力、声誉、财务状况等，更来源于其对该 PPP 项目的力量投入，该因素在基础设施建设繁荣发展的当前阶段尤为重要，但由于 PPP 项目的长期性、与该私人部门承接的其他工程项目衔接的不确定性，力量投入情况的判断与评价并非易事；③社会声誉与财务状况均为认可度较高的 PPP 项目资格预审指标，然而，当它们没有达到公共部门的预期水平时，公共部门很难对该私人部门产生信任，当它们达到公共部门的预期水平后，它们对初始信任的刺激敏感程度就会大幅降低，这可能是它们重要性略为落后的原因；④由于有些 PPP 项目需由私人部门进行特许运营，因此，私人部门的安全和环境能力对于 PPP 项目成功举足轻重，但目前我国实践中对于这一因素的重视程度仍有待提升，特别是可持续发展方面；⑤我国建筑市场存在的证书挂靠、虚报相关数据等现象在一定程度上增加了对潜在投标人技术能力进行准确评价的难度，且鉴于同等级别或规模的潜在投标人通常在技术能力上相差不大，因此，技术能力对初始信任形成的积极作用相对最小。但需要注意的是，实践中的PPP项目资格预审时通常要求专家对潜在投标人的财务状况、建设与运营能力、管理能力、企业信誉四个方面进行打分，且对上述四个方面的界定也会比较模糊，不过专家打分时考虑的方面基本上可以囊括上述六个关键驱动因素。

（2）过往表现、工程经验对初始信任形成的间接作用。虽然假设 Ha_4、Ha_7 未通过检验，但由表 9-6 可知，工程经验与技术能力、管理能力、安全和环境能力之间的标准化路径系数 β 分别为 0.609、0.917、0.773，且均达到显著性水平，假设 Hb_1、Hb_2、Hb_3 通过检验，由此可见，工程经验分别通过技术能力、管理能力、安全和环境能力间接作用于初始信任，总效应值为 0.897（0.609×0.227+0.917×0.511+0.773×0.376）；过往表现与社会声誉之间的标准化路径系数 β 为 0.877，且达到显著性水平，假设 Hb_4 通过检验，由此可见，过往表现通过社会声誉间接作用于初始信任，效应值为 0.399（0.877×0.455）；而财务状况与社会声誉之间的相关关系并不显著，假设 Hb_5 未能通过检验。实践工作者强调，对于潜在投标人各方面能力的判断，除了依据公司资质等级、拟投入主要管理与技术人员专业技术职称外，还会重点考察潜在投标人近 3 年承担类似项目情况、拟投入主要管理与技术人员主要经验及承担的项目等方面，显然是在通过工程经验来评价潜在投标人的能力，这一实践经验与假设 Hb_1、Hb_2、Hb_3 得到支持且工程经验对初始信任间接作用的总效应值较大相契合；对于潜在投标人社会声誉的判断通常依据公开披露的企业诚信状况，此外还会考虑潜在投标人近 3 年承担类似项目的履约情况，这一现象佐证了假设 Hb_4 的证实。

（3）PPP 项目中初始信任的结构。结构模型中初始信任二阶因子的标准化路径系数（0.959、0.881、0.857）表征了初始信任的三个维度对其总体水平的贡献，亦可由此推断被测 PPP 项目中初始信任结构的一般状况，即初始信任的三个维度所占比例略有差别，其中基于能力的信任所占比例最大，而基于直觉的信任所占比例最小。实践工作者认同 PPP 项目初始信任三个维度所占比例的排序，但对基于直觉的信任所占比例与另外两个维度相差不多表示质疑，本研究认为可能的原因是：由于人的有限理性，初始信任不可能完全源于私人部门的能力、诚实等客观方面，会有相当一部分源于公共部门主观的情感、判断等，并且交易双方信息不对称程度越高、未来的不确定性越大，则基于直觉的信任所占比例越大；PPP 项目相较一般工程项目或其他商品交易而言契约期更长、交易过程中的不确定性更大、交易双方的信息不对称程度更高，因此，基于直觉的信任这一维度所占比例较大从理论上讲是合理的，至于能够促使 PPP 项目成功的最佳的初始信任结构则需另外进行专项研究。

综上所述，PPP 项目中初始信任的形成或建立实质上就是当事人理性地获取关于交易对象的信息，并在据此判断交易对象充分行事的“可能性”时又不可避免地掺杂非理性因素的过程（图 9-3）。其中，理性的信息获取阶段显示，初始信任形成的三大途径包括权威方的推荐、他方的传递以及己方的认知。

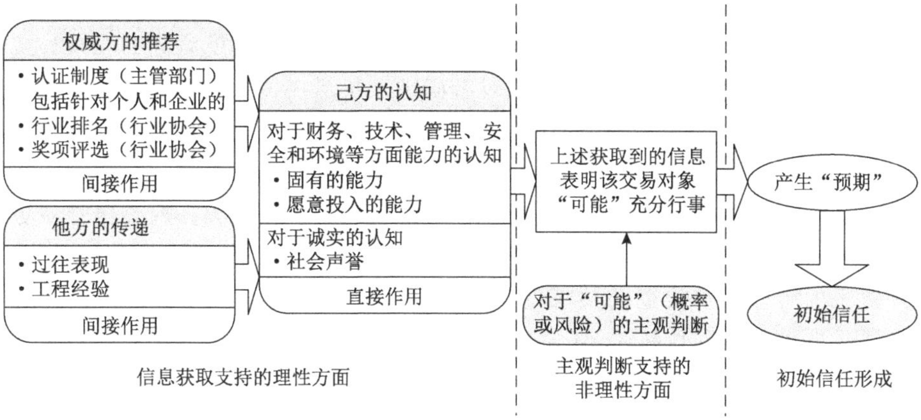

图 9-3　PPP 项目中初始信任的形成过程

9.3.5　管理启示与研究展望

2013 年 7 月 31 日，国务院总理李克强主持召开国务院常务会议，研究推进政府向社会力量购买公共服务，部署加强城市基础设施建设。①这无疑是政府倡导 PPP 的信号。对于作为公共部门的政府部门而言，PPP 项目成功的关键在于选择一个值得信赖的私人部门，资格预审是 PPP 项目招投标过程中的重要一环，其评审指标与评审标准的进一步优化是提高资格预审科学性的关键。基于实证分析结果，本研究对 PPP 项目资格预审过程提供以下三点管理启示。

（1）实践中 PPP 项目资格预审的评审指标通常较为简单，仅涉及财务状况、建设与运营能力、管理能力、企业信誉四个方面，且对它们的描述与界定过于简单，致使评审专家的打分通常存在较大的主观性误差，从而可能降低资格预审结果的准确性。根据本研究实证分析结果，PPP 项目资格预审的评审指标应进一步优化，其具体设定可因事制宜，但应涵盖管理能力、力量投入、社会声誉、财务状况、安全和环境能力、技术能力六个方面，且对评审指标的描述应尽量做到简明扼要、边界清晰，以保证评审专家打分的可操作性。对上述六个方面的综合认知与评判能够促使公共部门对私人部门形成适当的初始信任，既不会信任过度，又不至于信任不足，有利于提高资格预审的有效性。

① 李克强主持召开国务院常务会议（2013 年 7 月 31 日）. http://www.gov.cn/guowuyuan/2013-07/31/content_2591067.htm?cid=303[2020-10-20].

（2）工程经验与技术能力、管理能力、安全和环境能力之间，以及过往表现与社会声誉之间的标准化路径系数都很大，且均达到显著性水平，这说明对于潜在投标人各方面能力、社会声誉的判断可以主要通过其工程经验、过往表现来实现，特别是在我国建筑市场不够完善的当前阶段，仅仅通过资质证书、荣誉或获奖、相关人员专业技术职称等途径很难准确地评价潜在投标人的各方面能力，依据一时的口碑或一贯的印象也很难对潜在投标人的社会声誉进行客观的评判，相对而言，通过潜在投标人近些年所参与过的类似工程及其在这些工程中的表现或业绩（需提供相关佐证材料）来评价潜在投标人的各方面能力、社会声誉就更为科学。当然，政府部门也应不断加强市场管理，通过设立 PPP 项目私人部门名录或者俱乐部等方式来帮助公共部门确保潜在投标人所提供各种佐证材料的真实性，甚至通过 PPP 项目私人部门的定期排名来为公共部门提供更多决策依据。

（3）实践中 PPP 项目资格预审的评审标准通常是决策者根据经验确定的，即根据主观认定的各评审指标的重要性，将满分 100 分在若干评审指标之间进行分劈甚至是均分，评审指标之间分值分劈得不合理同样会影响资格预审结果的准确性。本研究实证分析得出了管理能力、力量投入、社会声誉、财务状况、安全和环境能力、技术能力 6 个关键驱动因素与初始信任之间的标准化路径系数（0.511、0.474、0.455、0.393、0.376、0.227），它们表征了各驱动因素对初始信任的作用强度或重要性，可作为资格预审评审标准中分值分劈的依据。此外，根据木桶定律，任何一个评审指标的打分未达到合格水平都应视为未通过资格预审。

值得注意的是，本研究仅涉及 PPP 项目中静态的初始信任，至于动态演化的持续性信任的发展轨迹和驱动因素则是未来的研究方向。现有的多数研究均将信任的演化过程视为一个“黑箱”，仅考虑信任自身特征的描述（信任的结构与水平）及其输入（信任的驱动因素）与输出（信任的作用结果）。而为数不多的分析工程项目中信任动态演化过程的文献通常采用一次性问卷调查的方式获得数据进行实证分析，忽略了项目中信任较强的时间属性，无法精准描述信任动态演化的全过程；或者单纯运用博弈论进行理论分析而不进行实证研究，使得研究成果的实用性与可靠性有待提高。

9.4 PPP 项目中持续性信任影响因素的质性分析

PPP 项目中持续性信任的动态演化机理要比初始信任形成机理复杂得多，因为其影响因素众多，且同一影响因素的影响程度也会随着时间的推移而发生改变。本节仅以 PPP 项目合同谈判过程为例，运用扎根理论研究方法，识别其间信任的影响因素，并分析各影响因素间的作用路径（杜亚灵等，2015a）。

9.4.1　文献分析

1. 谈判的影响因素

由于谈判过程的特殊性，若单纯依赖工程视角下的信任影响因素研究，无法保证研究成果的准确性。本研究通过对谈判过程的影响因素进行文献梳理，将其补充至谈判过程信任的影响因素的研究框架中，可以防止识别影响因素时出现遗漏。

谈判过程影响因素研究众多：Yiu 等（2008）通过构建逻辑回归模型（logistic regression modeling）进行了谈判策略与谈判结果之间的关系研究，其结果表明，如果采用时间施压、展示威胁、试探对方（使对方进行实际测试）等谈判策略，会促使谈判恶化；Xue 等（2011）采用模糊认知图的方法，探讨了合同谈判过程中存在的影响因素，认为包括谈判策略、合作在内的许多因素都对整个合同谈判过程产生影响；Mueller 和 Curhan（2006）认为，谈判双方的能力与情感影响着谈判过程，感知对方的情感可以预测谈判满意度，而谈判过程中双方的能力对“感知”起到正相关影响；Cheung 等（2006）对谈判策略与谈判结果之间关系进行的多元回归分析表明，谈判双方的合作态度将直接影响谈判的效率；同时，在国际工程项目中，文化差异影响谈判的重要性远远超过了其他因素的作用（邹芙林，2007）。上述文献中，学者给出了谈判过程的影响因素，然而在 PPP 项目中，合同签订前的谈判与合同实施中的再谈判所涉及的内容是不同的，谈判影响因素也存在异同。PPP 项目中特许期持续时间将影响再谈判的发生，但无法在合同签订前产生影响，通过文献分析，本研究筛选出过往研究中有关 PPP 项目谈判过程中的影响因素，如表 9-7 所示。

表 9-7　谈判过程的影响因素及分类

分类	影响因素
PPP 项目谈判过程	谈判目标、谈判策略、谈判人员、文化差异、能力、情感、合作态度
PPP 项目再谈判	合同价款、项目建设周期、特许期、项目运营成本、法律法规

2. 工程项目中信任的影响因素

工程领域信任影响因素的过往研究中，学者主要围绕整个工程项目周期交易双方之间的信任影响因素识别及其类别展开。其中信任影响因素的识别，如 Wong 和 Cheung（2004）通过对香港建筑业从业人士的问卷发放与整理，归纳出促进项目成功的 14 项信任影响因素，即能力、问题的解决方式、沟通的频率和有效性、沟通的公开和诚实、努力与回报一致、有效和足够的信息流、团结意识、尊重、兼容性、长期合作关系、财政稳定、声誉、ADR 的采用、合同协议；Wood 等（2002）的研究发现了影响信任提升的 6 项因素，即能力、承诺的兑现、可靠性、沟通、尊重、相互性；Khalfan 等（2007）的访问调查指出工程项目信任建立的 5 项影响因素，即以往合作经历、问题或冲突的解决、相互性、共同的价值观及理性行为；Karlsen（2008）认为工程项目交易双方之间信任建立的影响因素包括诚实、可靠、善良、承诺的兑现、共同的价值观、沟通及项目关键事项的完成。上述学者从实证的角度，挖掘工程项目中信任的影响因素，另外一些学者并行展开了信任影响因素的分类研究。例如：Ali 和 Birley（1998）将信任的影响因素分为信任产生的前因与信任产生的机制；Zucker（1986）将信任产生的机制分为 3 类，即基于特征的信任影响因素、基于过程的信任影响因素与基于制度的信任影响因素；Jiang 等（2012）将工程项目中信任影响因素分为影响发包人信任的因素与影响承包人信任的因素。纵览现有文献，信任影响因素研究往往将研究范围限定为整个工程项目，虽有学者指出在项目的发展过程中信任将随时间的演进发生变化，但对于工程项目各阶段信任影响因素的研究文献较少，本研究针对谈判过程中的信任影响因素进行展开讨论，可对该领域的研究空白做出有限弥补。

9.4.2 资料采集与编码

通过文献研究，针对工程项目各阶段的信任影响因素研究较为匮乏，本研究针对 PPP 项目合同谈判过程进行，其研究重点为：①识别 PPP 项目中交易双方在谈判过程中信任的影响因素；②上述信任影响因素的分类；③各影响因素之间关联路径。

1. 资料收集与整理

半结构化访谈过程历时半年时间，受访者选自参与过 PPP 项目谈判过程并拥有 5 年（或以上）从业经历的项目承包人与发包人，受访者分布地区包括北京、天津、上海、深圳、香港等地。本研究所收集的质性材料主要包括：①2013 年 3～5 月，实地访谈北京、天津两地参与不同 PPP 项目相关谈判人员，整理了包括访谈录音、访谈笔记在内的资料记录；②2013 年 6 月，深度访谈上海地区参与 PPP

项目相关谈判人员，将项目谈判时的谈判记录补充至资料记录；③2013 年 7 月、8 月之间，访谈深圳、香港两地参与 PPP 项目相关谈判人员，将其发表的相关论文补充至资料记录。半结构化访谈共获取 48 份样本数据，其中 32 份样本数据用于本研究扎根理论研究，剩余 16 份样本数据用于饱和度检验，样本数据均经过整理、整合、质证，以确保编码分析的准确性。

2. 开放性编码

根据扎根理论的数据分析程序，首要步骤是通过开放性编码进行资料的概念化和范畴化，即根据一定原则将大量的资料记录进行归纳整理，通过概括核心概念来集中反映资料内容。通过对深度访谈记录和二手数据的挖掘整理，具体开放性编码分析概念与范畴如表 9-8 所示。

表 9-8　PPP 项目合同谈判过程中信任影响因素的开放性编码分析

序号	范畴	概念
1	以往合作经历	交易双方之间曾经发生过的合作经历，将影响信任的产生
2	以往项目经历	拥有同类项目建造背景，曾与同类项目其他发包方或承包方进行合作
3	互惠互利	谈判过程中，当对方提出一些建议，要求我们在某些材料价格方面进行让步时，我们也会要求对方在另外一些材料价格上进行让步。如果对方认为我们的做法可取并同意的话，我们仍然会相信对方
4	完善的预案	能够将对方提出的意见、计划等，做出详尽、完备的预案
5	隐瞒	谈判过程也存在一开始就破裂的，比如发现对方的实力没有介绍中的优秀，经常出现欺瞒的行为，甚至有些企业根本就是“皮包公司”
6	相互尊重	一些 PPP 项目的发包方表示，如果对方安排级别较高的领导进行谈判，则更加倾向于相信对方。一些承包方也表示，相互尊重是交易双方之间信任建立的基础
7	承诺的履行	按时保质地完成自己向对方提出的计划、承诺
8	合作式的谈判	采取合作的谈判态度，谋求双赢的谈判结果，将提升交易双方之间的信任
9	方案的有效实施	对于对方提出的预案，能够有效地实施
10	回应	对于对方提出的要求和建议，能够做出积极的回应
11	人际的私下交流	交易双方达成阶段性共识后，双方会有一些酒会、餐会活动。这些私下的交流也会影响双方的关系，一般都是促进彼此之间的信任
12	消极地参与谈判	对待谈判敷衍塞责，谈判人员消极地参与谈判，不用心
13	欺骗	谈判过程中，将谈判人员调换为非该公司计划书中的人员
14	共同的项目目标	一些 PPP 项目由于服务人群的个性化需要，发包方为满足这一需求产生特定的项目目标，承包方则会因为项目的特殊性而去申报建筑奖项，这样在谈判阶段双方就会产生积极的合作，彼此也更加信赖
15	善良	谈判者拥有善良的品质，将促进信任的产生

续表

序号	范畴	概念
16	财务状况	稳定的财务状况，有助于交易双方信任的建立
17	压制式的谈判	采取谋求单赢结果的谈判策略，最终将损害交易双方之间的信任，致使谈判破裂
18	行动力	迅速高效地实现对方提出的建议或己方的承诺，将提升信任
19	专业能力	对于不同用途的工程项目，承包方表现出很强的专业能力（如获得过专业奖项），有助于信任的产生
20	包容	如果谈判者倾向于包容对方，则交易双方更倾向于信任对方
21	充分地交流	随着谈判的进行，诸如处理事务的风格、工作的能力、为人处世的态度等因素将被对方逐渐了解
22	名声	谈判初期，交易双方的良好名声（如获得业内认可、取得某奖项）影响着信任的产生
23	积极地参与谈判	在谈判过程中，谈判人员表现出积极合作的态度

3. 主轴编码

为保障研究中编码的综合性、抽象性及概念化，本研究以上述开放性编码为基础进行主轴编码。通过对资料的反复循环考察及分析，将开放性编码形成范畴——“名声”“专业能力”“财务状况”“以往项目经历”“完善的预案”作为 5 个亚类属归并在子群体成员的“能力”类属之下；将“充分地交流”作为 1 个亚类属归并在子群体成员的“沟通”类属之下；将“消极地参与谈判”“积极地参与谈判”“相互尊重”作为 3 个亚类属归并在子群体成员的“态度”类属之下；将“承诺的履行”“回应”“方案的有效实施”“行动力”作为 4 个亚类属归并在子群体成员的“响应性”类属之下；将“欺骗”“隐瞒”作为 2 个亚类属归并在子群体成员的“诚实”类属之下；将“共同的项目目标”“互惠互利”作为 2 个亚类属归并在子群体成员的“兼容性”类属之下；将“人际的私下交流”“以往合作经历”作为 2 个亚类属归并在子群体成员的“情感”类属之下；将“压制式的谈判”“合作式的谈判”作为 2 个亚类属归并在子群体成员的“谈判策略”类属之下；将“善良”“包容”作为 2 个亚类属归并在子群体成员的“谈判人员品质”类属之下。经过分析提炼出 9 个类属，具体类属的主范畴及相关概念如表 9-9 所示。

表 9-9 PPP 项目合同谈判过程中信任影响因素主范畴及其概念

序号	主范畴	概念
1	能力	能力通过交易双方的“行为”和“产出”表现，影响彼此信任的建立
2	态度	交易双方采取合作或不合作的态度，将影响谈判中信任的产生

续表

序号	主范畴	概念
3	沟通	创建开放式的频繁沟通，并且加以维持，可使得交易双方的关系透明化，从而获得信任的提升
4	响应性	积极地响应双方的意见，将改善信任，反之则会破坏信任
5	诚实	谈判过程中出现欺骗、隐瞒等行为将阻碍信任的产生
6	情感	中国管理情境下，信任往往包括了强烈的人际情结
7	兼容性	交易双方的目标、价值观等可以相互融合的程度越高，越有助于交易双方信任的形成
8	谈判策略	谈判过程中，交易双方采用合作的谈判策略将有助于维持信任，反之则将破坏信任
9	谈判人员品质	谈判人员拥有善良、包容的品质将有助于交易双方信任的建立

4. 选择性编码

选择性编码是指将分析集聚到主范畴，并在类属与亚类属之间建立逻辑关联的过程。本研究通过对主范畴及概念中存在的潜在脉络进行全面、准确的解析，发现其存在的因果关系与逻辑顺序，并最终归纳为以下三类关系（表 9-10）。

表 9-10　基于主轴编码的大类关系

序号	关系类别	影响关系范畴	关系内涵
1	交易双方固有特质	能力、谈判人员品质	交易双方的名声、专业能力、以往项目经历与财务状况等构成谈判过程中双方所拥有的能力；受谈判人员的工作经历、背景、所属企业的文化等因素影响的价值观、包容性等心理因素，决定了谈判人员在谈判过程中所持有的品质。这些无法随谈判过程中主观意向所改变的因素成为交易双方固有特质
2	交易双方交互行为	沟通、态度、谈判策略、诚实、响应性	PPP 项目谈判过程中影响信任的主观因素可分为交易双方交互行为与交易双方心理预期。交易双方交互行为由谈判过程有效的信息沟通、交易双方积极与消极的合作态度、合作式或压制式的谈判策略、隐瞒与欺骗行为、积极的响应等因素构成
3	交易双方心理预期	兼容性、情感	交易双方针对项目持有共同目标与项目成员的性格特征决定了谈判过程中互惠互利行为与私下交流程度最终影响兼容性与情感等因素，而在不同项目背景下，其影响效果也存在差异

5. 理论饱和度检验

为检验理论模型的饱和度，研究将未录入的 23 个样本数据进行了开放性编码、主轴编码及选择性编码，编码分析过程并未发现新的概念及范畴，同时未产生新的关系，得到的结果仍然符合“PPP 项目谈判过程中信任的影响因素及其作用机理”的脉络。因此，本研究理论模型符合饱和度检验要求。

9.4.3 结果讨论与分析

综合上述分析，PPP 项目谈判过程中信任的影响因素及其作用机理的理论模型如图 9-4 所示，其内部结构显示：①影响关系范畴形式众多，具体可以归纳为交易双方固有特征、交易双方交互行为及交易双方心理预期三类，下文将对其进行具体分析；②关系范畴存在复杂的影响关系，最终表现为信任的产生与信任的影响结果；③交易双方固有特征与交易双方心理预期是谈判过程中信任产生的主要影响因素，同时间接影响信任结果，交易双方交互行为则成为信任结果的主要影响因素；④各范畴之间存在相互影响关系，如交易双方的名声与谈判人员的品质影响谈判过程中的诚实、完善的预案影响谈判过程中交易双方的响应性；⑤直接影响 PPP 项目谈判过程中信任动态演化的因素为“响应性”与“沟通”，其他因素则分别通过“响应性”与“沟通”影响信任。

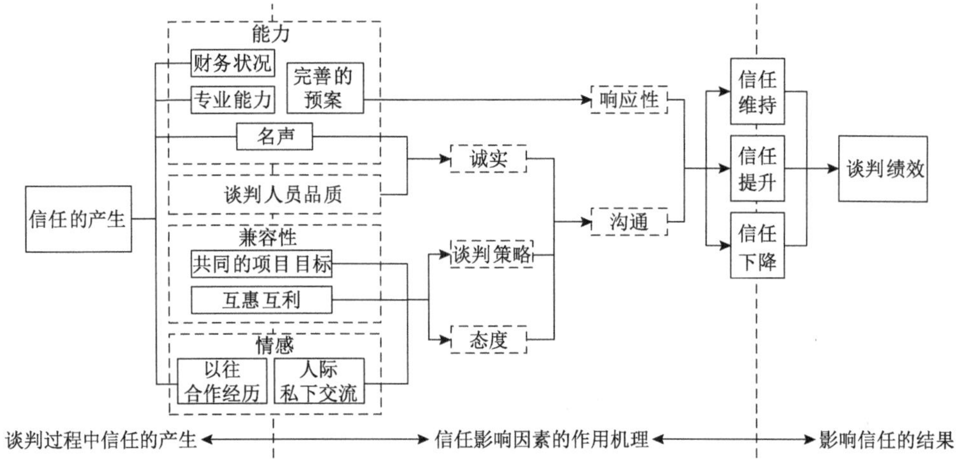

图 9-4 PPP 项目谈判过程中信任的影响因素及其作用机理

1. 交易双方固有特征

交易双方固有特征因素表现为能力与谈判人员品质。能力被普遍认为是影响信任产生的重要因素。能力表现为交易双方拥有的专业技能、财务状况以及高超的管理。在谈判过程中，一方的能力如果显示出不足以完成对方的需求，交易双方之间的信任则会大大降低。多数受访者表示，倘若交易双方都不具备满足对方需求的能力，致使整个谈判过程无法顺利进行，那么信任便很难产生。因此，能力作为交易双方各自需求的保障，是信任产生的基础。

谈判进行中，信任是一方对另一方谈判人员善良品质的期待。在研究过程中，一些受访者提出，对方谈判人员展现出的善良、宽容等品质，使得己方在谈判中放心，彼此间的信任也由此得到维护。

2. 交易双方交互行为

交易双方交互行为因素表现为沟通、态度、谈判策略、诚实、响应性。在谈判过程中，沟通对信任的影响是显著的。充分地沟通促进着交易双方相关信息准确、及时地交流，是谈判顺利完成的重要因素。受访者表示，通过沟通能够了解对方为人处世的方式、真正拥有的能力以及对待对方的态度，这些都是双方信任的基础。如研究模型所示，沟通与诚实之间是存在影响关系的，当沟通中出现欺瞒行为时，一方面阻碍了信息的准确传递，另一方面则破坏了交易双方之间的信任。研究发现，沟通与态度、谈判策略存在很强的关联性，积极的合作态度与采用合作式的谈判策略将促进沟通的充分性，而消极的合作态度与压制式的谈判策略则作用相反。

诚实，同能力一样，被受访者广泛认为是交易双方信任的基础。诚实可以增进交易双方之间存在的可靠性与可预测性，降低谈判过程中的决策风险，进而促进信任的维持。诚实往往定义为言行一致，谈判过程中，若一方出现言行不一的行为，则另一方无法对其进行预测，从而对托付的任务施加监督，难以建立信任。多数受访者并不认为保持诚实可以提升信任，但一致认同欺瞒、欺骗的行为必定迫使信任下降。

3. 交易双方心理预期

交易双方心理预期因素表现为兼容性与情感。交易双方的价值观相似与谈判过程中的互惠互利行为被称为兼容性。受访者表示，拥有良好兼容性的谈判双方更容易达成一致，而谈判过程中出现的采取一致行动的行为使合作更为融洽，信任也更容易产生。情感表现为交易双方过往的合作经历与谈判过程中出现的私下交流。研究发现，情感对信任的影响是双向的。受访者指出，拥有过不愉快的合作经历的交易双方，在谈判过程中很难产生信任。交易双方在达成阶段性共识后，往往会通过宴会的形式进行庆祝，这种私下交流的行为保障了信任的维持。

9.4.4　结论与展望

研究通过文献分析、半结构式访谈以及基于扎根理论的归纳分析，识别出 PPP

项目谈判过程中信任的影响因素，本研究具有一定的理论意义与实践意义。首先，本研究得出一个定性的理论模型，描述了 PPP 项目谈判过程中信任影响因素的作用路径，为后续的实证研究打下了基础，同时，本研究所阐述的信任影响因素作用机理对管理者改善谈判效率具有指导作用。其次，以往有关信任影响因素的研究多是针对工程项目全过程展开的，鲜有研究针对特殊项目特定阶段展开，本研究的影响因素识别是在 PPP 项目谈判阶段中进行的，弥补了以往研究的不足，对相关理论的发展起到了促进作用。

作为一项探索性研究，本研究同样存在着局限性。本研究的研究方法是基于质性分析展开的，具有较强的主观性，对文中所涉及的影响因素、影响因素之间的相关性等问题未得到验证。在后续的研究中，PPP 项目谈判过程中信任的影响因素应通过实证分析，采用量化数据形式验证模型中各个因素的作用机理及其关联性，弥补定性研究分析的不足。同时，PPP 项目其他阶段信任影响因素的识别也是后续研究中需要解决的问题。

9.5 工程项目中信任水平的客观描述

如前所述，信任是动态演化的，信任的强度或水平会随着时间的推移而改变，交易双方之间信任研究的关键在于对其进行准确的测度，但这并非易事。以往研究中对于信任的测度通常是通过问卷调查的方式，如：Cheung 等（2011）提出了一个工程项目信任水平的测度量表，并运用 SEM 检验了其可靠性与稳定性；Ding 和 Ng（2007）将 McAllister 信任量表译为中文，并通过中国（不包括台湾地区）建筑师的问卷调查数据检验了其信度与效度。然而，这种方式因为需要当事人的参与而无法保证获得信息的真实性，事实上，当事人的行为是其当下心理状态的最真实、最客观的表征，通过观察当事人行为来判断其信任水平是最为直接且准确的途径。有鉴于此，本节以 DBB 模式下的工程项目为例，在建设工程项目全过程的视角下，识别影响利益关系、决策结果等方面的关键事件，以及可以度量业主与承包商在每个关键事件的中信任水平的研究把手，进而对双方信任水平进行更加全面、更加细致的研究，最终构建一个从微观到宏观且持续变化的信任水平提升模型（尹贻林等，2015a）。

9.5.1　文献分析

1. 信任状态的描述

已经有学者对信任水平进行了研究，并且证明了信任有高低之分，如陈叶烽等（2010）使用社会问卷调查法和信任博弈实验法对信任的水平进行了测度，证明了信任是动态变化的；王雪青和魏喆（2007）指出，当博弈中的合同一方从开始便持续采取信任合作的行为，从而得到对方的信任时，双方的关系自然会发展成为信任的非对抗关系，这种信任关系会随着以后的重复合作的行为得到发展和加强；而 Mun 等（2009）构建了信任水平的估算模型，用以度量合作伙伴关系中的信任水平及满意度。还有一些学者将信任的水平等级进行了划分，如潘婧（2008）采用层次分析法求取各层次评价指标的权重，再运用模糊综合评价法来确定各方案的评价值，最后归并获得评价结果且建立了信任度评价模型，将信任水平划分为完全可信（1 级）、一般可信（2 级）、不能确定（3 级）、一般不可信（4 级）、完全不可信（5 级）5 个等级。但这些研究是分析信任与其他因素（绩效、合作）之间关系的基本手段，是通过研究者的主观判断做出信任评级。由于每个研究者的视角不同，给出的信任评级也不一致，从而学者基于感性的信任分级的机理无法知晓，同时也没有学者去探索，因此这些研究成果与工程实践联系不够密切，对工程实践的指导性较弱。

少数文献对信任水平进行了客观描述，这些文献选择一个抓手作为研究的切入点，通过所选择抓手的状态不同从而将信任水平进行分级。例如：①以监督频次为抓手，孟宪海（2007）利用契约经济学的观点，以项目实施过程中的监督频次作为研究抓手，将信任分为低度、中度、高度三个等级。低度信任意味着主要通过成文的合同条款强制约束双方的行为，通常依靠监督保证任务实施，而在中度信任下，检查监督有所减少，但仍依赖于合同条款的强制约束力，信任水平达到高度信任时，合同双方达到自我履约的状态，摆脱了繁杂的检查和监督。②以博弈次数为抓手，刘家锋（2011）以工程项目施工过程中业主与承包商的博弈频次为抓手，将“一次博弈→有限次博弈”“有限次博弈→无限重复博弈”“无限重复博弈”三个阶段的信任水平分别定义为初步交易型信任、深度交易型信任、义利共生型信任。③以机会主义行为为抓手，Barney 和 Hansen（1994）以交易双方对机会主义行为的变化为抓手将信任划分为弱信任、半强信任和强信任。④以双方的合作与竞争程度为抓手，在工程项目中，业主与承包商的关系可以被看作是一种联盟关系，双方既有竞争又有合作。Ngowi 和 Pienaar（2005）根据这种业主与承包商之间的竞争和合作关系的程度将信任划分为低水平和高水平两个等级，如果双方的关系趋于竞争则表明信任处于低水平，若双方为达成目标而形成了一种紧密合作的关系，此时为高水平的信任。

2. 工程项目中表征信任的关键事件

上述文献都试图通过单一的研究抓手划分信任水平，忽略了建设工程项目的系统性、过程性、阶段性，并且未将建设工程项目中对信任有重大影响的各个关键事件的信任等级状态具体地予以描述。工程实际中，随着项目过程和阶段的不同，工作内容、工作性质都是不同的，所以只通过单个的研究抓手不能有效地、客观地、准确地划分不同项目过程和项目阶段的信任水平，据此，寻找多个可以客观的且易于度量信任水平的研究把手十分关键。在工程项目的日常运作或例行事件中，业主与承包商之间的信任水平不会明显地表现出来，而那些最易出现争端的关键事件尤为能反映双方的信任水平，所以需要对每个阶段的关键事件进行识别，然后在每个关键事件中识别可以划分信任水平的抓手，根据业主与承包商在每个信任水平抓手中的表现对工程项目全过程中的信任水平进行描述并构建信任水平提升模型。

（1）业主发布招标文件和承包商投标报价是招投标阶段的两个关键事件，招标文件中免责条款的数量是业主对承包商信任水平的表征，如Zaghloul和Hartman（2003）认为，业主对承包商的信任较低时，会在招标文件中使用较多的免责条款将风险转移给承包商，而承包商在投标报价时会增加一部分额外费用以降低风险，导致项目的隐形成本上升（免责条款会造成项目成本上升8%～20%）以及索赔和争端事件的增加；业主在招标文件中也经常使用惩罚性条款，如Wang等（2011）指出，在合同中使用惩罚性条款会削弱承包商的积极性，导致承包商的机会主义行为增加。此外，张先玲（2007）指出，业主提供的招标文件存在漏洞是影响业主控制工程成本、影响项目经济效益和工程质量的关键因素，在投标报价时，承包商往往将不平衡报价等策略作为利用招标文件漏洞的手段，致使项目投资增加并且会导致工期延误、纠纷等事件，更甚者会迫使项目无法继续。

（2）施工阶段是工程建设全过程中资金投放量最大、控制成本最关键的阶段，也是争议问题最多的阶段。曹海俊（2012）指出，在施工过程中工程价款的支付不仅是技术和财务问题，更是事关当事人权利义务乃至第三方利益的法律问题，会引起承包商的偷工减料、暂停施工等行为，还会导致项目的失败。同时，吕民和潘辉（2007）认为，由于变更、索赔、现场签证等事件引起的工程价款调整是业主与承包商利益的焦点，经常引起工期延误、争议事件。

（3）工程竣工验收阶段是工程建设的最后阶段，也是工程造价形成的最终阶段，金婷和张弛（2012）的研究表明，在这个阶段竣工结算文件额审核是最终控制工程造价的关键，也是取得预期投资效益的重要前提，因此，业主通常会重新计算承包商提交的竣工结算文件。陈雄（2013）还指出，结算文件编制的不合理会最终导致工程结算的数据不够准确、完整，进而影响到工程结算，还会影响承包商的企业形象以及企业的经营效益。

综上所述，在工程项目中，业主发布招标文件、承包商投标报价是招投标阶段的两个关键性事件；价款支付、价款调整、争议处理是影响项目施工阶段的三大事件；而结算审核则是工程竣工验收阶段的核心。

9.5.2　研究资料的获取

本研究一方面需要对 DBB 模式下施工总承包合同双方在不同项目阶段各关键事件的信任水平予以描述，以明确每个关键事件的信任水平表现“是什么”的问题，据此识别可以直接地、有效地识别工程项目中业主与承包商之间的信任水平；另一方面，随着项目各阶段的不同，还要对信任水平的提升模型进行探索和构建。所以，本研究兼有理论分析和理论构建的特点，而基于访谈的研究方法是理论分析、理论构建的有效方法，此外，访谈法可以获得的数据更丰富，且有利于捕捉和了解新的或深一层次的信息，有利于对问题进行更深入的探索，从而提高结果的信度和效度，基于此，本研究运用半结构化的深度访谈法获取工程项目招投标阶段、施工阶段、竣工验收阶段表征信任的各关键事件中业主与承包商的表现形式的资料，然后运用内容分析方法分析资料，从而离析出可以较准确测量不同项目阶段信任水平的多个客观抓手。

1. 访谈设计

根据表征信任水平关键事件的文献研究设计了七个访谈题目（表 9-11），访谈时，以这些题目为主题，首先通过向受访者介绍本研究的背景；其次，针对访谈题目，引导访谈者做出客观的评价，根据被访者的回答进行进一步挖掘和追问。访谈时间一般为 90 分钟左右，在征得受访者的同意后，访谈全程进行了录音。这样，通过围绕表征信任水平关键事件的七个题目进行深度访谈，获取了翔实的第一手资料，访谈结束后对收集的文字、录音等资料进行深入分析、演绎归纳，为本研究识别度量不同项目阶段信任水平把手和构建信任水平提升模型奠定了良好基础。

表 9-11　表征信任各关键事件的初始访谈题目

项目阶段	关键事件	访谈题目
招投标阶段	业主发布招标文件	（1）您接触过的承包商中有没有让您觉得有不可靠的？若与让您感到不可靠的承包商合作，在发布招标文件时会采取一些保护单位利益的行为或措施吗？
	承包商投标报价	（2）您接触过的业主有没有让您感觉到不可靠的？如果与这样的业主合作，在投标报价时会采取什么样的措施？
	合同文件的解释顺序	（3）您所在公司或您接触过的业主在签订合同时是否更改过合同文件的解释顺序？是基于什么原因更改合同文件的解释顺序？
施工阶段	价款支付	（4）您所在公司或您接触过的业主发生过延迟支付价款的行为吗？延迟支付是否与承包商有关呢？承包商的什么行为导致了延迟支付行为的发生？
	价款调整	（5）您所在公司或您接触过的业主在过往的项目中是否发生过价款调整事件？一般会采用什么方式调整价款？还会选择其他方式吗？什么原因会影响到调整价款方式的选择？
	争议事件的处理	（6）您参与过的项目是否出现过争议事件？业主与承包商一般选择什么方式处理争议事件？还会选择其他处理方式吗？什么原因会影响到争议处理方式的选择。
竣工验收阶段	竣工结算文件的确认	（7）您所在公司或您接触过的业主在审核承包商提交的竣工结算文件时会重新计算吗？是对所有项目都会重新计算竣工结算文件还是有选择性地重新计算？这种选择性是基于什么做出的？是否还会选择其他的审核方式呢？什么原因会影响审核方式的选择？

2. 访谈对象

本研究在选取受访者时，为确保访谈资料的完整性与可靠性，遵循理论与实际相结合的原则，除了将业主单位、承包商作为此次访谈的受访对象外，还将高等院校、工程造价咨询单位列为访谈对象。本研究针对上述四类单位的 60 名人员进行了访谈，其中承包商与业主单位高层管理人员共 15 名、中层管理人员 20 名，工程造价咨询单位人员 15 名（其中注册造价工程师 3 名、招标师 5 名、一级建造师 7 名），高等院校科研人员 10 名（其中教授 3 名、副教授 4 名、博士研究生 3 名）。

9.5.3　访谈资料的分析

1. 分析方法的选择

由于以往文献缺少对表征业主与承包商信任水平的关键事件的直接研究，因此，本研究通过从第一手资料离析出不同信任水平下业主或承包商在每个表征信任的关键事件中的不同行为表现，进一步识别出比较快速、准确地度量双方信任水平的抓手。这样，就需要对访谈内容进行客观的结构化分析，而内容分析方法是一种非常重要的基于定量分析的定性研究方法，并且已经应用于社会科学研究中的许多领域；另外，内容分析方法是一种比较规范的分析资料内容、将大量的信息有序地和定量化地表达出来的方法，能够减少研究者的主观性和倾向性；所以，本研究采用内容分析方法分析访谈内容。针对访谈获取的 60 份资料，采用定量语义内容分析方法，以招投标阶段、施工阶段、竣工验收阶段的每个关键事件的访谈段落为最小分析单元进行分析。例如，下面就是一个表征信任水平关键事件的访谈段落。

某施工单位的一位负责人谈到：在 2009 年，我们公司承包了一个写字楼工程项目的施工总包任务，合同约定按月支付进度款，但到第三个月的时候，过了支付时间却没收到进度款，当时出于对业主的信任，认为可能拖延几天就会支付，可是最后催促了好多次之后业主才支付，从那次之后，若是业主不按时支付进度款，我们就会停止施工直到业主支付。

针对上述访谈资料，构建在各个关键事件中识别信任水平抓手的编码表，以段落为分析单元，全面捕捉相关信息，并加以详细编码。本研究采用了 2 人编码方案，由 2 名专业人员进行编码，其中工程造价专业副教授 1 名、工程造价专业硕士研究生 1 名。

2. 编码表构建

本研究在文献研究和访谈资料分析的基础上构建了工程项目中识别信任水平抓手的编码表。除文献研究中总结的招投标阶段、施工阶段、竣工验收阶段表征业主与承包商信任水平的七个关键事件之外，还通过对访谈资料的分析，得出“合理化建议”与“行政干预”两个关键事件。通过以访谈段落为分析单元，首先，对每个关键事件的访谈段落进行了分解、归纳，剔除了无用的词、句；其次，将整理后的每个关键事件的 60 个访谈段落进行语义分析、纵向对比等，选出重点词句；最后，由两位编码人员对选出的重点词句再次分析并编码。由于篇幅有限，每个识别信任水平抓手的原始访谈资料此处不再赘述。表 9-12 为识别信任水平抓手的编码表。

表 9-12　识别信任水平抓手的编码表

序号	信任水平抓手	频数	频率	解释说明
1	招标文件的风险分配（即与 13 版清单风险分担规定的契合度）[a]	56（60）[b]	93.33	业主完全执行 13 版清单的风险分担规定表明对承包商的信任水平高；背离 13 版清单的风险分担规定表明对承包商的信任水平低
2	不平衡报价	45（60）	75.00	承包商不使用不平衡报价策略表明对业主的信任水平高；承包商使用不平衡报价策略表明对业主的信任水平低
3	合同文件的解释顺序	37（60）	61.67	业主执行法律法规规定的合同文件解释顺序表明对承包商的信任水平高；业主更改合同文件解释顺序表明对承包商的信任水平低
4	争议处理方式	58（60）	96.67	当争议处理方式为和解或协商时，业主与承包商之间为高水平信任；当争议处理方式为仲裁或诉讼时，业主与承包商之间为低水平信任

续表

序号	信任水平抓手	频数	频率	解释说明
5	索赔和签证的数量	58（60）	96.67	当价款调整为多签证少索赔时，业主与承包商之间为高水平信任；当价款调整多索赔少签证时，业主与承包商之间为低水平信任
6	价款延迟支付及停工	57（60）	95.00	业主很少延迟支付合同价款表明对承包商的信任水平高，业主经常延迟支付合同价款表明对承包商的信任水平低；承包商遇到延迟支付事件很少停工表明对业主的信任水平高，承包商遇到延迟支付事件立刻停工表明对业主的信任水平低
7	合理化建议	54（60）	90.00	承包商经常给业主提出合理化建议表明对业主的信任水平高；承包商很少给业主提出合理化建议表明对业主的信任水平低
8	行政干预	51（60）	85.00	业主很少有干预行为表明对承包商的信任水平高；业主经常有干预行为表明对承包商的信任水平低
9	结算文件的确认	40（60）	66.67	业主以承包商提交的结算文件为准表明对承包商的信任水平高；业主重新计算承包商提交的结算文件表明对承包商的信任水平低

注：a. 13 版清单规定业主完全承担的外部风险有 3 个，分别为法律法规变化、人工费调整、政府定价或政府指导价管理的原材料等价格的调整；承包商完全承担的外部风险有 4 个，分别为工程变更、项目特征不符、工程量清单缺项、工程量偏差；业主与承包商共担的风险有 2 个，分别为物价变化和不可抗力。b. 56（60）表示 60 个受访者中有 56 人谈到与 13 版清单风险分担规定的契合度，表中其他类似的表示方式含义相同

由表 9-12 可知，对访谈资料的分析和编码得出工程项目招投标阶段、施工阶段、竣工验收阶段识别业主与承包商信任水平的 9 个抓手，通过这 9 个抓手的表现就可以判断业主与承包商在表征信任的关键事件中的信任水平。

3. 信度和效度验证

就内容分析的信度而言，本研究仍然采用比较常用的方法：由计算编码者的一致性程度得出。识别信任水平抓手的编码者一致性系数见表 9-13。

表 9-13　识别信任水平抓手的信度分析结果

信任水平的抓手	招标文件的风险分配	不平衡报价	合同文件的解释顺序	争议处理方式	索赔和签证的数量	价款延迟支付及停工	合理化建议	行政干预	结算文件的确认
编码者一致性系数	0.95	0.90	0.90	0.92	0.92	0.94	0.94	0.91	0.90

由表 9-13 可知，识别信任水平的抓手的编码者一致性系数均大于或等于 0.90，可见，识别信任水平的抓手的内容分析具有良好的信度。

就内容分析的效度而言，本研究采用常用的内容效度检验方法。首先，本研究中识别信任水平抓手编码表的编制都严格建立在以文献研究与访谈调研的基础上，因此具有较好的理论与实践基础。本研究者还邀请 10 位工程领域的专家和研

究者对其内容效度进行了评价，内容效度化系数（CVR）为 1。其次，编码过程严格遵守编码程序，在正式编码前进行了预编码，从而进一步提高了内容效度。因此，本研究中的内容分析具有较高的效度水平。

9.5.4　研究结果与分析

针对工程项目招投标阶段、施工阶段及竣工验收阶段，以表征业主与承包商之间信任的关键事件研究和识别双方信任水平抓手的编码表为基础，绘制了 DBB 模式下合同双方信任水平描述表，见表 9-14。由表 9-14 可知，随着工程项目阶段的不同，业主与承包商之间的信任水平有高低之分，即使在工程项目相同阶段，业主与承包商之间的信任水平也会有高低之分，同时，业主与承包商的表现随着信任水平的不同也发生着变化；其次，通过识别信任水平抓手的表现，可以判断业主与承包商在表征信任的关键事件中的信任水平。例如：在招投标阶段，承包商在投标报价时无不平衡报价行为且将招标文件漏洞告知业主，根据表 9-14 可判断双方的信任处于高水平；在施工阶段，若业主经常延迟支付合同价款，通过表 9-14 可知业主与承包商之间的信任处于低水平；在竣工验收阶段，若业主重新计算承包商提交的竣工结算文件，根据表 9-14 可知双方的信任处于低水平。

表 9-14　DBB 模式下合同双方信任水平描述

信任状态表现		招投标阶段			施工阶段					竣工验收阶段
		业主发布招标文件	承包商投标报价	合同文件的解释顺序	价款调整	价款支付	争议事件的处理	合理化建议	行政干预	竣工结算文件的确认
信任水平	高水平信任	采用合理的风险分担方案，即符合 13 版清单的风险分担规定，无免责条款等	无不平衡报价行为，且将招标文件漏洞告知业主	执行法律法规规定的合同文件解释顺序	以签证为主，索赔较少	业主很少有延迟支付行为；承包商遇到延迟支付事件很少停止施工	争议处理的方式多为和解或协商解决	承包商经常给业主提出合理化建议	承包商的合同履行中，业主很少干预	业主以承包商提交的竣工结算文件为准
	低水平信任	大量使用免责条款、惩罚性条款，即背离 13 版清单的风险分担规定	多处使用不平衡报价，即利用招标文件的漏洞	业主更改合同文件解释顺序	以索赔为主，签证较少	业主经常出现延迟支付行为；承包商一遇到延迟支付事件就停止施工	争议处理方式多为仲裁或者诉讼	承包商很少给业主提出合理化建议	承包商的合同履行中，业主经常干预	业主重新计算承包商提交的竣工结算文件

建设工程项目中的信任可分为静态和动态两种。在静态信任（通过资格预审

形成，即初始信任）的基础上，随着项目阶段的不同和工作内容的差异，业主与承包商之间的信任发生持续、动态的变化，在这种变化过程中，双方的信任水平发生着持续的变化，结合上述研究绘制出 DBB 模式下业主与承包商信任水平提升模型，见图 9-5。

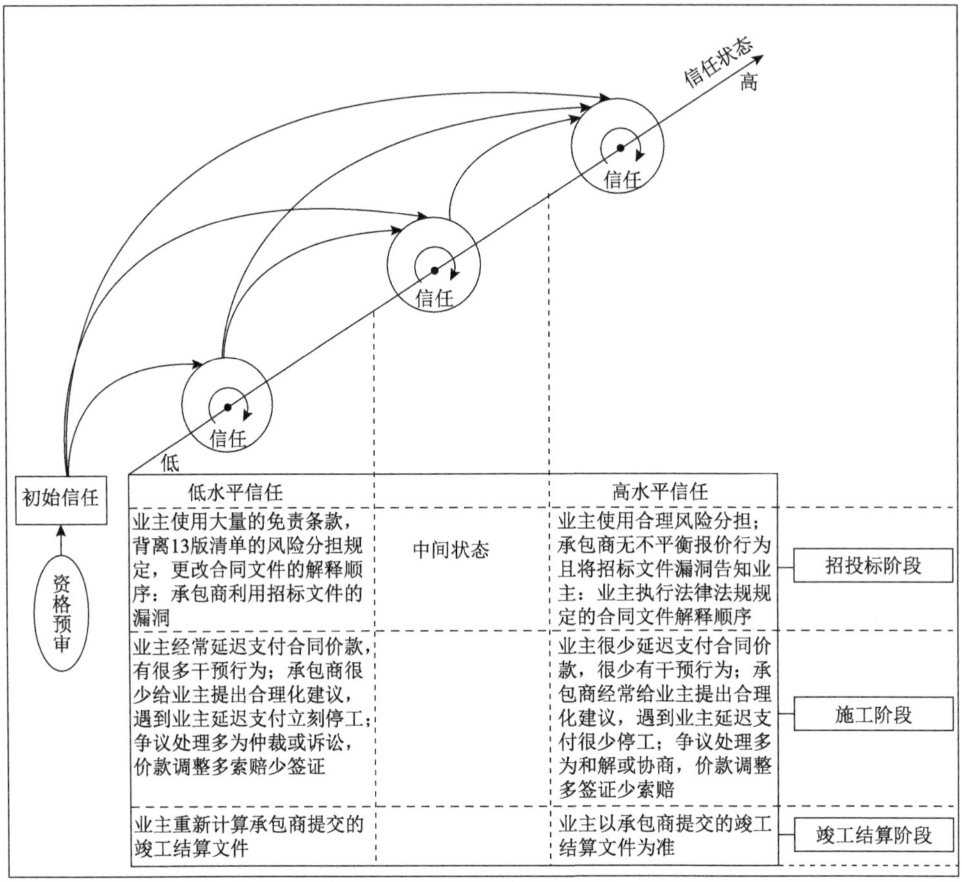

图 9-5　DBB 模式下业主与承包商信任水平提升模型

由图 9-5 可知，①在 DBB 模式下，业主与承包商之间经资格预审形成初始信任，在初始信任的基础上双方的信任水平会处于以下三种状态，即高水平信任、低水平信任、介于高水平与低水平信任的中间状态；②在初始信任的基础上，若双方的信任状态处于低水平信任，通过改变业主与承包商在每个识别信任水平抓手上的行为表现，低水平信任可以提升到中间状态或高水平信任，同时，处于中间状态的信任也可以通过双方行为的改变提升到高水平信任；③可以通过正向改变和强化业主与承包商在每个识别信任水平抓手上的行为表现使低水平和中间状态的信任不断得到提升，并最终维持在高水平信任。

9.5.5　研究总结

1. 研究结论

本研究以工程项目中表征信任的关键事件的文献研究为基础，通过半结构式的深度访谈法和内容分析技术结构化地分析了第一手访谈资料，进而识别出可以比较快速、准确地度量每个关键事件中业主与承包商之间信任水平的抓手，借助这些抓手将信任水平这个主观变量转化为客观变量，据此，对 DBB 模式下项目的招投标阶段、施工阶段、竣工验收阶段业主与承包商之间的信任水平进行了描述，并构建了双方的信任水平提升模型。

（1）识别了 DBB 模式下度量业主与承包商信任水平的客观抓手。通过对访谈资料进行分析，对文献研究部分表征信任的关键事件进行了修改，增加了“合理化建议”与“行政干预”两个关键事件，运用内容分析方法编码，得到度量信任水平的抓手，包括 3 个工程项目阶段的 9 个抓手。

（2）描述了 DBB 模式下业主与承包商之间的信任水平。对工程项目全过程中业主与承包商之间信任水平的描述（表 9-14）得出以下结论，若业主或承包商在表征信任的关键事件中表现出某种具体的行为时，通过信任水平抓手就可以较快速、准确地识别双方的信任状态。

（3）构建了 DBB 模式下业主与承包商之间信任水平提升模型。通过构建的信任水平提升模型（图 9-5）可知，DBB 模式下，通过资格预审形成初始信任，在初始信任的基础上业主与承包商之间的信任水平可处于高、中、低三个状态，可以通过正向改变和强化业主与承包商在每个识别信任水平抓手上的行为表现使低水平和中间状态的信任不断得到提升，并最终维持在高水平信任。

2. 实践意义

在建设工程项目中，信任已成为影响项目成功的重要因素，而 DBB 模式下的工程项目若要获得成功，业主与承包商之间的高水平信任是不可或缺的，为了使双方信任水平提升到高水平，结合本研究结论，给出以下几点建议：①业主在招标文件中执行 13 版清单的风险分担规定，同时承包商不利用招标文件漏洞；②业主与承包商避免使用仲裁或诉讼的方式处理事件，尽量采取协商或调解的方式解决争议事件；③业主应该杜绝延迟支付合同价款的行为，同时，不要对承包商有过多的干预；④承包商向业主提出合理化建议，同时，若业主偶尔发生延迟支付行为承包商尽量不要停止施工；⑤业主多使用签证而不是索赔调整合同价款，同时尝试以承包商提交的竣工结算文件为结算依据。

3. 研究局限及展望

首先，在本研究中，虽然通过文献研究、半结构访谈和内容分析法得到表征信任的 9 个关键事件以及识别信任水平的 9 个抓手，但仍可能流失一些重要的关键事件和抓手；其次，本研究虽然对 DBB 模式下三个阶段中业主与承包商的信任水平进行了描述，但仅描述了高水平、低水平的信任状态，没涉及中间的信任状态；最后，在模型构建部分，指出了总的上升趋势，未研究信任水平的提升机理，这也是后续研究的方向。

未来研究可以考虑以下两个方面：一是研究的深度，可以将半结构访谈与案例研究相结合，获得大量的数据资料以弥补中间信任状态的缺失，从而提出更具普遍指导意义的研究结论；二是针对信任水平提升模型，将信任水平由“低水平→中间状态→高水平”的提升机理作为研究重点。

第 10 章　PPP 项目中的公平感知

调查发现，我国 PPP 项目中的私人部门普遍感觉到较为强烈的不公平，相关报道也证实了这一现象，例如，《经济参考报》记者在采访中了解到，“在多数 PPP 项目合作中，社会资本由于占股少，处于绝对弱势地位，一些地方将社会资本视为‘附属’，在公司架构上‘大权独揽’，在决策上‘独断专行’，令社会资本沦为‘二等公民’，一旦项目出现重大问题，地方政府难免动用行政手段进行干预，导致社会资本‘泥牛入海，受尽欺负’”。究其原因，我国官本位行政思想根深蒂固，公共部门在 PPP 关系中一直处于绝对领导地位（周正祥等，2015），加之，其对 PPP 模式认识有限，往往把 PPP 项目当作是由己方主导的“一般工程项目”，致使公共部门潜意识中认为公私双方之间属于“雇佣”关系而非平等的合作关系，在此情况下，公共部门更倾向于对私人部门强加干预，从而很容易置私人部门于不公平境地。本章将在文献分析的基础上，运用扎根理论的方法建立 PPP 项目中私人部门公平感知的概念模型；考虑到社会资本不是或不包括工程承包商的情况，项目公司需要与工程承包商签订承发包合同，分析了承包商公平感知的内涵，并基于我国实践中一般的施工合同开发了承包商公平感知的量表。

10.1　文 献 分 析

10.1.1　组织间公平的相关概念

公平是指处理事情合情合理，不偏袒某一方或某一个人。公平理论最早是由美国学者亚当斯（J. S. Adams）提出，其认为企业内部员工的公平感受主要来源于个体对自己与参照对象的报酬和投入比例的主观比较结果。随着研究的深入，组织公平的概念逐渐扩展，被用于分析组织之间的利益关系。本研究仅针对组织之间的公平进行研究，并对现有文献中与组织间公平相关的概念逐一辨析。

1. 公平关切

公平关切描述的是人们在现实生活中非常关注利润分配的公平性，在公平关切行为倾向的作用下，当人们感到不公平时会以牺牲己方利益为代价采取相关措施来达到惩罚对方的目的。现有研究中大部分文献均是在效用函数中引入利润差异来描述公平关切的，最具有代表性的是 Cui 等（2007）将公平关切的函数定义为 $ur=\pi r+fr$，其中 πr 为经济主体的利润，fr 为经济主体的公平效用。“公平关切”这一概念多用于供应链领域中，分析供应链协调、产品定价等方面的问题，通常认为成员企业的公平关切行为倾向对供应链的协调状态与产品的批发、零售价格产生一定影响；少数学者将此概念引入工程领域中，运用公平关切的效用函数分析谈判模型、利润分配等问题，如吕俊娜等（2014）基于公平关切理论构建了总承包商与分包商之间的利益分配模型，研究结果显示，在分包商具有相对显著优势的情况下，考虑其公平关切行为的利益分配机制是一种帕累托改进；孙春玲和徐叠元（2015）等已尝试将公平关切概念引入 PPP 项目的公共产品定价模型中。

2. 公平偏好

人们在追求自己物质利益的同时，还关注自己收入和别人收入之间的差距，即人们都具有公平偏好。通过对相关文献综述可知，公平偏好可分为基于结果的公平偏好与基于动机的公平偏好两种：①前者是指当己方的收入低于对方时，便产生嫉妒的情绪，此时无法容忍对方的物质收益显著高于己方，当己方的收入高于对方时，便产生同情的情绪，此时不能忍受己方的收益明显高于对方；②后者是指参与人的收益不仅取决于已经选择的策略，还取决于参与人对其他参与人选择策略信念的认知，即如果一方认为对方是善意的，便会报答这种善意，相反，如果其认为对方怀有恶意，便会报复这种恶意的行为。现有关于组织间公平偏好的研究多集中于供应链领域，其主要应用公平偏好理论分析供应链协调、激励机制等问题，通常认为供应链系统中成员企业的公平偏好倾向对其行为具有积极影响；也有学者，如曹启龙等（2014），将其应用到工程领域中研究委托代理关系下的激励与监督问题。

3. 公平感知

现有研究中对于组织间公平感知的定义基本一致，即经济交易关系中交易伙伴感知的回报结果与其贡献、责任之间的匹配关系。一般涉及战略联盟、供应链、一般工程领域，其基于各自领域的特征对公平感知做了更为细致的界定。例如：高展军和江旭（2016）将战略联盟中的公平感知界定为交易者对于交易中的决策、程序或结果兼顾平衡性与适配性的感知；杜亚灵等（2016a）开发与验证了工程项目中承包商公平感知的量表，将公平感知界定为承包商通过将合同中的重要条款（即合同中决定分配与程序的重要条款）赋予业主的权益与赋予己方的权益进行比较、将这些重要条款与同一时期市场中其他承发包合同中的相应条款进行比较、将这些重要条款与己方以往交易中的相应条款进行比较而得出对本次交易过程与结果的相对满足程度。

综上所述，公平可分为客观公平与公平感两个层级，由于它们分属于不同的范畴，故客观的公平状态必然与主观的公平感不完全一致。公平关切、公平偏好、公平感知三个概念均属于公平感这一层级，其内在含义基本一致，即交易者通过将自己的境遇与对方进行比较、与市场中其他交易进行比较、与自己以往经历进行比较而得出的一种主观感受；但公平关切与公平偏好均为一维概念，通常是在效用函数中引入利润差异来刻画公平程度，其内涵比较单一，无法详尽地描述出交易者的多重感受，而公平感知是一种多维度概念，一般是通过开发基于不同交易背景的测量量表来描述的，有利于更加饱满地展现交易主体对于客观事物的主观感受。

10.1.2　公平感知的维度划分

公平的维度本身经历了一个演变的过程，最早的管理学中提出的激励理论是以分配公平为核心内涵的一维模型；后来，逐步演变为在社会学和组织学研究中以分配公平和程序公平为核心内涵的二维模型；随着公平理论的发展，有学者将互动公平这一维度从程序公平中剥离出来，形成了三维模型；继而，部分学者将信息公平从互动公平中独立出来，形成了四维度的内涵构成。现有关于组织间公平感知的维度划分未达成一致观点，其中选用二维模型与三维模型的居多，也有学者以四维模型作为研究基础。

1. 公平感知的二维模型

公平感知的二维模型包含分配公平与程序公平两个维度，现有研究对于两者的定义大致分为两类。一类是沿用 Kumar 和 Scheer（1995）对分配公平与程序公平的定义，其将分配公平定义为企业从交易关系中实际获得收益与其预期收益的比较，将程序公平定义为渠道成员对于交易伙伴进行交易的程序和过程所感知到的公平性，主要包括六方面的感知，即交易政策的不偏不倚、对交易政策的反驳能力、对交易政策的解释力度、对运作环境的熟悉程度、相互谦恭有礼、双向沟通；此内涵的二维模型多应用于供应链系统中考察交易结束之后交易者的公平感知。另一类是借鉴 Luo（2007a）对于分配公平与程序公平的定义，将分配公平定义为当事人在交易关系中所获回报（或收获）与其贡献、承诺与责任对等程度的评估，贡献可以是货币形式（如利润、奖金），也可以是非货币形式（如知识的获取、声誉的提升）；程序公平定义为交易过程中与利益相关的策略制定的过程和程序的公平性的感知程度，当履约过程与标准是透明的、可调节的、可修正的，无偏的、有代表性的和无歧视的，并且与合同规定的一致即视为公平；此内涵的二维模型一般应用于缔约阶段对交易者公平感知的考察（Luo et al.，2015）。显然，两种观点对程序公平的定义存在差别，相比前者，后者缺少相互谦恭有礼、双向沟通等内容，而此部分即对应互动公平。

2. 公平感知的三维模型与四维模型

随着研究的深入，有的学者将互动公平从程序公平中剥离出来成为一个独立的维度，即形成三维模型。在此基础上，部分学者将信息交换的内容从互动公平中独立出来并称之为“信息公平”，继而形成四维模型。三维模型与四维模型相似，主要运用于供应链、战略联盟领域中，考察交易结束后交易主体对整个交易过程的公平感知。由于它们的分配与程序公平的定义与二维模型一致，故下文只针对互动公平与信息公平进行综述：①关于三维模型的研究，最具有代表性的是 Luo（2007b）在验证战略联盟中边界管理者的分配公平、程序公平与互动公平独立及其交互作用影响联盟绩效时，将互动公平定义为联盟各方边界管理人员之间的相互对待以及信息交换过程的公平程度；②以四维模型为研究基础的，如 Liu 等（2012）从分配公平、程序公平、互动公平、信息公平四方面考察供应链系统中生产商与经销商的公平感知对其关系绩效的影响，其中，互动公平是指从各方代表中感受到公平对待程度的感知，信息公平是指对各方代表之间信息交流与交换的公平程度的感知。

综上所述，现有研究中对公平感知包含分配公平与程序公平两个维度已达成共识，而其他维度是否纳入概念内则与研究公平感知的考察时点和简化处理的需求有关。即一般情况下，当考察交易者在缔约阶段对公平程度的感知时，考虑到双方未发生交互行为，并且合同中鲜有对人际交往、信息交换方面的规定，通常选择以分配公平与程序公平为核心的二维模型；当考察交易者在交易结束后或者交易过程中的公平感知时，由于双方已发生充分的互动，一般采用三维模型或四维模型；当学者认为互动公平或信息公平在其交易背景下并非研究重点，出于简化处理的考虑，即使观测时点为交易结束后或交易过程中，亦可选用公平感知的二维模型。

10.1.3 战略联盟与供应链中公平感知对绩效的影响

在战略联盟与供应链领域，公平感知对绩效影响的相关研究大致分为以下两类。

1. 公平感知对联盟绩效、供应链绩效的影响

关于公平感知对联盟绩效、供应链绩效影响的研究已经比较充分，通常认为公平感知有助于联盟绩效、供应链绩效的提升。一部分学者认为公平感知直接作用于绩效。其中，Luo（2005）对战略联盟中的相关问题做了较为系统的研究：①基于松散耦合的逻辑验证了边界管理人员的程序公平感知可有效提高跨国联盟的绩效，并且指出联盟各方均感到程序公平比仅有一方感到程序公平更有利于联盟绩效的提升；②验证了分配公平、程序公平与互动公平单独和三者交互作用对联盟绩效的影响，认为三者均对联盟绩效产生正向影响，当联盟各参与方的目标不一致时，分配公平与程序公平的交互作用将极大地提升联盟绩效，并且互动公平程度越高，程序公平对联盟绩效的促进作用越显著（Luo，2007b）。另一部分学者认为两者之间是通过中介变量联结的，故探索了公平感知对绩效影响的具体路径。例如：Griffith 等（2006）通过对供应链中 290 份样本分析，发现如果能从供应商制定的政策中感知到较强的分配公平与程序公平，则经销商将增强其长期导向（long-term orientation）与关系行为（relationship behaviors），进而可降低纠纷、提高满意度，最终实现供应链绩效的提升；Luo（2009）基于国际合资公司的收敛性见解与公平理论，认为分配公平作为改善国际合资公司绩效的重要因素是通过影响组织间联系实现的，并且分配公平与合作契约的功能在管理合作与提高盈利能力、稳定性方面是互补的。

2. 公平感知对交易双方关系的影响

现有研究的关注焦点逐渐从联盟绩效、供应链绩效等概念收敛为交易双方之间的关系，通常表述为关系承诺、关系稳定性、关系持续性等，除此之外，合作绩效、关系绩效的概念中也包含此部分内容。现有研究通常认为公平感知对交易

双方维持长期关系、增强合作满意度具有非常显著的影响，如 Liu 等（2012）基于松散耦合理论（loose coupling theory）对 216 对来自中国制造商与经销商的数据进行分析，认为公平感知通过促进耦合行为可有效提升供应链系统中的关系绩效。然而，关于公平感知不同维度对交易双方之间关系的影响存在区别：通常认为公平感知的每一维度均对交易双方之间的关系产生积极影响，如 Luo 等（2015）基于社会交换理论分析了 225 份来自中国家电企业的数据，研究结果表明，分配公平、程序公平与互动公平均可以提高供应商与购买商的关系绩效；而武志伟和陈莹（2011）在研究公平感知对合作绩效的影响时，发现分配公平与程序公平是影响企业间合作绩效的关键因素，互动公平对合作绩效没有实质性影响。研究结论存在分歧可能的原因为公平感知对交易双方之间关系的影响存在权变因素，实际上已有学者在研究中考虑了调节变量。例如：Luo（2008）运用 SEM 分析了公平感知与组织间合作效果的关系，研究结果显示文化和治理模式能够调节程序公平与组织间合作效果的关系；蔡旻雯等（2012）利用层级回归方法验证了市场地位对分配公平和程序公平与联盟承诺之间的关系具有调节作用。

10.1.4 工程项目中的公平感知及其对合作行为的影响

工程领域对公平的研究主要集中于两方面：①承包商群体具有公平性偏好情境下的激励问题，如在多标段多承包合同工程项目中，考虑承包商对于利益分配的公平性偏好建立或优化工期、质量激励模型。②在工程项目的某一具体经济活动中，公平感知的影响因素及其对这一经济活动结果的影响。例如：Kadefors（2005）通过案例分析发现，在固定价格合同项目的竞争性招标中，价格形成中直觉的基于成本的规范（an intuitive cost-based norm）会影响投标人的公平感知；Aibinu 等（2008）的研究表明，承包商对于业主处理索赔程序的公平感知会影响索赔处理的结果，进而对其合作行为具有较大影响。显然，上述研究将公平感知视为激励模型中的一个参数或者影响经济活动效率的单一维度概念，仍是基于经济学视角的；然而，供应链、战略联盟领域的研究早已建立了公平感知的多维度构念，并开发了相应的测量量表，从社会学视角重新审视交易过程。

在一般交易关系中较高水平的公平感知将有利于双方合作的顺利进行，同样地，在委托代理关系中公平感知可通过抑制道德风险实现双方的合作，发包商与承包商作为一种典型的委托代理关系，其行为也遵从上述结论。现有关于工程项目中公平感知对合作影响的文献较少，其一般是针对合同缔结或履约的某一阶段展开的，并且部分学者还发现两者之间的关系受到权变因素的调节。例如：杜亚灵等（2014c）运用 SEM 对 162 套有效数据进行分析，认为在缔约阶段承包商的分配公平与程序公平均对合作具有显著正向影响；吕文学和李智（2016）通过对 164 位工程项目争端谈判中主要谈判人员进行问卷调查，研究结果显示，程序公平、分配公平和互动公平有利于激发谈判者的合作行为，并且后两者与合作之间的关系受到争端双方在项目执行过程中所表现出的灵活性和团结性的正向调节。Zhang 等（2016）运用层级回归方法分析数据，其研究结果显示，在项目执行过程中承包商的分配公平感知对其合作行为产生积极影响，而合同条款的明确性将加强这种作用。Aibinu 等（2011）通过对 41 位新加坡承包商进行结构性问卷调查，发现在工程项目中公平感知对项目交付过程中的合作行为产生正向影响，并且还会降低冲突强度（conflict intensity）以及改变承包商的纠纷倾向（tendencies to dispute）。

通过上述分析可知，战略联盟、供应链领域的相关研究较为深入与全面，不仅验证了公平感知不同维度对绩效、交易关系的影响，还分析了各个维度对它们的相对影响程度，与此同时，考虑了权变因素对两者关系的调节作用；而基于工程领域的相关文献较少，多是针对合同缔结或履行的某一阶段进行研究的，便于不同阶段产生的公平感知与交易者实施的行为一一对应。上述文献的研究主题有以下特点：①在公平感知对联盟绩效、供应链绩效影响的相关研究中，虽然同时涵盖了交易过程与结果两方面内容，但实际上更关心交易结果的改善，而对交易过程中双方的关系与行为重视不足；②公平感知对交易双方关系影响的研究大多是基于短期契约开展的，相对于长期契约，其更容易产生机会主义行为与冲突；③公平感知对合作影响的研究中，基于工程项目的委托代理关系有别于平等的伙伴关系，致使交易者在同一心理状态下可能选择的合作行为有所差异。

10.2　基于 PPP 合同的公平感知

经检索尚未发现有关 PPP 公平感知的文献，而我国实践中自 20 世纪 80 年代开始在公共基础设施领域采用 PPP 模式，实践经验较为丰富，针对此类问题，管理科学领域内通常采用扎根理论进行探索性分析。人工编码的程序较为烦琐且其结果易受主观因素影响，为了实现文本资料处理过程的系统化、降低主观因素的影响以及提高编码的效率，本研究使用质性分析软件 Nvivo10 以辅助完成文本资料的编码工作（杜亚灵和孙娜，2016）。此外，为了提高编码的准确性，可使用该软件中“查询”功能对文本资料进行复查以避免遗漏重要的概念和节点；为了降低主观因素的影响，可使用该软件中的“聚类分析”功能对文本资料和节点进行自动分组，并通过研究小组讨论与分析最终确定分组结果。

10.2.1 资料收集与整理

本研究通过文本资料收集与分析和深度访谈两种渠道收集相关资料，其中，文本资料收集与分析有利于全面、客观地对待所研究的问题，而深度访谈是具有指向性的谈话，有利于对所研究的问题进行深入探究。

1. 文本资料收集与分析

通过上述文献分析可知，对于公平感知包含分配公平与程序公平两个维度已达成共识，分配公平是指当事人在交易关系中所涉及的利益、风险、权利的配置情况，程序公平是指当事人在交易过程中严格按照合同规定的程序履行以及尊重彼此知情权、质疑权的程度。履约阶段的公平感知主要反映的是交易主体对于履约过程中利益、风险、程序等实际落实情况的满意程度，在 PPP 项目执行过程中，就分配公平而言，应重点考察再谈判过程对风险或利益的调整情况，就程序公平而言，应着重关注实际执行的程序与合同约定的一致程度，因此，有必要寻找可启动再谈判事由以及合同中关于程序的具体规定以作为研究私人部门公平感知的切入点。

（1）再谈判事由的判别。通过对相关文献、案例及合同条款的分析来寻找可启动再谈判的事由，其主要获取途径：①在百度搜索引擎、CNKI 以及上海济邦投资咨询有限公司、北京大岳咨询有限责任公司、北京金准咨询有限责任公司的官方网站中搜索涉及再谈判过程的 PPP 案例；②通过阅读发改投资 2724 号文附件 2《政府和社会资本合作项目通用合同指南（2014 年版）》和财金 156 号文附件《PPP 项目合同指南（试行）》，摘录其中涉及分配的段落（或条款）。通过阅读与分析上述文献、案例与条款寻找可启动再谈判的事由，如表 10-1 所示。

表 10-1 PPP 项目中启动再谈判的事由

序号	事件	案例/文献	条款/段落来源	序号	事件	案例/文献	条款/段落来源
1	项目无法按期开始运营	大丽高速公路 BOT 项目	第二章第八节	3	法律变更	上海大厂自来水处理 BOT 项目	第二章第十五节
2	未满足前提条件的合同终止	—	第二章第四节	4	计划外维护	—	第二章第九节

续表

序号	事件	案例/文献	条款/段落来源	序号	事件	案例/文献	条款/段落来源
5	计划外暂停服务	—	第二章第八节	11	产品或服务质量未达标	晋州市城市污水处理 BOT 项目	第三章第一节
6	回购	深圳黄桥山隧道 BOT 项目	第二章第八节	12	政府承诺最低采购量	山东中华发电 BOT 项目	第三章第一节
7	不可抗力事件	柬埔寨金边机场项目	第二章第十六节	13	政府承诺不建设竞争性项目	泉州刺桐大桥 BOT 项目	第二章第十三节
8	价格调整	北京地铁 4 号线 BOT 项目	第二章第十一节、发改投资 2724 号文附件 2 第 56 条	14	政府提供相关连接设施	武汉汤逊湖污水处理 BOT 项目	第二章第十三节
9	超额利润	巴西圣保罗地下铁四号线 BOT 项目	第三章第二节	15	政府方办理有关政府审批手续	—	第二章第十三节
10	再融资	英国 Darent Valley 医院 PPP 项目	第二章第五节	16	政府方负责或协助获取相关土地权利	—	第二章第十三节

注：“条款/段落来源”一列中未标明文件号的均为财金 156 号文附件《PPP 项目合同指南（试行）》中的段落

（2）合同中与程序相关的约定。通过阅读发改投资 2724 号文附件 2《政府和社会资本合作项目通用合同指南（2014 年版）》和财金 156 号文附件《PPP 项目合同指南（试行）》，以及财金 113 号文，摘录其中涉及程序的段落（或条款），具体如表 10-2 所示。囿于篇幅，表中“条款/段落具体内容”一列仅列出相关条款/段落的关键语句，有多个条款来源的，仅列出其中一处具体内容。

表 10-2　PPP 项目合同中关于程序的约定

序号	针对事件	条款/段落具体内容	条款/段落来源	引起社会资本不满意的情况
1	政府方出入场地	履行双方约定的合理通知义务后才可入场	第二章第六节	政府方出入场地之前未按照合同约定的程序通知社会资本
2	社会资本签订融资或承发包合同	要求项目公司在签订工程承包合同或运营维护合同前事先报告政府方	第二章第五/十七节	过多干预社会资本签订融资合同或承发包合同
3	社会资本编制运营方案	审阅项目公司拟定的运营方案并提出意见	第二章第八节	过多干预社会资本编制运营方案
4	政府方审查设计文件	政府方应当在约定期限内（通常在合同明确约定）审查设计文件	第二章第七节	政府方未在约定时间内完成设计文件的审查
5	政府方审查运营维护计划	项目公司应在报送运营维护计划时提前向政府方报告，政府方应在暂停服务开始之前给予书面答复或批准	第二章第八节	政府方未在约定时间内完成运营维护计划的审查
6	政府方实施救济	在 PPP 项目合同中通常会规定通知和补救程序	第二章第十八节	社会资本违约时政府方未按照合同规定的程序实施救济

续表

序号	针对事件	条款/段落具体内容	条款/段落来源	引起社会资本不满意的情况
7	政府方提供前期工作支持	协调相关部门和利益主体提供必要资料和文件	发改投资 2724 号文附件 2 第 21 条	政府方未将项目前期准备阶段相关信息提供给社会资本
8	政府方提供连接设施	双方互相通知和报告的义务，以确保一方能够及时了解对方设施的建设情况	第四章第二节	政府方未将项目间接口的相关信息提供给社会资本
9	审查意见不合理	如项目公司对政府方提出的意见存在异议，可以提交争议解决程序处理	第二章第七节	当社会资本履行了争议解决程序时，政府方未按照合同约定的方式给予回应
10	行政监管履行不当	社会资本或项目公司对政府职能部门的行政监管处理决定不服的，可依法申请行政复议或提起行政诉讼	财金 113 号文附件第三十条	当社会资本依法申请行政复议或提起行政诉讼时，政府方未按合同约定的方式给予回应

注：①表中的政府方即本研究的公共部门，社会资本即本研究的私人部门；②“条款/段落来源”一列中未标明文件号的均为财金 156 号文附件《PPP 项目合同指南（试行）》中的段落

2. 深度访谈

鉴于质性分析需要受访者对 PPP 项目有较为深入的理解和认识，我们将访谈对象锁定为 PPP 项目咨询公司的项目总监及以上职位的管理人员、专门从事 PPP 研究且承担过 PPP 工程咨询的科研工作者，通过联系多家咨询公司及科研单位，最终确定为 PPP 专业咨询公司总经理 1 人、项目总监 1 人、高等院校大学教师 2 人。本研究采用的是一对一深度访谈，在正式访谈前一周将访谈提纲通过电子邮件发送给受访者。正式开始访谈时，研究者先介绍其研究背景，而后请受访者以参与过的 PPP 项目为例，围绕以下内容展开：①针对不同事由引起的再谈判，其过程中双方争论的焦点；②针对争论焦点提出的解决方案，私人部门对此的感受。访谈提纲如表 10-3 所示。为了保证访谈资料的准确性和完整性，研究者在征求受访者同意后对其进行录音，并在访谈结束后对录音内容逐字逐句记录，最终形成关于访谈内容的文本资料，与文本分析所形成的资料一起导入 Nvivo10 中进行编码工作。

表 10-3 关于私人部门公平感知的访谈提纲

序号	事件锁定	细节追问	所涉及的方面
一、针对再谈判进行提问			
1	您参与过的 PPP 项目中是否有因下列事件（见表 10-1 中序号为 1～11 的事件）进行再谈判的，请您选择其中 1～2 个让您印象深刻的事件具体回答以下问题	（1）再谈判进行了多长时间，再谈判的过程顺利吗？公私双方争论的焦点是什么？ （2）对于争论的焦点社会资本的观点是什么，政府的观点是什么？社会资本同意政府的观点吗？如果不同意的话请阐述一下原因。 （3）在再谈判期间，公私双方谈判的气氛是怎样的？ （4）在再谈判期间，对于社会资本提出的反对意见，政府的反应是怎样的，社会资本对此感受是什么？	分配公平、互动公平

续表

序号	事件锁定	细节追问	所涉及的方面
2	您参与过的 PPP 项目中政府的承诺实现了吗，请在下列事件中（见表 10-1 中序号为 12~16 的事件）选一个为例，回答以下问题	（1）政府实现承诺了吗？ （2）若没有实现承诺，公私双方是怎样解决这个问题的？ （3）社会资本对最终解决方案满意吗，如果不满意的话请阐述一下原因	分配公平
二、针对程序进行提问			
3	请回忆一下在 PPP 项目建设或运营期间，政府出入项目设施场地（或实施救济）前是否通知社会资本，并具体回答以下问题	（1）政府出入项目场地（或实施救济）之前会通知社会资本吗？对于政府未提前通知社会资本，社会资本的感受是什么？为什么会有这样的感受呢？ （2）如果政府提前通知社会资本，一般提前多长时间呢？社会资本认为提前这么长时间恰当吗？如果认为其不恰当请阐述一下原因	程序公平、互动公平
4	请在以下事件中（社会资本编制设计方案、运营方案或运营维护计划）挑选一件您最为熟悉的，具体回答以下问题	（1）社会资本将设计方案（或运营方案、运营维护计划）提交给政府部门，一般多长时间会收到答复？私人部门对政府答复速度的感受是什么？ （2）政府对社会资本所提交的方案或计划的观点是什么？社会资本同意政府的观点吗？如果不同意政府的观点，社会资本与政府之间是怎样进行协商的呢？ （3）协商后的结果是什么，最终采取的是哪一方的意见呢？社会资本对此结果的感受是什么？	程序公平、互动公平
5	请在以下事件中（政府应将项目前期准备阶段的相关信息、项目间接口相关信息提供给社会资本）挑选一件您最为熟悉的，具体回答以下问题	（1）政府会将项目前期准备阶段的相关信息（或项目间接口相关信息）提供给社会资本吗？ （2）如果政府未将其提供给社会资本，会对 PPP 项目有影响吗？ （3）若对 PPP 项目产生了一定的影响，双方是怎样解决这个问题的？私人部门对此解决方案的感受是什么？	程序公平
6	您遇见或经历过社会资本对政府提出的审查意见存在异议或对其行政监管处理决定不服的情况吗，如果有的话请具体回答以下问题	（1）对此情况的发生，社会资本是否将其提交争议解决程序？ （2）如果他们提交了争议解决程序，政府的反应是什么？社会资本对此的感受是什么？ （3）如果社会资本并未就此提交争议解决程序，请阐述一下原因	程序公平

注：表中的政府即本研究的公共部门，社会资本即本研究的私人部门

10.2.2　范畴挖掘与提炼

1. 开放性编码

开放性编码是将所收集的资料逐步进行概念化和范畴化。本过程借助 Nvivo10 进行编码，具体操作过程如下：①仔细阅读文本资料，逐字逐句进行分

析，提炼其中与研究主题相关的内容并建立一级节点（即概念）；②通过持续比较与分析，将出现频率较高且相关联的一级节点合并到相应二级节点下（即副范畴）；③应用软件的“查询”模块中的“复合”功能对文本资料进行复查，下面以二级节点“损害赔偿”为例进行说明：以“赔偿 or 补偿”为关键词，选择与此二级节点的关系为“与非”（即带有关键词且不属于此二级节点的内容）并运行结果，结果中有 2 个符合条件的参考点，分别涉及“连接设施的建设”“调价原则”相关内容，其中“连接设施的建设”是指如果由政府负责建设的项目连接设施无法按照合同约定的时间完工，应给予项目公司一定的损害赔偿，故将其编码到此节点下，而“调价原则”系财金 156 号文附件《PPP 项目合同指南（试行）》中第四章第一节，指的是使用者所获得的效益与付出成本的关系，故与本节点无关，属于“定价和调价机制”节点。通过开放性编码，最终得到 88 个概念和 19 个副范畴，见表 10-4 第 3～5 列，其中囿于篇幅限制，没有将概念一一列出，仅列出其来源；为了更清楚地表达副范畴所包含的内容，对其进行逐一解释，其实均可概括为在合同执行过程中，如果实际情况与初始合同保持一致，则私人部门公平感知的程度较高，否则，会使其感知到不公平。

2. 主轴编码

主轴编码的主要目的是通过深入剖析副范畴之间潜在的联结关系，对副范畴进行逐步合并与提炼，最终将其整合为内涵更为丰富的主范畴，从而可更精准地、深入地解释现象。其具体步骤如下：①应用 Nvivo10 软件中的“聚类分析”功能对副范畴进行归类，即依据单词相似性对所有二级节点进行聚类，其中选择 Jaccard 系数度量其间的相似性；②研究小组对运行出的结果进行讨论，即通过分析副范畴之间潜在的逻辑关系对其进行调整，最终将 19 个副范畴整合为 7 个主范畴，其结果见表 10-4 第 2 列。其中私人部门所获得的利益、承担的风险与初始合同中允诺的一致这两个主范畴与杜亚灵等（2016a）对分配公平维度划分的观点相吻合，公共部门履行职责的合理性、充分尊重私人部门的知情权、私人部门拥有质疑权这三个主范畴以及相互对待和信息交换这两个主范畴分别与 Luo（2007b）对程序公平、互动公平维度划分的观点相吻合。

3. 选择性编码

选择性编码是在主范畴中挖掘一个具有统领性的核心范畴，将其系统地与其他范畴进行联结，验证其间关系，从而发展出系统的理论框架。其具体操作过程如下：①研究小组通过文献综述发现，工程领域中多将公平划分为分配公平与程序公平 2 个维度，战略联盟中多将其划分为分配公平、程序公平与互动公平 3 个维度，鉴于 PPP 是一种长期契约，且本研究的关注点为再谈判过程中的公平感知，因此参照战略联盟中划分方式对主范畴进行合并，最终将 7 个主范畴合并为 3 个副核心范畴，其结果见表 10-4 第 1 列；②通过对概念、副范畴、主范畴、副核心范畴的不断比较、修正，寻找核心范畴与其他范畴之间的逻辑关系，提炼出“PPP 项目中私人部门的公平感知”这一核心范畴，基于此，本研究构建了 PPP 项目中私人部门公平感知的概念模型。

4. 编码的信度检验

本研究对研究结果进行了信度检验，即通过比较不同研究者对同一资料编码结果的一致性来检验。研究小组中两名成员利用 Nvivo10 软件分别对文本资料进行编码，其中节点名称是预先给定的，而后利用该软件的“查询”模块中的“编码比较”功能对所得到的结果进行分析，得出分配公平（0.871）、程序公平（0.792）、互动公平（0.853）的 Kappa 系数均大于 0.7，其说明研究者对文本资料的编码结果的确认程度是可以接受的。

表 10-4　私人部门公平感知的核心范畴编码结果

副核心范畴	主范畴	副范畴	副范畴解释	概念来源
分配公平	获得的收益与初始合同中允诺的一致	损害赔偿	（1）私人部门未违约的情况下（如由政府方原因导致合同终止、项目无法按期开始运营以及法律变更、政治不可抗力），公共部门给予项目公司的损害赔偿额度与其实际遭受的损失一致，从而维持了初始合同利益分配的格局。 （2）私人部门违约的情况下（如由私人部门违约导致的合同终止、项目无法按期运营、计划外暂停服务），项目公司给予公共部门的损害赔偿额度与其实际遭受的损失一致，从而维持了初始合同利益分配的格局	财金 156 号文附件第二章第四/八/九/十五/十六/十七/十八节、第四章第二节；发改投资 2724 号文附件 2 第 46 条；访谈文本资料
		定价和调价机制	（1）在合同实际执行过程中，定价与调价严格按照合同中的定价依据、标准和调价的触发条件、方法、程序等实施，并且调价之后项目公司可获得的投资回报率与合同约定的一致。 （2）在合同实际执行过程中，当出现超额利润时，公共部门按照合同的约定给予项目公司足额的超额利润；当项目公司提供的设施或服务质量未达到标准时，公共部门应严格按照合同的约定进行相应扣减。 （3）在合同实际执行过程中，当发生再融资时，公共部门按照合同约定的比例对再融资所节省的财务费用进行分成	财金 156 号文附件第二章第五/十一/十七节、第三章第一/二节、第四章第一/二/三节；发改投资 2724 号文附件 2 第 56 条；访谈文本资料
	承担的风险与初始合同中允诺的一致	政治风险	在合同实际执行过程中，当法律变更、审批延误此类事件发生时，公共部门确实按照合同的约定延长了相应合同期限，而未将此类风险推诿给项目公司	财金 156 号文附件第二章第十三/十五节

续表

副核心范畴	主范畴	副范畴	副范畴解释	概念来源
分配公平	承担的风险与初始合同中允诺的一致	市场收益风险	(1) 对于政府付费或进行可行性缺口补助的项目，在特许经营期间，当实际需求低于合同约定的最低采购量时，公共部门按照最低采购量给予项目公司相应费用，按照合同的约定保障了项目公司的最低收益。 (2) 对于使用者付费的项目，在特许经营期间政府按照合同约定确实未批准建设竞争性项目，保证了合同中约定的项目边界不变	财金156号文附件第二章第十三节、第三章第一节、第四章第一节；访谈文本资料
		建造风险	(1) 在合同实际执行过程中，对于由公共部门提供相关连接设施的项目，其按照合同约定的完工时间要求完成建设，若无法按照要求完工，则公共部门确实依照合同的约定延长了相应项目期限，而未将此完工风险推诿给项目公司。 (2) 在合同实际执行过程中，对于由公共部门负责或协助获取相关土地权利的项目，公私双方按照合同的约定承担相关费用，项目公司所承担费用的额度与其承担能力、可获得的投资回报等相匹配	财金156号文附件第二章第六/十三节、第四章第二节
		经营风险	(1) 在特许经营期期间，当因公共部门原因导致项目无法按期开始运营、计划外暂停服务以及计划外维护时，公共部门确实按照合同的约定延长了相应的项目期限，而未将此完工风险推诿给项目公司。 (2) 对于政府付费或进行可行性缺口补助的项目，特许经营期期间因发生不可抗力导致项目无法正常运营时，公共部门按照合同的约定给予了项目公司相应费用，从而确实承担了部分或全部不可抗力风险	财金156号文附件第二章第八/九/十六节
程序公平	公共部门履行职责的合理性	不干预职责范围之外的工作	在合同实际执行过程中，项目公司实际行使了合同赋予的权利（如签订融资合同与承发包合同的权利、编制运营方案的权利、决定公共部门进场的权利等），而公共部门未对此强加干预	财金156号文附件第二章第四/五/六/八节
		认真履行合同赋予的职责	(1) 在合同实际执行过程中，公共部门仅基于特定目的（通常在合同中明确规定，如检查建设进度）进入项目设施场地，并且按照合同的约定提前通知项目公司。 (2) 在合同实际执行过程中，对项目公司提交的设计文件、运营维护计划等，公共部门在合同约定的期限内完成了审查，并且将审查意见及时反馈至项目公司。 (3) 在项目公司违约的情况下，公共部门按照合同的约定及时通知项目公司，并给予一定期限进行补救，在规定期限内仍无法补救的，公共部门才开始对其实施救济	财金156号文附件第二章第六/七/八/十四/十七/十八节、第三章第一节；访谈文本资料
	私人部门知情权的有效性	前期准备阶段的知情权	在项目前期准备阶段，公共部门按照约定协调相关部门和利益主体，并且向项目公司提供了必要的资料和文件	发改投资2724号文附件2第21条
		项目间接口相关信息的知情权	对于由项目公司和公共部门分别负责建设一部分连接设施的情况，在合同实际执行过程中，公共部门确实履行了通知和报告义务，并且确保私人部门能够及时了解己方设施的建设情况	财金156号文附件第四章第二节

续表

副核心范畴	主范畴	副范畴	副范畴解释	概念来源
程序公平	私人部门质疑权的有效性	审查意见不合理的质疑权	在合同实际执行过程中，当项目公司对公共部门所提出的审查意见存在异议时，实际履行了争议解决程序，公共部门也按照合同约定的方式给予回应	财金 156 号文附件第二章第七节
		行政监管履行不当的质疑权	在合同实际执行过程中，当项目公司对公共部门的行政监管处理决定不服时，确实申请了行政复议或提起了行政诉讼，公共部门也按照合同约定的方式给予回应	财金 113 号文附件第三十条
互动公平	相互对待	相互理解	在合同实际执行过程中，对于项目公司提出的反对意见，公共部门均对其认真思考，如果其意见确实切实可行，公共部门还因此调整了决策	访谈文本资料
		诚实	在合同实际执行过程中，公共部门在解决问题时真诚坦率，并且在提供项目开展所需的信息时，不刻意隐瞒真实信息或者扭曲实际情况	访谈文本资料
		礼貌	在合同实际执行过程中，公共部门在行使权力或进行决策时，充分考虑了私人部门的实际情况，并且给予足够的准备时间，例如公共部门在出入项目设施场地时提前通知项目公司，给其留有充分的时间进行准备	财金 156 号文附件第二章第六/十七节
		尊重	在合同实际执行过程中，公共部门与项目公司互动时遵循了平等的基本原则，并且充分尊重了项目公司的意见，而未以行政命令的方式传达己方的安排	访谈文本资料
	信息交换	公开透明	在合同实际执行过程中，公共部门经常向项目公司解释他们的决定，使私人部门明确其决策的合理性	访谈文本资料
		及时反馈	在合同实际执行过程中，公共部门及时答复项目公司所提交的计划、申请（如运营维护计划、合同修订申请），或者及时反馈其审查意见（如可行性研究报告、项目产出说明、运营维护手册），从而保证了私人部门后续工作的正常开展	财金 156 号文附件第二章第七/八/九/十七节
		双向交流	在合同实际执行过程中，公共部门在进行决策时确实邀请了项目公司参加会议，并且认真听取了项目公司的意见	访谈文本资料

10.2.3　模型构建与阐释

1. 研究结果与讨论

本研究通过开放性编码、主轴编码、选择性编码三个步骤得出 PPP 项目中私人部门公平感知的结构维度，将其研究结果与实际情况进行比较，并通过与实践工作者讨论挖掘出其深层原因，下文首先对初始合同的公平性进行讨论，再分别从分配公平、程序公平、互动公平三个维度进行比较分析。

（1）初始合同的公平性分析。Hart 和 Moore（2008）认为，契约为交易关系提供了一个参照点，是交易主体权利感受的参照点，在他们的模型中，一方交易当事人的履约行为是其从契约承诺中获得的权利感受的函数。契约经济学将契约分为一系列短期契约、长期契约与垂直一体化（威廉姆森和马斯腾，2008），Hart和 Moore 这一观点是针对长期契约提出的，而 PPP 项目的建设与运营期限较长，是典型的长期契约，因此适用本观点。由此可以认为，私人部门出于长期利益的考虑通常签订较为公平的合同，在合同执行过程中以及因外界发生变化进行再谈判时均应以初始合同为参照点，如果实际情况或调整结果与初始合同一致，则私人部门会感知到公平。然而，通过与实践工作者讨论发现，实践中存在与此相悖的现象，致使目前中国 PPP 市场中存在部分不公平的初始合同，究其原因：①公共部门更倾向于将风险转移出去，且由于财政预算的约束，其期望签订风险较小且价格较低的合同，加之，我国政府在 PPP 项目中相对强势，因此所签订的合同很大程度上将满足公共部门的需求，而使私人部门处于不利地位；②在我国不严格按照合同履行的现象相对较多，在项目执行过程中势必会出现漏洞，以至于增加了私人部门采取机会主义行为的可能性，基于此，私人部门愿意在谈判时做出让步而签订公平性较低的合同，由此导致了“赢者诅咒”[①]现象，而最终由公共部门为此现象“埋单”。通过上述两种原因可以发现中国 PPP 市场的成熟与规范程度相对较低，其主要原因为在我国大力推广 PPP 的过程中，政府官员对其认识不深入，相关人才、咨询机构的储备相对匮乏，然而，这是一个短暂的、不稳定的现象，随着 PPP 项目愈来愈多，实践工作者对其运作情况更加了解与熟悉，上述不公平现象会逐渐减少而趋近于相对公平的状态，因此，本研究将基于成熟的 PPP 市场，以公平的初始合同为参照点展开讨论。

（2）分配公平。研究结果显示 PPP 项目中私人部门的分配公平包括获得的收益与初始合同中允诺的一致、承担的风险与初始合同中允诺的一致，其与分配公平本源含义相同，即当事人在交易关系中所获得的回报（即收益）与其贡献（即风险）对等即会感知到公平。然而，由于私人部门所获得的收益在整个合同执行期内分布不均衡，例如：项目升级改造时需投入大量资金致使私人部门承担巨大的风险（如市场需求风险），此时其收益不会即刻改变，而是随着项目运营与管理的实际情况的改善（或恶化）逐步提高（或降低），因此，在合同执行过程中的某一时点比较回报与贡献的对等程度显然是不合理的，在此种情况下，考虑到初始合同是公私双方经过长时间谈判而签订的，是双方均为认可的，因此以初始合同为参照点较为恰当。本研究通过分析财金 156 号文附件《PPP 项目合同指南（试

---

① 在采购过程中，一般综合实力较强的投标人报价较高，而实力一般或相对较弱的则报价较低，由于在 PPP 项目中公私双方信息不对称，公共部门在不完全了解投标人综合实力的情况下，更倾向于选择低价投标者（即“赢者”），然而在项目执行中中标者将利用机会主义行为赚回其应得利益，因而阻碍 PPP 项目运作效率的提高，由此形成“赢者诅咒”现象。

行)》与发改投资 2724 号文附件 2《政府和社会资本合作项目通用合同指南（2014 年版)》得出分配公平包括收益与风险两部分：①在项目执行过程中可使私人部门的收益发生变化的事项包括损害赔偿、定价和调价机制两种，前者是当公共部门、私人部门或者第三方违约时应给予受害方一定的损害赔偿，当其赔偿额度与损失程度对等，使得私人部门的利益分配状态与初始合同一致，即会感知到公平，后者是 PPP 项目中至关重要的利益调整机制，当价格调整后私人部门可获得的投资回报率与初始合同约定的一致，会使其感知到公平；②政府应全部或部分承担的风险包括政治风险（对应法律变更、审批获得/延误）、市场收益风险（对应市场需求变化、市场竞争/唯一性）、建造风险（对应公共设备服务的提供、场地可及性/准备）以及经营风险[①]，显然，其与 Ke 等（2010）的观点相吻合，若在项目执行过程中公共部门认真管理上述风险，而不是将其推诿给私人部门，会使其感知到公平。

（3）程序公平。本研究中程序公平包括公共部门履行职责的合理性、私人部门知情权的有效性、私人部门质疑权的有效性三个维度，实践中私人部门对程序公平的敏感程度较弱，主要原因为：①中国 PPP 市场中程序上不合规的现象普遍存在，例如，当私人部门受到政府干预时，会将自己的境遇与其他 PPP 项目的情况进行比较，如果发现市场中大多 PPP 项目均存在此现象，则其感知到的不公平程度会减弱；②公共部门履行合同的随意程度较高，但并不全部会使私人部门的利益受到损失，例如，从访谈中了解到部分政府付费的 PPP 项目中，当财政预算紧张时，公共部门会拖延支付服务费，而当财政预算盈余时，公共部门不仅补足已拖欠的费用而且会预先支付未来的服务费，故当公共部门拖延支付时，私人部门出于均衡的考虑，所感知到的不公平程度会稍弱。由此可知，在项目执行过程中公私双方不严格按照合同履行的现象普遍存在，在此情况下，私人部门对程序公平的感知会受到其所处市场环境的影响。然而，在较为成熟的 PPP 市场中程序公平应该体现在以下三个方面：①PPP 合同分别赋予公私双方不同的职责，其中公共部门的职责为监督与救济，但在项目执行过程中公共部门的行为超出其职责范围（即政府干预）的现象屡见不鲜，这种情况易使私人部门感知到不公平，事实上，相关研究也表明政府干预是导致中国 PPP 项目失败的首要原因（Ke et al., 2011）；②私人部门是 PPP 项目的直接执行者，故 PPP 合同中对公共部门的知情

---

① 本研究中所识别的经营风险为由政府方原因导致的无法按期开始运营、计划外暂停服务、计划外维护、不可抗力期间政府履行全部或部分付款义务等，其中由政府方原因导致 PPP 项目无法正常运营的，显然应由公共部门承担，其实这与柯永建等（2008a）提出的风险分配原则是一致的，即风险应该由最有控制力的一方承担；因不可抗力导致 PPP 项目无法正常运营的，公共部门承担部分风险（对应不可抗力风险由公私双方共担），这与柯永建等（2008a）的观点也是一致的。

权有较为详细的规定，相对而言，私人部门的知情权则容易被忽视，例如，合同中缺乏相关规定，或即使合同中有明确规定，但在项目执行过程中不严格按照合同履行，而由此导致的不利后果却由私人部门承担，因而使其感知到不公平；③合同中明确规定了私人部门的质疑权，在项目执行过程中如果公共部门对私人部门的质疑缺乏积极的响应将使其感知到不公平，例如，合同中明确规定公共部门出入场地时不得影响项目正常建设和运营，若在项目实际执行过程中，由于其出入场地而阻碍 PPP 项目的正常开展，私人部门有权对其提出质疑，此时公共部门应当立即撤出场地以保证项目的正常运行，相反地，公共部门对私人部门提出的质疑置之不理且由此引起的不利后果由对方承担，将使其感知到不公平。

（4）互动公平。研究结果显示互动公平包括相互对待和信息交换两个维度，相较于分配公平和程序公平与具体交易内容密切相关，互动公平更强调交易过程中的社会性。PPP 虽然是一种经济行为，但其实现仍需依靠“社会人”完成，因而其也具有一定的社会属性，并且交易双方之间的互动遵循社会交换理论，即当公共部门满足私人部门社会性需求时，私人部门会以适当的态度和行为响应作为报答。通过与实践工作者讨论得知，实践中公私双方之间的互动情况与研究结果一致，即表现为尊重、相互理解、及时反馈以及注重双向交流等，然而，继续深究则发现这种现象不能完全应用社会交换理论解释，事实上，在我国出现这种现象的原因为：①与中国特有的为人处世方式相关，由于中国社会是一种“人情”社会，在一般交易中当事人之间的关系对项目执行的效果有着重要影响，因而公私双方之间形成良好的关系有利于 PPP 项目顺利执行；②实践中，公共部门为了推诿责任，通常会邀请私人部门参加相关会议进行决策，一方面是因为公共部门缺乏专业优势而需私人部门对相关问题提出解决方案，另一方面是为了避免承担其决策带来的不利后果。然而，上述现象与理论分析不一致的根源为中国 PPP 市场还不够成熟，致使对公私双方行为的约束较为欠缺，进而影响 PPP 项目的实施效果。

2. 理论模型的构建

通过阅读相关文献可知公平感知并不是一种客观评价，而是一种主观感受，这种主观感受会因主体所属的情境不同而有所差异，即公平感知也可以理解为满意程度。鉴于此，本研究通过扎根理论研究方法将 PPP 项目中私人部门的公平感知界定为：私人部门对 PPP 项目执行过程中利益与风险实际落实情况与合同约定的一致性的满意程度、对决策制定程序以及影响此程序的权限落实情况的满意程度、对双方之间情感交流与信息交换方面的满意程度。主要表现为以下三个方面：①合同的本质即对当事人的权利、责任、利益进行配置，在合同执行过程中尤其是在再谈判期间，不可避免地会对原有配置进行调整，由于 PPP 合同是公私双方经长时间谈判而达成的合意，因而当所得到结果与初始合同中约定的保持一致时，私人部门即会感到满足；②PPP 合同分别赋予了公私双方不同的职责，对于私人部门而言，作为 PPP 项目的执行者在履行合同的过程中需对诸多事情进行决策，而在此期间如果公共部门认真履行己方职责而不对其进行干预，私人部门即会感到满意；③PPP 虽然是一种经济行为，但此交易过程仍是由“社会人”实现的，因而其也具有一定的社会属性，基于此，公私双方在交易过程中需满足彼此心理和社会方面的需求，包括尊重、礼貌、诚实、相互理解、公开透明、及时反馈、双向交流，当私人部门的这些需求被满足时即会感到满意。综上所述，PPP 项目中私人部门的公平感知是一个包括分配公平、程序公平、互动公平的三维度构念体系，其概念模型如图 10-1 所示。

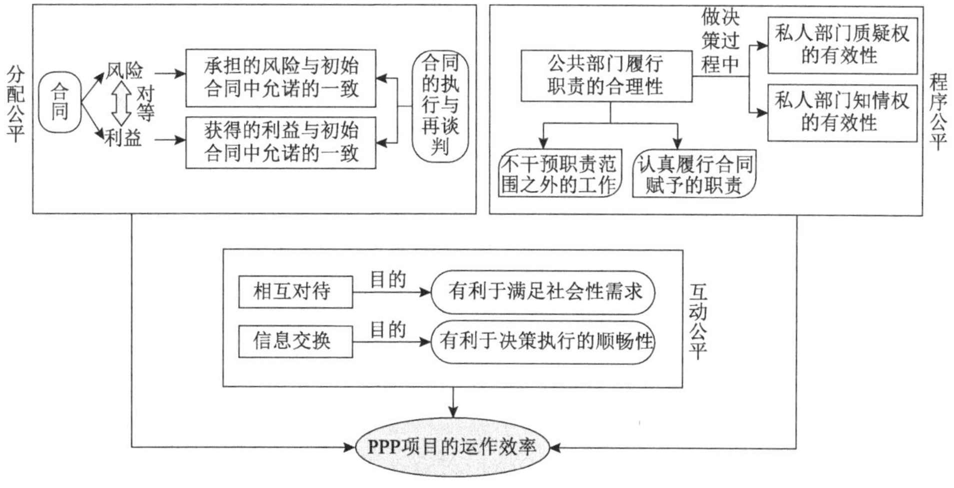

图 10-1　PPP 项目中私人部门公平感知的概念模型

10.2.4　管理启示与研究展望

本研究通过扎根理论方法提出 PPP 项目中私人部门的公平感知这一构念，其包含分配公平、程序公平、互动公平三个维度，并对每一结构维度进行详细解析。基于质性分析结果，对我国 PPP 项目中政府部门提供以下管理启示。

（1）政府部门在 PPP 项目中应严格按照合同规定的程序履行，以避免行政干预与责任推诿。实践中政府部门对于应切实有力执行的职责缺乏实质性的执行，而对于应放手的事务又没有彻底放手（Ke et al.，2011）。①实践中部分 PPP 项目只追求“形似”（即形式上的符合）而忽略了其内在本质，例如，财金 113 号文中规定在项目决策阶段应用物有所值评价与财政承受能力评估识别项目是否适合采用 PPP 模式。虽然目前我国财政部门为了追求 PPP 项目程序上的合法性均实施了上述两种评价，但通过访谈得知其仅流于形式而没有起到真正的决策作用，致使其失去了应有的效果。实际上，在合同执行过程中同样有此种情况发生，例如，从访谈中了解到在项目执行过程中政府部门并没有按照国家发布的操作指南对 PPP 项目进行中期评估，即使部分项目实施了评估，也仅流于形式而非细致有效的评价。②由于采用 PPP 模式的主要目的为借助社会资本或项目公司[①]的创新与竞争优势改善公共产品或（和）服务的供给效率，若政府在项目执行过程中对具体执行内容强加干预则易使私人部门受到束缚，进而妨碍 PPP 项目供给效率的提高。上述两种现象共同导致了双方不严格按照合同规定的程序履行这一反常现象。针对此种情况，政府部门应从微观事务中剥离出来，给社会资本或项目公司“松绑”，转而在宏观层面给予间接引导、沟通以使其商业利益得到维护，同时，相关部门应建立与完善 PPP 相关法律体系，包括对 PPP 进行专门立法以保证其规范性、针对性与权威性，以及针对 PPP 各环节制定相应规范性指引或指南以保证其操作性。

（2）在程序公平实现的情况下，保证初始合同的公平性以及在再谈判过程中初始合同的参照效应。程序公平的实现可减少私人部门基于机会主义的再谈判，使其必然签订公平性较强的合同，在此基础上，双方应致力于签订贡献（风险）与回报（收益）对等的合同。①实践中部分从业人员错误地将 PPP 模式当作一种转移风险的手段，事实上，政府部门采用 PPP 模式是为了提高公共基础设施的供给效率，将过多的风险转移给社会资本或项目公司反而会使其效率下降（柯永建等，2008a），因此，政府部门需要主动承担对方难以掌控的风险（如法律变更风险、审批延误风险），即在合同中将相应的风险分配给己方，并且在项目执行过程中对其加强管理。②社会资本或项目公司参与 PPP 项目的主要目的为获取利润，然而，相较于其他国家或地区，我国 PPP 项目的投资回报率普遍偏低[②]，因此，为了保证其所承担的风险或提供的服务与收益相匹配，政府部门应适当提高 PPP 项目的投资回报率，在财政预算有限的情况下，也可通过拓展盈利模式提高投资回报率（杜亚灵和尹贻林，2015）；在投资回报率一定的情况下，如果社会资本或项目公司所提供的服务质量高于合同中约定的绩效标准，政府部门应给予足够的超额利润，

① 即本研究中的私人部门，财金 113 号文称其为社会资本或项目公司。

② 英国伦敦希思罗国际机场 PPP 项目的投资回报率为 15%～30%，而我国北京地铁 4 号线 PPP 项目的投资回报率为 8%～10%，相比之下后者的投资回报率偏低，由于上述两个案例均为成功的 PPP 项目，故具有一定的代表性，由此可以推测我国 PPP 项目的投资回报率偏低。

相反的则应扣减相应的政府付费。③在初始合同公平的情况下，再谈判过程中任何利益调整的结果应与初始合同保持一致，且在项目执行过程中严格按照合同履行，例如，初始合同对调价的触发条件、程序以及方法规定的较为细致，在项目执行过程中公私双方只要严格按照合同履行即可；此外，政府部门对于由己方承担的风险应该积极地管理，而不能推诿责任，否则不利于 PPP 项目运作率的提高。

（3）政府应强化契约精神、转变传统观念，与社会资本或项目公司建立平等伙伴关系。在项目执行过程中公私双方履行合同的随意性主要与中国传统文化密切相关，中国传统文化更重视人与人之间的“交情”而往往忽视合同的必要性，由此易导致公私双方在项目执行过程中不严格按照合同履行，因而不利于社会资本或项目公司对程序公平的感知。事实上，党的十八届四中全会已对我国全面推进依法治国做出了顶层规划，这客观上对提高 PPP 法治化程度的现实问题提出了迫切要求，因此，为了适应国家的发展以及提高公私双方的合作效率应增强政府的契约精神。在此基础上，实施机构①与社会资本或项目公司作为 PPP 合同的当事人应均以平等民事主体身份参与项目（周正祥等，2015），但由于实施机构作为公权力代表，实践中其可能出于政治、经济、社会压力等原因单方面改变合同状态。实际上，国办发 42 号文中提及政府与社会资本法律地位平等是 PPP 模式基本原则之一，因此，政府部门应转变传统观念，与社会资本或项目公司建立平等交易关系。

本研究仍存在不足之处：首先，对 PPP 有深入了解的实践工作者与研究人员较少且其工作大多较为繁忙，致使笔者联系足够的受访者有一定困难，本研究中受访者仅有 4 人，这在一定程度上会影响编码工作的准确性，在后续研究中还需增加深度访谈的样本容量以进一步提高研究结论的精确度；其次，本研究是通过质性分析方法得出 PPP 项目中私人部门公平感知的概念模型，在未来研究中还需采用定量研究方法对其进行验证。私人部门公平感知的构念建立和结构维度划分为 PPP 项目公私双方合作效果方面的研究奠定了基础，在未来研究中可针对概念模型中各维度开发一系列的测量量表、对私人部门公平感知影响因素进行分析以及对私人部门公平感知与 PPP 项目中信任、合作等因素之间的关系进行研究。

10.3　基于承发包合同的公平感知

据财政部 PPP 项目库统计，2014～2018 年成交的 PPP 项目中工程承包商充当

① 即与私人部门签订合同的公共代理机构，财金 113 号文件附件中称其为实施机构。

社会资本的比例为 57.47%，而运营商充当社会资本的比例仅为 19.30%，两者比例相差悬殊，但占据主导地位的工程承包商运营能力十分有限。事实上，工程承包商在我国实践中的很多 PPP 项目中充当社会资本普遍倾向于采取阶段性持股的方式，在完成带动其主业获利的目标后，他们退出项目公司的意愿特别强烈，这显然是非常不利于 PPP 项目漫长的特许经营期的。正如王守清教授在 2018 年 1 月接受《中国新闻周刊》采访时指出的那样，PPP 的核心是运营，谁做得好就给谁；实务工作者也普遍认为，只有综合实力强的股东组合才有能力确保 PPP 项目的高水平运行，应让成熟的投资运营商成为 PPP 项目社会资本的主流。若 PPP 项目的社会资本不是或不包括工程承包商，那么，项目公司就必须通过签订承发包合同将 PPP 项目的建设或施工部分工作委托给专业的工程承包商（图 10-2），本节将探讨基于该承发包合同的公平感知（杜亚灵等，2016a）。

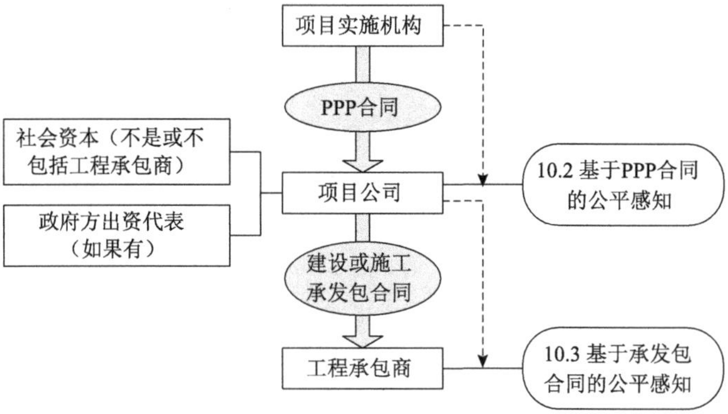

图 10-2　PPP 项目主体关系中的两级合同

10.3.1　公平感知二维模型的论证

1. 承包商公平感知的界定

由于供应链和战略联盟重复性博弈的特点，研究当事人公平感知的观测时点通常是一次交易完成后，对其合作收益分配的公平程度、合作过程中程序的公正性程度以及信息的开放性程度进行主观评价（Ariño and Ring，2010），研究成果可用于指导下一次交易的顺利进行。然而，由于工程项目的一次性特征，在项目结束后考察承包商的公平感知实践意义甚微，实际上，在交易活动中，一方当事人的行为或选择会影响另一方的心理状态或预期，同时这种心理状态或预期又会影响其自身的后续行为或选择。所以，业主对合同条款的设定会影响承包商的心理状态及其对合作收益的预期，进而影响承包商在合同执行过程中的行为或选择，因此，研究合同签订时承包商的公平感知能够有效地避免合同执行过程中承包商的不合作行为。此外，法学将合同中的权利分为实体性权利和程序性权利：实体性权利反映的是权利的目的或结果；程序性权利是为了行使、主张或保障其实体性权利而必须具有的作一定行为的能力（王锡锌，2001）。也就是说，实体性权利是目的，程序性权利是手段，因此，二者分别对应承包商公平感知中的分配公平和程序公平。考虑到合同签订时承发包双方之间尚未有互动行为的产生，且在合同条款中通常不会对其互动行为进行具体规定，故本研究将承包商的公平感知划分为分配公平和程序公平两个维度进行研究。

综上所述，工程项目中的承包商根据承发包合同对项目交易过程及其所能获得的回报有一个预期，而它对这一预期的满足程度是一个社会比较的结果，不仅与承发包合同中决定分配与程序的重要条款（即客观的、实质性的内容）有关，它还会将这些重要条款赋予业主的权益与赋予己方的权益进行比较、将这些重要条款与同一时期市场中其他承发包合同中的相应条款进行比较、将这些重要条款与己方以往交易中的相应条款进行比较，通过上述比较形成承包商对于这些合同条款的主观理解（即主观的、相对的内容），得出其对本次交易预期过程与结果的相对满足程度，也就是承包商公平感知。由此可见，承包商公平感知是其对于合同条款的理解以及交易所处的市场环境共同作用的结果，它虽然未必能够真实、客观地反映承发包合同的合理性，但承包商的这种基于重要合同条款的主观感受却会对合同执行过程中承包商的表现具有不可忽视的影响，因此，在既定的市场环境中，在不能改变承包商过往经历的前提下，发现承发包合同中的这些决定分配与程序的重要条款至关重要。根据这一界定，承包商公平感知是一个多维度概念，“过程”对应程序公平，“结果”对应分配公平，而承包商对于“过程”和“结果”合理性的主观判断都是选取某一“参照点”进行比较得出的。

2. 分配公平的解析

从法理上讲，实体性权利优于程序性权利，程序性权利不具有独立存在的价值，正因如此，分配公平成为公平感知构念中最早被识别的维度，并至今都被认为是其中最重要的维度，甚至可以替代公平感知这一构念，如杨屹等（2004）认为合作伙伴间能否实现收益的分配公平是决定联盟成败的关键问题。供应链和战略联盟中的分配公平指的是交易当事人对其从合作中获得的回报与其做出的贡献（包括承诺以及承担的责任）对等程度的主观评价（Ariño and Ring，2010）。所谓的回报既包括合作产生的利润、分红等货币形式的，也包括从合作中获得的知识以及声誉的提高等非货币形式的（Luo，2009）；贡献既包括合作过程中已经承担的责任，也包括维持双方稳定合作关系的承诺。

不同于以获得更多的盈余利润为目的的传统生产制造企业，工程项目通常是以尽可能地节约成本为目标，即承发包双方存在“零和博弈”特征，承包商货币形式的回报只能体现在合同价款及额外的奖金上；其非货币形式的回报既可以体现在与利益挂钩的控制权的配置上，亦可以体现在承包商声誉的提高等潜在收益上（如业主承诺协助承包商申报相关的奖项）。而承包商的贡献既包括与业主分担相应的风险（即承担相应的责任），也包括为业主提供合同约定之外的增值服务（如承包商提出合理化建议、提前竣工）。因此，结合工程项目的特点，本研究认为承包商的分配公平主要包括以下三个方面：①合同中约定的价款与其承担的风险对等；②拥有的控制权与其承担的风险对等；③获得的奖励金额及潜在收益与其提供的合同约定之外的增值服务对等。由此可见，分配公平与项目治理理论中合同最优设计的“权责利对等”原则相吻合。

事实上，工程领域一直致力于设计或优化承发包合同以满足“权责利对等”，如杜亚灵和唐海荣（2012）以深圳地铁 5 号线为例研究了 BT 项目回购总价（利）、风险分担（责）及控制权配置（权）三者之间的对等关系。该类研究主要涉及两方面：①基于风险分担的合同价款确定，如严敏等（2012）从风险分担的视角探讨了 BT 项目回购基价的确定和调整机制；②基于风险分担的控制权配置，如 Lam 等（2007）分析了控制权配置与风险分担的一致性关系，认为拥有控制权的一方应承担相应的风险。这些研究通常是以承包商的“经济人”假设为前提去研究最优合同的设计，然而，工程项目的本质已经由原来的契约组织逐渐过渡到半开放的社会网络结构（杜亚灵和尹贻林，2012c），单纯地考虑承包商的“经济人”属性难以实现合同的最优设置且不符合当前的实际状况，本研究同时考虑到承包商的“社会人”属性，认为在现阶段工程领域中也应注重对承包商的人文关怀，在签订合同时承包商的公平感知将带来其在承发包合同执行过程中的积极合作行为，最终有利于提高项目管理绩效。

3. 程序公平的解析

从法理上讲，合同中的程序性权利是实体性权利的前提，任何一种实体性权利都必须通过程序来实现或获得保障，因此，程序公平受到越来越多的关注，甚至有研究发现其对合作关系的影响比分配公平更显著，如杜玉申等（2012）运用 SEM 证实了程序公平对于合作关系稳定性的路径系数为 r=0.509，显著大于分配公平对于合作关系稳定性的路径系数（r=0.388）。这是因为，如果达成最终决策的程序是公正的，那么即使成员在面对不利于自己的结果时也能对这样的最终结果持相对肯定的评价。供应链和战略联盟中的程序公平指的是在交易过程中与利益相关的决策制定过程和标准是透明的、无偏见的。透明是指公开讨论制定相关程序和标准，在准备、调整和改变相关程序和标准时考虑各方的意见和利益；无偏见是指制定和执行相关程序时没有歧视，合作各方的参与权（participative power）与合同规定相符并且与其贡献一致，所有程序的制定皆是为了联盟的整体收益以及联盟的发展，而非某一方的利益（Ariño and Ring，2010）。

工程项目是一个临时性契约组织，加之建设周期长，这些特点决定了合同执行过程中存在很大的不确定性，用一个单纯的规定权责利分配结果的静态合同去管理动态变化的过程是不切实际的。事实上，项目中的决策非常需要组织制度层面上的支持，而作为一种项目治理机制的合同则必须从制度层面来协调利益相关者的关系，决策的程序和标准只能在合同中进行规定。正因如此，新制度经济学的学者将契约的执行环节或事后支持制度视为一个核心问题，并将大量的研究放在了契约的实施或执行方面。由此可见，合同中除了对权责利的分配结果进行规定外，还应规定应对履约过程中不确定性事件的处理程序。所以在合同中除了部分结果性的规定（即权责利分配）之外，制定秩序而不是给定结果的程序性的规定也是不可缺少的，即契约经济学中的事后支持制度。

通过以上理论分析，本研究认为承包商的程序公平主要体现在以下三个方面。

（1）承包商拥有质疑权：过程公正与否的重要表现形式就是“发言权效应”，即决策制定过程中团队成员有表达自身意愿和获得组织认同与尊重的权利；“发言权效应”反映在合同中即为承包商的质疑权，即在业主做出决策之前或执行某项决议的过程中允许承包商表达自己的异议并且被采纳的权利。

（2）针对同一类事件预留给彼此的处理时间相同：即在处理双方都可能造成同一结果的事件时，在双方达成一致之前预留给彼此的准备时间相同；程序公平的原则之一即为统一标准、抵制偏见，处于劣势地位的承包商由于主观社会经济地位较低，很容易产生相对剥夺感，针对同一类事件处理过程和标准的不偏不倚有助于提高承包商的公平感知。

（3）承包商执行业主指令与商定或获得利益补偿的先后顺序：一般交易过程中普遍存在着激励问题，激励可分为即时激励与滞延激励；由于即时激励及时兑现诺言，因此对当事人产生巨大强化作用，而滞延激励实施激励行为与完成工作任务之间存在时间差，当事人在这段时间内就会产生不公平感；故在承包商执行业主指令之前要先商定或获得利益补偿有助于激励承包商更加高效认真地完成工作。

10.3.2 研究设计与研究方法

1. 量表设计

根据委托工作内容的不同，工程实践中的合同可分为设计合同、施工合同、供货合同、咨询合同、总承包合同等，而在我国有关施工合同的法规及规范性文件相对健全，故本实证研究针对承包商对施工合同的公平感知。目前，我国施工合同在设定和执行过程中主要依据 13 版清单和 13 版合同：13 版清单提供了工程价款组价的方法和依据，而 13 版合同约定了合同行为的程序以及承发包双方的权利和义务，并且 13 版合同在合同类型、价款调整等方面实现了与 13 版清单的匹配和对接。13 版清单相比《建设工程工程量清单计价规范》（GB 50500—2008）（以下简称“08 版清单”）更加突出合理风险分担的思想，而 13 版合同相比《建设工程施工合同（示范文本）》（GF—1999—0201）更加重视权利义务的匹配、风险分担过程的优化以及强调合同履行过程，因此，它们是目前工程实践中公认的相对完善、相对公平的规范性文件。有鉴于此，本研究以 13 版合同和 13 版清单为标杆，从中抽离出与上文理论分析结果相对应的内容，据此设计承包商公平感知的测度量表，并尽量用 13 版清单和 13 版合同中的术语及表述方式作为量表中的题项。

本研究量表的开发过程描述如下。①对 13 版合同通用合同条款部分的 20 章共计 117 条、13 版清单的 16 章共计 60 条进行详细阅读，从中提选出符合上文中分配公平和程序公平所包含的 6 个方面的条款共计 48 条。②邀请天津理工大学公共项目与工程造价研究所的资深培训教师 4 人、工程项目合同管理实践工作者 5 人，组成 9 人的专家组研讨上述 48 条内容的存留问题，删掉合同执行过程中引发承发包双方纠纷的概率较低、相对而言承包商关注度较低的条款共计 9 条，增补可能遗漏的条款 0 条，最终得到条款共计 39 条。③针对 6 个方面中包含条款较多或包含条款的内容较多的部分，在不改变原条款意思的情况下，尽量以简短易懂的语言对条款进行归纳、合并，并以此作为量表的题项，具体情况为：将描述“合同中约定的价款与其承担的风险对等”的 15 条归纳、合并为 2 条；将描述“拥有的控制权与其承担的风险对等”的 4 条归纳、合并为 2 条；将描述“针对同一类事件预留给彼此的处理时间相同”的 7 条归纳、合并为 3 条；将描述“承包商执行业主指令与商定或获得利益补偿的先后顺序”的 8 条归纳、合并为 3 条。④先后在天津理工大学公共项目与工程造价研究所、合同管理实践工作者中进行两轮小范围问卷预测试，不断调整和完善量表中语意表达不完整或表达存在歧义的题项，最终形成正式量表，详见表 10-5。

表 10-5　工程项目中承包商公平感知测量量表及题项来源

维度	潜在变量及其编号	观测变量（量表题项）	题项编号	题项来源
分配公平	利责对等（DJ1）	依据合同中相关条款的规定：承发包双方签订的合同价格与承包人应承担的风险相比是公平的	a1	13 版合同 12、14；13 版清单 7、10、11
		依据合同中相关条款的规定：当合同执行过程中发生某些情形需要调整合同价格时，依据合同规定调整的价格额度与承包人在此情形下承担的风险相比是公平的	a2	13 版合同 11.1；13 版清单 9.1
	权责对等（DJ2）	该合同中有明确规定：由承发包双方中的一方负责采购材料和工程设备的，另一方不得指定生产厂家或供应商，采购方承担材料或工程设备的规格、数量、质量不符合设计或有关标准要求以及交货日期延误、交货地点变更等风险	a3	13 版合同 8.1、8.2、8.3
		该合同中有明确规定：由发包人签认或下达的变更指示导致的成本增加或工期延长，承包人不承担责任	a4	13 版合同 10.2
	合同外利益与增值服务对等（DJ3）	该合同中有明确规定：当承包人提出合理化建议给发包人带来效益时，合同中承诺的给予承包人的奖励金额或非货币形式的补偿（如发包人承诺协助承包人申报相关的奖项）与承包人合理化建议引起的合同价格的降低、工期的缩短、工程经济效益的提高相比是公平的	a5	13 版合同 10.5
		该合同中有明确规定：当发包人要求承包人提前竣工或承包人提出提前竣工建议时，合同中承诺给予承包人的提前竣工奖励金额或非货币形式的补偿（如发包人承诺协助承包人申报相关的奖项）与提前竣工给发包人带来的效益相比是公平的	a6	13 版合同 7.9；13 版清单 9.11
程序公平	拥有质疑权（PJ1）	该合同中有明确规定：发包人代表若不能按照合同约定履行其职责与义务，并导致合同无法继续正常履行的，承包人有权要求撤换发包人代表	b1	13 版合同 2.2
		该合同中有明确规定：承包人对监理人发出的指示有疑问的，可向监理人提出书面异议，监理人应在规定的时间内对该指示予以确认、更改或撤销	b2	13 版合同 4.3
		该合同中有明确规定：承包人认为监理人下达的变更指示不能执行的可提出不能执行该变更指示的理由，由承包人、发包人和监理人协商决定撤销、改变或不改变该变更指示	b3	13 版合同 10.3
	预留处理时间相同（PJ2）	该合同中有明确规定：由承包人原因造成暂停施工持续 X 天不复工的视为承包人违约，同理，由非承包人原因造成暂停施工持续同样天数（X 天）不复工的，则视为发包人违约，并且对于双方的违约处理程序一致	b4	13 版合同 7.8、16.1、16.2
		该合同中有明确规定：无论承包人供材或发包人供材，均应在材料或者工程设备到货前相同时间内通知对方，并接受对方检验	b5	13 版合同 8.3
		该合同中有明确规定：当合同执行的过程中出现变更、索赔事件时，预留给承发包双方的处理时间相同且处理程序一致	b6	13 版合同 10.4、19.2、19.4

续表

维度	潜在变量及其编号	观测变量（量表题项）	题项编号	题项来源
程序公平	执行指令前先获得利益补偿承诺（PJ3）	该合同中有明确规定：发包人应在开工通知载明的开工日期前支付承包人预付款，之后承包人再执行开工指示	b7	13 版合同 12.2；13 版清单 10.1
		该合同中有明确规定：发包人要求承包人执行提前竣工指示或变更指示之前要先与之协商提前竣工补偿的费用或变更估价，之后承包人再执行该指示	b8	13 版合同 10.4、7.9；13 版清单 9.11
		该合同中有明确规定：变更或索赔增加和扣减的金额、进度款在合同执行过程中分期支付，质量保证金在合同执行过程中分期返还，该合同中不存在合同结束时一次性支付或返还的情形	b9	13 版合同 10.4、12.4；13 版清单 10.3

2. 样本选取与数据收集

本研究选取的样本应符合以下两个条件：其一，尽量选择北京、天津、河北、河南等经济发展水平相当的地区为数据采集的主要区域，以避免经济条件与市场成熟度不同对受试者主观认知的干扰；其二，尽量选择房屋建筑类项目进行数据采集，以避免项目复杂程度不同对受试者主观认知的干扰。本研究以担任承包商角色（或曾经担任过承包商角色）的施工单位人员为数据收集对象。问卷发放的具体途径包括：其一，攻读天津理工大学项目管理硕士或工程硕士学位的学员大多具有多年项目管理实践工作经验，课题组利用其课间休息时间向学员发放纸质版调查问卷，并于本次课间休息结束后回收；其二，从天津理工大学公共项目与工程造价研究所毕业的历届硕士研究生大多从事与建设工程项目相关的工作，课题组通过发放电子版调查问卷的方式向其采集数据，并在其帮助和引荐下向其作为承包商角色的同事或朋友发放问卷。

本研究采用利克特 5 级量表的方式收集数据："完全同意"或"印象深刻"表示 5 分、"确定没有"或"完全不同意"表示 1 分；通过先后在天津理工大学公共项目与工程造价研究所与合同管理实践工作者中的两轮小范围问卷预测试，不断调整与完善问卷中各观测变量的描述，最终形成正式问卷。本问卷要求受试者回忆其以往参与过的项目，从中选出其对合同内容最熟悉的一个，并根据其对选定项目承发包合同的理解填答问卷。本研究共发放问卷 330 份，收回问卷 206 份，剔除填写不完整、具有明显"Z"字形及填答结果多为同一数值的无效问卷后，剩余有效问卷 164 份，问卷的回收率为 62.4%，有效率为 79.6%。通过问卷中受试者情况部分数据统计可知：受试者本科及以上学历者占 86.0%，参与过的工程项目的数目在 5 个以上的占 43.9%，从事建设项目管理实践工作 3 年以上者占

70.7%，中高层管理者占 37.2%。由此可知，受试者具有相当的专业知识储备，具有较为丰富的实践工作经验，对承发包合同较为熟悉。因此，本研究认为他们填答问卷所获取的数据是相对准确、可靠的。通过问卷中样本项目情况部分数据统计可知：房屋建筑类项目占 92.1%，项目投资规模在 1000 万元至 10 亿元的占 88.4%，表明样本项目的复杂程度相对一致；样本项目中采用DBB模式的占92.7%，保证了采用 13 版清单和 13 版合同作为量表设计标杆的适当性；样本项目中采用公开招标方式的占 94.5%，确保问卷调查结果反映的是近乎纯粹市场交易关系下的情况；此外，采用经评审的最低投标价法作为评标方法的样本项目占 87.8%，该评标方法适用于具有通用技术、性能标准的工程项目，确保问卷调查结果反映的是承包商在项目技术复杂程度相当条件下公平竞争的情况。

10.3.3　数据分析与研究结果

1. 探索性因子分析

（1）信度分析与项目净化。本研究采用 SPSS17.0 软件对量表的信度和效度进行分析。运用 Cronbach's α 内部一致性系数来检验量表的信度，并结合项已删除的 Cronbach's α 值（Cronbach's α if item deleted）来净化量表题项；一般情况下，Cronbach's α＞0.5 表明量表信度符合要求，Cronbach's α≥0.7 表明量表信度良好，同时，如果因子中存在观测变量的项已删除的 Cronbach's α 值大于该因子的 Cronbach's α 值，则应删除该观测变量。通过检验发现：观测变量 b5 的 Cronbach's α 值为 0.637，而其项已删除的 Cronbach's α 值相较前者更大，为 0.687，故应删除题项 b5，其余观测变量的 Cronbach's α 值均大于其项已删除的 Cronbach's α 值，均应保留。删除题项 b5 后，承包商公平感知量表最终保留了 14 个题项，其总体 Cronbach's α 值为 0.834，所包含的 6 个因子的 Cronbach's α 值分别为 0.507、0.820、0.622、0.637、0.687、0.660，均满足信度要求。

（2）效度分析。采用探索性因子分析检验量表的效度，但在此之前需要进行 KMO 样本测度和 Bartlett 球形检验，以确保本研究数据适合进行探索性因子分析。一般而言，当 KMO 值大于 0.5、Bartlett 球形检验相伴概率值小于相应的 Cronbach's α 值时，表明样本数据可以进行因子分析；检验结果显示：量表的总体 KMO 值为 0.809，大于 0.5，Bartlett 球形检验相伴概率值为 0.000，小于其对应的 Cronbach's α 值，表明样本数据适合做因子分析。

本研究采用主成分分析法进行因子萃取，采用最大方差法进行转轴，选取特征根大于 1 的因子。在探索性因子分析的过程中，采用以下标准来筛选合适的观测变量：①观测变量在其测量对象上的因子负荷可以接受的最低标准为 0.45，该值越大表明观测变量与潜在变量之间存在统计上的显著性越好，数据的效度就越高；②任一观测变量抽取主成分之后的共同性（communalities）大于 0.2，共同性愈高，表示该观测变量与其他观测变量可测量的共同特质愈多。由表 10-6 探索性因子分析的结果可知：本研究共萃取出 6 个因子，所有题项均有效地聚集在最初假定的因子上，因子负荷均大于 0.45，累计方差解释量达到 71.722%。

表 10-6 探索性因子分析结果

潜在变量	观测变量	因子 1	因子 2	因子 3	因子 4	因子 5	因子 6	共同性
DJ1	a1	0.908	0.065	0.117	0.054	0.092	0.045	0.856
	a2	0.833	0.175	0.192	0.092	0.175	0.108	0.813
DJ2	a3	0.015	0.608	0.203	0.124	0.445	−0.132	0.642
	a4	0.213	0.858	0.088	−0.018	0.158	0.158	0.817
DJ3	a5	0.112	−0.010	0.752	−0.033	0.116	0.256	0.658
	a6	0.124	0.213	0.734	0.178	0.269	−0.009	0.703
PJ1	b1	0.206	0.176	0.302	0.478	−0.131	0.044	0.658
	b2	0.102	0.058	−0.027	0.830	0.068	0.206	0.751
	b3	−0.012	−0.045	0.344	0.700	0.199	0.121	0.664
PJ2	b4	0.061	0.039	0.272	0.147	0.830	0.123	0.805
	b6	0.124	0.213	−0.018	0.036	0.728	0.231	0.702
PJ3	b7	−0.092	0.196	0.270	0.149	0.098	0.726	0.678
	b8	0.153	0.122	0.311	0.246	0.103	0.490	0.608
	b9	0.192	−0.097	0.013	0.135	0.143	0.776	0.687
特征根		1.329	1.791	2.066	1.591	1.647	1.618	
累计方差解释量		10.492%	23.582%	36.340%	47.703%	59.464%	71.722%	

2. 验证性因子分析

（1）一阶验证性因子分析。本研究运用 AMOS17.0 软件对样本数据进行验证性因子分析，选取指标 χ^2/df、RMSEA、CFI、NFI、IFI 作为模型与样本数据拟合情况的判断标准。由一阶验证性因子分析的结果（图 10-3）可知，各拟合指标值均满足要求，表明该 6 个因子模型与样本数据拟合良好；同时，各观测变量与其测度的因子之间的标准化路径系数均大于 0.45，说明观测变量能有效反映其测度的构念特质，从而验证了承包商公平感知 6 个因子模型的合理性。从图 10-3 中亦可看出，该一阶模型的 6 个潜在变量之间相关度较高，有研究指出当一阶验证性因子分析模型中因子之间高度相关时，说明这些因子可能受到较为高阶因子的影响，存在高阶的理论构念。为了探究更为理想的概念模型，本研究进一步对其二阶模型进行验证性因子分析。

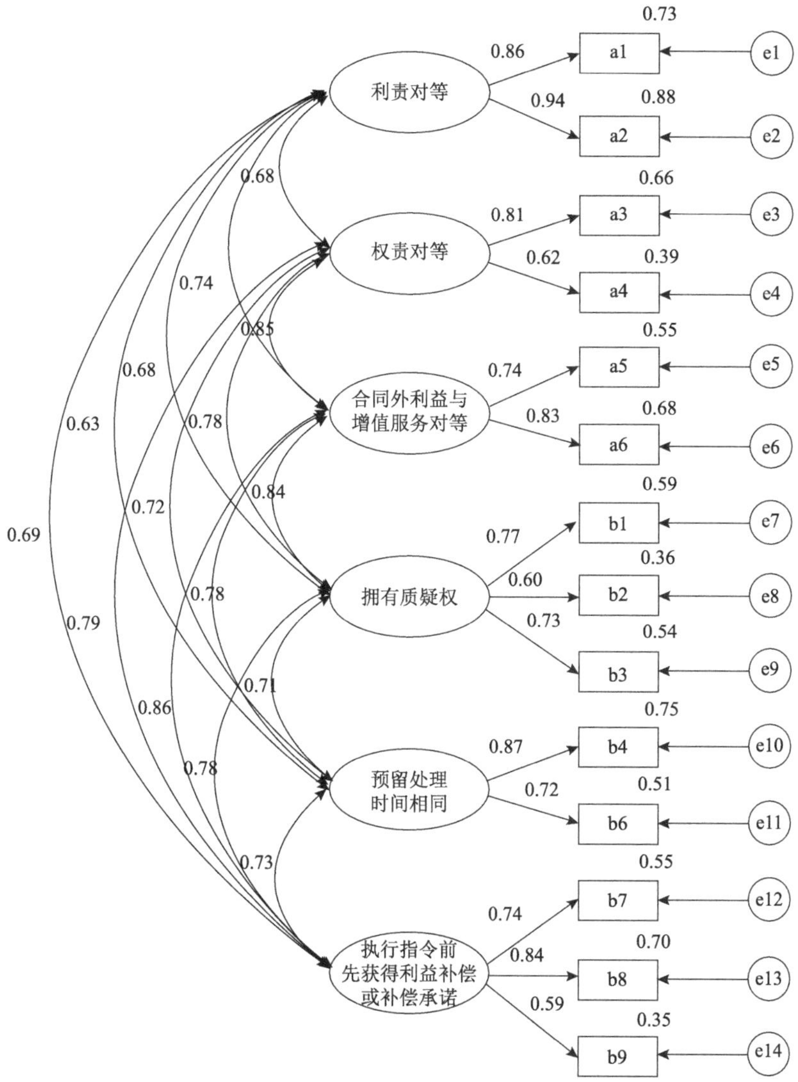

图 10-3　承包商公平感知 6 因子模型的标准化路径图

χ^2=114.810，df=77，χ^2/df=1.491＜2.00；RMSEA=0.052＜0.08；CFI=0.903＞0.90；NFI=0.905＞0.90；IFI =0.915＞0.90

（2）二阶验证性因子分析。以“分配公平”和“程序公平”两个维度为二阶因子，对承包商公平感知的 6 个因子模型进行二阶验证性因子分析。分析结果如图 10-4 所示，从中可以看出该二阶模型各拟合指标值均达到相应的标准，且相比一阶模型均有所提升，表明该二阶模型与样本数据的拟合度优于一阶模型与样本数据的拟合度；同时，分配公平与程序公平两个二阶因子均与其对应的一阶因子

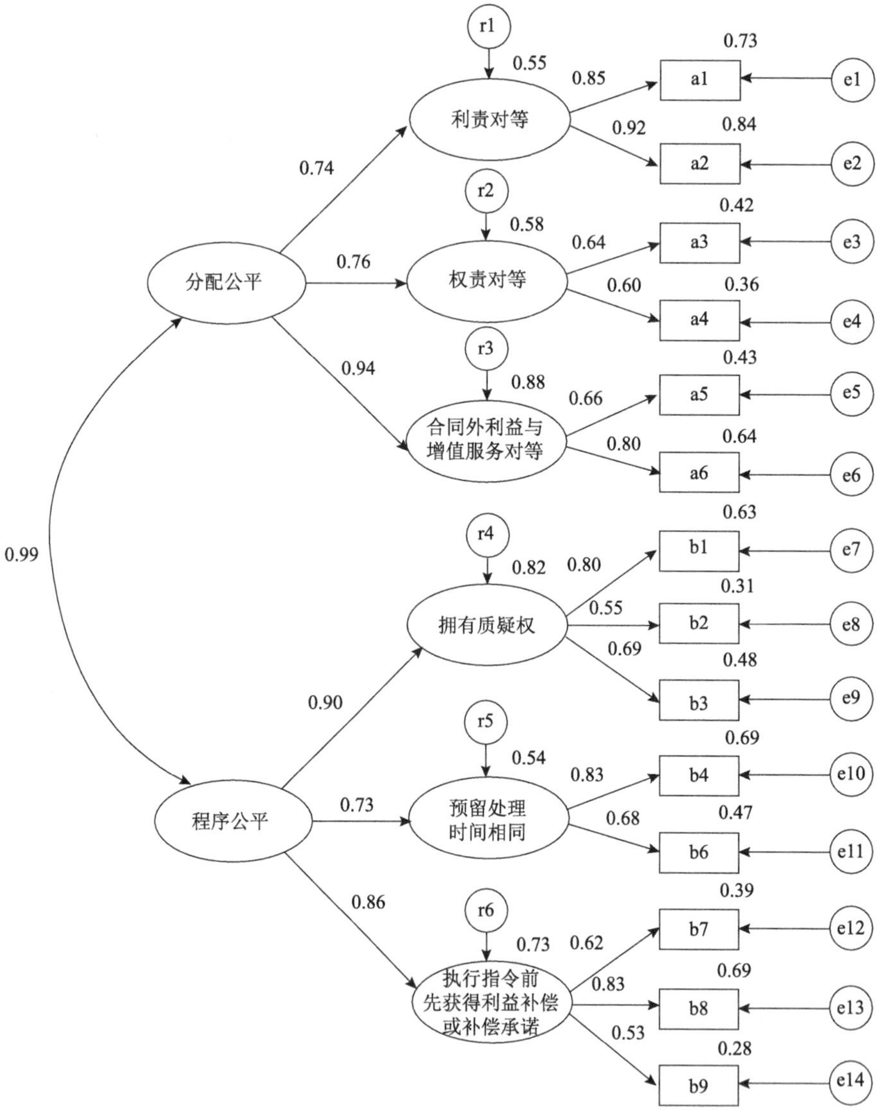

图 10-4　承包商公平感知二阶因子结构模型路径图

χ^2=97.555，df=71，χ^2/df=1.374＜2.00；RMSEA=0.044＜0.08；
CFI=0.909＞0.90；NFI=0.913＞0.90；IFI=0.94＞0.901

高度相关，这恰与上文的理论分析结果一致。此外，分配公平与程序公平两因子的相关度高达 0.99，理论上可以提取更高阶的构念，即本研究的对象“承包商公平感知”，但侯杰泰等（2004）认为当低阶因子个数小于等于 3 个时，不适宜再构划高阶因子，鉴于本研究中二阶因子只有 2 个，故不再构建三阶理论模型。

3. 量表的信度与效度检验

（1）信度检验。如前文所述，经项目净化删除题项 b5 后的各因子 Cronbach's α 值均大于 0.5，符合信度要求；在进行探索性因子分析时，所有题项均有效地聚集在最初假定的因子上，无题项删减或调整情形，故前文对量表的信度检验结果有效，量表的信度符合要求，详见表 10-7。

表 10-7　量表的内部一致性信度系数

潜在变量	DJ1	DJ2	DJ3	PJ1	PJ2	PJ3	总量表
Cronbach's α 值	0.507	0.820	0.622	0.637	0.687	0.660	0.834
题项个数	2	2	2	3	2	3	14

（2）效度检验。本研究通过内容效度、效标效度、建构效度三个方面来判定本量表的效度水平。内容效度指量表内容或题项的适切性和代表性，常以题目分布的合理性来判断，属于一种命题的逻辑分析；效标效度主要是指量表的内容是否具有预测或估计的能力；上述二者在很大程度上依赖于问卷设计的逻辑处理能力而非统计分析。本研究通过较为缜密的文献分析、理论推演以及规范性文件（13 版清单和 13 版合同）分析得出初始量表，经由多轮问卷预测试对量表进行修改，最终形成可以广泛发放的最终问卷，通过规范与严谨的量表开发过程可以确保较高的内容效度和效标效度。

建构效度指能够测量出理论的特质或概念的程度，亦即实际的测验分数能解释多少某一心理特质，分为收敛效度和区别效度。常用的评估收敛效度的标准共有 3 种：①所有标准化的因子荷载大于 0.5，且达到显著水平；②组成信度大于 0.7；③AVE 值超过 0.5。本研究通过 AVE 值来判定量表的收敛效度，通过计算得出各因子的 AVE 值分别为 0.551、0.511、0.663、0.615、0.634、0.643，均超过 0.5，表明量表收敛效度良好。常用的评估区别效度的标准有两种：①2 个因子之间的相关系数必须低于 0.85，否则会形成多重共线性的问题，表 10-8 显示，本研究模型中 6 个因子之间的相关系数最大为 0.484，均小于标准值 0.85；②比较各因子间完全标准化相关系数与所涉及各因子自身 AVE 的平方根值大小，当前者小于后者，则表明各维度间存在足够的区别效度，反之，则区别效度不够，由表 10-8 可知，本研究模型各因子 AVE 值的算术平方根均大于其与其他因子的相关系数。由上述两点可知，本量表具有足够的区别效度。

综上所述，本研究开发的承包商公平感知的测度量表具有良好的效度水平。

表 10-8 承包商公平感知 6 个因子相关系数表

潜在变量	DJ1	DJ2	DJ3	PJ1	PJ2	PJ3
DJ1	（0.742）					
DJ2	0.305**	（0.715）				
DJ3	0.263**	0.336***	（0.814）			
PJ1	0.272*	0.235*	0.460***	（0.784）		
PJ2	0.349**	0.445***	0.398***	0.369*	（0.796）	
PJ3	0.252**	0.216*	0.382***	0.484***	0.394***	（0.802）

注：对角线括号内为因子 AVE 系数的平方根
*表示显著性水平 0.05，**显著性水平 0.01，***表示显著性水平 0.001

10.3.4 分析与讨论

在对样本数据进行信度检验和项目净化时，由于题项 b5（该合同中有明确规定：无论承包人供材或发包人供材，均应在材料或者工程设备到货前相同时间内通知对方，并接受对方检验）的存在致使其测度的因子信度有所降低，故予以删除。课题组再次访谈若干合同管理实践工作者，通过分析与讨论将题项 b5 删除的原因归结为以下两点：其一，与工程实践中频繁发生的调价、变更、索赔等事件相比，由材料到货时间及进场前检验引起的纠纷较为少见，承包商在签订合同时，本能地更加关注与合同执行过程中经常发生的纠纷事件相关的条款，而对于材料到货时间及进场前检验则不敏感；其二，对于工程项目中供材的一方而言，无论对方是否对材料或工程设备进行检验，均不涉及相关风险的转移，即负责采购的一方始终承担材料或工程设备的规格、数量、质量不符合设计或有关标准要求等的风险。

此外，对样本数据进行二阶验证性因子分析发现：①合同外利益与增值服务对等这一因子与分配公平之间的标准化路径系数 0.94 要远远高于利责对等的 0.74 和权责对等的 0.76；②分配公平与程序公平两二阶因子的相关度高达 0.99。课题组将这一实证分析结果反馈给实践工作者，通过分析与讨论认为原因可能是：①工程领域较为丰富的法律法规、成熟的合同范本等使得合同中承发包双方权责的规定较为一致，同时，目前我国建筑市场上承包商的利润率普遍较低[①]，加之经评审的最低投标报价法在评标中的广泛应用，使得承包商合同内的利润空间有限。相较之下，承包商对于为业主提供合同外增值服务后的回报具有更大期待，以合理化建议为例，在相关合同范本的工程变更条款下均设有“承包人合理化建议”的条款，赋予了承包人对工程的建议权，但对于承包人提出合理化建议的奖励方式则鲜少规定，显然，为了实现对承包人的有效激励，其奖励额度或比例理应高于合同内工作[②]，此外，随着工程本身及其外部环境复杂性的增加，前期设计不充分、需要有经验的承包人提出合理化建议的情况会越来越多，有鉴于此，承包商的分配公平会很大程度上受到合同外利益与增值服务对等因子的影响，而这种影响高于合同内的权责利规定也是可以理解的。②承包商公平感知是通过对合同中规定的过程和结果两方面进行评价得出的，但实践工作者强调，对于这两方面的主观评价是密切相关的，如果合同中关于过程或程序的规定不当，通常承包商也会对合同中规定的结果抱以消极的态度；而当承包商认为合同中规定的结果不当时，通常也会降低其对合同中关于过程或程序规定的评价，实践中的这一现象对于分配公平与程序公平之间高达 0.99 的相关度提供了较好的解释。

10.3.5　研究总结

对于工程项目的临时性社会网络组织的本质认识正使得工程领域的研究范式从原来的契约范式向关系范式拓展，部分学者也由原来的追求项目成功收敛于追求合作成功，在此背景下，承包商公平感知必将受到越来越多的关注。鉴于工程项目的非重复博弈特征，本研究指出承包商公平感知应为签约时承包商对于承发包合同中约定的过程及其预期结果的主观评价，而非供应链、战略联盟等领域的一次交易结束后对于交易过程及结果的主观评价，在此基础上，界定了承包商公平感知的内涵，解构了其维度并开发了其测量量表。样本数据的探索性因子分析证实了承包商公平感知的两因素结构，即分配公平与程序公平；样本数据的验证性因子分析证实了该量表结构模型的合理性，即分配公平由拥有的控制权与其承担的风险对等、合同中约定的价款与其承担的风险对等、获得的奖励金额及潜在收益与其提供的合同约定之外的增值服务对等三个子维度构成，程序公平由拥有

---

① 例如《建筑安装工程费用项目组成》（建标[2013]44 号）中规定，利润在税前建筑安装工程费的比重可按不低于 5%且不高于 7%的费率计算。

② 该方面可作为参考的为 1999 年版 FIDIC 合同，其明确规定对承包人提出合理化建议的奖励额度为“合同额度的减少与已变更工作价值上的减少之间金额差额的 50%”。

质疑权、针对同一类事件预留给彼此的处理时间相同、执行发包人指令之前先与之商定费用或获得利益补偿三个子维度构成；该量表较好的信度与效度表明它可以在中国工程领域进行推广使用。

1. 理论贡献

本研究的理论贡献主要表现为以下两方面。

（1）建立了承包商公平感知这一构念，进一步拓展了工程领域中社会交换视角的研究。工程项目的一次性特征使得这种交易的未来预期并不显著，不利于交易双方伙伴关系的形成与发展，因此，工程领域的现有研究更多是经济学视角的，通过正式制度的设计与优化向项目参与方施加经济制裁，以实现对其行为的激励与约束。然而，工程项目中一切经济活动都是由人策划并执行的，法律法规、合同等正式制度亦是针对人的行为制定的规则，将研究重点从物的因素上转移到人的因素上是工程领域研究的必然趋势，正如霍桑试验促成了科学管理理论向行为科学理论的发展一样，经济学范式对于工程实践的解释力不足亦促成了社会学范式的产生。工程领域中社会学范式的研究主要集中于承发包双方之间的信任问题，而本研究建立的承包商公平感知构念则为其提供了全新的研究切入点，虽然它仅为一种主观认知，与客观事实之间势必存在偏差，但它通过承包商的行为而对工程项目管理绩效产生的积极影响赋予了承包商公平感知研究重大的现实意义。

（2）开发了承包商公平感知测量量表，从而揭示了使承包商具有较高程度公平感知的合同应为“权责利对等”“没有偏见和歧视”的。承包商公平感知只是一种主观评价，它不仅与客观事实有关，还受到主体所选取的参照对象、主观判断误差等的影响；然而，业主在一个工程项目中无法改变市场氛围、承包商的主观活动等，而只能着力于承发包合同的优化设计。目前，我国建筑市场属于典型的买方市场，承发包双方相对悬殊的地位使得业主过度自我保护的合同条款往往刺激承包商产生不公平的认知，进而促使其在后续合作中不遗余力地将交易向自己认为公平的状态或结果推进，要么减少对项目的贡献（如承担的风险、提供的增值服务），要么通过二次经营（不平衡报价配以变更、调价和索赔）增加其在本次合作中的回报，两种可能最终都会给业主带来损失，因此，为了促使双方更有效地合作，业主应致力于签订增强承包商公平感知的合同。由本研究最终得出的承包商公平感知测量量表可知，确保承包商具有较高程度公平感知的合同既要在结果上符合“权责利对等”的原则，还要在过程上保证“对承包商没有偏见和歧视”，二者是相辅相成、不可或缺的。

2. 研究局限与未来研究方向

本研究仍存在不足之处：首先，量表是一种测量工具或测量尺度，需要充分体现研究对象的专业特点并具有较强的实践操作性，为此，本研究是以 13 版合同和 13 版清单为标杆，尽量采用其中的语言和表述方式设计承包商公平感知量表的，虽然在一定程度上降低了受试者回答问卷中各个题项的难度，但同时也使得这一量表的适用范围受到限制，其主要适用于 DBB 等承包商不承担主要协调管理工作的模式，而不适用于 EPC、PPP 等模式的项目；其次，囿于成本、时间、社会资源等条件限制，本研究的有效问卷只有 164 份，未达到理论上所要求的数量（理论界普遍认为较为合理的样本数为 200 份以上），这在一定程度上可能会影响到实证分析结果的精确性，在后续的研究工作中还需通过不断增加样本容量来进一步完善研究结论。承包商公平感知测量量表的开发为提高工程项目中合作效果方面的研究提供了技术支持和工具保障，承包商公平感知的影响因素分析，承包商公平感知对工程项目中信任、合作等因素的影响都将成为未来的研究方向。

第11章　私人部门的角色感知

通过分析公开渠道搜集到的中国1984～2013年的1221个PPP项目发现，各种企业作为PPP项目投资人的占比具有鲜明的阶段性：2000年之前的共计30个统计案例中，外资企业作为投资人的占比高达56.7%，国有企业占比30%，民营企业仅占13.3%；进入21世纪之后，国有企业作为投资人的比重略有增加，民营企业的比重急剧上升，外资企业则下滑态势显著，以2013年为例，全部的174个统计案例中，国有企业、民营企业作为投资人的分别占比44.8%、53.4%，而外资企业作为投资人的仅占1.8%（Cheng et al.，2016）。自2014年我国政府开始大力推广PPP模式以来，国有企业作为投资人的比重有所上升，而民营企业则略有下降。由此可见，我国不同时期PPP项目私人部门的企业类型均呈现多样化，主要包括国有企业（包括地方国有企业和中央企业）、民营企业和外资企业。尽管国际上对于国有企业充当私人部门的项目是否属于PPP项目仍存在争议，但国内发布的政策性文件却明确指出符合一定条件的国有企业是可以作为社会资本参与PPP项目的[①]。退一步讲，即便此类项目确实不属于真正意义上的PPP项目，但无法否认目前我国存在大量国有企业作为社会资本的PPP项目的现实，这些项目既然已签约甚至处于履约过程中，那么国内PPP学者就有必要研究如何将其做好。有鉴于此，本研究将国有企业（包括地方国有企业和中央企业）作为私人部门的项目亦纳入PPP项目的范畴，此举并非为了对PPP项目进行概念界定，而是探讨如何实现该类项目的善治乃至成功。此外，在不同类型的私人部门与公共部门建立的合作关系中，私人部门的角色感知必然存在差异，也必将造就其对双方之间合作关系的不同的心理预期（Cao and Lumineau，2015），由此可见，私人部门的角色感知可能是PPP项目治理手段选择的一种重要的权变因素。本章将针对我国PPP项目建立私人部门角色感知的构念，在此基础上，依据我国PPP项目中私人部门企业类型的特征，对其角色感知分别进行赋值。

---

① 国办发42号文指出：对已经建立现代企业制度、实现市场化运营的，在其承担的地方政府债务已纳入政府财政预算、得到妥善处置并明确公告今后不再承担地方政府举债融资职能的前提下，融资平台公司可作为社会资本参与当地政府和社会资本合作项目。

11.1　角色理论概述

角色理论随着社会学和心理学的发展而形成，经过各领域学者的发展，其研究范围越来越广泛，并日渐成熟，下文首先介绍了角色理论的起源与发展以及在其发展过程中所涉及的角色内容。

11.1.1　角色理论的起源与发展

“角色”一词起源于戏剧，原意是指在戏剧舞台上按照剧本规定所扮演某一特定人物的专业术语。由于人们发现舞台上演出的戏剧正是人类社会的缩影，社会也类似于一个大舞台，二者之间存在极为紧密的内在联系，于是，越来越多的学者运用“角色”概念来分析和解释社会行为，从而使得建立在对社会与舞台、社会行动者与舞台角色之间比较基础上的角色理论逐渐形成，并作为重要理论之一被广泛用于科学研究。

1. 角色理论的起源

角色理论最早可以追溯到德国社会学家格奥尔格·齐美尔提出的“角色”概念。齐美尔是形式社会学的创始人，他主张社会学是研究个体间社会互动的一门科学，正是在社会交往互动中才形成了不同的个人特性，如“穷人”“贵族”等，虽然齐美尔并未建立一套角色理论，但为后续的研究奠定了思想基础。20 世纪 30～50 年代，开始出现一批研究角色理论的学者，其中，著名社会学家、社会心理学家乔治·米德对角色理论的研究最为突出、影响力最大，其考虑到社会生活与戏剧表演的相似性，首次将戏剧、电影中的“角色”引入社会学和社会心理学中，乔治·米德使用的角色概念重在体现自我与他人角色间的关联，其认为自我在经过反思后，可学习或模仿他人的角色而发展起来，他还提出了在当时比较深刻的论点“社会塑造了心智与自我，而后者又反过来影响社会”，可是这一结果仍有待进一步发展，正如乔纳森·特纳指出的，这一结论并未解释社会结构中的参与活动通过什么方式能够影响个体的行为，或个体的行为又是如何影响这种参与活动的。

2. 角色理论的发展

后来，社会学家罗伯特·帕克、心理学家拉尔夫·林顿、符号互动论的代表人物欧文·戈夫曼等学者对角色理论进行了更为深入的研究，而乔纳森·特纳在分析了角色理论发展历史的基础上，将角色理论划分为结构角色理论和过程角色理论。①结构角色理论主要从其在社会结构中的位置角度，分析社会对角色的期望、角色的行为等内容，代表性人物及其观点如：罗伯特·帕克是最先开始推广角色理论的研究者之一，其指出社会上的个体都一直在有意或者无意的情况下扮演着某一角色，而这一角色与个人在社会结构中的地位存在着密切联系；拉尔夫·林顿在《人类研究》一书中区分了地位、个体和角色的概念，并指出地位仅仅是权利和义务的集合，当个体占有某一地位，并在实践中实现了此地位所赋予的权利和义务时，他就扮演了相应的角色；欧文·戈夫曼首创了“拟剧理论”，即他将人类社会的活动比作戏剧演出，每个人都会像戏剧演员按照剧本的要求表演一样在日常交往中扮演一定的角色，而他们又会根据他人（观众）的反应来调整自己的行为。②过程角色理论从社会互动角度，以社会互动中的角色扮演为主题对角色期望等问题做进一步发展，拉尔夫·特纳的过程角色理论最具代表性，其强调了角色是在社会互动的过程中产生的，个体通过社会互动进行角色扮演、角色领会和角色建构。

通过上述分析可知，最初，角色是用来分析人际交往和人际关系的重要概念，后来，由于欧文·戈夫曼等人将日常生活比作戏剧演出，把角色作为研究社会行为的方法之一，于是，角色逐渐被广泛地用来分析社会关系和社会结构；此外，虽然结构角色理论认为个体的角色是由社会地位赋予的，而过程角色理论则认为个人在社会互动中创造了角色，但是二者均关注到了个体与社会的互动。

11.1.2 角色理论的研究内容

“角色”是角色理论的核心，奚从清（2010）在综合了以往各学派的研究后，将“角色”定义为个人在社会关系中处于特定的社会地位，并符合社会期待的一套行为模式，此概念既体现了社会对处于一定社会地位（或社会关系）的个人行为表现的期待，也体现了个人对某一角色的认知、选择和扮演。角色理论的研究范围很广，包括角色认知、角色期望、角色扮演和角色行为等内容。

1. 角色认知

角色认知指角色承担者通过与他人的互动，认识彼此所处的社会位置和自己所要扮演的社会角色。角色认知包括对角色素质、角色集、角色冲突和角色规范等相关角色问题的认识，其体现了角色承担者的个人观念，其在很大程度上决定了角色扮演是否成功。

2. 角色期望

角色期望指个体所扮演的角色行为符合社会、组织或他人的要求与期待。组织中的每个人都占有一定的“地位”，同时扮演着多种角色，集多种角色期望于一体，这种期望可能来自他人的需要，也可能来自角色自身的需要，如果个体想要扮演好一个角色，其首先应该对角色有清晰的认识，其次，角色承担者的行为应该符合角色期望，而若其行为不符合预期期望，则会导致社会或他人产生惊讶、讨厌或愤怒等情绪。

3. 角色扮演

角色扮演是指个人依据自己所处的位置，并按角色规范的要求所表现出的角色行为。奚从清在综合前人研究的基础上，将角色扮演分为 5 个历程：①角色定位，即根据自身的条件和社会的需要选择适合扮演的角色，当自己在社会中的地位发生变化时，应该重新调整自己的角色定位；②角色领悟，即鉴于个体价值观念等因素的差异，其对相同角色的感悟可能也大相径庭，而角色领悟越深刻，角色扮演的效果就越好；③角色学习，即了解和掌握所扮演角色的义务、权利、态度和行为等要求；④角色实践，即依据社会对这一角色的期望和自身对角色的理解来演绎角色；⑤角色评价，即自身或他人评价所扮演角色的实现程度。

4. 角色行为

角色行为指角色承担者所表现出来的实际行为，其会依据角色期望和规范进行不断的修正，主要研究的内容有：①角色冲突，由于个体扮演的角色可能不止一种，而这些不同角色之间有时会产生冲突，这就需要个体决定扮演哪一种角色，进而表现出相应的角色行为；②角色错位，其是一种扭曲的角色行为，个体没有按照角色规范要求的行为。

综上所述，个体在与社会的互动过程中扮演一种或多种的角色，个体扮演的角色需要经历角色认知、角色期望和角色实践等阶段，而个体最终表现出的角色行为又会更新他人对自身的角色期望，因此，角色理论的各部分内容之间并不是相互独立，而是相互联系和制约的关系。

11.2 角色理论的应用

角色理论是社会心理学的重要理论之一，在营销、心理咨询、教育和家庭等领域得到了广泛的应用和发展，其在解释一般生活现象，特别是阐释社会行为、分析社会关系等方面起着重要的作用。

11.2.1 角色理论在营销领域的应用

角色理论主要应用于营销领域，现有文献中大部分学者研究的是关于个体所扮演的角色及其行为的一系列问题，也有部分学者尝试将角色引入交易关系中进行研究。

1. 经济或管理活动中个体的角色

个体所扮演的角色，主要与个体在社会中的地位相关，由于每个个体所处的社会地位可能不同，由此产生的社会角色也会是多种多样的，尤其是当前的社会生活越来越多样化，使得相同位置上的个体也要一同承担多种角色，营销领域中现有关于个体所承担角色的研究主要包括两方面。

（1）不同的地位赋予了个体相应的角色行为。毛静和徐原久（2006）主要研究了营销工作人员在市场流通环节中所扮演的角色，且其承担的角色不止一种，由于营销者的角色与其本身的职位相关，于是将营销者角色分为顾问、服务员、代言人、谈判者等 9 种，扮演不同角色的个体应该遵守相应的行为规范，如消费者在浏览、选择和消费的过程中，充当顾问角色的营销者应该当好参谋、提供合理化建议，以便消费者选择合适的产品。徐立国等（2013）通过案例研究分析了不同的企业发展阶段中本土领导者承担的角色（设计者、形象代言人及市场政治家）及其行为，每个阶段各个角色的表现程度不同：当领导者扮演设计师角色时，领导行为主要是对公司现在及将来的一些设计；当其扮演市场政治家角色时，领导行为包括把握市场、借机造势、充当政治代表把控内外部关系；当其扮演形象代言人角色时，领导行为包括发扬企业文化。

（2）不同个体所体现的角色行为对所在组织的影响。樊耘等（2012）探讨了管理人员的角色行为对企业绩效的作用，由于不一样的角色行为针对的对象和所关注的内容存在差异，因此，管理人员各个角色行为对企业绩效作用效果也有一定差异；武文珍（2014）研究了共创价值视角下顾客角色转化对企业战略营销的影响，其指出在价值创造方式改变的情况下，顾客所扮演的角色也会经历由资源的提供者、兼职员工到价值共同创造者等不同阶段的转变，而不一样的角色具有差异化的特征，进而对企业的营销策略产生影响；王红（2016）研究了"全域旅游"目的地内部营销中政府所扮演的角色，其角色定位对营销效果有着极大的影响。

2. 交易关系中组织的角色

尽管社会学、心理学等领域学者的初衷是运用角色理论解决个体在不同情境下的行为特征，但是一些营销领域的学者发现此理论亦可用来解释交易关系中组织行为，如 Heide 和 Wathne（2006）最早将个体角色引入渠道关系中研究批发商和零售商之间的关系，他们进一步阐述了"组织角色"的含义，即其相当于每一个不同个体的"集体心理"，传递出了"组织身份"；此外，他们还提出了企业可能扮演的两种组织角色原型——遵从适合逻辑（logic of appropriateness）的朋友角色和遵从结果逻辑（logic of consequences）的商人角色，前者倾向于为了双方之间的合作而做出一定的牺牲，后者是以利益最大化为目标，并指出组织间关系可以在上述两种角色之间转换。研究组织角色的其他代表性文献如：翟森竞等（2014）研究了不同角色定位对渠道成员不公平容忍区域范围的影响，其将角色定位区分为朋友导向和商人导向两种类型，而一方对自身的角色定位影响其决策，对对方的角色定位影响其角色期望，同时指出，遵从适合原则的朋友角色倾向于为了合作而进行一定的牺牲，其会更加强调关系价值，遵从结果原则的商人角色以自身收益的最大化为目标，其会更关注经济价值；寿志钢等（2011）运用角色理论研究了供应商的行为控制对分销商信任的影响，并指出商业活动中所嵌入的社会关系往往会塑造不同的角色感知，最常见的是朋友角色和商人角色，而这种角色感知会影响交易一方看问题的视角，进而在一定程度上影响他对另一方行为的理解。

11.2.2　角色理论在其他领域的应用

除了在营销领域的应用外，角色理论在心理咨询、教育和家庭等领域也得到了较好的发展，并且认为个体所扮演的角色对相关社会问题存在影响。例如：黄会欣等（2010）对一批在校大学生的性别角色类型进行了分析，研究发现，当性别不同时，他们的角色观也不相同，且差异显著；康晓伟（2012）研究了教师教育者的角色类型和身份认同问题，并依据教师教育者在教育领域的作用划分为知识的生产者、文化的推动者和专业发展的引领者；李晨（2013）通过对 156 名教师的问卷调查发现，大学教师拥有角色的数量与工作-家庭冲突呈正相关关系；刘向前和张联社（2015）运用角色理论分析了失地农民市民化的问题，其指出城郊农民在市民化的过程，其实就是失地农民重新定位自身市民角色，内化市民角色规范的过程，而失地农民面临着身份认同和角色转换动力不足的困境，导致其还没有扮演好市民角色。

通过上述文献综述发现，角色理论在营销领域的发展较为成熟，而在 PPP 项目中则鲜有涉及，本研究探讨的 PPP 项目中私人部门对其与政府部门之间关系的感知，适宜借鉴交易关系中组织角色的相关研究成果，由于商业关系往往与朋友关系相互交织，因此，交易双方之间的角色关系通常分为"商人"关系和"朋友"关系两种类型。事实上，随着交易主体的多元化，交易一方对彼此之间角色关系的感知也会由于社会的客观期望和个体的主观认知而多种多样。

11.3 PPP 项目中私人部门性质的分析

PPP（public private partnership）模式，通常直译成"公私合作伙伴关系"，但 2014 年我国政府开始推广 PPP 模式以后，国家相关政策性文件中正式称其为"政府和社会资本合作"。我国特色的 PPP 模式与国际上采用的 PPP 模式虽然都简称为 PPP 模式，但二者对 PPP 概念的理解仍存在差异，主要区别在于对 PPP 模式中私人部门的界定不同，而如何界定私人部门关系到 PPP 模式能否在我国健康发展，为此，本研究对国内外 PPP 项目中私人部门（即我国"政府和社会资本合作"中所称的"社会资本"）的企业性质进行了具体分析。

11.3.1 国外 PPP 模式中私人部门性质的分析

PPP 模式在英国发展最早也最具有代表意义，因此本研究主要以英国为例介绍 PPP 在国外发展的情况。最初，由于英国国有企业垄断了全部的煤炭、铁路、电力等领域，甚至在汽车等完全竞争的行业中同样拥有较大的比重，造成英国经济增长缓慢；加之，英国的国有企业在经济责任的归属不明确和利润目标方面的等制度不明朗，政府又施加了较多干预，最终造成其在提供公共服务方面持续低效。为了改善上述情况，英国逐步开始了公私合作改革：①在 1970～1990 年，撒切尔夫人开始大规模推行民营化改革，主要形式是出售国有资产、放松管制、在国有产权不改变的情况下鼓励民间部门通过特许投标等方式参与到基础设施和公用事业中，通过以上方式将原来由政府垄断供给的电力、煤气和自来水等服务以不同形式转让给私人部门经营，以提高公共服务的供给效率；②在 20 世纪 90 年代初，与民生息息相关的教育、医疗和交通等领域依旧需要政府提供服务，而政府又采取了财政紧缩政策，使得政府的财政支出压力巨大，为了缓解这种状况，英国政府推出了 PFI 模式，即在特许期内通过政府付费的方式，支持私人部门投资公共产品，这是英国普遍采用的 PPP 模式；③2012 年，英国政府在 PFI 模式的基础上推出了 PF2 模式[①]，二者最主要的区别在于 PF2 模式中政府部门将作为少数股权投资者参与设立 SPV，加强了 PPP 项目中公私双方的合作。

可见，英国在公私改革的过程中政府同私人部门之间的合作程度在逐渐加深，而政府最初将私人部门引入基础设施和公用事业中的目的不仅是为了缓解财政支出压力，还是为了通过引入市场竞争，打破国有企业的垄断，从而提高公共产品或服务的供给效率。因此，英国推行的 PPP 模式中私人部门主要是指非国有性质的纯私营企业，而非与政府部门有行政关系的国有企业。此外，澳大利亚、加拿大、荷兰、韩国、印度等其他很多国家也广泛推行 PPP 模式，其中，部分国家（如加拿大）与英国的国家体制类似，它们推行的 PPP 模式中的私人部门主要以私营企业为主；也有部分国家（如印度）由于其国家体制与英国略微不同，推行的 PPP 模式中存在少数国有企业作为私人部门的情况，而我国的国家体制与后者更为类似。

11.3.2　我国 2014 年以前 PPP 项目中私人部门性质的分析

我国基础设施领域采用 PPP 模式始于 20 世纪 80 年代，其主要是以 BOT 模式开展，广西来宾 B 电厂是我国批准的首个以 BOT 方式开展的项目。随着我国

① 2012 年 12 月 5 日，英国财政部为了应对原有 PFI 制度设计的不足，在综合社会各界改革意见的基础上，发布了政策文件 A New Approach to Public Private Partnerships（英文简称：PF2 Policy）和 Standardisation of PF2 Contracts（Draft）（英文简称：PF2 Guidance）。

经济的快速发展，PPP 模式在电力、水利和公路等行业得到了广泛应用。但是，截至 2014 年以前，我国中央政府尚未明确提出 PPP 概念，此阶段我国的 PPP 模式还处于地方政府探索和实践的阶段，由于缺乏系统的制度安排和地方政府对 PPP 模式的认识有限，地方政府在仿照国外 PPP 模式操作时依据我国国情而做出了灵活选择，最终导致我国在推行 PPP 模式过程中私人部门①的企业类型呈现多样化（表 11-1）。

表 11-1　私人部门企业类型分析

序号	项目名称	运作模式	签约时间（特许经营期限）	中标私人部门及其投资比例	企业类型
1	广西来宾 B 电厂项目	BOT	1997 年（经营期 18 年）	法国电力国际（60%）＋通用电气阿尔斯通公司（40%）联合体	外资企业
2	成都第六水厂项目	BOT	1999 年（经营期 18 年）	法国威望迪水务公司（60%）＋日本丸红株式会社（40%）联合体	外资企业
3	合肥市王小郢污水处理厂资产权益转让项目	TOT	2004 年（运营期 23 年）	德国柏林水务集团（80%）-东华工程（20%）联合体	外资企业
4	重庆涪陵至丰都高速公路项目	BOT＋EPC	2008 年（运营期 30 年）	中交路桥集团国际建设股份有限公司	中央企业
5	甘肃省酒泉市城区热电联产集中供热项目	BOT	2012 年（—）	国电电力发展股份有限公司	中央企业
6	青岛海湾大桥融资招标项目	BOT	2006 年（经营期 25 年）	山东省高速公路集团有限公司	外地国有企业
7	湖南省张家界市杨家溪污水处理厂项目	BOT	2008 年（运营期 25 年）	湖南首创投资有限责任公司	外地国有企业
8	大连城市中心区生活垃圾焚烧处理项目	BOT	2009 年（经营期 27 年）	天津泰达环保有限公司	外地国有企业
9	泉州刺桐大桥项目	BOT	1994 年（经营期 30 年）	名流实业股份有限公司	民营企业
10	河北固安工业园区新型城镇化项目	PPP	2002 年（—）	华夏幸福基业股份有限公司	民营企业

① 此阶段我国政府尚未正式提出 PPP 概念，实践中通常沿用国外的叫法将 PPP 称为“公私合作”，相应地，第二个“P”称为“私人部门”（由于我国实践中存在大量国有企业作为第二个“P”参与的 PPP 项目，所以大家将第二个“P”称为“私人部门”是存在争议的）。

续表

序号	项目名称	运作模式	签约时间（特许经营期限）	中标私人部门及其投资比例	企业类型
11	江苏省常州市餐厨垃圾处理项目	BOT	2013 年（经营期 25 年）	江苏维尔利环保科技股份有限公司	民营企业
12	广深港高速铁路香港段项目	BOT	2010 年（—）	香港铁路有限公司	当地国有企业
13	泰达行冷链物流中心项目	PFI	2012 年（—）	天津滨海泰达物流集团有限公司（60%）＋丰田通商（中国）有限公司（25%）＋上组（香港）有限公司（15%）	

注：①“—”代表合同中未约定运营时间；②企业类型以投资者中出资比例最大者确定

通过分析上述 PPP 项目中私人部门的企业类型发现，在我国推广 PPP 模式之初，鉴于外资企业经验丰富、财力雄厚，此时期社会资本的企业类型以外资企业为主；随着我国大量民间资本逐渐聚积和国有资本发展壮大，我国 PPP 模式中私人部门的企业类型呈现出多样化的趋势，主要包括外资企业、中央企业、国有企业（外地国有企业、当地国有企业）和民营企业等类型。

11.3.3　我国 2014 年开始推广 PPP 模式之后社会资本性质的分析

自 2014 年以来，国务院、国家发改委和财政部等部门大力推广 PPP 模式，并密集发布了一系列的政策文件、部门规章来促进和规范 PPP 的实践操作，其中，财金 76 号文中首先将我国推行的 PPP 模式正式命名为“政府和社会资本合作”。虽然各部委有关的 PPP 政策文件在大致方向上保持一致，但是由于各部委对 PPP 的理解和认识存在差异，它们在针对某一具体问题的规定上仍然存在不一致的情况，如“谁可以作为社会资本”，而由此导致某一时期内我国 PPP 实践中的社会资本与政策文件中的规定不完全吻合，因此，本研究从以下两方面对我国 PPP 模式中的社会资本进行了分析。

1. 我国相关政策文件中对社会资本的界定

2014 年以后，政府部门发布的 PPP 相关政策性文件涉及面广、密集度大，其中有部分文件专门对 PPP 项目中的社会资本的范围进行了界定（表 11-2）。

表 11-2 相关政策文件对社会资本的界定

序号	文件名称	发文字号	条款号	对社会资本相关概念的界定
1	《关于印发政府和社会资本合作模式操作指南（试行）的通知》	财金〔2014〕113 号	第二条	社会资本是指已建立现代企业制度的境内外企业法人，但不包括本级政府所属融资平台公司及其他控股国有企业
2	《国家发展改革委关于开展政府和社会资本合作的指导意见》附件 2《政府和社会资本合作项目通用合同指南（2014 年版）》	发改投资〔2014〕2724 号	第 7 条	签订项目合同的社会资本主体，应是符合条件的国有企业、民营企业、外商投资企业、混合所有制企业、或其他投资、经营主体
3	《关于规范政府和社会资本合作合同管理工作的通知》附件《PPP 项目合同指南（试行）》	财金〔2014〕156 号	第一章第一节第二条	本指南所称的社会资本是指依法设立且有效存续的具有法人资格的企业，包括民营企业、国有企业、外国企业和外商投资企业。但本级人民政府下属的政府融资平台公司及其控股的其他国有企业（上市公司除外）不得作为社会资本方参与本级政府辖区内的 PPP 项目
4	《国务院办公厅转发财政部发展改革委人民银行关于在公共服务领域推广政府和社会资本合作模式指导意见的通知》	（国办发〔2015〕42 号）	第十三条	大力推动融资平台公司与政府脱钩，进行市场化改制，健全完善公司治理结构，对已经建立现代企业制度、实现市场化运营的，在其承担的地方政府债务已纳入政府财政预算、得到妥善处置并明确公告今后不再承担地方政府举债融资职能的前提下，可作为社会资本参与当地政府和社会资本合作项目，通过与政府签订合同方式，明确责权利关系
5	《基础设施和公用事业特许经营管理办法》	25 号令	第三条	本办法所称基础设施和公用事业特许经营，是指政府采用竞争方式依法授权中华人民共和国境内外的法人或其他组织，通过协议明确权利义务和风险分担，约定其在一定期限和范围内建设运营基础设施和公用事业并获得收益，提供公共产品或者公共服务
6	《关于在公共服务领域深入推进政府和社会资本合作工作的通知》	财金〔2016〕90 号	第三条	积极引导各类社会资本参与。各级财政部门要联合有关部门营造公平竞争环境，鼓励国有控股企业、民营企业、混合所有制企业、外商投资企业等各类型企业，按同等标准、同等待遇参与 PPP 项目

从表 11-2 可以看出，各部委相关文件一致认为外资企业和民营企业都可以作为社会资本参与 PPP 项目，而对于国有企业是否能作为社会资本的规定还存在一定差异。其中，我国大力推广 PPP 项目的纲领性文件——财金 113 号文，将社会资本界定为与本 PPP 项目的政府部门没有行政隶属关系的经济实体，即将当地国有企业排除在范围之外，而随后国办发 42 号文指出，满足条件的本级政府下属的融资平台公司也可以作为社会资本参与 PPP 项目。

2. 我国 PPP 实践中对社会资本的分析

我国政府于 2014 年开始在全国范围内大力推广 PPP 模式，为了更好地对全国 PPP 项目进行全生命周期监管，建立统一、规范、透明的 PPP 大市场，财政部于 2015 年 3 月组织搭建了全国 PPP 综合信息平台，对 2013 年以来全国所有 PPP 项目实现线上监管、动态数据分析、案例分享等。《全国 PPP 综合信息平台项目管理库 2018 年报》显示，截至 2018 年 12 月末，管理库项目累计 8654 个、投资额 13.2 万亿元，累计落地项目数 4691 个、投资额 7.2 万亿元、落地率①54.2%。4691 个落地项目中社会资本所有制信息完善的项目共 4550 个，涉及社会资本共 7781 家，包括：国有企业（包括地方国有企业、中央企业、中央企业下属公司、其他国有企业）4035 家，占比 51.86%；民营企业 2713 家，占比 34.87%；外资企业（包括外商投资企业和中国港澳台地区投资企业）②170 家，占比 2.18%；另有类型不易辨别的其他 863 家（图 11-1）。

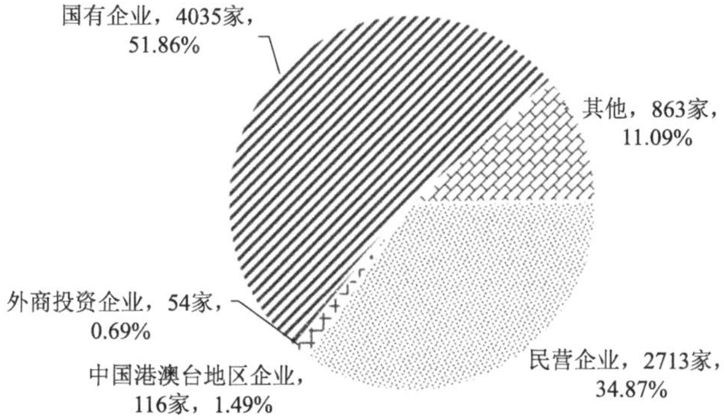

图 11-1　截至 2018 年 12 月末财政部 PPP 项目库签约社会资本的分类及占比

为了在我国规范地推广和运用 PPP 模式，发挥示范项目引领作用，调动社会资本参与积极性，截至 2018 年 12 月末，财政部相继推出了四批 PPP 示范项目，共 989 个，投资额 2.2 万亿元，覆盖 31 个省（自治区、直辖市）及新疆兵团和 19 个行业，其中，落地示范项目共 895 个，投资额 2.0 万亿元，数量与投资额的落地率均超九成，覆盖 19 个行业。895 个落地示范项目中包括 456 个独家社会资本项目

---

① 项目落地率，指执行和移交两个阶段项目数之和与管理库项目数的比值。

② 据《华夏时报》2019 年 3 月 15 日消息，十三届全国人大二次会议表决通过了《中华人民共和国外商投资法》，这部法律自 2020 年 1 月 1 日起施行，国务院总理李克强在记者会上回答媒体提问时，肯定了来自港澳台企业的投资在改革开放 40 年间为内地（大陆）经济腾飞作出的贡献，并明确宣布："港澳台投资是可以参照、或者比照适用刚刚通过的外商投资法，而且我们长期以来行之有效的一些制度安排和实际做法还要继续沿用，不仅不会影响，而且会有利于吸引港澳台的投资。"有鉴于此，本书将港澳台投资企业归入外资企业中。

和439个联合体项目，签约社会资本共1589家，包括：国有企业855家，占比53.81%；民营企业 633 家，占比 39.84%；外资企业（包括外商投资企业和中国港澳台地区投资企业）60 家，占比 3.78%；另有类型不易辨别的其他 41 家（图 11-2）。

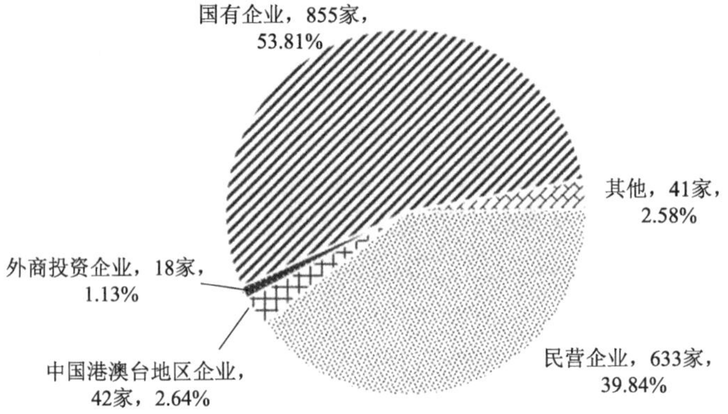

图 11-2　财政部四批 PPP 示范项目签约社会资本的分类及占比

由图 11-1 和图 11-2 可知，国有企业在我国 PPP 项目社会资本中所占比重过半，事实上，自 2014 年我国政府在全国范围内大力推广 PPP 模式以来就一直存在这一问题，国家有关部门也采取了一定的措施对国有企业进行限制，对民营企业进行鼓励。早一些的措施如《关于联合公布第三批政府和社会资本合作示范项目加快推动示范项目建设的通知》（财金〔2016〕91 号）推出 516 个第三批 PPP 示范项目，明确鼓励同等条件下优先选择民营资本。近一些的措施如：为了提高中央企业境内 PPP 业务经营管理水平，有效防范经营风险，实现规范有序可持续发展，发布了《关于加强中央企业 PPP 业务风险管控的通知》（国资发财管〔2017〕192 号）（以下简称“国资发财管 192 号文”），对中央企业 PPP 飞行姿势做一下微调；《国家发展改革委关于鼓励民间资本参与政府和社会资本合作（PPP）项目的指导意见》（发改投资〔2017〕2059 号）（以下简称“发改投资 2059 号文”）阐释了鼓励民间资本参与 PPP 的十大措施，业内有关人士认为，国资发财管 192 号文和发改投资 2059 号文对中央企业和民营企业一抑一扬，预示着双方在未来的 PPP 市场占有率可能会有所改变。

综上所述，2014 年以来落地的 PPP 项目社会资本以国有企业（包括地方国有企业和中央企业）、民营企业为主，明树数据发布的《2018 年中国 PPP 市场年报》以 2018 年全口径 PPP 项目数据为统计基础，评选的 2018 年十大社会资本投资人也说明了这一点（表 11-3）。又考虑到 2014 年之前签约的 PPP 项目有相当一部分是由外资企业充当私人部门，故认为目前我国 PPP 项目实践中社会资本主要包括国有企业（当地国有企业和外地国有企业）、中央企业、民营企业和外资企业四种类型。然而，由于国外发展 PPP 模式较为成熟的国家最初进行“公私合作”改革的目的是引入真正的“私营部门”参与竞争以改善国有企业运行效率持续低下的问题，因此，在我国推广 PPP 模式时国有企业能否作为社会资本（理论上的私人部门）参与 PPP 项目是存在争议的。事实上，在公共管理领域，已有研究学者指出，一些公共服务领域中存在逆民营化趋势，即政府将转移给私人部门的公共服务项目收归政府后重新供给的过程，而民营化[①]与逆民营化并不是非此即彼的选择，而是以何种模式为主的程度上的选择；同时，也有学者指出，民营化在“效率”方面更有优势，逆民营化在“公平”方面更具优势，而政府不应该偏废一方，其应寻求“效率”与“公平”的平衡点。有鉴于此，本研究认为在充分竞争的情况下将国有企业也纳入社会资本的范围是依据我国现实国情而因地制宜的做法，其在追求效率的同时也体现了社会公平性，从而也有利于推动 PPP 模式在我国的健康持续发展，故将国有企业（当地国有企业和外地国有企业）、中央企业、民营企业和外资企业等都作为研究对象。

表 11-3　明树数据评选的 2018 年十大社会资本投资人

排名	企业名称	企业性质	总中标规模/亿元	总中标数量/个	2017 年企业排名
1	华夏幸福基业股份有限公司	民营企业	1538.86	17	1
2	中国中铁股份有限公司	中央企业	906.39	6	4
3	云南省交通投资建设集团有限公司	地方国有企业	636.40	3	3
4	贵州交通建设集团有限公司	地方国有企业	596.00	1	76
5	中国建筑股份有限公司	中央企业	408.57	12	2
6	百盛联合集团有限公司	民营企业	390.10	1	—
7	北京东方园林环境股份有限公司	民营企业	376.79	37	13
8	江苏中南建筑产业集团有限责任公司	民营企业	332.66	21	69
9	中铁九局集团有限公司	中央企业下属公司	329.54	2	—
10	中电建路桥集团有限公司	中央企业下属公司	311.65	9	31

① 即政府部门将公共服务转移给私营部门经营，由私营部门承担该服务项目的融资、生产和运营等。

11.4 我国PPP项目中私人部门角色感知的构念建立与赋值

11.4.1 私人部门角色感知的构念建立

依据前文对角色理论的概述可知，理解角色的内涵离不开社会的客观期望和个人的主观扮演两方面，因此，PPP 项目中私人部门的角色感知指的是基于交易一方对双方关系客观定位上形成的其对双方关系的主观感受。通过上述对国内外 PPP 项目中私人部门的分析可知，我国 PPP 项目中私人部门的企业类型是多样化的，主要包括中央企业、国有企业（当地国有企业、外地国有企业）、民营企业和外资企业四种类型，而每种类型的企业由于产生的历史背景不同等原因导致其与政府部门之间天然形成的关系是存在较大差异的；此外，即便是相同类型的私人部门，因其社会声誉、以往合作经历等差异，它们对其与政府部门之间关系的主观认知也可能是不同的（杜亚灵和闫鹏，2014）。由此可知，私人部门对双方之间的关系由两方面决定：①由私人部门的企业类型本身所决定的交易双方固有的关系，即客观定位；②由项目外在因素影响所形成的对交易双方关系的情感认知，即主观定位。客观定位和主观定位共同构成了私人部门对其与政府部门之间关系的角色感知，角色感知是一种心理状态，影响着当事人对另一方行为的理解。

11.4.2 私人部门角色感知的赋值

由于实践中的 PPP 项目多是地方政府主导的，因此，本研究以地方政府主导的 PPP 项目为研究对象，探讨当地政府部门与私人部门合作时，私人部门对双方关系的角色感知。下文将分析我国参与 PPP 项目的各类型企业的特点，并在此基础上对其角色感知进行赋值。

1. 当地国有企业

当地国有企业实际为当地政府投资或参与控股的企业，其主要代表政府履行城市基础设施项目（如天然气、自来水、地铁等行业的项目）的融资、建设和管理责任，由于地方政府往往以发展 GDP 为导向，部分地方国有企业自然变成了其扩张的工具，而过度的扩张则导致了地方国有企业债台高筑。当地政府主导着当地国有企业的一切经营活动，其主要以下达行政命令的方式控制其生产活动，二者之间存在直接的行政隶属关系。鉴于当地国有企业盈利时需将部分利润上缴当地政府，而其出现亏损或者面临破产时，国家或政府也会通过减少税收或者提高财政补贴额度等方式来避免其倒闭，从而使得它们之间逐步形成了利益相关、“生死与共”的共同体，因此，当地国有企业与当地政府之间如同“父子”关系。

2. 中央企业、外地国有企业

中央企业是由中央政府投资或参与控股的企业（包括其下属公司），其归国务院直属管理，在规模、资金、技术、管理、人才、政策、经验等多方面具有领先优势甚至是独特优势，是地方政府争先合作的对象；外地国有企业是由外地政府投资或参与控股的企业，其与当地政府之间具有不同的利益诉求。虽然它们与当地政府之间没有行政隶属关系或者管辖关系，且是不同的利益主体，但二者都是具有公有制性质的经济主体，其与 PPP 项目中的公共部门同姓“公”，因此，中央企业、外地国有企业与当地政府之间如同“兄弟”关系。

3. 民营企业

民营企业是指我国民间资本投资的企业。改革开放之后，民营企业才逐渐出现，其形成途径主要包括：一是在个体户的基础上逐渐积累发展起来；二是朋友、同事合资开办的合伙企业；三是国有或集体企业通过买断转型的企业。相较于国有企业，民营企业虽然起步晚、发展慢，但是经过我国多年发展，民营经济也逐渐摆脱了基础较为薄弱且先天不足的缺陷，目前，已经在国民经济中占据较大比重。民营企业作为独立的市场主体，其优势主要表现为市场化程度高、经营灵活、投资决策快，通过提高自身的自主创新能力和管理水平，可以实现企业自主经营，并强大自己，由于其与当地政府之间的价值观念更为相似，沟通交流也更为容易，因此，民营企业与当地政府之间更容易产生亲切感，并发展成良好的合作关系。

4. 外资企业

外资企业通常是指外国投资者在中国境内投资设立的企业。此外，由于中国港澳台地区的社会制度有别于内地（大陆）地区，通常更偏向于将港澳台投资视为外资，其在我国改革开放 40 年间为内地（大陆）经济腾飞做出了不小贡献，直至今日仍在外资中占有很大比例。2019 年 3 月 15 日，十三届全国人大二次会议闭幕后，国务院总理李克强在回答记者提问时指出，港澳台投资可以参照、适用外商投资法，并继续沿用长期以来行之有效的一些制度安排和实际做法，这有利于吸引港澳台投资①。有鉴于此，本研究的外资企业既包括外商投资企业，也包括港澳台投资企业。在改革开放之后，为了大力推动我国经济的快速发展，政府部门颁布了一些专门针对外资企业的优惠政策，大量的外资企业开始进入中国市场。随着我国国有企业的发展与壮大，并在我国经济发展中占据了主导地位，外资企业的数量逐渐减少。虽然外资企业通常在管理技术、企业规模等方面具有优势，但是当其作为外来企业与我国政府部门合作时，由于双方之间文化差异大、沟通交流不便，且其对我国制度环境陌生，很可能由此削弱其与当地政府之间关系的亲密程度，而若双方之前有过深入了解或者良好的合作基础，则二者之间的关系也可能会由于上述外在因素随之变化。

显然，不同类型的企业充当私人部门，也会造成双方之间的社会角色发生变化。加之，当地国有企业、中央企业及外地国有企业与当地政府部门之间天然存在根深蒂固的“血缘”关系，很难因主观因素影响发生较大变化。而民营企业、外资企业与当地政府之间是为了不同的利益诉求进行合作的纯交易关系，很容易在双方互动过程中产生主观认知，其存在两种可能情况：①有过良好合作经历的交易双方更容易形成“朋友”关系，即双方通过以往的合作不断磨合直至认可了彼此，并建立起了较为深厚的感情，其在 PPP 项目中的决策很大程度上是基于这种深厚的感情基础或彼此之间的认同做出的；②无合作经历的交易双方更容易形成“商人”关系，即双方在本次合作过程中保持不断试探、彼此磨合的关系，其在 PPP 项目中的决策纯粹是基于利益的考虑做出的。综上可知，私人部门角色感知的类型可归为以下四种：“父子”关系、“兄弟”关系、“朋友”关系、“商人”关系（表 11-4）。

表 11-4 我国 PPP 项目中私人部门角色感知的赋值

序号	社会资本类别	客观定位	主观定位	赋值
1	当地国有企业	当地政府投资或参与控股的企业	它们之间逐步形成了“生死与共”、利益相关的共同体，私人部门与当地政府部门之间天然存在、根深蒂固的“血缘”关系	“父子”关系

① 3 月 15 日：十三届全国人大二次会议闭幕 李克强总理会见中外记者. https://www.chinanews.com/gn/2019/03-14/8780351.shtml[2020-10-20].

续表

<table>
<tr><th>序号</th><th>社会资本类别</th><th>客观定位</th><th>主观定位</th><th>赋值</th></tr>
<tr><td>2</td><td>外地国有企业</td><td>由外地政府投资或参与控股的企业</td><td rowspan="2">虽然这类企业与当地政府之间没有行政隶属关系或者管辖关系，且是不同的利益主体，但二者都是具有公有制性质的经济主体，其与 PPP 项目中的公共部门同姓“公”</td><td rowspan="2">“兄弟”关系</td></tr>
<tr><td>3</td><td>中央企业</td><td>中央政府投资或参与控股的企业（包括其下属公司）</td></tr>
<tr><td>4</td><td>有良好合作经历的民营企业、外资企业</td><td rowspan="2">民营企业：我国民间资本投资的企业；外资企业：外商投资企业以及港澳台投资企业在中国内地（大陆）地区设立的企业</td><td>双方通过以往的合作不断磨合直至认可了彼此，并建立起了较为深厚的感情，其在 PPP 项目中的决策很大程度上是基于这种深厚的感情基础或彼此之间的认同做出的</td><td>“朋友”关系</td></tr>
<tr><td>5</td><td>无合作经历的民营企业、外资企业</td><td>双方在本次合作过程中保持不断试探、彼此磨合的关系，其在 PPP 项目中的决策纯粹是基于利益的考虑做出的</td><td>“商人”关系</td></tr>
</table>

第 12 章　信任对项目的积极作用

信任能够有效缓解承发包双方的分明壁垒和思维对抗，弥补正式契约限制机会主义的不足，从而改善工程项目管理绩效。相关研究证实了信任是项目成功的关键因素之一，甚至有一些研究专门论证了信任对合作乃至工程项目管理绩效的积极作用；然而，信任的存在意味着业主对交易风险的接受，其本质上是建立在“成本-收益”基础上的一种“风险行动”（Lau and Rowlinson，2011），虽然成功的项目一定是以交易双方之间的信任为基础的，但信任并不一定带来项目成功。就如 David 等（2007）分析的那样，信任只是为不被欺骗提供了信心保障，它对合作乃至工程项目管理绩效的影响一定存在某些中介机制。发现这些中介机制，并打开信任影响工程项目管理绩效的“黑箱”将是降低交易风险、促使项目成功的关键。本章将重点考察柔性合同（杜亚灵等，2015b）、公平感知（杜亚灵等，2014c）在信任影响合作或工程项目管理绩效中的中介传导效应，二者分属合同治理、关系治理的范畴，意味着信任对项目积极作用的传导媒介具有多样性。

12.1　文献分析

现有研究通常将工程项目全过程中的信任视为一种静态的现象，采用一次性问卷调查的方式获得数据来检验信任对项目的积极作用，忽略了交易过程中信任的动态演化特征。为了保证研究结论的精确性，本研究仅关注交易对象选择时形成的静态的初始信任对合作或工程项目管理绩效的影响。鉴于静态的初始信任的维度应是交易双方的固有特征能够激发的，而与它们的交互行为及其所处的制度环境、社会环境等无关，其适合 Hartman（2000）的工程项目中信任的维度划分，即基于能力的信任、基于诚实的信任、基于直觉的信任，以及 Das 和 Teng（2001）

的信任维度划分，即善意信任和能力信任。事实上，二者本质上没有差别，因为工程实践中的资格预审评审指标通常包括能力（如技术能力、管理能力、财务状况、力量投入）和诚信（如社会声誉、企业资信、业主评价意见、近年发生的诉讼及仲裁情况）两方面，而评审委员会成员对上述各指标的打分已融入主观的成分（如直觉、信任倾向），因此，本章对柔性合同、公平感知的中介传导效应的考察将分别采用这两种初始信任的维度划分。

12.1.1　柔性合同的中介传导效应

部分文献通过实证分析发现了信任与工程项目管理绩效之间的中介机制。例如：Jeffrey 等（2009）通过对加拿大建设项目的调研发现，业主和承包商对信任有不同的理解，信任通过工作关系满意度（satisfaction with working relationship）间接作用于项目产出（project outcomes）；Cheung 等（2013）的研究显示，沟通（communication）在“信任-项目绩效”关系中具有中介效应。上述研究更偏重于从组织行为学的视角进行研究，即强调信任对工程项目参与主体心理或行为的积极影响，及其对工程项目管理绩效的贡献。然而，正如 Williamson（1996）指出的那样，交易过程中主要存在的是算计性信任（calculative trust），即当事人有信息表明交易对象可能充分行事，同时他也有保护措施以保证可信的承诺，而交易过程中最常用的保护措施即合同。由此可见，以合同为中心的正式制度的建立旨在服务于交易双方之间以信任为核心的关系，维系达成绩效的合同纽带亦依赖于交易双方的信任，合同设计过程自然要考虑信任的状况，柔性合同对信任积极作用的发挥必然起着重要的媒介和传递作用。因此，本研究尝试基于项目治理的视角，分析柔性合同在信任影响工程项目管理绩效中的中介传导效应，即强调信任对工程项目交易秩序建立的积极影响。少数研究已探讨了合同在信任影响项目绩效中的作用，但鲜有对其进行专项研究的，例如：Zaghloul 和 Hartman（2003）的实证研究发现，加拿大建筑市场中的发包人因不信任承包人而在合同中设定大量免责条款，导致项目成本增加 8%～20%；王垚和尹贻林（2014）继而验证了“信任-初始风险分担-项目管理绩效”的理论模型；Yang 和 Shuai（2012）的实证研究发现，信任通过其与合同控制（contract control）的相互作用间接地对项目绩效产生显著积极影响；另有 Doloi（2009）认为，无论是在传统合同中还是在关系协议中，信任都是带来成功项目产出的关键驱动因素。有鉴于此，本研究将尝试构建“初始信任-柔性合同-工程项目管理绩效”的理论模型，并运用 SEM 对其进行实证检验；研究成果在实践中的应用可指导业主的资格预审、招标及合同签订工作，实现工程项目中信任与合同的最佳匹配，从而促使项目成功。

12.1.2 公平感知的中介传导效应

合作是一种有意识的或刻意的协作行为，包括刻意行为和联合行动两大要素。信任博弈、礼物交换博弈等大量实验证明了当事人行为偏好的多样性，进而将合作划分为互惠、有限合作、纯利他合作、消极合作等。承发包双方之间的合作是信任所引发的行为，而信任是促使它们合作与承担风险的潜在的心理条件，可以有效缓解双方的对抗关系和防御性思维。现有研究关于组织之间信任对合作的积极作用大致有如下两种解释：①信任可以增强交易双方的合作意愿。例如：Yue 等（2014）的研究发现，供应链成员之间的不信任（distrust）会对其合作意愿（willing to cooperate）产生消极的影响；Wei 等（2012）指出，组织间信任的建立会使他们倾向于回报对方和考虑对方的需求，信任可视为促使双方合作的潜在的合同。②信任有利于交易双方联合行动的实现，例如：Lu 和 Hao（2013）通过对中国承包商的问卷调查与实证分析发现，基于情感的信任对承包商合作行为的影响要大于基于认知的信任，研究结果显示其采用的承包商合作行为测量量表具有较高的信度（Cronbach's α=0.82），Doloi（2013）通过对澳大利亚建筑市场的问卷调查与实证分析发现，提高信任水平和敞开沟通之门将在很大程度上鼓励合作双方共同贡献于里程碑事件的实现乃至整个项目成功；Gerhard 和 Christian 通过分析大量案例证实了信任可提高履约阶段工程变更及争议事件的解决效率。

针对生产型企业的一些研究以关系专用性投资、承诺等为中介变量分析了信任对合作的影响，然而，工程领域的现有研究多是识别出信任是促成合作的关键因素之一（Doloi，2013）或者直接分析“信任-合作”的关系（Lu and Hao，2013），鲜有研究尝试打开信任影响合作的“黑箱”。事实上，工程项目的众多利益相关方在合同约束之下形成了一种半开放型的社会网络组织，除合同之外必然还存在表征态度或意向的关系要素在信任对合作的影响中发挥中介作用，本研究认为社会交换视角下的公平感知即为这种关系要素其中之一。有鉴于此，本研究将尝试构建“业主初始信任-承包商对合同的公平感知-合作”的理论模型并运用 SEM 对其进行实证检验。研究成果将为初始信任对合作的影响提供理论解释，其在实践中的应用可指导业主通过合同优化提高承包商的公平感知，进而降低信任的风险并最终促使项目成功。

12.2　初始信任对项目管理绩效的影响：柔性合同的中介作用

基于文献分析建立了以初始信任为前因、柔性合同为中介、工程项目管理绩效为结果的概念模型，并以 87 个 DBB 项目为样本采集到 204 份有效数据，运用 SEM 进行实证检验。研究结果表明：①柔性合同在初始信任与工程项目管理绩效之间起到完全中介作用；②合同刚性的适当程度对工程项目管理绩效具有更大的直接影响，而合同柔性的充分程度在初始信任与工程项目管理绩效之间具有更大的中介效应；③初始信任对柔性合同的形成具有显著的正向影响。本研究有利于引导工程项目的发包人依据其对承包人的初始信任更科学地设计柔性合同，从而促使项目成功。

12.2.1　理论模型的构建

通常将合同刚性、合同柔性配比最佳的契约称为柔性合同，现阶段我国工程项目中柔性合同的设计致力于合同刚性的适当与合同柔性的充分。

1. 初始信任对柔性合同的影响

个体之间和组织之间较高水平的信任将带来两种积极行为——合作与承担责任（Lau and Rowlinson，2011），因此，初始信任必将影响交易双方进行合同约定的结果。对于信任与合同刚性、合同柔性的关系，现有文献通常仅给出如下两类观点，却鲜有深入的理论分析或证实性研究：①交易双方之间较高的信任水平，促使合同设计中注入较多的柔性。例如：Huber 等（2013）的研究结果显示，在交易双方建立信任的情况下，它们更倾向于签订开放性的合同，即增加合同柔性；Nystén-Haarala 等（2010）的研究发现，合同中柔性条款的多少取决于交易双方是否建立了基于信任的伙伴关系。②交易双方之间越低的信任水平，阻碍合同设计中柔性条款的注入，进而导致合同刚性不适当（通常是越大）。例如：Gerhard 和

Christian（2010）访谈专家后发现，承发包双方之间的信任水平越低，它们越倾向于签订高程度完备性的合同，对合同刚性的需求就越大，从而增加缔约成本，降低缔约效率；Zaghloul 和 Hartman（2003）对加拿大建筑市场发包人、承包人和咨询单位的问卷调查发现，业主对承包人越是不信任，就会在合同中设定越多的免责条款，而在信任水平较高的交易关系中则较少设定。事实上，柔性合同是能够有效抑制机会主义的，江旭（2012）的实证研究显示，组织之间的善意信任与机会主义之间呈现U形关系，即信任可能存在"阴暗面"(dark sides)，这与本研究中柔性合同中包括刚性与柔性两个方面是契合的。基于上述分析可知，采用柔性机制是建立在双方互信的基础上的（熊焰，2010）。

2. 柔性合同对工程项目管理绩效的影响

现有文献对于合同柔性如何贡献于工程项目管理绩效这一问题，大致可归纳为如下三种解答。①最常见的一种解释为，合同柔性可提高交易双方对项目环境变化的适应能力，从而提高合同的执行效率，如 von Branconi 和 Loch（2004）经理论分析认为，合同柔性使得合同执行和管理过程更为柔性，即风险发生时承包人不必请示发包人，可自行采取合理的行动，因而实现了对不确定性的快速反应。②合同柔性可实现对承包商的适当、动态激励，使它充分发挥潜能来达成项目目标，如 Tadelis（2012）对比公共项目与私人项目合同中关于价款调整的条款后发现，私人项目合同具有更明显的柔性特征，从而提供了一个更有利于激励承包商的风险-收益分配框架，提升了承包商应对不确定性的积极性和效率。③合同柔性更有利于交易双方发起与执行再谈判，从而拓展项目的策略选择空间，最终提升项目价值，如 Tan 和 Yang（2012）的研究显示，对于无法准确估计成本和预测需求的公路 BOT 项目，柔性合同使交易双方可以依据实际情况开启再谈判来重新定价，调整运营维护成本，从而使社会福利最大化的同时保证特许经营者适当盈利，在这方面完全柔性合同要比局部柔性合同有优势，而局部柔性合同也要优于刚性合同。合同刚性和工程项目管理绩效之间的关系则多是为上述观点提供反证，旨在说明合同刚性不适当（通常为太过）不利于工程项目管理绩效改善，如 Schepker 等（2013）指出，刚性程度越大的合同越不利于应对交易过程中大量的不确定性，合同可执行性越差。

基于上述理论推演与分析得出初始信任、柔性合同与工程项目管理绩效之间关系的理论模型，如图 12-1 所示。

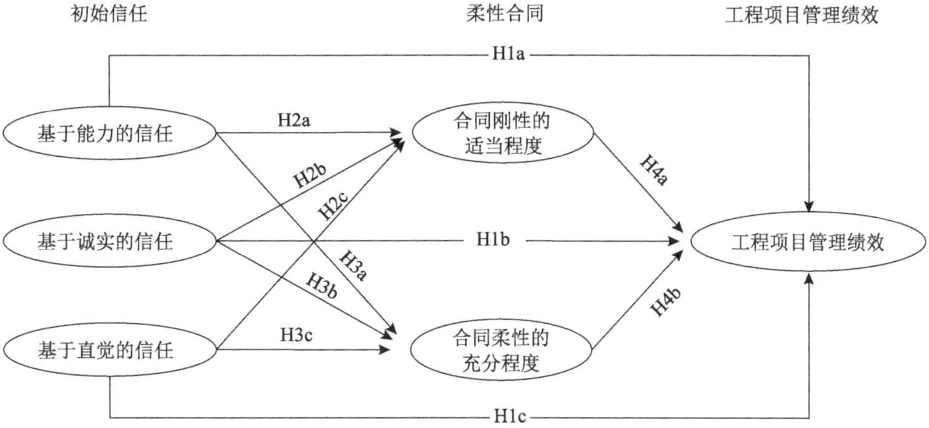

图 12-1　初始信任、柔性合同与工程项目管理绩效之间关系的理论模型

12.2.2　研究设计与研究方法

1. 样本选择和数据收集

本研究所选取的样本项目同时满足如下 2 个条件：①我国近 5 年内已完工的房屋建筑类项目；②采用 DBB 模式。课题组首先通过人脉关系获得天津、北京、上海、武汉、唐山、济南、郑州 7 个地区共计 18 个工程咨询公司（代表发包方的第三方）或房地产开发公司（发包方）配合调研的承诺。然后，在他们的帮助下锁定符合要求的样本项目 87 个，向样本项目的发包人（或其咨询公司）发放初始信任与工程项目管理绩效的测量问卷（每个样本项目向 3 个知情人发放问卷各 1 份），要求他们回忆项目资格预审时己方（或发包人）对承包人的信任状况，并填答初始信任部分问题，根据自己的专业知识与工程经验填答工程项目管理绩效部分问题；向样本项目的承包人发放柔性合同的测量问卷（每个样本项目向 3 个知情人发放问卷各 1 份），要求他们根据其对承发包合同的评价以及合同执行过程中己方的真实感受填答。本次问卷调查共发放问卷 261 套，收回问卷 224 套，其中有效问卷 204 套，问卷回收率 85.8%，有效率 91.1%。对问卷涉及的样本项目和受试者情况进行数据统计可知：44.6%的项目投资规模为 1000 万元至 1 亿元人民币，30.9%的项目投资规模为 1 亿～3 亿元人民币，样本项目投资规模相对集中，可排除其对研究结果的干扰，采用单价合同的项目占 52.0%，其他项目均采用总价合同；78.7%的受试者（共计 408 人）具有本科及以上学历，48.3%的受试者目前任职中高层管理；73.0%的受试者从事建设项目管理研究或实践工作的时间在 3

年以上，49.3%的受试者专门从事工程项目招投标与合同管理工作的时间在 3 年以上；40.9%的受试者参与了样本项目的招投标、合同管理至竣工验收全过程，保证了本次问卷调查所采集数据的可靠性。

2. 测量量表及其信度和效度检验

本研究收集数据采用的是结构化问卷，所有题项均采用利克特 5 级量表打分，“完全同意”为 5 分、“完全不同意”为 1 分。本研究尽量将成熟量表做适当调整后使用，其中初始信任的测量采用了 9.3 节中 PPP 项目初始信任形成机理实证研究中的量表，工程项目管理绩效测量采用了 7.3 节中风险分担对工程项目管理绩效影响实证研究的量表；而现有文献中尚未发现工程项目柔性合同的测量量表。在 4.2 节中合同刚性与合同柔性分析的基础上，本研究根据 DBB 项目的特点讨论得出柔性合同测量量表的初稿，其中：①不包含“针对业主的保障风险分担方案实现的约束机制”部分，因为业主对承包商的初始信任会影响到的主要是其对承包商的约束机制，而与承包商对业主的约束机制关联不大；②“风险分担基本原则的合理性”部分题项需要为受试者提供一个判答的基准，鉴于当前阶段我国的发包人利用其在签约前的优势地位将风险一味地交由承包人承担是一种较为普遍的现象，而 13 版清单正是针对 08 版清单在解决这些问题方面的不足而出台的，其重要变革之一即开辟了以合理风险分担为指引的合同价款调整新思路[①]。因此，本研究将以 13 版清单中规定的风险分担基本原则作为基准，受试者认为样本项目初始合同中风险分担方案与该基准偏离越远即可视为其风险分担基本原则越不合理，也就意味着合同刚性越不适当（目前表现为刚性越大）。然后，选定 5 个项目对其承发包双方的工作人员进行问卷预测试与深入访谈，认真听取了他们对问卷的意见和建议，并据此对问卷的题项设置[②]、语言表述等做出适当调整。最后，经课题组讨论进行问卷修改与定稿，得出柔性合同的测量量表见表 12-1。

---

① 13 版清单 3.4.1 规定：“建设工程发承包，必须在招标文件、合同中明确计价中的风险内容及其范围，不得采用无限风险、所有风险或类似语句规定计价中的风险内容及其范围。”

② 将测量量表初稿中“合同刚性的适当程度”观测变量之一“从合同中的相关条款可以明显看出，由承包人完全承担的风险仅限于：由于承包人使用机械设备、施工技术以及组织管理水平等自身原因造成施工费用增加的风险，并且合同执行过程中严格遵循了该规定”（根据 13 版清单 3.4.4）删掉，因其与其他 3 个观测变量具有较强的互补关系，且该部分问卷的填答人为样本项目的承包人，他们很难对该问题做出客观的回答。

表 12-1　柔性合同测量量表及其修正

潜在变量	观测变量（问卷中的题项）	变量来源或依据	项已删除的 Cronbach's α	Cronbach's α
合同刚性的适当程度	C1：从合同中的相关条款可以明显看出，由发包人完全承担了如下 3 个外部风险：①规定国家法律、法规、规章和政策发生变化；②省级或行业建设主管部门发布的人工费调整；③由政府定价或政府指导价管理的原材料等价格进行了调整。您认为不存在诸如“合同履约期间人工价格变化后不予调价”之类违背上述基本原则的合同条款，合同执行过程中也没有出现发包人将上述风险强制性地全部或部分转移给承包商的现象	13 版清单 3.4.2	0.389	0.570
	C2：从合同中的相关条款可以明显看出，由发包人完全承担了如下内部风险：由于项目特征不符、工程量清单缺项、工程量偏差引起的工程变更。您认为不存在诸如“模拟工程量清单招标并签订总价包干合同”“措施项目费包干”之类违背上述基本原则的合同条款，合同执行过程中也没有出现发包人将上述风险强制性地全部或部分转移给承包商的现象	13 版清单 9.3（工程变更）、9.4（项目特征不符）、9.5（工程量清单缺项）和 9.6（工程量偏差）	0.305	
	C3：从合同中的相关条款可以明显看出，如下 2 个风险是由承发包双方共担的：①物价变化风险；②不可抗力风险。且其共担原则或比例符合 13 版清单。您认为不存在诸如“材料、工程设备单价变化范围超过 5%不予调价”之类违背上述基本原则的合同条款，合同执行过程中也没有出现发包人逃避责任、强制转移风险的现象	13 版清单 9.8（物价变化）、9.10（不可抗力）	0.416	
	C4：您认为合同规定的承包人应该提交的履约保证金、质量保证金、预付款保函是适当的，并且它们在合同执行过程中对您所在的单位确实起到了适当的约束作用	与实践工作者的访谈	0.638	
	C5：合同（特别是合同专用条款）中明确规定了当承包人违约或履约不力时，发包人可以采取的惩罚措施，您认为这些惩罚措施是适当的，并且它们在合同执行过程中对您所在的单位确实起到了一定的约束作用	与实践工作者的访谈	0.611	
合同柔性的充分程度	C6：合同中有相关条款明确规定了在何种情况下应进行合同价款的调整、依据何种规则进行调整、对承包商承担额外风险应进行何种价格补偿等；在合同执行过程中，您明显感受到了这些条款给双方合作顺利开展带来的好处，双方在合同价款调整方面少纠纷甚至无纠纷，项目结束时您认为您在该项目上的营业收入符合您最初的预期	Athias 和 Saussier（2008）	0.569	0.657
	C7：合同中有相关条款明确规定了在何种情况下承发包双方可以就合同期限调整、风险再分担、质量标准、提前终止、模式变更等问题启动重新谈判；在合同执行过程中，您明显感受到了这些条款给双方合作顺利开展带来的好处，没有发生那种“明知需要根据实际情况做出改变，但根据合同规定又不得不如此”的情况	Susarla（2012）	0.575	

续表

潜在变量	观测变量（问卷中的题项）	变量来源或依据	项已删除的 Cronbach's α	Cronbach's α
合同柔性的充分程度	C8：合同中有相关条款明确规定了如何预防承发包双方之间的纠纷或争端，以及当其发生时所应遵循的解决原则、程序、第三方等；在合同执行过程中，您明显感受到这些条款给双方合作顺利开展带来的好处，没有发生那种纠纷长时间无法解决，造成工期延误、成本上升，甚至承发包双方诉诸法律的情况	吕文学和花园园（2010）	0.642	0.657
	C9：合同中有相关条款明确规定了如果您为项目价值提升做出了额外贡献（如提醒发包人注意合同中的“漏洞”、提出合理化建议等）所应得到的奖励，以及如果您高效率地履行了该合同而能够为自身将来发展所争取到的机会等；在合同执行过程中，您明显感受到这些条款给双方合作顺利开展带来的好处，您总是因此而很积极地工作，尽己方所能地为该项目做出努力	石莎莎和杨明亮（2011）	0.567	

运用 SPSS16.0 软件对数据进行分析表明，初始信任、工程项目管理绩效测量量表的 Cronbach's α 均超过 0.5 的最低可接受水平（分别为 0.838、0.673），而柔性合同测量量表中 C4、C5 的项已删除的 Cronbach's α 均大于合同刚性的适当程度部分问卷的 Cronbach's α，因此将其从问卷中删除。本研究认为其主要原因为，对于我国 DBB 项目而言，由于它们通常采用合同范本并严格遵守国家法规，因此，它们在履约保证金、质量保证金、预付款保函以及对承包商的惩罚措施等方面的具体规定基本上相同[①]，合同专用条款中鲜少另行规定，由此可见，交易双方在决定合同刚性上的自由度集中体现在风险分担基本原则的设定上；删除 C4、C5 后柔性合同样本数据的信度符合要求。对新开发的柔性合同测量量表进行因子分析，其旋转成分矩阵及信度、效度分析结果显示它确实测量了两个不同的独立变量，具有较好的结构效度；各潜在变量的 KMO 值均大于其最低标准值 0.5，测量量表总体的 KMO 值为 0.872，表明样本数据适合做验证性因素分析（即测量模型分析），其效度可通过各观测变量在其测量对象上的完全标准化因子负荷（最低标准为 0.45）判断。

① 经与实践工作者的访谈发现，虽然我国相关法规对于这些方面只是给定一个范围或上限，但实践中的做法基本一致：根据《中华人民共和国招标投标法实施条例》（国务院令第 613 号）第五十八条的建议（不得超过 10%），履约保证金通常为中标合同金额的 10%；根据《建设工程价款结算暂行办法》（财建〔2004〕369 号）第十四条的建议（5%左右），质量保证（保修）金通常为工程竣工结算价款的 5%；根据《中华人民共和国标准施工招标文件（2007 年版）》（九部委〔2007〕第 56 号令）17.2.2（除专用合同条款另有约定外），预付款保函的担保金额与预付款金额相同。

12. 2. 3　研究结果与讨论

如前文所述，现有研究多将合同刚性作为合同柔性的对立面，认为二者本质上是从不同的角度描述合同的同一特征，本研究据此提出以合同柔性的充分程度为中介的模型 A；而本研究强调柔性与刚性是合同的不同特征，二者达到均衡时即形成柔性合同，本研究据此提出以柔性合同为中介的模型 B（图 12-1）。下面将采用 SEM 的选择模型策略检验各研究假设。

1. 模型和数据的拟合

采用 AMOS7.0 对问卷调查获取的数据进行验证性因素分析，结果见表 12-2，初始信任的三因素模型、柔性合同的双因素模型对数据的拟合效果均优于其单因素模型且拟合指数符合判断标准的程度，说明其调查问卷分别测量了 3 个、2 个不同的因素，本研究的观测变量能够较为准确地定义潜在变量，为各构念开发的调查问卷的结构效度符合要求。此外，各观测变量的完全标准化因子负荷均大于 0.45，并在统计意义上高度显著（t 绝对值＞1.96 或 p＜0.05），因此，本研究各测量模型与样本数据的拟合度较好，可进行结构模型分析。同理，表 12-2 也显示了本研究结构模型 A、B 分别与样本数据的拟合度情况，显然二者的拟合指数基本上处于理想范围，并且模型 A 稍微优于模型 B，但判断哪个模型更为可取还应参考各模型中潜在变量之间作用路径的显著性水平。

表 12-2　本研究模型拟合度检验

模型			绝对拟合指数					相对拟合指数	
			χ^2	df	χ^2/df	p	RMSEA	GFI/AGFI	CFI
判断标准			—	—	＜2	＞0.05	＜0.08	＞0.90	＞0.90
测量模型	初始信任	三因素模型	34.484	29	1.189	0.222	0.031	0.968/0.940	0.991
		单因素模型	39.703	27	1.470	0.055	0.048	0.963/0.925	0.979
	柔性合同	二因素模型	16.560	10	1.656	0.385	0.057	0.978/0.938	0.975
		单因素模型	21.847	13	1.681	0.287	0.058	0.970/0.935	0.966
	合同柔性的充分程度		4.641	2	2.321	0.098	0.081	0.989/0.943	0.975
	工程项目管理绩效		0.294	2	0.147	0.863	0.000	0.999/0.996	1.000
结构模型	模型 A：以合同柔性的充分程度为中介		143.623	122	1.177	0.088	0.030	0.928/0.898	0.979
	模型 B：以柔性合同为中介		198.806	168	1.183	0.052	0.030	0.915/0.883	0.975

2. 假设检验结果

本研究理论模型B与其竞争模型A各潜在变量之间结构关系的假设检验结果如表 12-3 所示。竞争模型 A 的 7 个路径在 0.05 显著性水平上的有 3 个显著（42.9%），在 0.01 显著性水平上的只有 1 个显著（14.3%）；而本研究理论模型 B 的 11 个路径则在 0.001 显著性水平上的就有 2 个显著（18.2%），在 0.01 显著性水平上的有 3 个显著（27.3%），在 0.05 显著性水平上的高达 7 个显著（63.6%），基于公认的模型比较准则，本研究认为模型 B 更好地拟合了数据，是更为可取的。从模型 B 各变量的标准化路径系数（介于 0.45～0.95 为优）和显著性水平（t 绝对值＞1.96 或 p＜0.05）来看，除假设 H1a、H1b、H1c、H2c 没有通过检验外，其他各假设均得到验证。

表 12-3 假设检验结果

作用路径		假设	本研究理论模型 B			竞争模型 A		
			标准化路径系数	p 值	验证情况	标准化路径系数	p 值	验证情况
自变量对因变量的影响	基于能力的信任→工程项目管理绩效	H1a	0.413	0.083	否定	0.257	0.095	否定
	基于诚实的信任→工程项目管理绩效	H1b	0.277	0.541	否定	0.137	0.154	否定
	基于直觉的信任→工程项目管理绩效	H1c	0.113	0.632	否定	0.055	0.811	否定
自变量对中介变量的影响	基于能力的信任→合同刚性的适当程度	H2a	0.601	0.005	支持	—	—	—
	基于诚实的信任→合同刚性的适当程度	H2b	0.534	0.043	支持	—	—	—
	基于直觉的信任→合同刚性的适当程度	H2c	−0.066	−0.229	否定	—	—	—
	基于能力的信任→合同柔性的充分程度	H3a	0.607	0.035	支持	0.578	0.027	支持
	基于诚实的信任→合同柔性的充分程度	H3b	0.558	0.047	支持	0.540	0.039	支持
	基于直觉的信任→合同柔性的充分程度	H3c	0.727	0.017	支持	0.298	0.056	否定
中介变量对因变量的影响	合同刚性的适当程度→工程项目管理绩效	H4a	0.653	***	支持	—	—	—
	合同柔性的充分程度→工程项目管理绩效	H4b	0.612	***	支持	0.612	***	支持

***表示显著性水平 0.001。

3. 分析与讨论

本研究访谈了问卷调查的 6 名受试者，其中发包方 3 人、承包方 3 人，就表 12-3 所示的假设检验结果与他们进行了探讨。

（1）柔性合同在初始信任与工程项目管理绩效之间具有显著的中介效应。通过理论分析可知，已有文献实证检验了初始信任对工程项目管理绩效的直接影响（对应假设 H1a、H1b 和 H1c），将该模型与本研究样本数据进行拟合，结果显示其拟合指数均处于理想范围（χ^2/df=1.214，p=0.111，RMSEA=0.032，GFI/AGFI=0945/0.916，CFI=0.983），基于能力的信任、基于诚实的信任、基于直觉的信任均显著影响工程项目管理绩效（$p<0.05$），且它们的标准化路径系数分别为 0.482、0.538、0.461，由此可见，在该模型中假设 H1a、H1b、H1c 均得到支持。然而，在加入中介变量“柔性合同”（包括合同刚性的适当程度、合同柔性的充分程度）后的理论模型 B 中，假设 H1a、H1b、H1c 均未获得支持且其路径系数较小，同时，初始信任对柔性合同、柔性合同对工程项目管理绩效之间均有潜在变量作用路径的相应标准化路径系数较大且达到显著性水平（$p<0.05$）。对比两个模型与样本数据拟合后的假设检验结果可知，柔性合同在初始信任与工程项目管理绩效之间起到完全中介作用，这一分析结果与熊焰（2010）的研究结果基本一致，即在供应商高水平信任的情况下，监控机制（对应合同刚性）和柔性机制（对应合同柔性）的互补交叉作用可以显著提高供应商绩效。

本研究认为，柔性合同的完全中介作用从理论上可解释为，信任是一种心理状态，它不可能直接产生结果，必须通过影响交易双方的行为（如沟通、合作）或关系（如合同、关系满意度）来间接影响结果，正如 Williamson（1996）所指出的那样，诚信是契约得以履行的基础。实践工作者也认同这一结论，他们认为信任是非常微妙、善变甚至脆弱的东西，项目所处环境中或项目参与方互动过程中的很多因素都会影响其水平，很难根据资格预审时对承包商的信任状况来预测项目管理绩效。事实上，项目成功很大程度上取决于业主能否根据对承包商的信任状况拟定合适的合同条款：当交易双方实际的信任水平低于其合同条款彰显的信任水平时，业主相当于是在冒险，工程项目管理绩效是没有保障的，反之，就是对承包商工作积极性的打击，一样不利于工程项目管理绩效的提高。

（2）合同刚性的适当程度与合同柔性的充分程度在项目成功路径中的作用分析。上文述及的旋转成分矩阵说明柔性合同测量量表测量的是两个独立的变量，表 12-2 也显示柔性合同的二因素模型与样本数据的拟合情况优于其单因素模型和合同柔性的充分程度测量模型，由此可见，合同刚性与合同柔性是表征合同不同特征的相互独立的两个方面；而对于表 12-2 和表 12-3 的分析结果显示，本研究提出的理论模型 B 与样本数据拟合的整体效果要优于竞争模型 A，说明在初始信任与工程项目管理绩效之间起到中介作用的不仅是充分的合同柔性，还有适当的合同刚性。假设 H4a、H4b 均得到支持，且前者的路径系数（0.653）要略高于后者（0.612），说明合同刚性的适当程度对工程项目管理绩效的直接影响略大于合同柔性的充分程度；然而，如表 12-4 所示，合同柔性的充分程度在初始信任与工程项目管理绩效之间的总中介效应为 1.157，高出合同刚性的适当程度的总中介效应 0.741 很多，由此可见，在保障良好的工程项目管理绩效方面，适当的合同刚性要比充分的合同柔性起到更为重要的作用，而在传递与催化交易双方初始信任对工程项目管理绩效积极作用方面，充分的合同柔性要比适当的合同刚性发挥更为重要的作用。

表 12-4 柔性合同两个成分的中介效应对比分析

柔性合同的成分	具体路径	中介效应值	总效应值
合同刚性的适当程度	基于能力的信任→合同刚性的适当程度→工程项目管理绩效	0.601×0.653＝0.392	0.741
	基于诚实的信任→合同刚性的适当程度→工程项目管理绩效	0.534×0.653＝0.349	
合同柔性的充分程度	基于能力的信任→合同柔性的充分程度→工程项目管理绩效	0.607×0.612＝0.371	1.157
	基于诚实的信任→合同柔性的充分程度→工程项目管理绩效	0.558×0.612＝0.341	
	基于直觉的信任→合同柔性的充分程度→工程项目管理绩效	0.727×0.612＝0.445	

实践工作者强调，合同刚性的功能主要是约束、防卫，而合同柔性的功能主要是激励、合作，二者是不可替代的两回事，合同只有做到刚柔并济才能保证项目成功。他们认为，因为工程项目是复杂的一次性任务，承包商的投机行为是在所难免的，我国大量的法律法规、成熟的合同范本正是为了保障工程合同适当的刚性，在他们看来，合同刚性是工程项目开展的必需品，合同柔性则相对而言是奢侈品，这一实践经验与假设 H4a 得到支持且路径系数相比 H4b 较大相契合，同时也反映了我国工程实践工作者还是相对保守的；当然，实践工作者也认可合同柔性对项目成功的积极作用（与假设 H4b 得到支持相契合），但仅限于在承发包双方充分信任的前提下才会考虑为合同注入柔性，他们对于合同柔性在初始信任与工程项目管理绩效之间高达 1.157 的中介效应表示略感意外，也反映了我国工程实践工作者对于合同柔性重要性的认识仍有待深入。

（3）交易双方之间的初始信任对柔性合同的形成具有显著的影响。假设 H2a、H2b 得到支持且路径系数较大，说明基于能力的信任、基于诚实的信任对合同刚性的适当程度具有显著的直接影响，而 H2c 未通过检验，说明基于直觉的信任对合同刚性的适当程度并无显著的直接影响；假设 H3a、H3b、H3c 均得到支持且路径系数较大，说明初始信任的三个维度对合同柔性的充分程度均具有显著的直接影响。上述假设检验的结果可以用 Williamson（1996）对于信任的观点解释，他将信任分为算计性信任（calculative trust）、个人性信任（personal trust）与制度性信任（institutional trust），并认为交易过程中主要存在的是算计性信任，即当事人有信息表明交易对象可能充分行事，同时他也有保护措施以保证可信的承诺。本研究认为，初始信任状况对柔性合同的显著影响本质上表现为：业主在资格预审中掌握了承包商的能力、声誉、历史记录等信息后，对于承包商在本次交易过程中可能的行为有一定的预期，因此，针对这些预期在按照招标文件和中标人的投标文件订立的书面合同中增加一些不“背离合同实质性内容的”刚性或柔性的合同条款，来保证承包商签约前的承诺可以兑现、保护自身目标与利益可以实现。值得注意的是，基于直觉的信任对合同刚性的适当程度影响不显著，但对合同柔性的充分程度却影响显著且路径系数最大（0.727），这说明非理性的、几乎没有算计性的信任（属于个人性信任）在合同柔性的注入中起着重要作用，正如 Williamson（1996）指出的那样，单纯的算计性信任并不能使交易得以履行。

实践工作者认同初始信任对柔性合同形成的积极作用，这一点在 PPP 项目合同形成过程中特别明显，PPP 项目通常通过邀请招标或竞争性谈判的方式确定交易对象，当交易双方初始信任水平较低时，合同谈判通常旷日持久，双方力求达成面面俱到的合同，并且在合同执行过程中的任何一次再谈判都会充满防备；而当交易双方初始信任水平较高时，合同谈判通常比较顺利、双方签订的合同也相对宽松，并且合同执行过程中的调整与修订会比较多，甚至对于有些非重大、不复杂的工程项目，签订合同通常只是一个形式。至于基于直觉的信任与合同刚性、合同柔性的不同关系，实践工作者解释为管理经验的重要性，在他们看来合同刚性是必需品、合同柔性是奢侈品，他们可以根据自己丰富的经验决定是否为合同注入更多的柔性，但却不会仅凭经验就决定降低合同刚性，前者可以说是一种大胆的创新，而后者却是一种不负责任的冒险。

12.2.4　研究结论与管理启示

通过上述分析可知，良好的工程项目管理绩效来源于对不确定性的有效管理，合同正是为了应对工程项目中的不确定性，然而，合同天然是不完备的，当合同规定与自然状态不一致时即合同出现“漏洞”，这些“漏洞”引发的交易双方的机会主义又为工程项目带来了新的不确定性。信任是交易过程中一方有“漏洞”时，另一方不会恶意利用甚至会善意提醒的状态，它会通过促使交易双方形成合理的风险分担而为项目产生“溢价”，最终促使项目成功。初始信任通过柔性合同（合同柔性、合同刚性）最终作用于工程项目管理绩效的具体路径如图12-2所示。

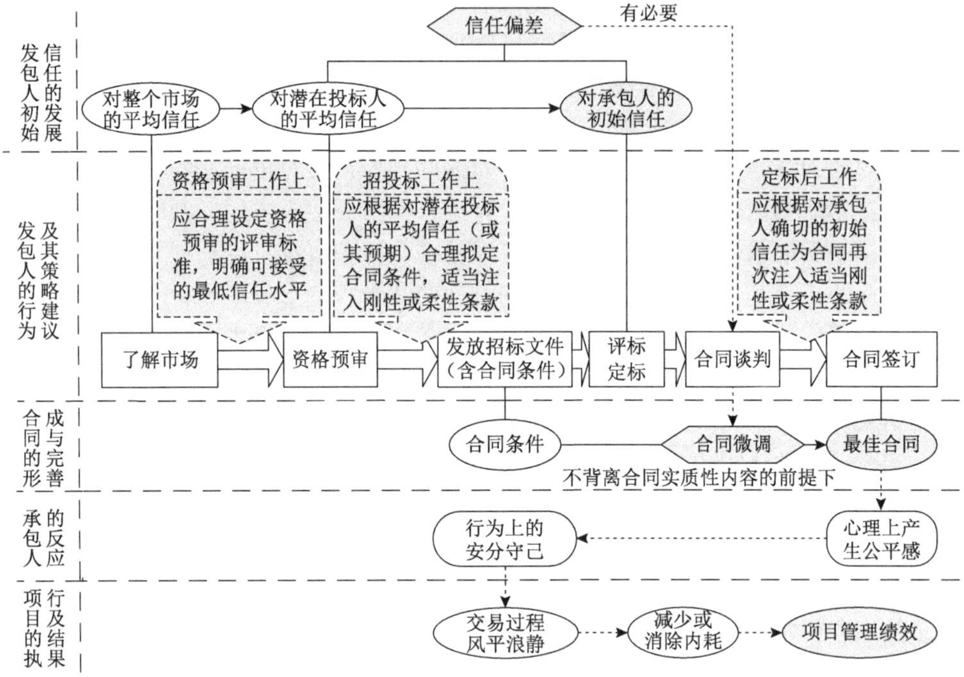

图12-2 初始信任、柔性合同与工程项目管理绩效的作用路径

基于实证分析结果，本研究对工程项目的业主提供以下三点重要管理启示。

首先，业主应高度重视工程项目的招投标（特别是资格预审）工作，因为，由此形成的初始信任将在工程项目中产生一种“溢价”，即合理的风险分担。合理风险分担对工程项目管理绩效的积极作用虽然已得到普遍认可，然而，工程实践中的业主仍不遗余力地向承包商强制性转移风险[①]，于是寻找其症结并化解它就成为促使项目成功的关键。本研究实证分析结果显示，初始信任对合同刚性的适当程度（主要是风险分担的基本原则）具有显著的正向影响（假设H2a、H2b成立），且其标准化路径系数较大，由此可见，对承包商的不信任是业主不愿采用合理风险分担方案的重要原因，而较高的初始信任则是业主采用合理风险分担方案的原

① 对美国与加拿大建筑业的调研显示，超过75%的受访者承认其工程项目合同中存在最常见的5个免责条款中的1个甚至更多；美国建筑行业协会的争端预防与解决研究小组对191个单位（业主与承包商约各半）的调查显示，工程项目施工阶段产生争端的十大原因之首即合同中的风险分担不合理。

动力。实践中业主做好招投标资格预审工作、提高初始信任的方法包括：其一，进一步优化资格预审评审指标和评审方法，以确保资格预审工作的科学性与有效性；其二，适当提高资格预审评审标准，只允许可信赖程度较高的企业成为投标候选人，与之配合的就是发包人在招标文件中的合同条款可适当降低刚性，采用更合理的风险分担基本原则。

其次，工程项目中标后、签约前的合同谈判有其必要性与重要性，业主应借此机会依据其对承包商的初始信任适当地为合同注入柔性，从而为该交易签订一个更有利于其成功的柔性合同。通过对实践工作者的访谈得知，我国实践中的DBB 项目很少在中标后、签约前进行谈判，很多业主甚至不知道应该谈判些什么。根据本研究结论，业主可以根据对承包商的初始信任预测和模拟其在履约过程中可能的各种反应和行为，进而拟定适当的合同条款，其中刚性合同条款将约束承包商那些对己方不利的行为，从而保护业主的权利感受，使项目结果可以预期；柔性合同条款将激励承包商那些对己方有利的行为，从而拓展业主的策略选择空间，提升项目价值，只要这些刚性或柔性的合同条款不“背离合同实质性内容”，均可通过中标后、签约前的谈判注入合同中，从而形成刚性与柔性达到均衡的最佳合同。总之，依据初始信任形成的柔性合同能够对承包商起到恰到好处的激励与约束作用，同时也实现了对承发包双方之间后续信任的提升与维持。

最后，业主在拟定及谈判承发包合同时应明确，适当的合同刚性与合同柔性对于工程项目管理绩效改善是不可或缺的，起着无法相互替代的作用。近年来关于合同柔性的研究日趋活跃，为了说明为合同注入柔性的必要性，通常将合同刚性作为其对立面予以否定，然而，本研究实证分析结果显示，合同刚性的适当程度与合同柔性的充分程度均对工程项目管理绩效具有显著的正向影响（假设 H4a、H4b 成立），甚至前者的标准化路径系数（0.653）要大于后者的（0.612）。由此可见，刚性与柔性是合同的两种基本特征，它们天然地共存于合同之中，业主拟定及谈判承发包合同时并非追求的是二者之间的更迭，而应是二者以适当比例的共存。虽然过多的合同刚性会导致事后灵活性的丧失，但适当的合同刚性能够保护业主的权利感受，限制承包商的机会主义行为；虽然适当的合同柔性能够提高事后效率，但当合同柔性过度时仍会引发承包商的投机行为以及业主对项目结果预期的模糊。本研究给业主的启示为，在强调为合同注入柔性的同时，不应否定适当的合同刚性对工程项目管理绩效改善的积极作用。当合同刚性与合同柔性达到均衡时，其对工程项目管理绩效的合力达到最佳，即我们追求的柔性合同。

12.2.5 研究局限与未来研究方向

本研究对柔性合同及其在信任影响工程项目管理绩效中的中介作用进行了探索性研究，研究中尚存在一定的不足之处。合同刚性意指不会为任何环境的变化或不确定性而改变的静态的交易秩序，不仅包括风险分担的基本原则，还包括为了保障风险分担方案实现而设计的针对承发包双方的约束机制（履约保证金、质量保证金、预付款保函、支付保函、对承包商的惩罚措施约定、承包商拥有索赔权的约定），甚至对那些为了特定目的而进行的政府投资项目还应包括质量标准、工期要求等。对于本研究的样本项目而言，除了风险分担的基本原则之外，它们在其他合同刚性内容上的表现基本趋同，因此，本研究虽然提出了一个相对完整的合同刚性的构念，但实证研究中仅考虑了风险分担的基本原则部分。这种做法的优点在于，可以排除诸如市场成熟度、相关法规的完善程度、文化等因素在理论模型验证中的干扰，并且可以明确一个基准（即 13 版清单中的风险分担基本原则）以评价风险分担基本原则的合理性；当然，其缺陷就在于对合同刚性的实证研究不够系统和完善。综上所述，在今后的研究中有必要扩大样本项目选择的地域性、类型、所采用的项目管理模式等，以求在实证研究中分析比较完整的合同刚性的构念，与此同时也应考虑市场成熟度、相关法规的完善程度、文化等调节变量的影响。

12.3 初始信任对合作的影响：公平感知的中介作用

本节从社会交换的视角展开研究，通过理论分析构建了以业主初始信任为前因、承包商对于合同的公平感知为中介、合作为结果的概念模型，并以 68 个财政投资项目为样本采集到 162 套有效数据，运用 SEM 进行实证检验。研究结果表明：①业主初始信任对承包商公平感知的形成具有显著的正向影响；②承包商的程序公平正向影响其分配公平，二者均对合作具有显著的正向影响；③承包商公平感知在业主初始信任与合作之间起到部分中介作用。

12.3.1 理论模型的构建

根据 10.3 节中基于承发包合同的公平感知的分析，将其划分为分配公平和程序公平两个维度。此外，在我国，从法理上讲实体性权利优于程序性权利，且程序性权利不具有独立的价值，因此，程序公平会影响分配公平。

1. 业主初始信任对承包商公平感知的影响

根据 Williamson（1996）的观点，只有业主根据承包商履约中的预期行为设置了保护其权利感受的合同条款后，初始信任才真正转化为商业关系中的一般信任，而这些合同条款则会带给承包商一定程度的公平感知，由此可见，业主初始信任将会影响承发包合同条款的设计，并因此影响承包商的公平感知。合同是所有权和经营权分离导致的委托代理问题的治理方式，其详细规定了支付、权利和责任，项目治理理论认为最佳的合同形式为“权责利对等”，这一原则与上文中对承发包合同分配公平的界定相吻合，而其中合理的风险分担一直是工程项目理论与实务界公认的实现对承包商有效激励与约束的重要途径[①]。通常不合理的风险分担将会导致承包商较低程度的公平感知，如 Swanson（2007）指出，业主倾向于把风险转移给总承包商，与此同时，总承包商也会同样地将风险转移给低一级的承包商，这就导致对风险控制力最差、对决策影响最小的分包商承担着工程项目中的主要风险，这显然是不公平的。

现有文献通常认为，业主倾向于采用不利于实现公平交易的免责条款的原因除了其风险偏好为风险厌恶外，更重要的原因在于业主对承包商的不信任。事实上，业主通过合同将尽量多的风险转嫁给承包商是一种过度防御的表现，因为在缔约阶段居于优势地位的业主一旦签订合同后就会因承包商的专业优势与信息优势而处于相对不利的位置。持此观点的如：Meng（2012）认为，在传统的对立性合同关系中，大量风险被集中转移给了合同关系中弱势的一方，公平的风险分担方案难以形成，而在互信的情况下，风险会被合理地预期与接受，交易双方会遵循各个风险应由最有控制力的一方承担的原则自发形成相对合理的风险分担方案；Cheung 等（2011）指出，不互信的情况下，业主和承包商都会有较强的机会主义防范意识和行为，他们会通过合同谈判中的博弈努力维护自身权益，尽量减少己方承担的风险，最终导致合同中权利、责任和利益的不合理配置；Jin 和 Doloi（2008）认为，通过信息交流、能力识别等方式建立起来的信任关系能够促使业主与承包商之间形成合理的风险分担方案，保证风险承担与风险控制力之间的相对

① 工程项目管理绩效改善研究本质上是解决所有权与经营权分离下的委托代理问题，现有研究基本上是沿着监管和激励两条路径展开的，工程项目的非重复博弈特征及其组织的临时性致使在生产制造型企业中广泛采用的治理结构优化和剩余索取权激励两种方式在工程项目中无法适用，而只能采取合理风险分担实现对承包商的激励与约束。

平衡；Zaghloul 和 Hartman（2003）通过对加拿大建筑行业发包人、承包人和咨询单位的问卷调查发现，在信任水平较低的交易关系中，业主倾向于在合同中设定较多的免责条款（5 分制情况下感知度得分 4.4 分），而在信任水平较高的交易关系中则较少设定（5 分制情况下感知度得分 2.3 分）。

2. 公平感知对合作的影响

不同于战略联盟、供应链中交易双方基本平等的市场地位，我国当前的建筑市场是高度的买方市场，缔约前处于绝对强势地位的业主为了保护其权利感受、保证其利益实现而倾向于签订不利于承包商的合同，如在招标文件、合同中普遍采用无限风险、所有风险或类似语句规定计价中的风险内容及其范围[①]，在此情况下，承包商仅有暂时接受合同或者退出竞争/交易两种选择。然而，只有交易双方均感觉到公平的时候合作才得以顺利进行。履约过程中承包商拥有绝大部分决策经营的控制权，其对于承发包合同的不公平感知将导致其履约过程中动辄制造纠纷，试图通过二次经营在交易结束时达到己方所认为的公平状态甚至报复业主对己方的不公平，工程项目交易过程因此摩擦不断，呈现明显的内耗效应。社会交换理论认为，组织的态度和行为是由交易双方互动产生的报酬减去其成本决定的，当一方为另一方做出贡献或承诺后就会预期它给予相应的回报，而另一方在接受这种有利于自身价值增值的贡献或承诺后就会产生责任感并以适当的态度和行为响应作为报答。由此可见，交易双方的合作过程遵循“投桃报李”（return a favor with a favor）或“以牙还牙”（tit for tat）的基本原则（罗伯特·阿克塞尔罗德，2007）。当承包商对承发包合同的公平感知程度较低时，他将选择不合作的倾向或行为；反之，当其公平感知程度较高时，他更愿意与业主合作并最终促使项目成功。

委托代理关系中双任务实验结果显示，公平感知将会抑制道德风险，从而促进合作。已有文献论证了战略联盟、供应链中公平感知对合作的积极影响。例如：Liu 等（2012）基于松散耦合理论提出假设，即当供应链上的交易双方均感觉到公平时，他们的相互耦合行为（mutual coupling behaviors，包括知识共享、持续承诺、关系投资）会得到有效改善，最终促使双方关系绩效实现，并实地调研了 216 对中国的供应商和分销商证实了上述假设；Griffith 等（2006）运用 SEM 对 290 个供应链关系进行分析发现，程序公平和分配公平政策有利于增强长期倾向和关系行为，即当供应链成员公平地对待其合作伙伴时，其合作伙伴将回报以包容的态度和有利于加强其合作关系的行为。另有文献分别探讨了分配公平与程序

---

① 我国工程实践中业主利用其缔约前的强势地位签订对承包商不公平的合同的现象较为普遍，13 版清单 3.4.1 款正是针对这种现象而设定的。

公平影响合作的不同路径。例如：Chen 和 Fan（2006）认为，只有联盟成员认为分配公平，他们才会有动力去维持联盟的合作关系；Kimberly 等（2009）认为，程序公平能够给当事人一种其智力价值被尊重的感觉以及对这一交易组织的归属感，从而使其更加愿意接受新的挑战和与其他成员合作，最终贡献于组织整体价值的提升。

基于上述理论推演与分析得出业主初始信任、缔约时承包商公平感知与履约过程中合作之间关系的理论模型如图 12-3 所示。

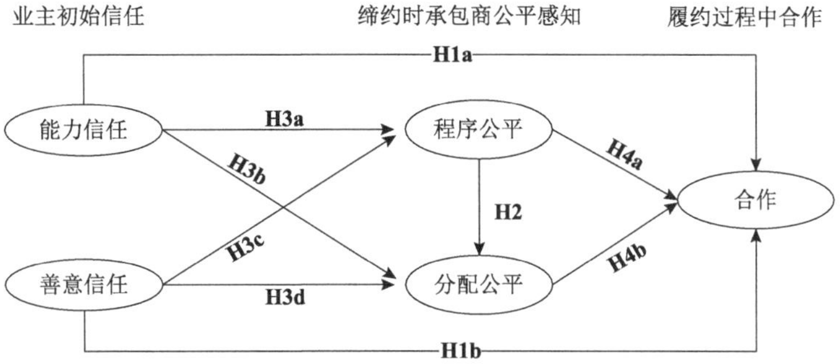

图 12-3　初始信任、公平感知与合作之间关系的理论模型

12.3.2　研究设计与研究方法

1. 样本选择与数据收集

笔者所属的研究团队长期参与天津市财政局主持的财政投资项目绩效评价工作，截至 2013 年底，已构建了包括 68 个项目的案例库，搜集了这些项目承包商的资格预审评价得分、承发包合同等相关信息，并与库内各项目的承发包双方负责人建立联系。本研究以该案例库中的 68 个项目作为研究对象，通过以下途径获取样本数据：①9.3 节所揭示的 PPP 项目中初始信任形成机理（杜亚灵和闫鹏，2014）显示，资格预审评价得分与业主初始信任之间显著相关，考虑到工程项目的非重复博弈特征以及信任的动态性，以各项目承包商的资格预审评价得分作为业主初始信任的样本数据，确保样本数据确实反映业主在资格预审当时的心理状态；②联系各项目的承包商单位，向参与该项目的 3 人发放测评其对承发包合同公平感知的问卷，要求其根据自己的专业知识与工程经验填答；③联系各项目的业主单位，向参与该项目的 3 人发放测评承包商合作的问卷，要求他们根据该项目实施过程中的真实感受填答。本次问卷调查共计发放问卷 204 套，公平感知部分收回问卷 185 份，合作部分收回问卷 197 份，合计有效问卷 162 套。通过问卷中样本项目及受试者情况数据统计可知：50.7%的项目投资规模为 1000 万元至 1 亿元人民币，16.4%的项目投资规模为 1 亿～3 亿元人民币，样本项目投资规模相对集中，可排除其对研究结果的干扰；业主方面和承包商方面的受试者具有本科及以上学历的、目前任职中高层管理的、从事建设项目管理实践工作的时间在 3 年以上的分别为 87.7%和 63.0%、20.0%和 54.9%、60.5%和 82.7%；双方均有 50%以上的受试者参与了样本项目的招投标、合同管理至竣工验收全过程，保证了本次问卷调查所采集数据的可靠性。

2. 测量量表及其信度和效度检验

初始信任、公平感知和合作测量量表的开发依次经历了以下三个过程：①参考或引用已经被证实的具有较高信度和效度的测量量表；②借鉴相关研究成果并结合工程项目的特点对上述量表制定修改设想及方案；③通过相关文件分析、与该领域专家研讨、向实践工作人员求证等途径，经过多轮修改最终确定适用于本研究的测量量表（表 12-5）。在变量的测量方式上，除初始信任测量量表采用资格预审评价得分外，公平感知和合作测量量表均采用利克特 5 级量表打分法收集数据："完全同意"为 5 分、"大部分同意"为 4 分、"一般"为 3 分、"大部分不同意"为 2 分、"完全不同意"为 1 分。

表 12-5　测量量表的变量来源及其信度和效度分析

潜在变量	观测变量（问卷中的题项）	参考的成熟量表	Cronbach's α	KMO 值
能力信任	财务状况（净资产总值、资产负债率等）	资格预审文件	0.565	0.592
	管理能力（项目经理、企业管理认证体系、拟投入项目管理人员、在施和新承接工程）			
	技术能力（技术负责人、拟投入主要施工机械设备、类似项目业绩、在施和新承接工程）			
善意信任	社会声誉（近年施工合同履约率）		0.627	0.681
	诉讼及不良行为记录			
分配公平	我认为，根据合同规定，业主支付给我单位的合同价款与我单位在该工程中承担的风险相比较是公平的	Luo（2009）	0.721	0.681
	我认为，根据合同规定，我单位在该工程中拥有的控制权与承担的风险相比较是公平的，我预期该工程执行过程中，不会遇到我单位必须做某项工作，但却不掌握完成这项工作所需权利的情况			

续表

潜在变量	观测变量（问卷中的题项）	参考的成熟量表	Cronbach's α	KMO 值
分配公平	根据合同规定，如果我单位做了一些合同范围之外的工作（如合理化建议），并且这些工作有益于该工程，业主承诺会给我单位额外的回报（如奖金、支持我单位报奖），在我看来，这些回报与这些工作为该工程带来的好处相比较是公平的	Luo（2009）	0.721	0.681
程序公平	根据合同规定，对于相同事件预留给业主和我单位的反应时间是相同的： （1）对于业主或我单位原因引起的暂停施工、违约事件，留给双方的采取有效措施纠正或弥补的时间一样长； （2）对于业主或我单位提出的变更、索赔，留给对方处理意见以求达成一致的时间一样长	Kimberly 等（2009）、Luo（2005）	0.683	0.627
	根据合同规定，业主会先与我单位商定价格和工期的增减额度或支付合同规定的相应款项，我单位再执行业主提出的要求或监理人下达的指示： （1）业主会在开工前的约定时间内支付预付款，在开工后的约定时间内预付规定比例的安全文明施工费； （2）监理人向我单位下达提前竣工指示或变更指示后，业主会先与我单位确认增减的合同价格和时间，我单位再执行提前竣工指示或变更指示； （3）业主会在施工过程中按进度分期向我单位支付工程款，包括截至本次付款周期已完成工作对应的金额、应增加和扣减的变更/索赔金额、约定应支付的预付款和扣减的返还预付款、约定应扣减的质量保证金			
	根据合同规定，当我单位对监理人的指示或者对业主方有关人员的行为存在疑问或者不认可时，业主允许我单位提出书面异议或口头要求： （1）业主代表不能按照合同约定履行其职责及义务，并导致合同无法继续正常履行的，我单位可以要求发包人撤换业主代表； （2）我单位对监理人发出的指示有疑问的，可向监理人提出书面异议，监理人应在规定时间内对该指示予以确认、更改或撤销，监理人逾期未回复的，我单位有权拒绝执行上述指示； （3）我单位收到监理人下达的提前竣工指示或变更指示后，认为无法执行，可提出不能执行的理由，业主或监理人会在规定时间内予以答复			
合作	承包商在项目实施过程中总是积极主动地与我方进行充分的沟通	Lu 和 Hao（2013）	0.769	0.825
	当我方有任何疑问的时候，承包商总是能够及时地给我们答复			
	我能感觉到，承包商总是很乐意与我方一起解决项目实施中遇到的问题			
	承包商总是积极地与我方一起讨论推动项目进展的办法			

信度是指测量结果的稳定性与可靠性，即采用同样的方法对同一对象重复测量时所得结果的一致性程度；本研究利用 Cronbach's α 系数对所得样本数据进行信度分析，通常认为 Cronbach's $\alpha \geqslant 0.7$ 属于高信度，达到 0.5 以上即合乎最低可接受水平的信度要求，其越大表明问卷条款间的相关性越好，内部一致性信度越高。效度即有效性，是指所测量到的结果反映所想要考察内容的准确性和真实性程度，可通过后文的验证性因素分析（即测量模型分析）来检验，通常认为观测变量在其测量对象上的完全标准化因子负荷可以接受的最低标准为 0.45，该值越大表明观测变量与潜在变量之间存在统计上的显著性越好，数据的效度就越高；但在此之前需要进行 KMO 检验，以确保本研究数据适合进行后续的因素分析，通常认为 KMO 值的最低标准值为 0.5。利用 SPSS 16.0 软件分析表明，本研究数据的信度符合要求，各潜在变量的 KMO 值均大于 0.5（表 12-5），并且本测量量表总体的 KMO 值为 0.721，亦大于 0.5，表明本研究数据适合做因素分析。

12.3.3 研究结果与讨论

1. 拟合度及假设检验结果

本研究采用 AMOS 7.0 对问卷调查所得数据进行验证性因素分析，结果说明为各构念开发的调查问卷的结构效度符合要求，且各测量模型和结构模型均与样本数据拟合良好。本研究各潜在变量之间结构关系的假设检验结果如表 12-6 所示。通常认为，参数统计量的估计值达到显著水平（t 绝对值 > 1.96 或 $p < 0.05$）即可认为这一假设是成立的，标准化路径系数（介于 0.45～0.95 为优）越大，表明两个潜在变量之间的作用强度越大。由表 12-6 可知，除假设 H1a、H3b 没有通过检验外，其他各假设均得到验证。

表 12-6 假设检验结果

作用路径	假设	标准化路径系数	t 值	验证情况
业主对承包商的能力信任→合作	H1a	0.368	1.391	不支持
业主对承包商的善意信任→合作	H1b	0.621	7.920***	支持
承包商对合同的程序公平感知→承包商对合同的分配公平感知	H2	0.541	7.184**	支持
业主对承包商的能力信任→承包商对合同的程序公平感知	H3a	0.713	8.512***	支持
业主对承包商的能力信任→承包商对合同的分配公平感知	H3b	0.226	1.261	不支持
业主对承包商的善意信任→承包商对合同的程序公平感知	H3c	0.497	2.645**	支持

续表

作用路径		假设	标准化路径系数	t 值	验证情况
业主对承包商的善意信任→承包商对合同的分配公平感知		H3d	0.635	8.181***	支持
承包商对合同的程序公平感知→合作		H4a	0.657	8.375***	支持
承包商对合同的分配公平感知→合作		H4b	0.762	9.324***	支持
结构模型拟合度检验	χ^2/df =1.36＜2；p=0.293＞0.05；RMSEA=0.057＜0.08；NFI/NNFI=0.907/0.921＞0.90；CFI=0.924＞0.90				

表示显著性水平 0.01，*表示显著性水平 0.001

2. 分析与讨论

本研究约访了问卷调查的 6 名受试者，其中业主方面 3 人、承包商方面 3 人，就表 12-6 所示的假设检验结果与他们进行了探讨。

（1）业主初始信任对承包商公平感知的形成具有显著的正向影响。假设 H3a、H3c、H3d 均得到支持且路径系数分别为 0.713、0.497、0.635，说明业主的能力信任对承包商程序公平感知的正向影响很大，业主的善意信任对承包商程序公平感知、分配公平感知均具有正向影响；而假设 H3b 未通过检验，说明业主的能力信任对承包商的分配公平感知并无显著的直接影响。这显然与 Lui 和 Ngo（2004）的部分实证研究结论一致，即业主对承包商履行义务的意愿越有信心（善意信任），其增强合同的防御性来抵制机会主义的倾向就越小（公平的合同）；但与其另一部分研究结论未达成一致，即业主对承包商履行义务的能力越有信心（能力信任），其越倾向于扩大合作范围进而导致对方更多采取机会主义行为的可能，因此其合同的防御性越强（不公平的合同）。实践工作者强调，当业主相信承包商的善意时，更愿意考虑对方的感受而进行公平交易；即便业主充分相信承包商的履行能力，通常也不会影响他们采取免责条款的决定，他们甚至是希望承包商较高的履行能力能够帮助己方分担更多的风险，而当业主不相信承包商的履行能力时，他们清楚不论分配结果公平与否承包商仍然没有能力很好地完成这项工作，因此，业主只能通过提高承发包合同的程序公平程度来引导履行能力较高的承包商尽其才，履行能力较低的承包商守其职。显然，工程实践中的这一现象与实践工作者的这些想法为上述实证分析结果提供了合理解释。

（2）承包商的程序公平正向影响其分配公平，二者均对合作具有显著的正向影响。假设 H2 通过检验且路径系数为 0.541，说明承包商的程序公平感知对其分配公平感知有显著正向影响。假设 H4a、H4b 均得到支持且后者的路径系数 0.762 稍大于前者的 0.657，说明承包商对合同的程序公平感知和分配公平感知均对合作具有显著正向影响，且分配公平的影响更大，这与供应链中分配公平对相互耦合行为（Liu et al.，2012）、关系行为（Griffith et al.，2006）的正向影响稍大于程序公平的研究结论一致。不同于供应链、战略联盟等具有重复博弈特征的交易，工程项目中考察承包商公平感知的更有意义的时点为承发包合同签订之时，而非一次交易结束之后，上述实证分析结果显示，这并未改变分配公平、程序公平对于合作影响的重要性排序。实践工作者强调，承发包双方确实都更重视合同中涉及权利、风险、利益分配的条款，“权责利对等”明显是比“对承包商没有偏见和歧视”更获认可的最优合同设计原则，但对于承包商而言，一旦发现承发包合同中存在程序上不公平的条款，那么他们对业主兑现合同中规定的分配结果也将失去信心。

（3）承包商对承发包合同的公平感知在业主初始信任与合作之间起到部分中介作用。假设 H1b 得到支持且路径系数较大（0.621），说明业主的善意信任对合作具有显著正向影响，这与 Lui 和 Ngo（2004）的研究结论一致，即业主对承包商履行义务的意愿越有信心，他们之间越有可能形成紧密的合作；假设 H1a 未通过检验且路径系数只有 0.368，说明业主的能力信任对合作并没有显著影响。表 12-6 显示信任对公平感知（H3）、公平感知对合作（H4）都有若干作用路径被证实是存在的，说明业主初始信任通过承包商公平感知的中介作用对合作产生影响，而假设 H1b 得到支持，说明公平感知在初始信任与合作之间仅具有部分中介作用。另外，表 12-7 显示程序公平在初始信任与合作之间的总中介效应为 1.294，高出分配公平的总中介效应 0.778 很多，说明在传递与催化业主初始信任对合作积极作用方面，承包商的程序公平要比其分配公平发挥更为重要的作用。

表 12-7　公平感知两个成分的中介效应对比分析

公平感知的成分	具体路径	中介效应值	总效应值
程序公平	能力信任→程序公平→合作	0.713×0.657＝0.468	1.294
	能力信任→程序公平→分配公平→合作	0.713×0.541×0.762＝0.294	
	善意信任→程序公平→合作	0.497×0.657＝0.327	
	善意信任→程序公平→分配公平→合作	0.497×0.541×0.762＝0.205	
分配公平	能力信任→程序公平→分配公平→合作	0.713×0.541×0.762＝0.294	0.778
	善意信任→分配公平→合作	0.635×0.762＝0.484	

实践工作者强调，承发包双方之间成功的合作必然是以相互信任为基础的，但业主对承包商的信任并不一定会带来成功的合作，还取决于合同条款、信息沟通、相互承诺等多种因素，通常认为双方之间较高程度的信任更有利于优化合同

条款、加强信息沟通、相互做出承诺，从而减少不确定性、促使双方更好地合作，由此可见，承包商对承发包合同的公平感知仅是中介业主初始信任对合作积极作用的因素之一。另外，我国建筑市场的现有施工企业中，绝大部分的技术能力和管理能力相差不大，相比能力而言，诚信或善意在合作中的积极作用更被业主重视，这一工程实践中的现象与假设 H1a 未通过检验而假设 H1b 得到支持相吻合。

12.3.4 研究结论与管理启示

本研究借鉴供应链、战略联盟中公平感知的研究成果，提出了适用于工程领域的承包商对承发包合同的公平感知这一构念，其包含分配公平与程序公平两个维度，并运用 SEM 证明了承包商的公平感知在业主初始信任与双方的合作之间起到部分中介作用。基于实证分析结果，本研究对我国工程项目的业主提供以下三点管理启示。

首先，业主对承包商的初始信任是存在风险的，双方应该签订能够有效降低这种风险的承发包合同。业主初始信任只是一种快速信任，水平很高但容易破裂。由于承包商追求自身利益最大化的“经济人”本性及其所拥有的相机抉择空间，其给予业主初始信任的回馈既有可能是“投桃报李”，也有可能是“安分守己”（act dutifully），还有可能是“背信弃义”，正如 Lui 和 Ngo（2004）指出的那样，工程项目中充斥着不确定性以及合作伙伴采取机会主义行为的可能，承发包双方若要实现良好的合作，信任（trust）与合同保障（contractual safeguards）是缺一不可的，因此，业主在选择一个值得信赖的承包商的基础上，还需要拟定合同并为其注入承包商理性决策假设下的高惩罚、高激励的条款，从而合理设置保护业主权利感受的措施，最终实现快速信任向一般商业信任的转化。

其次，公平具有激励功能，业主应签订“权责利对等”“对承包商没有偏见和歧视”的合同以确保承包商较高程度的公平感知。目前，我国建筑市场属于典型的买方市场，承发包双方相对悬殊的地位使得承发包合同的公平性不尽如人意，从而引发承包商的激烈对抗或消极合作，不利于项目成功。事实上，承发包双方总是尽其所能地将交易向自己认为公平的状态或结果推进，只有交易双方均感知到公平存在时，合作才得以顺利进行。如果承包商对承发包合同感知不到公平，它要么减少对项目的贡献（如承担的风险、提供的增值服务），要么通过二次经营（不平衡报价配以变更、调价和索赔）增加其在本次合作中的回报，两种可能最终都会给业主带来损失。因此，为了促使双方更有效地合作，业主应致力于签订增强承包商公平感知的合同，该合同既要在结果上符合“权责利对等”的原则，还要在过程上保证“对承包商没有偏见和歧视”。公平的合同将阻断承包商“以牙还牙”的路径选择，使得承发包双方之间形成“投桃报李”的互惠关系，有利于实现承包商“安分守己”、项目实施“风平浪静”的理想状态。

最后，签订公平的承发包合同依赖于业主对承包商较高水平的初始信任，特别是善意信任。项目是组织中进行资源配置的一种手段，而并非简单的一次性任务，因此，项目管理应突破节约成本的局限，而着眼于价值增值。本研究建议业主选择更加公平的承发包合同事实上就是要缓解其过度防卫的状态，让业主适当放弃或让渡部分权利以激励承包商在合作中创造更多的价值，从而使业主从合作中获得的价值增值能够完全抵消其签订合同时放弃或让渡的权利，最终实现承发包双方的共赢和项目价值的提升；而信任能够稳定预期，是业主愿意在缔约时放弃或让渡部分权利的前提与基础。业主对承包商较高水平的初始信任形成于资格预审过程中对外部信号（承包商资格预审资料）的判断，然而，工程项目非重复博弈的特征使得这些外部信号不可避免地被打上机会主义的烙印。鉴于宋媚和张朋柱（2013）采用多重中介效应检验证实了，在电子政务环境下，特别是共享信息的双方缺乏充分接触的过程中，信任传递作用依然发生，本研究认为，工程项目资格预审的优化可借鉴电子商务与市场营销中基于公钥基础设施（public key infrastructure，PKI）的推荐信任传递路径，特别是在目前我国承包商能力相差不多的情况下，主管部门或行业协会构建起基于 PKI 的推荐信任传递路径后[①]，能够有效降低业主的信息搜寻和辨识成本，形成更适当的初始信任水平。

12.3.5 研究局限与未来研究方向

本研究仍存在不足之处：首先，工程项目中所关注的承包商公平感知是承发包合同签订时的，而非本次交易结束时的，致使其测量量表与供应链、战略联盟中的有一定差异，特别是程序公平部分，为此，本研究根据程序公平的概念，分析了 13 版合同、《中华人民共和国标准施工招标文件（2007 年版）》、1999 年版 FIDIC 合同进行工程领域程序公平测量条款的设计。虽然这在一定程度上降低了被试者回答问卷中各个题项的难度，但上述三个文件包含的内容太多且主要适用于 DBB 模式下的工程建设项目，致使该测量量表不够全面且适用范围有限。本研

① 理想的 PKI 平台应搜集并发布两类信息，即硬性指标和软性指标。前者如资质认证、奖项评选、行业排名等情况，后者包括失信行为记录和守信行为记录；然而，目前我国建筑市场欠缺守信行为记录部分，主管部门或行业协会构建基于 PKI 的推荐信任传递路径的目的即在于，搜集已完工工程项目中业主对于承包商守信行为的客观评价，并将此信息传递给后续工程项目的业主，以支持其资格预审工作的高效进行。

究仅是对承包商公平感知的初步研究，秉持了以点带面、抓大放小的原则，后续研究应致力于开发更加全面、准确的承包商公平感知测量量表，并应考虑开发其他模式下工程项目代理方（如 PPP 项目的投资人、EPC 项目的总承包商等）公平感知的测量量表。其次，本研究的自变量应为资格预审阶段的实时数据，中介变量应为缔约时的实时数据，而因变量应为施工阶段或竣工验收阶段的实时数据，但囿于成本、时间等条件限制，本研究用资格预审评价得分作为初始信任部分数据，后两者均采用截面研究的方法，致使研究结论的说服力相对较弱；在后续研究中希望有机会通过追踪研究不断积累样本数据，对理论模型进行更有说服力的实证检验。

第四篇

合同治理与关系治理的适配

PPP 项目是一个多主体参与的契约组织，其善治的实现有赖于正式的合同治理，同时，它也是一个社会网络组织，需要非正式的关系治理发挥作用，因此，在合同治理和关系治理整合的视角下考察 PPP 项目是非常必要的。本篇通过分析合同治理与关系治理的基本构成要件之间的交互作用，来探讨 PPP 项目中如何将两种治理途径配合起来使用以达到最佳的治理效果。以信任对事前信息不对称的治理为切入点，构建了基于信任提升与维持的 PPP 项目缔约风险控制的研究框架，旨在实现公私双方“信任—合理的行为或选择—信任”的良性循环，本篇主要分析了风险分担和控制两种“合理的行为或选择”：①关于风险分担与信任的交互作用，主要考察缔约阶段社会资本（信任是其最核心的要素）对合理风险分担的影响，以及有利于维持信任的合理风险分担保障性合同条款的设计；②基于本杰明·克莱因不完全契约理论中的自动履行的契约安排，将控制与信任的交互作用分解为缔约阶段初始信任对合同条款控制的影响，以及履约阶段合同履行控制与信任（感知）的互动，并尝试考虑了市场成熟度、私人部门角色感知的调节效应。

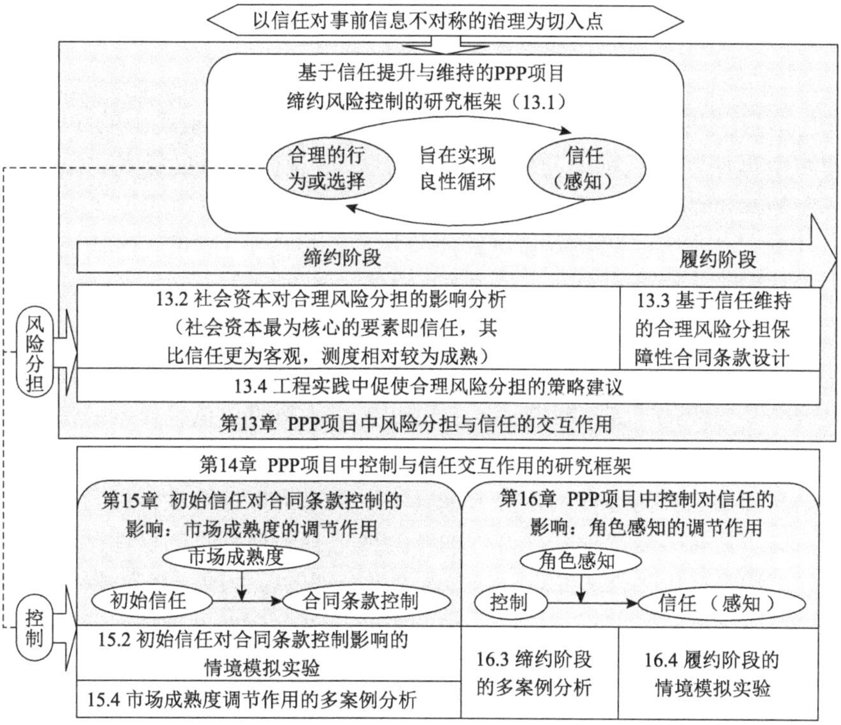

第四篇各章节之间的逻辑关系

第 13 章　PPP 项目中风险分担与信任的交互作用

PPP 项目的成功依赖于交易双方的精诚合作，而中国情境下的 PPP 项目通常以履约中再谈判的高发率与低效率为特征，其根源在于投资人关系专用性投资所引发的高度的缔约风险。契约经济学强调通过正式契约的优化来限制交易双方的机会主义行为，降低交易风险（包括缔约风险），但正式契约天然是不完全的，并且由于人的有限理性，契约期越长[①]，交易过程中的不确定性就越大，正式契约实现的可能性就越小，加之寻求法律上的补偿是很昂贵的（威廉姆森和马斯腾，2008），因此，交易双方更倾向于通过信任这种关系契约来弥补正式契约应对交易风险的不足（Yeung et al.，2012）。本章将以信任对事前信息不对称的治理为切入点，构建基于信任提升与维持的 PPP 项目缔约风险控制研究框架，包括以提高初始信任为导向的投资人选择，以及以维持持续性信任为导向的合同谈判与签订，旨在实现“信任—合理的行为或选择—信任”的良性循环；继而，针对一般工程项目中“合理风险分担”这一“合理的行为或选择”，探讨了初始信任（以社会资本替代）对合理风险分担的影响，以及合理风险分担保障性合同条款对持续性信任的维持；在此基础上，提出工程实践中促使发包人进行合理风险分担的策略建议。

13.1　研究框架的构建

本节将以信任对事前信息不对称的治理为切入点，提出依据 PPP 项目缔约过

① PPP 项目通常投资规模大、建设周期长，并且政府部门与投资人双方交易过程不仅包括建设期，还包括 5～30 年不等的回购期或特许经营期，因此，PPP 项目的契约通常具有长期性。

程中信任的动态演化规律来制定缔约风险控制策略的思路，包括以提高初始信任为导向的投资人选择和基于持续性信任动态演化的合同谈判（杜亚灵和闫鹏，2013）。研究成果可促使政府部门向投资人适当让渡控制权，从而为投资人营造良好的投资氛围，促使项目成功。

13.1.1　信任对 PPP 项目缔约风险的控制作用

多数研究一致认为，信任能够降低交易费用、限制机会主义，当与一个信任程度较高的交易对象签订正式契约时，其事后机会主义导致的损失通常会较小，因此无须刻意追求完备的合同条款而导致缔约成本的增加，然而，当与一个信任程度较低的交易对象签订正式契约时，其事后机会主义导致的损失通常会较高，需要签订尽量完备的合同条款，以增加的缔约成本来抵减事后机会主义可能导致的损失，因此，基于交易双方之间的信任可以签订更为合理的正式契约（以控制权分配为核心），从而在抵制事后机会主义的程度与缔约成本之间达到均衡，由此可见，信任能够降低缔约风险（图 13-1）。

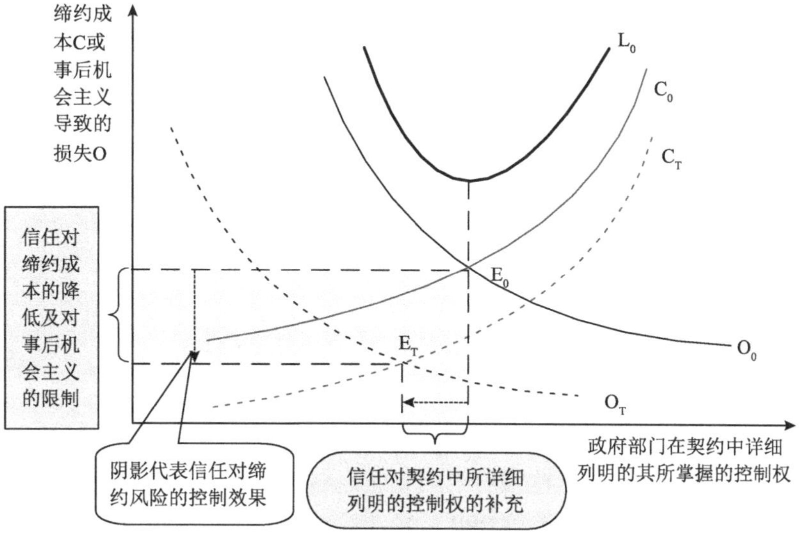

图 13-1　信任对控制缔约风险的作用示意图

C_0：信任较低时的缔约成本曲线，C_T：信任较高时的缔约成本曲线；O_0：信任较低时事后机会主义导致损失的曲线，O_T：信任较高时事后机会主义导致损失的曲线；L_0：信任较低时缔约成本与事后机会主义导致损失之和的曲线，L_T：信任较高时缔约成本与事后机会主义导致损失之和的曲线（图中省略）；E_0：信任较低时抵制事后机会主义的程度与缔约成本之间的均衡点，E_T：信任较高时抵制事后机会主义的程度与缔约成本之间的均衡点

13.1.2 PPP 项目缔约风险控制切入点的确定

契约理论认为，信息不对称是交易契约设计的最基本原因，而信任之所以能够降低缔约风险，是因为它能够治理交易双方事前的信息不对称，即信息经济学中所谓的“逆向选择”问题。信息经济学对于逆向选择问题的解决方案包括“信号传递”模型和“信息甄别”模型。前者是指处于信息优势的代理人向处于信息劣势的委托人传递某种信号使之识别自己的类型，本研究认为，其对应于工程实践中的招投标资格预审（prequalification）；而后者是指处于信息劣势的委托人提供多种契约，供处于信息优势的代理人做出最适合自己的契约选择，本研究认为，其对应于工程实践中业主与中标人的合同谈判（negotiation）与签订，只不过工程领域并不是通过从多种契约中做出选择，而是以业主招标文件中的合同条件为蓝本，通过交易双方在谈判中的不断妥协逐渐逼近最适合中标人的契约选择。

有鉴于此，本研究认为应以信任对事前信息不对称（即逆向选择问题）的治理为切入点，通过缔约过程中交易双方信任的提升与维持来降低 PPP 项目中政府部门的缔约风险，包括：①在招投标的资格预审中，政府部门以评判投标人是否“值得信任”为目的来设定更为合理的“信号”（资格预审的评审指标）和评价标准（资格预审的评审标准），从而使更值得信任的投资人进入本次交易的门槛，提高政府部门对投资人的初始信任；②在合同谈判和签订过程中，政府部门在关键节点上根据自己对投资人实时的信任状况做出适当的决策，同时，作用于信任的驱动因素以维持交易双方之间的信任，从而实现合同谈判中交易双方“信任—合理的行为或选择—信任”的良性循环。在此基础上，为我国 PPP 项目提出政府部门基于信任提升与维持的缔约风险控制策略建议。

13.1.3 PPP 项目缔约风险控制策略的制定思路

在中国管理情境下，降低 PPP 项目缔约风险最有效的途径即提升与维持政府部门对投资人的信任，以促使政府部门让渡足够的控制权给投资人，因此，本研究认为可以利用第 9 章所揭示的 PPP 项目缔约过程中信任动态演化规律来指导其缔约风险控制的工程实践，具体思路如图 13-2 所示。根据所揭示的 PPP 项目缔约过程中信任动态演化的规律，我们可以科学地确定交易双方之间信任提升与维持的重要着力点，进而为 PPP 项目中的政府部门提出行之有效的策略建议，以求帮助政府部门通过交易双方之间信任的提升与维持实现 PPP 项目缔约风险的控制。

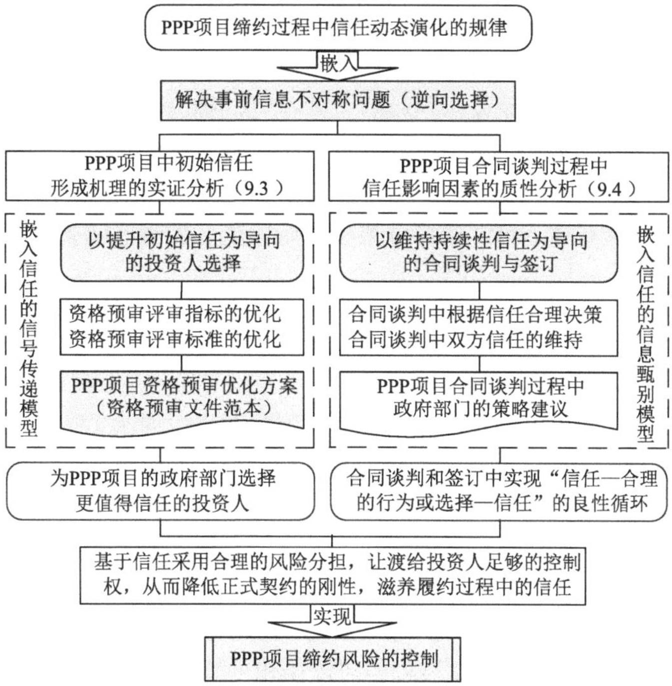

图 13-2　基于信任提升与维持的 PPP 项目缔约风险控制策略的制定

1. 以提升初始信任为导向的投资人选择

本书 9.3 节已揭示了 PPP 项目中初始信任的形成机理，该研究成果可用于指导政府部门优化 PPP 项目的资格预审，进而帮助其为 PPP 项目选择更值得信任的投资人。尽管 PPP 项目的合同周期可长达 30 年，但严格来讲，其仍是一种典型的临时性组织，即职能和专业上具有显著多样性和互补性的若干成员为了一个共同的任务而暂时合作，这些成员之间通常缺乏合作历史，但在本次合作中需要密切配合、相互依赖（Robert et al.，2009）。在资格预审阶段，由于时间紧迫，通常是零交往的政府采购人与若干符合条件的供应商之间无法掌握传统信任所需的足够信息，不得不在一定程度上放弃精确度较高的信息搜集、考证与逻辑分析，转而凭借政府采购人已有经验以及对各供应商的角色期待和少量信息形成一种“快速信任”，即临时性组织组建初期的信任状态，它更多的是基于角色的任务和专长而建立的（Robert et al.，2009；Adler，2007）。这种快速信任不同于传统信任，其认知的成分远高于情感或制度，甚至可以是一种直接输入的信任（例如权威方的推荐），因此也是非常脆弱的，但却对后续的信任产生强烈的影响（Robert et al.，2009）。本书 9.3 节的研究结论显示，PPP 项目初始信任的形成实质上就是当事人理性地获取关于交易对象的信息，并在据此判断交易对象充分行事的“可能性”时又不可避免地掺杂非理性因素的过程（图 9-3）；其中，理性的信息获取阶段显示，初始信任形成的三大途径包括权威方的推荐、他方的传递以及己方的认知。显然，上述结论与快速信任相关研究的结论是一致的，即快速信任是由外部信号（如声誉、角色、规则）和内在特质（如信任倾向、角色预期）共同决定的（Greenberg et al.，2007），也就是说，PPP 项目资格预审阶段形成的静态的初始信任其本质是一种快速信任。

2. 以维持持续性信任为导向的合同谈判与签订

在合同谈判与签订阶段，政府采购人与成交的供应商基于快速形成的初始信任达成规范交易过程的制度——合同，它为政府部门的目标实现以及权利感受提供了保障，最终促使快速信任向传统信任转化。Williamson（1996）认为，交易过程中主要存在的是算计性信任，即当事人有信息表明交易对象可能充分行事，同时他也有保护措施以保证可信的承诺，因此，具有快速信任本质的初始信任向具有传统信任本质的持续性信任的转化需要公私各方通过 PPP 合同为己方提供保护措施，以有效应对对方在交易过程中可能做出的“背信弃义”或者“投桃报李”行为。本部分将根据本书 9.4 节识别出的 PPP 项目合同谈判过程中信任的影响因素，得出政府部门在不同信任状况下合理决策的指导意见；根据本书 9.4 节分析得出的各影响因素间的作用路径，制定合同谈判过程中政府部门维持交易双方信任的行动方案；综合上述两部分成果，制定 PPP 项目合同谈判过程中政府部门的策略，该成果在工程实践中的应用可帮助政府部门根据自己对投资人的信任进行合理决策，同时通过采取适当的行动方案维持交易双方的信任，最终实现“信任—合理的行为或选择—信任”的良性循环。

综上所述，本研究为通过提升与维持 PPP 项目交易双方的信任来实现缔约风险的控制提供了研究方案。该方案的实现能够帮助政府部门通过向缔约过程中嵌入信任来降低正式契约的刚性，使得政府部门基于信任让渡给投资人足够的控制权，从而实现以缔约过程中交易双方的信任滋养履约过程中交易双方的信任，也为投资人营造良好的投资氛围，最终实现交易双方的“双赢”和 PPP 项目的成功。

13.1.4 以合理风险分担为例的缔约风险控制方案

如前所述，基于信任提升与维持的 PPP 项目缔约风险控制研究最终的目的在于，实现公私双方“信任—合理的行为或选择—信任”的良性循环，其中，合同谈判与签订阶段“合理的行为或选择”无非就是科学合理的合同设计，正如本书第二篇中指出的那样，其具体包括最优的利益分配、控制权配置或适当的合同条款控制和合理的风险分担，本章将以一般工程项目为例，重点探讨缔约阶段风险分担与信任之间的交互作用，而本篇的第 14、第 15、第 16 章则针对 PPP 项目缔约阶段和履约阶段控制与信任之间的交互作用进行深入探讨。

1. 工程项目中发包人不进行合理风险分担的原因分析

合理的风险分担对 PPP 项目成功的积极作用已获得普遍认可，但实践中公私双方却偏偏在合理风险分担方面不尽如人意，以我国相对成熟的工程承发包市场为例来说明这一悖论存在的原因。发包人通常也会在招标文件的合同条件中使用较多的免责条款，试图将风险尽可能多地转嫁给承包人，而在这种情况下，承包人为了能够中标并不会抬高投标报价，他们通常是采取“低报价高索赔”的策略，利用招标文件和合同条件中的“漏洞”为合同履行过程中的二次经营做好准备；继而，承包人在履约过程中动辄制造纠纷，发包人感觉麻烦不断，但出于降低交易成本的考虑，承发包双方会尽量避免通过仲裁或诉讼的方式解决纠纷，而倾向于通过双方的妥协与让步解决，发包人的让步必然导致承包人二次经营的成功和项目成本的增加；最终，发包人认识到承包人不够“安分守己”并因此造成己方投资失控，于是其防御性思维进一步增强并在该行业内不断扩散，导致后续工程项目的发包人更多地采用免责条款。在工程项目这一契约组织内，这种因发、承包人之间相互干扰、相互抑制、不够协调而造成无谓的消耗，进而削弱组织整体效益的现象，本质上是一种内耗效应，它在我国工程项目中普遍存在，并在工程领域逐渐形成一种恶性循环，阻碍了建筑行业的进步和社会总体财富的增加。

在工程项目的风险分担及合同拟定方面，发包人具有更多的主动权，而承包人仅有接受合同或退出竞争/交易两种选择。承包人明知合理风险分担的积极作用却依然倾向于在合同中采用免责条款，分析相关文献可知其原因主要为以下两个方面。

（1）风险分担不合理是履约双方中占主导的一方主观上不愿意承担风险导致的，即发包人风险偏好为风险厌恶，持此观点的如：Burnes 和 Coram（1999）指出，英国的政府部门在与私营部门合作的建设项目中总是避免承担责任，尽量将风险转移给私营部门；Swanson（2007）认为，在业主倾向于把风险转移给总承包商的同时，总承包商也会同样地将风险转移给低一级的承包商，这就导致对风险控制力最差、对决策影响最小的分包商承担着工程项目中的主要风险。

（2）风险分担不合理是发包人对承包人的不信任导致的，持此观点的如：Zaghloul 和 Hartman（2003）通过对加拿大建筑市场的实证研究发现，当交易双方信任程度较低时，业主倾向于在合同中设定免责条款进行不合理的风险分担，他们还认为，由于承发包双方缺乏信任而使其关系呈现对抗甚至敌对的情况下，其他优化风险分担的策略都可能会失效；Tuuli 等（2010b）指出，高度的信任可以使承发包双方不再过多地算计过失责任与追讨损失承担者，而是将更多的精力置于风险解决方案。

上述两种不合理风险分担的成因中，发包人的风险偏好是长时间形成的，不可能自发地改变，只能借助于政府主管部门出台的相关法律法规强制性执行或是通过行业协会的逐渐引导来促使发包人进行合理风险分担，目前我国政府主管部门已经有所行动，如13版清单相对08版清单而言，其重要变革之一即开辟了以合理风险分担为指引的合同价款调整新思路；而信任则是由行为或选择导致的潜在的心理状态，发包人可以通过优化其行为或选择来建立较高水平的信任，从而使发包人自愿地、无后顾之忧地进行合理风险分担，事实上，发包人不进行合理风险分担是一种过度防御的表现，因为它在合同签订之前占据绝对优势地位，一旦签订合同后则会因承包人的专业优势与信息优势而处于相对不利地位。

2. 缔约阶段风险分担与信任交互作用的问题分解

如前所述，根据 Williamson（1996）对算计性信任的界定，PPP 项目中信任的建立可分为两个阶段：其一，政府采购人在资格预审中获取外部信号并对其进行主观判断，从而形成水平较高但却非常脆弱的快速信任，即初始信任；其二，政府采购人根据己方掌握的少量信息预测成交供应商受信后可能的行为，并拟定惩罚其“背信弃义”行为、激励其“投桃报李”行为的合同条款，从而促使快速信任向传统信任转化，形成持续性信任。快速信任的形成能够使政府部门愿意进行合理的风险分担，而快速信任向传统信任的转化则能够解除政府部门采用合理风险分担方案的后顾之忧，最终促成 PPP 项目中合理风险分担方案的落实。对于前者，本书将在 13.2 节通过分析社会资本对合理风险分担的影响来证实工程项目中这一关系的成立；对于后者，本书将在 13.3 节通过分析惩罚承包商“背信弃义”行为、激励其“投桃报李”行为的合同条款来确保承发包双方的信任维持在快速信任时期的较高水平，进而确保合理的风险分担受到保护。具体研究内容如下。

（1）社会资本对合理风险分担的影响分析。社会资本是社会组织的诚信与准则，包括信任、规范和网络等，而信任则是社会资本最为核心的要素（Putnam，

1995），相关研究显示，社会资本直接决定着当事人之间信任的水平，特别是在信任建立的初始阶段。例如：Wang 和 Toshio（2005）指出，拥有社会资本越多的个体对他人失信的承受能力越强，越敢去相信他人；韩彦超（2019）的研究发现，社会资本可以提升个体的信任水平，在市场化程度较低的地区这一效应尤其明显。之所以验证社会资本而非初始信任对合理风险分担的影响，是考虑到初始信任是一个相对主观的东西，在实证类研究中不易于准确测度，而社会资本的测度相对较为成熟。

（2）基于信任维持的合理风险分担保障性合同条款设计。当业主基于对承包商的初始信任选择了合理的风险分担，随着项目的展开双方开始执行合同，承包商可能一直努力地工作，不辜负业主的信任，这当然是业主乐于见到的状况，但也有可能会做出辜负业主信任的行为，使得业主处于十分不利的位置。而合同中预先注入适当的柔性条款，可以使履约双方建立良好的合作关系并激励承包商努力地工作；预先注入适当的刚性条款，可以约束承包商，使其不轻易做出使信任破裂的行为。为了发现工程实践中业主经常采用且对承包商来说受用的合同柔性条款和合同刚性条款，本研究对经验丰富的实务工作者进行了两次访谈：第一次访谈旨在获取承包商得到业主的信任后可能会做出的行为列表；第二次访谈旨在获取业主对承包商上述可能出现行为的应对措施。

13.2　社会资本对合理风险分担的影响分析

本书 7.3 节证实了风险分担对工程项目管理绩效的积极作用，然而，工程实践中存在着一些与此相悖的现象。例如：采用了类似甚至相同合同条款进行风险分担的工程项目通常项目管理绩效相去甚远；某些工程项目在先开工后补合同，或不断补充修正合同且合同条款不严密的情况下依然取得了成功。这是因为经济活动是嵌入在社会关系中的，风险分担对工程项目管理绩效的影响依赖于工程项目所处的情境，特别是交易双方的社会资本。能够促使项目成功的风险分担才是合理的，而任何一个工程项目风险分担的合理性应在社会资本的视域下考察与判断。由此可见，揭示工程项目中社会资本对合理风险分担的影响，有利于引导交易双方制定更为合理的风险分担方案，从而促使项目成功，本节将尝试发现这一规律（杜亚灵和尹航，2015）。

13.2.1 研究假设的提出

风险分担属于契约范式下的治理，该类研究往往基于“经济人”的假设，通过以合同为核心的正式制度来应对已知的或潜在的交易风险（Williamson，1996），它不像社会学或社会经济学那样敏感于经济活动向社会关系的嵌入，这样就忽视了正式制度与非正式制度之间的互补关系（谈毅和慕继丰，2008），也导致了项目治理对工程实践中的很多现象解释力不足。于是越来越多的学者意识到，较之正式契约，以社会资本为核心的非正式制度对项目管理绩效也发挥着不可忽视的作用（Smyth，2008；杜亚灵和尹贻林，2012c），项目治理理论由经济学领域拓展到社会学领域是十分必要的。社会资本是指处于社会网络或更广泛的社会结构中的人们动员的能为自己（或组织）带来经济效益的社会资源，它以信任为基础、以互惠规范为内容、以社会网络为载体（马得勇，2009；谢继勇，2010），其中信任是社会资本最核心的要素。弗朗西斯·福山（2000）认为，社会资本是传统的物质资本、人力资本之外的资本要素，其经济功能关键就在于降低交易成本，带来更高的绩效；Dasgupta 和 Serageldin（2000）也指出，社会资本是原来我们忽略的，却对经济生活有重要影响的制度性因素。

不完全合同需要组合使用法院可强制执行的书面条款与依靠自我执行机制来保证履行的非书面条款，而后者能够降低缔约与谈判成本、减少法律制裁中的时间延误与噪声，因此，交易双方更倾向于依靠自我执行机制来解决履约中的问题，但如果交易双方的社会资本较小，则自我执行机制的范围将萎缩（蒋士成和费方域，2008）。有鉴于此，初始合同并非越具体越有利于交易效率的提高，而再谈判是否能够导致事后效率取决于交易双方的社会资本量。在社会资本较高的交易中，交易者经常在初始合同上合理地“战略性模糊”（strategic ambiguity），从而为再谈判预留更大的空间（Klein，1996），以此实现降低交易成本、提高交易效率的目的。基于上述分析，本研究提出如下假设：

假设 H3a：交易双方的社会资本越高，对风险初次分担的完备程度的要求就越低；

假设 H3b：交易双方的社会资本越高，越应该完善初始合同中的事后支持制度；

假设 H3c：交易双方的社会资本越高，风险再分担的规模就越大；

假设 H3d：交易双方的社会资本越高，越有利于提高风险再分担的实施效率。

此外，关于风险初次分担与风险再分担之间的关系可沿用本书 7.3 节中的研究假设：

假设 H1a：风险初次分担的完备程度越高，对初始合同中事后支持制度的要求就越低；

假设 H1b：风险再分担的规模越大，越有利于提高风险再分担的实施效率。

假设 H2a：风险初次分担的完备程度越高，风险再分担的规模就越小；

假设 H2b：初始合同中事后支持制度越完善，风险再分担的实施效率就越高。

基于上述研究假设，本研究涉及的主要变量及其间的逻辑关系可用图 13-3 表示。

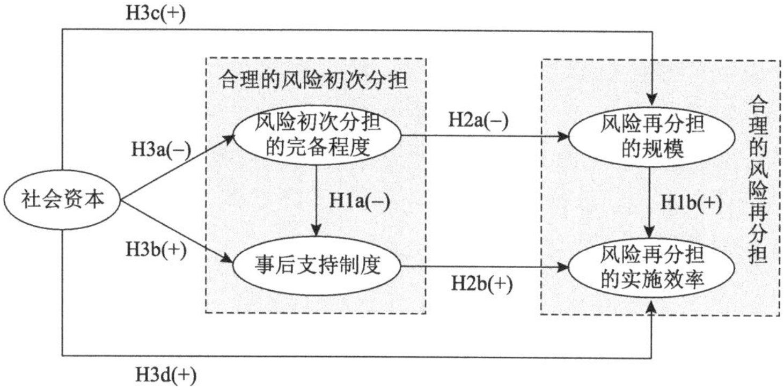

图 13-3　社会资本影响合理风险分担的理论模型

13.2.2　研究设计与研究方法

1. 样本和数据采集

为了排除项目复杂程度以及市场、技术等外部环境对工程项目中合理风险分担的影响，本研究选择北京、天津、武汉、广州 4 个地区近 3 年内的房屋建筑类政府投资项目为备选样本。在 4 个地区相关主管部门的协助下，首先通过工程项目管理绩效评价筛选出 30 个成功的建设项目作为本次研究的样本（其中北京 11 个、天津 5 个、武汉 7 个、广州 7 个）；然后确定各样本项目甲、乙双方主要负责合同签订与管理的 4～8 个专业人员，并邀请他们针对该项目的具体情况填答问卷，确保对各样本项目的风险分担和社会资本观测变量的准确评价。

本次问卷调查共计发放问卷 173 份，收回问卷 141 份，其中有效问卷 126 份，问卷的总回收率为 81.5%，有效率为 89.4%。通过问卷中受试者情况部分数据统计可知，53.2%的受试者来自工程项目合同的甲方（即政府部门），46.8%的受试者来自乙方（即承包商或代建单位），来自甲、乙双方的受试者基本持平可以有效避免不同立场对合理风险分担理解上的偏颇；受试者中本科及以上学历的占72.2%，工作经验在3年以上的占87.3%，参与了该项目的招投标、合同管理至竣工验收全过程的占83.3%，保证了本次问卷调查所采集数据的可靠性。

2. 测量量表及其信度和效度检验

基于上文对工程项目风险分担整体框架、社会资本内容的分析，通过参考现有的实证研究所使用的观测变量以及理论研究达成的共识得出本次研究的测量量表初稿。各观测变量均采用利克特5级量表打分法收集数据：“完全同意”或“很大”表示5分、“大部分同意”或“较大”表示4分、“一般”表示3分、“大部分不同意”或“较小”表示2分、“完全不同意”或“很小”表示1分。通过先后在本研究团队、合同管理实践工作者中的两轮小范围问卷前测，不断调整与完善问卷中各观测变量的描述，以最大限度地消除正式问卷调查中受试者的困惑与分歧，最终形成本研究测量量表，如表13-1所示。

表13-1 测量量表的变量来源及其信度和效度分析

潜在变量	观测变量	变量来源	Cronbach's α	CR	KMO值
社会资本	S1. 关系网络	该项目交易双方都在政府部门、建筑市场具有广泛的人脉和社会关系，并在需要时使用这些关系	0.734	0.734	0.854
	S2. 互惠规范	交易双方的行为都严格遵守一些成文的或不成文的规则或习俗，并根据对方可预期的行为决策	0.653		
	S3. 社会信任	该项目交易双方都是有信用、可信赖的，不用担心对方会采取投机行为损害我方利益	0.863		
风险初次分担的完备程度	C1. 全面性	合同条款将双方交易中存在的所有项目风险都进行了分配	0.752	0.721	0.852
	C2. 正确性	合同将风险分配给了最有能力管理并承受风险发生后的损失的一方	0.641		
	C3. 可执行性	合同中风险分担的相关条款用语规范、准确，不会引起误解	0.758		
事后支持制度	C4. 激励性	合同中风险分担与控制权配置、利益分配相对等，且风险承担者有承担该风险的意愿或偏好	0.726	0.683	0.636
	C5. 灵活性	合同中的风险分担条款具有弹性，留下了可调整的空间	0.573		
	C6. 再谈判机制的预设	在合同中对交易双方未来可能出现的分歧与争议约定了处理程序和原则	0.627		

续表

潜在变量	观测变量	变量来源	Cronbach's α	CR	KMO 值
风险再分担的规模	R1. 再谈判时间占实际工期的比例	合同执行过程中再谈判累计所用时间所占实际工期的比例	0.683	0.714	0.724
	R2. 再分担的风险范围	在合同执行过程中出现合同中未约定或者约定不明确的风险的量	0.627		
	R3. 合同价款调整幅度	合同执行过程中因风险再分担进行谈判而达成一致的工程价款调整总额度所占该工程项目总投资的比例	0.872		
风险再分担的实施效率	R4. 再分担的经济性	为了风险再分担而进行的谈判所花费的交易双方的资源的经济性	0.723	0.645	0.624
	R5. 双方的认可程度	风险再分担兼顾了双方的利益诉求，因而双方能积极地承担这些风险，没有推诿或逃避现象	0.616		

本研究采用 Cronbach's α 系数法对所得样本数据进行信度分析，通常认为 Cronbach's $\alpha \geqslant 0.7$ 属于高信度，达到 0.5 以上即合乎最低可接受水平的信度要求；Bagozzi 建议社会科学领域潜在变量的 CR 达 0.6 即可。利用 SPSS16.0 软件分析表明，本研究数据的信度符合要求（表 13-1）。而关于测量量表的效度水平可通过后文的验证性因素分析（即测量模型分析）来检验，通常认为观测变量在其测量对象上的完全标准化因子负荷可以接受的最低标准为 0.45，该值越大表明观测变量与潜在变量之间存在统计上的显著性越好，数据的效度就越高，但在此之前需要进行 KMO 检验，以确保本研究数据适合进行后续的因素分析。利用 SPSS16.0 软件分析得知，本研究各潜在变量的 KMO 值均大于其最低标准值 0.5（表 13-1），本测量量表总体的 KMO 值 0.618 亦大于 0.5，表明本研究数据适合做因素分析。

13.2.3　研究结果

1. 模型与数据的拟合

本研究选择 AMOS7.0 软件作为 SEM 的分析工具，模型拟合过程包括测量模型分析（即验证性因素分析）和结构模型分析，前者用于检验观测变量准确定义潜在变量的程度，而后者用于检验潜在变量之间作用的显著程度。由表 13-2 可知，各测量模型的拟合指数均符合其判断标准的要求，此外，其中各观测变量的完全标准化因子负荷均大于 0.7，并在统计意义上高度显著（t 绝对值 >1.96），无须对测量模型进行调整，因此，本研究各测量模型与样本数据的拟合度较好，可以进行结构模型分析。同理，表 13-2 也显示了本研究结构模型与样本数据的拟合度亦处于理想范围。

表 13-2 模型拟合指数判定标准及本研究模型拟合度检验

模型		绝对拟合指数					相对拟合指数	
		χ^2	*df*	χ^2/df	*p*	RMSEA	NFI/NNFI	CFI
判断标准		—	—	<2	>0.05	<0.08	>0.90	>0.90
测量模型	社会资本	150.48	132	1.14	0.293	0.047	0.902/0.925	0.937
	风险初次分担的完备程度	264.12	284	0.93	0.521	0.015	0.928/0.953	0.975
	事后支持制度	290.14	163	1.78	0.472	0.000	0.948/0.967	0.980
	风险再分担的规模	368.42	218	1.69	0.582	0.079	0.911/0.919	0.920
	风险再分担的实施效率	270.48	138	1.96	0.417	0.038	0.918/0.921	0.928
本研究结构模型		313.82	221	1.42	0.239	0.043	0.903/0.911	0.913

2. 假设检验结果

本研究各潜在变量之间结构关系的假设检验结果如表 13-3 所示。通常认为，参数统计量的估计值应达到显著水平（t 绝对值>1.96 或 p<0.05），标准化路径系数最好介于 0.45～0.95，此时即可认为这一假设是成立的。当然，假设是否成立主要以参数统计量的估计值是否达到显著水平加以衡量，标准化路径系数越大表明两个潜在变量之间的作用强度越大。由表 13-3 可知，8 个研究假设中只有 H1b 没有通过检验。

表 13-3 假设检验结果

假设编号	假设描述	路径系数	*t* 值	结论
H1a	风险初次分担的完备程度→事后支持制度	−0.47	−5.47***	反向支持
H1b	风险再分担的规模→风险再分担的实施效率	0.16	1.19	拒绝
H2a	风险初次分担的完备程度→风险再分担的规模	−0.53	−6.85**	反向支持
H2b	事后支持制度→风险再分担的实施效率	0.73	8.87***	支持
H3a	社会资本→风险初次分担的完备程度	−0.65	−7.48***	反向支持
H3b	社会资本→事后支持制度	0.48	6.24**	支持
H3c	社会资本→风险再分担的规模	0.32	5.03*	支持
H3d	社会资本→风险再分担的实施效率	0.52	6.80***	支持

*表示显著性水平 0.05，**表示显著性水平 0.01，***表示显著性水平 0.001

3. 分析与讨论

为了进一步揭示工程项目中社会资本对合理风险分担的影响机理，本研究约访了本次问卷调查的 6 名受试者，并就表 13-3 所示的假设检验结果与他们进行了探讨。

（1）风险初次分担与风险再分担之间具有显著的互补关系。工程项目的风险分担由缔约阶段的风险初次分担与履约过程中的风险再分担两部分构成，假设 H2a 得到反向支持且路径系数较大（–0.53），说明了风险分担的这两个部分具有明显的互补关系；实践工作者也强调，当承发包双方签订较为粗糙的合同（即风险初次分担的完备程度较低）时，合同谈判与签订阶段的工作量与工作难度均会减小，但再谈判、变更、调价、索赔等合同管理工作量（即风险再分担的规模）往往会比较大，这一工程实践中的现象与假设 H2a 得到反向支持相一致。

（2）风险初次分担与风险再分担之间的联动关系。通过理论分析可知，初始合同的风险分担功能体现在两个方面：其一，以适当的完备程度定义风险初次分担的结果；其二，实现风险分担与其他治理机制的耦合，为履约过程中的风险再分担提供治理依据、拓展治理空间。假设 H1a 得到反向支持、路径系数为–0.47，说明上述初始合同的两个风险分担功能呈互补关系，即当风险初次分担的完备程度较高时，对事后支持制度的要求就可以适当放低。另外，假设 H2b 得到支持且路径系数较大（0.73），说明事后支持制度对风险再分担的实施效率具有显著促进作用。由此可见，合同中预设的事后支持制度是衔接风险初次分担与再分担的桥梁，能够实现风险分担两阶段的动态性与继承性，很大程度上决定了风险再分担能否有效弥补初始合同的不完全，对于工程项目管理绩效改善具有积极作用。实践工作者强调，合理的风险初次分担确实能够对合同管理过程（即风险再分担）起到规范作用，尤其是事后支持制度可以有效提高合同的自执行能力，是交易双方签订合同时应予以特别关注的。

（3）社会资本是风险初次分担时所需考虑的重要影响因素。假设 H3a 得到反向支持且路径系数较大（–0.65），假设 H3b 得到支持，路径系数为 0.48，如表 13-4 所示，社会资本对风险初次分担的完备程度的总效应为–0.65，对事后支持制度的总效应为 0.79，说明风险初次分担时应充分考虑社会资本这一情境因素。较低的社会资本意味着事后用以抑制机会主义行为的交易成本的大幅增加，出于总交易成本最小的考虑，就应该增加事前用以搜索与有效处理信息的交易成本，因此，交易双方签订的初始合同中应该规定完备程度较高的风险初次分担方案，而对事后支持制度的要求则相对较低；反之，较高的社会资本意味着事后用以抑制机会主义行为的交易成本的大幅降低，出于总交易成本最小的考虑，就应该减少事前用以搜索与有效处理信息的交易成本，因此，交易双方不必过分地追求风险初次分担的完备性，甚至可以刻意遗留一些风险的分担结果不做说明，以增强合同执行过程中风险再分担的灵活性，但对为风险再分担提供治理依据的事后支持制度就具有较高要求了。实践工作者强调，对于声誉良好、实力雄厚或者有过愉快合作经历（即社会资本较高）的交易对象，合同谈判与签订过程中的分歧与猜忌会很少，双方对合同条款的要求会略有降低，更多的是在合同中规定交易的规则；反之，双方会浪费大量时间在合同具体条款的内容或文字表述上，甚至希望签订一份能够处理施工过程中所有事宜的合同，由此可见，工程实践中初始合同的签订也是充分考虑交易双方的社会资本的，这与本研究结果一致。

表13-4 社会资本对合理风险分担各要素的效应分析

要素名称	效应类型	具体路径	效应值	总效应值
风险初次分担的完备程度	直接	社会资本→风险初次分担的完备程度	−0.65	−0.65
事后支持制度	直接	社会资本→事后支持制度	0.48	0.79
	间接	社会资本→风险初次分担的完备程度→事后支持制度	0.31	
风险再分担的规模	直接	社会资本→风险再分担的规模	0.32	0.66
	间接	社会资本→风险初次分担的完备程度→风险再分担的规模	0.34	
风险再分担的实施效率	直接	社会资本→风险再分担的实施效率	0.52	1.09
	间接	社会资本→风险初次分担的完备程度→事后支持制度→风险再分担的实施效率	0.22	
		社会资本→事后支持制度→风险再分担的实施效率	0.35	

（4）社会资本对风险再分担产生显著正向影响。假设H3c得到支持，路径系数为0.32，假设H3d得到支持且路径系数较大（0.52），如表13-4所示，社会资本对风险再分担规模的总效应为0.66，对风险再分担实施效率的总效应为1.09，说明社会资本这一情境因素对风险再分担具有显著的正向影响。较高的社会资本能够有效抑制事后机会主义行为，降低事后交易成本，提高风险再分担的实施效率，因此，该情况下交易双方倾向于将更多的风险分担工作量推迟至履约阶段进行；反之，当社会资本较低时，风险再分担的实施效率也较低，风险再分担的规模也较小。实践工作者强调，与声誉良好、正规化、社会关系丰富的对象交易过程中，即使需要处理的问题比较多，双方也很少会发生纠纷，更不会选择诉诸法律，通常都会依靠彼此之间的默契、行业内的规则甚至通过双方都认可的第三方调解来保证合同顺利执行，他们的经验与体会显然与本研究结果一致。

此外，假设 H1b 未通过检验且路径系数只有 0.16，说明风险再分担的规模与其实施效率并没有显著影响，经济学中普遍存在的规模效益在风险再分担过程中并不一定适用。由社会资本对风险再分担实施效率的效应分析可知，提高风险再分担实施效率的途径仅限于以下两种：其一，选择一个社会资本较高的交易对象；其二，在初始合同中定义较为完善的事后支持制度。

13.2.4　总结与管理启示

本研究以 30 个成功建设项目为样本，运用 SEM 揭示了工程项目中社会资本对合理风险分担的影响机理。基于实证分析结果，本研究对工程项目交易双方提供以下三点重要管理启示。

首先，交易双方对工程项目风险分担的认识应由静态的一次性过程向动态的可调过程转变。工程实践中通常把缔约阶段的风险初次分担视为风险分担的全部内容，认为应严格执行初始合同，并避讳或排斥再谈判、变更、调价、索赔、签订补充协议等。然而，初始合同天然是不完全的，并且由于人的有限理性，契约期越长，交易过程中的不确定性越大，初始合同实现的可能性就越小（威廉姆森和马斯腾，2008）。因此，履约过程中的风险再分担是非常必要的，事实上，工程实践中合同价款的调整本质上正是自然状态实现后合同双方根据风险再分担的结果所进行的利益分配方案的调整与优化。

其次，风险初次分担与风险再分担应被视为一个整体框架，以动态发展的思想来进行统筹安排与设计。风险初次分担天然是不完备的，但它可以为风险再分担预设制度和提供依据；风险再分担是风险初次分担的继承与发展，对其具有补漏、纠偏等功能，二者之间有效地衔接能够弥补初始合同的不完全，极大地拓展履约阶段项目治理的空间。据此，交易双方在风险分担过程中应注意两点：其一，风险初次分担过程应预留事后治理空间，合理预设事后支持制度；其二，风险再分担过程应从风险初次分担中寻找依据，并与其形成互补。

最后，社会资本是工程项目合理的风险分担过程中必须考虑的重要客观情境因素。社会资本是交易双方以及交易环境所固有的特征，短时间内不可能从根本上改变，业主只能选择社会资本较高的承包商，或者根据既定的社会资本选择合适的合同范本并调整合同条款。由于社会资本能够有效降低交易成本，促进项目成功，因此，风险初次分担过程应根据社会资本合理选择其不完备程度、制定事后支持制度，而风险再分担的规模和实施效率除受到风险初次分担的影响外，也受到社会资本的显著影响。

本研究的有效问卷只有 126 份，未达到理论上所要求的数量，这在一定程度上可能会影响到实证分析结果的精确性，因此，本研究还需要通过不断增加样本容量来进一步完善。此外，本研究从完备程度和事后支持制度两个互补的角度来评价风险初次分担，并认为二者的均衡或耦合程度即初始合同的柔性。相关研究显示，合同柔性决定了交易双方在应对项目不确定性时的快速反应能力和拓展策略选择空间的能力（Cruz and Marques，2013a），其对合同执行效率乃至整个交易效率的提高具有积极作用，但合同柔性的精准描述和定量化研究却鲜有研究涉及，这一问题的解决是工程项目中合同设计与合同治理从经验主义迈向科学理论的关键。而本研究结果显示，风险初次分担的完备程度与事后支持制度都受到交易双方社会资本的显著影响，且前者的影响是反向的，后者的影响是正向的。这说明交易双方的社会资本或关系是该交易中合同柔性的先决变量：当交易双方社会资本较高或关系较好时，柔性较高的初始合同是恰当的，它可以为交易预留充足的再谈判空间以增加项目的增值路径；而当交易双方社会资本较低或关系一般时，柔性较低的初始合同才是恰当的，它可以有效限制交易双方的机会主义行为。综上所述，合同柔性的精准描述与定量化研究、如何根据交易双方的社会资本或关系质量来合理地确定合同柔性程度将是未来的研究方向。

13.3 基于信任维持的合理风险分担保障性合同条款设计

本节将在文献分析的基础上，指出刚性和柔性的合同条款设计均能起到保护合理风险分担的作用，从而维持工程项目中的信任（杜亚灵等，2015c）。在此基础上，选取工程经验丰富的实务工作者 17 人进行了两阶段访谈：第一阶段的访谈旨在得出承包人受信后可能的行为，包括辜负业主信任的“背信弃义”行为、回报业主信任的“投桃报李”行为；第二阶段的访谈旨在得出可以有效应对承包人上述可能行为的刚性或柔性合同条款。综合上述两部分研究结果，得出工程项目中为业主采取合理的风险分担方案提供保障、维持双方信任的合同条款设计策略建议。

13.3.1　文献分析

1. 信任维持的合同条款设计途径分析

分析工程项目中信任维持的相关文献，可总结出以下三大类途径。①从交流与了解的视角维持工程项目中的信任。例如：Kadefors（2004）指出，在项目早期项目团队的建立过程（项目的各方是否在此过程中对彼此的目标进行了解）和对项目的广泛交流能够影响项目中参与者的行为，因此，以信任为基础的合作更容易产生和保持；Jin 和 Ling（2005）也提到了工程项目有效的沟通对信任具有巩固作用。②从情感的视角维持工程项目中的信任。例如：Kadefors（2004）强调直觉、对另一方的行为做出敏感的反应（表示出尊重和关心）对信任的发展的重要作用；Ochieng 和 Price（2010）肯定了相互尊敬能够增进项目参与者之间的信任。③从制度的视角维持工程项目中的信任。例如：Jin 和 Ling（2005）建立了一个工程项目信任提升模型，包含 16 个提升信任的因素，其中包括举行正式的研讨会以增进双方之间的关系、采用联合问题解决制度、坚持已经定义好的角色与责任和采用过程评估制度等，这些因素强调建立正式的机制与制度对提升工程项目中的信任的作用；Maurer（2010）认为，建立客观与透明的奖励机制对工程项目中信任的维持具有重要作用。

上述维持信任的三大类方法与学者 Wong 等（2008）建立的基本的信任框架相吻合。该框架分为三个维度，即基于制度的信任、基于认知的信任和基于情感的信任。基于制度的信任强调不因个体事由而改变的正式的和程序化的协议，其中组织政治、组织制度和合同协议是其主要的三个属性；基于认知的信任指通过交流认识到个人或组织的相关情况之后，而对其持有的信心，包括交流和认识两个属性；基于情感的信任被描述为连接个人之间的情感纽带，它强调个人愿意对他人投入情感和彼此之间的体贴周到，包括体贴周到、情感投资两个属性。以上三个维度的信任分别是从经济学、管理学和心理学的视角对信任进行界定的。本研究将专注于通过制度设计，特别是合同条款设计来维持承发包双方的信任。

2. 风险分担保障性合同条款的文献分析

通过文献分析可知，保障一项意图实现的途径主要有两种，即激励与约束，而在工程项目中，实现它们最有效的途径是合同设计，且“4.2 合同刚性与合同柔性”已论述过，实践中的合同通常是刚性与柔性以一定配比共同存在，即既包括刚性条款，又包括柔性条款，它们的积极作用正是约束与激励。事实上，合同中柔性条款与刚性条款的注入也能起到维持交易双方信任的作用。

合同中柔性条款的注入具有以下功能：①有助于履约双方建立长期的合作关系（Nystén-Haarala et al.，2010），柔性条款使合同有了对一种不确定性的应对机制（Cruz and Marques，2013a），有了这种机制后，发承包双方会对处理项目进行过程中的不确定事件变得更有信心，并且认为导致双方摩擦的可能性事件也会减少，从而双方更倾向于合作，将对抗关系转为伙伴关系；②合同中加入柔性条款提倡考虑双方的互惠互利（Nystén-Haarala et al.，2010），当一方认为利益受到保护时，会更认真地工作，因此，柔性条款可以起到激励作用。这两个功能与信任的关系为：首先，相互合作的伙伴关系能够产生信任等积极的成果（Jin and Ling，2005）；然后，合同中的柔性条款可能会使承包商认为自己受到了公平的待遇而认真地工作，这种激励机制能够让承包商不再采取机会主义行为，他会尽力地安分守己地履行义务，以能够在规定时间顺利完成项目甚至通过为项目创造额外的价值而获得合同中规定的奖励。所以，合同中的柔性条款可以正向地维持工程项目中的信任。

合同中的刚性条款的功能为：①从业主的立场上来看，合同中刚性条款的加入可以起到防卫的作用（Nystén-Haarala et al.，2010），比如合同中对质量、工期等事项明确的规定和履约保证方面的相关规定等，这种条款的制定一方面使业主有一种权利受到保护的感觉，另一方面使业主对结果可以预期，从而使业主的事前的专用性投资积极性加强；②合同中可以通过刚性条款明确对机会主义的惩罚措施，从而约束交易活动中的机会主义行为（Luo，2002）。这两个功能对于工程项目中信任的关系为：首先，当业主认为自己的权利受到保护且对项目结果可以预期后，它会认为项目进行过程中的风险降低了，从而增加信任（Laan et al.，2011）；然后，当合同中明确规定采取机会主义行为的后果后，承包商可能会认为在项目进行的过程中采用机会主义行为是得不偿失的，它不会超出合同规定的底线，进而不会轻易做出使信任破裂的行为。所以，合同中的刚性条款能够反方向地维持工程项目中的信任。

13.3.2 承包商受信后可能行为的识别

从天津理工大学和加拿大魁北克大学联合培养的项目管理硕士（MPM）学员及其同事中，征集具有 8 年以上工程项目管理经验的访谈对象共计 17 人，他们的详细情况如表 13-5 所示。第一阶段的访谈相对而言较为简单，只需根据受访者的角色定位提问以下问题，直至受访者认为“没有了”为止。①对于所就职单位类型属于业主的受访者：请您回忆您曾参与过的工程项目，承包商的哪些行为让您认为其是可靠的，或是它的行为超出了您的预期？这些行为令您觉得这样的承包商值得下次合作；承包商的哪些行为会让您感觉它非常不可靠并对其感到非常反感，以致下次不再想和它合作？或者下次的招标文件中会吸取经验加入一些免责条款？②对于所就职单位类型属于承包商的受访者：请您回忆您曾经参与过的工程项目，承包商在合同执行过程中的哪些行为会让业主开始防范甚至敌对？哪些行为会博得业主的信任和好感？该访谈在天津理工大学管理学院或受访者的工作单位进行，对每位受访者的访谈时间约持续 20 分钟；访谈前征得受访者同意，访谈员对访谈过程进行录音。

表 13-5　访谈对象的基本信息

<table>
<tr><th>样本取样分类</th><th colspan="2">类别</th><th>相应问卷份数/份</th><th>比例/%</th></tr>
<tr><td rowspan="4">所就职单位类型</td><td rowspan="3">业主</td><td>房地产企业</td><td>6</td><td>35.29</td></tr>
<tr><td>地铁建设公司</td><td>3</td><td>17.65</td></tr>
<tr><td>城市投资集团</td><td>2</td><td>11.76</td></tr>
<tr><td>承包商</td><td>施工单位</td><td>6</td><td>35.29</td></tr>
<tr><td rowspan="4">工作职务</td><td rowspan="2">业主</td><td>企业高管</td><td>2</td><td>11.76</td></tr>
<tr><td>一般项目管理者</td><td>9</td><td>52.94</td></tr>
<tr><td rowspan="2">承包商</td><td>项目经理</td><td>4</td><td>23.53</td></tr>
<tr><td>一般技术人员</td><td>2</td><td>11.76</td></tr>
<tr><td rowspan="2">工程管理专业学习和工作年限</td><td colspan="2">10 年及其以内</td><td>13</td><td>76.47</td></tr>
<tr><td colspan="2">10 年以上</td><td>4</td><td>23.52</td></tr>
<tr><td rowspan="2">学历</td><td colspan="2">本科</td><td>7</td><td>41.18</td></tr>
<tr><td colspan="2">研究生</td><td>10</td><td>58.82</td></tr>
</table>

对上述访谈获取的文本资料进行独立编码，在回报信任的“投桃报李”行为上的编码一致性的 Kappa 系数为 0.80，在辜负信任的“背信弃义”行为上的编码一致性的 Kappa 系数为 0.88；对上述独立编码过程中产生的偏差进行讨论，尽量达成一致意见；更换编码人员重复上述工作，以便对以上结果进行检查，并讨论上述过程中未达成一致意见的地方，若此次仍无法达成一致，即可将该行为剔除，最终得出承包商受信后可能的行为集合，如表 13-6 所示。

表 13-6 针对承包商受信后可能行为的访谈信息处理结果

分类	承包商可能的行为	解释	比例/%
回报信任的“投桃报李”行为	提出合理化建议	承包商以自己的经验针对设计、施工方案向业主提出建议，这些建议可能会降低工程的实际费用或提高工程经济效益	88.2
	承包人对发包人合同范围之外的要求积极响应	当业主提出的工作事项不属于合同规定的范围时（如额外的赶工要求、临时工程等），承包商积极配合，执行力强	58.8
	承包人超出预期的表现	承包商的表现达到合同规定必须达到的标准以上，两种典型行为是承包商提前竣工和承包商对于安全文明施工的高水平管理	29.4
辜负信任的“背信弃义”行为	欺骗行为	承包商做出了一些违背道德原则的行为，两种典型行为：业主指定材料规格后，承包商使用低档、伪劣产品以次充好；承包商未对业主支付的工程款专款专用	70.6
	自利行为	承包商出于自身利益最大化的考虑行事，导致业主的投资无法得到有效控制，两种典型行为即承包商频繁地变更和对业主的要求提条件	76.5
	不认真履行自己的义务	承包商不能认真履行合同的约定，造成质量不过关、进度拖延和安全管理出现问题	58.8

13.3.3 业主应对上述行为的合同条款分析

1. 访谈提纲

对上述 17 名受访者继续开展第二阶段的访谈（访谈提纲如表 13-7 所示），访谈程序与第一阶段的访谈相似，所涉及的承包商受信后的可能行为源于第一阶段访谈的分析结果。值得注意的是，通过访谈业主方的受访者了解可以有效应对上述承包人受信后可能行为的合同条款，并通过访谈承包商方受访者进一步验证或调整，这主要是考虑到合同本质上是承发包双方的一种合意。

表 13-7 业主应对承包商可能行为的合同条款的访谈提纲

分类	访谈主题	对业主方受访者的访谈提纲	对承包商方受访者的访谈提纲
回报信任的“投桃报李”行为	提出合理化建议	承包商在深化设计、工艺方法等方面提出合理化建议，通常这些建议的意义非常重要，比如它能降低实际造价或者提高工程经济效益等，您认为业主方在合同谈判阶段可以提供哪些激励因素，或者可以设置哪些条款，使其更愿意在施工过程中尽己方最大努力提出合理化建议？	在您参与过的工程项目中，您所在单位是否曾经向业主提出过合理化建议？你认为贵单位是出于什么动机提出的？您认为合同中的哪些条款会让您更愿意提出合理化建议？

续表

分类	访谈主题	对业主方受访者的访谈提纲	对承包商方受访者的访谈提纲
回报信任的“投桃报李”行为	承包人对发包人合同范围之外的要求积极响应	业主希望承包商对合同之外的要求积极配合，执行力强（比如让其赶工，他马上增加人员）。您认为业主可以在合同谈判阶段提供哪些奖励机制，哪些条款来使其能够积极配合？	对于业主有关合同范围之外的要求（比如要求您增加人员赶工、承担临时工程的工作等），您是否总是积极配合业主，执行力强？您认为，当业主提出合同之外的要求时，合同中的哪些条款让您更愿意积极配合业主？
	承包人超出预期的表现	以您曾多次承担工程项目业主角色的经验而言，您认为合同中的哪些条款更容易或更可能促发承包商超出预期的行为和结果（例如提前竣工、高水平的安全文明施工管理等）？	以您的经验而言，您认为承发包合同中的哪些条款能让您有竭尽所能超标准完成（例如提前竣工、高水平的安全文明施工管理等）的这种冲劲和欲望？
辜负信任的“背信弃义”行为	欺骗行为	业主对承包商使用的材料不合格或者未对业主的预付款或进度款专款专用，会感到非常反感。您认为在合同谈判阶段可以使用什么样的约束机制，设置哪些条款来防止这些行为的出现？	当然，业主在奖励的同时，也会有约束机制。比如业主在合同谈判阶段，会不会设计一些对专款专用的约束规定？如果发现业主支付的预付款或进度款没有专款专用，业主停止支付？
	自利行为	业主对承包商频繁地变更和当业主提出要求时，承包商总谈条件，会非常反感。您认为在合同谈判阶段能够提供什么样的约束机制可以制止承包商这些行为的出现？	比如业主在合同谈判阶段，会不会针对变更多设计一些约束规定呢？比如，规定不合理的变更业主不予批准或者××万元以下的变更业主不予批准
	不认真履行自己的义务	以您多次扮演工程项目中业主角色的经验，您认为哪些合同条款对承包商不认真履行自己的义务最有震慑或者限制作用？	在您参与过的工程项目中，是否有承包商由于投机、懒惰、疏忽、忙不过来等原因导致工程质量不过关、进度拖延或安全管理出现问题等现象？您认为合同中的哪些条款会促使您竭尽全力地去避免这些现象？

2. 资料处理

工程项目施工合同中的条款通常是以国内外合同范本为依据或者根据实际情况由承发包双方谈判形成的。虽然受访者是针对每一问题提出针对性的合同条款，承包商受信后的每一种可能行为的应对合同条款种类较少，但考虑到受访者使用的是较为通俗的或者口语化的工程语言，为防止分类有误，仍采用数据编码与归类的方法对获取的资料进行处理。①由 2 名研究人员分别对 3 类回报信任的“投桃报李”行为与 3 类辜负信任的“背信弃义”行为对应的合同条款进行编码，若发现其中所涉及工作为建筑工程法律法规禁止的事项，将其剔除；②2 名编码者对各自独立编码过程中产生的偏差进行讨论，尽量达成一致意见；③请另外 2 名研究人员对前 2 位的结果进行检查，对于之前仍未达成一致的地方予以讨论，将最终未达成一致的合同条款删除。经过上述检验，对上述承包商受信后的各种可能性为对应的合同条款的一致率均达到 80%以上。最终得出业主应对承包商受信后各种可能行为的柔性和刚性合同条款如表 13-8 所示。

表 13-8　针对业主应对承包商受信后可能行为的合同条款的访谈信息处理结果

<table>
<tr><th>分类</th><th colspan="2">承包商受信后可能行为</th><th>合同条款</th><th>人数/人</th><th colspan="2">条款类别</th></tr>
<tr><td rowspan="5">回报信任的“投桃报李”行为</td><td colspan="2">提出合理化建议</td><td>对于承包人提出的合理化建议降低实际造价或者提高工程经济效益可以量化的，给予承包人所降低实际造价×%的奖励，对于不能量化的，由发包人与承包人对该合理化建议所创造的价值进行商议后，给予承包人相应奖励</td><td>13</td><td>激励、事后商定</td><td rowspan="5">柔性条款</td></tr>
<tr><td colspan="2" rowspan="2">承包人对发包人合同范围之外的要求积极响应</td><td>当承包人对发包人提出的超出合同范围的合理要求积极响应时，发包人将对承包人已完成工程量按照约定周期及时计量，并且按照约定周期及时支付工程进度款</td><td>5</td><td>激励</td></tr>
<tr><td>对于合同范围之外的工作，根据实际发生的情况，按照国家的有关法律法规进行结算</td><td>4</td><td>事后商定</td></tr>
<tr><td rowspan="2">承包商超出预期的表现</td><td>提前竣工</td><td>对于承包人提前竣工的，提前的天数中每天给予承包人×万元的奖励</td><td>8</td><td rowspan="2">激励</td></tr>
<tr><td>对于安全文明施工的高水平管理</td><td>对于承包人安全事故率在×%以下的，没有出现扰民情况的，给予承包人×万元的奖励</td><td>8</td></tr>
<tr><td rowspan="6">辜负信任的“背信弃义”行为</td><td rowspan="2">欺骗行为</td><td>未专款专用</td><td>一旦发现承包人将预付款挪作他用，发包人有权扣留预付款做担保，发现承包人将进度款挪作他用，发包人扣留承包人的履约保函；情节严重的，终止合同的履行</td><td>7</td><td>保函</td><td rowspan="6">刚性条款</td></tr>
<tr><td>发包人指定材料规格后承包人以次充好</td><td>发包人指定材料规格，承包人使用劣质的材料，一旦发现，对于不影响项目使用的，按照所使用材料的实际价格结算；对于影响项目使用的，对承包人处于规定材料价格×%的罚款；对于项目交付后，使用者投诉材料质量存在问题的，对承包人处于维修费用 2 倍的罚款</td><td>7</td><td>惩罚</td></tr>
<tr><td rowspan="3">自利行为</td><td rowspan="2">频繁的变更</td><td>严格履行变更程序，对于承包人提出的变更，监理方需要审核变更的技术可操作性与经济实用性</td><td>8</td><td rowspan="3">明确规定合同事项及范围</td></tr>
<tr><td>发包人与承包人在合同谈判阶段严格界定合同的功能范围</td><td>4</td></tr>
<tr><td>发包人提出指令后，承包人先谈钱后施工</td><td>对于发包人下达的指令，承包商应先执行，承包人完成后，发包人应及时支付承包人相应价款</td><td>6</td></tr>
<tr><td colspan="2">不认真履行自己的义务</td><td>当进度款累计支付达到×%时，发包人会对承包人在质量、工期和安全文明施工等方面的表现进行综合评分，对于分数在×分以下的，对承包人进行罚款</td><td>11</td><td>惩罚</td></tr>
</table>

从表 13-8 可以看出：应对承包商回报信任的“投桃报李”行为的条款基本都属于柔性条款，合同谈判阶段可以用激励类、事后商定类的柔性条款促使承包商做出提合理化建议和表现超出预期等为项目创造额外价值的行为，使用事后商定类的柔性条款可以促使承包商积极地响应业主合同外的要求。这说明：①实际过程中业主提到的柔性条款包括激励、事后商定（再谈判）等类型，与经过文献研究的柔性条款类型大致一致；②在合同谈判阶段加入这些类型的柔性条款可以有效促使承包商做出不辜负业主的信任的行为；③具体来说，当业主希望承包商做出为项目创造额外价值的行为时，可以使用激励类和事后商定类的柔性条款，当希望承包商积极响应业主合同外的要求，可以使用事后商定类的柔性条款。

对于应对承包商辜负信任的行为的条款大多属于刚性条款，而且合同谈判阶段常使用惩罚类和保函类的刚性条款应对承包商的欺骗和不认真履行义务的行为，常使用明确规定合同事项及范围类的刚性条款来防止承包商做出自利行为。这说明：①刚性条款的种类主要包括惩罚类、保函类和明确规定合同事项及范围类等类型；②在合同谈判阶段可以使用这些类型的刚性条款来约束承包商做出辜负信任的行为；③具体来说，约束承包商的欺骗和不认真履行义务的行为，业主可以使用惩罚类和保函类的刚性条款，约束承包商的自利行为，可以使用明确规定合同事项及范围类的刚性条款。

13.3.4　研究总结

工程项目中信任维持机制是在理论界备受关注的一个问题，研究视角已有很多。与以往的文献相比，本研究有两点贡献：第一，提出通过制度的设计来维持工程项目中的信任，经济学研究的重点是稀缺资源的有效配置，而其实现的手段通常都采用激励与约束机制的设计（王晓州，2004），业主可以从这两个角度出发，对制度（即合同）进行事先设计，使承包商不会在项目进行过程中辜负业主的信任。第二，分析通过制度设计维持工程项目中信任的途径，业主可以在合同谈判阶段加入柔性条款激励承包商在项目进行过程中做出不辜负业主信任的行为，可以加入刚性条款约束承包商，使其不轻易做出辜负信任的行为，从这两方面入手，就可以对工程项目中信任的维持产生巨大的促进作用。

通常实际工作者都认为工程项目中，因为中标后招标人与中标人不能再改变合同条款的实质性内容，所以双方在合同谈判阶段就没有什么内容需要谈判了，也就无须在此阶段投入太多精力。事实上，这个阶段双方谈判是很有必要的，因为在不确定中标人的前提下，业主会根据所有通过资格预审的潜在投标人的大致平均水平编制招标文件，而最终的中标人可能会高于这个水平，也有可能低于这个水平，这就可能导致中标人的自身状况（自身的信任水平存在差异）与招标文件的合同条款预期对承包商实现的约束与激励程度之间存在一些差异，而双方可在合同谈判阶段调整这些差异，使最终的合同条款与中标人自身条件相吻合。本研究得出的业主出于信任维持目的的策略矩阵可以为双方的谈判内容提供大量的参考，尤其是条款中的数字部分，应是双方谈判的具体所在。

13.4 工程实践中促使合理风险分担的策略建议

虽然发包人已深刻认识到不合理的风险分担换来的只能是承包人的“以牙还牙”，最终导致我国工程项目中普遍存在内耗效应，但由于承包人追求自身利益最大化的“经济人”本性及其所拥有的相机抉择空间，发包人可以预知承包人对其合理风险分担的响应既有可能是“投桃报李”，也有可能是“安分守己”，还有可能是“背信弃义”，从而使发包人陷入合理风险分担的决策困境。本研究认为，发包人应通过提升与维持其对承包人的信任来破解此困境，而不应将过多的精力用于免责条款的设计。工程项目中信任的建立能够保证承包人出于自身期望效用最大的考虑，对发包人的合理风险分担做出“投桃报李”或“安分守己”的行为选择，而不会选择“背信弃义”行为，最终阻断了“发包人合理风险分担—无法实现工程项目预期目标”的路径。

根据上述信任建立过程的分析可得出对工程实践的如下启示（图 13-4）。

（1）在资格预审阶段，发包人应致力于选取适当的外部信号（即科学地遴选评审指标）和明确自身的内在特质（即根据信任倾向、角色预期等科学地设定评审标准），从而形成对承包人适当的快速信任。由此得出的策略建议包括：①发包人应高度重视资格预审工作，其评审指标和评审标准的设定切忌盲目照搬，而应根据市场平均水平以及发包人内在特质（如信任倾向、角色预期、风险偏好）科学地设定；②相应地，行政主管部门或行业协会应为决定信任的外部信号传递提供支持、营造氛围，以降低发包人在此过程中的信息搜集和信息分析的成本。

（2）在招标文件（含合同条件）编制过程中，发包人应拟定合理的风险分担相关条款，并致力于全面分析合理风险分担后承包人可能的行为集合，据此为合同注入承包人理性决策假设下的高惩罚、高激励的条款，从而实现快速信任向传

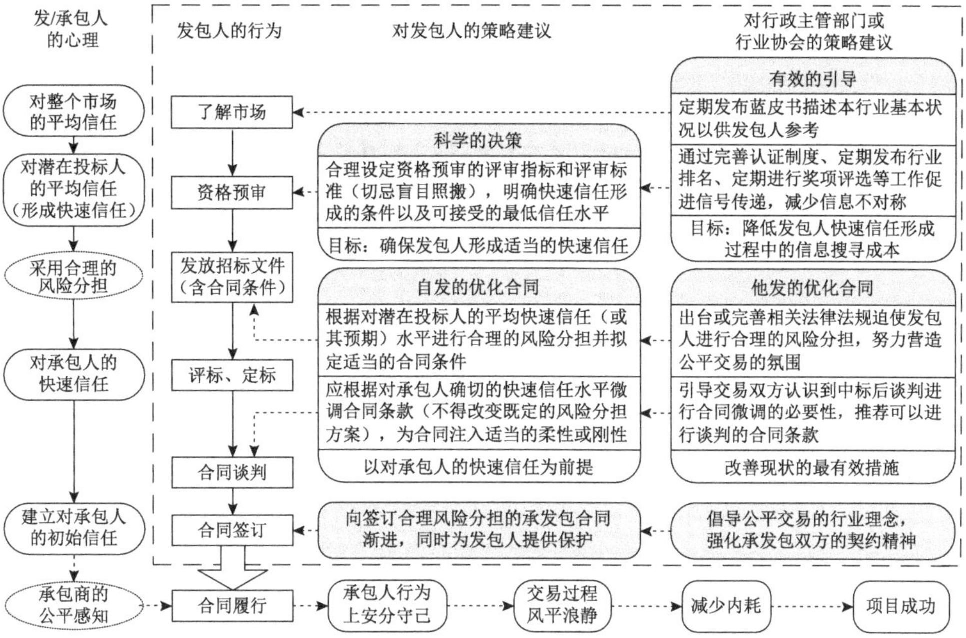

图 13-4　通过信任提升与维持促使发包人合理风险分担的策略建议

统信任的转化。由此得出的策略建议包括：①对于发包人而言，免责条款的采用并不能起到自我保护的作用，更不可能对项目管理绩效改善产生积极影响，发包人应该在招标文件中采用合理风险分担方案；②相应地，行政主管部门或行业协会应通过相关法律法规的出台或完善克服发包人风险厌恶的风险偏好，迫使发包人进行合理风险分担。

（3）在中标后、签约前的合同谈判过程中，承发包双方将针对发包人在招标文件中拟定的高惩罚、高激励的合同条款进行博弈，进而形成最终的承发包合同。由此得出的策略建议包括：①我国实践中的 DBB 项目很少在中标后、签约前进行谈判，很多发包人甚至不知道应该谈判些什么，而根据本研究结论，发包人应在不“背离合同实质性内容”前提下为合同注入诸如表 13-8 的保障性条款，以形成对承包人“背信弃义”行为的警示和对其“投桃报李”行为的激励，从而解除发包人合理风险分担的后顾之忧，表 13-8 是可供发包人选择的合同条款，各条款的取舍及部分条款中的未知数据部分都将是承发包双方谈判的焦点；②与此同时，行政主管部门或行业协会也应通过相关文件的发布、宣传等引导承发包双方认识到中标后、签约前合同谈判的必要性，甚至可以推荐可以进行谈判的合同条款。

第14章　PPP项目中控制与信任交互作用的研究框架

作为PPP项目中不可或缺的两种治理机制，控制只能实现敷衍履约，而信任可促成尽善履约，二者的交互作用必然受到市场规制的调节，并最终决定PPP的履约效果。只有揭示中国情境下PPP项目中控制与信任的交互作用机理，才能恰到好处地实施控制，从而在最大限度发挥信任作用的同时，将交易风险降至最低。本章将以自动履行的契约安排为切入点，构建中国管理情境下PPP项目中控制与信任交互作用的研究框架（杜亚灵等，2015d），后续两章则是在该研究框架下具体研究工作的实施，基于理论研究结果均提出了公共代理机构进行项目控制、政府进行市场规制的策略建议，其应用可实现中国PPP项目治理与市场规制的协同，从而克服履约困难，促使尽善履约。

14.1　科学问题的凝练

如前文所述，我国实践中PPP项目“履约困难”的现象普遍存在，自2014年在全国范围内大力推广PPP模式以来，这一问题的解决就更显迫切。根据本杰明·克莱因不完全契约理论，克服PPP项目履约困难的有效途径为自动履行的契约安排，即规定一种自动履约的范围，通过缔约双方的私人履约资本而使契约自动履行，其中的私人履约资本是通过法律的威慑作用和声誉的市场力量建立的，前者对应于控制，而后者对应于信任。本节将通过理论分析提出科学问题，并对相关文献进行综述。

14.1.1 问题提出

不完全契约理论认为，长期契约不再只是一种风险分担的工具，而被更主观地解释为，对于从事可信赖的联合生产的交易双方，减少或避免其在这种长期商业关系中“敲竹杠”风险的装置设计。为了确保长期契约的非强制执行[①]，一种适应性的、连续性的决策程序就成为必要，同时亦应避免契约的修正成为一种机会主义的谈判（威廉姆森和马斯腾，2008）。有鉴于此，交易双方不再追求完全契约，而只是规定一种自动履约的范围（self-enforcing range），依赖于缔约双方的私人履约资本（private enforcement capital）而使契约自动履行，从而形成一种随着交易时间的延续和交易的展开而不断修正的契约关系（Klein，1996）。在这种自动履行的契约安排（self-enforcing contractual arrangement）下，契约当事人一旦被观察到或被证实不履约（nonperformance）[②]，另一方即可实施个人惩罚（private sanction）而使对方的损失比其不履约所获得的收益更大。这种个人惩罚既包括依据合同实施的经济性报复、终止交易造成的关系专用性资本损失等单方惩罚，也包括声誉贬值造成的未来交易成本增加等集体惩罚，而理性契约人将因顾虑当前的经济损失和未来的潜在收益而选择非机会主义地履约。显然，私人履约资本是通过法律的威慑作用[③]以及声誉的市场力量建立起来的，前者对应传统的以合同为中心的控制，而后者则对应市场中基于推荐、传递与认知的信任。

控制与信任是抑制机会主义行为、降低交易风险的两种重要途径。其中，信任是交易双方进行合作的基础，但由于其动态演化特征，任何商业交易关系都不可能单纯地依赖信任得以顺利开展（Badenfelt，2010）；而控制是工程领域居于统治地位的保证履约途径，但对交易对象进行完全控制是不经济甚至不可能的（Atkinson et al.，2006）。因此，控制与信任在任何交易中都是共存的（Tuuli et al.，2010a；Brattström and Richtnér，2014），控制长于应对已识别的交易风险，而信任则有利于应对未知的交易风险，契约当事人须均衡采用上述两种治理机制（Osipova and Eriksson，2013）。然而，复合采用的控制与信任之间通常存在着显著的交互作用，除了控制与信任的方式选择与实施程度外，这种交互作用同样可以决定交易的成败（Liu et al.，2014a）；更慎重地讲，至少是可以决定交易双方的关系绩效（relationship performance）（Cao and Lumineau，2015）或关系品质

---

① 不完全契约理论认为，通过法院或第三方强制执行契约并非一种有效的途径。

② PPP 项目的长期性、公私双方共同组建 SPV 的治理结构使得其履约相比一般工程项目而言，具有更强的可观察性或可证实性。

③ 自动履约是指契约当事人依靠日常习惯、合作诚意和信誉来执行契约，这并不排斥法院在履行契约中的强制作用，尽管在执行契约中有可能不通过法院强制执行，但法律的威慑作用还是很重要的。

（relationship quality）（Ke et al.，2015），在追求自动履约的 PPP 项目中主要表现为私人部门的履约绩效。相关研究显示，集中反映 PPP 项目私人部门履约绩效的为再谈判，它不都是传统观念中所认为的基于机会主义的，还可以是基于合作的（de Brux，2010）；而在再谈判之外，履约绩效可以通过私人部门在关键事件上的合作行为是角色内行为抑或角色外行为来检验的（张水波等，2015）[①]。

公共部门在 PPP 项目中具有项目治理者与市场规制者的双重角色定位：公共代理机构对私人部门实施的控制与信任能够抑制其机会主义行为，属于项目治理的范畴，而政府对整个 PPP 市场的制度约束在很大程度上能够决定交易双方对彼此之间关系的预期，属于市场规制的范畴[②]，适当的契约设计及规制均是确保 PPP 履约效率的关键（赖丹馨和费方域，2010）；并且，契约治理与关系治理之间的相互作用必然会受到制度环境的调节（Cao and Lumineau，2015），因此，有效的 PPP 项目治理应是依据复杂的具体情境而定的（van den Hurk and Verhoest，2015），市场层面的规制可能是影响项目层面控制与信任交互作用的权变因素。相关研究显示，不同国家在制度体系、监管质量以及经验积累等市场规制层面存在一定差异，致使其 PPP 项目治理层面的客观规律不尽相同（Chou and Dinar，2015），于是，就有必要对中国情境下 PPP 项目中控制与信任的交互作用规律进行专项研究。

14.1.2 研究意义

从理论研究来看，正式契约与关系治理对改善绩效的互补作用虽已得到广泛认可，但二者之间的交互作用仍是模糊的（Cao and Lumineau，2015），揭示控制与信任之间的交互作用并考察其规制调节，是对不完全契约理论中事前部分可缔约的事后效率问题的进一步丰富与发展，有利于整合契约治理与关系治理，有利于提高项目治理理论对工程实践的解释力。从工程实践来看，我国新型城镇化发展战略为 PPP 提供了广阔的发展空间。2014 年 9 月以来，国家相关部门密集发布 PPP 的顶层制度设计文件并遴选示范 PPP 项目，在此背景下，本书成果对实践具有两方面指导意义：①在项目层面，能够为政府代理机构依据顶层制度设计、市场环境以及私人部门声誉进行科学的 PPP 控制（包括合理设计 PPP 合同条款控制、

---

① 角色内行为指承包方为完成分内的项目要求的必须行为，这些要求都明确规定在合同协议、补充说明等正式文件中；角色外行为指发包方或承包方自发完成的、超越了其所承担工作以外的对项目有益的行为。

② Chan 等（2010）、Rashid 和 Aziz（2012）等均将 PPP 项目的公共部门区分为 public agency 与 government 两个层级，前者为与私人部门缔结 PPP 合同的契约当事人，而后者则为对整个市场进行规划与控制的宏观管理者；张水波等（2014）认为，PPP 项目的规制即政府或其他特定实体对提供基础设施服务的私人部门的决策或行为施加的控制，其目标应该兼顾效率与公平，确保各参与方利益的均衡。

在履约过程中实施适当的控制）提供决策依据，从而提高 PPP 的事后治理效率，促使项目成功；②在市场层面，PPP 这种政府采购创新要求政府职能的转变[①]以及相应的市场规制（Lu et al.，2013），且 PPP 的制度设计与完善是一个循序渐进的过程，本研究成果可指导政府营造更有利于实现 PPP 项目善治的制度环境，从而实现私人部门声誉信号的高效传递，并在提高政府采购效率的同时兼顾公平。

14.1.3　文献分析

刚性的控制与柔性的信任是抑制机会主义行为、应对交易风险的两种重要途径，总结现有文献中关于二者之间关系的研究，主要散布在以下三个方面。

（1）将控制与信任并列，考察它们对合作、绩效等的影响。在供应链、外包服务等领域，控制被划分为基于契约的正式控制和基于信任的非正式控制，在对经济效果的影响研究中二者通常被相提并论。例如：Liu 和 Deng（2015）发现，内部环境风险减弱了正式控制与非正式控制对 IT 项目产品绩效的作用，而外部环境风险则增强了这种作用；王琦等（2014）发现，信任控制与外包合作绩效呈正相关关系，而契约控制与外包合作绩效的相关关系未得到实证支持。

（2）指出控制与信任是共存的，二者的均衡对顺利履约至关重要。延续了对契约治理与关系治理之间关系的探讨（Cao and Lumineau，2015），有研究论及控制与信任是互补抑或替代关系，如：Meng（2015）指出，随着承发包双方互信程度的增加，监视与控制（monitoring and control）可相应减少，而 Zwikael 和 Smyrk（2015）则认为，多一些信任在混乱的项目情境中更有效，而在较为稳定的项目情境中，多一些控制是更为有效的治理方式。上述两种结论均基于同一观点，即控制与信任是共存的，二者的均衡有利于项目的成功，明确提出此观点的研究如：Tuuli 等（2010a）通过案例分析发现，工程项目中正式控制与非正式控制、不同种控制机制都是共存的；Joop 等（2011）则在文献分析基础上提出，大型工程项目的成功需要控制与柔性的均衡，并开发了一个将计划与控制、柔性与响应性两种类型的管理有机结合的框架；Osipova 和 Eriksson（2013）通过调研两个工程项目发现，成功的联合风险管理（joint risk management）需要控制与柔性的均衡。

（3）考察控制与信任之间的相互作用，且认为其影响合作或项目绩效。Liu 等（2014a）通过案例分析发现，决定项目绩效的不仅是控制方式的数量，还包括不同控制方式之间的相互作用，基于契约的正式控制与基于信任的非正式控制之

① 要求政府由传统的“管理者”转变为“监督者、合作者”，政府职能定位即战略规划、政策设计、市场监管。

间相互作用的代表性研究包括以下三方面。①缔约后控制对信任的单向作用，如张水波等（2015）对“正式合同-承包方信任-合作行为”进行了实证分析，结果表明单纯通过合同来控制承包方会损害承包方信任；Brattström 和 Richtnér（2014）对 4 个组织之间产品开发合作项目的纵向研究显示，在保持高水平正式控制的情况下是很难促进善意信任的。②信任对控制的单向作用，其中针对缔约前的居多，如 Manu 等（2013）的质性研究发现，工程领域的业主通常过低估计了承包商的可信赖程度，而当业主对承包商的信用评价为现实主义（realist）时，它更倾向于采取控制引起的合作（control-induced cooperation），另有佘志鹏和乐云（2015）运用 SEM 证实了，工程项目中的信任对控制具有一定的影响，信任和控制都对项目成功具有重要影响；针对缔约后的较少，如 Tuuli 等（2010a）通过对我国香港地区 5 个工程项目的纵向研究揭示出信任对控制的微妙作用，即当信任水平较高时，行为控制和结果控制的应用很有限，而当缺乏信任时，其应用就会增加。③信任与控制的互动，其研究范围通常涵盖缔约与履约两个阶段，如 Yang（2013）的实证研究显示，业主根据其对承包商的信任程度实施相应强度的合同控制，而合同控制的强度又影响承包商对业主的信任程度，通过分析其信任量表可知，业主的信任即缔约前静态的初始信任，而承包商的信任则更多地表现出动态性，为履约过程中的信任。

通过上述分析可知，对于控制与信任之间关系的研究逐渐由并列、均衡深入至相互作用，根据现有研究所呈现的特征得出对本研究的启示如下。

（1）工程领域对控制与信任之间关系的研究通常基于一般的承发包关系背景，且多为实证研究或案例分析。然而，通过问卷调查获取的截面数据无法反映信任和控制的动态性，文档资料能记录项目中的各种控制措施，却未必能真实反映承发包双方实时的信任状况，可见，两类方法均忽视了控制与信任（特别是信任）的时间属性，这就导致该类研究鲜有将整个交易过程划分为若干阶段分别考察控制与信任之间交互作用的，并且仅考察控制与信任之间的单向作用关系而不涉及二者之间复杂的互动。鉴于此，本研究认为控制与信任交互作用的研究必须通过研究方法的创新来寻求突破，个别文献所采用的纵向案例研究（longitudinal case study）（Brattström and Richtnér，2014；Tuuli et al.，2010a）本质上是一种非参与式观察（non-participant observations），有必要增加对真实世界的介入和干预来改善研究效果，即采用交易者心理研究和行为分析的常用方法——行为实验。

（2）本书相关章节的研究结果显示，信任可划分为缔约阶段静态的初始信任和履约阶段动态演化的持续性信任，而控制在缔约和履约两阶段也有差别，合同条款控制是静态的、全面的，合同履行控制的实施强度是可以适时调整的、各种控制措施的落实是有时间先后的；且根据现有研究中控制和信任的描述或量表，均可明确区分其针对的是缔约抑或履约阶段。此外，现有研究通常考察控制与信任相互作用对项目成功（佘志鹏和乐云，2015）、项目绩效（Yang and Shuai，2012）的影响，然而，控制与信任是通过组织间合作关系或合作行为而间接贡献于项目绩效的（Meng，2015；张水波等，2015），因此，本研究用于检验控制与信任交互作用效果的是履约绩效。

（3）合同控制对信任的影响既有可能是积极的（Manu et al.，2015），也有可能是消极的（Brattström and Richtnér，2014），以往研究鲜有对现实中的这一悖论提供解释的，本研究认为，当前我国 PPP 顶层制度设计过程中颇受关注的若干规制要素可能是致使上述影响效果存在差异的关键权变因素；事实上，关键规制因素对 PPP 项目治理层面的影响已开始受到关注，如 Iossa 和 Martimort（2016）分析了相关公共部门贪腐与 PPP 合同不完全程度之间的关系，Yun 等（2015）考察了不同发起方式的 PPP 项目关键成功因素的差异。有鉴于此，本研究将通过分析我国相关部门已发布的 PPP 指导性文件得出若干关键规制因素，考察其对 PPP 项目控制与信任交互作用的调节效应，从而对我国政府 PPP 顶层制度设计做出解释，并依据制度环境及 PPP 项目特征进行更为有效的控制。

14.2　科学问题的分解

鉴于自动履约问题本质上是不完全契约中事前部分可缔约的事后效率问题[①]，PPP 项目中控制与信任的交互作用可分解为：在缔约过程中，公共代理机构对私人部门的初始信任决定合同条款控制；在履约过程中，公共代理机构依据其对私人部门的信任实施相应的合同履行控制，而该合同履行控制则会影响私人部门的信任感知，并最终决定其履约绩效。关键规制因素在缔约过程中通过影响当事人对交易成功的信心而发挥调节作用，在履约过程中通过影响双方对彼此之间关系的预期而发挥调节作用。本节将对科学问题进行分解，并在此基础上选择合适的研究方法。

---

① 蒋士成和费方域（2008）将不完全合同理论的模型分为四种类型：行动事前不可缔约而事后可缔约的事前效率模型、行动事前和事后都不可缔约的事前和事后效率模型、事前部分可缔约的事前和事后效率模型、收益事后不可证实的事前和事后效率模型。

14.2.1 基于自动履约的控制与信任的分析

自动履行的契约安排是为了避免“敲竹杠”的发生，然而，一旦市场条件发生的变化使得契约当事人发现在自动履约的范围之外，还存在一个比施加的个人惩罚损失更大的收益时，自动履约机制就会失灵，“敲竹杠”有可能会发生（Klein，1996），因此，自动履行的契约安排包括相辅相成的两部分内容，即自动履约范围的合理设定、私人履约资本作用的充分发挥。不完全契约理论认为：①契约中明确规定的自动履约范围必然是不完全的，还可能为交易的一方套牢另一方创造机会[①]，但其却可以对交易者非常有限的声誉资本进行补充，从而在事后市场条件容许变化的最大范围内使用自动履约机制，因此，交易者声誉资本的大小可用于决定契约中自动履约的范围，使得事前存在柔性合同（flexible contract）和刚性合同（rigid contract）两种可能的合同形式（Klein，1996）；②契约中明确规定的条款是可以通过法庭强制执行的，在自动履约范围之内主要是控制在保障履约，但控制只能实现交易对象的敷衍履约（perfunctory performance），而契约的不完全必然导致交易关系超出任何给定的自动履约范围，此时必须要依赖于信任来保障履约，信任有利于实现交易对象的尽善履约（consummate performance）[②]，因此，履约过程中应最大限度地发挥声誉这种私人履约资本的作用，同时必须通过适当的控制将交易风险降至最低，从而使自动履约机制以最经济、最有效率的方式运行。据此，PPP项目中控制与信任的交互作用亦可解构为两阶段进行研究（表 14-1）：缔约过程中初始信任决定合同条款控制，以及履约过程中合同履行控制与信任（感知）的互动及其对履约绩效的影响。由于契约为交易关系提供了一个参照点，交易当事人的履约行为是其从契约承诺中获得的权利感受的函数（Hart and Moore，2008），因此，本研究认为履约过程中的控制应以契约中的控制（即自动履约范围）为基准，否则私人部门的信任感知将受到折减，从而不利于最大限度地实现其尽善履约。

表 14-1 PPP 项目中控制与信任交互作用研究的解构

阶段	缔约	履约
内容	交易者通过明确的契约条款规定自动履约范围，从而在柔性合同与刚性合同之间权衡取舍	依赖另一方的私人履约资本而使契约自动履行，从而在尽善履约与敷衍履约之间权衡取舍

① 虽然明确规定的、可以强制执行的契约条款可能降低“敲竹杠”发生的可能性，但是，交易者也可能利用法庭只执行字面意义上的不完全契约条款而不能真正实现交易者事前的交易意图，从而使契约条款本身引发更大的、潜在的“敲竹杠”的可能性。

② Hart 和 Moore（2008）指出，尽善履约即双方在事后都本着互信合作的精神执行合同的本意，从而最大限度地实现交易目标；敷衍履约即双方在事后仅执行合同字面所描述并可证实的行动，从而使交易目标折减（shading）。

续表

阶段	缔约	履约
治理行为	依据交易对象的声誉资本合理设定自动履约范围，从而在节省缔约成本的同时，将契约条款对交易对象的负激励降到最低	最大限度地发挥声誉这种私人履约资本的作用，同时通过适当的控制将交易风险降到最低，从而使自动履约机制以最经济、最有效率的方式运行
控制	合同条款控制	合同履行控制
信任	能力信任、善意信任	能力信任（感知）、善意信任（感知）
控制与信任的交互作用	初始信任→合同条款控制	合同履行控制→信任感知/信任→合同履行控制
市场层面的权变因素	(1) 市场成熟度：市场上同类 PPP 项目的数量、是否建立 PKI 类似的声誉信息发布平台等； (2) 制度完善程度：PPP 操作指南、行业的合同范本、成功案例或示范项目等情况； (3) 决策谨慎程度：是否经过物有所值论证、是否通过财政承受力评估、是否有采购结果确认谈判等	(1) 项目获取途径：项目发起方式（政府发起或民间资本自提）、项目采购方式等； (2) 前期介入程度：社会资本介入时点、介入深度等； (3) 相对角色定位：社会资本的企业性质、是否有过合作历史、SPV 中私人部门的重要程度等
权变原理	影响公共代理机构对交易成功的信心	影响交易双方对彼此之间关系的预期

注：①自动履约范围为履约过程中施加个人惩罚提供依据，包括交易的边界、程序、解决争议的机制、谁应拥有权力，据此将合同条款控制划分为产出控制、程序控制两个维度。②在履约过程中，一旦契约当事人被观察到或被证实不履约，另一方即可施加个人惩罚，其中“被观察到”对应行为控制，“被证实”则对应结果控制

14.2.2　考虑中国管理情境的调节变量分析

相关研究显示，制度框架与市场状况影响当事人对交易成功的信心，因而对 PPP 关系的缔结起着决定性作用（Mota and Moreira，2015），而营销领域的研究早已证明，当事人对交易双方关系的预期不同时，其对同一行为刺激会产生不同的心理状态（寿志钢等，2011）。由于 PPP 项目是在特定的市场环境中进行的，市场层面的关键规制因素必然影响交易双方对交易的信心以及对彼此之间关系的预期，进而抑制或促进项目层面控制与信任的交互作用。Cao 和 Lumineau（2015）的研究表明，契约治理与关系治理之间的相互作用受到制度环境、关系类型（relationship type）、关系长度（relationship length）、合同缔结途径等多个因素的调节，同时，考虑到我国 PPP 顶层制度构建实况及其区别于其他国家的显著特点，本研究认为，在缔约过程中可能影响当事人对交易信心的关键规制因素如市场成熟度（由制度框架的建设与完善情况、成功案例或示范项目数量来区分）、决策谨慎程度（开展物有所值评价、财政承受能力论证工作的质量直接决定 PPP 项目的决策谨慎程度）；在履约过程中可能会影响双方对彼此之间关系预期的关键规制因素如项目获取途径（发起方式和采购方式的多样化使得项目获取途径存在区别）、相对角色定位（实践中 PPP 项目的社会资本呈现多种性质，且相关规定鼓

励具有良好合作经历的公私双方再合作，使得相对角色定位存在“父子”“兄弟”“朋友”“商人”四种类型）。

14.2.3 研究方法的选择

信任是由行为或选择导致的潜在的心理状态，而控制是受到契约当事人信任影响的行为或选择，二者都敏感于外界的刺激，具有较强的时间属性，然而，现有研究多采用基于截面数据的实证研究（Zwikael and Smyrk，2015；佘志鹏和乐云，2015）或基于资料分析的案例研究（Osipova and Eriksson，2013），将项目中的控制与信任视为一种静态的存在，无法反映二者之间复杂的互动关系。因此，拟通过行为实验对上述假设进行检验：鉴于缔约阶段实验的可复制性相对较强，将采用实验室实验（lab experiment）的方法，并对实验数据进行 SEM 分析；鉴于履约阶段强调实验参与者反应的真实性，将遴选适当的样本项目进行实地实验（field experiment），并对实验资料进行模糊集定性比较分析（fuzzy set qualitative comparative analysis，fsQCA）。行为实验的方法在工商领域已有较为成熟的应用，如寿志钢等（2011）在考察供应商行为控制对分销商信任感知的影响时就使用了实验手段收集数据，并且尹贻林和徐志超（2015）已尝试将其用于工程项目的研究中。

14.3 研究框架的构建与解析

本节将确定本研究的思路，并在此基础上分析具体研究内容和拟定研究方案。

14.3.1 研究思路的确定

通过上述分析可知，PPP 项目履约困难问题的解决必须将履约与缔约有机整合，使自动履约范围为自动履约机制的运行创造便利条件，而私人履约资本作用的发挥亦应以自动履约范围为参照。有鉴于此，将以 PPP 合同为纽带，将控制与信任之间的交互作用解构为两阶段进行研究，即缔约过程中初始信任对合同条款控制的作用、履约过程中合同履行控制与信任（感知）的互动及其对履约绩效的影响。鉴于本研究涉及交易者实时的行为选择和微妙的心理反应，以及二者之间复杂的互动关系，适宜采用行为实验的方法来确保其研究结果的真实性与精细化。在上述理论研究的基础上，为公共代理机构合理设计合同条款控制、履约中采取适当的控制行为提供决策依据，为我国政府设计与完善 PPP 顶层制度设计提供策略建议，以期通过市场规制与项目治理的协同促进我国 PPP 效率的提高。研究逻辑如图 14-1 所示。

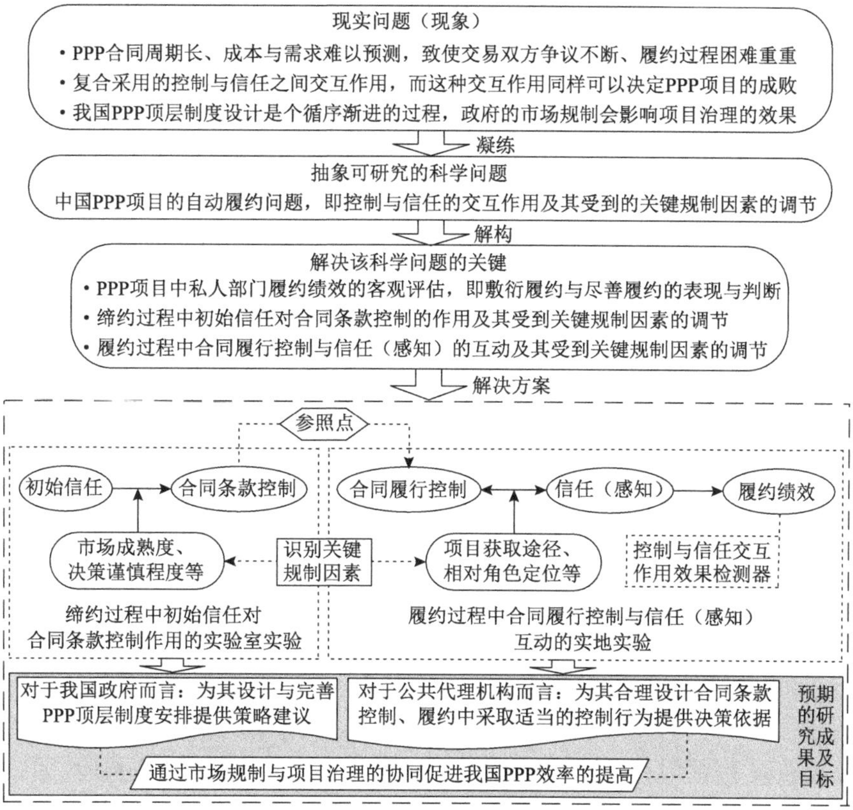

图 14-1　研究逻辑示意图

14.3.2　研究目标的确定

1. 揭示中国市场规制下 PPP 项目中控制与信任的交互作用规律

控制与信任是降低 PPP 交易风险不可或缺的两种治理机制，其中，控制是交易者可以自主决策的行为，而信任则是不能被完全掌控的心理状态，二者在不同的制度环境中呈现差异化的作用规律。这一客观规律具体包括：缔约过程中“初始信任→合同条款控制”及其受到的关键规制因素调节，履约过程中“合同履行控制⟷信任（感知）→履约绩效”及其受到的关键规制因素调节。该规律将贡献于合同治理与关系治理的耦合，是对项目治理理论的丰富与发展；它能够为交易者掌握信任感知的变化规律提供参考，为交易者实施适当控制提供决策依据，公共部门只有掌握它才能更科学地推进 PPP 实践。

2. 提出我国公共部门在项目、市场两个层面对 PPP 项目进行适当约束的策略建议

①本研究将依据中国情境下 PPP 项目中控制与信任的交互作用机理，提出公共代理机构在项目层面对私人部门进行适当控制的策略建议，包括根据对私人部门的初始信任合理设定合同条款控制、根据交易双方动态演化的信任适时调整合同履行控制的强度，以求控制的实施能够既不侵害信任这种心理状态，又能避免过度信任引发的交易风险，最终实现 PPP 的自动履约。②本研究依据关键规制因素对 PPP 项目控制与信任交互作用的调节效应，提出我国政府（中央政府及地方政府的 PPP 主管部门）在市场层面完善 PPP 顶层制度设计的策略建议，例如，为 PPP 操作指南（2014 年试行版的有效期为 3 年）、指导意见（含通用合同指南）等规范性文件的修订提供依据，为 PPP 市场的声誉形成与传导机制建设提供技术支持。

14.3.3 研究内容的分析

基于自动履约的理论演绎，将控制与信任之间的交互作用解构为缔约与履约两个阶段进行，并提出各阶段的理论假设；在建立履约绩效评估模型的基础上，通过行为实验获取中国情境下的 PPP 项目数据资料对上述理论假设进行检验，通过行为实验获取中国情境下的 PPP 项目数据资料对上述理论假设进行检验；据此提出公共代理机构对私人部门进行项目控制、我国政府完善 PPP 顶层制度设计的策略建议。本研究包含两部分内容，其与本书前述相关内容之间的逻辑关系如图 14-2 所示。

1. PPP 项目中私人部门履约绩效的观测事件识别与评估模型建立

为了检测控制与信任之间的互动对 PPP 项目自动履约的作用效果，必须对 PPP 项目中私人部门的履约绩效进行客观评估，而行为实验的方法要求该评估必须易于实施。有鉴于此，本研究将建立私人部门敷衍履约抑或尽善履约的判别式评估模型，其研究逻辑如图 14-3 所示。

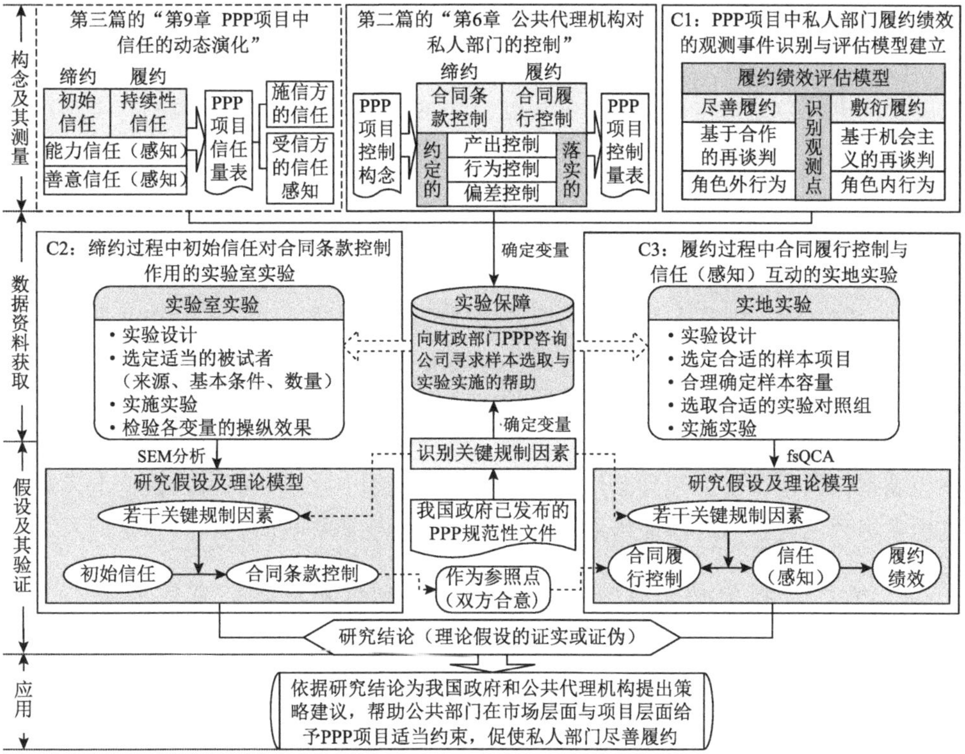

图 14-2 研究内容之间的逻辑关系

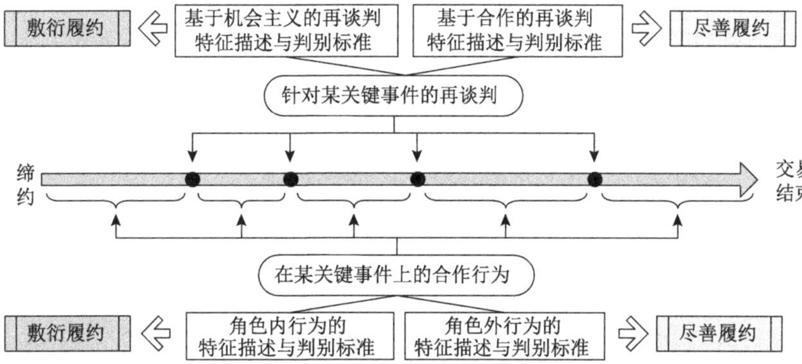

图 14-3 PPP 项目中私人部门履约绩效评估的研究逻辑

（1）PPP 项目中私人部门履约绩效的观测事件识别。分别选取若干个履约较顺利和较困难的 PPP 项目，对这些项目的负责人就以下议题进行半结构化访谈：导致公私双方展开再谈判的常见事件（如价格调整）、私人部门合作行为最不稳定的关键事件（如管理创新）；对访谈资料进行整理以得到 PPP 项目中私人部门履约绩效的观测事件初始集，通过专家研讨对其进行确认与精简，从而得出观测事件的最终集。

（2）各观测事件上私人部门履约绩效的判别。对上述 PPP 项目负责人就以下议题再次进行半结构化访谈：当各观测事件发生时，使公共代理机构感觉满意或不满意的再谈判或合作行为的特征描述；根据基于机会主义的再谈判、基于合作的再谈判以及角色内行为、角色外行为的内涵，整理访谈资料并组织专家研讨，从而提炼出各观测事件上私人部门敷衍履约（使公共代理机构不满意）或尽善履约（使公共代理机构满意）的判别标准。

（3）PPP 项目中私人部门履约绩效评估模型的调试。选取若干 PPP 项目进行非参与式观察，一旦发现观测事件发生即对私人部门的再谈判或合作行为进行记录，根据上述判别标准判断各观测事件上私人部门是敷衍履约还是尽善履约；在各观测事件后立即对公共代理机构负责人进行访谈，获悉其对私人部门履约情况是否满意，以便印证上述判断结果的准确性；组织专家进行研讨，根据上述观察过程中遇到的问题以及印证结果对该评估模型进行必要的调整。

2. 缔约过程中初始信任对合同条款控制作用的实验室实验

在 PPP 项目缔约过程中，公共代理机构根据私人部门的违约前科与履约表现形成初始信任，并以此作为合同条款控制的依据；此外，市场成熟度、决策谨慎程度等规制因素均会消减或助长公共代理机构在缔约过程中的信心，进而影响其进行控制的行为决策，由此推断，它们将抑制或促进初始信任对合同条款控制的作用。本部分将对上述设想进行实验检验，具体内容包括以下几个方面。

（1）实验假设的提出。在理论演绎与文献分析的基础上，提出 PPP 项目中“初始信任→合同条款控制”的各个假设；通过分析我国政府已发布的 PPP 规范性文件识别若干关键规制因素（如市场成熟度、决策谨慎程度等），并提出各个关键规制因素调节“初始信任→合同条款控制”的假设；综合上述各实验假设，得出缔约过程的假设模型如图 14-4 所示。

（2）实验设计与实施。鉴于亲身经历 PPP 缔约谈判或熟悉 PPP 合同的实践工作者较多，对于缔约过程的假设模型采用实验室实验进行检验，即通过严格控制无关变量、有计划地操纵自变量或调节变量来观察因变量的变化。根据假设模型中的关键规制因素设计不同的诱导场景，对某一特定初始信任状态下被试者的合同条款控制决策进行观察与分析，其中，初始信任和合同条款控制均采用本书前面章节所开发的量表；选择适当质量与数量的被试者进行上述实验，并在完成实验后检验各变量的操纵效果。

（3）实验数据处理及其结果的理论解释。对实验获取的数据进行信度与效度分析，以确保样本数据可以进行后续的实证分析；对“初始信任→合同条款控制”

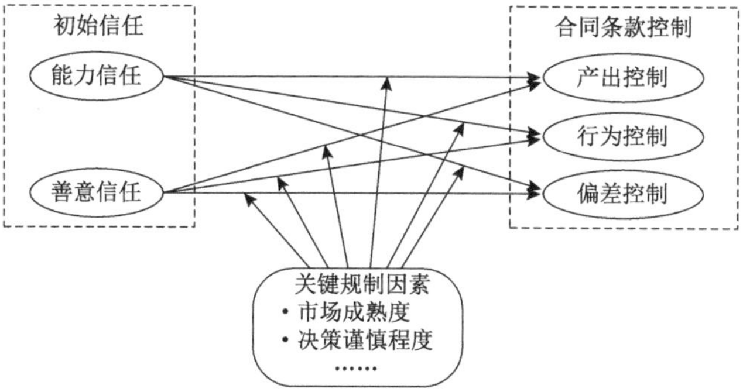

图 14-4　PPP 项目缔约过程的假设模型

以及关键规制因素对其调节作用进行 SEM 分析，经多次拟合与修正直至得出各拟合指数均符合标准的理想模型，据此得出其中各实验假设的检验结果并对其进行理论解释。

（4）管理启示与策略建议。邀请参与本实验的若干 PPP 项目实践工作者就实证分析结果进行讨论，从中得出 PPP 项目缔约的管理启示，在此基础上为公共部门顺利开展 PPP 提出策略建议，包括公共代理机构合理设定合同条款控制的行为建议，以及我国政府完善 PPP 市场声誉形成与传导机制、建立健全 PPP 顶层制度（如立法、操作指南）的策略建议。

3. 履约过程中合同履行控制与信任（感知）互动的实地实验

在 PPP 项目履约过程中，公共代理机构应以合同条款控制为参照点对私人部门实施合同履行控制，这种行为刺激势必对私人部门的信任感知产生影响，致使其在较高信任感知状态下选择尽善履约，而在较低信任感知状态下选择敷衍履约；同时，由于信任在交易双方之间的传递与循环，私人部门的信任感知通过影响其行为决策而不断更新公共代理机构对它的信任，这种信任又反过来促使公共代理机构调整合同履行控制。此外，项目获取途径、相对角色定位等将影响交易双方对彼此之间关系的预期，进而很大程度上影响其对交易对象行为的理解，由此可以推断，它们是调节合同履行控制与信任感知/信任之间关系的权变因素。本部分将对上述设想进行实验检验，具体内容包括以下几方面。

（1）实验假设的提出。在理论演绎与文献分析的基础上，提出 PPP 项目中“合同履行控制→信任感知”“信任→合同履行控制”“信任感知→履约绩效”的假设；通过分析我国政府已发布的 PPP 规范性文件识别若干关键规制因素（如项目获取途径、相对角色定位等），并提出各个关键规制因素调节“合同履行控制⟷信任（感知）”的假设；综合上述各实验假设，得出履约过程的假设模型如图 14-5 所示。

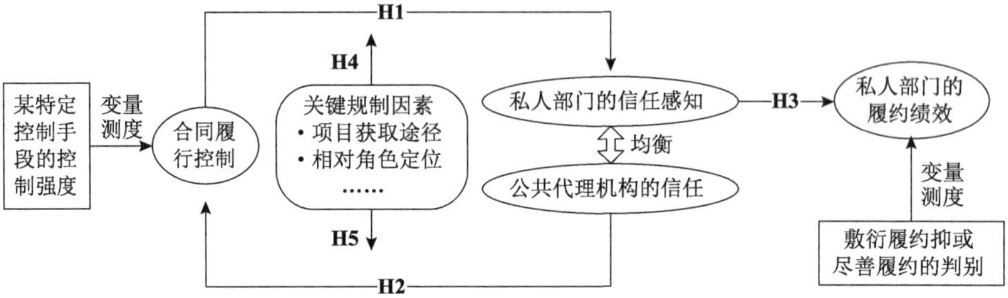

图 14-5 PPP 项目履约过程的假设模型

（2）实验设计与实施。为了更加接近现实，对于履约过程的假设模型采用实地实验进行检验，即在锁定的样本项目及其对照实验组中，通过施加某特定刺激来观察被试者不同的实验结果。对因果假设的验证可依据心理学的刺激-机体-反应（SOR）理论模型，采用组内设计（within-subjects design）进行实验，即在同一样本项目中改变某一特定控制手段的控制强度（刺激），以观察私人部门的信任感知和公共代理机构的信任（机体），及其后续的私人部门的履约绩效和公共代理机构重新调整控制的决策（反应）；而对调节假设的验证可采用组间设计（between-subjects design），以关键规制因素不同的样本项目为实验对照组进行实验；在文献研究与专家研讨基础上进行控制变量选择、观测要点确定等，根据本研究需求与实际情况选择适当的样本项目实施上述实验。

（3）实验数据分析及其结果的理论解释。对各样本项目的实验数据进行 fsQCA，即从实地实验所获取的案例资料中选取完整、可靠的；根据既有理论或观点确定各变量的校准原则并进行赋值，从而构建真值表；删除连续性小于 0.8 的案例编码后，运用 fsQCA 软件对各变量校准后的结果进行标准分析，从而检验各实验假设；组织参与该实验的实践工作者对上述分析结果进行讨论，从而对其做出合理的解释。需要特别指出的是，本研究履约阶段研究假设的检验拟采用实地实验获取实验数据，该方法能够观察到被试者较长一段时间内真实的、即时的反应，但实验过程中往往存在较多不确定因素的干扰，且很难收集到进行统计分析所要求的充足数据，对于其实验数据的处理不宜采用定量研究，特别是统计分析方法。而 fsQCA 是一种以案例研究为导向的理论集合研究方法，它综合了定性和定量两种分析方法的长处，将个案作为多个原因和所引起条件的结合体，强调通过实证资料以及相关理论的不断对话，从小样本数据中建构出复杂的因果性关系。其优势在于：①只需要中小规模样本数据；②能够充分注意到个案本身的异质性和复杂性；③能够分析多重条件并发原因（即一个条件对结果的影响同时取决于其他条件），并基于个案现象探寻逻辑条件组合。由此可见，fsQCA 是实地实验数据处理的最适合的方法。

（4）管理启示与策略建议。邀请参与本实验的若干 PPP 项目实践工作者就假设检验结果进行讨论，从中得出 PPP 项目履约的管理启示，在此基础上为公共部门顺利开展 PPP 提出策略建议，包括公共代理机构以 PPP 合同为参照点实施适当的合同履行控制的行为建议，以及我国政府建立健全 PPP 顶层制度（如政府采购的公平与透明）的策略建议。

14.3.4　研究方案的拟定

本研究拟采取的研究方案如图 14-6 所示，其中，行为实验的实验设计决定着研究工作是事倍功半还是事半功倍，对于研究结论的科学性和普适性起着决定性

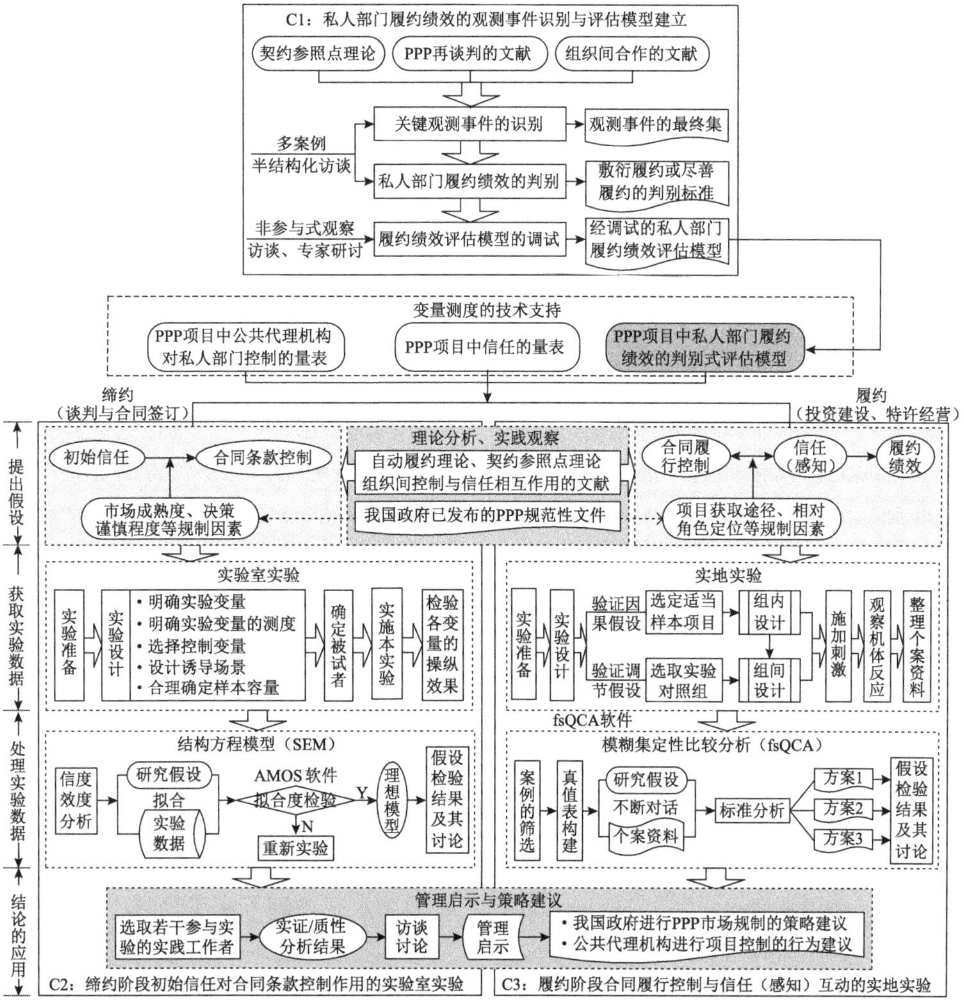

图 14-6　本研究的研究方案

作用；科学合理的实验设计必须与研究问题匹配，且具有较好的内在效度（即能够有效地控制无关变量）和外在效度（即研究结果能够推论到其他情境），因此，实验设计是本研究方案的重点和难点。

14.4 本研究的创新之处

本研究提出了一个研究框架用以揭示 PPP 项目中控制与信任之间的交互作用，以及在中国情境下这种相互作用受到的规制调节，所采用的研究方法为行为实验，研究成果可为交易者掌握信任（感知）的变化规律提供参考，为交易者实施适当控制提供决策依据。本研究的创新之处主要体现在如下三个方面。

1. 基于 PPP 这一独特的关系背景来考察控制与信任的交互作用规律

现有关于工程项目中控制与信任之间相互影响的研究均是基于“业主-承包商”关系背景的，尚未发现针对 PPP 的。然而，PPP 具有区别于承发包关系的显著特征：①PPP 是一种长期契约关系，交易双方是一种伙伴关系而非一般的委托代理关系；②本研究所谓的控制是指 PPP 项目中公共代理机构对进行关系专用性投资的私人部门施加的，而承发包关系中的控制通常是指作为出资方的业主对承包商施加的；③PPP 关系中的控制关注资产的获得或服务的交付明显多过于其具体实现过程。信任问题高度依赖于特定关系背景，因此，在不同的关系背景下考察控制与信任的交互作用规律必然也会得出具有明显差异的结果，由此可见，PPP 这一独特的关系背景必然导致科学问题及其解决方案的独特性，其研究成果必将为控制与信任交互作用问题贡献新知识。

2. 基于中国情境考虑关键规制因素的调节效应

现有关于工程项目中控制与信任之间相互影响的研究通常仅局限于项目层面，鲜少涉及市场层面的因素对这种相互影响的调节效应，致使研究结论具有较大分歧，如 Brattström 和 Richtnér（2014）认为高水平控制不利于信任，而 Manu 等（2015）则发现控制贡献于信任的发展，因为正式的控制和监视程序为各方提供了一个证明自己可信的平台；事实上，控制与信任均对外界的刺激敏感，特别是制度环境的变化，为了更全面、更真实地揭示 PPP 项目中控制与信任的交互作用规律，本研究拟基于中国情境考虑关键规制因素的调节效应。另外，我国政府自 2014 年 9 月密集发布 PPP 规范性文件，大力规制中国 PPP 市场，加之中国的传统文化、市场经济发展状况、现实国情等均使得我国政府对 PPP 的规制具有显著的中国特色，因此，本研究将为 PPP 项目履约问题研究贡献新成果，其成果对中国 PPP 实践的针对性更强、实用价值更大。

3. 采用行为实验的方法对理论假设进行检验

关于控制与信任之间交互作用的现有文献通常采用基于截面数据的实证研究或基于资料分析的案例研究，然而，截面数据无法反映信任和控制的动态性，文档资料虽能记录项目中的各种控制措施，却未必能真实反映承发包双方实时的信任状况，可见，两类方法均忽视了控制与信任（特别是信任）的时间属性。事实上，信任是由行为或选择导致的潜在的心理状态，而控制是受到契约当事人信任影响的行为或选择，二者均敏感于外界的刺激（即无关变量的干扰），有鉴于此，本研究拟采用行为实验的方法对研究假设进行检验，通过科学合理的实验设计排除无关变量的干扰，确保因变量的变化确为自变量引起的，从而对 PPP 项目中控制与信任之间的交互作用进行更为全面、细致的研究。

课题组试图按照本章提出的研究框架以及拟定的研究方案考察 PPP 项目中控制与信任的交互作用以及关键规制因素对其的调节作用，但因各种资源限制以及现实约束无法完全实现，谨将已经完成的部分研究成果在后续两章中进行阐述。

第 15 章　初始信任对合同条款控制的影响：市场成熟度的调节作用

PPP 项目的合同条款应在特定市场环境下，依据公共部门对私人部门的初始信任状况进行合理设定。为了揭示 PPP 项目中初始信任、合同条款控制以及市场成熟度之间的作用规律，本章将首先单纯地考察初始信任对合同条款控制的作用机理，然后，通过分析《2014 年 PPP 模式环境评价报告》建立中国 PPP 市场成熟度的评价指标，在此基础上，探讨市场成熟度对初始信任影响合同条款控制的调节作用。研究成果可用于指导公共部门根据市场、交易对象等实际情况量身定制更为适当的 PPP 合同，特别是其中的控制条款，同时，为政府部门做好入库 PPP 项目管理提供策略建议。

15.1　问题的提出与分解

自 20 世纪 80 年代开始采用 PPP 模式至今，我国 PPP 市场的发展并非循序渐进的，且在未来相当长的一段时期内，PPP 在我国仍有很大的提升空间。本节将分析我国实践中常见的 PPP 合同形成方式，基于此提出科学问题，并通过文献综述将该问题进行分解。

15.1.1　研究背景的分析

PPP 项目中的关系专用性投资大幅增加了私人部门采取机会主义行为的可能性，而合理的合同能够有效降低这种风险，因此，精心设计的合同对 PPP 项目成功至关重要。通过分析相关文献及报道中的国内 PPP 项目案例，合同形成的方式主要有以下四种。

1. 公共部门下发行政文件式的简短合同，其中仅列出核心条款

该类合同通常比较简短，仅对合作双方、项目范围、出资额及产品定价等要点进行规定，其无论从形式上还是内容上都更像是公共部门下发的行政文件，而不像市场交易形成的合同，常见于 20 世纪八九十年代公共部门与当地国企合作的 PPP 项目中。虽然采用该种方式形成 PPP 合同可以省去耗时较长的谈判阶段、节约交易成本及保障公共部门利益，但其往往给 PPP 合同执行埋下隐患：一方面，公共部门前期工作通常较为粗糙，且合同中不包含项目方案，甚至连项目目标也不够明确，致使其在合同执行过程中容易按照己方意愿随意做出更改；另一方面，由于合同中未能对交易的具体规则做出明确规定，公共部门往往通过下达行政命令的方式强行干预私人部门的履约行为，以实现己方即时的需求与意愿，进而违背了 PPP 项目中公私双方平等合作的基本原则（叶晓甦和邓云，2014）。例如，在泉州刺桐大桥 BOT 项目中，泉州市政府通过下发《关于泉州刺桐大桥及其附属工程建设的通知》与泉州市名流实业股份有限公司（民营内资企业）缔结了合作关系，该项目运营后，公私双方就收费年限、收费标准等问题争执不下，最终导致本应在 2025 年结束特许经营期的项目在 2015 年底即提前被政府回购。

2. 公私双方经过持久、艰难的谈判形成合同

合同本应为交易双方的合意，因此，公私双方通过多次谈判进而达成博弈均衡是一种较为合理的 PPP 合同形成方式，其合同通常较为详细、篇幅较长，不仅对项目的建设、运营期间双方的权利义务等进行明确规定，有些合同还以附件的形式详细列出了技术标准、商业方案、项目公司章程等。然而，由于现阶段我国一些公共部门对 PPP 模式的认识存在误区，将其单纯地视为一种融资途径或转嫁公共品供给责任的方法，致使公私双方在 PPP 合同签约前的谈判往往旷日持久，甚至陷入僵持不下的境地。此外，签订合同之前持久、艰难的谈判可能诱发公私双方在合同执行过程中的敌对态度，导致私人部门的机会主义行为。例如，在 2003 年签约的青岛海泊河和麦岛污水处理厂改建扩建项目中，公共部门对此项目态度的频繁转变导致项目合同谈判持续了很长时间，然而这种曲折的谈判虽最终以双方的各让一步终结，但合同执行过程中法国威立雅水务集团（本研究中的私人部门）为弥补谈判让步而带来的损失，其将用于污水处理的回用水管直接接到了自来水管道上，危及了公众健康。

3. 在行业主管部门发布的 PPP 合同范本的基础上“填空”形成合同

PPP 模式在不同领域的操作成熟度差异较大，其在投资规模较小而需求量较大的城市供水、垃圾处理等领域中，通常比投资规模大、需求尚未完全开发的地铁、水环境治理等领域中的项目数量多；此外，各个领域中 PPP 项目个体之间的差异也不尽相同，如地下综合管廊项目受城市规划、建设现状等因素影响，不同项目之间差异较大，而在污水处理等项目中，则仅存在规模、运营范围等不同。为节约交易成本、规范市场运作，在 PPP 模式应用较多且项目个体差异较小的领域，行政主管部门经过多年的经验累积编制了 PPP 项目合同范本，例如：建设部分别于 2004 年和 2006 年颁布了《关于印发城市供水、管道燃气、城市生活垃圾处理特许经营协议示范文本的通知》（建城〔2004〕162 号）及《关于印发城镇供热、城市污水处理特许经营协议示范文本的通知》（建城〔2006〕126 号），其附件中包括了供水、管道燃气、城市生活垃圾、供热及城市污水处理等五类特许经营项目的合同示范文本，其合同范本至今仍有使用。这些合同范本较为详细地列出了合同主要条款，公私双方在签订合同时只需将条款中关于项目规模等内容补充完整，再加入保险、履约保函等附件，即可形成完整的 PPP 合同。然而，此种合同形成方式仅适用于投资规模小、项目个体差异不大的污水处理、垃圾处理等项目，有的城市甚至将若干同类项目打包后进行招商，但并不适用于投资规模大、项目个体差异大的地铁、地下综合管廊等项目，该类项目的合同必须采用量身定制的合同，才能有效降低项目风险。

4. 公共部门在采购前根据单方意愿拟定合同，并将响应程度作为评审标准之一

另有一种 PPP 合同的形成方式为，公共部门出于保护自身权益及缩短采购周期的考虑，将事先拟好的符合自身意愿的合同条款作为采购文件的一部分发布，且不允许供应商提出异议，或虽允许其提出修改意见但在评审时酌情扣分，显然，这与一般工程项目的招投标极为类似，是由于我国实务界对 PPP 模式的认识有误造成的。例如，在大连城市中心区生活垃圾焚烧处理项目中，公共部门将项目合同作为采购文件的一部分，供应商可以在已有文本的基础上提出修改意见，但其修改意见会导致评审时被扣分。事实上，一般工程项目通常为“按需定制”，即在招标前业主即制定了明确的设计方案，承包商只需按图施工即可；而 PPP 项目则是在公共部门仅有一个明确甚至不够明确的需求时即可进行采购，鼓励私人部门

在前期可行性研究或设计阶段就介入项目[①]，使得不同供应商持不同的项目方案，采购的过程正是这些项目方案的优胜劣汰，否则将违背 PPP 欲借助私人部门的竞争和专业优势提高公共产品或（和）服务供给效率的本质（Cheung et al.，2010b）。

15.1.2　科学问题的提出

1. 合同条款控制不力往往是疏于考虑私人部门的初始信任状况导致的

通过上述 4 种方式形成的合同在其执行过程中往往会出现诸多问题，其本质上均为 PPP 合同中对私人部门进行控制的合同条款不力，可分为以下三类：①合同中的控制条款缺失，即合同中未对公私双方的权利义务进行具体规定，致使合同执行过程中其中一方越界，出现公共部门强行干预私人部门的履约行为或私人部门钻合同的漏洞以牟取私利，如泉州刺桐大桥 BOT 项目中公共部门向私人部门强势施加“建设增项”，使得私人部门的利益受到损害，最终导致项目被提前回购；②合同中的控制条款失效，即合同中虽然对公私双方的权利义务做了明确规定，但私人部门为了牟取私利逃避或推诿责任，更有甚者做出违背合同规定的行为，如在青岛海泊河和麦岛污水处理厂改建扩建项目中，虽在合同中规定了水质要求，但由于前期曲折的谈判积累了敌对的情绪，使得法国威立雅水务集团在项目运行后将回用水管接在自来水管道上，危及了公众健康；③合同中的控制条款过于严苛，即在合同中对私人部门的行为规定太过详细而使其失去了适当的空间和余地，如在“公共部门在采购前根据单方意愿拟定合同，并将响应程度作为评审标准之一”的方式中，即使供应商有可以提高项目产出效率的建议，为获得项目建设运营的权利，其往往不会在采购过程中提出这些建议，使得项目失去了在管理和技术上的创新空间。造成以上问题的共同原因为：我国现阶段 PPP 合同中对私人部门的控制条款仅仅是公共部门依据其单方意愿设计的，而鲜少考虑私人部门的实际情况，即公共部门对其的初始信任状况。事实上，公共部门对各个供应商初始信任的确定可通过资格预审实现，然而，我国现行的资格预审制度采用合格制，即只要满足条件的供应商均可参与采购，而后在签订合同时便几乎不再考虑对私人部门的初始信任状况。

---

① 在财金 156 号文和发改投资 2724 号文中，社会资本（即本研究中的私人部门）可以介入参与项目前期可行性研究、勘察设计等工作。

2. 现有研究认为交易一方应根据对另一方的初始信任状况确定控制条款

控制和信任是抑制机会主义行为、降低交易风险的两种重要途径。其中，控制是工程项目中较为传统的保障履约途径，其长于应对已识别的交易风险，然而，对交易对象进行完全的控制是不经济甚至不可能的（Atkinson et al.，2006）；信任则可以降低监督成本、减少事后“讨价还价”的资源投入（刘凤委等，2009），其有利于应对未知的交易风险，但由于其动态演化的特征，任何交易关系都不可能单纯地依赖信任得以顺利开展（Badenfelt，2010）。因此，控制和信任在任何交易中都是共存的（Tuuli et al.，2010a）。然而，复合采用的控制与信任之间通常存在着显著的交互作用，除了控制与信任的方式选择与实施程度外，其交互作用同样可以决定交易的成败（Liu et al.，2014a）。其中，在缔约阶段，其交互作用主要表现为初始信任对控制的影响（杜亚灵和柯丹，2019），相关研究表明，一般工程项目中当业主对承包商的初始信任水平较高时，控制的应用较为有限，而当缺乏初始信任时，其应用就会增加（Tuuli et al.，2010a）。然而，现有研究中尚未发现针对 PPP 关系背景的初始信任对控制影响的相关研究，且 PPP 项目的关系专用性投资使得其不同于一般工程项目，因此，本研究对 PPP 关系背景下，公共部门的初始信任对合同条款控制的影响进行研究。

3. 市场成熟度可能是调节初始信任与合同条款控制的权变因素

经济活动总是嵌入在一定的制度环境下进行的，因此，研究初始信任与控制的关系应以具体的市场环境为背景。相关研究显示，不同国家的制度体系、经验积累等市场环境方面存在一定差异，致使其 PPP 项目的风险分担等方面的规律也不尽相同（Chou and Pramudawardhani，2015），因此，不同国家市场环境下初始信任与控制的作用机理也可能是不同的。事实上，公共项目的契约治理和关系治理共同影响其管理绩效（严玲等，2016），且二者之间是相互影响的，这种相互作用会受到制度环境等因素的调节（Cao and Lumineau，2015）。此外，较为完善的法律法规及市场信誉平台等可以辅助 PPP 项目合同约束私人部门的行为，对于实力、信誉等方面相同的私人部门（即公共部门对私人部门的初始信任水平相同时），相比市场环境不成熟的情况下，当市场成熟度较高时公共部门可能不需对合同规定得过于详细。因此，市场成熟度可能是调节初始信任与合同条款控制的权变因素。

事实上，我国自 20 世纪 80 年代开始运用 PPP 模式至今，PPP 项目的市场成熟度在不断提高：在 2008 年之前，我国的 PPP 模式虽然有应用但数量较少，项目经验积累较为缓慢，此阶段的项目大多为地方政府的自发行为而无国家行业主管部门的支持与引导；由于 2008 年北京奥运会的需要，北京市政府采用 PPP 模式建设了“鸟巢”等一批基础设施，由此带动了其他城市采用 PPP 模式建设基础设施，实践部门积累了大量的项目经验；2014 年 9 月以来，国家大力推广 PPP 模式，行业主管部门开始密集发布 PPP 顶层制度设计文件，项目数量呈“井喷式”增长。综上所述，我国的 PPP 市场环境在逐渐成熟，然而，迄今为止，PPP 项目的顶层制度文件仅为“办法”“通知”等级别，针对 PPP 项目的立法尚未出台，我国的 PPP 市场成熟度仍存在上升的空间。此外，经济学人智库与亚洲开发银行于 2014 年联合发布《亚太地区 PPP 模式环境评价报告》，其将 PPP 模式划分为初生（nascent）、新兴（emerging）、发达（developed）、成熟（mature）4 个阶段，报告结果显示中国处于新兴阶段，与成熟阶段还相差一定的距离，且随着我国 PPP 模式的持续运用，市场成熟度也将不断提高。有鉴于此，有必要在探索初始信任与合同条款控制关系时，将我国不断变化的市场成熟度作为调节变量。

15.1.3　文献综述与问题分解

为了将科学问题进行分解，需要对相关文献进行整理与分析，从而得出研究启发。

1. 信任对控制影响的文献分析

关于信任与控制关系的研究范围通常涵盖缔约与履约两个阶段，其中，缔约阶段主要针对信任对控制的影响（Manu et al.，2013），履约阶段既包含信任对控制的影响（Tuuli et al.，2010a），又包含控制对信任的影响（Yang，2013），是一个互动的过程。本研究仅针对缔约阶段信任对控制的影响，相关研究可分为以下两类。

（1）将二者均作为单一维度的概念。此部分研究对信任与控制的关系存在分歧，其中，大部分认为信任对控制具有消极的影响。例如：Yang 和 Shuai（2012）开发了工程项目中一个关于业主的信任、承包商的信任、合同控制（contract control）和项目绩效之间的相互作用的理论模型，其对北京、上海等地的 36 家建筑公司的高层管理人员收集到了 424 份问卷，并运用 SEM 进行数据处理，结果显示，工程项目中业主对承包商的信任程度越强，其合同控制力度越弱；Manu 等（2013）通过质性研究发现，工程领域的业主通常过低估计了承包商的可信赖程度，而当业主对承包商的信用评价为现实主义时，它更倾向于采取控制引起的合作。但也有学者认为二者之间为正相关关系，例如：严兴全等（2011）通过文献分析得出在营销领域中，买方对卖方的信任水平越高，则买方越少使用通过合约实施的正式控制机制，但通过实证研究得出二者存在正向影响。

（2）将二者划分为若干维度。显然，上述研究均将业主对承包商的合同条款控制视为一个单一维度的简单概念，这可能是造成不同文献研究结论相悖的原因之一。事实上，为了得出对实践中的合同条款拟定更具可操作性的研究结论，有必要在初始信任对合同条款控制影响的研究中将控制进行维度划分，此部分文献可分为以下两类。①仅将信任视为一个多维度的概念，考察其不同维度对控制的影响，例如：佘志鹏和乐云（2015）将工程项目中业主对承包商的信任分为关系型信任和计算型信任，运用 SEM 验证了关系型信任对合同控制具有负向影响，计算型信任对合同控制具有正向影响；Yang（2013）根据对相关文献的分析得出假设，即业主对承包商的基于能力的信任（competence-based trust）、基于关系的信任（guanxi-based trust）、基于直觉的信任（intuitive-based trust）均与合同条款控制（contract term control）负相关，但通过实证研究证实以上假设均不成立；杨玲（2014）运用 SEM 验证了工程项目中业主对承包商的能力信任、关系信任和直觉信任程度越高，其合同控制强度越弱。②将信任和控制均划分为若干维度，研究二者的影响机理，代表性研究如：刘学等（2006）以中国制药产业研发联盟为对象，对联盟达成前的初始信任与控制战略的关系进行了系统的考察，运用有序数据逻辑斯蒂回归和广义线性回归，发现能力信任与过程控制正相关，善意信任与结果控制负相关，而技术不确定性对信任与控制的关系具有调节作用。由此可见，信任对不同维度控制的作用方向可能是截然相反的，为全面揭示 PPP 项目初始信任对合同条款控制的影响机理，本研究拟将初始信任与合同条款控制进行维度划分，并建立二者之间的全模型进行假设检验。

2. 心理状态对行为选择影响的研究方法文献分析

本研究针对 PPP 项目中公共部门对私人部门的初始信任对合同条款控制的影响，其中，初始信任是公共部门的一种心理状态，而控制则为一种行为选择。因此，欲得出本研究的研究方法，可对心理状态对行为选择影响的研究方法进行文献分析，相关研究中主要使用以下三种研究方法。

（1）量化研究方法。关于采用量化研究方法研究心理状态对行为选择的文献通常先通过对相关文献的分析得出假设，而后针对研究问题设计量表，选取合适的样本发放问卷，最后对收集到的问卷进行分析并得出研究结论。此部分文献中典型的量化研究方法有 SEM 和回归分析等。相关研究如：Yang（2013）通过使用 SEM 对工程项目中的信任对控制的影响进行研究，其首先通过文献综述得出研究假设，而后设计问卷并进行预测试，然后向北京、上海等地的 36 家建筑公司发放问卷，将收集到的 424 份有效问卷运用 SEM 处理后得出研究结论并对其进行讨论；刘学等（2006）针对研发联盟中初始信任对控制影响的研究使用的方法为逻辑斯蒂回归和广义线性回归，其首先通过文献综述得出概念模型及假设，其次获取制药企业与科研机构等的技术开发合约，其中有效合约共 205 份，从中识别各种控制战略等方面的数据，进而向每份合约的出资方发放问卷，共回收 82 份问卷，然后将获得的问卷和合约通过逻辑斯蒂回归和广义线性回归进行处理，最终得出研究结论并讨论。

（2）质性研究方法。采用质性研究方法分析心理状态对行为选择的影响的相关研究通常首先通过访谈、现场观察、文本分析等方法获取研究资料，而后对研究资料进行处理，最后再对研究结论进行分析讨论。此部分文献中典型的方法有案例研究和扎根理论。例如：Tuuli 等（2010a）通过对香港地区的 5 个工程项目（其中包括 2 个在建项目）进行案例研究得出组织间信任为控制的驱动因素之一，其主要通过文献数据分析、观察和访谈 3 种方式收集数据，其中，文献分析用于更好地了解项目并确定项目中控制的具体问题，在项目会议和现场考察中进行观察以获得较为真实、权威的项目中的控制状况，通过访谈得出控制的潜在驱动因素之一为信任；尹贻林等（2015b）在对工程项目中信任和风险分担的关系进行研究时，其首先对建设项目信任与风险分配之间动态研究进行文献综述，而后对 30 个成功项目中的项目经理进行半结构化访谈，并运用扎根理论建立了信任与风险分配之间关系的概念模型（conceptual model）。

（3）实验研究方法。实验研究方法通常首先根据对相关文献的分析得出研究假设，而后依次对实验进行设计、选择被试者及实施实验，完成实验后运用统计学等方法对数据进行处理并对实验结果进行讨论。常见的实验方法有田野实验、实验室实验等。相关文献如：何浩然等（2015）运用田野实验和实验室实验的方法研究收入不平等对逆社会的“报复”和“侵占”行为的影响，运用统计学方法及 Tobit 模型和 Probit 模型对收集到的数据进行处理并得出结论；Mou 等（2016）通过实验室实验的方法研究在电子化服务（e-services）的使用初期和后期，消费者的信任、感知等对其意图和实际行为的影响，这项研究以南非一所大型国立大学的大学生为样本，将实验划分为 3 个步骤，分别为预测试、阶段一和阶段二。其中，预测试主要确定是否存在模糊或混淆的测量题项，阶段一主要工作为向参加者介绍研究内容、完成分发的任务及第一轮问卷，阶段一完成 7 周后进行阶段二，主要邀请参与者完成第二轮问卷，之后通过定量方法处理数据并得出结论。

由上述分析可知，使用量化研究方法可以较为精确地得出心理状态对行为选择的影响结果，但其通常依赖于大量的数据；使用质性研究方法不仅可以通过与受访者的访谈、文本分析等方式获取研究资料，还可以通过观察现场情况、受访者的表情及动作等更为主动的方式对访谈和文本分析的结果加以印证，但其对研究者的科研素养要求较高；在实验研究方法中，研究者通过对实验进行设计，将被试者带入实验情境中获取数据后使用适当的方法对其进行分析，从而保证了研究的客观性，然而，实验方法由于被试者能够察觉到其参与了实验，导致实验结果接近现实的程度可能较低（陈晓萍等，2008）。

3. 对本研究的启示

根据上述文献综述及对相关研究的评价，本研究得出以下几点启示。

（1）将 PPP 项目中的初始信任分为能力信任和善意信任两个维度。通过对组织间信任的文献综述及对其的分析，得出本研究中的信任维度划分方面的启示为：①本研究针对 PPP 项目中公共部门在资格预审阶段根据私人部门提交的资格预审材料所形成初步的静态信任，因此对应于“以信任的建立和演化过程为划分依据”中的初始信任；②PPP 项目资格预审阶段公共部门的主要目的是根据采购标准确认供应商是否有能力及意愿完成项目，而评审委员在对各指标打分时往往已融入主观因素（如直觉），因此，在“以信任的来源为划分依据”中，本研究采用具有明显区分度的能力信任、善意信任二维度概念框架；③信任可以以其程度作为划分依据，因此在对初始信任对控制的影响进行研究时，可将信任按其程度由高到低分为若干级别，以便于得出二者的关系。有鉴于此，上文中提及的 PPP 项目中初始信任对合同条款控制影响的全模型如图 15-1 所示，其中，初始信任采用具有明显区分度的能力信任、善意信任两维度划分方式，合同条款控制采用适用于 PPP 特殊关系背景的产出控制、行为控制和偏差控制三维度划分方式。

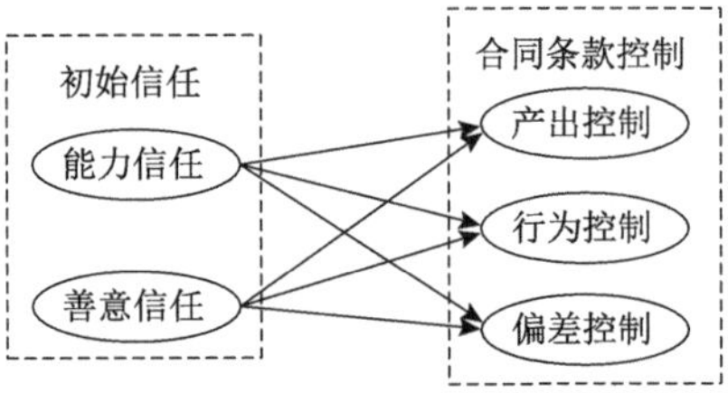

图 15-1 PPP 项目中初始信任对合同条款控制影响的理论模型

值得注意的是，将初始信任划分为能力信任和善意信任两个维度，这与 PPP 项目中私人部门选择的文献分析结果相吻合。对于如何选择合适的私人部门，Zhang（2005b）通过整理分析不同国家和地区 BOT 项目私人部门的选择方法，得到共计 92 条选择标准，并将其归纳为 4 个标准集，各标准集均涵盖了：①选择对象现阶段的能力水平，包括资产负债率、建设周期、管理制度以及安全制度等指标；②选择对象以往表现和经验，包括安全方面的事故率、管理经验、技术人员的资历以及内部收益率等指标。黄亚江和张水波（2012）则从公共部门角度识别出其选择私人部门的 17 个影响因素，并构建了基于财务、技术、管理和合作能力 4 个方面的私人部门选择评价模型，其中合作能力细分为信用水平和沟通能力等指标，技术能力则细分为同类项目经验和技术储备等指标。不同学者识别出来的私人部门选择标准虽然在范围和构成上存在差异，但其主要都集中考察私人部门的软硬两方面实力：硬实力体现在其财务、技术、管理和组织能力等方面，其实质是对私人部门有能力履行合同义务的预期，故对应于能力信任；软实力则体现在私人部门的信誉以及过往表现等方面，其实质是对私人部门有意愿履行合同义务的预期，故对应于善意信任。

（2）在研究初始信任对合同条款控制的影响时需引入市场成熟度这一调节变量。作为一种经济活动，PPP 项目总是嵌入在一定制度环境下进行的，故而其项目层面的治理会受到制度环境等因素的调节（Cao and Lumineau，2015）。已有文献证实，不同国家的制度体系、经验积累等市场环境方面往往存在一定差异，致使其 PPP 项目在风险分担等方面的规律不尽相同（Chou and Pramudawardhani，2015）；同时制度框架与市场状况会影响当事人对交易成功的信心，因而对 PPP 关系的缔结起着决定性作用（Mota and Moreira，2015）。由此可见，关键规制因素可以通过影响交易双方对交易的信心，来抑制或促进项目层面信任对控制的影响。实际上，已经有文献开始关注关键规制因素对 PPP 项目治理层面的影响。该类研究如：Iossa 和 Martimort（2016）分析了相关公共部门贪腐与 PPP 合同不完全程度之间的关系；Yun 等（2015）则考察了不同发起方式的 PPP 项目关键成功因素的差异。因此，PPP 项目的研究必须结合其所处的制度情境。

事实上，自 20 世纪 80 年代开始采用 PPP 模式至今，我国 PPP 市场的发展并非循序渐进：在 PPP 模式应用的探索阶段，应用该模式的项目数量少且通常为少数地方政府的自发行为，并未引起中央政府的重视；北京市政府因举办 2008 年北京奥运会的需要而采用 PPP 模式兴建了大批基础设施，继而很多地方政府纷纷仿效北京开始尝试该模式，重庆市政府甚至在 2007 年出台了《重庆市人民政府关于加强和规范政府投资项目 BT 融资建设管理的通知》（BT 模式是 BOT 模式的一种变换形式，包含建设、移交两个阶段）；2014 年以来，我国政府开始在全国范围内大力推广 PPP 模式，行业主管部门密集发布 PPP 顶层制度设计文件，项目数量呈“井喷式”增长，项目执行也日益规范。然而，迄今为止，我国 PPP 项目的顶层制度文件仅为“办法”“通知”等级别，针对 PPP 项目的立法尚未出台，由此可见，在未来相当长的一段时期内，我国 PPP 市场仍有很大的发展余地，且其在不同的行业、地区呈现非均衡发展，因此，有效的 PPP 项目治理必须考虑其所处市场的成熟度。

在其他领域，已经有学者开始考虑权变因素对信任与控制间关系的调节，如刘学等（2006）以中国制药产业研发联盟为对象，通过回归分析发现技术不确定性在信任与控制的关系中发挥调节作用；王琦等（2014）则探讨了契约控制与信任控制在项目获取途径的调节作用下，通过感知不确定的中介作用对 IT 外包项目合作绩效的影响。但是尚未发现有学者针对工程项目开展此类研究，更不用说考虑 PPP 项目的特殊背景。有鉴于此，本研究将市场成熟度作为调节变量，研究 PPP 项目中公共部门对私人部门的初始信任对合同条款控制的影响机理，其理论模型如图 15-2 所示，这不仅拓展了信任与控制之间关系的研究，还将研究视角由单一的项目层面拓宽至市场层面。

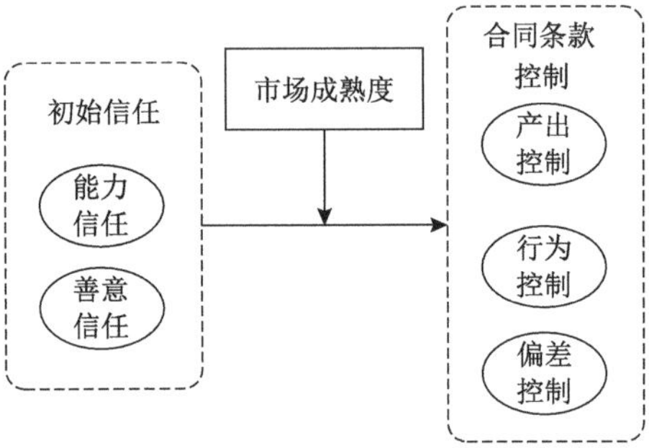

图 15-2 PPP 项目中市场成熟度调节初始信任影响合同条款控制的理论模型

（3）采用情境模拟实验的方法分析 PPP 项目中初始信任对合同条款控制的影响，采用案例研究方法分析 PPP 项目中市场成熟度对信任和控制关系的调节作用。本研究涉及信任、控制、规制三类变量，信任是较为微妙的心理状态，它敏感于主体的行为或选择（即控制）、制度环境的变化（即规制），具有较强的时间属性，因此，本研究属于交易者的心理研究和行为分析，研究方法的选取基于以下三点考虑。

第一，定量研究方法。定量研究方法获取分析数据的主要途径即问卷调查，而本类研究采用问卷调查获取的截面数据无法保证因变量的变化完全是由自变量引起的，导致研究的内部效度不足；况且，即便进行问卷调查，通常需获得 200 份以上的样本数据，考虑到本研究团队社会资源有限，且当前大多 PPP 项目的实践工作者较为繁忙，因此，无法获得足够数据支持定量研究。

第二，实验研究方法。事实上，该类研究更适宜采用行为实验的方法获取数据或资料，通过观察不同诱导场景中或施加刺激后被试主体的即时反应来对研究假设进行检验，从而真正实现信任与控制在因果关系上的对应。鉴于初始信任影响合同条款控制的研究可复制性相对较强（被试者为参与过缔约谈判或了解 PPP 合同的实务工作者，我国目前满足该条件的被试者较多），适宜采用实验室实验的方法；而市场成熟度的调节作用研究强调实验参与者反应的真实性，适宜遴选适当的样本项目进行实地实验。

第三，质性研究方法。课题组尝试联系了若干拟进行实地实验的 PPP 项目，均未获得配合实验的承诺，故考虑采用质性研究方法，其中用于验证几个变量关系常用的方法之一即为案例研究，考虑到财库215号文要求项目实施机构公示PPP合同，而初始信任通常是通过资格预审建立的，因此，使用案例研究的方法的可行性较大，且获得的资料均为实践中真实的 PPP 项目合同，使研究结论更加贴近实际。

15.2　初始信任对合同条款控制影响的情境模拟实验

PPP 项目实施过程中的诸多问题均可归咎于合同中的控制条款不力，解决的有效途径即根据初始信任量身定制合同条款控制。本节将采用情境模拟实验的方法揭示初始信任对合同条款控制的影响规律（杜亚灵和柯丹，2019）：首先，通过理论分析构建了 PPP 项目中初始信任影响合同条款控制的概念模型；其次，模拟了公共部门对私人部门初始信任的四种情境类型，开发了公共部门对私人部门合同条款控制的测量量表，并采集到 88 份有效的实验数据；最后，采用方差分析（ANOVA）处理实验数据，对提出的概念模型进行实证检验。在上述研究结论基础上，结合代表性案例给出了政府部门依据其对社会资本的初始信任合理拟定合同中控制条款的建议。

15.2.1　研究方法与研究设计

本研究采用 2×2 完全随机设计的情境模拟实验来检验图 15-2 所示的理论模型：自变量为公共部门对私人部门初始信任的两个维度，即能力信任与善意信任，每个维度分为高、低两个水平，以不同情境下的初始信任描述作为对自变量的操作处理；因变量为公共部门对私人部门的合同条款控制，其分为产出控制、行为控制以及偏差控制三个维度。实验数据将通过发放问卷的形式获取。

1. 公共部门对私人部门初始信任的情境设计与预试验

为区分公共部门对私人部门初始信任二维度的作用效果，首先对各个维度初始信任的不同状态（高能力信任 C/低能力信任 c；高善意信任 G/低善意信任 g）进行描述。基于公共部门选择私人部门所需考虑因素的文献分析（Zhang，2005b），以及实践中部分 PPP 项目资格预审文件的案例分析，课题组经反复讨论对每一种情境进行简略而精准的描述，并组合成四种初始信任情境类型（CG，Cg，cG，cg[①]）。如对 CG 情境下的初始信任描述为：PPP 项目资格预审资料显示，该社会资本企业资质和内部人员资质等级都很高；银行开具的企业资信证明为 AAA 级，企业近年财务状况良好、无严重负债，企业拥有完成该项目所需的专门技术且技术水平很高，该社会资本提交的有效证明材料显示，其同类项目组织管理经验丰富；同时，该社会资本在其所属领域具有相当高的知名度和信誉度，全国企业信用信息公开系统显示社会资本在参加该项目政府采购活动的前 3 年内，没有被公开披露或查处的违法违规行为，在经营活动中无重大违法记录，且其所提供的政府采购诚信承诺书编写翔实，言辞诚恳真实。

情境设计的有效性需通过情境预试验进行检验。为避免趋中，并有效区分被试者的态度，预试验采用利克特 4 级量表（非常信任、比较信任、较不信任、完全不信任），由被试者针对每一种情境描述，在善意信任和能力信任两个维度上进行信任程度的选择。为了排除顺序效应带来的影响，对 4 种情境的排列进行拉丁方式处理并选择其中 4 种序列（ABCD，CABD，BDAC，DCBA），每名被试者随机接受一个序列，并对各类情境下善意信任、能力信任的信任程度进行选择，预试验结果如表 15-1 所示。被试者对高能力信任和低能力信任两种情境下的初始信任状况判断差异较为明显（$F=219.83$，$p<0.001$，$\eta^2=0.72$）；被试者对高善意信任和低善意信任两种情境下的初始信任状况判断差异较为明显（$F=151.98$，$p<0.001$，$\eta^2=0.64$）。由此可见，本研究对自变量的操作处理是有效的（表 15-1）。

---

① cg 情境表示公共部门对私人部门的能力信任和善意信任都很低，课题组就此情境与 PPP 项目实务工作者（主要是就职于咨询机构和公共部门的）进行了访谈，结果表明：理论上讲，能力信任和善意信任都很低的社会资本是不会被公共部门或其代理机构选中进行合作的，然而，我国目前 PPP 市场并不成熟，同时实践中推进的 PPP 项目数量巨大，致使实践中这种情况有可能存在，即虽然公共部门对某社会资本的能力和善意均不满意，但考虑到其已经是为数不多的供应商中最佳的，依然会选择与其合作以便展开该 PPP 项目。鉴于上述原因，本研究将保留 cg 情境，若该情境下收回的数据无效，再考虑删除此情境。

表 15-1　情境模拟预试验统计结果

情境模拟（初始信任类型）	能力信任		善意信任	
	$\overline{M}$	sd	$\overline{M}$	sd
CG	3.32	0.477	3.36	0.492
Cg	3.36	0.492	1.86	0.351
cG	1.77	0.612	2.82	0.733
cg	1.64	0.492	1.18	0.395
F	219.83***		151.98***	
η^2	0.72		0.64	

***表示显著性水平 0.001；η^2 表示由组间差异所解释的因变量的方差的比例

2. 公共部门对私人部门合同条款控制的测量量表

此前，课题组已完成了 PPP 项目中公共部门对私人部门控制的构念建立（杜亚灵等，2017b），并开发了一套包含 29 个题项的量表（杜亚灵等，2017c）。考虑到本研究需要每名被试者在 4 种不同初始信任情境类型下分别就相同的合同条款控制相关题项作答，为了提高本实验的可行性，须对量表中的 29 个题项进行必要的删减或合并：①删除那些实践中公私双方签订的合同在其上无明显差异的题项，其可能的原因为，该方面合同条款的拟定通常遵循相关部门发布的规范性文件或行业内长期以来形成的惯例，即已近乎形成格式化条款，例如，“相关保险的购买与维持义务”方面的规定通常都是依照财金 156 号文的附件《PPP 项目合同指南（试行）》；②简化并合并同一维度下，内容相近且答案选项相同的题项，例如，“产出控制”维度下的政府付费扣减事宜、超额利润限制机制以及公共产品或（和）服务的调价机制均属“价格机制”一类，且均可通过其相关规定的详细程度来表征控制强度，故可将控制量表中的 3 个独立题项在本研究中合而为一。

精简后得到公共部门对私人部门合同条款控制的 11 个题项，每个题项提供 4 个答案供被试者根据其丰富的 PPP 项目操作经验进行选择，这些答案通过权责配置比例、相关合同条款规定的详细程度或惩罚力度来将控制力度区分为 4 个不同的级别。初始问卷形成后，首先在 PPP 实务工作者中进行小范围问卷预测试，结果显示：在初始信任的 4 种不同情境下，超过半数的被试者在题项“合同中对于因社会资本撤资或转让股权而导致项目公司股权变更的规定”（简称“项目公司股权变更”）上选择了“详细规定，较难操作”，几乎全部被试者在题项“合同规定该项目产出的公共资产、公共产品或（和）服务须达到的标准”（简称“项目产出标准”）上选择了“符合国家或地方政府发布的标准（如果有的话），若没有则达到行业平均水平”。有鉴于此，将上述两个题项删除，最终得到包括表 15-2 所示共计 9 个题项的情境模拟实验问卷合同条款控制部分。

表 15-2 PPP 项目中公共部门对私人部门控制的测量量表及题项来源

维度	题项概要	选项设置		编号
		控制力度大	控制力度小	
产出控制	对项目产出标准和要求的变更事宜，以及公共产品计量（按使用量付费的）或项目产出绩效评价（按绩效付费的）事宜的约定	非常详细	非常简单	a1
	对于合同中明确规定的工程建设总投资，社会资本承担的投资控制责任	全部	较少	a2
	对于公共产品或（和）服务价格调整的周期或触发条件、方法、程序，政府付费扣减或超额利润分享等内容的约定	非常详细	非常简单	a3
行为控制	对于计划内工作应赋予政府部门直接监管社会资本或项目公司的权利（如在不影响项目正常施工/运营/维护情况下的进场权，审查设计文件、维护方案等并提出意见的权利）	大量赋予	少量赋予	b1
	对于社会资本特定权利（如承包商选择权、项目涉及土地的使用权等）进行的限制	严格限制	无须限制	
	对于计划内工作的监管主体、内容、方法和程序，以及计划外变化（如计划外维护、计划外暂停服务、法律变更）的处理程序和方法的约定	非常详细	非常简单	b2
	合同对于政府部门在项目实施期间审阅计划、进度报告、运营维护手册和记录等的知情权的约定	大量赋予	少量赋予	b3
偏差控制	合同中对于社会资本违约行为或违约事实的界定与等级划分、违约责任承担等的约定	非常详细	非常简单	c1
	当社会资本违约对政府部门或公众造成重大损失时（如公共产品不合格、逾期投入运营），其所需支付的违约金额度	非常高	较低	c2
	对于政府部门临时接管（又称介入）、项目提前终止一旦发生后的具体事宜的约定	非常详细	非常简单	c3

3. 样本选取与数据收集

（1）问卷设计与实验控制。为确保获取信息的真实性，问卷通过实验指导语告诉被试者：只需根据自己的专业知识及丰富经验认真作答即可，本研究不记姓名，答案无分好坏、对错，其所提供的相关数据仅供研究使用。由于问卷是在同一时间点发放的，所有被试者在填答问卷时所处的市场环境完全相同，这就排除了市场成熟度等其他干扰因素对被试者的影响，从而保证本研究中因变量的变化仅源于自变量的影响。此外，为了保证被试者确实受到初始信任各个模拟情境的诱导，且被试者对于合同条款控制题项的填答确实是在受到指定诱导后做出的，本研究在描述完情境后即采用情境预试验的题项，要求被试者对该情境中私人部门的初始信任状况进行评价，若所得评价与给定的情境极为不符，则说明该被试者并未进入该模拟情境，其所填答的合同条款控制题项无效，须舍弃这一组样本数据。

（2）问卷的发放与回收。为使被试者方便填答，并提高问卷的回收率，本研究在“问卷星”网站上注册并发布调查问卷（见附录 1，为了避免误导被试者，将表 15-2 中的 10 个题项进行随机排序）。为了保证本研究结论的真实可靠，被试者必须具备丰富的实践经验或较高的专业素养，他们应该能对 PPP 合同的合理设计给出指导性意见，有鉴于此，课题组在中国 PPP 专家交流群中发放了本问卷，该微信群中汇集了国内各大高校的 PPP 学者以及国内多家 PPP 咨询公司的高层管理人员。收回的问卷将依据被试者所选答案的不同进行打分，控制力度越大则分值越高，最高为 4 分，最低为 1 分。

本研究共收回数据 27 份，每份问卷包含 4 组数据（初始信任 4 种类型的情境），剔除无效数据组后，剩余有效数据 88 份（每组 22 份），有效率为 81.48%，通过 SPSS21.0 对收回的数据进行可靠性分析，结果显示 Cronbach's α 值为 0.737，基于标准化项的 Cronbach's α 值为 0.738，可见该量表具有较高的内在一致性、可靠性较强。对被试者背景信息进行统计得出：14.82%的被试者来自政府部门或 PPP 项目公司、18.52%的被试者来自咨询机构、51.85%的被试者来自科研机构或高等院校；中高层管理者及专业技术人员占 66.67%；本科及以上学历占 100%；参与过 PPP 项目或（和）研究过 PPP 合同总数 3 个以上的占比 48.15%。由此可知，被试者具有相当的 PPP 专业知识储备或（和）较为丰富的 PPP 实践工作经验，以此确保本研究通过问卷收回的数据相对准确、可靠。

15.2.2　数据分析与结果讨论

1. 数据分析

将二维度初始信任分为高、低两个水平进行研究，此时自变量属于类别变量，所以本研究采用方差分析的方法对实验数据进行处理。首先对数据进行描述性统计分析，其目的是观察不同初始信任水平影响下，合同条款控制各题项得分高低的变化趋势。分析结果如表 15-3 所示，能力信任水平增高，a2 得分增加，而其他题项则得分减少；善意信任水平增高，各题项得分均减少。有鉴于此，将产出控制分劈为投资控制责任（包含题项 a2）和其他产出控制（包含题项 a1、a3），并分别进行方差分析。

表 15-3 不同初始信任水平下各题项得分情况

自变量 \ 因变量		产出控制			行为控制			偏差控制		
		a1	a2	a3	b1	b2	b3	c1	c2	c3
能力信任	高	2.75	3.16	3.00	2.82	2.93	2.95	3.11	3.07	3.02
	低	3.48	2.89	3.32	3.05	3.18	2.98	3.34	3.32	3.23
善意信任	高	3.07	2.86	3.09	2.73	2.93	2.84	3.14	3.09	3.07
	低	3.16	3.18	3.23	3.14	3.18	3.09	3.32	3.30	3.18

对数据进行多元方差分析（MANOVA），其目的是对全模型进行检验，结果显示，善意信任与能力信任之间的交互效应对产出控制影响不显著（F=0.974，p=0.327＞0.05；F=0.014，p=0.905＞0.05）、对行为控制影响不显著（F=3.046，p=0.085＞0.05）、对偏差控制影响不显著（F=1.357，p=0.247＞0.05）。有鉴于此，将善意信任和能力信任间的交互效应项删除，得到非饱和模型，检验数据如表15-4 所示，由表可知能力信任主效应对产出控制、行为控制及偏差控制影响显著（p＜0.05）；善意信任主效应对产出控制、行为控制影响显著（p＜0.05），对偏差控制影响不显著（p＞0.05）。

表 15-4 非饱和模型的多元方差分析结果

自变量 \ 因变量	产出控制						行为控制			偏差控制		
	投资控制责任			其他产出控制								
	df	*F*	*p*	*df*	*F*	*p*	*df*	*F*	*p*	*df*	*F*	*p*
能力信任	1	8.769	0.004	1	24.564	0.000	1	4.398	0.039	1	4.141	0.045
善意信任	1	4.716	0.033	1	4.512	0.037	1	14.532	0.000	1	2.280	0.135

进一步采用一元方差分析对数据进行处理，结果如表 15-5 所示：高能力信任情境下私人部门应承担的投资控制责任高于低能力信任的情况（$\overline{M}_{高}$=3.230，$\overline{M}_{低}$=2.890）；高能力信任情境下公共部门对私人部门的其他产出控制（$\overline{M}_{高}$=2.932，$\overline{M}_{低}$=3.398）、行为控制（$\overline{M}_{高}$=2.901，$\overline{M}_{低}$=3.068）以及偏差控制（$\overline{M}_{高}$=3.083，$\overline{M}_{低}$=3.318）弱于低能力信任的情况，其中能力信任对其他产出控制的影响最为显著（p＜0.001），行为控制次之（p=0.039），偏差控制最弱（p=0.045）。高善意信任情境下公共部门对私人部门的产出控制（$\overline{M}_{高}$=2.930，$\overline{M}_{低}$=3.180；$\overline{M}_{高}$=3.057，$\overline{M}_{低}$=3.273）、行为控制（$\overline{M}_{高}$=2.833，$\overline{M}_{低}$=3.136）弱于低善意信任的情况，其中善意信任对行为控制的影响最为显著（p＜0.001），产出控制次之（p=0.041；

p=0.045)，而善意信任高低的不同对偏差控制没有显著影响（$\overline{M}_{高}$=3.114，$\overline{M}_{低}$=3.288，p>0.05）。

表 15-5　自变量对因变量的主效应分析结果

自变量＼因变量	产出控制						行为控制			偏差控制		
	投资控制责任			其他产出控制								
	$\overline{M}_{高}$	$\overline{M}_{低}$	p	$\overline{M}_{高}$	$\overline{M}_{低}$	p	$\overline{M}_{高}$	$\overline{M}_{低}$	p	$\overline{M}_{高}$	$\overline{M}_{低}$	p
能力信任	3.230	2.890	0.005	2.932	3.398	0.000	2.901	3.068	0.039	3.083	3.318	0.045
善意信任	2.930	3.180	0.041	3.057	3.273	0.045	2.833	3.136	0.000	3.114	3.288	0.135

2. 结果讨论

（1）对初始问卷中被删除的两个题项的讨论。课题组将“项目公司股权变更”“项目产出标准”两个题项所获取的数据反馈给经验丰富的 PPP 实务工作者，并与其探讨它们被删除的原因，最终形成共识如下：

第一，PPP 项目合作周期长（一般为 8～30 年），且往往包括建设（或改扩建）和特许经营两大阶段，这就要求社会资本（即理论上所谓的私人部门）既要有丰富的建设经验又要有很强的经营管理能力，然而，现阶段在我国满足上述条件的社会资本非常少。自 2014 年我国政府开始大力推广 PPP 模式以来，建筑业企业大量承接 PPP 项目，其雄厚的资金实力与丰富的建设经验保障了 PPP 项目建设阶段的顺利开展，但这些企业往往不具备运营经验（如国家体育场“鸟巢”的尴尬），因此，社会资本倾向于在实现施工利润后通过撤资或股权转让的方式退出 PPP 项目（黄华珍，2015）；但是，项目公司自身或其母公司（即社会资本）股权结构的变化，很有可能导致不合适的主体成为 PPP 项目投资人或实际控制人，进而影响公共产品（或服务）的供给效率与质量。由此可见，“项目公司股权变更”是由我国 PPP 市场培育欠佳导致的，已成为当下一种较为普遍的现象，无论公共部门对社会资本的初始信任程度如何，为保障公众利益，对社会资本撤资或股权转让进行详细约定已成为 PPP 合同的必备条款。

第二，PPP 项目根据其产出衡量的难易程度大致可分为两类：诸如城市供水、污水处理等产出易于衡量的 PPP 项目，又因其直接关系着公众的切身利益及社会安定，行业主管部门或地方政府通常明文规定其产出标准，如我国城市供水 PPP 合同中对供水水质的要求不得低于国家标准化管理委员会和卫生部联合发布的《生活饮用水卫生标准》（GB 5749—2006）；包括海绵城市、产业新城等在内的产出不易衡量的 PPP 项目，此类项目或因不同项目间的差异较大而难以实现产出标准化（需要因地制宜或考虑阶段性与动态性），或因实操较少尚未实现产出标准化。

目前，我国 PPP 实务工作者大多曾经参与过且非常熟悉前者，而熟悉后者甚至是有机会参与后者的却较少，这可能就是问卷预测试中几乎全部被试者在题项“项目产出标准”上选择了同一答案的原因，即绝大部分被试者都是根据他们更熟悉的前一类 PPP 项目做出合同条款控制选择的。事实上，接受访谈的 PPP 实务工作者表示，实践中后一类 PPP 项目的产出标准确实存在较大差异，合同中对它的规定通常取决于政府部门对该 PPP 项目的重视程度，在此基础上也会考虑社会资本的能力，如南宁市那考河流域治理 PPP 项目要求河道断面、污水处理水质达到地表四类水，河道补水量不低于污水量的 80%，河道行洪按 50 年一遇洪水标准，其产出标准明显高于其他黑臭水体治理项目。

（2）公共部门对私人部门的初始信任与产出控制、行为控制的关系。数据分析结果显示，公共部门对私人部门的能力信任与私人部门承担的投资控制责任呈正相关关系，这显然符合“能者多劳”或者“能力越强，责任就越大”的基本逻辑，主要是因为公共部门对高能力信任的私人部门有着高预期，故而会让其承担更多的责任、对其提出更高的要求。除此之外，初始信任与产出控制、行为控制均呈负相关关系，且其他产出控制对能力信任更为敏感，行为控制对善意信任更为敏感，这与 Das 和 Teng（2001）的研究结论相吻合：信任与控制是负相关的，应在维度划分基础上联合采用以求最大限度地降低战略联盟中的风险，其中，能力信任与产出控制均能够有效降低联盟感知到的绩效风险（performance risk），而善意信任（goodwill trust）与行为控制（behaviour control）均能够有效降低联盟感知到的关系风险（relational risk）。由此可见，公共部门对私人部门的能力信任越高，对项目结果的预期就越积极，故而会向对方提出更高的要求，同时降低描述产出要求及其变更的精细程度；而公共部门对私人部门的善意信任越高，对双方关系发展的预期就越积极，故而会减少合同中对私人部门行为进行约束的规定。

（3）公共部门对私人部门的初始信任与偏差控制的关系。本研究实验结果显示，能力信任对偏差控制虽有负向影响，但其显著性非常低，明显弱于对其他维度控制的影响；善意信任对偏差控制的影响则未通过显著性检验，由此可知，公共部门对私人部门初始信任的高低程度基本不影响合同中偏差控制相关内容的约定。这与刘学等（2006）针对制药产业研发联盟的研究结论类似，即出资方对研发方善意信任负向影响自我保护控制，能力信任则正向影响自我保护控制，其中自我保护控制为合作双方对违约、泄密等意外情况的处理。究其原因，偏差控制的相关合同条款本就是在其中一方辜负了另一方的信任之后使用的，且 PPP 项目产出的公共产品（或服务）直接关乎公众利益，一旦出现差错，都会使政府部门成为公众谴责的对象（Rashid and Aziz，2012），因此，无论私人部门的能力高低、过往表现好坏，合同中都会详细描述甚至罗列违约行为或违约事实及其发生后的应对事宜，将公众利益受到损害的概率降到最低。

15.2.3　管理启示

本研究模拟了 PPP 项目中公共部门对私人部门初始信任的四种情境类型，即高能力信任、高善意信任（CG），高能力信任、低善意信任（Cg），低能力信任、高善意信任（cG），低能力信任、低善意信任（cg），通过问卷调查的方式获取实验数据，并采用方差分析的方法对实验数据进行处理。结果显示：公共部门对私人部门的能力信任与其对私人部门提出的产出标准、私人部门承担的投资控制责任呈正相关关系，除此之外，初始信任的各维度与产出控制、行为控制均呈负相关关系，而能力信任对偏差控制的负向影响很微弱，善意信任对偏差控制无影响。研究结论对政府部门 PPP 合同条款设计工作的管理启示为，无论与怎样的社会资本进行合作，均应对项目实施过程中的偏差及其应对事宜进行细致、周全的约定，并且产出控制与行为控制的相关条款应依据社会资本的初始信任状况而定。

（1）对于综合实力雄厚、诚实守信的社会资本，政府部门应制定较市场平均水平高的产出标准，让其承担更多的投资控制责任，同时，涉及项目计划与调整（产出、投融资、价格、时间等方面）、社会资本行为监控（直接监管、信息披露、制度保障、组织保障等方面）的其他合同条款不宜过于苛刻和呆板。这种“高标准、严要求、活管理”的合同条款控制有利于激发社会资本的潜能，为其进行技术与管理创新预留更大空间，从而在有效实现项目目标的同时，帮助社会资本提升实力，促进其成长。代表性案例如：南宁市那考河流域治理 PPP 项目是财政部第二批示范项目之一，通过竞争性磋商方式选定的社会资本——北京城市排水集团有限责任公司是国有独资公司，且为中国排水业的领军企业，具备很高的综合能力和良好的企业信誉；“项目标准高、项目内容多”是该项目的显著特点，但由南宁市政府集中采购中心公示的该 PPP 项目协议可知，其对各阶段工作应达到的要求约定较详细，但对其计划与调整、监管措施等约定较为简略。

（2）对于综合实力雄厚但不确定其能否全力以赴的社会资本，政府部门应制定较市场平均水平略高的产出标准，让社会资本承担更多的投资控制责任，同时，涉及项目计划与调整的其他合同条款不宜过于苛刻和呆板，社会资本行为监控相关的合同条款应尽可能地全面和精细。这是因为以社会资本的能力是足以“高标准、严要求”地完成 PPP 项目的，但需要政府部门通过有效地规范与监督履约过程来确保其全力以赴，同时防止其利用自身专业优势采取机会主义行为。代表性案例如：合肥市王小郢污水处理厂资产权益转让项目是国家发改委遴选的 13 个 PPP 典型案例之一，其社会资本为柏林水务集团牵头的企业联合体，柏林水务集团是世界七大水务集团之一，拥有 130 多年运营管理城市给排水系统的经验，然而，政府招商引资往往以外资撤离告终的经历使得政府部门对柏林水务集团的诚意不得不心存疑虑，且柏林水务集团联合体以 4.8 亿元高溢价中标（是底价的近 1.8 倍）也饱受争议；该 PPP 项目取得成功的关键是“当时规范和详细的合同”，社会资本方代表甚至认为在德国也没有这么严厉的监管条款，也还没有达到这么高的要求，并且柏林水务集团在谈判时提出一系列未来可能出现的问题和解决方案，很多内容当时政府并没有概念。

（3）对于工作能力有限但诚意十足、规矩本分的社会资本，政府部门不应对其提出过高的产出标准，让其承担过多的投资控制责任，应将更多精力投入项目计划与调整的合同条款拟定，可适当降低对社会资本监控相关合同条款的精细程度。这是因为无须怀疑这一类社会资本的诚信，政府部门只要致力于促使社会资本投入更多的资源和精力来为项目的投融资、建设管理、运营维护等工作进行提前准备并引起其高度重视即可，从而通过引导与督促在实现项目目标的同时助力社会资本自我成长。代表性案例如：固安工业园区新型城镇化项目是国家发改委遴选的 13 个 PPP 典型案例之一，其社会资本华夏幸福基业股份有限公司创立于 1998 年，主要经营房地产开发、物业管理，是在 2002 年借助该 PPP 项目的中标才成功转型做综合性园区开发、建设与运营的，也就是说，华夏幸福基业股份有限公司在竞标该 PPP 项目时公司规模不大，也并不具备相关项目经验，但做出的承诺显示了其对该项目高度重视、倾力以赴；而固安县人民政府按照工业园区建设和新型城镇化的总体要求，采用“政府主导、企业运作、合作共赢”的思路与华夏幸福基业股份有限公司签署了 PPP 协议，政府部门的引导与督促保证了该 PPP 项目的成功，有效促进了当地经济社会发展。

（4）财库 215 号文强制规定，“PPP 项目采购应当实行资格预审……验证项目能否获得社会资本响应和实现充分竞争”，同时指出“项目通过资格预审的社会资本不足 3 家的，项目实施机构应当在调整资格预审公告内容后重新组织资格预审；项目经重新资格预审后合格社会资本仍不够 3 家的，可以依法变更采购方式”。本研究强调，当通过资格预审的社会资本过少时，对于资格预审公告内容的调整应适当，不能为了采购工作的继续开展而突破底线。现阶段，我国 PPP 项目数量呈“井喷”状，而实力雄厚、诚实守信的社会资本数量及其精力均有限，实践中极有可能发生社会资本响应不力、无法实现充分竞争的情况，此时暂缓项目准备或采用传统模式也许是政府部门更为明智的选择；若政府部门出于对公众利益的考虑，决定与通过资格预审但能力欠佳、诚信不足的社会资本签订 PPP 合同，则政府部门不应对其提出过高的产出标准，让其承担过多的投资控制责任，而应投入尽量多的时间与精力来拟定详细、周全的合同条款（包括项目的计划与调整、社会资本行为的监控），从而通过加强政府部门对社会资本的引导与监督来确保项目目标的实现。

15.2.4　研究局限与展望

本研究的不足之处在于：首先，以经验丰富的 PPP 实务工作者作为研究样本，理论上应以实践中成功的 PPP 项目作为研究样本来揭示初始信任对合同条款控制的影响规律。然而，由于 PPP 项目周期长，目前实践中完整履约的 PPP 项目极少，若勉强以处于顺利履约状态的 PPP 项目为样本，则即便能够获取足够的样本量，也因它们签约时间、所属行业等不同而无法排除市场成熟度之类因素对二者之间关系的干扰。由此可见，很难获取足够数量的样本专门针对初始信任和合同条款控制进行实证研究，故以经验丰富的 PPP 实务工作者为样本进行情境模拟实验研究，而这对被试者的专业水平和实践经验要求很高，未来研究可引入 PPP 市场成熟度这一权变因素，考察其在初始信任影响合同条款控制中的调节效应。其次，用于方差分析的有效数据仅 22 份，为了保证所有被试者都是能够依据初始信任科学、合理地决定合同条款控制的，本研究问卷发放的对象仅限于中国 PPP 专家交流群中的实务工作者和学者，进而导致样本量不够大，事实上，满足方差分析时的最低样本观察规模的确定是一件比较复杂的事情，未来研究可进一步明确样本量最小值或扩大问卷发放范围。

15.3　市场成熟度评价指标的建立与度量

在一般工程项目中，国家通过颁布合同示范文本以指导双方的签约行为，该合同示范文本是需要随着时间的推移而不断修订的，例如，1999 年建设部、国家工商行政管理局颁布《建设工程施工合同（示范文本）》（GF—1999—0201），而在 2013 年通过对其修订，形成了 13 版合同。合同示范文本需要修订的原因之一为：我国建筑市场的环境是处于不断成熟的过程中的，例如，合同示范文本的编制依据之一——《中华人民共和国建筑法》于 2011 年进行了修订，合同示范文本需要适应更加成熟的市场环境。形成合同时需要考虑其所处的市场环境，PPP 项目亦应如此。因此，在研究初始信任对合同条款控制的影响时，需考虑市场成熟度这一调节变量。

15.3.1 市场成熟度的文献分析

“成熟”的原意是指事物从生长到完备的阶段，市场成熟度被认为是市场参与者用来描述市场的发展阶段或市场化程度的概念，其主要用于研究特定市场的发展程度，理解市场怎样形成、演进及未来的表现，通常受市场规模、市场主体情况、市场运行情况以及宏观环境等直接影响（Keogh and D’Arcy，1994）。与此类似，“发育”是指有机体从生命开始到成熟的变化，有的学者认为，市场成熟度也可以理解为市场发育度。对于市场成熟度的研究大多数是在某一特定类型的市场中进行的，如房地产市场成熟度、金融市场成熟度、保险市场成熟度等。

1. 市场成熟度的测评

与其他评价类研究类似，市场成熟度的测评也包括测评指标与测评方法两部分内容，测评指标是否单一使得市场成熟度的测评迥异。①单一测评指标的市场成熟度通常被理解为研究对象与其完美状态之间的相对值，测评过程相对简单，如 Graham（2000）以收入弹性作为考量航空市场成熟度的指标，认为当收入弹性小于等于 1，即收入的增长不再创造更大比例的需求增长时，市场即可视为完全成熟。②多测评指标的市场成熟度能够更加全面、客观地反映整个市场的发展水平，但评价过程相对复杂。例如，张晔等（2015）从土地市场交易情况、土地市场供求均衡度、土地市场地价敏感度、土地市场竞争度、土地市场政府干预度 5 个方面入手，构建起包含 11 个单项指标的土地市场成熟度评价指标体系，并运用熵权可拓物元模型定量评价了 2012 年湖南省土地市场成熟度。结果表明，从总体上看，湖南省土地市场成熟度处于“过渡期”，并有向“成熟期”转变的趋势。对于市场成熟度的把握可以帮助市场参与者来了解市场发展的程度，甚至预测市场发展的趋势，在此基础上为其市场活动的决策提供支持。

2. 市场成熟度与其他因素之间的关系

市场是经济活动发生的载体，因此，市场成熟度必然影响市场行为，部分文献对于市场成熟度与其他因素之间的关系进行了探讨，主要包括如下两类。①市场成熟度影响市场中的其他因素。例如：张传勇等（2014）采用因子分析等方法对我国 286 个地级以上城市的城市分级和投资前景进行了实证分析，研究发现，房地产市场成熟度与投资前景并不是直接的线性关系，成熟度相对较高的城市也可能具有较好的投资前景；张季平等（2017）的实证研究发现，社会诚信体系建设和市场成熟度对传统物流业和高端物流业均产生正向影响。②不同类型的市场运作虽然有所差异，但又是相互依赖、共同发展的，一个市场所处的发展阶段往往会对其他市场产生一定的影响。例如：张秀（2017）认为，土地市场成熟度可以用来衡量房地产市场发展水平，并以山东省土地市场为例分析了土地市场成熟度对房地产市场的影响，按照土地市场成熟度由高到低将房地产市场所处阶段分为转型后期、转型中期、弱市场经济状态，结果表明，经济发展水平较高的城市土地市场成熟度一般较高，区域土地市场成熟度与社会经济的发展基本上表现为同步。然而，鲜少有研究探讨市场成熟度在市场经济活动中所起的调节作用。

15.3.2　市场成熟度评价指标的建立

PPP 项目作为一种经济活动，存在于特定的市场环境中，相关研究指出，PPP 相关政策的完善程度、公平竞争的市场氛围以及健全的法制环境已经成为私人部门决策参与 PPP 项目的重要考虑因素（孟春和赵阳光，2016）。2014 年经济学人智库与亚洲开发银行联合发布《亚太地区 PPP 模式环境评价报告》，其将 PPP 的准备状态（readiness）定义为政府实施可持续和高效的基础设施 PPP 的能力，将亚太地区的 PPP 准备状态分为初生、新兴、发达和成熟 4 个阶段，并运用如表 15-6 所示的 19 个指标组成的 6 个维度对英国、美国、澳大利亚、中国等 21 个国家和地区 PPP 模式的准备状态进行评价，以下分别对各个指标进行介绍。

表 15-6　PPP 模式准备状态评价维度及指标

序号	维度	比重/%	指标	在各维度中的比重/%
1	法律和监管框架	25	PPP 法规的一致性和质量	37.5
			有效的 PPP 选择和决策	25
			招标及合同变更的公平公开性	12.5
			争议解决机制	25
2	制度框架	20	制度设计的质量	66.7
			PPP 合同、持有和征地风险	33.3
3	操作成熟度	15	计划和监督 PPP 的公共能力	25
			授予项目的方法和范围	12.5

续表

序号	维度	比重/%	指标	在各维度中的比重/%
3	操作成熟度	15	监管者的风险分担记录	12.5
			交通、水利及电力特许经营方面的经验①	25
			交通和水利特许经营的质量	25
4	投资氛围	15	政治扭曲	25
			商业环境	25
			政治意愿	50
5	融资服务	15	政府支付风险	22.2
			资本市场——私人基础设施融资	44.5
			市场化债务	22.2
			政府支持及低收入用户的负担能力	11.1
6	地方适用性	10	地方适用性	100

资料来源：根据《亚太地区 PPP 模式环境评价报告》编制

1. 法律和监管框架

该维度包括以下 4 个指标：①PPP 法规的一致性和质量（consistency and quality of PPP regulations）是指 PPP 法律框架在政府各部门和各层级之间的全面性和一致性，以及是否有明确的法律及制度处理风险分担和补偿的问题；②有效的 PPP 选择和决策（effective PPP selection and decision-making）是指 PPP 项目的选择是不是考虑了法律和会计实务中的各种效率、成本效益和社会评价后的结果；③招标及合同变更的公平公开性（fairness/openness of bids，contract changes）是指是否通过法规建立了公平和透明的招标程序、对重新谈判和调整设置了限制及要求监督签订合同后的程序；④争议解决机制（dispute-resolution mechanisms）是指是否有公平、透明且低成本的争议解决机制以解决公私之间的争议，以及在解决复杂的项目设计和规划问题时是否有可行技术及高效的调解方案以避免冗长的上诉。

2. 制度框架

在制度框架这一维度中，制度设计的质量（quality of institutional design）用于评估 PPP 项目监督和规划所需要的各种机构是否存在及其发挥的作用，例如部长级的 PPP 董事会、PPP 咨询机构和执行项目标准的监管机构及政府预算和规划

① 鉴于在 2004～2013 年 10 年间，电力、水和卫生、交通这三种项目在亚太地区的项目融资交易中占绝大多数，因此 2014 年的《亚太地区 PPP 模式环境评价报告》是针对这三种类型的项目进行评估的。

办公室；PPP 合同、持有和征地风险（PPP contract，hold-up and expropriation risk）用于评估司法机构是否强制执行产权和仲裁的裁决、私人部门是否可以对监管机构的裁决提出上诉以加快合同转让并获得公平的提前终止补偿。

3. 操作成熟度

该维度的 5 个指标分别为：①计划和监督 PPP 的公共能力（public capacity to plan and oversee PPP）用于评估规划、设计、施工、环境评估及项目服务标准监督的公共能力的大小，政府官员是否具有项目融资、风险评估和合同设计方面的能力等；②授予项目的方法和范围（methods and criteria for awarding projects）是指公共部门使用公开招标和客观经济因素来选择项目及签订合同的原因（例如关于项目的质量和健全性的定性评估、物有所值等定量工具）、公共部门是否使用了鼓励效率计划来实施项目；③监管者的风险分担记录（regulators' risk-allocation record）是指近年来公私之间的风险分配是否能够确保资金的价值、减少不必要的合同再谈判及减少项目违约或救济的可能性，以及由于项目风险设置的担保和履约保证金使用的有效性；④交通、水利及电力特许经营方面的经验（experience in transport，water and electricity concessions）显示了世界银行 PPI（private participation in infrastructure，私人参与基础设施）数据库记录的每个国家 2004～2013 年的交通、水利和电力项目的数量；⑤交通和水利特许经营的质量（quality of transport and water concessions）指标显示了 2004～2013 年的电力、运输和水利特许经营项目的失效率。

4. 投资氛围

投资氛围这一维度包括以下 3 个指标：①政治扭曲（political distortion）用于评估该国的政治扭曲影响私人部门的程度；②商业环境（business environment）用于评估基础设施项目商业环境的质量；③政治意愿（political will）用于评估政府决定使用 PPP 模式并在水利/卫生、电力和交通项目中提供有利实施框架的意愿。

5. 融资服务

该维度包括以下 4 个指标：①政府支付风险（government payment risk）用来评估政府是否定期履行 PPP 合同的义务或使用流动性担保计划（liquidity-guarantee schemes）来降低不付款的风险；②资本市场——私人基础设施融资（capital market: private infrastructure finance）用来评估基础设施融资的长期债务工具的可用性和可靠性、是否有能够使风险降低的保险产品等；③市场化债务（marketable debt）

用于评估在可流通债务中是否有流动的、本地货币计价、固定利率、中期（五年）的债券市场；④政府支持及低收入用户的负担能力（government support and affortability for low-income users）用于评估政府是否提供补贴，以使低收入用户更好地获得水利、交通等方面的服务。

6. 地方适用性

该维度仅包含地方适用性这一指标，其用于评估基础设施特许经营是否可以在区域、州或市级层面实施、项目的相对成功（relative success）和稳定性。

由准备状态的定义及其评价指标的介绍可知，准备状态即为本研究中用于表征 PPP 项目所处市场环境的市场成熟度，加之此报告具有较高的权威性，因此，本研究使用表 15-6 中的指标评价 PPP 项目的市场成熟度。

15.3.3 市场成熟度评价指标的度量

本研究使用多案例研究的方法分析市场成熟度调节下初始信任对合同条款控制的影响，首先需要分析根据案例项目的哪些信息可以度量其市场成熟度的高低、如何度量及度量结果，即市场成熟度度量的关注点、度量依据及结果。以下分别对市场成熟度 6 个维度的度量关注点、度量依据及结果进行分析。

1. 法律和监管框架、制度框架

通过上述介绍可知，这两个维度用以评价国家 PPP 法律及制度的完善程度，其可以从横向的项目所在国家、纵向的项目签约时间进行度量，这两种方式的度量依据及结果分别如下：①从横向来看，不同国家的法律及制度的完善程度有所差异。经济学人智库与亚洲开发银行于 2011 年发布了《亚太地区 PPP 模式环境评价报告》，并在 2014 年对报告内容重新评价后再次发布此报告，此报告对 21 个国家和地区这两个维度的情况进行了评分。表 15-7 列举了其中的中国及其周边国家 2014 年在这两个维度上的得分，根据表 15-6 中这两个维度的比重计算得出的总分及在这些国家中的排名情况，其总分越高，则该国家法律和制度越完善。在案例分析中，可以按照此种方法计算这两个维度的总分作为比较不同国家和地区法律和制度完善程度的依据，由表 15-7 可知，韩国、菲律宾 PPP 项目法律及制度的完善程度明显高于中国和越南。②从纵向来看，在同一国家，政府相关部门累积发布的 PPP 相关的法律法规及政策性文件越多，可以认为其法律和制度越完善，因此，可以通过比较项目签约时国家 PPP 相关政策文件的累计数量来判断其法律和制度的完善程度，图 15-3 列出了我国与 PPP 相关的立法及国务院、财政部、国家发改委发布的政策性文件的数量[①]，由图 15-3 可知，2014 年我国 PPP 相关的文件数量陡增。因此，我国 2014 年及之后的法律和制度比 2014 年以前完善。

表 15-7　2014 年中国及周边国家法律和监管框架、制度框架得分及排名情况

国家	法律和监管框架（比重 25%）	制度框架（比重 20%）	总分（满分 45 分）	排名
韩国	90.6	83.3	39.3	1
菲律宾	68.8	66.7	30.5	2
日本	65.6	66.7	29.7	3
印度	65.6	66.7	29.7	4
印度尼西亚	46.9	58.3	23.4	5
蒙古	43.8	50.0	21.0	6
泰国	34.4	50.0	18.6	7
中国	34.4	33.3	15.3	8
越南	25.0	25.0	11.3	9

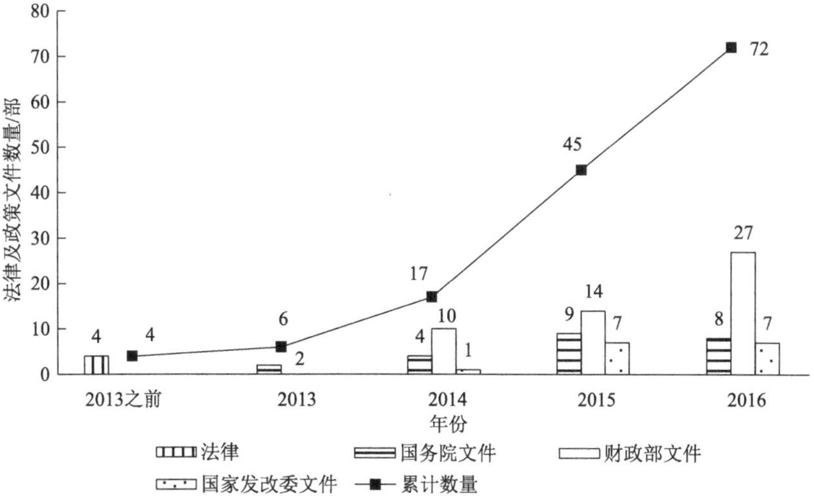

图 15-3　我国 PPP 相关法律及政策文件统计图

① 法律包括：《中华人民共和国预算法》《中华人民共和国政府采购法》《中华人民共和国合同法》《中华人民共和国公司法》。国务院相关文件获取途径：财政部政府和社会资本合作中心网站—“政策法规”—“国务院规范性文件”；财政部相关文件获取途径：财政部政府和社会资本合作中心网站—“政策法规”—“部门规范性文件”中属于财政部发布的文件；国家发改委相关文件获取途径：中华人民共和国国家发展和改革委员会网站—“政务服务”—“全国投资项目在线审批监管平台”—“政策法规”—“PPP 政策法规”。

2. 操作成熟度

操作成熟度用以表征公共部门实施 PPP 项目的熟练程度。此维度可通过项目所属行业进行度量。某行业 PPP 项目的数量越多，则公共部门在此行业积累的经验越多，其操作成熟度越高。因此，在案例分析中，可以依据项目所属行业的 PPP 项目数量来比较不同 PPP 项目的操作成熟度。财政部政府和社会资本合作中心网站中的《全国 PPP 综合信息平台项目库第 4 期季报》统计，截至 2016 年 9 月末，我国 PPP 项目数量行业分布情况如图 15-4 所示。由图 15-4 可以看出，在市政工程、交通运输、片区开发行业的 PPP 项目数量较多，占到总数的一半以上，公共部门在这些领域积累了大量的 PPP 项目经验，而农业、社会保障等领域的 PPP 数量较少，因此，公共部门在市政工程、交通运输等行业的操作成熟度要高于农业、社会保障等行业。

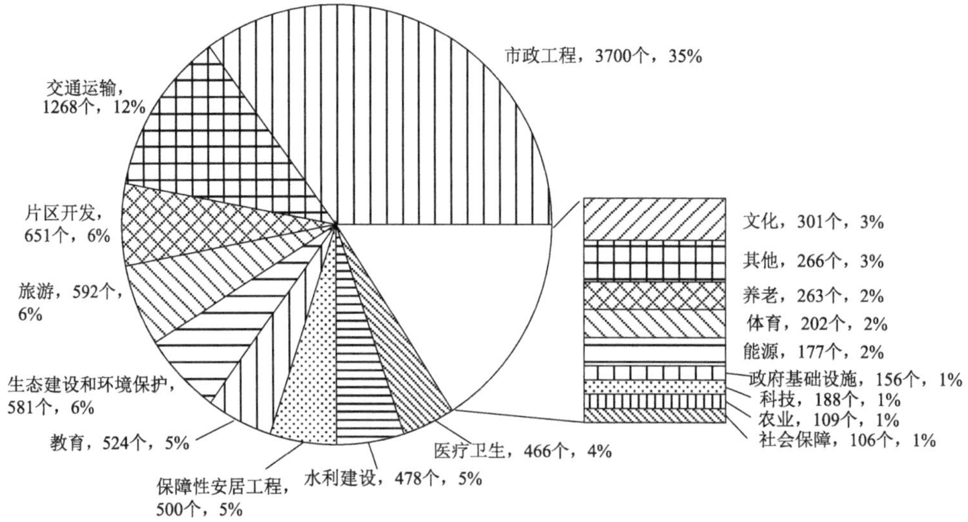

图 15-4 我国 PPP 项目数量的行业分布情况

资料来源：财政部政府和社会资本合作中心网站

3. 投资氛围、融资服务

投资氛围表示 PPP 项目所处商业环境及政府支持力度，融资服务表示政府对 PPP 项目的支付保障、金融机构推出的 PPP 融资方式等。这两个维度可以通过项目签约时间进行度量。现阶段，我国主要通过发布政策文件鼓励 PPP 项目投融资机制创新来提高 PPP 项目的投资氛围，在案例分析中，可根据截止项目签约时间点，国家累计发布的关于 PPP 项目投融资的政策文件数量多少来比较不同项目所处的投资氛围和融资服务。通过在图 15-3 所统计的文件中挑选其中属于公共部门鼓励 PPP 项目投融资机制创新的相关文件，得出我国关于鼓励 PPP 项目投融资机制创新的相关政策文件如表 15-8 所示。由表可知，这些文件均为 2015 年之后发布的，由此表明，2015 年之后我国 PPP 投资氛围明显提升。

表 15-8　我国关于鼓励 PPP 项目投融资机制创新的政策文件

序号	文件名称	文号	发布部门	发布时间
1	《国务院关于创新重点领域投融资机制鼓励社会投资的指导意见》	国发〔2014〕60 号	国务院	2014 年 11 月 16 日
2	《关于印发〈政府投资基金暂行管理办法〉的通知》	财预〔2015〕210 号	财政部	2015 年 11 月
3	《关于财政资金注资政府投资基金支持产业发展的指导意见》	财建〔2015〕1062 号	财政部	2015 年 12 月
4	《关于印发〈普惠金融发展专项资金管理办法〉的通知》	财金〔2016〕85 号	财政部	2016 年 9 月
5	《国家发展改革委中国证监会关于推进传统基础设施领域政府和社会资本合作（PPP）项目资产证券化相关工作的通知》	发改投资〔2016〕2698 号	国家发改委、中国证监会	2016 年 12 月

4. 地方适用性

地方适用性表示 PPP 模式在某个地区的实施效果，其可以通过项目所在地区进行度量。根据基础设施的完善程度及经济发展水平，我国（不包括港澳台地区）可划分为东部地区、中部地区和西部地区三大区域（彭文斌和刘友金，2010）[①]。一个地区越早开始使用 PPP 模式进行基础设施建设，可以认为该地区使用 PPP 模式的时间越长，当地公共部门对 PPP 的认识与理解越深刻，故而其 PPP 项目的实施效果可能越好。因此，在案例分析中，可以根据项目所在地区 PPP 项目的开始时间判断其地方适用性的高低。通过在 CNKI、网页中搜索“我国 PPP/BOT 发展历程”的相关资料，并找出其中列举的案例项目开始时间，从而获得每个区域中最早的 PPP 项目，如图 15-5 所示。由图 15-5 可知，我国东部地区最早开始运用 PPP 模式，而西部和中部地区则较晚。由此可知，东部地区 PPP 项目的地方适用性要高于中部及西部地区。

① 东部地区：共 11 个省（直辖市），包括北京、天津、河北、辽宁、上海、江苏、浙江、福建、山东、广东、海南；中部地区：共 8 个省，包括山西、吉林、黑龙江、安徽、江西、河南、湖北、湖南；西部地区：共 12 个省（自治区、直辖市），包括重庆、四川、贵州、云南、西藏、陕西、甘肃、青海、宁夏、新疆、广西、内蒙古。

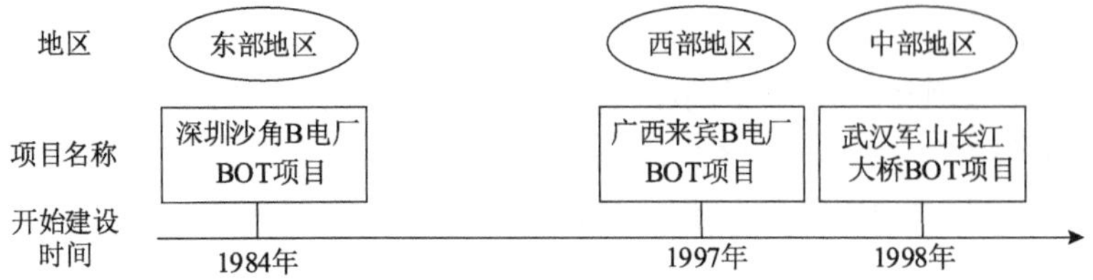

图 15-5 我国三大区域首次使用 PPP 模式的时间

综上所述，市场成熟度 6 个维度的度量关注点、度量依据及结果如图 15-6 所示。

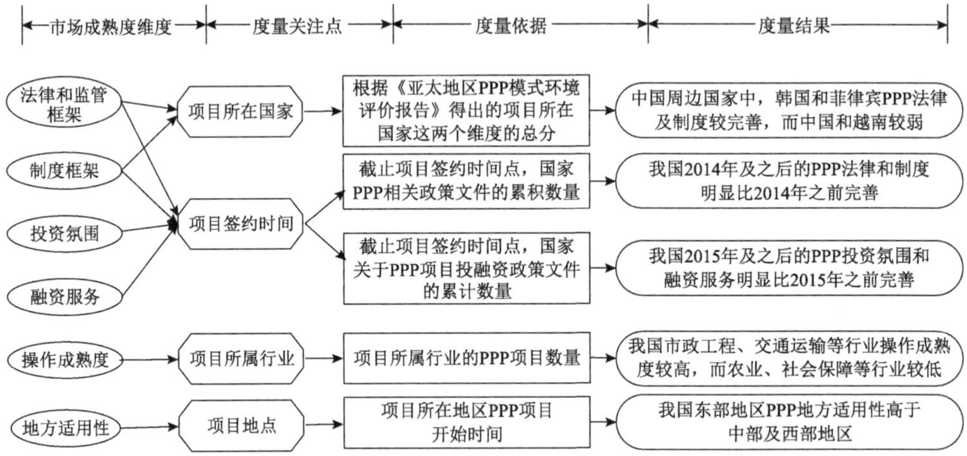

图 15-6 市场成熟度维度度量关注点、依据及结果

15.4 市场成熟度调节作用的多案例分析

15.2 节采用情境模拟实验的方法探讨了初始信任对合同条款控制的影响，而本节则是为了进一步分析市场成熟度对这种影响的调节作用（杜亚灵等，2018）。首先，基于理论分析构建了以初始信任为自变量、合同条款控制为因变量、市场成熟度为调节变量的理论模型；其次，遴选出 5 个市场成熟度可明显区分的 PPP 项目，并通过分析多渠道搜集到的私人部门信息及政府部门公示的合同完成对初始信任及合同条款控制的测度；最后，通过多案例对比分析得到初始信任对合同条款控制的影响机理及市场成熟度对其关系的调节作用。在上述研究结论基础上为政府部门进行 PPP 项目入库管理提供具体的管理启示。

15.4.1　研究设计

1. 案例选择标准的建立

（1）市场成熟度维度的选择依据。如前所述，市场成熟度共包含 6 个维度，其可以根据项目签约时间、项目所属行业及项目地点这 3 个关注点进行度量。①项目签约时间：2014 年 12 月财库 215 号文发布以前，多数 PPP 项目因涉及商业机密鲜少公开，资料的难以获取造成法律和监管框架、制度框架、投资氛围和融资服务均处于较低水平案例的缺失，故无法依据项目签约时间区分其市场成熟度的高低。②项目所属行业：目前公示的 PPP 项目合同既包含市政等操作成熟度较高的行业，也包含能源、养老等操作成熟度相对较低的行业，故可以依据项目所属行业区分其市场成熟度。③项目地点：目前公示的 PPP 项目遍布东部、中部及西部地区，因此，根据项目地点可以获得市场成熟度有明显区分度的案例。鉴于此，本研究选择以项目地点（对应于地方适用性）和项目所属行业（对应于操作成熟度）作为市场成熟度的度量关注点，筛选出以下 4 类项目：操作成熟度高，地方适用性高；操作成熟度低，地方适用性高；操作成熟度高，地方适用性低；操作成熟度低，地方适用性低。

（2）案例选择标准。为保证获取项目合同的规范性及有效性，本研究所选案例须满足以下条件：①主要选择中国政府采购网、地方财政厅/局、地方政府采购网站、地方公共资源交易中心公示的 PPP 项目；②尽量选择合同内容与发改投资 2724 号文附件 2 和财金 156 号文附件中较为贴近的 PPP 项目；③项目合同中关于公共部门对私人部门控制合同条款应较为详细；④所选取 PPP 项目中的私人部门较为知名，其相关资料通过网页等途径较好获取。此外，国内相当一部分 PPP 项目合同在形成时并未考虑公共部门对私人部门的初始信任状况，因此，在选择案例时，应剔除以下几类项目：①私人部门为当地国有企业的 PPP 项目合同（排除“公共部门下发行政文件式的简短合同，其中仅列出核心条款”这一类合同）；②与行业主管部门发布的 PPP 合同示范文本高度类似的合同（排除“在行业主管部门发布的 PPP 合同范本的基础上‘填空’形成合同”）；③合同条款明显设置不公平，例如，将市场风险全部转移给私人部门的项目合同（以尽量排除“公私双方经过持久、艰难的谈判形成合同”）；④公共部门在相关网站发布采购公告时，其附件中包含 PPP 项目合同（以尽量排除“公共部门在采购前根据单方意愿拟定合同，并将响应程度作为评审标准之一”这一类合同）。

2. 资料收集

本研究共涉及 3 个研究变量：初始信任、合同条款控制以及市场成熟度。其中，合同条款控制情况可通过分析下列网站中公示的 PPP 项目合同条款获得：①中国政府采购网；②地方政府门户网站；③地方政府采购网；④地方财政厅/局网站。市场成熟度则可根据项目所属行业及项目地点进行度量。根据课题组前期研究结论，PPP 项目中公共部门对私人部门的初始信任形成于资格预审时期，通过对私人部门的财务状况、技术能力、管理能力、社会声誉、力量投入、安全和环境能力的评价形成（杜亚灵和闫鹏，2014）。因此，获取初始信任的最佳资料应为私人部门提交的资格预审文件，然而，通过与实践部门人员沟通，资格预审文件因涉及私人部门的商业机密，一般不对外公布；在相关网站上进行公示的项目合同，其签约时间均在 2015 年以后，故通过相关网页搜集到的私人部门能力、信誉等信息可以近似反映公共部门对私人部门的初始信任状况。鉴于此，本研究退而求其次，通过表 15-9 所列途径搜集案例中私人部门的情况。

表 15-9　公共部门对私人部门初始信任的获取途径

初始信任维度	获得信息	获取途径	适用企业类型
能力信任	企业规模同类项目经验等	企业官方网站	开设官网的企业
	与本项目相关的资质信息	住房和城乡建设部的“建筑业资质查询”	建筑类相关公司
		企业官方网站	开设官网的企业
	财务状况	巨潮资讯网	上市公司
		中国债券信息网	发行债券的企业
	企业信用等级	中国货币网	加入银行间拆借市场的非银行金融机构
善意信任	同类项目相关荣誉	企业官方网站	开设官网的企业
	优良记录	信用中国	所有企业
	是否作为失信被执行人、有无负面记录	中国执行信息公开网、信用中国	所有企业
	作为诉讼参加人的案件情况	中国裁判文书网	所有企业

3. 案例介绍

根据上述案例选择标准，本研究共选出 5 个代表性 PPP 项目，具体如表 15-10 所示。其中，案例 1、2 的项目地点位于东部地区，其地方适用性较高；案例 3、

4 的项目地点位于西部地区，其地方适用性较低。案例 1、3 属于污水处理项目，案例 2、4 属于地下综合管廊项目。我国自 2003 年以来，全国各地区将 PPP 模式运用到污水处理项目中，而对于综合管廊项目，《财政部住房城乡建设部关于开展中央财政支持地下综合管廊试点工作的通知》（财建〔2014〕839 号）于 2014 年颁布后，各地区才开始运用 PPP 模式建设综合管廊项目。因此，可以认为污水处理类项目的操作成熟度较高，而地下综合管廊类项目的操作成熟度较低。

表 15-10　研究选取的 PPP 项目概况

序号	项目名称	签约时间/特许经营期限	运作模式	私人部门	操作成熟度		地方适用性	
					所属行业	度量结果	项目地点	度量结果
1	浙江省温州市洞头区城北、城南及霓屿污水处理厂建设工程 PPP 项目	2016 年/25 年	BOT＋TOT	淮安同方水务有限公司	污水处理	高	浙江	高
2	海口市地下综合管廊 PPP 项目	2016 年/20 年	BOT	中铁四局集团有限公司（牵头方）、上海市政工程设计研究总院（集团）有限公司、中铁第四勘察设计院集团有限公司、中冶赛迪工程技术股份有限公司	地下综合管廊	低	海南	高
3	赤峰市林西县污水处理厂 PPP 项目	2016 年/30 年	BOT＋TOT	内蒙古东源投资集团有限公司	污水处理	高	内蒙古	低
4	南宁市地下综合管廊 PPP 项目	2016 年/26 年	BOT	中国建筑股份有限公司（牵头方）、中建交通建设集团有限公司、中国建筑第五工程局有限公司	地下综合管廊	低	广西	低
5	临沂市中心城区一期地下综合管廊工程 PPP 项目	2016 年/13 年	BOT	山东天元路桥工程有限公司、天元建设集团有限公司联合体	地下综合管廊	低	山东	高

15.4.2　资料分析与研究结果

1. 案例资料的分析

（1）对案例中初始信任情况的分析。由表 15-10 可知，本研究所选取的 5 个案例项目中有 3 个项目的私人部门均为联合体，联合体中牵头方与成员方相比，其通常对项目承担较大的责任，因此，在分析此类案例的初始信任情况时以联合体牵头方的信息为标准。通过表15-9所示获取途径搜集到的5个案例项目资料中，能反映公共部门对私人部门能力信任的资料有企业的注册资本金和企业排名、其承接过的PPP项目个数及类型、企业资质、企业近3年利润等财务状况（仅限于上市公司）以及企业的信用等级证书；能反映公共部门对私人部门善意信任的资料有企业获取的PPP相关荣誉、以往PPP项目中的优良记录、负面记录（失信情况）以及合同类纠纷情况。将5个项目的两方面初始信任资料进行罗列比较，并以“较高”“较低”对比较结果进行赋值，具体如表15-11所示。

表15-11 项目初始信任情况的分析结果

序号	项目名称	初始信任	
		能力信任	善意信任
1	浙江省温州市洞头区城北、城南及霓屿污水处理厂建设工程PPP项目	较低	较高
2	海口市地下综合管廊PPP项目	较高	较高
3	赤峰市林西县污水处理厂PPP项目	较低	较低
4	南宁市地下综合管廊PPP项目	较高	较高
5	临沂市中心城区一期地下综合管廊工程PPP项目	较低	较高

鉴于篇幅有限，本研究仅以项目中具有代表性的资料分析为例详述，即南宁市地下综合管廊PPP项目与临沂市中心城区一期地下综合管廊工程PPP项目。①对于能力信任，前者牵头方中国建筑股份有限公司是中国建筑工程总公司下属子公司，属于国有独资中央企业，位居2017年度“世界500强”第53位，其承接过的4个大型PPP项目中有3个属于综合管廊项目，拥有市政公用工程施工总承包特级资质1个，施工资质629个，工程勘察设计资质115个，2016年年度实现归属于上市公司股东的净利润比上年同期（260.6亿元人民币）增加10%以上，企业在各银行的长期信用等级为AAA级；后者山东天元路桥工程有限公司属于民营企业，在“2016年中国企业500强”中排名第460位，承接过临沂经济技术开发区皇山变电站线路土建工程PPP项目，拥有具有国家特级施工总承包资质，拥有公路工程等20余个专业承包一级资质，该企业并未上市，无法获取财务状况，未查到该企业相关信用等级证书。与后者相比，前者的财务、技术、管理和组织能力具有明显优势，故其能力信任较高。②对于善意信任，两个项目的私人部门均未查到有PPP相关荣誉、优良记录及负面记录（失信情况），但是中国建筑股份有限公司曾与昆山市超华投资发展有限公司有过合同纠纷，而山东天元路桥工程有限公司未查到合同类相关纠纷，故与前者相比后者善意信任较高。

（2）案例中合同条款控制情况的分析。此前，课题组已使用扎根理论的方法完成 PPP 项目中公共部门对私人部门控制的构念建立（杜亚灵等，2017c），并开发了一套包含 29 个题项的量表（杜亚灵等，2017b）。本研究首先将 5 个 PPP 项目合同中的相关条款按合同条款控制的题项进行归类，删除其中高度相似的条款，最终得到具有明显差异的条款所对应控制焦点如表 15-12 所示；其次，将不同案例中的同一控制焦点进行比较，将其划分为“高”“较高”“较低”“低”4 个等级，并对不同等级分别打分为“4”“3”“2”“1”；最后，将不同维度合同条款控制下的控制焦点得分累加，最终得出产出控制、行为控制和偏差控制的程度。其中，由于涉及不同的行业，项目产出控制中的“产出（公共产品、公共服务）标准”无法进行相互比较，因此将其与市场平均水平进行比较，考虑到可能出现产出标准与市场平均水平相同的情况，将产出标准划分为“高”“较高”“相同”“较低”“低”5 个等级，分别打分为“4”“3”“2.5”“2”“1”；而产出控制中其余控制焦点则归类为“产出规定”，仍按 4 等级进行比较。最终得出 5 个项目的合同条款控制情况如表 15-13 所示。

表 15-12　合同条款控制焦点及其比较方式

序号	维度	控制焦点	比较方式	对应编号
1	产出控制	产出（公共产品、公共服务）标准	相较市场平均水平高低	O1
		产出标准或要求变更时的补偿方案	私人部门补偿的程度	O2
		投资控制责任	责任大小	O3
		将完成融资交割作为该合同全部生效的前提条件	是否作为前提条件	O4
		价格调整	条款详细程度	O5
		重要时间节点的设定	详细程度	O6
2	行为控制	计划内监管及计划外监管内容	详细程度	B1
		设置专用账户	是否设置	B2
		中期评估	是否评估及时间间隔	B3
		将保险/履约保函生效作为全部合同条款生效的前提条件	是否作为前提条件	B4
		股权转让的限制	限制时间及对受让方的要求	B5
3	偏差控制	私人部门的违约行为或违约事实	罗列的详细程度及是否对其进行等级划分	D1
		私人部门出现严重违约行为或违约事实时的责任承担方式及其选择顺序	是否首先进行临时接管/介入，达到一定条件时再提前终止	D2

表 15-13　项目合同条款控制情况分析结果

序号	项目名称	合同条款控制			
		产出标准	产出规定	行为控制	偏差控制
1	浙江省温州市洞头区城北、城南及霓屿污水处理厂建设工程 PPP 项目	相同	高	较高	低
2	海口市地下综合管廊 PPP 项目	较高	较低	低	较低
3	赤峰市林西县污水处理厂 PPP 项目	相同	较低	较高	高
4	南宁市地下综合管廊 PPP 项目	高	低	较高	较低
5	临沂市中心城区一期地下综合管廊工程 PPP 项目	相同	较高	高	较高

由于篇幅限制，本研究仅以行为控制下 B5 控制焦点（股权转让的限制）为例进行详述。案例 1 合同第 16.2.1 条约定："自生效日期起五（5）年以内乙方的股权结构不得发生变化……；受让方应具备的条件：乙方股份的受让方的财务状况应相当或优于乙方股东在生效日的财务状况……"案例 2 合同第 9.1 条约定："本协议生效之日后八年内，丁方不得转让其持有的乙方全部或部分股权。"案例 3 合同第 18 条约定："从乙方签署本合同之日起的三（3）年内，中标私人部门在项目公司的股权及中标私人部门的实际控股股东不得发生变化。"案例 4 合同第 9 条约定："自项目进入运营期起十年后，经上报并获得甲方书面同意后乙方股东可转让股权，股权受让方应满足以下条件：具有足够财务实力、资源和信誉……"案例 5 合同第 2.3.3 条约定："项目公司的股东应确保在本协议生效之日起至竣工验收合格满五年（含），任何原始股东都不应转让其在项目公司中的全部或部分股权……；项目公司的股东可以转让其在项目公司中的全部或部分股权，但受让方应满足本协议约定的技术能力、财务信用、运营经验等基本条件，并以书面形式明确承继原股东方在项目公司项下的权利及义务。"显然，5 个案例对于股权转让的限制：案例 4 时间最长，案例 2 次之，案例 1、5 较短，案例 3 最短。因此，对于 B5 控制焦点 5 个案例得分分别为 2 分、3 分、1 分、4 分、2 分。

2. 研究结果的分析

为方便对控制情况的分析，对表 15-13 中合同条款控制的不同程度进行赋值："高"赋值为"4 分"；"较高"赋值为"3 分"；"较低"赋值为"2 分"；"低"赋值为"1 分"，"相同"赋值为"2.5 分"。5 个案例的资料分析结果具体如表 15-14 所示。以下分别对初始信任与合同条款控制间的关系以及市场成熟度对这种影响关系的调节作用进行分析。

表 15-14　案例资料分析结果

序号	项目名称	市场成熟度		初始信任		合同条款控制			
		操作成熟度	地方适用性	能力信任	善意信任	产出标准	产出规定	行为控制	偏差控制
1	浙江省温州市洞头区城北、城南及霓屿污水处理厂建设工程 PPP 项目	高	高	较低	较高	2.5	4	3	1
2	海口市地下综合管廊 PPP 项目	低	高	较高	较高	3	2	1	2
3	赤峰市林西县污水处理厂 PPP 项目	高	低	较低	较低	2.5	2	3	4
4	南宁市地下综合管廊 PPP 项目	低	低	较高	较高	4	1	3	2
5	临沂市中心城区一期地下综合管廊工程 PPP 项目	低	高	较低	较高	2.5	3	4	3

（1）初始信任对合同条款控制影响的分析。为分析能力信任对合同条款控制的影响，须保证善意信任的程度相同。由表 15-14 可知，案例 1、2、4、5 善意信任均较高，其中，案例 2、4 能力信任较高，案例 1、5 能力信任较低。对于案例 1、2，前者能力信任低于后者，且前者产出标准、偏差控制得分低于后者，故能力信任与产出标准、偏差控制正相关；前者能力信任低于后者，但前者产出规定、行为控制得分高于后者，故能力信任与产出规定、行为控制负相关。用案例 4、5 验证以上结论：前者能力信任高于后者，且前者产出标准得分高于后者，故能力信任与产出标准正相关，与上述结论一致；前者能力信任高于后者，但前者产出规定、行为控制得分低于后者，故能力信任与产出规定、行为控制负相关，与案例 1、2 分析结论一致；前者能力信任高于后者，但前者偏差控制得分低于后者，故能力信任与偏差控制负相关，与案例 1、2 分析结论相反。综上可知，能力信任与产出标准正相关，与产出规定、行为控制负相关，与偏差控制无关。

为分析善意信任对合同条款控制的影响，须保证能力信任的程度相同。由表 15-14 可知，案例 1、3、5 能力信任均较低，其中，案例 1、5 善意信任较高，案例 3 善意信任较低。对于案例 1、3，前者产出规定得分高于后者，偏差控制得分低于后者，产出标准、行为控制得分相同，故善意信任与产出规定正相关、与偏差控制负相关、与行为控制和产出标准无相关关系。运用案例 3、5 进行验证：前者产出规定得分低于后者，偏差控制得分高于后者，产出标准得分相同，故善意信任与产出规定正相关、与偏差控制负相关、与产出标准无相关关系，与案例 1、3 分析结论一致；但前者行为控制得分低于后者，故善意信任与行为控制正相关，与案例 1、3 分析结论不一致。对比两组分析结论得出：善意信任与产出规定弱正相关，与产出标准、行为控制无关，与偏差控制负相关。其中，善意信任之所以与产出规定呈弱正相关关系，是因为在能力信任对产出规定的影响分析中，案例 1、2 产出规定分值分别为 4 分、2 分，案例 4、5 产出规定的分值分别为 1 分、3 分，其差值均为 2；而在善意信任对产出规定的影响分析中，案例 1、3 产出规定分值分别为 4 分、2 分，案例 3、5 产出规定的分值分别为 2 分、3 分，其差值分别为 2、1，故而能力信任对产出规定的影响大于善意信任对产出规定的影响。

（2）市场成熟度调节下初始信任对合同条款控制影响的分析。为分析操作成熟度对初始信任与合同条款控制间关系的影响，须保证案例项目地方适用性相同而操作成熟度不同。由表 15-14 可知案例 1、2、5 地方适用性均较高，其中案例 1 操作成熟度高，案例 2、5 操作成熟度低。①对于能力信任较低、善意信任较高的案例 1，按初始信任对合同条款控制影响的分析结论，其合同条款控制的理论水平为：产出标准较低，产出规定较高、行为控制较高、偏差控制较低，与案例 1 实际情况相符；②对于能力信任和善意信任均较高的案例 2，其合同条款控制的理论水平应为：产出标准较高，产出规定较低、行为控制较低、偏差控制较低，与案例 2 实际情况相符；③对于能力信任较低、善意信任较高的案例 5，其合同条款控制的理论水平为：产出标准较低，产出规定较高、行为控制较高、偏差控制较低，但实际合同偏差控制较高，与理论水平存在差异。由此得出，操作成熟度高时的项目总体情况较操作成熟度低的更接近初始信任和合同条款控制关系的理论水平。

为分析地方适用性对初始信任与合同条款控制间关系的影响，须保证案例项目操作成熟度相同而地方适用性不同。由表 15-14 可知案例 2、4、5 操作成熟度均较低，其中案例 2、5 的地方适用性较高，案例 4 的地方适用性较低。①对于能力信任和善意信任均较高的案例 2，按初始信任对合同条款控制影响的分析结论，其合同条款控制的理论水平应为：产出标准较高、产出规定较低、行为控制较低、偏差控制较低，与案例 2 实际情况相符；②对于能力信任和善意信任均较高的案例 4，其合同条款控制的理论水平与案例 2 相同，但实际合同行为控制较高，与理论不符；③对于能力信任较低、善意信任较高的案例 5，其合同条款控制的理论水平为：产出标准较低，产出规定较高、行为控制较高、偏差控制较低，但实际合同偏差控制与理论水平不符。由此得出，地方适用性高时的项目总体情况较地方适用性低的更接近初始信任和合同条款控制关系的理论水平。

15.4.3 结果讨论与管理启示

本研究筛选了 5 个代表性 PPP 项目，并对其初始信任、合同条款控制以及市场成熟度三方面信息进行资料收集，通过案例内分析及案例间比较，最终得出初始信任与合同条款控制间的关系以及市场成熟度对二者间关系的调节作用。

1. 结果讨论

此前课题组运用情境模拟实验的研究方法对 PPP 项目中初始信任与合同条款控制的关系进行了探讨，该研究结论中能力信任与各维度合同条款控制间的关系与上述案例分析结论一致，但其善意信任与产出控制及行为控制负相关、与偏差控制无关的结论与上述案例分析结果存在偏差。其可能原因为：上述案例分析的公共部门对私人部门初始信任的资料并非原始资料（私人部门的资格预审文件），而是最佳方案难以实施情况下通过网页获取到的二手资料；其中反映能力信任的企业规模、企业资质等信息容易查询且区分明显，而囿于我国目前信息披露制度尚未完善、PPP 相关奖项较少，反映善意信任的 PPP 相关优良（失信）记录、荣誉奖励等信息获取难度大且区分度较小，因此，上述案例中善意信任情况的分析结果可能与实际情况存在偏差。

案例分析结果显示：市场成熟度越高，则初始信任与合同条款控制间的关系越接近其理论分析结果，换言之，市场成熟度越高的 PPP 项目，合同中控制条款的拟定与公共部门对私人部门的初始信任匹配度越高，亦即 PPP 合同设计越理性。课题组就该结论与 PPP 实务工作者进行了深入讨论，他们认为我国 PPP 模式推广的进展状况与这一结论高度契合，并以市场成熟度中的地方适用性指标为例进行了说明，同时也解释了我国 PPP 项目立项数量存在明显空间差异的现状。①经济发达的京津冀、长三角和珠三角等地区项目数量少，虽然有该地区基础设施建设和公用事业发展相对进步的原因，但更重要的是公共部门现阶段在开展 PPP 项目的过程中的慎重和理智。如上海，该地区 PPP 模式的应用始于 20 世纪 90 年代，并在进入 21 世纪后运用 PPP 模式建成一大批基础设施项目，但这些 PPP 项目执行过程中存在提前终止、政企双方违约以及关键信息不全等诸多问题，上海市政府部门的受访人员表示，他们现在需要的是消化已有 PPP 项目中的各种问题，而不是盲目地上马一些新的 PPP 项目并继续犯同类错误。该地区的其他城市或许理由不尽相同，但其政府部门在实施新项目时却是同样地慎重，通常认为 PPP 项目的顺利实施须以政策法规的保障、专业合格的私人部门、必要的激励约束机制以及有效的风险分担和争议解决机制等为保证，并且，这些地区新增的 PPP 项目论证过程通常持续时间更长、考虑因素更全面，其项目合同大都考虑了私人部门的具体情况。②经济相对落后的中西部地区 PPP 项目相对较多，如贵州 2016 年 GDP 排名仅为全国第 21 位，但其 PPP 项目数量却为全国第一，接受访谈的 PPP 实务工作者表示，这些地区的 PPP 市场刚开始发展，政府企业均缺乏 PPP 相关理论知识及实践经验，使得许多非专业咨询机构通过恶意低价竞争获取项目，专业机构上百万元才可以做的项目，这些非专业咨询机构甚至会报出 10 万元标的，其服务质量可想而知，因此，这些地区 PPP 项目数量虽较多但其规范性较差。

2. 管理启示

研究结论显示：操作成熟度高的项目总体情况较操作成熟度低的更接近初始信任和合同条款控制关系的理论水平；地方适用性时的项目总体情况较地方适用性低的更接近初始信任和合同条款控制关系的理论水平。该结论为政府部门进行 PPP 项目入库管理提供的管理启示为：在评审入库项目时应考虑上报项目所属行业及项目所在地的具体情况。

（1）考虑上报项目所属行业的具体情况。2016 年 10 月发布的《关于在公共服务领域深入推进政府和社会资本合作工作的通知》（财金〔2016〕90 号）指出："在垃圾处理、污水处理等公共服务领域，项目一般有现金流，市场化程度较高，PPP 模式运用较为广泛，操作相对成熟，各地新建项目要'强制'应用 PPP 模式。"由此看出，我国 PPP 模式在垃圾处理、污水处理等行业的发展已较为成熟，故地方政府在筛选此类项目入库时无须重点审查与引导，其主要精力与关注点应放在海绵城市、产业新城等新兴行业的探索上。与成熟行业相比，PPP 新兴行业发展时间短且项目数量少，地方政府缺乏此类项目的相关经验，因此，为保证项目实施效果，该行业 PPP 模式的推广应徐徐展开，即地方政府先通过慎重评审遴选试点项目，并在其实施过程中加强指导，待累积相关经验后再进一步推广。事实上，中央财政部在评选 PPP 示范项目入库时也符合上述规律：从财政部目前公布的三批示范项目名单来看，成熟行业项目所占比例逐批递减（如以供水和污水处理为主的水务行业所占比例分别为 40%、24.3%及 12.4%）；与此同时，在上一批已覆盖行业类型的基础上，新一批示范项目均会增添新项目类型。这是因为随着成熟行业 PPP 项目的日趋规范，财政部对其资金支持及指导会逐渐减弱，其更多的精力则放在新兴项目上，以实现 PPP 模式的新领域拓展。

（2）考虑项目所在地的具体情况。2016 年 9 月，财政部政府和社会资本合作中心发布《第三批政府和社会资本合作示范项目分析报告》，报告显示中西部省份的项目数量远多于东部省份。其可能原因为：相对东部地区，中西部省份财力较为薄弱，其采用 PPP 模式的直接目的即缓解财政压力，达到"以时间换空间"的目的。但是，中西部地区引入 PPP 模式的时间较短、经验累积较少，公共部门对 PPP 的认识存在局限，即仅将其视为一种融资手段而非借助私人部门专业优势提高公共服务供给效率，这就使得公共部门容易将 PPP 模式当作传统模式，无论私人部门自身情况如何均对社会资本的履约行为进行严格控制，导致政府做较多“无用功”而降低工作效率，进而妨碍其职能转变。因此，相比于中西部地区，财政部、国家发改委在批准示范项目时应优先选择东部地区项目，或在设置各地入库项目指标时，东部地区的项目指标应稍高于中西部地区；对于中西部地区，其地方政府可在当地选择一些较为规范的、较容易操作的 PPP 项目实施，待积累一定经验后再申报国家层面的示范项目。

15.4.4　研究局限与未来研究方向

本研究存在以下两点不足：首先，以相关网页中搜集到的私人部门信息作为案例初始信任的文本资料，实际上，PPP 项目中公共部门对私人部门的初始信任形成于资格预审阶段，故分析项目初始信任状况的理想资料为该项目的资格预审文件，但是这些文件通常涉及私人部门的商业机密，因此其难以获取，未来若有可能获得项目的资格预审资料，可将其作为研究公共部门对私人部门初始信任的资料，使得研究结论更加可靠；其次，研究的案例数量较少，多案例研究通常需要获得 4～10 个案例，然而，2014 年财库 215 号文发布之后，各地才开始将 PPP 合同进行公示，其中部分合同将涉及商业机密的合同条款略去，导致可用于案例分析的完整合同数量较少，此外，为保证研究结论的可靠性，本研究还制定了案例选择标准对案例进行筛选，最终仅筛选出 5 个可用案例，案例数量较少使得研究结论的正确性有待进一步验证，未来随着公示合同数量增多，可以通过增加案例的方式来验证本研究的结论。

15.5　研究总结

本研究考察了初始信任对合同条款控制的影响，研究结果表明：①能力信任与产出控制中私人部门承担的投资控制责任呈正相关关系，除此之外，初始信任与产出控制、行为控制均呈负相关关系；②能力信任对偏差控制的负向影响较微弱，而善意信任对偏差控制的影响不显著；③其他产出控制对能力信任更为敏感，行为控制对善意信任更为敏感。继而，考察了市场成熟度对上述影响的调节作用，研究结果显示：①市场成熟度对初始信任与合同条款控制间关系的调节效应显著；②操作成熟度高的项目总体情况较操作成熟度低的更接近初始信任与合同条款控制关系的理论水平；③地方适用性高的项目总体情况较地方适用性低的更接近初始信任和合同条款控制关系的理论水平。总体而言，本研究创新之处主要包括以下三点。

1. 研究视角上，在 PPP 关系背景下研究初始信任对合同条款控制的影响

以往关于信任对控制影响的研究大多针对一般工程项目，而尚未发现 PPP 项目中信任对控制影响的相关研究。PPP 项目的合作时间长、关系专用性投资等特点使其明显区别于一般工程项目。此外，通过对实践中 PPP 项目合同形成的 4 种方式的分析，其在实践过程中往往会出现诸多问题，而造成这些问题的本质原因均为 PPP 合同中对私人部门进行控制的合同条款不力。究其原因，我国现阶段 PPP 合同中对私人部门的控制条款仅仅是公共部门依据其单方意愿设计的，而鲜少考虑公共部门对私人部门的初始信任状况。因此，本研究针对 PPP 关系背景研究初始信任对合同条款控制的影响机理。

2. 研究内容上，引入市场成熟度这一调节变量验证初始信任和合同条款控制的关系

在信任对控制影响的相关研究中，大多直接分析其影响机理而未考虑其关系可能受到某种权变因素的影响。本研究以市场成熟度作为调节变量，验证初始信任对合同条款控制的影响机理，原因为：经济活动总是嵌入在一定的制度环境下进行的，而目前我国的 PPP 项目市场环境正处于剧烈变化时期，在此市场环境下，公共部门根据对私人部门的初始信任制定合同条款的强度可能也有所不同。因此，本研究将市场成熟度作为调节变量，研究 PPP 项目中公共部门对私人部门的初始信任对控制的影响机理。

3. 研究方法上，基于多案例研究的方法验证市场成熟度调节下初始信任对合同条款控制的影响

现有研究中关于初始信任对控制的相关研究大多采用 SEM 等方法。本研究采用多案例研究验证市场成熟度调节下初始信任对合同条款控制的影响，原因为：本研究需要以项目为样本，需要获取不同项目的合同、私人部门相关信息，若使

用定量研究方法，通常需获得 200 份样本数据，考虑到本研究团队社会资源有限，且当前大多 PPP 项目的实践工作者较为繁忙，因此，使用定量研究可能无法获得足够数据。而财库 215 号文发布之后，各地政府开始在相关网页上公示 PPP 项目合同，因此，相比以往研究，本研究的合同均能够在网站上得到，获得的资料更加真实。因此，本研究使用多案例研究的方法。

第 16 章　PPP 项目中控制对信任的影响：角色感知的调节作用

控制和信任是组织间交易关系中两种不可或缺的抑制机会主义行为、降低交易风险的治理手段（Brattström and Richtnér，2014），其中：控制是当事人的行为或选择，长于应对已识别的交易风险，但只能实现交易对象的敷衍履约；而信任是一种潜在的心理状态，可应对未知的交易风险，有利于实现交易对象的尽善履约（Osipova and Eriksson，2013）。PPP 项目成功的关键即，通过恰到好处的控制防止信任不足或信任过度，以最大限度地发挥信任的治理作用，从而使履约过程以最经济、最有效率的方式进行。现有研究一致认为，项目交易过程中的控制会显著影响信任的发展，但这种影响是积极的还是消极的尚存在较大争议，且鲜有研究对这种争议提供合理的解释。事实上，任何项目都是在特定制度环境中开展的，情境因素和当事人的内在特征同样会影响其中信任的发展，因此，在建立和维持信任过程中还应综合考虑宏观的制度环境和当事人微观的心理状态（Manu et al.，2015）。有鉴于此，本章将探讨角色感知对控制与信任之间关系的调节效应，研究结果将用于指导公共部门根据私人部门的角色感知对其进行科学的精细化控制，以使交易双方的信任维持在一个最佳状态，最终促使 PPP 项目成功。

16.1　研究背景与问题提出

我国不同时期 PPP 项目私人部门的企业类型均呈现多样化，主要包括国有企业（包括地方国有企业和中央企业）、民营企业和外资企业。尽管国际上对国有企业充当私人部门的项目是否属于 PPP 项目仍存在争议，但国内发布的政策性文件却明确指出符合一定条件的国有企业是可以作为社会资本参与 PPP 项目的[①]。退一步讲，即便此类项目确实不属于真正意义上的 PPP 项目，但无法否认目前我国存在大量国有企业作为社会资本的 PPP 项目的现实，这些项目既然已签约甚至处于履约过程中，那么国内 PPP 学者就有必要研究如何将其做好。有鉴于此，本研究将国有企业（包括地方国有企业和中央企业）作为私人部门的项目亦纳入 PPP 项目的范畴，此举并非为了对 PPP 项目进行概念界定，而是要为公共部门在 PPP 合同执行过程中根据不同的私人部门类型对其进行适当控制提供策略建议。

16.1.1　研究背景

根据世界银行的统计数据，1990～2014 年中国已实施的 PPP 项目总数为 1204 个，而北京大岳咨询有限责任公司[②]则表示，截至 2014 年，其统计的我国已实施的 PPP 项目数量超过 7000 个。显然，基本相同时间段内[③]两个机构的统计结果相差悬殊，究其原因是双方对 PPP 模式的界定不同，即世界银行在统计中国已实施 PPP 项目数量时，并未将国有企业在私人部门联合体中所占比例超过 25%的项目计入其中，而北京大岳咨询有限责任公司统计的 PPP 项目中，私人部门的企业类型主要是地方国有企业、中央企业、民营企业和外资企业。事实上，不同于英国、澳大利亚等国家普遍采用的 PPP 模式，我国实践中的 PPP 模式具有地方国有企业和中央企业广泛参与的特征，私人部门的企业类型呈现多样化，且其具有鲜明的阶段性特征：2000 年之前，鉴于外资企业经验丰富、资金充足，私人部门的企业类型主要是外资企业；进入 21 世纪之后，随着我国经济的飞速发展，地方国有企业、中央企业和民营企业作为私人部门的比重逐渐上升，外资企业则下滑态势显著（Cheng et al.，2016）；现阶段，参与我国 PPP 项目的私人部门中地方国有企业和中央企业甚至是略多于民营企业和外资企业的。我国的 PPP 模式呈现出中央企业和地方国有企业广泛参与的中国特色，主要是源于以下三方面。

---

① 国办发 42 号文指出：对已经建立现代企业制度、实现市场化运营的，在其承担的地方政府债务已纳入政府财政预算、得到妥善处置并明确公告今后不再承担地方政府举债融资职能的前提下，融资平台公司可作为社会资本参与当地政府和社会资本合作项目。

① 北京大岳咨询有限责任公司是国家发改委授予的甲级咨询公司，从事 PPP 行业十多年，具有丰富的实践经验。

② 我国基础设施领域于 20 世纪 80 年代开始采用 PPP 模式，广西来宾 B 电厂是第一个经国家批准的 BOT 试点项目，在 20 世纪 90 年代之前，我国的 PPP 模式处于探索阶段，此期间内的 PPP 项目数量相对较少。

1. 我国以公有制经济为主体的经济体制决定的

自中华人民共和国成立初期至改革开放之前，我国实行计划经济体制，在此期间，国有企业（包括地方国有企业和中央企业，下同）是国民经济命脉的全部，政府部门的很大一部分税收都投入到了国有企业中，大量的国有企业因此建立和出现；改革开放之后，我国处于社会主义市场经济体制确立前期，非国有制经济开始萌芽，民营企业应运而生，初期为积累资本，其主要依附于国有企业而发展；直至十四届三中全会通过了《中共中央关于建立社会主义市场经济体制若干问题的决定》，才确定了民营企业的合法地位，进而快速发展。由此可知，我国国有企业发展时间长、有政府部门的全力支持，从而积累了雄厚的财力、先进的管理经验和优秀的专业人才，其优势远远超过民营企业，致使我国政府部门在推广 PPP 模式初期会优先选择与国有企业合作。此外，我国实践中已落地的 PPP 项目也呈现出国有企业广泛参与的现实情况，例如：截至 2018 年 12 月末，全国 PPP 综合信息平台项目管理库累计落地项目数 4691 个，社会资本所有制信息完善的项目共 4550 个，涉及社会资本共 7781 家，其中，国有企业（包括地方国有企业、中央企业、中央企业下属公司、其他国企）4035 家，占比 51.9%；财政部相继推出的四批 PPP 示范项目中，895 个落地示范项目签约社会资本共 1589 家，其中，国有企业 855 家，占比 53.8%。综合以上两点分析可知，国有企业凭借其特定的历史背景积累了更多的资产和专业人才，其综合实力天然优于民营企业；加之实践中已落地的 PPP 项目中国有企业所占比重大，且仍要继续执行长达二三十年的合同，使得国有企业立即退出 PPP 项目不现实。因此，现阶段我国的国情决定了 PPP 项目的主要参与者是国有企业，且其将在未来相当长的时间内发挥主力军作用。

2. 我国“一带一路”倡议背景下企业“走出去”的需要

十八届三中全会明确提出要逐步增大个人和企业对外投资范围，准许其以创新方式“走出去”，而后开展投资。“一带一路”倡议为我国企业通过 PPP 模式“走出去”提供了难得的机遇。然而，“一带一路”沿线国家与我国的投资环境存在很大差异，并且合作对象是东道国的政府部门，这些因素都令我国企业在“走出去”的过程中面临更多的不确定性。鉴于我国国有企业有政府背景、财力雄厚、专业人才储备足、国际知名度高，有多年国内外市场积累的风险预估、项目管理经验，能够更好地应对这些风险和适应海外市场，因此，我国的国有企业比民营企业更有优势“走出去”竞争海外的 PPP 项目，作为私人部门到“一带一路”沿线国家参与基础设施建设。为了使国有企业成功“走出去”，从而服务于国家“一带一路”的规划，我国政府部门非常有必要给有实力、有意愿的国有企业在国内参与 PPP

项目的机会，以激发其活力，不断积累 PPP 项目运作经验，只有让国有企业在国内“练好兵”，才能使其在国外“打胜仗”。出于这样的考虑，我国政府在当前阶段应该允许国有企业，甚至优先选择国有企业参与到 PPP 项目中。

3. 我国民营企业相较于国有企业核心竞争力有待于进一步提高

为了提高融资项目的抗风险能力，根据《国务院关于调整和完善固定资产投资项目资本金制度的通知》中的规定，我国各行业的固定资产投资项目最低资本金比例为 20%～40%，由此可见，对于部分投资额巨大的基础设施项目，需要私人部门具有相当雄厚的财力。然而，由中国企业联合会发布的“2015 年中国企业 500 强”的相关数据显示，民营企业自有资产实力略显不足（图 16-1）；更重要的是，在中国企业 500 强中，国有企业不仅在数量上比民营企业多，而且排名更稳定，上述分析表明，民营企业相较于国有企业在财力及发展稳定性上均处于劣势，而这两点对私人部门成功获取并完成 PPP 项目至关重要。

此外，民营企业抵抗金融风险和政治风险的能力有限（盛和太等，2014），其往往顾忌国家或地方政府政策变化对自身冲击较大，不敢贸然进入 PPP 领域；加之大型基础设施项目投资周期长、投资额大、涉及风险因素多，需要企业具有良好的融资能力和管理经验，民营企业自知综合实力竞争不过大型的国有企业，不愿参与 PPP 项目，进而导致民营企业在 PPP 项目中的参与程度较低。通过上述分析可知，目前我国企业发展的现实状况，即绝大部分民营企业的综合实力相比国有企业略输一筹，正因如此，其在我国大力推广 PPP 模式的过程中没有足够的能力或信心积极参与 PPP 项目，最终造成我国将在很长的历史期间内不得不容许国有企业进入 PPP 领域。

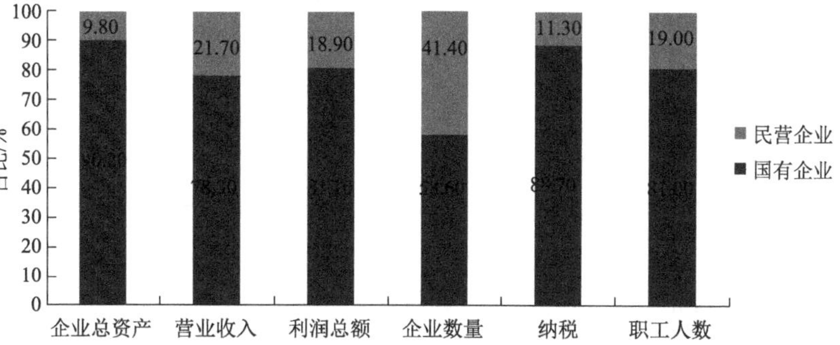

图 16-1 2015 年中国企业 500 强统计数据

综合考虑我国经济发展的历史背景、国家战略规划、企业的现实状况等三方面，现阶段允许国有企业参与 PPP 项目是 PPP 理论在中国特殊国情下的因地制宜，正因如此，我国大力推广 PPP 模式的纲领性文件财金 113 号文规定，社会资本（即理论上的私人部门）应该是与政府部门无行政隶属关系的经济实体；发改投资 2724 号文明确指出，社会资本“应是符合条件的国有企业、民营企业、外商投资企业、混合所有制企业，或其他投资、经营主体”。事实上，关于公共部门与国有企业这种公有制企业合作供给公共产品或（和）服务的经济活动是否属于 PPP 项目在理论界尚无定论，然而，既然我国实践中确实存在大量国有企业作为私人部门的 PPP 项目，且这种状况仍将在未来相当长一段时间内存在，那么，学术界就不应将这一类项目排除在 PPP 研究范围之外，而应尝试发现其与一般 PPP 项目之间的异同，实现更加细致化规范 PPP 项目，进而确保中国推广 PPP 模式的成功。有鉴于此，本研究将国有企业作为私人部门的 PPP 项目纳入研究范围，即 PPP 项目私人部门可为中央企业、地方国有企业、民营企业和外资企业中的一种或若干种。

16.1.2 问题提出

在不同类型的私人部门与公共部门建立的合作关系中，私人部门的角色感知必然存在差异，也必将造就其对双方之间合作关系的不同的心理预期，由此可见，私人部门的角色感知可能是 PPP 项目治理手段选择的一种重要的权变因素。

1. 现有文献中关于控制对信任影响的研究结论仍存在较大分歧

控制与信任是两种不可或缺的抑制机会主义行为、降低交易风险的项目治理手段，二者在任何交易中都是同时存在的（Brattström and Richtnér，2014）。信任是交易双方合作的前提，其为一种潜在的心理状态，善于处理契约中没有办法预知的风险；此外，信任能够有效降低不完全契约下的监督和执行成本，减少耗费在事后“讨价还价”或争议上的资源投入，因此，交易双方在合作过程中都希望最大限度地发挥信任的效应来规范彼此的行为，从而降低交易成本。然而，信任是一个动态演化的过程，即交易双方的信任水平和信任结构在外在因素的驱动下会随时间而变化（杜亚灵和王垚，2012），进而容易出现信任不足或信任过度的情况，为了规避此种信任不当引发的交易风险，交易中通常采用控制这一治理手段进行弥补，但对交易对象进行完全控制是不经济甚至不可能的（Atkinson et al.，2006），因此，适度的控制对交易双方信任的长期维系至关重要，进而在很大程度上影响了 PPP 项目的成功。相关研究结果显示，业主的正式控制影响着承包商的信任感知（Yang，2013），然而，现有文献中关于控制对信任是积极影响还是消极影响这一研究结论尚存在较大的争论，如 Manu 等（2015）通过案例研究发现，控制贡献于信任的发展，因为正式的控制和监视程序为各方提供了一个证明自己可信（trustworthiness）的平台，同时它也加强了施信方对其他方的信任（trustfulness）；而张水波等（2015）则经过实证研究发现，发包方仅仅采用合同对承包商施加控制，易减少承包方的信任。究其原因，学者们以往普遍关注的仅是项目中控制与信任之间的影响，而鲜有考虑到外在权变因素对二者之间关系的调节，本研究认为这一点很可能就是致使上述研究结论出现分歧的最重要原因。

2. 私人部门的角色感知可能是调节控制与信任之间关系的权变因素

契约治理及关系治理是项目治理机制的两方面，其中，契约治理指的是采用一些制度安排来明确各参与主体的责权利关系，而关系治理是指依赖一些非正式、不成文的规范来影响组织行为，二者之间是相互影响的，并且这种相互作用受到关系类型、关系长度等权变因素的调节（Cao and Lumineau，2015）；加之，控制属于契约治理的范畴，而信任则属于关系治理的范畴。因此，PPP 项目中控制与信任之间的关系也可能会在一定程度上受到外在权变因素的调节。事实上，营销领域的研究早已证明，分销商的角色感知是调节供应商的行为控制与分销商的被信任感之间关系的重要权变因素，其原因在于分销商的角色感知决定了他们对交易双方关系的心理预期，进而导致扮演不同角色的分销商在面对供应商的同一行为刺激时会产生不同的心理状态（寿志钢等，2011）。

由上述研究背景可知，我国 PPP 项目中私人部门的企业类型具有多样化，主要包括地方国有企业、中央企业、民营企业和外资企业，当私人部门的企业类型不同时，其与政府部门之间建立的角色关系也是不同的，而参与方的角色关系等固有特征能够改变交易双方对彼此之间关系的心理预期，即私人部门对其与政府部门之间关系的角色感知。由此认为，PPP 项目中私人部门的角色感知可能是一种重要的权变因素，当政府部门针对不同类型的私人部门施以相同的控制程度时，这种角色感知的不同能够导致各私人部门的心理状态也存在差异。有鉴于此，本研究试图将控制、信任以及私人部门的角色感知纳入同一研究框架之中，考察 PPP 项目中私人部门的角色感知这一权变因素对控制与信任之间关系的调节效应，研究结果将有助于解释以往研究中控制对信任影响效果的差异化现象，并指导政府部门依据其选定的私人部门企业类型采取适当的控制，以使私人部门感知到的信任处于最佳状态，进而提高交易效率，最终促使 PPP 项目成功。

综上所述，PPP 合同是一种长期契约，相互猜忌的交易双方很难取得理想的合作效果，唯有信任才能激励交易双方保持强烈的合作意愿，提高交易效率，由此可见，信任对 PPP 项目成功至关重要；然而，信任是动态演化的，信任不当就会产生风险，控制作为抑制风险的一种途径对信任具有影响作用，适度的控制对信任的长期维系至关重要，而现有文献中关于控制对信任是积极影响还是消极影响这一研究结论尚存在分歧。同时，考虑到中国 PPP 项目私人部门社会角色多样化是区别于其他国家的显著特征，因此，本研究将私人部门的角色感知作为调节变量，研究控制对信任的影响关系。

16.2 文献分析与模型构建

本章将在文献综述的基础上得出研究启示，进而提出研究假设，文献综述包括控制对信任影响的文献分析，以及该类研究所采用研究方法的文献分析。

16.2.1 控制对信任影响的文献分析

控制与信任之间的关系逐渐成为国内外学者关注的焦点，现有文献普遍认为基于合同的正式控制影响着基于信任的非正式控制，然而，以往文献中关于控制对信任影响的研究结论却大相径庭。从研究所关注的范围来看，主要可以包含以下两类。

1. 从项目的全过程考察控制对信任的影响

现有关于控制对信任影响的文献中，部分学者从项目的整个过程考察控制对信任的影响，并出现了截然相反的研究结论。①有的学者认为控制抑制信任的发展，持此观点的学者通常认为合同控制性越强，对承包商的震慑力就越大，会使其产生处处被约束的感觉，从而不利于信任的发展，代表性研究如：张水波等（2015）对“正式合同-承包方信任-合作行为”这一理论模型进行了实证分析，结果表明，单纯通过合同来控制承包商会损害其感知到的信任，原因在于强制性的合同条款意味着所有事情都得按照既定的方式严格管控，这样会使得双方的关系显得理性化，导致承包商产生抵触、反感的情绪，进而降低承包商的信任感。②另有学者认为控制积极影响信任的发展，持此观点的学者通常认为正式的控制给双方创造了一个比较规范的交易环境，从而有利于信任的发展，代表性研究如：Poppo 和 Zenger（2002）指出，详细的契约有利于信任的构建，因为正式契约控制可以界定一个合作框架；黄俊等（2012）基于国内汽车行业的研发联盟企业数据，经实证分析发现，联盟契约控制显著正向调节成员之间的共同信任；Manu 等（2015）通过案例研究发现，控制贡献于信任的发展，因为正式的控制和监视程序为各方提供了一个证明自己可信的平台，同时它也加强了施信方对其他方的信任。

2. 从缔约、履约两阶段分别考察控制对信任的影响

事实上，合同交易的全过程是分为缔约与履约两个截然不同的阶段的，且每个阶段控制与信任都呈现不同的特征，因此，也有文献将研究范围聚焦到其中一个阶段的。

（1）缔约阶段。通常认为控制有利于双方信任的建立，例如：李西垚等（2008）认为，外包合作中承包方企业的契约控制是培养双方信任的前提和基础，并且与信任具有倒 U 形关系，即在合作的初期，契约控制促进了信任控制的建立；胡延平和刘晓敏（2008）认为，在联盟的初始阶段，契约控制能够促进信任控制，原因在于，此阶段的契约水平越高，对另一方接触得越深入，越能促进信任的产生，使他们感情基础更稳固。然而，现有研究中鲜少基于工程项目这一关系背景来考察缔约阶段控制对信任的影响，为数不多的相关研究其结论也并不一致，例如：Yang（2013）在文献综述的基础上，提出了合同条款控制对承包商信任具有消极影响的假设，虽然来自中国的数据并未支持这一假设；莫力科和陆绍凯（2017）采用交易成本理论解释了监控机制会提高信任主体对合作伙伴信任的机理，即带有严密监控机制的合同能够为信任主体提供信任客体的“绩效记录”和一份书面的履约承诺，因此会提高信任主体对合作伙伴的认知信任，能够降低合作过程中的机会主义，从而为信任主体提供一个更易于产生情感信任的心理安全环境，因此会提高信任主体对合作伙伴的情感信任。

（2）履约阶段。通常认为控制会对信任产生消极影响，例如：胡延平和刘晓敏（2008）认为，在联盟的高级阶段，契约的指导性下降，完备的契约和严格的监督会阻碍信任控制的进一步发展；Brattström 和 Richtnér（2014）通过纵向分析 4 个产品开发项目发现，控制程度越严，越不易产生善意信任，从而考察了缔约后业主控制对承包商信任的消极影响。工程领域的代表性研究如：Yang（2013）提出了合同履行控制对承包商信任具有消极影响的假设，并用来自中国的数据验证了这一假设；尹贻林和徐志超（2015）认为，传统工程项目交易中过分苛刻控

制承包商是导致业主与承包商之间信任缺失和敌对关系屡屡发生的原因。但也有研究指出，履约阶段控制的实施应依据合作深度做出调整才更有利于双方的信任，例如：虽然莫力科和陆绍凯（2017）的实证研结果显示，加强监管机制是促进对项目合作组织信任较为稳妥的方法，但也明确指出“如果单纯为了提高信任，那么随着合作深入彼此信任程度达到了极高的水平后，可以考虑放松监管力度”。

16.2.2 研究方法的文献分析

现有关于控制对信任影响的研究中所采用的研究方法通常有三种类型，即实证类研究方法、质性研究方法和实验研究方法，每种方法的具体情况如下。

1. 实证类研究方法

关于控制对信任影响的文献通常采用的实证类研究方法如 SEM、多元回归分析等，此类研究方法主要是通过发放问卷或统计调查等方式收集数据，据此对提出的理论模型进行验证或发现大量数据中潜藏的规律，进而得出研究结论，主要用数字化的符号进行测量。如初浩楠和廖建桥（2008）采用层级回归方法对 163 份员工问卷进行处理，探究了不一样的控制类型对各种类型信任的作用；Yang（2013）面向 36 家建筑公司中的中、高级经理共搜集了 480 份调查问卷，运用 SEM 检验了正式控制、业主的信任及承包商的信任三者间的相互影响关系。

2. 质性研究方法

现有文献中也有采用案例研究（单案例、多案例）、扎根理论等质性研究方法研究控制对信任的影响的，此类方法更侧重通过访谈、观察、历史文件等途径搜集资料，并通过逻辑推理、归纳演绎等方式对原始资料进行分析，进而形成结论。例如：戴天婧和汤谷良（2011）通过对五个汽车行业中外合资企业的多案例研究全面充分地揭示了控制与信任之间的交互作用；黄劲松和郑小勇（2015）通过对两个产学研联盟案例的扎根研究，构建了契约控制、信任和合作信心的研究框架，并探讨了契约控制与信任之间的互补或替代关系。

3. 实验研究方法

实验研究方法在工商领域中的应用已较为广泛，一般步骤是：依据研究内容设计实验场景，选择被试者实施实验，通过对可重复的实验现象进行观察，进而得出研究结论。如寿志钢等（2011）指出，实验研究方法降低了数据收集过程中其他因素的干扰，提高了研究的内部效度，因此，其通过实施两个现场准实验，检验了行为控制对感知信任的主效用及角色感知对这一效用的缓冲或放大的作用，还通过仿真实验检验了行为控制对感知信任的主效用及公平感知的调节作用。近年来，工程领域也开始有研究尝试采用实验研究方法，例如：尹贻林和徐志超（2015）提出了信任改善大型工程项目管理绩效的路径，其中，合理风险分担对承包人策略选择的影响机理部分由于涉及被试者道德与品行问题，为了观测承包人真实的行为反应，增强研究结论的可靠性，尝试采用了情境模拟的行为实验研究方法。

通过以上分析发现，三种研究方法各有特点，它们通过不同的途径验证了变量之间的关系，具体采用哪种研究方法取决于研究的内容及需要。①运用实证类研究方法验证变量之间关系的研究所得的结论通常较为客观、准确，操作过程具有可重复性，但是此方法依赖于大量数据的统计分析，且大样本数据的质量难以保证；②质性研究方法强调从事件的整体背景去了解事件，相对保持研究情境的自然状态，并在研究人员和被研究人员的沟通下，对研究问题或现象提供较深入且全面的解释；③实验研究方法能够降低外界因素的干扰，保证数据的质量，并且通过调节自变量来检查因变量的变化，克服研究数据难以获取的劣势，进而检验各变量之间的对应关系。

16.2.3　研究启示与理论模型

1. 研究启示的得出

通过上述文献分析得出其对本研究的启示，主要包括以下几个方面。

（1）PPP项目中控制对信任影响的研究应分别从缔约、履约两阶段进行探讨。由于控制可以按其时间属性划分成不同的维度，且二者在项目不同阶段所呈现出的特征也是存在差异的，加之，从项目的全过程考察控制对信任影响的研究结论是存在较大分歧的，因此，本研究将控制对信任影响的研究解构为缔约、履约两阶段分别探讨。其中，缔约阶段的控制即合同条款控制，履约阶段的控制即合同履行控制，通过信任的文献分析发现，信任与信任感知在交易双方的长期博弈中是趋同的，有鉴于此，信任感知的构念及维度划分可以借鉴信任方面的研究成果。

（2）PPP项目中控制对信任影响的研究可引入角色感知这一权变因素做调节变量。通过对缔约阶段和履约阶段控制对信任影响的文献分别进行分析发现，以往研究结论仍存在一定程度的分歧；同时，现有研究普遍认为控制的选择与项目的性质及其所处的外在环境有很大的关系。考虑到我国 PPP 项目在推行过程中，私人部门角色的多样化是区别于其他国家的显著特征，本研究认为，PPP 项目中控制对信任影响的研究可引入私人部门角色感知这一权变因素作为调节变量，从而更加全面、准确地揭示控制对信任的影响机理。

（3）依据项目阶段的不同，选择适用、先进的研究方法。由于信任研究的情境依赖性、独特的语义联系及所涉及的道德问题，具有组织行为学特征的信任研究在保障数据可靠性方面存在一定的难度，因此，不适宜用依赖于大量数据的实证类研究方法。同时，考虑到 PPP 项目缔约阶段的合同条款控制是固化的、全面的，私人部门的信任感知则是某一特定的心理状态，而履约阶段的合同履行控制是合同条款控制的具体实现情况，其实施强度是可以适时调整的、各种控制措施的落实也是有时间先后的，私人部门的信任感知则是动态演化的，两阶段无论是控制还是信任都呈现出不同特征，因此，应分别选择最适宜的研究方法。

2. 理论模型的构建

现有文献普遍认为工程项目中控制与信任之间的关系是线性的，但在控制对信任的影响是积极的还是消极的这一结论上存在较大分歧。事实上，营销领域的研究早已证明，当事人对交易双方关系的预期不同时，其对同一行为刺激会产生不同的心理状态（寿志钢等，2011），而情境因素与各参与方固有的特征都会改变这种预期。Cao 和 Lumineau（2015）的研究也表明，契约治理与关系治理之间的相互作用受到制度环境、关系类型、关系长度、合同缔结途径等多个因素的调节，不同国家在制度体系、监管质量以及经验积累等市场规制层面存在一定差异，致使其 PPP 项目治理层面的客观规律不尽相同（Chou and Dinar，2015），因此，有效的 PPP 项目治理应是依据复杂的具体情境而定的（van den Hurk and Verhoest，2015）。其他领域已有学者开始考虑权变因素对控制与信任之间关系的调节，如王琦等（2014）探讨了契约控制与信任控制在项目获取途径的调节作用下，通过感知不确定的中介作用对 IT 外包项目合作绩效的影响。但是尚未发现有学者针对工程项目开展此类研究，更不用说考虑 PPP 项目的特殊背景。由此可见，考察 PPP 项目中控制对信任的影响不宜仅局限于项目层面，项目所处的情境因素以及公私双方所固有的特征都可能是致使上述影响效果存在差异的关键权变因素，鉴于中国 PPP 项目私人部门社会角色多样化是区别于其他国家的显著特征，本研究将考察私人部门角色感知对控制与信任之间关系的调节效应，为公共部门依据其所选定的私人部门角色类型实施适当的控制提供指导，从而在最大程度发挥信任作用的同时，将交易风险降至最低。

一般市场上交易双方的角色仅有“商人”“朋友”两种，而二者通常以是否有过愉快的合作经历来区分。相关研究发现，交易一方对自身是“朋友”或“商人”角色的定位会影响其决策，对另一方是“朋友”或“商人”角色的定位会导致不同的角色期望，此外，交易双方对自己扮演的社会角色都有一定的角色意识，即对自身角色的感知，其是主导角色行为的内在动因（刘爱东等，2014）。同理，PPP 项目中私人部门“商人”抑或是“朋友”的角色会对项目层面的具体运作产生重大影响，如 de Schepper 等（2015）的研究表明，公私双方以往的合作经历和项目经验不仅能促进 PPP 成功，还能大幅降低采购阶段的交易成本，然而，尚未发现分析角色感知对控制与信任之间关系的调节效应的文献。在营销领域，寿志钢等（2011）通过现场准实验和仿真实验的方法发现，分销商与供应商的友谊能够放大活动控制对感知善意信任的抑制作用，但会对能力控制对感知能力信任的负面影响起到缓冲作用。由此可见，商业活动中交易双方的社会角色属性会影响其行为和心理，当 PPP 项目中私人部门与公共部门之间的相对社会角色不同时，相同的控制可能会使私人部门感知到不同的信任。基于此，提出本研究概念框架如图 16-2 所示。其中，缔约阶段的控制为合同条款控制，履约阶段的控制为合同履行控制，两阶段的信任（感知）均可划分为能力信任与善意信任两个维度（表 16-1）。

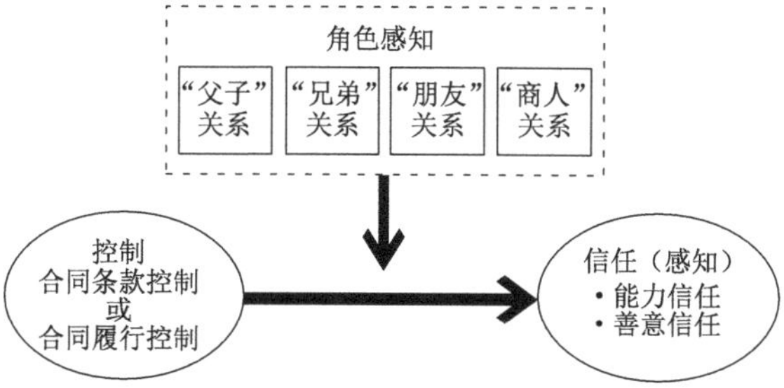

图 16-2　PPP 项目中控制、信任、角色感知之间关系的理论模型

表 16-1　PPP 项目中控制、信任、角色感知之间关系理论模型中的变量释义

研究阶段划分	控制		信任（感知）	角色感知
	变量名称	含义		
缔约	合同条款控制	在合同中规定的合同一方对另一方的约束，是全面的、固化的	一种特定的心理状态	“父子”关系、“兄弟”关系、“朋友”关系、“商人”关系
履约	合同履行控制	在合同执行过程中对合同条款控制的实现情况，是随时间展开的、较灵活的	随着控制的展开而呈现动态演化的过程	

16.3 缔约阶段的多案例分析

本节旨在检验 16.2 节中构建的以公共部门的合同条款控制为自变量、私人部门的信任感知为因变量、角色感知为调节变量的理论模型（杜亚灵等，2016b）。在第 11 章“私人部门的角色感知”中，本研究依据私人部门的企业类型将其角色感知划分为四类，即“父子”关系、“兄弟”关系、“朋友”关系和“商人”关系，本节将通过多案例的对比分析，探讨上述四种角色感知下政府部门的合同条款控制对私人部门信任感知的影响。

16.3.1 研究设计

本研究探讨的是缔约后、履行合同前政府部门的合同条款控制对私人部门信任感知的影响，信任感知这种心理状态具有很强的动态变化特征，而通过发放问卷得到的截面数据并不能准确反映私人部门信任感知的变化，这就需要研究人员从整个项目过程中进行跟踪研究；此外，本研究的关键在于回答“合同条款控制是如何影响信任的”“角色感知是怎样调节二者之间关系的”“结果如何”等问题。基于以上两点，宜采用案例研究的方法，案例研究能够对案例厚实地进行描述，且对动态的变化和所处情景脉络有较全面的掌握；依据实际研究中采用案例的数量不同，案例研究可以区分为单案例研究（single case study）和多案例研究（multiple cases study），相较于单案例研究而言，多案例研究能够进行跨案例比较，使每个个案之间进行反复验证，从而全面、深入地分析不同背景下的现象和结果，提高研究结果的普适性，因此，本研究宜采用多案例的方法展开研究。

研究设计包括理论上的研究设计和实际的研究设计两部分。在研究之初，课题组按照多案例研究的步骤和要求进行了最优的设计，但囿于现阶段访谈资料难以获取和团队能力有限，无法搜集到研究足够多的素材，因此，本研究只能退而求其次，选择次优的研究设计。本研究依然提供了最优研究设计的内容，以便使其他研究者受到启发，进而在条件成熟后借鉴最优的研究设计进行更深入的研究。

1. 理论上的研究设计

（1）案例选择标准。案例的选择多是按照复制法则进行筛选的，根据研究目的并结合以往研究文献，本研究所选案例必须满足以下几个条件：①具有代表性和可借鉴性，项目的来源仅限于国家发改委公布的 13 个典型 PPP 项目、财政部公布的第一批 PPP 示范项目或上海济邦投资咨询有限公司[①]、北京大岳咨询有限责任公司等权威咨询机构咨询过的具有重大意义的 PPP 项目；②覆盖本研究中调节变量的四种类型，角色感知是相对固定的，其只能通过企业类型的变化体现出双方之间不同类型的角色感知，因而应按前文分析出的四种角色感知分别选取 1～2 个具有代表性的项目；③资料的可获取性高，课题组参与过或通过可靠的社会资源能与参加项目的关键人员建立起联系的项目，因为课题组跟参与此项目的人员共同合作过且建立了相互信任的情感，在此情况下，他们会更跟愿意接受访谈和提供更多本研究需要的资料。

（2）资料获取。按照上述标准选择案例并进行资料采集，资料的主要来源是对企业高层管理者进行深度访谈，其中最为关键的是访谈提纲，主要通过以下步骤得到。

第一，依据本研究团队关于 PPP 项目合同控制的研究成果识别出合同条款中具有控制作用的关键点，通过分析文献资料、相关案例和查阅相关的行业合同范本，筛选出国家标准有一定幅度范围而每个项目的合同条款规定有差异的关键点，即产出标准、投融资责任、履约担保、出资比例、违约行为、违约金等。

第二，针对上述每一个关键点对受访者递进式地询问了四个层次的问题：①该项目的合同条款中对这方面是如何规定的？②与行业内的平均标准相比，本项目合同条款中这方面的规定是更加苛刻还是宽松？③您认为政府部门规定如此苛刻/宽松的原因可能是什么？④若受访者对前面问题的回答不涉及主观感知方面的内容，则应对其引导式地追问问题，即对于这种更加苛刻/宽松的规定，您认为对方是担心您会有投机的行为/相信您不会有投机的行为吗？

第三，将上述找出的关键点和形成的问题在本团队内部讨论后对相关 PPP 研究者进行询问，并根据询问的结果调整上述内容，最终形成访谈提纲（见附录 2）。

2. 实际的研究设计

课题组按照上述标准联系了相关项目，然而在我们表明了本次访谈的目的后，对方常以涉及合同隐私或公私双方信任等敏感话题为由表示不便回答，尤其是与当地政府部门合作的企业往往害怕破坏双方关系等原因更不愿接受访谈，甚至直接拒绝，因而本研究退而求其次，将二手资料作为案例分析的素材。

---

① 上海济邦投资咨询有限公司是最早做 PPP 的咨询公司之一，十多年来受财政部和国家发改委委托完成多项咨询服务，同时该公司专家也是财政部 PPP 顶层制度设计的主要参与者。

（1）二手资料。以依据上述标准筛选出的项目为对象搜集二手资料，其途径主要包括：①在 CNKI 数据库中搜索主题为“××项目”的相关文献，从中摘录出与上述关键点相关的内容；②通过网络搜索找到该项目历年的新闻报道，特别是项目参与人的心得体会或国内知名专家对该项目的点评；③北京大岳咨询有限责任公司举办的“中国 PPP 沙龙”中财政部、咨询公司以及各项目总经理等人员对该项目所做的报告。通过筛选，仅找到了本研究所识别出的四种角色感知中“商人”关系和“朋友”关系的代表性项目，同时考虑到 2014 年课题组协助天津市财政局开展“关于推广政府和社会资本合作（PPP）模式的课题”时，曾共同调研过若干个代表性的 PPP 项目中的私人部门主要是当地国有企业和中央企业，因此“父子”关系和“兄弟”关系角色类型的项目便从上述调研过的项目中选择（同种角色感知的项目有多个时，选择更具代表性的项目），并将当时的访谈录音与其提供的会议纪要、合同文本等也作为案例分析的素材。以上获得的所有资料由专人负责分类整理，形成电子文档并进行备份以便于进行再检查与再分析。

（2）案例介绍。通过网络资料的搜集发现，资料比较丰富的是合肥王小郢污水处理厂项目和北京地铁 14 号线项目，其中私人部门的角色感知分别是“商人”关系和“朋友”关系，因此，在调研过的项目中遴选泰达行冷链物流中心项目和天津北疆发电厂循环经济 PPP 项目，其中前者的私人部门的角色感知是“父子”关系，后者的私人部门的角色感知是“兄弟”关系。上述四个项目的具体信息如表 16-2 所示。

表 16-2 项目概况

序号	项目名称	运作模式	签约时间/特许经营期限	投资者名称（及其出资比例）	企业类型	是否有过合作关系	角色感知
1	合肥王小郢污水处理厂项目	TOT	2004 年/运营期 23 年	德国柏林水务集团（80%）＋东华工程（20%）联合体	外资企业	否	“商人”关系
2	北京地铁 14 号线项目	BOT	2012 年/运营期 30 年	香港铁路有限公司（49%）＋北京首都创业集团有限公司（49%）＋北京市基础设施投资有限公司（2%）	民营企业	是	“朋友”关系
3	泰达行冷链物流中心项目	PFI	2012 年/—	天津滨海泰达物流集团有限公司（60%）＋丰田通商（中国）有限公司（25%）＋上组（香港）有限公司（15%）	当地国有企业	否	“父子”关系
4	天津北疆发电厂循环经济 PPP 项目	BOT	2004 年/—	国投电力控股股份有限公司（64%）＋天津市津能投资公司（34%）＋天津长芦汉沽盐场有限责任公司（2%）	中央企业	否	“兄弟”关系

注：①“—”代表合同中未约定运营时间；②企业类型以投资者中出资比例最大者确定

16.3.2　资料分析与讨论

1. 文本资料分析结果

通过该项目的合同条款或网络搜集到的比较权威的素材就能准确判断出政府部门对私人部门的合同条款控制程度，而信任是一种心理状态，其无法通过直接观察得到，再者私人部门也不愿意对信任这类敏感问题表达其主观感受，因此私人部门所感知到的信任程度的高低主要是通过分析其所陈述的语句和相关的二手资料得到的。例如，在来宾 B 电厂项目移交时，广西来宾法资发电有限公司总经理罗曼尼表示：在同期电力项目纷纷撤销和改制的情况下，此项目能顺利进行下去，非常感谢政府部门一如既往地鼎力支持。由此可以认为私人部门对当地政府部门具有较高程度的信任感知。

参照 Doz（1996）的案例研究设计，按照上述分析方式对单个案例进行透彻的分析，即通过对二手资料获得的文本素材进行归类，识别出合同条款控制、信任的类型并以“较高”“较低”作为合同条款控制/信任的程度对每个研究变量赋值；在此基础上进行跨案例比较，即分析不同案例间相同的合同条款控制对信任的影响是否存在差异。由于篇幅所限，本研究仅以其中具有代表性的关键点的分析结果为例进行详述（表 16-3）。

表 16-3　资料分析结果

项目名称	角色感知	控制焦点	研究变量程度		文本资料	资料来源
合肥王小郢污水处理厂项目	“商人”关系	产出标准	合同条款控制	较高	(1)柏林水务中国控股公司总经理梁军在谈判结束后向北京大岳咨询有限责任公司表示：“你们制定的项目条件太苛刻了，在德国也没有这么严厉的监管条款。” (2)王小郢污水处理有限公司总经理张雯在北京大岳咨询有限责任公司举办的“中国 PPP 沙龙”上介绍此项目经验时说：“经过提标改造后污水出水水质标准提高到了 IV 类水，我们的总氮要到 5 毫克升，是全国所有城市污水处理项目中要求最高的一个，目前柏林都可能还没有达到这么高的要求。”	网络资料
			善意信任	较低	柏林水务中国控股公司总经理梁军在谈判结束后向北京大岳咨询有限责任公司表示：“我们承担的风险很大，但你们挥舞着主动权大棒，我们不敢提出太多修改意见，只好接受招标文件中的这些条件。”从他使用“挥舞着主动权的大棒”“不敢”“只好接受”这些词来表达自己的观点中可以看出私人部门未能充分感受到政府部门的善意信任	网络资料

续表

项目名称	角色感知	控制焦点	研究变量程度		文本资料	资料来源
合肥王小郢污水处理厂项目	“商人”关系	产出标准	能力信任	较高	政府部门非常清楚柏林水务集团是国际水务巨头，在此基础上，又对此项目设置这么高的标准，只能说明政府部门认为私人部门有能力把这个项目做好，正常情况下，私人部门也会理解政府部门对他的高要求，并能感受到政府部门对他能力的信任	讨论分析
北京地铁14号线项目	“朋友”关系	投融资责任	合同条款控制	较低	在北京地铁4号线项目中，政府部门让香港铁路有限公司承担了全部的投融资责任，鉴于之前的合作经历，其在北京地铁14号线中设立了投资控制“多退少补”机制，显然，后者比前者在投融资责任方面的控制程度更松	网络资料
			善意信任	较高	香港铁路有限公司中国业务首席执行官易珉2014年在北京大岳咨询有限责任公司举办的“中国 PPP 沙龙”上演讲时说：“政府部门在法律层面的政策支持和经济方面的资金支持对投资商来讲是很满意的状态”；香港铁路有限公司署理行政总裁梁国权在接受《中国建设报》采访时说：“作为其中一名股东，我们很荣幸有机会将安全、可靠和方便的铁路服务延伸至更多在首都的乘客，我们会继续为北京公共交通的可持续发展做出努力。”从中可以看出，北京市政府既然能提供更多的帮助和支持，应该是对私人部门充分信任的；此外，私人部门用“满意”“荣幸”等言语表达了自己的感受，并表示将会继续努力，由此认为私人部门应该充分感受到了政府部门的善意信任	网络资料
			能力信任	较高	北京京港地铁有限公司董事长王灏在接受记者访谈时说：“地铁14号线仍将复制地铁4号线 PPP 模式。”双方能够再次合作并且对合同条款未做大的改动。由此认为政府部门对私人部门的能力是信任的，且私人部门感受到了这种能力信任，否则双方很难会再次合作或即使再次合作也会制定更加周详的条款	网络资料
泰达行冷链物流中心项目	“父子”关系	产出标准	合同条款控制	较低	天津滨海泰达物流集团股份有限公司提供给课题组的合同中对于产出标准并未做详细说明	合同
			善意信任	较高	天津滨海泰达物流集团股份有限公司的总经理在接受课题组访谈时说：“我会为了政府方面履行政府职能增加与我直接经营没有关系的设施，政府也会给我们提供竞争上的优势。”私人部门之所以愿意为政府部门提供一些与自己无关的设施，应该是相信政府在以后的合作中能够给自己提供某些方面的便利，由此认为私人部门感受到了政府部门的善意信任	访谈录音
			能力信任	较高	此项目作为天津滨海新区现代服务业综合试点项目，其合同中并没有对产出服务的具体规定，而实践中私人部门又积极配合天津出入境检验检疫局的工作，为其提供了良好的服务，由此认为政府部门应该是相信私人部门的融资和技术能力的，且私人部门也感受到了其对自己的能力信任	讨论分析

续表

项目名称	角色感知	控制焦点	研究变量程度		文本资料	资料来源
天津北疆发电厂循环经济PPP项目	“兄弟”关系	产出标准	合同条款控制	较高	此项目是国务院批准的第一批国家级循环经济试点项目，政府部门应该会有较高的期望，因此本研究认为政府部门会对私人部门控制得更加严格	讨论分析
			善意信任	较低	国投电力控股股份有限公司一位总经理在接受我们访谈时说：“海水淡化项目一直亏损，政府应该加强产业扶持政策并进行财政补贴。”而政府部门在给课题组反馈的邮件中写道：“政府部门已从其他方面对私人部门进行了补贴，项目总体是盈利的。”即私人部门对政府部门提供的财政补贴表示不满，由此得出私人部门未感知到政府部门的善意信任	访谈录音
			能力信任	较高	国投电力控股股份有限公司一位总经理在接受我们访谈时说：“我们是全国第一个向社会大规模供水的淡水企业，所采用的是具有国际先进水平的低温多效海水淡化技术，政府部门的初衷就是让我们探索中国海水淡化技术的应用，而我们也一直走在管理和技术的前面。”从中可以看出，私人部门在海水淡化方面一直努力着且比较领先，由此认为政府部门对私人部门的能力是足够信任的，并且私人部门也感受到了其对自己能力的信任	访谈录音

2. 分析与讨论

为了进一步揭示合同条款控制与信任之间的影响机理，本研究将对上述四个案例资料的质性分析结果展开细化。分析结果显示，合同条款控制与信任之间并没有必然的关系，其中合同条款控制与善意信任之间呈负相关关系，而合同条款控制与能力信任之间可能存在正相关关系（如在合肥王小郢污水处理厂项目和天津北疆发电厂循环经济 PPP 项目中），也可能呈现出负相关关系（如在北京地铁 14 号线项目和泰达行冷链物流中心项目中）。究其原因，不同角色感知下私人部门对对方行为的理解是存在差异的，即交易双方的角色类型决定了在相同合同条款控制下私人部门对信任的感知程度。此外，将上述关系归类后发现，“父子”关系和“朋友”关系角色感知下合同条款控制对信任的影响机理相似，“兄弟”关系和“商人”关系角色感知下合同条款控制对信任的影响机理相似，因此，本研究将对其分类探讨。

（1）“父子”关系或“朋友”关系角色感知下合同条款控制对信任的影响。表 16-3 显示，相对于“商人”关系和“朋友”关系两种角色类型，在“父子”关系或“朋友”关系的角色感知下，政府部门对私人部门的合同条款控制通常较低，在此情况下，私人部门所感受到的能力信任较高、善意信任较高。针对这种现象，课题组对 PPP 项目实践部门的人员进行了访谈与讨论。

第一，在“父子”关系的角色感知下，当地国有企业为政府部门投资或参与控股的企业，二者具有行政隶属关系，政府部门可以通过发布行政命令的方式控制私人部门的行为，由于行政命令通常可以针对事件自然状态实现后即时发布，相对于具有天然不完全性的合同在应对不确定性事件时更有优势；加之发布行政命令不会发生交易成本，或者其交易成本显著低于单方拟定/双方谈判形成的较为详尽的合同条款。显然，发布行政命令比订立严格的合同条款在控制私人部门行为方面效率更高、成本更低，因而政府部门与当地国有企业更倾向于象征性地签订一个比较简单的 PPP 合同，合同条款的控制程度通常较低。同理，在朋友关系的角色感知下，基于之前愉快的合作经历，政府部门对私人部门的能力和善意都有充分的了解，能够再次合作也说明双方之间已经建立了深厚的情感，这种情感相对于合同条款在控制私人部门行为方面效率更高、成本更低，并且，若政府部门制定严格的合同条款则容易伤害双方的感情，因此双方对严厉合同条款的依赖程度较低。

第二，在上述两个案例中，合同条款控制较低，而私人部门感知到的能力信任是较高的，从表面上看，合同条款控制与能力信任之间呈负相关关系。然而，课题组综合实务工作者的观点认为，交易双方之间的行政隶属关系或以往愉快的合作经历都会使政府部门对私人部门的能力有充分的认识，并相信其有满足自己各方面要求的能力，而政府部门选择与此私人部门合作也会使其感知到政府部门对自己能力的肯定，在此情况下，无论合同条款规定的严格与否，都不会影响到私人部门所感知到的政府部门的信任。由此可知，在上述两种关系下，私人部门的能力信任感知并不是由合同条款控制决定的，而是基于双方天然的行政隶属关系或前期积累的感情基础形成，并一直存在的。合同条款控制与善意信任之间呈现负相关关系，分析过程见后文。

（2）“兄弟”关系或“商人”关系角色感知下合同条款控制对信任的影响。表 16-3 显示，相对于“父子”关系和“朋友”关系两种角色类型，在“兄弟”关系或“商人”关系的角色感知下，政府部门对私人部门的合同条款控制通常较高，在此情况下，私人部门所感受到的能力信任较高、善意信任较低。针对这种现象，本课题组对 PPP 项目实践部门的人员进行了访谈与讨论。

第一，在“兄弟”关系的角色感知下，中央企业是中央政府监督管理的企业，外地国有企业是外地政府监督管理的企业，二者与当地政府都不存在直接的行政隶属关系，特别地，一些中央企业及其行政主管部门在行政级别上甚至比地方政府还高，致使当地政府部门很难与它们做到平等交易。在“商人”关系的角色感知下，彼此之间并不熟悉，加之双方之间具有截然不同的利益诉求，使得陌生的合作伙伴对彼此都有较为严重的防范心理。在上述两种关系的角色感知下，双方之间一旦产生纠纷，各方都会出于保护自身利益的考虑而不肯让步，从而易导致其间的矛盾恶化，为了避免此类情况的发生，政府部门与私人部门需要签订更为详细的 PPP 合同，因此，合同条款控制通常较高。

第二，在上述两个案例中，合同条款控制较高，私人部门感知到的能力信任也是较高的，显然，合同条款控制与能力信任之间呈正相关关系。本课题组综合实务工作者的观点认为，PPP 本质上是利用私人部门的资金与竞争（特别是创新）来改善公共产品的供给效率，同时，政府部门采用 PPP 模式的初衷也是想将项目做得更好，于是，基于对私人部门能力的初始认知，政府部门会在合同条款中设置稍高于私人部门固有能力水平的标准以激励它将自身能力发挥到极致。同样地，由于双方之间不存在紧密的伙伴关系，私人部门感知到的政府部门的信任水平主要依据合同条款的控制程度，即政府部门的合同条款控制越严格，说明其对自己的能力越认可。由此可知，在上述两种关系下，合同条款控制与能力信任之间呈正相关关系。合同条款控制与善意信任之间呈负相关关系，分析过程见后文。

（3）各种角色感知下合同条款控制对善意信任的影响。通过上面两部分的讨论和分析可知，在“父子”关系或“朋友”关系的角色感知下，合同条款控制与能力信任表面上呈负相关关系；在“兄弟”关系或“商人”关系的角色感知下，合同条款控制与能力信任呈正相关关系。由此可知，合同条款控制与能力信任之间的关系并不是一成不变的，而是受到了私人部门角色感知的调节。将表 16-3 中的四个案例进行对比分析发现，不论在何种角色感知下，合同条款控制与善意信任之间都呈负相关关系，私人部门角色感知对二者之间关系不存在显著的调节作用，针对这种现象，本课题组对 PPP 项目实践部门的人员进行了访谈与讨论。

善意信任是指一方相信另一方不会有意做出损害自己利益的事情，处于善意信任的一方更多的是从积极的方面看待另一方的行为（谭云清等，2011），而控制则是一方因担心另一方实施机会主义行为而采取的防御措施，它在一定程度上反映了施控方的戒备心理。可见，当一方对另一方的善意信任较低时，往往会施加较强的控制，反之，若一方对另一方实施较强的控制，则易降低另一方感知到的善意信任。因此，政府部门的合同条款控制与私人部门的善意信任感知之间的关系可做如下解释：①当政府部门的合同条款控制较高时，说明其有较强的自我保护倾向，是在防止私人部门实施机会主义行为，则私人部门很可能认为政府部门的此类行为是在怀疑自己的善意，即感知到的善意信任较低，这一观点与刁丽琳和朱桂龙（2014）的部分研究结论较为一致[①]；②当政府部门的合同条款控制较低时，说明其对私人部门比较放心，愿意给其充分发挥的空间，并相信私人部门不

---

① 刁丽琳和朱桂龙（2014）认为，“过于严厉的契约条款容易被视为不友好的表现，从而引发合作伙伴之间的猜疑”。

会利用其弱点做出危害己方利益的事情，政府部门的此类行为易给私人部门留下十分善意的印象，即感知到的善意信任较高。综上所述，合同条款控制与善意信任之间呈负相关关系，角色感知对二者之间关系的调节并不明显。

16.3.3 研究结论与管理启示

通过对四个具有代表性的 PPP 案例进行对比分析，探讨了政府部门的合同条款控制与私人部门信任感知之间的关系，以及其在不同角色感知下受到的调节。研究结果显示：私人部门的角色感知对合同条款控制与能力信任之间的关系起到调节作用，而其对合同条款控制与善意信任之间关系的调节作用并不显著。从理论层面上看，本研究有三点新颖之处：①本研究在 PPP 背景下拓展了控制与信任之间关系方面的研究，尽管此类问题的研究在战略联盟和供应链领域中相对比较成熟，但不同情境下二者之间的影响路径和效果很有可能存在差异，因此，在 PPP 背景下探讨二者之间的关系，进一步完善了组织间治理理论体系；②以往研究控制与信任关系的文献大都采用的是基于问卷调查的实证研究方法，而本研究采用的是基于多案例研究的质性分析方法，后者多是研究者从当事人的行为和他发表的言论中判断其心理状态，弥补了问卷调查法中受访者可能会隐藏真实想法（尤其是面对信任等敏感性问题时）的缺陷，从而使得获取的资料更贴近受访者的真实感受；③本研究尝试将角色理论应用于 PPP 项目中，考察私人部门不同的社会角色如何影响其态度和行为，从而进一步丰富了角色理论，同时赋予了 PPP 社会学的研究视角。从实践层面上看，私人部门的企业类型呈现多样化，若政府部门以相同的合同条款控制对待不同的私人部门，则可能会适得其反，而本研究成果能够为政府部门在科学控制私人部门方面提供更有针对性的建议；此外，还可指导政府部门营造更有利于实现 PPP 项目善治的制度环境，从而提高 PPP 项目的合作效率，促进政府和社会资本的广泛和深度合作。

基于上述的讨论分析结果，本研究给我国实践部门的人员提供了两点管理启示。

1. 政府部门对社会资本实施的合同条款控制应因角色感知而异

在“父子”关系的角色感知下，受到行政命令“成本低、效率高”这一先天优势的诱惑，政府部门禁不住采用行政命令而非合同条款来控制社会资本（即理论上的私人部门）的行为，使得合作伙伴之间难以实现平等交易，不利于激发社会资本的竞争性与创新性，因此，本研究认为选择当地国有企业作为社会资本是否有利于 PPP 模式长期健康发展是有待商榷的。事实上，财金 113 号文曾将社会资本界定为与政府部门没有直接行政隶属关系的经济实体，从而将当地国有企业排除在社会资本范围之外；然而，其后发布的国办发 42 号文补充说明道，在融资平台公司“承担的地方政府债务已纳入政府财政预算、得到妥善处置并明确公告今后不再承担地方政府举债融资职能的前提下，可作为社会资本参与当地政府和社会资本合作项目”，本研究认为这仅是我国政府在 PPP 模式推广前期对于现实情况的一种妥协。总之，政府部门作为社会单位之一，易受“内群体偏好”（in-group bias）的影响，即倾向于选择与自己有相同特质的当地国有企业合作；然而，本研究认为在当前阶段，若存在实力与当地国有企业相当的其他类型社会资本，政府部门应矫正以往的一贯做法，优先与其他类型社会资本合作，待到地方政府融资平台公司市场化改制的完成，其在 PPP 项目中的角色感知亦将由“父子”关系转化为“商人”关系，甚至“朋友”关系，此时，政府部门就可以与实现成功转型的当地国有企业合作，进而发挥其在资金、技术和管理创新方面的优势。

在“朋友”关系的角色感知下，平等交易的双方已经建立的感情比严格的合同条款在控制社会资本方面成本更低、效率更高，因此，在 PPP 项目采购阶段，当多个竞争者采购需求方案评价结果基本相同的情况下，政府部门应该优先与自己有过愉快合作经历的社会资本合作；并且，以往愉快的合作经历使得双方之间已形成一种合作中的默契和良好的感情基础，有鉴于此，政府部门可以酌情放松合同条款控制，即保持原来的产出标准、适当降低控制的力度、对合同条款的详细程度可以降低要求。这一观点与目前我国城市基础设施建设中的实践做法吻合。以城市轨道交通项目为例，截至 2014 年，我国获批轨道交通建设规划的城市已达 36 个，且每个城市的轨道交通路线都不止一条。若地方政府与某企业在合作某一轨道交通建设项目的过程中充分熟悉与磨合，建立起了共同的处事方式和良好的感情基础，则它倾向于在后续的轨道交通建设中优先选择该企业作为合作伙伴。具体案例如：北京市政府（北京市交通委员会代表）在北京地铁 4 号线后的 14 号线建设中，仍与北京首都创业集团有限公司和香港铁路有限公司采用 PPP 模式进行合作，并沿用了北京地铁 4 号线的股权结构与治理结构，鉴于两次合作项目的高度相似性，14 号线项目的合同条款相对 4 号线而言基本未做改动，但在社会资本投融资责任方面设立了“多退少补”机制，使得政企双方共担投资超支或节约的风险，给予了社会资本在投资控制上更大的自由空间，确保了投资控制与工程质量之间的平衡。

在“兄弟”关系或“商人”关系的角色感知下，为了充分认识和准确判断完全陌生的竞争者，政府部门应秉承“磨刀不费砍柴工”的原则，预留足够长的时间来对竞争者进行资格预审，与竞争者进行充分谈判，做好打持久战与攻坚战的准备，选择更可靠的合作伙伴。在此基础上，政府部门应该严谨、科学地拟定更为细致的合同条款，且其产出标准宜稍高于社会资本自身固有的能力水平，制定严格、严谨的行为控制程序与措施，这样有利于激励社会资本充分发挥潜能，从而带来更优的社会效益，此外，详细的合同条款也是未来能够快速高效地解决双方之间纠纷的主要依据。

2. 在“兄弟”关系或“商人”关系的角色感知下，政府部门应该在缔约后致力于改善社会资本的善意信任感知

在“朋友”关系的角色感知下，社会资本的善意信任感知是较高的，而在“兄弟”关系或“商人”关系的角色感知下，社会资本的善意信任感知是较低的，因此，在后两种关系的角色感知下，政府部门应该在缔约后致力于改善社会资本的善意信任感知。实践中有一些符合上述观点的比较好的做法。例如：①在合同履行的前期，政府部门应该按着合同条款的规定严格实施，在此过程中，若发现社会资本对合同条款执行良好，则在接下来的合同履行中，仍应该保持合同签订时的产出标准，但适当降低对社会资本的控制力度，以逐步提升其所感知到的善意信任。②政府部门在针对该项目做某些决策时，邀请或通知项目公司代表（社会资本）列席甚至参与讨论，一是可以减少不必要的中间环节，方便项目各方之间信息准确、及时地传递；二是可以使社会资本有被尊重感，感觉到对方把自己当成“一家人”的合作诚意，同时有平等的机会表达自己的利益诉求，从而提高双向沟通效率。总之，政府部门应注重在缔约后逐步提高社会资本的善意信任感知，这也有利于项目目标的最终实现。

16.3.4 研究局限与未来方向

本研究的研究局限在于：首先，由于具有丰富实践经验的 PPP 工作者不多，且大都不愿意公开回答信任方面的问题，本研究能搜集到丰富资料的代表性项目的数量较少、资料来源比较单一，因此，本研究结论的普适性还有待进一步检验；其次，本研究用质性分析的方法得到角色感知对控制与信任之间关系的调节作用，随着国家相关制度的完善，当有足够多的实践工作者愿意分享自己的切身感受时，可以对本研究结果进行更有说服力的实证检验。由于 PPP 项目是在特定的环境中进行的，角色感知并不是影响控制与信任之间关系的唯一因素，因此，未来的研究可以进一步探讨其他权变因素（如项目获取途径、前期介入程度等）对二者之间关系的调节作用。

16.4　履约阶段的情境模拟实验

PPP 项目履约过程中私人部门的信任感知会受到公共部门控制状况的影响，而不同角色感知下的这种影响是存在差异的。本节旨在检验 16.2 节中构建的以公共部门的合同履行控制为自变量、私人部门的信任感知为因变量、角色感知为调节变量的理论模型（杜亚灵等，2019a）。首先，根据本研究的特点选择情境模拟实验的方法；其次，模拟了 8 种角色感知与合同履行控制组合的情境，从能力与善意两方面对私人部门的信任感知进行测量，从而采集到 224 组有效的实验数据；最后，采用方差分析处理实验数据，对提出的理论模型进行实证检验。在上述研究结论的基础上，提出公共部门在 PPP 合同执行过程中根据私人部门的类型对其进行适当控制的策略建议。

16.4.1　研究方法与数据采集

课题组此前考察 PPP 项目缔约阶段控制对信任的影响及角色感知的调节作用采用了多案例分析的方法（杜亚灵等，2016b），因为该阶段私人部门的信任感知是其对固化的、全面的合同条款控制的某一特定的心理状态；然而，合同履行控制是合同条款控制的具体实现情况，履约过程中私人部门的信任感知因而呈现动态演化的过程，为了确保某一信任感知确实是在施加了特定合同履行控制之后产生的，行为实验就成为最佳的研究方法，在课题组联系 PPP 项目进行实地实验未果的情况下，情境模拟实验的方法即成为最终选择。故本研究采用基于情境模拟的 4（私人部门的角色感知：“父子”关系、“兄弟”关系、“朋友”关系、“商人”关系）×2（公共部门的合同履行控制：高、低）实验设计操纵调节变量和自变量，并通过观察此 8 种实验情境下因变量的变化，实现对理论模型的检验。被试在仔细阅读每种情境描述后，对公共部门施加于其的合同履行控制水平给予评判，并基于此回答自身所感受到的公共部门对其完成 PPP 项目的信任状况。

1. 变量的操纵与测量

本次实验需要直接操纵的有调节变量“角色感知”、自变量“合同履行控制”，需要测量的为因变量“信任感知”。通过对私人部门的四种企业类型（地方国有企业、中央企业、民营企业和外资企业）及其特征描述依次实现对私人部门角色感知类型（“父子”关系、“兄弟”关系、“朋友”关系、“商人”关系）的操纵，详细描述如表 16-4 所示。

表 16-4 私人部门角色感知的情境描述

角色类型	企业条件	私人部门角色感知描述
“父子”关系	当地国有企业	假设您现在就职于 X 市的 A 企业，该企业是由 X 市政府全额投资（或参与控股）的国有企业，其与当地政府之间存在直接的行政隶属关系，二者之间关系紧密、利益相关
“兄弟”关系	中央企业或外地国有企业	假设您现在就职于 X 市的 B 企业，该企业为中央政府监督管理的大型中央企业或 Y 市政府全额投资（或参与控股）的外地国有企业，B 企业与 X 市政府之间不存在直接的行政隶属关系，但它毕竟是具有公有制性质的经济主体，其与 PPP 项目中的公共部门同姓“公”
“朋友”关系	有过愉快合作经历的民营企业或外资企业	假设您现在就职于 X 市的 C 企业，它是一家民营企业或者外资企业，该企业与 X 市政府之间曾经有过非常愉快的合作经历，双方通过以往的合作经历已经非常熟悉对方的工作方式、工作能力和处世哲学，形成了相互认可、彼此欣赏的朋友关系，已经建立起了较为深厚的感情
“商人”关系	无合作经历的民营企业或外资企业	假设您现在就职于 X 市的 D 企业，它是一家民营企业或者外资企业，该企业与 X 市政府以前没有合作过，对彼此的工作方式、处世哲学、真实的工作能力都不太清楚，如果现在要合作一个 PPP 项目的话，可能双方都会抱着一种“生意归生意”的态度，小心谨慎地不断试探、彼此磨合

对于自变量“合同履行控制”的操纵，首先需明确对被试施加“刺激”的控制点，在此基础上，对该控制点上高、低两种控制水平分别进行描述。本研究从杜亚灵等（2017b）编码得出的 PPP 项目中公共部门对私人部门控制的 28 个副范畴中，选择同时满足以下两个条件的：①公共部门在不违约的前提下，执行控制有一定程度的自由空间，且控制强度易于识别；②控制强度的调整与变化在我国实践中的每一个 PPP 项目中均经常发生。最终，本研究筛选出了“监管力度”和“定期报告”2 个控制点，并通过“进场检查和测试”的频率以及“定期提交相关报告”的反馈对合同履行控制的两个水平（高 C、低 c）进行描述。例如，C 的情境描述为：“若自项目开始实施至去年年底，政府部门对项目公司一直保持着每 2 或 3 个月一次的进场检查和测试频率，对项目公司每月按时提交的相关报告少有反馈，甚至个别月份中项目公司未按时提交相关报告其也未催促，但是，自今年年初开始，政府部门对项目公司开始严格执行每月一次的进场检查和测试频率，对于项目公司按时提交的相关报告都有及时的反馈，还会提出一些质疑，并且，一旦项目公司未按时提交报告，其就会一直催促。”由于本研究通过问卷方式向被试进行情境模拟实验，而非针对真实项目询问其实际情况，故被试在填答问卷时会按照一般逻辑认为只有被问及的两个控制点的控制水平发生变化，而未被问及

的其他控制点均不发生变化，进而保证本实验中仅以“监管力度”和“定期报告”2 个控制点即可反映合同履行控制的整体变化情况。

因变量“信任感知”应能够有效测量出被试对于所施加“刺激”的真实“反应”，可分为能力信任感知和善意信任感知，其分别通过私人部门感觉到公共部门对自己“有足够能力做好该项目”和“会尽最大努力做好该项目”的信任程度进行测量，其测度采用利克特 4 级量表，“1”表示“不相信”，“4”表示“非常相信”。

2. 实验过程与数据回收

课题组首先向天津理工大学研究 PPP 的教师展开预实验，被试在仔细阅读每种情境后，“对公共部门当前行为感受到的控制力度”做出判断，并据此完成信任感知的测量，即“感觉公共部门对自己有足够能力做好该项目”“感觉公共部门对自己会尽最大努力做好该项目”的信任程度。运用 SPSS 进行数据分析的结果显示：高、低合同履行控制两种情境下的合同履行控制水平差异明显（$F=510.06$，$p<0.01$，$\eta^2=0.668$），因此，本研究对自变量的操作成功；因变量信任感知的 Cronbach's α 值为 0.763，基于标准化项的 Cronbach's α 值为 0.766，问卷具有较高的测量信度。最后，根据被试的反馈意见对情境描述进行了调整与完善。

在预实验的基础上进行了正式实验，在“问卷星”网站上注册并发布调查问卷（见附录 3），每份问卷包括 8 种情境；为了保证被试拥有较高的专业素养或丰富的 PPP 实践经验，仅在中国 PPP 专家交流群中发放了本问卷，该微信群中会集了国内各大高校的 PPP 学者以及国内多家 PPP 咨询公司高层管理人员。为确保获取问卷数据的真实性，通过问卷指导语告诉被试，问卷以匿名方式展开，不涉及工作机密和个人隐私，且答案不分好坏，希望被试依据自己的真实感受做出选择；为确定被试是否明确无误地理解了该实验情境，问卷中在描述完每种情境后仍然保留预测试的问项“您对政府部门当前行为感受到的控制力度如何”，如果被试所做评价与相应的情境设计极其不符，则说明其未认真阅读或充分理解情境材料，该样本视为无效。本次实验共 34 个被试参与了问卷填答，剔除无效问卷后，得到有效问卷 28 份（每份问卷包括 8 组数据，共计 224 组），有效样本中来自咨询机构和社会资本的占 71.4%，中高层管理者及科研人员占 82.1%，本科及以上学历占 100%，参与过 3 个及以上 PPP 项目人员占 92.9%。通过 SPSS21.0 对有效数据进行分析，结果表明：高控制水平下合同履行控制的平均得分为 3.30 分，低控制水平下合同履行控制的平均得分为 1.85 分，两组存在着显著差异（$F=572.03$，$p=0.013$），说明“合同履行控制”变量得到了很好的操纵；“信任感知”的 Cronbach's α 值为 0.786，说明样本数据具有较好的一致性。

16.4.2 模型检验与结果讨论

1. 模型检验

由于本研究中自变量“合同履行控制”和调节变量“角色感知”均属于类别变量，故应采用方差分析的方法对有效实验数据进行处理，此时方差分析中的交互作用即调节作用。首先，对数据进行多元方差分析，其目的是对全模型进行检验（表16-5），检验结果显示合同履行控制主效应对能力信任感知（F=13.687，p=0.001<0.05）、善意信任感知（F=12.354，p=0.012<0.05）影响显著；合同履行控制与角色感知间的交互效应对能力信任感知（F=9.546，p=0.003<0.05）、善意信任感知（F=9.683，p=0.000<0.05）影响显著。

表16-5 全模型的多元方差分析结果

自变量＼因变量	能力信任感知			善意信任感知		
	df	F	p	df	F	p
合同履行控制	1109	13.687	0.001	1109	12.354	0.012
合同履行控制×角色感知	1109	9.546	0.003	1109	9.683	0.000

（1）控制对信任的主效应分析。进一步采用一元方差分析对数据进行处理（表16-6），结果显示：高控制水平情境下私人部门的能力信任感知低于低控制水平情境下的情况（$\overline{M}_{高}$=2.879，$\overline{M}_{低}$=3.164），且影响显著（p=0.026<0.05）；高控制水平情境下私人部门的善意信任感知高于低控制水平情境下的情况（$\overline{M}_{高}$=3.350，$\overline{M}_{低}$=2.793），且影响显著（p=0.005<0.05）。

表16-6 自变量对因变量的主效应分析结果

自变量＼因变量	能力信任感知			善意信任感知		
	$\overline{M}_{高}$	$\overline{M}_{低}$	p	$\overline{M}_{高}$	$\overline{M}_{低}$	p
合同履行控制	2.879	3.164	0.026	3.350	2.793	0.005

（2）私人部门的角色感知对控制与信任之间关系的调节效应分析。本研究通过验证合同履行控制与角色感知的交互效应来检验角色感知对控制与信任之间关系的调节效应。数据分析结果显示：在合同履行控制对能力信任感知的作用上，角色感知的调节作用显著（F=3.36，p=0.013<0.05），具体调节情况如图16-3所示；在合同履行控制对善意信任感知的作用上，角色感知的调节作用显著

（F=3.41，p=0.002＜0.05），具体的调节情况如图 16-4 所示。

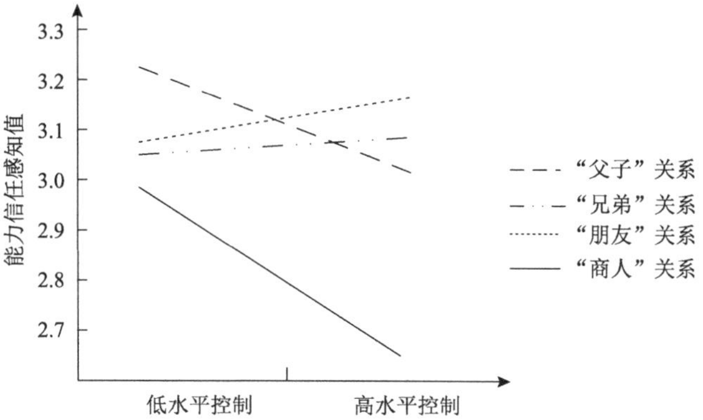

图 16-3　角色感知对合同履行控制与能力信任感知间关系的调节

由图 16-3 中直线变化趋势可知，在“父子”与“商人”关系情境下，合同履行控制与能力信任均呈显著负相关关系，且由直线的倾斜程度可知，较于“父子”关系，“商人”关系情境下能力信任对合同履行控制的变化更为敏感；在“兄弟”和“朋友”关系情境下，合同履行控制与能力信任间虽然呈正相关关系，但图中两条直线的倾斜程度较弱，故该情境下能力信任对合同履行控制变化的敏感度较弱。

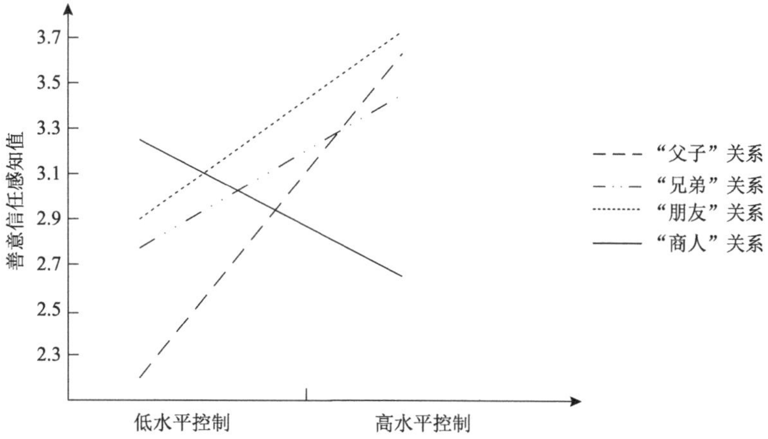

图 16-4　角色感知对合同履行控制与善意信任间关系的调节

由图 16-4 中直线变化趋势可知，在“父子”“兄弟”“朋友”关系情境下，合同履行控制与能力信任均呈显著正相关关系，且由直线的倾斜程度可知，“父子”关系情境下能力信任对合同履行控制的变化最为敏感，“朋友”关系情境下次之，

"兄弟"关系情境下敏感度最低；在"商人"关系情境下，合同履行控制与善意信任呈显著负相关关系。

2. 研究结果的讨论

以上数据分析结果证明，角色感知对合同履行控制与能力信任感知、善意信任感知间的关系均具有显著调节作用，并且不同角色感知下的这种调节作用是存在明显差异的。课题组就该结论与 PPP 实务工作者进行了深入讨论，最终认为上述结论可能的理论解释如下。

（1）对角色感知调节下合同履行控制对能力信任感知影响的讨论。"父子"关系下，当地国有企业是地方政府投资或参与控股的，公共部门对其融资能力、技术水平、财务状况和管理能力等都有比较全面的了解。这种关系定位致使私人部门通常认为，公共部门对自己的善意或忠诚是非常放心的，而没把握的是自己固有的能力是否能够胜任该项目。如果某段时间内公共部门对己方控制增强，必然是其怀疑自己不具备做好此项目的能力，即"担心我没有足够能力做好，才要加强控制了解项目的实时状况"；反之，如果某段时间内公共部门对己方的控制减弱，则认为其确信自己有能力做好此项目，过多控制是没有必要的。相比于"父子"关系，"商人"关系下公共部门与私人部门间关系则非常陌生，二者在合作过程中往往抱着"生意归生意"的态度，小心谨慎地试探着。虽然交易双方在采购阶段有过短暂接触，但彼此仍存在防备心理，故私人部门通常将控制视为公共部门对自己信任状况的"晴雨表"，若合同履行期间公共部门加强控制，容易使私人部门感觉到其对自己做好此项目存在能力担忧，反之则认为其对自己做好此项目的能力有信心。由此可见，虽然"父子"和"商人"两种关系类型迥然不同，但两种关系下合同履行控制对能力信任感知均具有负向影响；此外，与"父子"关系相比，"商人"关系下公共部门与私人部门的感情基础相对薄弱，因此，在合同履行控制的力度发生变化时，能力信任感知的反向变化更为明显。

"兄弟"和"朋友"关系下，私人部门通常能感受到公共部门对其有较高的能力信任，且公共部门合同履行控制对这种信任感知具有正向影响，但该影响不甚明显。究其原因：①公共部门往往对该类私人部门具有很深入的了解（不同于"商人"关系），同时采购过程中也没有"非他不可"的理由（不同于"父子"关系），故私人部门非常确信，公共部门选择自己纯粹是因为其相信己方有足够的能力胜任此项目，私人部门的能力信任感知相对稳定。若公共部门的控制增强，私人部门更倾向于理解为公共部门比较关注己方的行为、比较重视此项目，进而提升私人部门感受到的能力信任；反之，则理解为公共部门忽视己方的努力、无所谓此项目是好是坏，进而抑制私人部门感受到的能力信任。②"兄弟”关系下，外地国有企业或中央企业与公共部门同姓“公”，而“朋友”关系下，交易双方则通过以往合作和磨合建立了深厚的感情，公共部门与两类私人部门均已建立起比较稳固的感情基础，因而，私人部门的能力信任感知更多地源于这种感情基础，且能够对合同履行控制的变化给予更多理解和包容，故而合同履行控制对能力信任感知的正向影响不够敏感，私人部门感受到的能力信任较稳定。

（2）对角色感知调节下合同履行控制对善意信任影响的讨论。中国人的人际关系按照亲疏可分为家人关系、熟人关系和生人关系三个类型，分别对应的关系原则为“讲责任”“讲人情”“讲利害”，前二者关系下的社会交换通常具有相当高的信任，是“延迟偿还、永不清账”的（李智超和罗家德，2011），因而，“父子”、“兄弟”以及“朋友”三种关系下，公私双方能够从彼此身上获得安全感，且确信对方会对此项目全力以赴。有鉴于此，合同履行控制增强时，私人部门倾向于积极、乐观地理解公共部门的行为。例如，公共部门非常重视此项目，愿意在此项目上付出较多精力，其加强控制是为了把项目做得更好，而不是质疑自己的诚意，故私人部门感受到的善意信任会随着合同履行控制的增加而提升；而合同履行控制减弱时，私人部门则认为，公共部门不够重视这个项目或不对自己的工作抱有希望，进而导致善意信任感知的下降。然而，“父子”“兄弟”“朋友”这三种关系下交易双方的感情基础并不全然相同：“父子”关系下，公私双方是真正意义上的利益共同体，且因以往密切的交往而彼此熟知，感情基础最为深厚；“朋友”关系下，双方是通过过往的密切合作逐渐积累起来的深厚感情，但相对于“父子”之间固有的“血缘”关系尚处于弱势；而“兄弟”关系下，双方只是因同姓“公”而拥有相似的原则与思维，所需讲的责任也是不同地方政府之间的间接责任，故此种关系下二者间的感情基础最为薄弱。公私双方之间的感情基础及给对方的安全感越高，公共部门合同履行控制的变化所能引发的私人部门善意信任感知正向变化就越灵敏，因此，“父子”关系下合同履行控制对善意信任感知的正向影响最为显著，“朋友”关系下次之，“兄弟”关系下显著性最低。

此外，“商人”关系下，合同履行控制对善意信任具有负向影响。究其原因，与其他三种关系相比，“商人”关系下的合作双方较为陌生，在中国传统文化里，与陌生人的交往是从试探与防备开始的，本着“防人之心不可无”的心态，私人部门倾向于消极、悲观地理解公共部门的行为。因此，当公共部门增强合同履行控制时，私人部门理解为公共部门在有意地提防自己或低估自己愿意为此项目付出的努力，故其感觉到的善意信任降低；反之，私人部门会认为公共部门对自己很放心或相信自己为此项目全力以赴的诚意，善意信任感知则提升。

16.4.3 策略建议的提出

根据上述研究结论对我国 PPP 项目中的公共部门提供若干建议，指导其在合同执行过程中对不同类型的社会资本实施具有针对性的、适当的控制策略，从而维持或提高社会资本的信任感知，进而促使 PPP 项目成功。

1. 若社会资本为当地国有企业，公共部门宜采取相对适中、稳定的控制策略

该类社会资本对其与公共部门之间的角色感知为“父子”关系，其能力信任感知与公共部门的控制负相关，而善意信任感知则与公共部门的控制正相关，且善意信任对控制的变化更敏感。有鉴于此，公共部门对社会资本的控制应尽量保持中等水平，若发现社会资本的履约状况良好，应持续保持当前控制力度，若发现社会资本的履约状况不够理想，可在此基础上略微增强控制，除此之外，公共部门控制上的任何剧烈变化都不利于社会资本信任感知的维持。

2. 若社会资本为中央企业、外地国有企业抑或有过愉快合作经历的民营企业和外资企业，公共部门宜采取先松后紧的控制策略

该类社会资本对其与公共部门之间的角色感知为“兄弟”或“朋友”关系，其能力信任感知较高且相对稳定，对公共部门的控制往往给予积极的、乐观的理解，可以说，社会资本已将公共部门在合同执行过程中的控制措施视为维系双方良好关系的一种方式。鉴于此，公共部门应尽量避免履约过程中控制的突然减弱，在履约阶段前期可以适度放松对社会资本的控制，给其充分发挥创新性的空间，若其履约状况不尽如人意，公共部门可持续加强控制，以引起社会资本对本项目的重视，激发其工作积极性；若其履约状况良好，公共部门可保持当前控制力度，以便对社会资本前期工作给予充分肯定，同时鼓励其在后续工作中再接再厉。

3. 若社会资本为无合作经历的民营企业或外资企业，公共部门宜采取先紧后松的控制策略

该类社会资本对其与公共部门之间的角色感知为“商人”关系，其能力、善意两方面的信任感知均与公共部门的控制呈负相关关系，因此，公共部门应尽量避免履约过程中控制的突然增加。公共部门为了充分认识完全陌生的社会资本并准确判断其是否值得信赖，必须在 PPP 项目履约阶段的前期对其施加全面、强力

的控制，这样做可以防止社会资本的机会主义行为可能给己方造成的经济损失。当试探性地执行 PPP 合同一段时间后，若社会资本履约状况良好，公共部门认为社会资本足以胜任本项目且有十足合作的诚意，则可逐渐、适度放松对社会资本的控制，这样的做法将进一步提升社会资本的能力信任感知和善意信任感知，进而贡献于双方良好合作关系的形成，否则，公共部门应持续当前的全面、强力控制，以确保 PPP 合同的顺利履行。

16.4.4　研究局限与未来方向

本研究的不足之处在于：首先，通过情境模拟实验的方法进行研究，事实上，开展此研究的最佳方法应该是实地实验，并进行跟踪研究，然而，囿于课题组很难联系到完全满足实验要求的 PPP 项目和人员，且即便联系到合适的 PPP 项目，项目负责人也很难同意按研究人员要求变更实施控制的力度，故退而求其次选择了情境模拟实验方法进行研究，若未来有条件进行实地实验，可通过实地实验对本研究结论进行验证；其次，用于方差分析的有效数据仅 28 份，为了保证所有被试者都是能够依据初始信任科学、合理地决定合同条款控制的，本研究问卷发放的对象仅限于中国 PPP 专家交流群中的实务工作者和学者，进而导致样本量不够大，事实上，满足方差分析时的最低样本观察规模的确定是件比较复杂的事情，未来研究可进一步明确样本量最小值或扩大问卷发放范围。

16.5　研究总结

本研究考察了 PPP 项目中控制对信任的影响，及其受到的角色感知的调节作用，研究工作分别针对缔约与履约两阶段进行。缔约阶段的研究结果显示：①在“父子”关系或“朋友”关系的角色感知下，合同条款控制通常较低，且其与私人部门感知到的能力信任表面上呈负相关关系；②在“兄弟”关系或“商人”关系的角色感知下，合同条款控制通常较高，且其与私人部门感知到的能力信任本质上呈正相关关系；③角色感知对合同条款控制与私人部门感知到的善意信任之间关系的调节作用并不显著。基于以上研究结论，得出以下两点管理启示：政府部门对社会资本的合同条款控制应因角色感知而异；在“兄弟”关系或“商人”关系的角色感知下，政府部门应在缔约后致力于改善社会资本的善意信任感知。履约阶段的研究结果显示：①角色感知在合同履行控制对能力信任感知、善意信任感知的影响中均起着显著的调节作用；②“父子”关系和“商人”关系下，合同履行控制对能力信任感知产生负向影响，且“商人”关系比“父子”关系下的影响更敏感，而“兄弟”关系和“朋友”关系下则产生正向影响，且“朋友”关系比“兄弟”关系下的影响更敏感；③“父子”“兄弟”“朋友”关系下，合同履行控制对善意信任感知产生正向影响，且“父子”关系下的影响最敏感、“朋友”关系下的次之、“兄弟”关系下的最末，而“商人”关系下则产生负向影响。总体而言，本研究创新之处主要包括以下三点。

1. 研究视角上：将角色理论引入 PPP 项目中，赋予了 PPP 社会学视角

现有研究中，角色理论通常被广泛应用于营销等领域，而其在工程领域的应用则鲜有涉及。本研究尝试将角色理论引入 PPP 项目中，究其原因，我国 PPP 项目中私人部门的企业类型具有区别于其他国家的显著特征，从而使得研究私人部门社会角色的多样化对其态度和行为的影响，更具有现实意义。同时，也赋予了 PPP 社会学研究视角。

2. 研究内容上：引入私人部门角色感知这一权变因素作为调节变量，考察了控制对信任的影响

现有研究中关于控制对信任影响的文献较少涉及调节变量，而本研究通过文献综述发现，控制的选择与项目的性质及其所处的外在环境有很大的关系，考虑到我国 PPP 项目在推行过程中，私人部门角色的多样化是区别于其他国家的显著特征。因此，引入私人部门的角色感知研究二者之间的关系，从而更加全面、准确地揭示控制对信任的影响机理。

3. 研究方法上：采用多案例研究和情境模拟实验方法验证了 PPP 项目中控制对信任的影响机理

关于控制对信任影响的文献多采用回归分析、SEM 等定量的研究方法，通过问卷调查、构建模型等方式收集数据。然而，在缔约阶段，由于私人部门的信任感知涉及较为微妙的心理反应，通过问卷调查等方式获取的截面数据并不能反映受访者的真实感受，因此，采用多案例研究方法能够通过案例内分析和案例间分

析对 PPP 案例进行全面、透彻的研究。在履约阶段，大多数 PPP 项目都处于合同履约前期阶段，导致不太容易获得大样本数据，此外，信任控制与信任涉及交易者实时的行为选择和微妙的心理反应，以及二者之间复杂的互动关系，因此，采用情境模拟实验的方法能够控制无关变量，并有计划地改变自变量来观察因变量的变化，从而提高研究的内部效度。

第五篇

PPP 项目善治的评判

PPP 项目是否实现了善治可通过其履约绩效来进行实时判断，自动履约就是善治的一种表现；然而，Hart 和 Moore（2008）的参照点理论区分了敷衍履约和尽善履约两种极端的履约状态，却鲜有研究具体探讨在某一类型的项目中二者的具体表现或特征。而从长远来讲，则要考察 PPP 项目的效率，因为合同治理是通过正式制度实现的经济行为，而关系治理则是通过非正式制度实现的经济行为，一项经济行为或制度安排常常会将效率作为其评价标准；然而，关于效率的观点，目前也是众说纷纭，没有达成统一的认识，极个别涉及 PPP 项目效率或 PPP 效率的研究也较为含糊。有鉴于此，本篇将分别探讨 PPP 项目善治的实时和长远评判问题，包括 PPP 项目履约绩效、PPP 项目效率两大构念的建立，以及优劣的判别或评价；此外，鉴于我国已开展 PPP 实践三十余年，其间国有企业与私营企业充当私人部门的 PPP 项目并存（前者被称为“中国式 PPP 项目”），本研究将基于构建的 PPP 项目效率的构念，尝试对上述两类 PPP 项目的效率进行比较，以探究在中国情境下国有企业充当私人部门这一治理方式的适宜性。值得注意的是，敷衍履约和尽善履约是参照点分析范式下的概念，而机会主义行为是委托代理分析范式下的概念，前者仅关注非机会主义的履约行为，而后者关注的是履约过程中的所有行为，因此，本研究所指的履约绩效并不包含机会主义行为。

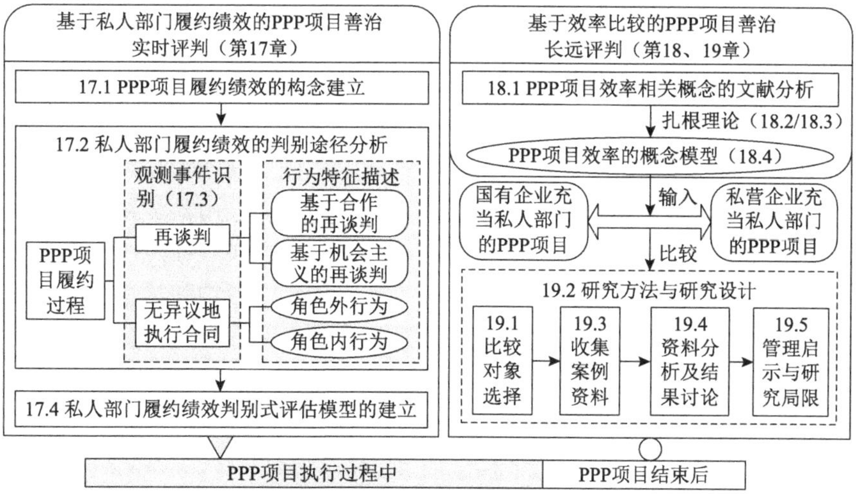

第五篇各章节之间的逻辑关系

第 17 章　基于私人部门履约绩效的 PPP 项目善治实时评判

上一篇探讨了 PPP 项目的自动履约问题,其旨在通过控制与信任的良性互动,促使私人部门更多地尽善履约，而不仅仅停留于敷衍履约，私人部门的履约绩效相当于控制与信任交互作用效果的检测器，对敷衍履约抑或尽善履约的准确判别决定着履约阶段实验的成败。然而，关于 PPP 的现有研究多关注项目成功、项目绩效、利益相关者满意等反映履约结果的指标，而鲜有文献涉及合作行为或履约绩效等反映履约过程的指标；并且，工程实践中往往重视违约行为或违约事实的识别，而弱化甚至忽视履约行为的性质界定和程度区分。由此可见，对于私人部门敷衍履约还是尽善履约的判别缺乏足够的文献支持和实践经验，有鉴于此，本章将在案例和文本分析的基础上将履约行为区分为敷衍履约和尽善履约，而行为实验的方法要求该评估必须易于实施，故宜建立私人部门敷衍履约抑或尽善履约的判别式评估模型。

17.1　PPP 项目履约绩效的构念建立

Hart 和 Moore（2008）在提出参照点理论时区分了两种极端的履约状态，即敷衍履约和尽善履约。前者是指交易双方在事后仅执行合同字面所描述并可被第三方证实的行动；后者是指交易双方本着合同的精神执行合同的本意。显然，两种状态下交易双方的作为程度明显不同，在相同外界条件下必将导致履约过程顺畅程度迥异，相关研究并未明确提出履约绩效的构念，但在相关研究领域也有可供参考的类似构念。

17.1.1　项目履约绩效的文献分析

1. 项目绩效与项目成功

关于 PPP 项目评价提及最多的是项目绩效与项目成功两个概念，其研究重点在于 KPI 体系的构建与项目成功标准的确定，而现有文献对此尚未达成一致意见。①关于 KPI 的研究，例如：Love 等（2015）识别出了 PPP 项目全寿命周期各阶段 KPI，发起与准备阶段包含公众用户满意度、风险识别与分配等 11 项指标，采购阶段包含设计质量、时间绩效等 10 项指标，合作阶段包含设备管理、终端用户满意度等 13 项指标；Liu 等（2015）通过文献分析构建了动态的全寿命周期 PPP 项目绩效评价概念模型，包括利益相关者满意、策略、过程、能力和利益相关者贡献五方面。②关于项目成功标准的研究，例如：Ng 等（2010）认为，PPP 项目成功的标准包括提供较高程度的物有所值、成本节约、工期减少、更有效的解决方案、公私双方之间良好的关系以及保持高水平的服务质量六项指标。综上所述，项目绩效与项目成功是从满足政府部门、私人部门、社会公众等利益相关者的要求出发的，基于项目投入、过程控制、结果、影响等多重视角，涵盖项目准备、采购、建设、运营、移交等阶段，对项目执行过程中的经济、社会、风险分担、环境和技术等多方面因素进行客观的评价；对项目绩效与项目成功的特征描述既包括了反映项目结果的成本、时间等，又包括了反映项目过程的公私关系，是包含过程与结果的综合评价，而实践中过程与结果的表现并不一定完全一致，因而有学者侧重于研究关系品质、利益相关者满意等注重过程的概念。

2. 其他可供参考的概念

在一般工程项目与 PPP 领域，除了项目成功与项目绩效外，还有如下几个类似概念可供参考。①关系品质通常被界定为项目执行过程中不同参与者之间合作的和谐程度，如 Ke 等（2015）将关系品质引入政府投资建设项目中，认为其包含项目执行过程中的协调，以及项目结束时委托方与承包商、委托方与监理、监理与承包商之间的关系。②满意相关概念通常指交易主体对某一事件或结果的期望值与实际感知值之间的差距状态，例如：Xiong 等（2015）提出的 PPP 项目利益相关者满意度评价模型通过 KPI 与绩效目标指标（performance objective indicators，POI）之间的差异测量满意度，涉及多个利益相关者的绩效目标研究，其中，公众注重的收费比率等皆反映项目结果，私人部门除关注反映项目结果的利润获取等外，还注重反映项目过程的公共部门支持；Verweij（2015）提出的 PPP 项目被满意地执行（be satisfactorily implemented）这一概念，研究公共部门对项目执行情况的满意，其测量指标既包括反映项目结果的成本、质量、工期等，又包括反映项目过程的公私关系、安全、风险、外部利益相关者满意等。可见，不同利益相关者对过程和结果的关注侧重点不同，公众更关注项目结果，公共部门和私人部门关注项目结果和项目过程。③张亚蕾等（2015）认为，满足利益相关方需求和效益目标即为有效的公私合作，其评价体系涵盖消费者有效需求、项目自身条件、政府为合作提供保障、项目公司开发项目能力四个维度，显然，公私合作有效性的评价更侧重于项目过程。

综上所述，项目绩效、项目成功、利益相关者满意、被满意地执行等概念是对 PPP 项目实施过程与产出结果的综合评价，但前两者更关注 PPP 项目的经济性、效率性以及效果性等表征结果的因素，而后两者更注重公私双方之间的关系等表征过程的因素；关系品质是包含各种正面关系结果的概念，强调的是项目执行过程中当事人之间的和谐关系；有效的公私合作主要对合作过程进行评价。虽然学者们已经有意识地将研究侧重点从对过程与结果的综合评价过渡到对其某一方面的评价，但还未将两者完全分离。

17.1.2 PPP 项目履约绩效的界定

通过上述分析可知，现有与 PPP 项目履约绩效类似的构念大都同时包含对其过程与结果的评价，然而两者并不高度统一，譬如，较好的项目过程通常会导致较好的结果，但两者之间不存在必然联系，为提高准确性还需将其剥离开进行研究；又因反映项目结果的相关文献（如项目绩效）类似的研究较多，而纯粹对项目过程进行研究的相对薄弱，还需从相关研究中进一步分离出反映过程特征的内容并构建独立构念。有鉴于此，本研究所指的履约绩效针对项目过程，强调 PPP 项目过程中私人部门在合同约束及关系支配下的履约情况，将 PPP 项目的履约绩效界定为：私人部门在 PPP 项目执行过程中所采取履约行为的作为程度，其反映了实现合同目标过程的顺畅程度。

17.2 私人部门履约绩效的判别途径分析

如前所述，敷衍履约和尽善履约均为交易主体在项目实施过程中的行为和选择，但其作为程度明显不同，履约绩效就是私人部门在 PPP 项目执行过程中所采取履约行为的作为程度，其反映了实现合同目标过程的顺畅程度。依据 PPP 项目履约过程的性质可将其分为两种不同的时刻，即外界环境发生变化需通过再谈判调整初始合同时（以下简称再谈判时），以及双方无异议地执行合同时。①对于再谈判时履约绩效的判别，最具代表性的是 de Brux（2010）通过案例分析发现，在 PPP 项目中不仅存在基于机会主义的再谈判（opportunistic renegotiation），还存在基于合作的再谈判（cooperative renegotiation）。前者指的是当事人基于其自利本性与寻租动机，在再谈判过程中仅寻求有利于己方攫取短期利益的解决途径，最终导致“敲竹杠”事件发生和社会剩余减少；后者指的是当事人基于双方关系的持续性考虑，在再谈判过程中寻求能够保障双方利益与维系双方关系的解决途径，最终使得社会剩余增加。②对于双方无异议地执行合同时履约绩效的判别，代表性研究如：张水波等（2015）将承包商的合作行为分为角色内行为与角色外行为，前者指的是承包商为完成项目目标实施的已在合同、补充协议等正式文件中做出规定的必须行为；后者指的是发包商或承包商实施的超越合同规定、对项目有益的自发行为。

为了检测 PPP 项目自动履约的效果，必须对 PPP 项目中私人部门的履约绩效进行客观评估，且该评估应尽可能地易于实施。PPP 项目中私人部门履约绩效的判别途径如图 17-1 所示。

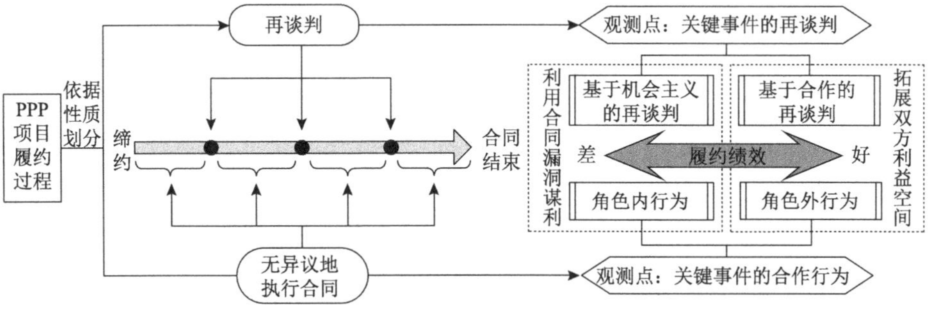

图 17-1　私人部门履约绩效的判别途径

17.3　私人部门履约绩效的观测事件识别

判别 PPP 项目履约绩效的前提即识别再谈判或无异议地执行合同时的关键观

测事件，课题组原计划分别选取履约较顺利和较困难的 PPP 项目若干，对这些项目的负责人就以下议题进行半结构化访谈：导致公私双方展开再谈判的常见事件、私人部门合作行为最不稳定的关键事件；对访谈资料进行整理以得到 PPP 项目中私人部门履约绩效的观测事件初始集，通过专家研讨对其进行确认与精简，从而得出观测事件的最终集。然而，经过多方联系未果，遂改为通过互联网和数据库获取文本资料。

17.3.1 再谈判时观测事件的识别

PPP 项目中导致公私双方展开再谈判的常见事件可通过对相关文献、案例及合同条款的分析来寻找，文本资料的获取途径包括：①在百度搜索引擎、CNKI 以及上海济邦投资咨询有限公司、北京大岳咨询有限责任公司、北京金准咨询有限责任公司的官方网站中搜索涉及再谈判过程的 PPP 案例；②摘录发改投资 2724 号文附件 2、财金 156 号文附件中可能引起再谈判的段落或条款。通过阅读与分析上述途径获得的文本资料寻找可启动再谈判的事由，如表 17-1 所示。

表 17-1 PPP 项目中启动再谈判的事由

序号	事件	案例/文献	条款（或段落）具体内容	条款/段落来源
1	项目无法按期开始运营	大丽高速公路 BOT 项目	（1）因政府方原因导致项目公司无法按期开始运营的，通常项目公司有权主张延迟开始运营日并向政府方索赔额外费用。 （2）因社会资本原因导致项目公司无法按期开始运营的，一些 PPP 项目合同中会规定逾期违约金条款，即如果项目公司未能在合同约定的日期开始运营，则需要向政府方支付违约金。 （3）如果项目公司没有按照合同约定运营项目，政府方可以依据双方约定的履约担保机制获得一定的赔偿（关于履约担保机制，请见本章第十二节）	财金 156 号文附件第二章第八节
2	未满足前提条件的合同终止	—	如因合同一方未能在规定的时间内满足其应当满足的前提条件而导致合同终止的，合同另一方有权向其主张一定的经济赔偿	财金 156 号文附件第二章第四节
3	法律变更	上海大厂自来水处理 BOT 项目	（1）在建设期间，如果因发生政府方可控的法律变更导致项目发生额外费用或工期延误，项目公司有权向政府方索赔额外费用或要求延长工期（如果是采用政府付费机制的项目，还可以要求认定“视为已开始运营”）。 （2）在运营期间，如果因发生政府方可控的法律变更导致项目公司运营成本费用增加，项目公司有权向政府方索赔额外费用或申请延长项目合作期限	财金 156 号文附件第二章第十五节

续表

序号	事件	案例/文献	条款（或段落）具体内容	条款/段落来源
4	计划外维护	—	（1）如因政府方原因造成项目公司有权向政府方索赔因此造成的费用和损失并申请延展项目期限。 （2）如因项目公司原因造成，由项目公司承担责任并赔偿相关损失	财金 156 号文附件第二章第九节
5	计划外暂停服务	—	（1）如因政府方原因造成，项目公司有权向政府方索赔因此造成的费用损失并申请延展项目期限。 （2）如因项目公司原因造成，由项目公司承担责任并赔偿相关损失	财金 156 号文附件第二章第八节
6	回购	深圳梧桐山隧道 BOT 项目	根据项目终止事由的不同，项目终止后的回购补偿范围也不相同，在具体项目中，双方应对补偿的金额进行合理的评估	财金 156 号文附件第二章第八节
7	不可抗力事件	柬埔寨金边机场项目	（1）发生政治不可抗力事件，项目公司有权要求延长工期、获得额外补偿或延长项目合作期限。 （2）如在 PPP 项目合同履行过程中，发生不可抗力并导致一方完全或部分无法履行其合同义务时，根据不可抗力的影响可全部或部分免除该方在合同项下的相应义务。但在一些 PPP 项目，特别是采用政府付费机制的项目中，也可能在 PPP 项目合同中约定由政府方承担全部或部分不可抗力风险，在不可抗力影响持续期间，政府仍然有义务履行全部或部分付款义务	财金 156 号文附件第二章第十六节
8	价格调整	北京地铁 4 号线 BOT 项目/黄桥发电 BOT 项目	在付费机制项下，通常还要根据相关法律法规规定，结合项目自身特点，设置合理的定价和调价机制，以明确项目定价的依据、标准，调价的条件、方法和程序	财金 156 号文附件第二章第十一节；发改投资 2724 号文附件 2 第 56 条
9	超额利润	巴西圣保罗地下铁四号线 BOT 项目	在一些情形下，使用者需求激增或收费价格上涨，将可能导致项目公司因此获得超出合理预期的超额利润；针对这种情形，政府在设计付费机制时可以考虑设定一些限制超额利润的机制，包括约定投资回报率上限，超出上限的部分归政府所有，或者就超额利润部分与项目公司进行分成等	财金 156 号文附件第三章第二节
10	再融资	英国 Darent Valley 医院 PPP 项目	PPP 项目合同中也可能会规定，政府方对于因再融资所节省的财务费用享有按约定比例（如 50%）分成的权利	财金 156 号文附件第二章第五节
11	产品或服务质量未达标	晋州市城市污水处理 BOT 项目	大部分的社会公共类项目（如学校、医院等）以及部分公用设施和公共交通设施项目可以采用可用性付费；一些项目中也可能会与按绩效付费搭配使用，即如果项目公司提供设施或服务的质量没有达到合同约定的标准，则政府付费将按一定比例进行扣减	财金 156 号文附件第三章第一节
12	政府承诺最低采购量	山东中华发电 BOT 项目/深圳沙角 B 发电 BOT 项目	最低使用量，即政府与项目公司约定一个项目的最低使用量，在项目实际使用量低于最低使用量时，不论实际使用量多少，政府均按约定的最低使用量付费；最低使用量的付费安排可以在一定程度上降低项目公司承担实际需求风险的程度，提高项目的可融资性	财金 156 号文附件第三章第一节

续表

序号	事件	案例/文献	条款（或段落）具体内容	条款/段落来源
13	政府承诺不建设竞争性项目	泉州刺桐大桥 BOT 项目	在采用使用者付费机制的项目中，由于项目公司的成本回收和收益取得与项目的实际需求量直接挂钩，为降低项目的需求风险，确保项目能够顺利获得融资支持和稳定回报，项目公司通常会要求在 PPP 项目合同中增加唯一性条款，要求政府承诺在一定期限内不在项目附近新建竞争性项目	财金 156 号文附件第二章第十三节
14	政府提供相关连接设施	武汉汤逊湖污水处理 BOT 项目	一些项目中，政府会主张自己建设此部分设施，但在这种情形下，为了确保该连接设施建设与项目建设和运营配合，在 PPP 项目合同中通常会规定，政府有义务在项目设施完工时或之前完成连接设施的建设，如果政府无法按照合同约定的要求完工，项目公司将可能获得一定的救济，如项目期限延长、损害赔偿等；政府建设连接设施的费用承担，通常由双方在合同中约定	财金 156 号文附件第二章第十三节
15	政府方办理有关政府审批手续	—	通常 PPP 项目的设计、建设、运营等工作需要获得政府的相关审批后才能实施；为了提高项目实施的效率，一些 PPP 项目合同中，政府方可能会承诺协助项目公司获得有关的政府审批。尤其是对那些项目公司无法自行获得或者由政府方办理会更为便利的审批，甚至可能会直接规定由政府方负责办理并提供合法有效的审批文件	财金 156 号文附件第二章第十三节
16	政府方负责或协助获取相关土地权利	—	实践中，负责取得土地使用权与支付相关费用的有可能不是同一主体，通常来讲，即使由政府方负责取得土地权利以及完成相关土地征用和平整工作，也可以要求项目公司支付一定的相关费用	财金 156 号文附件第二章第十三节

注：①囿于篇幅，表中“条款（或段落）具体内容”一列仅列出相关条款或段落的关键语句；②表中的政府方即本研究的公共部门，社会资本即本研究的私人部门

为了便于对再谈判时私人部门履约行为的特征进行描述，依据再谈判的主要内容将观测事件合并，具体方法如下：阅读观测事件对应的发改投资 2724 号文附件 2、财金 156 号文附件中的条款或段落和涉及再谈判的 PPP 案例，摘录体现再谈判具体内容的关键语句，将再谈判内容相近的观测事件合并，结果如表 17-2 所示。

表 17-2　PPP 项目中再谈判时的观测事件及其分类

序号	观测事件	体现再谈判具体内容的关键语句	来源	再谈判的主要内容
1	未满足前提条件的合同终止	经济赔偿额度	财金 156 号文附件第二章第四节	经济赔偿/补偿额度
2	回购	补偿金额	财金 156 号文附件第二章第八节	
3	项目无法按期开始运营	延迟开始运营日、索赔额外费用、支付违约金、获得一定的赔偿	财金 156 号文附件第二章第八节	经济赔偿/补偿额度、延展的工期或运营期限

续表

序号	观测事件	体现再谈判具体内容的关键语句	来源	再谈判的主要内容
4	法律变更	索赔额外费用、要求延长工期、申请延长项目合作期限	财金 156 号文附件第二章第十五节	经济赔偿/补偿额度、延展的工期或运营期限
5	计划外维护	索赔因此造成的费用和损失、申请延展项目期限、赔偿相关损失	财金 156 号文附件第二章第九节	
6	计划外暂停服务	索赔因此造成的费用和损失、申请延展项目期限、赔偿相关损失	财金 156 号文附件第二章第八节	
7	不可抗力事件	延长工期、获得额外补偿、延长项目合作期限	财金 156 号文附件第二章第十六节	
8	最低采购量	1995～1998 年该项目的发电量不及最低购电量，按照合同的约定政府应赔偿项目公司损失，再谈判后双方同意将特许期延长 3 年作为赔偿	深圳沙角 B 电厂 BOT 项目	
9	建设竞争性项目	政府对项目做出为期 9 年的排他性承诺，但 7 年后政府违约建设新项目，项目公司据此向政府索赔	福建闽江四桥 BOT 项目	
10	政府提供相关连接设施	项目延长、损害赔偿	财金 156 号文附件第二章第八第十三节	
11	政府方负责或协助获取相关土地权利	延迟开始运营日、索赔额外费用（若政府未实现此承诺将导致项目无法按期开始运营，则再谈判的主要内容与其一致）	财金 156 号文附件第二章第八第十三节	
12	政府方办理有关审批手续	延迟开始运营日、索赔额外费用（若政府未实现此承诺将导致项目无法按期开始运营，则再谈判的主要内容与其一致）	财金 156 号文附件第二章第十三节	
13	价格调整	项目公司提供服务的定价	财金 156 号文附件第二章第十一节；发改投资 2724 号文附件 2 第 56 条	公共产品或服务的价格
14	超额利润	超额利润与项目公司进行分成	财金 156 号文附件第三章第二节	分享给公共部门的超额利润的额度
15	再融资	因再融资所节省的财务费用享有按约定比例分成的权利、双方协商后政府得到再融资收益的 35%	财金 156 号文附件第二章第五节、英国 Darent Valley 医院 PPP 项目	分享给公共部门的因再融资所得收益与所节省财务费用的额度

注：表中的政府即本研究的公共部门，项目公司即本研究的私人部门

17.3.2 无异议地执行合同时观测事件的识别

对于无异议地执行合同时的观测事件，具体识别过程如下：①在 CNKI 数据库中以“PPP”且“绩效”为主题，或在 ScienceDirect 数据库中以“PPP”为关键词搜索关于建立 PPP 项目 KPI 的文献，从中遴选评价私人部门履约行为的指标；②在中国政府采购网、各地方政府采购网中，部分 PPP 项目的成交公告附有 PPP 合同，下载并筛选篇幅较长、内容框架与财金 156 号文附件或发改投资 2724 号文附件 2 中的 PPP 合同指南相近的合同作为研究资料，以此避免市场中不规范的操作，然后通过阅读与分析遴选出的成交公告附有 PPP 合同、财金 156 号文附件和发改投资 2724 号文附件 2 中的 PPP 合同指南，从中摘录对私人部门履约行为虽有明确规定但仍留有选择空间的条款或段落；③将遴选出的 KPI 以及合同条款或段落进行汇总，通过与课题组成员讨论和分析，提炼出私人部门合作行为最不稳定的关键事件，最终得到无异议地执行合同时的观测事件集合，具体内容如表 17-3 所示。

表 17-3 无异议地执行合同时的观测事件及其来源

序号	观测事件	合同条款概括/KPI	来源
1	设计方案的优化	合同条款概括：私人部门在不改变规划主要要素的情况下，如果其认为变更设计将加快建设速度、降低建设或维护成本、提高项目的质量可对设计进行优化，但应经报公共部门同意后实施	《海口国家高新区美安科技新城一期公园绿地工程和美安中心公园 PPP 项目合同》第 10.2 条、《枣强县大营镇文化教育会展中心 PPP 项目合同》第 7.1 条
2	技术创新或转移	KPI：技术创新（technology innovation）、技术转移（technology transfer）	Yuan 等（2009）
3	公众投诉的处理	KPI：公众投诉监督程序是否落实	王超等（2014）
		合同条款概括：私人部门须公开投诉监督方式，接受属地政府部门、社会公众的监督，有效解决各种诉求、纠纷和服务质量投诉	《枣强县大营镇污水管网 PPP 项目合同》附件 2
4	职工培训的投入	KPI：培训有效性、员工培训（employee training）	Yuan 等（2009）、兰兰和高成修（2013）
		合同条款概括：私人部门应建立规范的操作程序和管理制度，培训雇员，使所有雇员均能够持证上岗	《海口市地下综合管廊 PPP 项目协议》第 8.2 条
5	信息资料的提供	合同条款概括：私人部门定期向公共部门提供有关项目实施的资料和信息，包括建设阶段的项目计划与进度报告、运营阶段的有关项目运营情况的报告（如运营维护计划、经审计的财务报告、事故报告等）、移交阶段的技术信息、与项目设施有关的资料等，同时确保信息资料完整、真实、清晰	财金 156 号文附件第二章十七/十九节、发改投资 2724 号文附件 2 第 36/52 条、《顺德北部片区横五路（一期）、荷岳路改造及荷岳路-林上路快速化改造（一期）道路工程 PPP 项目特许经营协议》第 11.2/16.1/16.2/20.1 条

续表

序号	观测事件	合同条款概括/KPI	来源
6	设备的维护、检修与更新	KPI：设备管理（facility management）	Love 等（2015）、Yuan 等（2009）
		合同条款概括：私人部门应确保项目设施始终处于良好运营状态并能够以安全、连续、稳定的方式提供符合适用法律、合同要求、运营维护手册的服务	《唐山市韩城镇集中供热工程 PPP 项目合同》第 7.3 条、《枣强县大营镇文化教育会展中心 PPP 项目合同》第 8.1 条
7	计划外维护与计划外暂停服务的补救	合同条款概括：若发生计划外暂停服务或计划外维护时，私人部门应立即通知公共部门，解释其原因，并尽最大可能降低暂停服务的影响并尽快恢复正常服务	财金 156 号文附件第二章九节、《北京市房山区大石河水环境综合治理 PPP 项目政府采购合同》第 31.3 条
8	应急预案与保障体系的启动	合同条款概括：私人部门应针对自然灾害、重特大事故、环境公害以及人为破坏等突发情况建立相应的应急预案、响应组织和指挥、设备等保障体系，并保证出现重大意外事故时其保障体系能够及时、正常启动	《海口市高级技工学校化工制药实训楼、高技能人才公共实训基地项目 PPP 项目合同》第 2.6/8.5 条、《禅城区魁奇路快速化岭南大道节点工程 PPP 项目合同》第 7.4 条

17.4　私人部门履约绩效判别式评估模型的建立

课题组原计划对选取的若干履约较顺利和较困难的 PPP 项目负责人就以下议题再次进行半结构化访谈：当各观测事件发生时，使公共代理机构感觉满意或不满意的再谈判或合作行为的特征描述；然后，根据基于机会主义的再谈判、基于合作的再谈判以及角色内行为、角色外行为的内涵，整理访谈资料并组织专家研讨，从而提炼出各观测事件上私人部门敷衍履约（使公共代理机构不满意）或尽善履约（使公共代理机构满意）的判别标准。鉴于未成功联系到接受访谈的 PPP 项目负责人，故仍通过互联网搜集本研究所需资料。

为了确保研究结果的准确性与可操作性，本研究先后通过案例分析和向实践工作者求证两个步骤来确定私人部门履约绩效的判别标准。具体步骤如下：①在百度搜索引擎与 CNKI 数据库中搜索再谈判过程和履约过程较顺利或较困难的 PPP 案例，通过对其阅读与分析，提炼出每一观测事件上使公共部门满意或不满意的履约行为或选择的特征描述，在此基础上，结合研究者实习经历以及基于合作的再谈判、基于机会主义的再谈判、角色外行为、角色内行为的内涵，对各观测事件上私人部门基于合作的再谈判、基于机会主义的再谈判或者角色外行为、角色内行为的判别标准进行描述，从而形成再谈判时和无异议地执行合同时私人部门履约绩效判别矩阵的初稿；②联系研究者曾经实习过的 PPP 咨询公司，邀请其实践工作人员针对私人部门基于机会主义的再谈判、基于合作的再谈判以及角色外行为、角色内行为的判别标准进行逐一讨论，并依据讨论结果对已形成的初稿做出调整，得到再谈判时和无异议地执行合同时私人部门履约绩效判别方法的最终稿，如表 17-4、表 17-5 所示。

表 17-4 再谈判时私人部门履约绩效的判别式评估模型

序号	观测事件	基于合作的再谈判	基于机会主义的再谈判	来源
1	未满足前提条件的合同终止、回购	私人部门索要（或给予）的经济赔偿额度与第三方审核的金额基本一致，并且能够提供充分、真实的依据	私人部门索要（或给予）的经济赔偿额度明显高于（或低于）第三方审核的金额，并且未能提供充分依据，甚至提供了虚假信息	✧ 深圳梧桐山隧道 BOT 项目（由回购引发的再谈判）
2	项目无法按期开始运营、法律变更、计划外维护、计划外暂停服务、不可抗力事件、公共部门未实现承诺①	（1）当公共部门违约时，私人部门向其索要的（或当私人部门违约时，其给予对方的）经济赔偿额度与第三方审核的基本一致，并且能够提供充分、真实的依据；（2）在其有权要求延长期限的情况下，申请延长的工期合理，或者申请延长的运营期限合理（即在此期限内私人部门所得收益恰好弥补此次损失）	（1）当公共部门违约时，私人部门向其索要的（或当私人部门违约时，其给予对方的）经济赔偿额度明显高于（或低于）第三方审核的金额，并且私人部门未能提供充分依据，甚至提供了虚假信息；（2）在其有权要求延长期限的情况下，申请延长的工期过长，或者申请延长的经营期限过长（即在此期限内私人部门所得利润明显高于其损失程度）	✧ 柬埔寨金边机场 BOT 项目（由不可抗力引发的再谈判）
3	价格调整	私人部门提出的价格与政府测算出的基本一致，并且能够提供充分、真实的依据	私人部门提出的价格明显高于政府测算出的，并且未能提供充分依据，甚至提供虚假信息	✧ 来宾生活垃圾焚烧发电厂 BOT 项目 √ 成都自来水厂 B 厂 BOT 项目
4	超额利润	私人部门按照合同约定的比例将实际超额利润分享给公共部门，并且能够提供充分、真实的依据	私人部门按照合同约定的比例将超额利润分享给公共部门，但其未能提供充分的依据，甚至提供了虚假信息（如超额利润金额与实际所得不符）	√ 巴西圣保罗地下铁四号线 BOT 项目
5	再融资	对于再融资所获得的收益（或所节省的财务费用），私人部门分享给公共部门的金额与公共部门提出的基本一致，且与公共部门因再融资而承担的风险相匹配	对于再融资所获得的收益（或所节省的财务费用），私人部门分享给公共部门的金额明显低于公共部门提出的②，且与公共部门因再融资而承担的风险不匹配	√ 英国 Darent Valley 医院 PPP 项目

注：“✧”为再谈判较为困难的 PPP 案例，“√”为再谈判较为顺利的 PPP 案例

① 公共部门的承诺一般包括：公共部门负责或协助获取相关土地权利项目、最低采购量、不在项目附近建设竞争性项目、公共部门办理有关政府审批手续、公共部门提供相关连接设施。

② 私人部门可能实施的机会主义行为：当公私双方已事先约定再融资所获收益的分成比例时，私人部门会通过降低再融资收益的计算结果（如调整计算方法、提高计算折现率等）来减少给予公共部门的收益金额；当公私双方未事先约定再融资所获收益的分成比例时，私人部门会通过争取更高的分成比例来减少给予公共部门的收益金额；而这两种方式均使得公共部门所得的收益与其因再融资而承担的风险不匹配。

表 17-5　无异议地执行合同时私人部门履约绩效的判别式评估模型

序号	观测事件	角色外行为	角色内行为	对应案例
1	设计方案的优化	私人部门对公共部门提供的设计方案进行细致分析与认真思考，对于存在优化空间的方案能够提出优化建议，且其有利于缩短工期、降低建设与运维成本、提高公共产品或服务的质量	私人部门按照合同的约定对公共部门提供的设计方案进行审阅，但未经过细致分析与认真思考，即便此方案存在优化空间，也无法提出优化建议，仅按照原方案进行建设与运营，这显然不符合合同的合作精神	—
2	技术创新或转移	私人部门不仅按照合同的约定采用先进技术或工艺，而且在技术研发与创新方面投入大量资金和科研人员；私人部门毫无保留地将己方拥有的先进技术转移到项目中，并未以此为由向公共部门索取额外费用	私人部门按照合同的约定采用先进技术或工艺，但在技术研发与创新方面投入很少甚至不投入；私人部门按照合同的约定实现了技术转移，但试图向公共部门索取高昂的费用，这显然不符合合同的合作精神	√澳大利亚阿德莱德水务 PPP 项目
3	公众投诉的处理	私人部门不仅接收了社会公众的投诉，而且对投诉问题进行细致分析、积极解决，并及时将处理结果反馈至社会公众，最终使其感到满意	私人部门按照合同的约定接收了社会公众的投诉，但对投诉问题分析不到位、处理不认真，并且未将处理结果及时反馈至社会公众，时常使其感到不满意	—
4	职工培训的投入	私人部门不仅按照合同的约定组织员工进行岗位培训，而且员工培训率较高、培训频率较高以及培训内容具有针对性，从而使得员工的业务素质在较短时间内得到极大提升	私人部门按照合同的约定组织员工进行岗位培训，但员工培训率较低、培训频率较低以及培训内容缺乏针对性，员工的业务素质无法得到有效提升，这显然不符合合同的合作精神	√山东日照发电 BOT 项目
5	信息资料的共享	私人部门不仅按照合同约定的内容与时间向公共部门提供有关项目实施的资料和信息，而且资料完整、清晰、真实	私人部门按照合同约定的内容与时间向公共部门提供有关项目实施的资料和信息，但提供的资料不完整、内容不清晰且与实际情况不一致	—
6	设备维护、检修与更新	私人部门不仅按照合同约定的频率、程序及内容对设备进行了维护、检修与更新，而且当设备出现故障时在第一时间内采取维修措施，并且当设备磨损致使运行效率明显下降或者技术落后时，就及时进行更新，使设备一直处于良好的运行状态	私人部门按照合同约定的频率、程序及内容对设备进行了维护、检修与更新，但当设备出现故障时，采取维修措施不及时，总是拖到约定的最后期限才完成维修，当且仅当设备磨损至无法继续使用时才进行更新，这显然不符合合同的合作精神	√山东日照发电 BOT 项目
7	计划外维护与计划外暂停服务的补救	在此类事件发生后，私人部门第一时间通知公共部门并及时采取补救措施，尽己方最大努力将损失降到最低，从而使公共部门感到满意	在此类事件发生后，私人部门按照合同约定的程序与期限通知公共部门并采取补救措施，但其是等到合同约定的最后期限才实施上述行为，从而使公共部门感到不满意	—
8	应急预案与保障体系的启动	私人部门事先建立了全面、操作性较强的应急预案与保障体系，当意外事故发生时，及时启动应急预案或保障体系，有效降低此次事故带来的不利影响，从而使得公共部门感到满意	私人部门按照合同的约定建立了应急预案与保障体系，但方案比较粗糙、操作性较差，当意外事故发生时，应急预案或保障体系启动缓慢，未能及时、有效降低此次事故带来的不利影响，从而使得公共部门感到不满意	—

注：“√”为再谈判较为顺利的 PPP 案例

第 18 章　PPP 项目效率构念建立和维度划分

通常认为，在中国第一次成功使用 PPP（BOT）模式兴建的基础设施项目为 1984 年签署合资协议的深圳沙角 B 电厂，第一个经国家批准的 PPP（BOT）试点项目为 1997 年正式签署特许权协议的广西来宾 B 电厂（已于 2015 年如期移交给广西政府），也就是说，PPP 模式在我国已有长达 30 余年的发展历史。在既有的 PPP 项目中，由于前期模式选择、项目评估和决策方面的失误，抑或忽略 PPP 项目的公共品属性引发公众不满，最终导致 PPP 项目未达到预期目标的比比皆是，如天津市双港垃圾焚烧发电厂和深圳梧桐山隧道 BOT 项目。然而，这些项目中又有相当一部分项目是那种公私双方都投入了大量的热情和精力，且双方合作过程较为顺利，故从合作的角度来看，该类项目的实施过程还是可圈可点的。就该类项目而言，显然用既有的项目成功和项目（管理）绩效来评价整个项目并不细致，有必要引入一个新的概念来评价其双方的合作效果。事实上，PPP 项目本质上就是一种公私合作伙伴关系，这种关系主要通过合同得以体现，其根本目的是提高公共产品（或服务）的供给效率；而对于公私合作效果的评价可借鉴“合同效率”（efficiency of the contract）这一概念，该定义由学者依据契约经济学相关理论提出，其主要反映的是权利配置基础上外部成本的减少程度，以及合同对合作双方未来行为的激励程度。有鉴于此，本研究将单纯表征 PPP 项目中公私双方合作效果的概念称为“PPP 项目效率”，本章将采用扎根理论的方法建立 PPP 项目效率的构念模型，并得出其具体的维度划分（杜亚灵等，2019b），为实践中长时间内 PPP 项目善治的评判做好理论准备。

18.1　PPP 项目效率相关概念的文献分析

以“PPP”和“公私合作”为主题词在文献库中进行检索，在其检索结果中筛选对 PPP 项目进行优劣评价的相关文献，以下将对此类文献涉及的概念界定、维度划分以及影响因素等进行详细分析。

18.1.1　对 PPP 项目进行整体评价的文献分析

现有对 PPP 项目进行整体评价的相关概念主要包括 PPP 项目成功与 PPP 项目绩效两类，以下分别对其进行文献分析。

1. PPP 项目成功的文献分析

关于 PPP 项目成功的现有研究主要集中在影响因素的识别以及评价标准的建立两方面。

（1）对于影响 PPP 项目成功的因素识别，学者们主要基于项目全生命周期以及参与项目的不同利益相关者两个视角考虑。例如：李倩和李杏丽（2017）首先将 PPP 项目的整个生命周期划分为项目识别、项目准备、项目采购、项目执行以及项目移交 5 个阶段，之后分别考虑影响各个阶段顺利实施的主要因素，最终识别出稳定的宏观经济政策、有力的法律框架和政策的支持等 36 个关键成功因素；赵静（2016）从不同主要项目参与方（包括公共部门、私人部门、施工方、设计方等）的视角识别出影响项目成功的 33 个关键因素；Węgrzyn（2016）则基于不同利益相关者的角度分析了 PPP 项目全生命周期不同阶段可能影响其成功的 18 个主要因素，并指出不同利益相关者对这些因素的重要性排名是不同的。此外，还有学者在上述研究的基础上结合某一行业的特点识别出影响该行业 PPP 项目成功的主要因素，如陈龙和冯蕾（2017）、马俊伟等（2017）分别针对医疗和污水处理 PPP 项目，识别项目成功的关键影响因素。

（2）对于 PPP 项目成功的评价标准，现有文献多从项目客观角度、利益相关者角度以及合同管理角度进行分析。例如：贾春艳（2015）认为，PPP 项目成功不仅需要实现项目层面的经济、社会以及环境可持续性目标，还需要实现不同项目参与者的利益最优化，故而以此二者为目标，建立了 PPP 项目全生命周期的成功标准体系；Robert 和 Chan（2016）基于 PPP 项目的不同利益相关者建立了包括有效的风险管理（effective risk management）、满足产出标准（meeting output specifications）以及可靠优质的运营（reliable and quality service operations）在内的 15 个评价标准；Liyanage 和 Villalba-Romero（2015）则通过分析多个案例发现 PPP 项目的成功需要从项目管理（project management）视角，利益相关者（stakeholder）视角以及合同管理（contract management）视角三方面进行整体考虑。除此之外，还有少数学者基于 PPP 项目公私合作的特点，将其合作关系的成功亦作为衡量项目成功的标准之一（马瑞，2016）。

2. PPP 项目绩效的文献分析

PPP 项目绩效的相关研究主要包括影响因素的识别和评价指标的建立两个方面，作为 PPP 项目绩效管理的重要基础，其最终目的是促进 PPP 项目成功。现有文献识别出的 PPP 项目绩效影响因素通常包括项目本身特征、项目管理水平、项目所处环境以及利益相关者 4 个方面。例如：Chan 等（2010）认为，项目的收益性、融资能力、创新能力以及技术性因素等项目自然属性会显著影响 PPP 项目绩效；Iseki 和 Houtman（2011）通过多案例研究识别出影响交通 PPP 项目绩效的 6 个影响因素，分别是施工期的风险、需求和收益风险、非竞争性条款、提前终止条款、公众和政治认同；孙慧等（2012）识别出影响 PPP 项目绩效的环境因素主要包括稳定的政治环境、法律法规及政策支持、有利的自然环境、稳定的经济环境以及有限的市场竞争 5 个方面；从利益相关者角度进行分析的 Liu 等（2014b）则依据绩效棱柱模型（performance prism）认为绩效管理应从利益相关者满意度、贡献、战略、流程和能力 5 个方面进行多方面考虑。此外，还有学者对“信任”在 PPP 项目前期评估中的重要性进行了分析（Tomkins，2001）。

在 PPP 项目绩效的评价指标方面，传统公共项目的绩效评价通常采用“事后”（ex-post evaluation）的结果评价方法，但其并未达到绩效改进的预期目标，故而越来越多的学者开始关注项目全生命周期的过程评价以及利益相关者的满意度（Liu et al.，2014b）。在指标体系的构建方法上，外国学者通常采用 KPI 的方法。例如：Mladenovic 等（2013）基于 KPI 构建了包括参与者满意度、使用者预期及满意度、项目利润与价值以及环境绩效等在内的评价指标体系；Villalba-Romero 和 Liyanage（2016）基于多案例分析开发出包括招投标过程、建设过程、运营过程以及监测评价等在内的 6 个 KPI 层。国内学者的构建方法则呈现多样化。例如：Yuan 等（2012）基于 48 个 PPP 项目绩效指标构建 KPI 概念模型，并采用问卷调查的方法来确定这些指标的重要程度；王玉梅和严丹良（2014）运用平衡计分卡的方法建立了包括利益相关者满意度、项目环境、内部控制管理等在内的 PPP 项目绩效评价体系；兰兰和高成修（2013）则基于层次分析法选取财务、内部流程、学习与成长、顾客 4 个因子设计绩效评价体系。

18.1.2　对 PPP 项目管理过程进行评价的文献分析

PPP 项目与一般工程项目不同，其更加强调合作关系，即通过不同背景合作方的共同努力达到项目成功的目的，因此，对 PPP 项目的评价不仅应从是否取得预期项目成果来考虑，更应包括对合作过程、合作关系等项目管理过程的评价。现有对 PPP 项目管理过程进行评价的相关概念主要包括合作效率、治理水平以及伙伴关系质量。

1. PPP 项目合作效率的文献分析

PPP 项目合作效率的现有定义主要分为项目层面和项目参与方层面：前者如殷小炜（2015）认为，PPP 项目合作效率就是项目成功履约、适当和有效应对不确定性的程度，并将其划分为履约、风险应对以及合作创新三个维度；后者如赖毅（2014）从福利经济学角度将其定义为利益相关方（社会公众、私人部门以及公共部门）总效用之和的最大化。在 PPP 项目合作效率的影响因素上：张喆等（2009）基于 PPP 项目的契约本质，通过构建数学模型进行分析指出，公私双方的控制权配置是影响合作效率的关键；殷小炜（2015）研究了合同柔性（合同变更柔性、合同谈判柔性、合同激励柔性以及合同执行柔性）对 PPP 项目合作效率的影响；叶晓甦和戚海沫（2015）基于以往文献通过因子分析得到制度监管层、契约管理层以及建设运营层共计 11 个关键影响因素。对于 PPP 项目合作效率的评价指标：有的学者从项目结果层面进行考虑，如赖毅（2014）基于利益相关者满意度设立了公共部门、私人部门以及社会公众三个层次共计 11 个评价标准；有的学者则从项目过程层面进行考虑，如叶晓甦和熊含梦（2013）从合作主体、合作环境以及项目建设与运营三个方面构建了包括政府态度、企业能力、公众支持、项目政策环境、建设期间管理水平以及运营期间运营能力等在内 47 个指标，并将其作为评价体系。

2. PPP 项目治理水平的文献分析

对于 PPP 项目治理水平的研究，现有文献数量较少。例如：曹盼盼（2017）将项目治理水平定义为过程行为，是对利益相关者之间的权责利划分的规定，最终达到协调与维持利益相关者之间关系的效果，并在此基础上构建了包括权利配置、风险分担、利益分配、激励水平、政府监管以及利益相关者参与在内的评价指标体系；陈帆（2010）则基于契约履行和剩余权配置效率构建了包括股权结构、股东治理水平、项目经理治理水平、承包商治理水平、项目治理环境及其效果在内的治理水平评价指标体系。此外，还有学者研究了产权结构和政府监管对 PPP 项目治理水平的影响。

3. PPP 项目伙伴关系质量的文献分析

现有研究伙伴关系质量的文献多集中在供应链联盟领域，如卓翔芝（2008）对伙伴关系的动态演化机理进行研究，发现其主要影响因素包括伙伴企业之间关系的控制力、关系专用性资产及伙伴企业间的信任和风险利益机制等。PPP 项目的相关文献中，仅有少数国外学者进行了伙伴关系的相关研究，如 Jacobson 和 Sang（2008）通过访谈分析的质性研究方法提出了影响公私伙伴关系质量的 10 个因素，主要包括详细的计划/愿景、承诺、沟通与信任以及合作的意愿等。尚未发现国内学者对 PPP 项目合作伙伴的关系质量进行直接研究，但已经有学者进行了相关尝试，如叶晓甦等（2017）通过研究 PPP 项目伙伴主体、合作环境与公共产品供给的关系发现，良好的合作环境和公众参与将促进伙伴关系的可持续，而公共部门的政策优势与资源禀赋则是伙伴关系维系的必要条件。

18.1.3 PPP 项目效率的文献分析

首先以“PPP”为主题词在文献库中进行检索，之后在其检索结果中以“效率”为关键词检索发现，现有文献中直接以“PPP 效率”为研究对象的文献很少，且仅有的少量文献或是未能给出明确定义，或是给出的定义并不准确。例如：赖丹馨和费方域（2010）通过综述现有的国内外相关研究发现，合约特性、收益风险配置以及规制设计是影响 PPP 效率的关键，但其并未对 PPP 效率进行概念上的界定；Skietrys 等（2015）将 PPP 效率定义为公私合作关系的有效性，认为其维度应当包含合作双方的需求（need）、政治法律环境（political，legal and administrative environment）以及合作双方的沟通（communication）三个维度；张羽等（2012）则将 PPP 项目效率界定为该项目提供的公共服务水平，并在不完全契约的视角下分析了可能影响 PPP 效率的主要因素，其主要包括：好的合作伙伴的寻找；合理的合同条款设计；公共产品（或服务）生产和运营过程中双方的履约情况以及项目各阶段的外部性；缔约双方在产生纠纷时第三方仲裁的公平性和有效性。

18.1.4　本部分文献分析小结

综上所述，现有对 PPP 项目进行评价的相关概念主要包括以下三类。

（1）评价范围覆盖项目全生命周期的综合性概念，以项目成功和项目绩效为代表，其影响因素可以归纳为 4 个层面：①项目本身的特征性因素，主要包括项目规模大小、创新性、技术性、收益性以及融资能力等；②项目的自然环境条件，主要包括项目所处社会环境是否有利（民众是否反对）、同类项目的市场竞争程度以及经济环境是否稳定等；③项目制度安排的相关因素，主要包括项目所在地 PPP 相关法律法规、政策文件的完善程度以及当地政府对 PPP 模式的支持程度等制度建设方面的内容；④项目主要参与者因素，主要包括各方的合作意愿、自身的能力水平、各方合作过程中的关系处理（风险分担、利益分享以及权力配置）及其相互之间的沟通与信任。

（2）与项目本身的特征因素无关，仅对项目管理过程进行评价的概念，主要包括合作效率、治理水平以及关系质量，其影响因素虽有重叠但不尽相同：①关系质量和治理水平主要与项目参与方有关：前者主要与合作意愿、承诺、沟通以及信任有关；后者则主要由各方合作过程中的关系处理（如权利配置、风险分担、利益分配）、激励水平以及政府监管等决定；②合作效率主要与项目参与方因素以及项目的制度安排有关，如政策法律环境、政府态度、企业能力以及风险管理等。

（3）直接以 PPP 项目效率为题的现有研究数量较少且深度不够，具体表现为缺乏明确的概念界定和系统的影响因素分析。

18.2　原始资料的收集与整理

扎根理论这一方法的实施主要是对大量研究资料的挖掘与分析，因此，通过适当的途径获取高质量的研究素材是本研究成功的先决条件。首先，通过网络搜索和文献指标采集搜集文本资料；其次，对文本资料进行归类提炼，并依据文本资料的分析结果设计访谈提纲；再次，采用主观抽样的方法确定访谈对象并与其展开深度访谈，在访谈过程中形成访谈记录；最后，将访谈记录进行整理、归类形成访谈资料，并将其与文本资料一起导入 Nvivo10 软件进行编码，具体过程如图 18-1 所示。

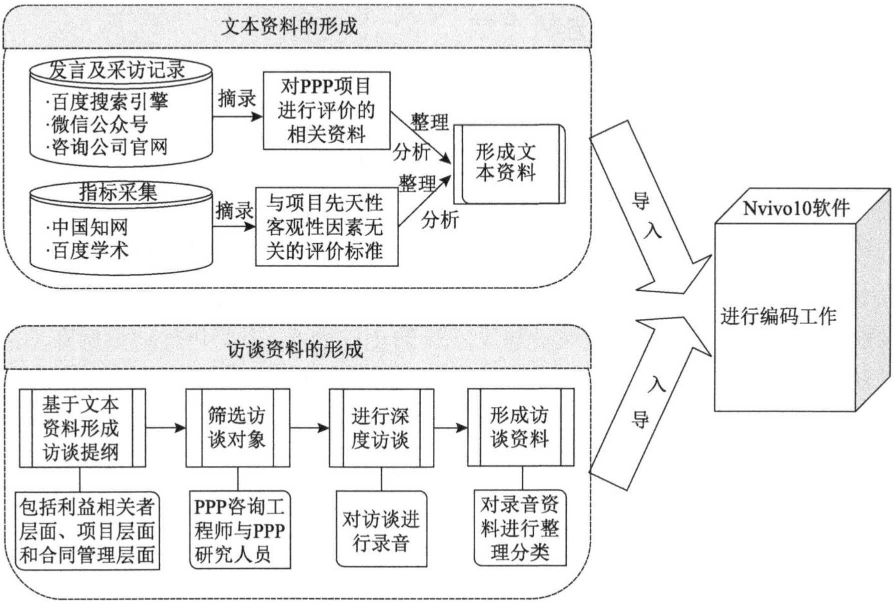

图 18-1 原始资料收集与整理的具体过程

18.2.1 文本资料的形成

1. 通过相关文献的指标采集获取研究资料

由 18.1 节的文献分析可知，现有对 PPP 项目进行评价的相关概念均能不同程度地反映 PPP 项目效率：其中，对于 PPP 项目成功与 PPP 项目绩效，其评价指标中与项目本身特征、项目自然环境因素无关的部分可以反映 PPP 项目效率；PPP 项目合作效率中与项目环境因素无关的部分可以表征 PPP 项目效率；而对于 PPP 项目治理水平以及 PPP 项目伙伴关系质量，其评价指标也都反映了 PPP 项目效率的一个或多个方面。有鉴于此，本研究将上述文献中与项目先天性、客观性因素无关的评价指标摘录出来作为研究资料，并对其进行整理归类，整理结果具体如表 18-1 所示。

表 18-1 通过文献分析获取的资料

序号	具体指标内容	归类	来源
1	建设期间项目在预算内完成，或建设期的造价差异率小	成本要求	贾春艳（2015）、Liyanage 和 Villalba-Romero（2015）、马瑞（2016）

续表

序号	具体指标内容	归类	来源
2	项目如期完工，各单位工程有条不紊地按计划进行，项目实际工期不长于计划工期；避免运营期延长	工期要求	贾春艳（2015）、Liyanage 和 Villalba-Romero（2015）、马瑞（2016）、赖毅（2014）
3	实际工程质量完全符合设计规定（或无恶性变更），设备设施质量满足相关质量标准，能够保障工程安全运营，项目建设过程中无重大安全事故发生	质量要求	贾春艳（2015）、Liyanage 和 Villalba-Romero（2015）、马瑞（2016）
4	建设期间项目满足预定的安全标准	安全要求	贾春艳（2015）
5	运营期间满足环境保护、健康安全标准	安全要求、环保要求	
6	运营期间项目的运营、管理和维护费用小	成本要求	
7	运营期间能够保障项目配套设施持续发挥应有的作用，运营期间输出可靠优质的服务，服务水平达到顾客满意	质量要求	Robert 和 Chan（2016）、马瑞（2016）
8	项目适应现在及未来经济发展的状况，对未来条件变化的适应弹性大	可持续性要求	贾春艳（2015）
9	项目美观、环保，提高了社会效益，改善了地方形象；项目对地区环境管理和社会发展有正向促进作用	社会贡献	贾春艳（2015）、马瑞（2016）
10	项目效益好，增加地方财力，促进地区经济发展	经济贡献	
11	项目设计方案新颖，建造技术先进可行，引领行业技术发展	行业贡献	马瑞（2016）
12	合作方在项目周期内各建立了良好的合作关系	合作关系	贾春艳（2015）
13	吸引私人资本，解决资金紧缺的财政问题	减轻财政负担	
14	获得基础设施产品和服务，提高公共物品项目的建设运营效率	提高效率	Liyanage 和 Villalba-Romero（2015）、赖毅（2014）
15	项目运营期间，运营企业的收益高于成本，能够获得预期利润率	获取利润	贾春艳（2015）
16	获得更多的投资机会和扩大投资的业务范围	拓宽投资领域	Liyanage 和 Villalba-Romero（2015）、马瑞（2016）
17	获得高效、优质的公共基础设施产品和服务	公众需求	贾春艳（2015）、Liyanage 和 Villalba-Romero（2015）
18	私人部门方资金按时到位，积极参与、解决项目进程中出现的问题，严格履行合同协议规定，无推卸责任现象	私人部门履约	马瑞（2016）
19	相关政府单位严格履行合同协议规定，政府允诺的资金按时到位，其负责的资源及时供应；不存在推卸责任现象	公共部门履约	
20	项目生命周期内公私双方积极承担各方应承担的风险以及责任，在遇到问题时能够积极有效地沟通	合作双方履约	Robert 和 Chan（2016）、Liyanage 和 Villalba-Romero（2015）、叶晓甦和熊含梦（2013）、曹盼盼（2017）

2. 通过网络搜索获取研究资料

通过网络搜索获取研究资料的途径主要有三条：①运用百度搜索引擎浏览近期有关 PPP 项目的采访与报道，着重搜索行业知名专家（如王守清、丁伯康等）接受记者访问的采访记录，并将其中涉及如何评价 PPP 项目的文字摘录出来；②在 PPP 相关的微信公众号（如 PPP 知乎、PPP 导向标等）上搜索知名专家发表过的相关微文及其在 PPP 相关论坛或会议上的发言记录；③关注相关专家的微博个人账号，并搜索其发表过的有关 PPP 的个人观点，摘录其中对 PPP 项目进行评价的部分。将通过上述途径获取的研究资料进行整理分析，最终形成文本资料，具体如表 18-2 所示。

表 18-2　通过网络搜索获取的资料

序号	具体观点	类别	来源
1	衡量 PPP 机制成功与否：①从财政角度，即能否降低财政的支出负担；②从社会福利的角度，即能否提高社会福利水平	减轻财政负担、项目提高效率	《每日经济新闻》采访记录
2	衡量 PPP 项目成功的标志：整个生命周期是否按照合同约定提供了公共服务、公共产品	项目目标实现	“中国 PPP 沙龙”发言记录
3	衡量 PPP 项目是否获得成功的标准：①合作双方伙伴关系是否稳定，是否出现关系破裂甚至解体；②双方合作的回报机制，能否保证私人部门盈利但不暴利，或者设计灵活、柔性的价格调整机制；③项目双方合作的风险分担是否完善，合作周期里是否出现一方承担风险过度、风险收益不匹配的情况；④在不太完善的政策环境和法律环境下，能否寻找到一个积极、稳妥的解决办法，构建既符合我国实际情况，又便捷、适用的争端解决机制	伙伴关系良好、获取利润合理、承担责任合理、争议解决顺利	“中国 PPP 沙龙”发言记录
4	衡量 PPP 项目是否获得成功，即是否共赢：对政府而言，是看项目移交后百姓是否满意、政府是否获好评；对投资者而言，成功要等两个关键的时间点：①项目的现金流由负变正，一般要七年之后；②项目移交之后，一般是十几到二三十年之后	政府形象提升、私人部门获利	微文
5	为何说加拿大、澳大利亚等的 PPP 模式运行成功：政府寻找的企业合作伙伴实现物有所值；企业在不是暴利的前提下得到适当的投资回报；百姓享受了合理价格的服务	项目提高效率、私人部门获利、公众获取优质服务	记者采访记录
6	北京地铁 4 号线为什么做得不错：①减轻了政府的财政支出负担，北京市政府在这个项目里面少投了 50 亿元；②通过该项目完善了地铁运营公司的管理架构和制度，形成了行业间的有效竞争，北京地铁运营公司的成长对香港地铁产生了反向压力；③通过北京地铁 4 号线完善了政府对地铁运营公司的监管，政府通过 4 号线可以得到另外一套数据，通过对比该数据和其他地铁运营公司的数据，能够有效判断企业在什么地方作假	减轻财政负担、行业贡献	“中国 PPP 沙龙”发言记录
7	从 PPP 模式效率来源来看，只要能保证私营方的参与能提供比平台公司更高的成本激励；建设阶段和运营阶段真正地实现了捆绑；招投标中承包商真正地实现了竞争与信息公开；地方政府切实保证了预算硬约束，PPP 模式的效率就能得到实现	提高效率	微文

18.2.2　访谈资料的形成

与受访者进行面对面的深度访谈不仅可以验证之前获取文本资料的可靠性，还可以进一步对原始资料进行补充。在访谈方式上，本研究拟采用半结构化访谈的方式，下文将详细介绍访谈资料的形成过程。

1. 设计访谈提纲

设计访谈提纲是进行深度访谈的重要准备工作之一，其内容的合理与否直接关乎访谈过程的顺畅程度以及访谈结果的理想程度，经过课题组的反复讨论，确定提纲的设计主要基于以下几个原则：①以访谈对象非常熟悉和了解的具体 PPP 项目为切入点，引导受访者对该项目进行评价，并针对具体评价标准进行追问和确认，其主要目的是让访谈对象在不受研究者观点影响的情况下主动表达自己的真实看法；②以文本资料的整理分析结果为基础，针对其中受访者没有提到的内容进行逐项询问，以达到验证文本资料可靠性的目的；③为了避免有所遗漏，在访谈最后需要询问受访者是否还有其认为在评价 PPP 项目时应当考虑的内容。在上述 3 个设计原则下形成的访谈提纲具体如下：

问题 1：请您回忆一下，在所有您做过的（或十分了解的）PPP 项目里有没有觉得非常好的项目？您为什么觉得这个项目好呢（或者您觉得这个项目哪里好）？

问题 2：在同类型项目里有没有您觉得和它反差比较大的属于差的（不好的）项目？您为什么觉得这个项目不好呢（或者您觉得这个项目哪里不好）？

问题 3：从您对两个项目的描述来看，主要是××方面的差异使您对它们给出了截然相反的评价，不知道我的理解与您的表述是否有偏差？（有偏差的话需要再次交流，直至双方达成一致）

问题 4：除了上述这几个方面以外，如果此类项目在××方面表现出较大差异的话也会影响您对它评价结果吗？（此时，针对文本资料的分析结果，就访谈人员未提到的内容进行逐一询问）

问题 5：除了上述我们探讨过的内容，您觉得在评价一个 PPP 项目好还是不好时还应该涉及哪些方面呢？

2. 筛选访谈对象

从以往研究来看，深度访谈通常采用目的性抽样的方法，且其样本数量往往较少，在此情形下，访谈对象的选择便显得尤为重要，对象筛选的合适程度直接决定访谈内容是否精准，以及是否能够完整覆盖研究主题。就本研究而言，由于访谈主题是对 PPP 项目的评价标准进行探讨，而从之前文本资料的搜集结果来看，其内容涉及项目建设、运营等多个阶段，同时，考虑到访谈过程中可能会就某个具体标准进行细节追问，因此，研究对象的最佳选择是：①直接参与过 PPP 项目全生命周期、具有丰富项目经验的 PPP 实践人员（包括企业高管和咨询工程师）；②长期从事 PPP 相关研究，且在其研究过程中实际调研过一定数量 PPP 项目的学者，事实上，由于学者自身理论功底深厚，故而其观点相比其他人更为客观和深入。按照上述原则，课题组尝试联系了多家企业、咨询公司以及科研单位，最终有 5 人接受访谈，具体信息如表 18-3 所示。

表 18-3 受访者基本信息表

受访者	性别	就职单位	学历	职位/职称	参与过的 PPP 项目	从事 PPP 研究时间
A	男	国内某知名投资公司	博士	投资中心主任	>10 个	—
B	男	国内某知名 PPP 咨询公司	硕士	总经理	>10 个	—
D	男	高等院校	博士	教授	—	5 年
E	女	高等院校	博士	教授	—	3 年
F	女	国内某知名 PPP 咨询公司	硕士	项目经理	>5 个	—

3. 进行访谈并形成访谈资料

为了提高访谈质量，课题组在约定访谈日期的 5 天前通过邮件将访谈提纲发送至受访者，以便受访者提前了解、思考访谈主题，并尽力回忆自身从业经验中与之相关的部分。正式访谈开始前，研究者向受访人员说明此次访谈内容仅用于学术研究，且研究不会涉及对方的个人真实信息，此举旨在确保访谈人员毫无保留地表达自身看法；同时，为了避免重要细节的遗失，在征得受访人员的同意后对整个访谈过程进行录音；此外，访谈过程大体按照提纲进行，但在受访者回答问题过程中需记录其提到的重点问题，并就该问题的细节进行追问。访谈结束后，为保证后续研究的严谨性和可靠性，研究者需及时将录音材料逐字逐句地、客观地整理为文本资料，囿于文章篇幅限制，以下仅列举出一位受访者接受访问的详细过程。

访问者：请您回忆一下，在所有您做过的（或十分了解的）PPP 项目里有没有觉得非常好的项目？您为什么觉得这个项目好呢（或者您觉得这个项目哪里好）？

受访者：好项目肯定有，那么原因的话，其实主要看社会资本方对项目的诉求首先就是投资的风险小；其次如果是政府付费（可行性缺口补助）的话会比较好；最后风险分担要比较合理、融资要比较顺利、项目收益也要不错。那么基于这些原因的话，我们会认为这种项目比较好。

访问者：您刚刚说的是在项目实施前，社会资本方认为比较好的项目，那有没有您认为已经完成的比较好的项目呢?

受访者：这个的话涉及评价的视角问题：站在公允的角度来看，就是要达到共赢也就是说百姓要满意,社会资本要挣钱,政府融资问题要解决；那要是站在我们社会资本方的角度来看的话，如果运营一段时间以后，政府能够顺利缺口补助或付费，让我们有一定的收益，那这个项目就比较好。

访问者：在您看来“共赢”（公众获得合理价格的服务或优质的服务；政府降低财政的支出负担；私人部门获得合理回报）是衡量 PPP 项目成功的重要标准，那除了“共赢”以外，如果政府方和社会资本方在项目周期内建立了良好的合作伙伴关系，这是否也能在一定程度上说明这个项目比较成功呢?

受访者：这个不能这么讲，因为项目成功的标准肯定不能只考虑政府和社会资本建立良好的合作关系，这样说是不合适的。

访问者：那一个好的成功的项目除了要满足核心利益相关方的需求外，它在项目本身层面来说是不是也要达到一定标准呢？比如说建设期、运营期的质量要求以及项目带来的良好外部效应（促进行业发展、地区发展）等。

受访者：这个当然是要的，这是基本要求，其实这不只是质量问题，工期、安全性以及环保性等等都是需要考虑的。

访问者：除了上述我们探讨过的内容，您觉得在评价一个 PPP 项目好还是不好时还应该涉及哪些方面呢（或者说有没有哪些漏掉的方面）？

受访者：其实国家推行 PPP 模式最应该提高（公共服务供给）效率，而这个主要还是取决于社会资本的专业优势有没有真正发挥，当然，如果政府只是纯粹为了解决钱的问题的话，那也就谈不上效率问题了。

18.3　范畴的发掘与提炼

作为扎根理论中非常重要的环节，对研究资料进行编码主要包括三个步骤，依次为开放性编码、主轴编码以及选择性编码。为了保证编码结果的可靠性，编码完成后还需要通过 Nvivo10 软件对编码结果的信度进行检验。

18.3.1 开放性编码

作为资料分析的第一步，开放性编码即将所有收集到的原始资料进行分解、比较以及归类。首先，将原始资料逐条分解为独立的念头以及事件；其次，对分解出来的内容进行命名，即赋予其概念；最后，进行概念间的相互比较，将属性相似或意义相关的概念进行聚敛，最终形成范畴。本研究借助 Nvivo10 软件完成上述工作，具体操作包括：①仔细研读文本资料，提取其中与研究主题相关的所有关键词将其建立为一级节点（概念）；②对所有的一级节点进行持续分析、比较，将其中相互关联、出现频率较高的节点进行合并，并赋予其新的概念（副范畴），最终形成二级节点；③进入 Nvivo10 软件的“查询”模块，使用该模块中的“复合”功能对文本资料进行核查。对于软件的操作，在此以二级节点“满足建设成本要求”为例进行说明，以“预算 or 费用”为关键词，设置该关键词与节点的关系为“与非”（包含关键词，但不归属于该节点），之后运行结果发现有两个符合搜索条件的参考点，分别是“预算差异率小于零”和“费用最小”。其中，前者是指实际建造成本与预算额差值除以预算金额的值应当小于零，该内容属于对建造成本的要求，故而归类于被复核的二级节点之下；而后者虽然也涉及成本问题，但其强调的是维持运营、维护设施费用的最小，故而与被复核节点无关，应当归类于“满足运营成本要求”节点下。按照上述操作，本研究共得到 21 个副范畴，见表 18-4 第 3 列，此外，为了增强副范畴的可理解性，本研究在表 18-4 的第 4 列对副范畴内涵进行了解释说明。

18.3.2 主轴编码

事实上，通过开放性编码所获得的副范畴数量较多，且其概念间的界限也较为模糊，不同概念间仍存在潜在关联性，鉴于此，本研究通过主轴编码对 21 个副范畴进行深入剖析，并建立其间关联，以形成含义内容更加宽泛的主范畴。首先，采用 Nvivo10 软件的“聚类分析”功能对副范畴聚类，操作原理为依据词语的相似性将二级节点进行分类，其概念间的相似性通过 Jaccard 系数进行度量；其次，针对软件聚类结果的合理性进行课题组内部讨论，将其中不合理的部分进行调整；

之后将所得的主范畴反馈至最初接受访谈的受访者，并征求其意见，最终将 21 个副范畴归纳提炼为公共部门满意、私人部门满意以及公众满意等 8 个主范畴，具体结果如表 18-4 第 2 列所示。

18.3.3 选择性编码

所谓选择性编码，即通过主范畴间关系的分析来建立含义更为丰富的核心范畴，一个核心范畴往往能系统地连接多个主范畴，核心范畴的建立实际上也是构念理论框架的建立。本研究在对核心范畴进行挖掘时，首先采用 Nvivo10 软件的“聚类分析”功能对 8 个主范畴进行归类，按照词句的相似性，“建设期产出”“运营期产出”被归为一类，暂且将其命名为“满足产出标准”；“公共部门满意”“私人部门方满意”“公众满意”被归为一类，可命名为“利益相关者满意”；“公共部门履约”“私人部门方履约”则可归为“合同主体履约”；只有“项目外部效益”单独被作为一个核心范畴。针对上述软件的聚类结果，研究小组对其合理性进行内部讨论，经分析发现，无论是项目建设期产出达标、运营期产出达标还是项目能够产生良好的外部效益，其本质上都属于项目层面的目标达成，鉴于此，课题组将“建设期产出”“运营期产出”“项目外部效益”均归入核心范畴“项目目标实现”之中，因此，经研讨得出“项目目标实现”“利益相关者满意”“合同主体履约”3 个副核心范畴。

18.3.4 编码结果的信度检验

通过对原始资料的三级编码，本研究最终得到 PPP 项目项目效率的副核心范畴、主范畴以及副范畴，具体如表 18-4 所示。为了保证研究结果的可靠性，课题组在编码完成后对其结果进行了信度检验，具体操作是将不同研究人员对相同文本资料的编码结果一致性进行对比，即任意抽取研究小组的 2 名成员，给定节点名称，让其在相互零沟通前提下分别运用 Nvivo10 软件进行编码，之后，运行软件中“查询”模块的“编码比较”程序，其结果显示项目目标实现、利益相关者满意以及合同履约的 Kappa 系数分别为 0.805、0.788、0.793，由于其数值均大于 0.7，故而本研究的编码一致程度被认为是能够被接受的。

表 18-4 PPP 项目效率的三级编码结果

副核心范畴	主范畴	副范畴（编号）	副范畴内涵
项目目标实现	建设期产出	满足质量要求（A1）	建设期完成的实际工程质量完全符合设计规定，设备设施质量满足相关质量标准，能够保障工程安全运营
		满足时间要求（A2）	建设期项目按计划完工，各单位工程有条不紊地按期进行，项目实际工期不长于计划工期；未出现因组织不力或管理不善而造成的工期延误现象
		满足成本要求（A3）	建设期间项目在预算内完成；建设过程中资金供应及时，能够满足工程的进度需要，资金运用合理有效，综合利用效率理想
		满足安全、环境以及可持续性要求（A4）	项目建设过程中无重大安全事故发生，能够满足预定的安全标准；建设施工过程中能有效防治扬尘、噪声、固体废物和废水堆积等，能够满足预定的环保要求；项目建设适应当下的经济发展状况，并对未来条件变化的适应弹性大
	运营期产出	满足质量要求（A5）	运营期间能够保障项目配套设施持续发挥应有的作用，产出的公共产品（或服务）可靠优质，能够使顾客满意；没有公众投诉服务质量等事件发生
		满足时间要求（A6）	私人部门顺利完成特许期运营，未因合作方之间冲突的不可调和而导致政府方提前回购；也没有出现特许期延长的情况
		满足成本要求（A7）	项目运营期间通过制定合理的运营和维护方案，运用先进的经营手段和维修技术，在保证正常运营前提下，使得运营、管理和维护费用最小
		满足安全、环境以及可持续性要求（A8）	项目运营期间无重大安全事故发生，能够满足预定的安全标准；项目美观、环保，未对周围环境造成污染，没有公众投诉环保问题等事件发生；项目运营能够适应当下的经济发展状况，并对未来条件变化的适应弹性大
	项目外部效益	促进地区发展（A9）	项目效益较好，通过该项目使得地方财力有所增强，促进了该地区的经济发展；项目美观，得到公众好评，有效改善了地方形象，对地区环境管理和社会发展有正向促进作用
		促进行业发展（A10）	项目的建设工程先进可行，采用了先进的科技成果使得以往技术能力有了重大突破并获得同行认可；通过该项目完善了行业相关公司的管理架构和制度，形成了行业间的有效竞争，从而促进了行业发展
利益相关者满意	公共部门满意	减轻财政负担（A11）	在基础设施项目的建设过程中，通过私人部门的资金融入解决政府方的资金短缺问题，以此缓解其财政压力
		实现物有所值（A12）	在项目实施过程中，通过引入私人部门实现政府与其在资源、技术、管理经验等方面的优势互补，从而提高公共服务供给效率并节约成本，以此实现物有所值
		提升政府形象（A13）	基础设施项目的建设获得公众支持，通过该项目输出的公共产品（或服务）质量较好，获得公众好评，以此改善了政府形象

续表

副核心范畴	主范畴	副范畴（编号）	副范畴内涵
利益相关者满意	私人部门满意	获得投资回报（A14）	私人部门方在项目建设与运营期间收回投资并取得预期的合理利润；通过该项目与政府建立了良好合作关系，并获取对方信任；与此同时建立了良好的业内声誉
		拓展业务领域（A15）	通过该项目实现了私人部门在新领域的突破，为以后参与或承接同类型项目积攒经验，从而获得未来更多的投资机会
	公众满意	获取优质服务（A16）	公众通过项目所获得平均水平或高水平的公共产品（或服务）；获得该服务所需支付的价格小于或等于平均价格
		生活环境良好（A17）	通过该项目的实施提升了公众生活的便利程度，且该项目未对周围居民的居住环境造成不良影响
合同主体履约	公共部门履约	完成职责外工作（A18）	建设期间负责或协助获取项目相关土地权利，积极组织协助完成项目审批、取得融资等建设所需要的证明文件工作；运营过程中及时组织协助完成项目运营所需的审批手续，并提供与项目运营进行配套或对接的设施与服务；移交过程中积极协助完成移交事宜
		完成职责内工作（A19）	建设过程中，在不影响项目的正常建设的情况下对设计文件进行审查，对建设进度、质量等进行监督，积极承担己方应承担的风险，没有出现责任推诿现象，未出现因己方原因造成建设目标无法实现的情况；运营过程中按合同约定定期、足额完成政府付费或可行性缺口补贴的支付工作，在不影响项目正常运营的情况下，审阅运营方案并提出意见，对运营维护计划、经审计的财务报告、事故报告等进行定期审查，并积极开展项目中期评估和绩效评价，积极承担己方应承担的风险，没有出现责任推诿现象，未出现因己方原因造成运营期目标无法实现的情况；移交时负责对项目公司名下的固定资产、在建工程以及无形及递延资产进行评估，未出现因己方原因造成无法顺利移交的情况
	私人部门履约	完成职责外工作（A20）	建设期间，按照自身在该领域的项目经验对公共部门提供的设计方案进行积极优化，以达到缩短工期、降低成本、提高质量的目的；运营期间毫无保留地将自身的先进技术及管理经验运用到项目之中，以达到提高运营效率的目的；移交期间，毫无保留地将所有与项目相关的技术资料（包括电子文件和文本资料）移交给政府，并善意提醒项目运营过程中的注意事项
		完成职责内工作（A21）	建设期间，确保项目资金筹措及时并足额到位；承担本项目所需的申报、审批等事项，负责编制或最终确定项目建设的初步设计和施工图设计方案，并根据合同约定完成项目的建设，积极承担己方应承担的风险，没有出现责任推诿现象，未出现己方原因造成建设期目标无法实现的情况；运营期间，确保项目资金筹措及时并足额到位，积极承担项目运营前所需的审批手续，编写运营方案、运营维护计划及其手册，负责项目设施的维护和修理工作，积极承担己方应承担的风险，没有出现责任推诿现象，未出现因己方原因造成运营期目标无法实现的情况；移交期间，将项目无偿移交给政府方，保证项目设施、土地及所涉及的任何资产不存在权利瑕疵，并处于良好的运营状况，未出现因己方原因造成无法顺利移交的情况

18.4 PPP 项目效率概念模型的提出

18.4.1 PPP 项目效率的概念释义

现有对 PPP 项目进行评价的相关概念主要包括项目成功、项目绩效、合作效率、治理水平以及伙伴关系质量，本研究通过扎根理论得到的 PPP 项目效率在概念内涵上均区别于上述概念，主要体现在以下两方面。

1. PPP 项目效率与项目先天性、客观性因素无关

本研究通过扎根理论得出的 PPP 项目效率共包含合同主体履约、项目目标实现以及利益相关者满意三个维度，从三个维度所包含的具体内容来看，其均与项目的先天性、客观性因素无关。其中，先天性因素主要是指项目的自身特征，包括项目的可盈利性（收益性）、对私人部门的吸引能力（融资性）、要求的技术创新程度及其技术的复杂性等内容（Chan et al.，2010）；客观性因素则主要是指项目所处的自然环境条件，包括项目所涉及行业领域的市场化程度、竞争情况，项目所处时期的经济环境、社会环境是否有利。以往对 PPP 项目进行评价的项目成功、项目绩效等概念均不同程度地受到项目先天性、客观性因素的影响，但无论是先天性因素还是客观性因素，对于项目来说，其都不以项目实施后人的意志力而有所改变，PPP 项目与一般工程项目相比，其最突出的特点便是公共部门与私人部门的合作、互补关系，而这主要由资源配置、目标管理等后天、主观行为决定，因此，将先天、客观性因素考虑在内的 PPP 项目绩效、PPP 项目成功等相关研究在我国 PPP 实践领域中的应用效果并不是十分理想，本研究拟通过构建与项目先天、客观性因素无关的 PPP 项目效率概念模型来进一步明确 PPP 项目的内涵，为我国 PPP 项目实践提供有效的理论参考。

2. PPP 项目效率由相关制度安排以及项目参与者因素决定

PPP 项目效率的高低情况主要受 PPP 相关的制度安排以及项目主要参与者的相关因素的影响。其中，制度安排主要是指由政府相关部门制定的与 PPP 相关的

法律法规和政策性文件，是所有参与 PPP 相关活动的个人或组织都应遵循的基本行为准则，一项具有普适性和指导性的法律法规或政策性文件能够弥补合作双方契约精神的不足，并为其彼此间矛盾纠纷的调节提供相关准则（Kort et al.，2016），进而促进项目实施过程中的相关参与方顺利履约；参与者因素则指的是项目主要参与方在项目生命周期内的主观心理状态及其作为程度，主要表现为是否按照合同约定履行自身职责、面对问题时的态度是否积极以及能否毫无保留地为项目贡献自己的力量。实际上，既有对 PPP 项目进行评价的相关概念也涉及了对项目参与者行为的评价，但其覆盖范围并不全面：项目成功、项目绩效只在其子维度的相关内容中有所提及，其着重体现的是项目目标实现以及利益相关者满意；而项目治理水平与伙伴关系质量的概念内涵中甚至都不包含这方面内容，此类概念将重点放在了合作伙伴间的承诺、沟通与信任等内容上。本研究将合同主体的履约行为作为评价 PPP 项目效率的三个重要维度之一，其突出了该部分内容的重要性，毕竟 PPP 模式应用的根本目的是要最大限度地发挥公共部门与私人部门各自的优势，从而提高公共产品（或服务）的供给效率。

18.4.2　PPP 项目效率的概念表述

根据上述扎根理论所得的结果，本研究认为 PPP 项目效率与项目自身特征、项目自然环境等先天性、客观性因素无关，其主要受项目制度安排的相关因素以及项目参与者因素的影响，最终通过合同主体的履约程度、项目目标的实现程度以及核心利益相关者的满意程度来衡量，具体包括三方面内容：①公共部门和私人部门在履约期间除了完成自身的本职工作外还能够积极主动地协助对方工作，在项目实施过程中无相互推诿责任的现象，即政府做到按时付费、有效监督以及协助对方完成行政审批等工作，私人部门及时足额筹款，有效发挥专业优势等；②PPP 项目在建设、运营期间的产出在质量、成本、工期、安全、环保以及可持续方面达到预定要求，而且项目的实施能够促进项目所在地区经济社会的发展，并引领相关行业创新；③通过 PPP 项目的实施，政府方能够减少财政负担，提高公共产品（或服务）的供给效率并提升政府形象，私人部门可以获得合理的投资回报，实现业务领域的拓展，公众则可以享受到优惠、优质的公共服务。综上所述，PPP 项目效率是一个包含合同主体履约、项目目标实现以及利益相关者满意在内的三维度构念体系，其概念模型如图 18-2 所示。

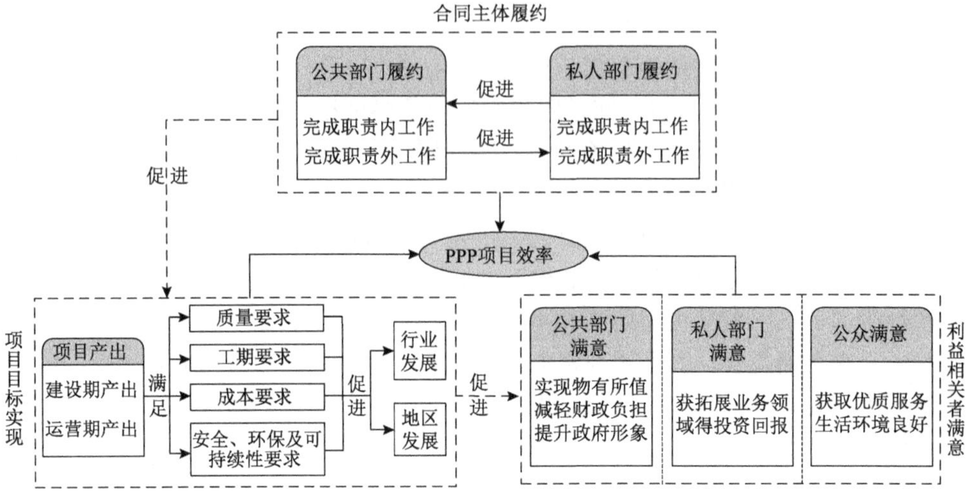

图 18-2 PPP 项目效率的概念模型

第19章　基于效率比较的PPP项目善治长远评判

由相关统计数据可知，我国PPP项目的私人部门企业类型主要包括国有企业（地方国有企业和中央企业）和私营企业（外资企业和民营企业）两大类，与私营企业相比，国有企业的存在由于不符合PPP的原始定义而受到多方争议，但中国的特殊国情又使得这种现象的出现成为必然，而且我国政策性文件对国有企业能否作为私人部门参与PPP项目也在不断调整中。事实上，国有企业充当私人部门的PPP项目能否继续存在取决于其效率的高低，因此，本研究将基于国有企业与私营企业充当私人部门的对比分析来对中国PPP项目效率进行研究（杜亚灵等，2020d）。

19.1　比较对象的选择

据统计，通过公开渠道搜集到的中国1984～2013年的1221个PPP项目中，国有企业作为投资人的占比为43.7%，民营企业占42.7%，外资企业因相关法律限制仅占11.9%，另有1.8%为合资企业（Cheng et al.，2016）；而截至2017年3月末，财政部公布的三批试点项目中（2014～2017年）已有455个项目录入签约社会资本信息，签约社会资本共716家，其中国有企业占比为55.2%，民营企业占比为36.6%，外资企业（含中国港澳台地区企业）占比为4.9%，其余24个为类型不易辨别的基金公司和上市公司。由以上统计数据可以看出，我国PPP项目的私人部门企业类型呈现多样化，主要包括国有企业（包括地方国有企业和中央企业）、民营企业和外资企业，其中，外资企业占比不足10%，而国有企业与民营企业均占据相当比例。

1. 我国国有企业充当私人部门类 PPP 项目受到质疑

根据 PPP 的源起，该模式主要是指公共部门与私人部门的合作关系，其本质是要借助私人部门的资金与竞争（特别是创新）优势来改善公共产品（或服务）的供给效率，按照这种 PPP 模式的原始定义，亚洲开发银行将“私人部门”的范畴界定为私营企业和投资者个人。因此，我国国有企业充当私人部门的 PPP 项目受到了多方质疑：世界银行在统计中国地区已经实施的 PPP 项目数量时并未将国有企业充当私人部门的项目统计在内[①]；英国基础设施建设局在其为中国撰写的报告《如何为中国 PPP 发展创造有利环境》中指出，中国 PPP 模式最恰当的归类应该是成熟的 PPP 模式之前的过渡结构。事实上，不仅国际上不认可国有企业参与 PPP 项目，国内许多媒体和专家也对此类项目持怀疑态度。前者如中国环保在线报道称“中央力推 PPP 的本义是，鼓励社会资本尤其是民间资本进入基础设施和社会公共事业领域”，但现实中，中央企业、国有企业已然成为此轮 PPP 热潮中的主角，这是中国自 2014 年开始大力推广 PPP 模式之后出现的“怪现状”；后者如中国社会科学院中小银行研究基地副秘书长冯兴元教授在接受记者采访时表示，中国目前市场上的 PPP 项目多为政府、国有银行以及国有企业三者之间的合作，三者同姓“公”，故而属于“公-公合作伙伴”关系，不符合国际上有关 PPP 的定义，即“公-私合作伙伴关系”，真正的 PPP 项目应该是政府与民营企业之间的合作。

2. 我国国有企业充当私人部门类 PPP 项目的存在具有其合理性

我国 PPP 市场长期以来具有大量国有企业充当私人部门的现象并非偶然，此类项目的存在具有其合理性。与西方国家以私有经济为主体的经济体制不同，我国是以公有制经济为主体的，这就造成我国国有企业相比民营企业具有十分明显的先天优势（企业数量多、财力雄厚、管理经验先进以及拥有优秀的人才），因此，PPP 模式在中国的发展不能完全复制国际上的既定模式。2015 年 5 月 13 日，李克强总理在国务院常务会议上指出，“我们推进中国特色的政府和社会资本合作模式，这里面借鉴了国外的 PPP 运营模式，但不完全是照搬国外。PPP 的直译是指‘公共资本和私人资本合作’，但从中国特色和国情角度出发，我们推进的是政府与‘社会资本’合作，社会资本不仅包括私人资本，国有控股、参股、混合所有制企业都应该进来”[②]。此外，北京大岳咨询有限责任公司总经理金永祥接受记者

---

① 世界银行 PPP 专题业务组访问大岳咨询公司，访问网址：http://www.dayue.com/templates/T_Second/index.aspx?nodeid=50&page=ContentPage&contentid=2302。

② 国务院常务会部署推广 PPP 模式. http://www.cgpnews.cn/articles/27215[2020-10-20].

采访时也曾表示，中国目前 PPP 项目主要涉及公共产品（或服务），这些项目普遍具有投资大、周期长、回报低、公益性强的特点，而民营企业追求的则是高风险、高回报的项目，故而，此类项目与民营企业的投资兴趣和运营策略不符，不属于民营企业的经营范围。事实上，我国 PPP 市场也不乏国有企业参与 PPP 项目的成功案例，银川供水股权转让与增资项目就是其中之一，该项目由银川市与外地国有企业（中铁一局集团有限公司与天津创业环保集团股份有限公司组成的联合体）合作完成，项目成果显著：对政府而言，该项目盘活了存量资产，实现了国有资产增值；对企业而言，自我投资能力得到了增强，减轻了财政负担；对公众而言，用水紧张局面得到了缓解，供水服务质量得到了提升。

3. 我国政策性文件对国有企业能否作为私人部门参与 PPP 项目有所调整

实际上，自政府 2014 年大力推广 PPP 模式以来，国家有关国有企业能否参与 PPP 项目的政策性文件也在不断调整。2014 年 11 月 29 日颁发的财金 113 号文第二条对社会资本进行了界定，“本指南所称社会资本是指已建立现代企业制度的境内外企业法人，但不包括本级政府所属融资平台公司及其他控股国有企业”，该条明确将“政府融资平台公司和控股国有企业”排除在社会资本之外。在此之后，2015 年 5 月国务院相继发布《国务院办公厅转发财政部人民银行银监会关于妥善解决地方政府融资平台公司在建项目后续融资问题意见的通知》（国办发〔2015〕40 号）和国办发 42 号文。前者指出转型后的政府融资平台可以作为社会资本，后者指出国有控股企业也可以参与提供公共服务，但二者均未给出详细的准入门槛。直至 2015 年 8 月 10 日，中国银行业监督管理委员会和国家发改委颁发《中国银监会国家发展和改革委员会关于银行业支持重点领域重大工程建设的指导意见》（银监发〔2015〕43 号），该文明确规定“对已经建立现代企业制度、实现市场化运营，其承担的地方政府债务已纳入政府财政预算、得到妥善处置并明确公告今后不再承担地方政府举债融资职能的融资平台公司”，可以作为社会资本参与 PPP 项目。上述政策性文件的调整反映出我国政府对 PPP 本质理解的逐步加深。事实上，中国背景下的 PPP 模式更适宜解释为政府与企业的合作关系，而这种合作关系有效发挥的关键是合作主体间构建相互制衡、责任明晰、信息透明以及监督有效的伙伴关系，因此，合作双方之间必须能够相对独立，即国有企业可以作为社会资本，但其不应与当地政府间存在行政、法律或者股权等方面的隶属关系（李开孟，2015）。

综上所述，国有企业与私营企业已经成为我国 PPP 市场上充当私人部门的主要企业类型，相对于本身就是 PPP 中第二个 P（private）直译过来的私营企业，国有企业的存在由于不符合 PPP 的原始定义而受到多方争议，但中国的特殊国情又使得这种现象的出现成为必然。在此背景下，我国国有企业充当私人部门类 PPP 项目是否应当推行或提倡亟须现有研究给予理论支持。

19.2 研究方法与研究设计

19.2.1 研究方法的选择

现有相关研究在进行资料收集以及比较分析时所使用的研究方法大致可以分为定量研究和定性研究两类。①定量分析类研究方法主要包括构建数学模型和统计分析。例如：王维等（2017）以企业融资效率为研究对象，基于全球行业分类标准（GICS）选取上海、深圳 1087 家企业作为样本，并通过 NEEQ 网站和 Wind 数据库获取企业财务数据，最后运用数据包络分析（DEA）模型对不同行业类型的企业财务指标数据进行了对比分析；Cheung 等（2012）在进行公私合作关键成功因素的比较研究时，以问卷调查的方式收集数据，并通过统计分析的方式对数据进行比较分析。②定性分析类研究方法则主要包括多案例研究和文本内容分析。例如：李璐颖（2013）通过截取 8 个典型国家城市化率达 50%的发展断面，从经济、社会和空间三个层面进行比较研究，分析了不同时期不同背景下各国城市发展特征和城市问题的异同点；Kedenda（2010）通过多个典型案例的分析，比较 PPP 模式在肯尼亚和印度基础设施领域的发展情况，并为推动 PPP 模式在肯尼亚的良好发展提供策略建议。

定量类研究往往通过问卷调查获取研究数据，为保证统计分析结果的有效性，通常需要获取 200 份以上的有效数据进行处理，考虑到我国目前深入了解 PPP 项目的相关专家和实践工作者十分有限，且其大多较为繁忙，因此，采用定量的研究方法恐难以收回足够数据。定性研究方法中，案例研究因其结论的真实性较高而相对较为常用，其中，相比于单案例研究，多案例研究的普适性更强，该方法以两个及以上典型案例为对象，通过案例内分析和案例间比较得到最终结论，要求样本容量较小（4～10 个案例）。有鉴于此，研究拟采用多案例研究的方法对我国不同性质私人部门的 PPP 项目效率进行比较分析。

19.2.2　对比分析的指标及其度量

第 18 章已经通过扎根理论得到 PPP 项目效率的概念框架，即包括合同主体履约、项目目标实现以及利益相关者满意三个维度在内的 21 个题项，但如何根据搜集到的案例信息来对各个题项进行度量仍尚未可知，有鉴于此，以下针对上述三个维度具体分析 PPP 项目效率的关注焦点、度量依据及其度量结果，具体见表 19-1。

表 19-1　PPP 项目效率关注焦点及其比较方式

维度	关注焦点	比较方式	对应编号
合同主体履约	为项目成立领导小组或出台相关政策情况	有无该行为	D1
	在不影响项目建设和私人部门工作的前提下对项目有效监管的情况	是否过度干预、有效监督	D2
	对私人部门按约履行承诺的情况	是否及时履约	D3
	项目实施过程中私人部门的违约情况	违约事件多少	D4
项目目标实现	项目竣工验收情况	未通过验收部分占比	O1
	建设期延长/缩短、运营时间延长/缩短	时间长短	O2
	建设期追加投资、运营成本情况	额度大小	O3
	重大安全、环境污染事件	事件数量	O4
	相关设施的持续运转情况	运转中断频率	O5
	带动地方经济增长情况、完善相关管理制度情况	是否产生该效应	O6
	突破以往技术难题、促进行业间良性竞争等情况	是否产生该效应	O7
利益相关者满意	私人部门的融资、撤资情况	有无撤资现象	B1
	运营过程中私人部门技术、管理经验的发挥情况	是否通过利用私人部门的先进技术提高了公共服务质量	B2
	该项目的公众评价情况	是否好评	B3
	私人部门获得的投资利润情况	与预期收益的差距	B4
	合作的顺利程度以及相互评价	是否顺利及好评度高低	B5
	项目实施期间公众针对服务质量、环境影响的投诉情况	投诉事件的多少	B6

1. 合同主体履约

合同主体履约包括公共部门履约和私人部门履约两方面内容。①公共部门履约即政府相关单位在项目的建设、运营以及移交阶段不仅能够完成自己的本职工作，还能够积极主动地协助私人部门完成各阶段的行政审批工作。其具体度量依据和度量结果为：对政府相关单位在项目实施过程中为项目提供行政策支持情况、对项目有效监管的情况以及按约履行对私人部门承诺的情况等进行评价，有专门成立领导小组、出台相关政策支持项目实施/在不影响项目建设和私人部门工作的前提下合理监管/及时履约（如定期、足额完成政府付费）行为的则履约程度高，相反，出现政府不作为/实施监管过度影响项目实施行为的则履约程度低。②私人部门履约即私人部门在项目的建设、运营以及移交阶段不仅能够完成自己的本职工作，还能够积极完成对项目有益的一些职责外的工作，比如毫无保留地将自身的先进技术及管理经验运用到项目之中，以及对公共部门提供的设计方案积极优化等，但是由于私人部门负责项目生命周期内的具体实施工作，其内容多而杂，故而难以就具体事项逐一进行分析，此外，根据 PPP 相关实践人员的反馈，私人部门是否毫无保留地运用了先进技术等难以观测，而实际案例中做到方案优化的私人部门也非常少，故而本研究拟针对项目实施过程中私人部门的违约情况（如资金筹措是否及时到位）进行评价，具体度量依据和度量结果为：违约事件越多则履约程度越低，相反则越高。

2. 项目目标实现

PPP 项目目标实现包括建设期、运营期产出达标以及产生外部效益三方面内容。①项目建设期产出达标即该阶段完成的建筑物、构筑物以及厂房设备，满足质量、时间、成本及安全等要求，其具体度量依据和结果为：分析项目竣工验收、建设期时间、建设期追加投资以及建设期间的重大安全、环境污染事件情况，未通过验收部分占比越大/延期时间越久/追加投资额度越大/事件数量越多则建设期产出达标程度越低，反之则越高。②项目运营期产出达标是指该阶段产出满足质量、时间、成本以及安全等要求，其具体度量依据和结果为：分析运营期间相关设施的持续运转情况、私人部门的运营时间、运营成本以及运营期出现的重大安全、环境污染事件，运转中断频率越高/与约定运营的时间相差越大/运营成本越高/安全、污染事件越多则产出达标程度越低，反之则越高。③项目外部效益则指的是该项目建设和运营对地区发展和行业发展产生的有利影响，其具体度量依据和结果为：分析项目促进地方经济发展、社会发展情况以及促进行业技术、生态环境发展情况，有带动地方经济增长/完善地区相关管理制度/突破以往行业技术难题/形成行业间良性竞争出现的外部效益大，但若没有则外部效益小。

3. 利益相关者满意

利益相关者满意包括公共部门满意、私人部门满意以及公众满意三方面内容。①公共部门满意即相关政府单位通过 PPP 项目减轻财政负担、实现物有所值并提升政府形象，其具体度量依据和结果为：分析私人部门的融资情况、项目运营情况以及公众评价情况，有明显通过引入私人资金减轻政府财政问题压力/通过引入私人部门资源、技术以及管理经验的专业优势提高了公共产品（或服务）的功能供给效率/该项目实施获得公众好评情况出现的则公共部门满意度高，相反没有产生上述效应的则其满意度低。②私人部门满意即投资人通过 PPP 项目在经济方面和行业领域方面获得回报，其具体度量依据和度量结果为：对私人部门在该项目上获得的投资利润情况进行分析，获得合理利润即满意度高，否则满意度便低；对私人部门和公共部门的合作顺利程度以及相互评价进行分析，合作顺利程度及好评度越高则私人部门满意度越高。③公众满意即公众通过 PPP 项目在保障生活环境良好的同时获得优质的公共产品（或服务），其具体度量依据和度量结果为：就项目实施期间公众针对服务质量以及环境的投诉情况两方面进行分析，投诉情况越少公众满意度越高，相反，投诉情况越多则满意度越低。

19.3　案例资料的收集

19.3.1　案例筛选标准的确定

案例研究主要是通过一个（或几个）典型个案的分析来得出某一类现象背后的规律，这就使得研究者所选择的案例必须要有一定的代表性，案例选择不当将直接导致研究失败。就本研究而言，案例资料的筛选需要满足以下几点要求。①PPP 项目效率包括合同主体履约、项目目标实现以及利益相关者满意三个维度，从各个维度的具体内容来看，运营期质量满足要求、项目外部效益以及公众满意等指标内容均需项目投入运营以后方可进行评价，因此，在搜集案例资料时，应尽量选取已经完成运营期（至少已经投入运营一段时间）的 PPP 项目。②本研究在案例分析时需要对不同性质私人部门的 PPP 项目效率进行比较，故而所选取的案例除了私人部门的性质不同外，应当控制项目相关制度环境不变，其可以通过固定项目时间和项目所在地来实现；此外，尽管本研究在对 PPP 项目效率进行界定时已将先天性、客观性因素剔除，但无法确保所搜集到的案例资料（实践人员或相关专家对项目的主观评价）不受其影响，故而这两类因素也应控制，其中，先天性因素（项目自身特征）可以通过固定项目类型、投资额来实现，客观性因素（项目所处自然环境）则可以通过固定项目时间和项目所在地来实现。鉴于此，在搜集案例资料时应在项目类型相近、投资额相差不大、签约时间接近以及项目所在地经济发展程度类似的条件下，尽量多地寻找不同类型企业充当私人部门的 PPP 项目。③PPP 项目效率需要对合同主体的履约行为进行评价，但我国部分 PPP 项目的合同形式过于简单，其主要是政府相关单位下发行政文件式的简短合同，其中仅列出参与方、出资额、项目范围及价格等核心条款，如泉州刺桐大桥 BOT 项目中，泉州市政府仅下发了一张说明项目负责人的“通知书”，因此，案例筛选时要将此类项目剔除。

19.3.2 资料收集方案的确定

PPP 项目效率通过合同主体履约、项目目标实现以及利益相关者满意三个方面来表征，其具体评价指标和度量方法在 19.2.2 中已经确定，故而案例资料的搜集也应着重于以上几个方面。经课题组内部讨论，为确保获取资料的真实性和可靠性，资料获取最理想的方式是对具有代表性的实际案例进行调研，其调研对象可以是该项目的合作主体（企业和相关政府单位），也可以是为该项目提供全过程咨询服务的 PPP 咨询公司；为了获取公众满意度的相关指标，还应该对项目周边居民进行调研，具体调研方式包括微信访谈和电话访谈。此外，由于本研究所需案例资料均为已经投入运营（或者完成运营）的 PPP 项目，故而这些项目在时间上距今较远，加之 PPP 项目大多涉及重大基础设施，故而国内媒体对其相关报道较多，且相关行业的学者也经常在会议、学术论坛上就典型项目进行研讨；此两点原因使得本研究还可以通过文本资料搜集的方式获取研究案例的相关信息，具体搜集渠道包括网页有关 PPP 项目的新闻报道、学者在相关会议论坛上针对具体 PPP 项目发言记录、专家接受记者采访时介绍 PPP 项目的采访记录以及相关企业公司官方网站上对 PPP 项目的介绍。具体 PPP 项目效率各项指标信息的获取途径如表 19-2 所示。

表 19-2 案例资料的获取途径

PPP 项目效率维度	获得信息	获取途径
合同主体履约	政府相关单位在项目实施过程中为项目提供行政支持的情况、对项目有效监管的情况以及对私人部门按约履行承诺的情况等	项目调研、媒体报道、私人部门官网、专家发言（采访）记录
	项目实施过程中私人部门的违约情况（如资金筹措是否及时到位、是否推诿责任等）	项目调研、媒体报道、专家发言（采访）记录
项目目标实现	项目竣工验收情况、建设期延长情况、建设期追加投资的情况以及建设期间的重大安全、环境污染事件	项目调研、媒体报道、专家发言（采访）记录
	项目运营期间相关设施的持续运转情况、私人部门的运营时间、运营成本情况以及运营期出现的重大安全、环境污染事件情况	项目调研、私人部门官网、媒体报道
	项目促进地方经济发展情况、促进地方社会发展情况、促进行业技术发展情况以及促进行业良性竞争的情况	企业官网、媒体报道、专家发言（采访）记录
利益相关者满意	减轻财政负担情况、公共服务供给效率提升情况、政府形象提升情况	项目调研、媒体报道、专家发言（采访）记录

续表

PPP 项目效率维度	获得信息	获取途径
利益相关者满意	私人部门在该项目上获得的投资利润情况，私人部门和公共部门的合作顺利程度以及相互评价情况	项目调研、媒体报道、企业官网、专家发言（采访）记录
	项目实施期间公众针对服务质量以及环境的投诉情况	项目调研、媒体报道

19.3.3　案例资料简介

按照上述案例筛选标准和资料收集方案，本研究共筛选出 8 个 PPP 项目案例，具体如表 19-3 所示。这 8 个案例可以分为 4 组分别进行对比分析：①案例 1 和案例 2 为 2002 年前后开始实施的小额投资项目，其项目技术复杂程度较低、所涉及的行业类型市场化程度较高，项目所在地分别属于直辖市和省会城市；②案例 3 和案例 4 为 2012 年开始实施的小额投资项目，其项目技术复杂程度较低、所涉及的行业类型市场化程度较高，项目所在地均为地级市；③案例 5 和案例 6 为 2004 年和 2003 年开始实施的大额投资项目，其项目技术复杂程度较高、所涉及的行业类型市场化程度较低，项目所在地均属于直辖市；④案例 7 和案例 8 为 2015 年开始实施的中等额度投资项目，前者属于河道治理，其项目技术复杂程度较高、行业类型市场化程度较低，项目所在地为自治区首府，后者虽属于污水处理项目，但其“下沉式再生水厂”的先进施工技术应用起来复杂程度亦较高，其项目所在地为直辖市。

表 19-3　所选 PPP 案例项目概况

序号	项目名称	签约年份	项目投资额/亿元	项目类型	项目所在地	私人部门代表（企业类型）
1	广州西朗污水处理项目	2001	9.85	污水处理	广州市（广东省省会）	美国泰科亚洲投资有限公司（外资企业）
2	天津市双港垃圾焚烧发电厂项目	2003	5.80	垃圾处理	天津市（直辖市）	天津泰达股份有限公司（地方国有企业）
3	大理市生活垃圾处理城乡一体化系统工程	2012	4.20	垃圾处理	大理市（云南省地级市）	重庆三峰环境集团股份有限公司（地方国有企业）
4	湘潭经济技术开发区污水处理一期工程项目	2012	2.99	污水处理	湘潭市（湖南省地级市）	湘潭国中水务有限公司（民营企业）
5	天津北疆发电厂循环经济一期工程项目	2004	123	发电厂	天津市（直辖市）	国家开发投资集团有限公司（中央企业）
6	北京地铁 4 号线项目	2003	150	轨道	北京市（直辖市）	香港铁路有限公司（外资企业）

续表

序号	项目名称	签约年份	项目投资额/亿元	项目类型	项目所在地	私人部门代表（企业类型）
7	广西南宁那考河综合整治项目	2015	11.9	河道治理	南宁市（广西壮族自治区首府）	北京城市排水集团有限责任公司（地方国企）
8	上海嘉定南翔污水处理厂项目	2015	13.5	污水处理	上海市（直辖市）	中国水环境集团（民营企业）

19.4 案例资料分析及其结果讨论

本研究扎根所得的 PPP 项目效率包含合同主体履约、项目目标实现以及利益相关者满意三个维度，下文将分别从这三个方面对搜集到的 4 组（8 个）案例进行案例内分析与案例间比较，在此基础上对其整体 PPP 项目效率进行评价。

19.4.1 案例资料的对比分析

为了确保所分析案例的 PPP 项目效率不受私人部门企业类型以外其他因素的影响，在对资料进行对比分析时应控制比较对象项目类型、投资额、项目时间以及项目所在地保持基本一致，有鉴于此，本研究将搜集到的 8 个案例分为 I（案例 1、2）、II（案例 3、4）III（案例 5、6）IV（案例 7、8）4 组，通过组内案例间资料的分析对比来比较不同性质私人部门 PPP 项目效率的高低情况。具体操作为：①将收集到各个案例的资料整理归纳至表 19-1 所列的各个关注焦点之下，其中，合同主体履约则包含政府方履约与私人部门履约两方面内容，共 4 个关注点，项目目标实现包含建设期产出、运营期产出以及项目外部效益内容在内，共计 7 个关注焦点，利益相关者满意包含政府满意、私人部门满意以及公众满意内容在内的 6 个关注焦点；②分别对同组案例的合同主体履约、项目目标实现以及利益相关者满意三维度内容进行评价，即将同组两个案例的同一关注焦点进行高低比较，并对比较结果进行打分（较高者赋值为 1，较低者则赋值为 0），对于二者内容上无明显差异的关注焦点则不予打分，最后将同一案例同一维度下不同关注焦点的得分累加即得出该案例在该维度上的得分情况。4 组（8 个）案例的合同主体履约得分情况具体如表 19-4 所示，项目目标实现得分情况具体如表 19-5 所示，利益相关者满意得分情况具体如表 19-6 所示。

表 19-4　各组案例合同主体履约的分析结果

分组	案例序号	D1		D2		D3		D4		累计
		资料内容	得分	资料内容	得分	资料内容	得分	资料内容	得分	
I	1	无成立领导小组或出台相关政策	—	按照合同约定政府对项目如约监管，无过度干预情况出现	1	对私人部门的财政补贴如约按时完成	1	项目实施过程中，投资方履约和解决问题非常积极	1	3
	2	无成立领导小组或出台相关政策	—	地方政府在项目早期有“越位”行为；后期政府监管不力，项目选址便缺乏必要的听证程序	0	政府未提供足额的财政补贴	0	未出现重大私人部门违约事件	—	0
II	3	政府出台《洱海流域生活垃圾收集清运处置实施办法》等一系列政策文件保障实施	1	构建数字化监管系统，实现对市场化运作企业运营情况的全方位监管，并实现量化考核	1	及时完成按效付费工作	—	未发生违约事件	0	2
	4	为促进项目，政府制定出台了《湘潭市政府与社会资本合作（PPP）工作方案》	0	政府方按照合同约定对项目实施监管	0	及时完成运营补贴专项资金的支付工作	—	投资方履约积极，融资工作等及时足额完成的	1	1
III	5	2007 年政府组建天津市汉沽经济开发区管理委员会对天津北疆发电厂循环经济 PPP 项目进行服务支持；2012 年该项目被列为天津市首批 20 个重大工业项目之一	1	按照合同约定，政府对项目如约监管，无过度干预情况出现	—	对私人部门的支付工作按约足额完成	—	未出现重大私人部门违约事件	—	1
	6	政府未专门针对该项目出台相关政策文件	0	按照合同约定，政府对项目如约监管，无过度干预情况出现	—	对私人部门的可行性缺口补贴如约按时完成	—	未出现重大私人部门违约事件	—	0

续表

分组	案例序号	D1		D2		D3		D4		累计
		资料内容	得分	资料内容	得分	资料内容	得分	资料内容	得分	
IV	7	为推动项目，政府制定了《开展竹排冲上游流域那考河段沿岸周边环境整治工作方案》（南兴府办〔2015〕9 号）	1	按照合同约定，政府对项目如约监管，无过度干预情况出现	—	对私人部门按效付费如约按时完成	—	项目实施过程中，投资方履约和解决问题非常积极	1	2
	8	政府未专门针对该项目出台相关政策文件	0	按照合同约定，政府对项目如约监管，无过度干预情况出现	—	截至目前政府拨款均及时到位	—	未出现重大私人部门违约事件	0	0

表 19-5　各组案例项目目标实现的分析结果

分组	案例序号	O1		O2		O3		O4		O5		O6		O7		累计
		资料内容	得分	资料内容	得分	资料内容	得分	资料内容	得分	资料内容	得分	资料内容	得分	资料内容	得分	
I	1	2003 年顺利通过验收	—	2003 年按时完工	—	建设期未追加投资	—	无重大安全、环境污染事件	1	项目运营顺利平稳，并于 2008 年底因实现连续三年全达标排放而取得全国污水处理厂绩效评比“十佳”荣誉	1	政府通过该项目改善了城市基础设施的投资环境，从而吸引更多投资商，促进当地经济快速发展	—	对行业发展未产生明显促进效应	0	2
	2	2004 年顺利通过验收	—	2004 年按时完工	—	建设期未追加投资	—	焚烧垃圾产生的二噁英气体导致群众上诉	0	项目运营期内相关设施运转良好	0	该项目解决了以往的垃圾堆放问题，垃圾焚烧发电节约了优质煤资源，以此促进了地方经济增长	—	该项目经申报了 10 项国家专利，提高了垃圾焚烧发电相关技术的国产化程度	1	1

续表

分组	案例序号	O1		O2		O3		O4		O5		O6		O7		累计
		资料内容	得分	资料内容	得分	资料内容	得分	资料内容	得分	资料内容	得分	资料内容	得分	资料内容	得分	
II	3	2013 年顺利通过验收	—	2013 年按时完工	0	建设期未追加投资	—	无重大安全、环境污染事件	—	相关设施的持续运转情况良好，基本实现预期目标	—	通过该项目初步建立起了城乡一体的流域垃圾收集处理体系	—	对行业发展未产生明显的促进作用	0	0
	4	2014 年顺利通过验收	—	原定 2014 年底完工，实际完工时间提前	1	建设期未追加投资	—	无重大安全、环境污染事件	—	相关设施的持续运转情况良好，基本实现预期目标	—	该项目的建设对周围地区的地产开发、地价升值、经济发展等都有促进作用	—	该项目解决了公共产品定价的社会化、公开化、透明化，成为行业示范	1	2
III	5	发电厂于 2009 年顺利完成竣工验收	—	发电厂提前半年完成预定的建设目标	1	建设期未追加投资	—	无重大安全、环境污染事件	—	截至目前相关设施的持续运转良好，并于 2014 年被确定为全国首批十三个环保改造示范项目	1	通过该项目置换出约 22 千米^{2}用地，为该地区提供了宝贵的土地资源；其海水淡化的技术创新具有重要社会意义	1	该项目海水淡化获得 3.5 万吨/日三倍浓缩多效蒸馏海水淡化技术创新，打破了国外相关技术的垄断	—	3
	6	地铁于 2009 年顺利完成竣工验收	—	地铁于 2009 年完工试运营	0	建设期未追加投资	—	无重大安全、环境污染事件	—	运营期持续正常运转	—	4 号线的开通很大程度地带动了周边的经济发展	—	北京地铁运营公司通过项目的成长对香港地铁又产生了反向的压力，形成行业竞争	—	0

续表

分组	案例序号	O1		O2		O3		O4		O5		O6		O7		累计
		资料内容	得分	资料内容	得分	资料内容	得分	资料内容	得分	资料内容	得分	资料内容	得分	资料内容	得分	
IV	7	河道水质及河道最小行洪断面均满足验收要求	—	2016 年底按期完工	—	建设期未追加投资	—	无重大安全、环境污染事件	—	项目运营期内相关设施运转良好，获“中国人居环境奖”范例	1	借助那考河河道综合整治，带动了周边房产增值、土地升值	—	该项目成为广西流域治理典范，实现了相关领域的多项技术创新	—	1
	8	水管、水电安装、变配电所以及砌筑工程等顺利通过验收	—	2017 年底按期完工	—	建设期未追加投资	—	无重大安全、环境污染事件	—	目前为止相关设施的运转良好	0	该项目通过土地资源的节约，提升了周边社会、经济、环境价值	—	实现了人口密集城区建设污水处理厂的方案创新，变传统污水处理厂“负资产”为“正资产”	—	0

表 19-6　各组案例利益相关者满意的分析结果

分组	案例序号	B1		B2		B3		B4		B5		B6		累计
		资料内容	得分	资料内容	得分	资料内容	得分	资料内容	得分	资料内容	得分	资料内容	得分	
I	1	私人部门无撤资现象	—	该项目采用的改良 A2/O 工艺，具有较好的脱磷除氮功能，使珠江广州河段的水体得到有效改善	—	公众对该项目评价一般	1	通过该项目企业的技术实力和财务实力不断增强	1	无重大争议，合作相对顺利	—	无公众投诉事件	1	3
	2	私人部门无撤资现象	—	在完成每年 40 万吨的垃圾无害化处理任务基础上，上网发电量逐年稳步增加	—	公众对该项目有诸多意见	0	项目公司承担了收益不足的风险，2012 年财政补贴不足 5800 万元，仅占公司主营业务收入的 1.25%	0	无重大争议，合作相对顺利	—	上访投诉事件不断	0	0

续表

分组	案例序号	B1		B2		B3		B4		B5		B6		累计
		资料内容	得分	资料内容	得分	资料内容	得分	资料内容	得分	资料内容	得分	资料内容	得分	
II	3	无私人部门撤资现象	—	该项目充分利用了私人部门炉焚烧发电的专业优势	—	城乡环境卫生、洱海水质得到了明显改善，得到公众好评	1	私人部门获得合理收益	0	双方合作顺利、融洽	0	未有公众针对服务质量、环境影响的投诉事件	—	1
	4	无私人部门撤资现象	—	该项目充分利用了私人部门污水处理的专业优势	—	公众对该项目评价一般	0	私人部门通过项目获得合理利润的同时得到各界关注与赞扬	1	合作融洽得到政府好评（合作过程中，对方的上市公司背景为项目加分不少）	1	未有公众针对服务质量、环境影响的投诉事件	—	2
III	5	未出现私人部门撤资的现象	—	项目先进技术可有效降低发电煤耗 1.2 克/千瓦时，实现了资源利用最大化、污染物排放最小化、经济效益最优化	—	社会公众对该项目在海水淡化上所取得成绩给予好评	—	截至目前一期项目盈利情况良好	—	截至目前双方合作顺利	—	2018 年天津张女士对天津国投津能发电有限公司北疆电厂进行了实名举报	0	0
	6	未出现私人部门撤资的现象	—	项目通过票价机制和客流机制的巧妙设计，提高了项目的管理和服务效率	—	4 号线开通后，彻底打通“南北之脉”，项目实现了地铁“零距离换乘”，得到了公众的好评	—	获得合理预期收益（回报率约为 8%）	—	截至目前双方合作顺利	—	未有公众针对服务质量、环境影响的投诉事件出现	1	1
IV	7	未出现私人部门撤资的现象	—	借助私人部门的专业优势，该项目解决了以往政府“钱花到了，但水依然臭”的问题	—	河道“黑臭水”的治理改善了居民环境，得到了公众好评	—	获得合理利润（8%）以及同行、媒体的赞誉	1	合作顺利，且项目成绩得到了政府的认可	—	无公众投诉事件	—	1
	8	未出现私人部门撤资的现象	—	采用先进技术解决了以往污水处理厂建设的“避邻”问题	—	污水处理厂“下沉”及其地面公园式景观获得公众好评	—	企业获得相对稳定的收益回报	0	政府对企业的能力较为认可，双方合作未出现重大争议	—	无公众投诉事件	—	0

19.4.2 多案例的比较结果

将每个案例在合同主体履约、项目目标实现以及利益相关者满意三个维度的得分进行累加即得到该项目 PPP 项目效率的总得分情况，具体得分情况如表 19-7 所示，对同组不同案例的总得分情况进行对比即可得出国有企业与私营企业充当私人部门 PPP 项目效率的高低情况，具体比较结果如下。

表 19-7 各组案例 PPP 项目效率的比较结果

分组	案例序号	项目类型	投资额/亿元	私人部门类型	合同主体履约得分	项目目标实现得分	利益相关者满意得分	总得分
I	1	污水处理	9.85	外资企业	3	2	3	8
	2	垃圾处理	5.80	地方国有企业	0	1	0	1
II	3	垃圾处理	4.20	地方国有企业	2	0	1	3
	4	污水处理	2.99	民营企业	1	2	2	5
III	5	发电厂	123	中央企业	1	3	0	4
	6	轨道	150	外资企业	0	0	1	1
IV	7	河道治理	11.9	地方国有企业	2	1	1	4
	8	污水处理	13.5	民营企业	0	0	0	0

1. 私营企业充当私人部门 PPP 项目效率较高的情况

从表 19-7 第 II 组案例的对比分析结果来看，在小额（3 亿元左右）、操作成熟度较高的行业领域（污水处理、垃圾处理）中，民营企业充当私人部门类 PPP 项目效率整体上比地方国有企业充当私人部门的略高。其中，在项目目标的实现程度和利益相关者的满意度上，民营企业充当私人部门的项目均高于国有企业充当私人部门的，但在合同主体的履约程度上民营企业充当私人部门的项目则低于国有企业充当私人部门的。从表 19-7 第 I 组案例的对比分析结果来看，在额度稍大（8 亿元左右）、操作成熟度较高的行业领域（污水处理、垃圾处理）中，外资企业充当私人部门的 PPP 项目效率与地方国有企业充当私人部门的相比具有明显优势。其中，私人部门为国有企业的项目在合同主体履约程度和利益相关者满意度上，与私人部门为外资企业的差距一样大；在项目目标实现程度上的得分差距较小。

2. 国有企业充当私人部门 PPP 项目效率较高的情况

从表 19-7 第 IV 组案例的对比分析结果来看，在额度较大（12 亿元左右）、具有一定复杂性（河道治理）、操作不是很成熟（要求新工艺的污水处理）的行业领域中，地方国有企业充当私人部门类 PPP 项目效率不仅整体上比民营企业充当私人部门的相对较高，其在合同主体履约、项目目标实现以及利益相关者满意三个维度上的得分均高于后者，且二者在合同主体履约程度上的得分相差较大。从表 19-7 第 III 组案例的对比分析结果来看，在大额（超过 100 亿元）、操作成熟度很低、技术复杂性很高（发电厂、城市地铁）的项目领域，中央企业充当私人部门的 PPP 项目效率与外资企业充当私人部门的相比具有明显优势。其中，在项目目标的实现程度和合同主体的履约程度上，中央企业充当私人部门的得分均高于外资企业充当私人部门的，但在利益相关者满意程度上外资企业充当私人部门的项目却高于中央企业充当私人部门的。

19.4.3　对多案例分析结果的讨论

多案例对比分析的结果显示：①在项目投资额度较小、操作成熟度较高、项目技术不是太复杂的项目中，私营企业（包括民营企业和外资企业）充当私人部门的项目效率要相对高于国有企业充当私人部门的，其中，外资企业充当私人部门的项目在合同主体履约程度上具有明显优势，而民营企业充当私人部门的项目在项目目标实现程度上具有明显优势；②在项目投资额度偏大、操作成熟度较低、项目技术复杂性高的项目中，国有企业充当私人部门的效率要相对高于私营企业（包括民营企业和外资企业）充当私人部门的，其中，中央企业充当私人部门的项目在项目目标实现程度上具有明显优势，而地方国有企业充当私人部门的项目则在合同主体履约程度上具有明显优势。课题组就该结论对实践 PPP 项目中的公共部门代表和相关咨询单位工作者进行了反馈，在验证上述结论基本合理的情况下研究者与实践人员讨论了产生该研究结果的深层次原因。

1. 国有企业效率较高的原因

国有企业在技术复杂、较难操作的大额项目中充当私人部门效率较高的原因主要有以下五点。

（1）政府具有内群体偏好，且项目复杂程度越高内群体偏好越明显。依据社会认同理论，个体（或组织）的自我认知会让其主观上感知到自己与其他个体（或组织）的共同属性，故而认同自己属于某个群体，相比于群体外成员，其往往更喜欢、更信任自己所属的群体内成员，由此产生内群体偏好（Francesco and Antonio，2017）。政府是国家行政机关，国有企业则由国家所有或控股，故而二者之间存在行政隶属关系，属于同一群体，而民营企业与外资企业与政府间显然并不存在这层关系，因此并不属于同一群体。政府的内群体偏好使得其在选择 PPP 项目合作伙伴时，更喜欢、更信任与自己属性相同的国有企业，因此，更愿意与国有企业达成合作伙伴关系；而且随着项目技术复杂性的增加和项目投资额的增长，项目未来实施过程中的风险和不确定性会大幅度地增高和增大，此种情况下，政府会越来越倾向于同自己信任的对象进行合作，因此，政府的内群体偏好会越来越明显。

事实上，对于 PPP 项目来说，政府与国有企业的共同属性——行政属性能够在很大程度上通过促进合同主体履约来提升 PPP 项目效率：首先，国有企业与项目当地政府之间或为“兄弟”关系或为“父子”关系，二者天生的“血缘”关系——行政属性使得双方在价值观上彼此认同，即严格遵循社会主义核心价值观，而价值观上的认同会让双方在项目实施过程中形成相同的价值定位和定向，即对于 PPP 项目的实施有着相同的愿景和目标，双方的这种默契和认同能够有效提高彼此间的沟通效率，进而促进双方积极履约；其次，即使项目实施期间国有企业和政府之间出现了矛盾和争议，这种矛盾也可以通过行政协调的措施得以缓解，所谓行政调解即通过政府机构间的横向协商达到异中求同的目的，此外，该措施还能够有效弥补 PPP 项目合同执行力度的不足，由此可见，行政协调也能够有效促进公共部门和私人部门积极履约。综上所述，政府与国有企业共同拥有的行政属性能够通过促进合同双方积极履约来提升 PPP 项目效率，具体路径如图 19-1 所示。

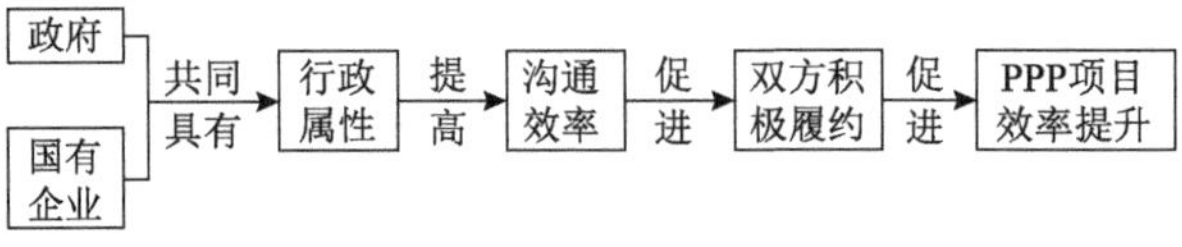

图 19-1　国有企业行政属性促进 PPP 项目效率提升路径

（2）国有企业性质及其功能的特殊性使其能够承担更多的社会责任。作为政府相关部门干预市场经济的一项重要制度安排，国有企业往往被用于解决市场失灵和弥补市场的功能性缺陷，因此，国有企业是特有社会制度和当期历史条件的一种产物。中国国有企业处于中国特色社会主义制度之中，该经济制度主要以公有制为主体；而在中华人民共和国成立初期，之所以成立国有企业，其直接目的是要优先发展我国重工业，进而实现国家工业化。上述两点原因造成我国国有企业的本质属性为经济实体的产权归全民所有，这与私营企业产权归私人所有的基本性质截然不同。

两类企业性质上的根本差别导致其企业功能也存在很大不同：私营企业没有国家政府相关部门给予的财政支持，此类企业均需通过盈利来满足企业生存与发展的要求，因此，想方设法地追求利润最大化是私营企业最主要甚至是唯一的目标，这也是造成该类企业具有“唯利是图”名声的根本原因；国有企业本质上仍属于企业的一种，因而其需要满足基本的经济功能，即在企业经营过程中实现一定的盈利目标，但国有企业产权归全民所有的性质又意味着其追求经济利益的最终目标还是为了人民，因此，国有企业还具有十分重要的另一项功能，即社会功能，这也是国有企业较私营企业能够承担更多社会责任的根本原因。2018 年 1 月 25 日，《中央企业社会责任蓝皮书（2017）》发布，该书由国务院国资委综合局和中国社会科学院经济学部企业社会责任研究中心共同编制，是国内外第一本对国有企业社会责任进行系统研究的著作。《中央企业社会责任蓝皮书（2017）》指出：中国社会科学院的相关研究显示，国有企业 100 强的社会责任发展指数持续领先外资企业 100 强与民营企业 100 强，其中，国有企业指数得分最高（58.7 分），外资企业指数得分最低（23.9 分），民营企业指数得分则稍高于外资企业（29.7 分）。PPP 项目均为公共服务类项目以及基础设施建设类项目，其具有较强的公益性质，故而需要私人部门能够承担相当的社会责任，而且随着项目投资额的增大，这种需求将变得越来越明显，而私人部门一旦有这种要承担社会责任的意识，其必然会在项目实施过程中积极作为、承担责任，而这又将进一步促进公共部门亦积极履约，最终提升 PPP 项目效率，具体路径如图 19-2 所示。

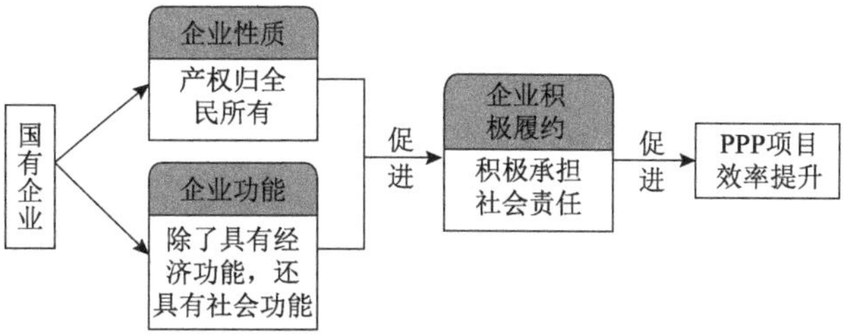

图 19-2　国有企业承担社会责任促进 PPP 项目效率提升路径

（3）国有企业发展时间长，故而具有长远发展的战略眼光。企业生产经营过程中的战略选择取决于企业发展所处阶段和自身的企业文化。企业发展一共要历经初创、成长、稳定和持续发展（或衰退）4 个阶段，就中国企业而言：民营企业普遍寿命较短、规模较小，依据 CHINA HRKEY（创智中国）发布的《中国中小企业人力资源管理白皮书》，我国中小型企业平均从业规模为 13 人，该类企业的平均寿命仅为 2.5 年，由此可见，我国目前的民营企业多数处于初创或成长阶段，该阶段往往需要进行原始资料积累，为了能够在市场上存活，企业必然会想方设法地追求快速、短期收益；但国有企业则不同，我国国有企业普遍成立时间较早、发展时间长，加之政府相关部门对其多有支持，故而国有企业当前多处于稳定或持续发展阶段，此阶段企业已不再为自身生存而忧心，其更多精力会放在企业未来的长远发展上。

企业文化是指组织内部成员共同遵循的“价值前提”，也就是企业的“核心价值观”，价值观的不同将导致战略选择的差异：私营企业产权归私人所有，该类企业的经营多是为了股东（或经营者）利益的最大化，故而会选择在最短的时间内获取最大的回报，但由此造成的“短视”往往会直接导致私营企业过早衰落；国有企业则不同，其产权归全民所有，故而其企业文化遵循社会主义核心价值观，该类企业是为了人民的利益而经营，其目的不是最大限度地赚取利润，而是通过创造新价值来为社会发展做出贡献，故而会在经营决策过程中选择未来的长远收益。综上所述，与私营企业相比，国有企业往往具有长远发展的战略眼光，因此在其充当私人部门参与 PPP 项目时，并不是为了获取短期利润，而是为了企业的未来发展，其在项目实施期间不容易做出投机行为，从而促进合同双方积极履约，最终使得 PPP 项目效率有所提升，具体路径如图 19-3 所示。

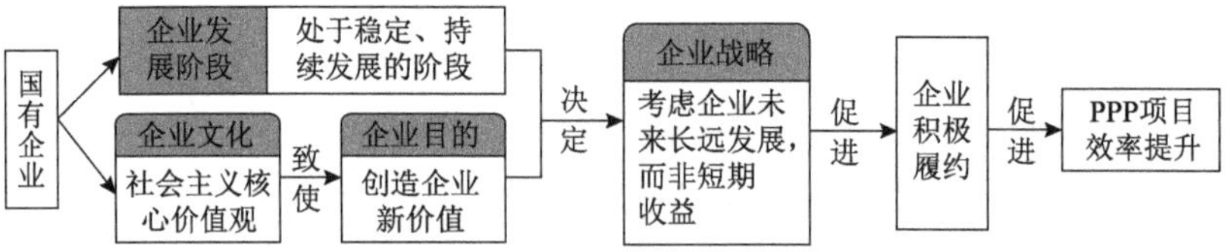

图 19-3 国有企业长远发展的眼光促进 PPP 项目效率提升路径

（4）国有企业与私营企业相比往往具有更强的大局意识。古语有云：“不谋全局者，不足以谋一域。”所言之意为，认识事物和处理矛盾时应当基于整体把握事物间的联系，即从全局的角度考虑问题。对企业而言，其身处于社会之中，故而在生产经营过程中，管理者在为自身谋求利益的同时还应当思考：“企业的经营能够为其所在社会的正常运转和进步做出什么贡献。”具体到中国企业，其经营活动既要满足自身的发展需求，还要确保其经济活动能够维持当前政治、社会的稳定局面，并为国家的建设和发展做出贡献。国有企业的大局意识源于企业性质的特殊性，并基于企业所处的稳定发展阶段得以实现：首先，国有企业为国家所有或控股，其产权归全民所有，其企业领导人均为中国共产党党员，上述原因使得该类企业在生产经营活动中能够积极配合国家整体的发展战略方针，如 20 世纪 90 年代改革开放时期至今，国家的“走出去”重要战略思想均通过国有企业在海外的投资、经营活动得以实现，国有企业的海外发展直接影响了国家利益在海外的发展；其次，国有企业处于稳定发展阶段或持续发展阶段，此阶段的企业已经不必再为了满足自身发展需要，而将所有的精力均放在企业内部，其可以将注意力投向企业以外的社会发展之上，进而做到顾全大局。

与国有企业相比，私营企业的大局意识则要差得多：首先，其私人所有制的性质决定了该类企业没有要为社会发展做出贡献的潜意识，在私营企业的生产经营活动中一定是首先考虑最大限度地获取利润，只有在其发展壮大到一定规模之后才可能会考虑回馈社会，但就我国民营企业而言，其绝大多数企业目前仍处于初创或成长阶段。PPP 项目均涉及公共服务领域和基础设施建设领域，其项目产出的质量高低直接关乎公众利益以及政府声誉，这就要求充当私人部门的企业在项目实施过程中不能只关注自身获利情况，还要考虑到合作伙伴得到声誉是否受到影响，以及公众利益是否受损，由此来看，国有企业在顾全大局上要比私营企业做得好，此外，国有企业作为私人部门的积极履约行为还能够正向促进公共部门积极作为，并由此提升 PPP 项目效率，具体路径如图 19-4 所示。

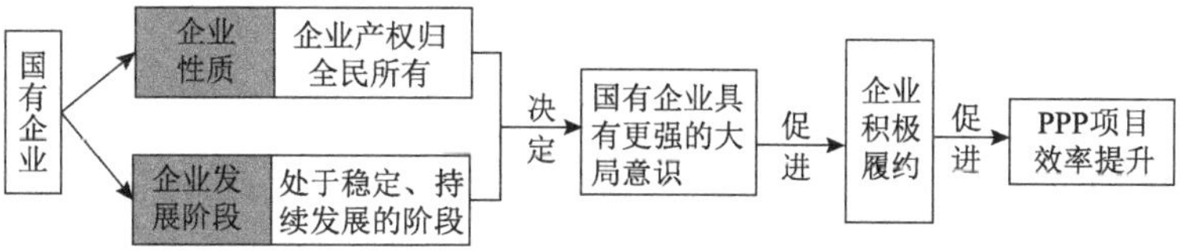

图 19-4　国有企业的大局意识促进 PPP 项目效率提升路径

（5）国有企业在资金、技术以及人才储备上具有先天优势。我国国有企业在资金上的天然优势来源于其所处的经济体制环境，中国以公有制为主体经济制度决定了国有企业在经济市场上的主导地位：在中华人民共和国成立初到改革开放前，中国实行计划经济体制，此阶段的国有企业是我国国民经济的全部命脉，政府相当一部分税收都投到了国有企业中；改革开放至今，民营企业虽然也在不断发展，但其实力仍和国企具有较大差距。2017 年 7 月《财富》[①]杂志发布“2017 年度世界 500 强企业”榜单，在 115 家上榜的中国企业中，国有企业占比达到了 80%，主要集中在原材料、提供资金、能源等行业。雄厚的资金积累使得国有企业能够在相关的技术研发上大量投入资金，加之其拥有的巨大国内市场，故而我国国有企业在很多重大领域内均实现了技术创新，因此，国有企业在技术创新上具有突出优势。

相关研究显示，企业吸引人才的要素主要包括薪酬、企业知名度、福利、发展前景以及归属感等（Green and Hogarth，2017）。就薪酬和企业知名度而言，中

① 由《财富》杂志每年发布一次的世界 500 强排行榜是衡量全球大型公司的最著名、最权威的榜单。

央企业较私营企业具有相对优势，但地方国有企业则不尽然；但就福利、发展前景和归属感而言，国有企业的优势则十分明显，与其他企业相比，国有企业往往占有更多的社会资源，故而能够给予内部员工较高的福利待遇，并为其提供广阔的发展平台，此外，企业内部制度规范、工作稳定，极少发生因经营不善而辞退员工的事情，这就提升了员工的就业安全感，并由此增加企业员工的归属感。综上所述，与私营企业相比，国有企业在资金、技术以及人才储备上都具有十分明显的先天优势，而对于大额、技术复杂性很高的大型基础设施项目来说，上述几方面都是实现项目目标的重要前提条件，因此，需要国有企业的雄厚财力和人才济济来为项目目标的实现提供“硬件”支持。综上所述，国有企业的先天优势能够通过保证项目目标的顺利实现来提升PPP项目总体效率，具体路径如图19-5所示。

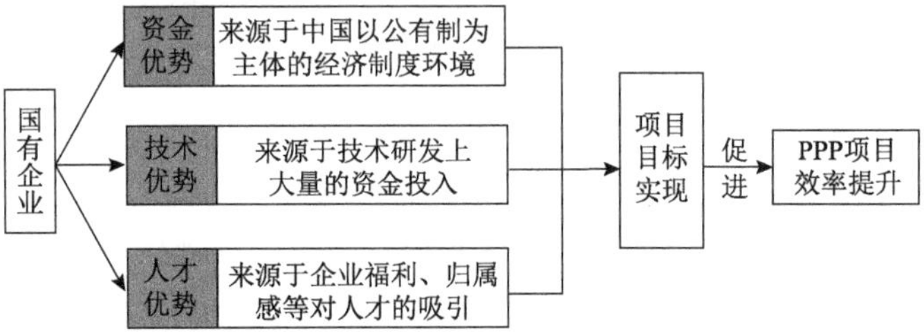

图19-5 国有企业的资金、技术及人才促进PPP项目效率提升路径

2. 私营企业效率较高的原因

私营企业在技术简单、容易操作的小额项目中充当私人部门效率较高的原因主要有以下两点。

（1）外资企业具有较强的契约精神和丰富的项目经验。作为西方社会的主流精神，契约精神源自西方宗教，它是西方商业文明发展的基础，故与中国本土企业相比，来自欧洲发达国家的外资企业更重视合作伙伴在项目实施过程中的履约行为，其具体表现为项目运作过程中外资企业会率先严格按照事先约定好的合同条款来履行己方义务，并与此同时要求对方也按照同样的标准来履约，事实上，PPP项目合同主体的履约程度由私人部门与公共部门双方的行为共同决定，而一方积极履约、解决问题的心态会感染另一方，进而鼓励和促进对方也以同样的心态和行为来履约。此外，中国PPP项目对于国外企业的准入门槛设置相对较高，故而在中国投资的外资企业往往有着丰富的同类型项目经验，其对于项目实施过程中可能出现的技术问题、管理问题等具有一定的解决能力，这就使得在面临项目难题时，外资企业往往能提出更为有效的解决方案，进而促进项目双方顺利愉快地进行合作，并最终提升PPP项目效率，具体路径如图19-6所示。

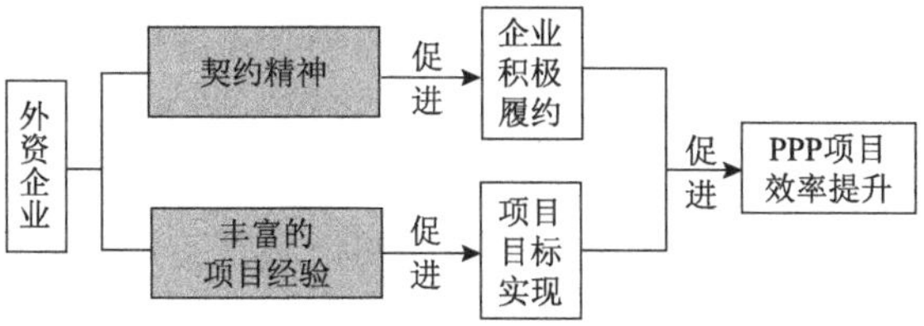

图 19-6　外资企业优势提升 PPP 项目效率的路径

如合肥市王小郢污水处理厂资产权益转让项目就是外资企业充当私人部门类 PPP 项目的典型成功案例，该项目的私人部门代表为德国柏林水务集团。该集团建于 1856 年，是德国最大的自来水和污水处理企业，企业经营的污水处理厂达到 28 家，其业务范围覆盖了世界各地，故而具有相当丰富的污水处理实践经验，项目合作双方在其整个生命周期内都具有非常强的契约精神：在中标至签约的大约 6 个月里，合肥市政府和柏林水务集团对项目后期实施可能会遇到的问题做了细致、严谨的调研，最终签订了极为规范、细致、严谨的 PPP 项目合同；在合同履行过程中双方也都严格按照事先约定的合同条款积极履约。合肥市政府和柏林水务集团严格依照合同履约的积极行为很大程度上避免了双方争议的产生，进而促进双方愉快合作。合肥市王小郢污水处理厂资产权益转让项目运营至今顺利平稳，在此期间项目公司的技术实力和财务实力不断增强，其一共经历 4 次调价，但水价的年复合增长仅为 2.23%，低于同期的电价和通胀增幅，此外，该项目还有效改善了合肥的水环境。

（2）民营企业组织的灵活性高且运营能力较强。首先，与政府所有或控股的国有企业相比，民营企业属于个体私营企业，相对于国有企业复杂的审批流程、繁复的报批手续和决策效率的低下，民营企业的组织形态可谓十分灵活，高效的组织内部管理能力使其在面对项目实施过程中的突发问题时能够迅速地反馈给合作伙伴，并依据对方的反应及时采取或制定相应对策，进而促进项目效率的提升，最终实现项目目标。此外，公共基础设施项目采用 PPP 模式的主要目的就是想要借助私人部门运营方面的专业优势，故而能作为私人部门参与该项目的民营企业必定为相同企业类型中佼佼者，其突出的运营能力能够促进项目预期运营目标的实现，进而提升 PPP 项目整体的效率，具体路径如图 19-7 所示。

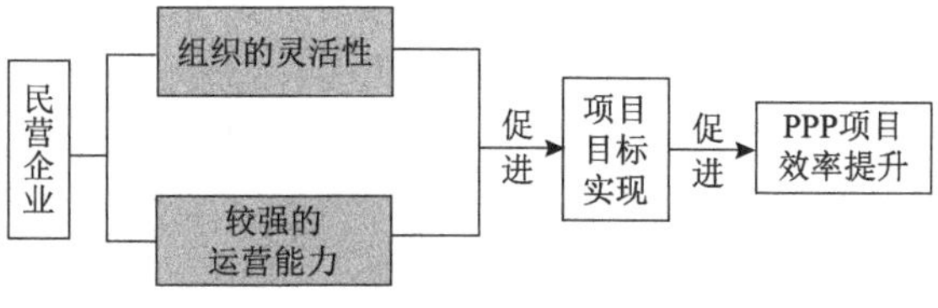

图 19-7　民营企业优势提升 PPP 项目效率的路径

如深圳大运中心PPP项目就是民营企业充当私人部门类PPP项目的典型成功案例。大运中心包括“一场两馆”，具体即体育场、游泳馆以及体育馆，为第26届世界大学生夏季运动会举办而建。运动会结束后，该中心的运营便通过PPP模式转让给了总运营商佳兆业集团控股有限公司，该集团是一家深圳本地的民营企业，其在商业运营上颇具经验。在深圳大运中心PPP项目的经营过程中，佳兆业集团控股有限公司并非以集团一人之力单独运营，而是采用以场馆平台为依托，将体育、会馆、商业以及文化进行串联的运营模式，引入体育之窗文化股份有限公司、英皇集团以及AEG等专业体育运营团队，这些团队都具有非常丰富的体育赛事、演艺活动以及场馆运营经验。借助佳兆业集团控股有限公司在商业运营上的专业优势，深圳大运中心走出了大赛后主办城市相关设施长期闲置的运营困境，成为类似项目中的经典案例。

19.5 管理启示与研究局限

19.5.1 对于提高我国PPP项目效率的管理启示

通过对多案例研究结果的讨论与分析，本研究最终得出以下两点管理启示。

1. 理性看待我国国有企业充当私人部门类PPP项目

（1）不应过度排斥国有企业充当私人部门类PPP项目。从多案例分析所得的结论以及产生该结论的原因来看，在技术复杂、较难操作的大额项目中：首先，我国国有企业因企业性质、企业功能的特殊性以及企业文化等因素，能够在项目实施过程中，通过提高其与合作伙伴间的沟通效率或者企业自身的积极履约行为来提高合同主体的履约程度，进而提高PPP项目的整体效率；其次，我国国有企业在资金、技术创新以及人才储备上的天然优势，能够通过为项目提供“硬件”支持来促进项目目标的实现程度，进而提高PPP项目的整体效率。综上所述，就中国PPP项目而言，国有企业在一定类型的项目领域中充当私人部门确实能够促进PPP项目效率的提升，因此，不应当“教条”地因其不符合PPP中private的含义而将其完全否定；事实上，虽然我国目前国有企业广泛充当私人部门参与PPP

项目的现象与 PPP 模式的本质含义有所差距，但是在我国民营企业尚未发展壮大之前，选择国有企业又未尝不是一种短时期内的暂代选项，至少目前来看，国有企业确实能够在一些 PPP 项目领域中提升其整体效率。

（2）亦不应大力提倡国有企业充当私人部门类 PPP 项目。虽然国有企业的确能够在部分 PPP 项目领域中体现出一定的效率优势，但其优势来源并非自身的高运营能力，事实上，目前我国大多数国有企业在商业运营上都处于劣势地位，但 PPP 模式被采用的重要目的之一就是要提高公共基础设施项目投资效率和运营效率。因此，当前 PPP 项目选择国有企业充当私人部门虽然能够在一定程度上实现目标，但其并非 PPP 模式被采用的初衷，或者更谨慎地说，其并非是全部目标。事实上，就目前国有企业在所有充当 PPP 项目私人部门的企业类型中处于主体地位而言，其仅是中国 PPP 模式发展过程中的一个过渡阶段，用以弥补民营企业尚未成熟但市场需求却已产生的空缺。未来随着民营企业的不断成熟与壮大，我国 PPP 市场上国有企业充当私人部门类项目所占比重及覆盖范围应当逐步缩小，而私营企业充当私人部门类项目所占比重及覆盖范围则应逐步扩大。

2. 政府应针对不同类型的 PPP 项目选择合适的私人部门进行合作

（1）政府实施操作成熟度较低、经营性较强的小额项目时与外资企业合作。查询财政部政府和社会资本合作中心官方网站上的全国 PPP 综合信息平台项目库，截至 2017 年 9 月末，全国 572 个落地国家示范 PPP 项目签约的社会资本共计 944 家，其中，外资企业（包括外商投资企业和港澳台投资企业）为 40 家，占比仅为 4.24%，由此可见，自 2014 年以来的中国新一轮 PPP 热潮中外资企业鲜少参与，但从以往其充当私人部门参与的项目情况来看，外资企业的高契约精神和丰富的同类型项目经验是能够促进 PPP 项目效率提升的，考虑到其私营企业的本质属性，即尽一切所能追逐高利润、高回报是其唯一目标，故而外资企业不适合作为私人部门承担大额、公益性较强的基础设施项目，其更适宜在新兴、经营性较强的小额 PPP 项目中发挥自身优势。为了激发外资企业的投资意愿，我国政府部门应当从国内 PPP 项目相关制度（如 PPP 立法、价格机制等）、外资企业准入限制以及外商投资安全审查等方面进行制度完善，事实上，国家相关政府部门已经开始着手此类工作：2017 年 1 月 12 日，国务院颁发《关于扩大对外开放积极利用外资若干措施的通知》（国发〔2017〕5 号），该通知明确了我国当前和今后一段时期内对外资企业的政策导向；同年 8 月 8 日国务院又发布了《关于促进外资增长若干措施的通知》（国发〔2017〕39 号），相比上一则文件，这则通知进一步细化了相关政策的具体实施细节。

（2）政府实施操作成熟度较高、经营性较强的小额项目时与民营企业合作。依据明树数据[①]官方网站上统计的全国 PPP 项目累计成交情况，截至 2018 年 1 月末，全国 PPP 项目成交个数为 6414 个，投资金额已达 94870.7 亿元，其中民营企业充当私人部门的项目个数为 2986 个（占比 46.55%），投资额为 23893.5 亿元（占比 25.19%），其单个项目的平均投资额为 8 亿元。由上述统计数据可以看出，目前我国民营企业充当私人部门参与的 PPP 项目大多数为小额项目，该现象基本合理：因为我国民营企业发展时间短、政策支持弱，其资金、技术能力以及人才储备都难和国有企业相匹敌，故而在技术复杂的大额项目上民营企业并不占优势，且其“唯利是图”的本质属性也使得该类企业并不适宜作为私人部门参与公益性强的基础设施项目；事实上，对于我国民营企业来说，其更适合在操作成熟度较高、经营性较强的小额 PPP 项目中发挥自己组织灵活、经营能力强的优势。然而，目前民营企业在 PPP 项目上的参与度还仍然较低，由该类企业充当私人部门的项目成交额仅占到总额度的 1/4，故而就前来说还是应当鼓励民营企业积极参与 PPP 项目，2017 年 9 月 1 日国务院办公厅印发《关于进一步激发民间有效投资活力促进经济持续健康发展的指导意见》（国办发〔2017〕79 号），该意见鼓励民营企业积极参与 PPP 项目，并加大对该类企业参与 PPP 项目的金融支持力度。

（3）政府实施操作成熟度较低、公益性较强的大额项目时与国有企业合作。根据财政部政府和社会资本合作中心的全国 PPP 综合信息平台第 8 期季报统计数据，全国落地的三批国家示范 PPP 项目共 572 个，其中有 302 个项目的社会资本为国有独资或国有控股企业，其占比超过了 50%。国有企业之所以能够成为中国 PPP 市场上充当私人部门的最主要企业类型，主要是因为其与政府间存在天然的“血缘”关系和企业本身在资金、技术以及人才上的突出优势。前者能够提升项目实施期间双方的沟通效率，后者则能够通过企业的“硬实力”来保障项目目标如期实现。此外，国有企业为政府所有或控股，这就使得其与私营企业相比明显具有更强的社会责任和大局观，因此，技术复杂性高、公益性较强的大额 PPP 项目应当选择由国有企业来充当私人部门。然而，就目前我国 PPP 项目的实际情况来看，国有企业充当私人部门的项目领域，其覆盖范围十分广泛，不仅涉及大额的地铁、桥梁等项目，其在污水处理垃圾处理等小额项目中的参与度也非常强，但在此类操作成熟度较高的项目领域中，国有企业并不能充分、高效地发挥其特有优势，因此，政府对于目前国有企业在中国 PPP 市场上占据压倒性优势的现象应进行规制：2017 年 11 月 10 日《关于规范政府和社会资本合作（PPP）综合信息

---

① 北京明树数据科技有限公司是国内首家专注政府和社会资本合作以及基础设施行业大数据的科技公司，致力于用大数据助力公共治理水平提升和改善基础设施及公共服务供给。

平台项目库管理的通知》发布，紧接着，2017 年 11 月 17 日国资发财管 192 号文发布，上述两个文件分别从地方政府和央企的角度强调了要防范将 PPP 模式异化为地方政府的新兴融资平台，以及要防止央企债务风险的推高。

19.5.2　研究不足与展望

本研究基于扎根理论建立了 PPP 项目概念框架并研究了其维度划分；通过多案例分析的方法，对国有企业与私营企业充当私人部门的 PPP 项目效率进行了比较并得到比较结果，但囿于研究条件和个人能力，本研究仍存在以下两点不足。

1. PPP 项目效率概念模型的可靠性有待进一步验证

本研究基于既有对 PPP 项目进行评价相关概念的分析，通过扎根理论的研究方法得到 PPP 项目效率的概念模型，并将其定义为：与项目自身特征、项目自然环境等先天性、客观性因素无关，而主要受项目制度安排的相关因素以及项目参与者因素影响，最终通过合同主体的履约、项目目标的实现以及利益相关者的满意程度来表征。扎根理论本质上属于质性研究，其主要以研究者本人为研究工具，通过对多种渠道搜集到的研究资料进行深入分析而形成理论，因此，该研究过程存在一定的主观性，尽管研究团队在建立 PPP 项目效率概念模型的过程中尽量保持客观：运用 Nvivo10 软件进行编码分析；随机挑选两名研究者，让其在零沟通的条件下各自编码并对编码结果进行信度检验。但是上述措施不足以完全排除主观因素对本研究结论的影响，故而 PPP 项目效率的概念模型还有待进一步验证。

2. 多案例研究的样本数量有待进一步补充

现有研究对多案例分析的样本数量尚无明确规定，但研究者通常选择 4～10 个案例进行研究。通过多方渠道的搜集，本研究最终收集到的样本数量为 8 个，虽然也落在 4～10 个的区间内，但在进行案例的分析与比较时，为了控制比较结果仅受私人部门性质不同的影响，研究者将 8 个案例分为了 4 组，每组案例的项目时间、项目类型、项目投资额以及项目地区发展程度相同（或类似），随后进行组内案例间的对比分析，因此，每组相互比较的案例仅有 2 个（不能覆盖所有能够充当私人部门的企业类型）。事实上，自 2014 年以来，虽然我国 PPP 项目成交数量和落地数量都在大量增加，但已经完成建设并投入运营一段时间的项目数量却并不多，加之研究团队资源有限，故而最终仅获得 4 组（8 个）可供研究的样本。

通过上述研究不足的分析，未来的相关后续研究可以在以下几个方面进行完善：①探索 PPP 项目效率构念建立的定量研究方法，比如可以通过 SEM 对本研究扎根所得 PPP 项目效率量表进行实证检验；②随着我国 PPP 模式的不断发展，可供深入分析的 PPP 项目数量会由于时间的推移而逐步增多，且案例信息的搜集渠道也会越来越多元化，因此，后续研究可以通过增加样本数量来对本研究的多案例分析结论进行验证。

参 考 文 献

宝贡敏，鞠芳辉. 2007. 信任、控制与合伙企业成长危机——基于企业家人力资本与心理所有权的解释[J]. 科研管理，28（2）：43-52.

伯利，米恩斯. 2005. 现代公司与私有财产[M]. 甘华鸣，罗锐韧，蔡如海译. 北京：商务印书馆.

蔡昊雯，史会斌，李垣. 2012. 程序公平和分配公平对联盟承诺的影响：基于中国医院联盟的实证研究[J]. 管理评论，24（3）：157-170.

曹海俊. 2012. 工程价款结算及其纠纷处理的若干法律问题探讨[J]. 经营与管理，（10）：115-120.

曹盼盼. 2017. 准经营性 PPP 项目治理水平评价指标体系研究[J]. 价值工程，（22）：29-33.

曹启龙，盛昭瀚，周晶，等. 2014. 基于公平偏好的我国政府投资项目代建制激励—监督模型[J]. 中国软科学，（10）：144-153.

曹玉玲，李随成. 2011. 企业间信任的影响因素模型及实证研究[J]. 科研管理，32（1）：137-146.

陈爱国，卢有杰. 2006. 基础设施 PPP 的价格调整及风险分析[J]. 建筑经济，（3）：20-23.

陈帆. 2010. 基于契约关系的 PPP 项目治理机制研究[D]. 长沙：中南大学.

陈龙，冯蕾. 2017. PPP 医疗项目关键成功因素分析[J]. 中国卫生政策研究，10（3）：1-6.

陈明亮，汪贵浦，邓生宇，等. 2008. 初始网络信任和持续网络信任形成与作用机制比较[J].科研管理，29（5）：187-195.

陈通，杜泽超，姚德利. 2011. 基于 AHP 的 PPP 项目中私人投资部门的选择模型研究[J]. 曲阜师范大学学报（自然科学版），37（3）：6-10.

陈晓萍，徐淑英，樊景立. 2008. 组织与管理研究的实证方法[M]. 北京：北京大学出版社.

陈雄. 2013. 浅谈工程结算过程的影响因素及索赔方法[J]. 中外建筑，（6）：100-101.

陈叶烽，叶航，汪丁丁. 2010. 信任水平的测度及其对合作的影响——来自一组实验微观数据的证据[J]. 管理世界，25（4）：54-64.

陈煜红，何鑫. 2005. 住宅项目定价方法探讨[J]. 住宅产业，（9）：63-66.

陈占涛，雒钊. 2018. PPP 项目盈利能力评价相关概念的辨析与探讨——基于合理利润率、投资回报率和财务内部收益率的视角[J]. 建筑经济，39（11）：34-37.

成虎. 2008. 建设工程合同管理与索赔[M]. 4 版. 南京：东南大学出版社.

初浩楠，廖建桥. 2008. 正式控制对认知信任和情感信任影响的实证研究[J]. 科学学与科学技术管理，（4）：185-189.

代建生，范波. 2015. 基于纳什谈判的合作研发利益分配模型[J]. 研究与发展管理，27（1）：35-43.

戴天婧，汤谷良. 2011. 控制中的信任与信任中的控制——基于 5 个中外合资汽车制造公司的案例研究[J]. 管理世界，（10）：141-153.
邓春平，毛基业. 2008. 关系契约治理与外包合作绩效——对日离岸软件外包项目的实证研究[J]. 南开管理评论，（4）：25-33.
邓娇娇，严玲. 2015. 公共项目治理机制：整合与互动[M]. 北京：科学出版社.
邓茗尹，张继刚. 2016. 新型城镇化背景下城乡社会性基础设施的规划策略[J]. 农村经济，（2）：108-111.
刁丽琳，朱桂龙. 2014. 产学研合作中的契约维度、信任与知识转移——基于多案例的研究[J]. 科学学研究，32（6）：890-901.
杜军，鄢波. 2018. 基础设施互联互通能否促进区域经济增长？——来自我国 11 个沿海省市的经验证据[J]. 当代经济管理，40（1）：63-71.
杜亚灵，胡雯拯，尹贻林. 2014a. 风险分担对工程项目管理绩效影响的实证研究[J]. 管理评论，26（10）：46-55.
杜亚灵，柯丹. 2019. PPP 项目中初始信任对合同条款控制影响的情境模拟实验研究[J]. 管理工程学报，33（3）：188-195.
杜亚灵，柯丹，丁鹏杰. 2017d. PPP 项目超额利润分享问题研究[J]. 工程管理学报，31（1）：107-112.
杜亚灵，柯丹，张凯红. 2019a. PPP 项目履约过程中控制对信任影响的情境模拟实验研究：角色感知的调节作用[J]. 管理工程学报，33（4）：97-103.
杜亚灵，柯丹，赵欣. 2018. PPP 项目中初始信任对合同条款控制影响的多案例研究[J]. 管理学报，15（3）：335-344.
杜亚灵，寇越，柯丹. 2019b. PPP 项目效率的构念建立及维度划分——基于扎根理论的探索性研究[J]. 科技管理研究，（13）：229-235.
杜亚灵，寇越，柯丹. 2020d. 中国 PPP 项目效率研究：基于国有企业与私营企业充当私人部门的对比分析[J]. 价值工程，39（3）：102-107.
杜亚灵，李会玲. 2015. PPP 项目履约问题的文献研究：基于 2008～2014 年间英文文献的分类统计[J]. 工程管理学报，29（4）：27-33.
杜亚灵，李会玲，柯洪. 2014b. 工程项目中业主初始信任对合作的影响研究：承包商公平感知的中介作用[J]. 管理学报，11（10）：1542-1551.
杜亚灵，李会玲，柯洪. 2016a. 中国情境下工程项目中承包商公平感知量表的开发与验证[J]. 系统管理学报，25（1）：165-174.
杜亚灵，李会玲，马辉. 2015a. 中国管理情境下 PPP 项目中控制与信任的交互作用研究框架[J]. 项目管理技术，13（9）：9-16.
杜亚灵，李会玲，闫鹏，等. 2015b. 初始信任、柔性合同和工程项目管理绩效：一个中介传导模型的实证分析[J]. 管理评论，27（7）：187-198.
杜亚灵，凌美鲜. 2020. 污水处理 PPP 项目中市场需求变化风险共担的实现[J]. 建筑经济，41

（2）：50-55.
杜亚灵，刘玲. 2020. 基于基准比价法的 PPP 项目调价问题研究[J]. 建筑经济，41（4）：46-50.
杜亚灵，刘玲，王一敏. 2020a. 综合管廊 PPP 项目中地质条件风险的分担问题研究[J]. 项目管理技术，18（5）：25-29.
杜亚灵，孙娜. 2016. PPP 项目中私人部门公平感知的构念及其结构维度：基于扎根理论的探索性研究[J]. 科技管理研究，（16）：201-208.
杜亚灵，唐海荣. 2012. 合同治理对 BT 项目投资控制的案例研究[J]. 北京理工大学学报（社会科学版），14（5）：71-77.
杜亚灵，王剑云. 2013. BT 模式下工程项目控制权的合理配置研究——基于多案例的比较分析[J]. 软科学，27（5）：56-61.
杜亚灵，王垚. 2012. PPP 项目中信任的动态演化研究[J]. 建筑经济，（8）：28-33.
杜亚灵，温莎娜，赵欣，等. 2017c. PPP 项目中公共代理机构对私人部门控制的构念建立与量表开发[J]. 土木工程学报，50（7）：110-121.
杜亚灵，闫鹏. 2013. PPP 项目缔约风险控制框架研究——基于信任提升与维持的视角[J]. 武汉理工大学学报（社会科学版），26（6）：880-886.
杜亚灵，闫鹏. 2014. PPP 项目中初始信任形成机理的实证研究[J]. 土木工程学报，47（4）：115-124.
杜亚灵，闫鹏，尹贻林. 2015c. 基于制度设计视角的工程项目信任维持机制研究[J]. 工程管理学报，29（1）：118-123.
杜亚灵，闫鹏，尹贻林，等. 2014c. 初始信任对工程项目管理绩效的影响研究：合同柔性、合同刚性的中介作用[J]. 预测，33（5）：23-29.
杜亚灵，尹航. 2015. 工程项目中社会资本对合理风险分担的影响研究[J]. 管理工程学报，29（1）：135-142.
杜亚灵，尹航，尹贻林，等. 2015d. PPP 项目谈判过程中信任的影响因素研究——基于扎根理论[J]. 科技管理研究，（4）：187-192.
杜亚灵，尹贻林. 2011a. 回购式契约视角下政府对 BT 项目的投资控制研究[J]. 科技管理研究，31（23）：176-179.
杜亚灵，尹贻林. 2011b. PPP 项目风险分担研究评述[J]. 建筑经济，（4）：29-34.
杜亚灵，尹贻林. 2012a. 社会资本视域下风险分担与工程项目管理绩效的关联研究[J].华东经济管理，26（3）：122-127.
杜亚灵，尹贻林. 2012b. 不完全契约视角下的工程项目风险分担框架研究[J]. 重庆大学学报（社会科学版），18（1）：65-70.
杜亚灵，尹贻林. 2012c. 公共项目管理绩效改善研究的范式变革[J]. 工程管理学报，26（1）：39-44.
杜亚灵，尹贻林. 2015. 基于典型案例归类的 PPP 项目盈利模式创新与发展研究[J]. 工程管理学报，29（5）：50-55.

杜亚灵，查彤彤，刘丹. 2020b. 兼顾原则性与灵活性的 PPP 项目风险分担[J]. 工程管理学报，34（2）：112-116.
杜亚灵，查彤彤，徐柯. 2020c. PPP 项目中超额利润阶梯式分成方法的确定问题研究[J]. 建筑经济，41（3）：71-75.
杜亚灵，张凯红. 2015. 工程项目中组织间控制的研究综述[J]. 项目管理技术，13（11）：45-49.
杜亚灵，张凯红，马辉，等. 2016b. PPP 项目中控制对信任影响的多案例研究：角色感知的调节作用[J]. 管理学报，13（9）：1286-1295.
杜亚灵，赵欣，马辉，等. 2017b. PPP 项目中公共代理机构对私人部门控制的构念与结构维度——基于扎根理论的探索性研究[J]. 软科学，31（1）：130-135.
杜亚灵，赵欣，温莎娜. 2017a. 基于扎根理论的 PPP 项目履约绩效影响因素[J]. 中国科技论坛，（4）：13-20.
杜亚灵，闫鹏. 2014. PPP 项目中初始信任形成机理的实证研究[J]. 土木工程学报，47（4）：115-124.
杜玉申，马方园，张金玉. 2012. 公平感知和效率感知对供应链合作关系稳定性的影响——以环境不确定性为调节变量[J]. 企业经济，（10）：43-47.
杜占河，廖貅武，魏泽龙. 2013.IT 外包中控制策略组合的演化研究——基于对美国、日本外包项目的比较[J]. 科学学与科学技术管理，34（1）：105-113.
樊耘，纪晓鹏，邹艺. 2012. 中层管理者多重角色行为对企业绩效影响的实证研究[J]. 管理工程学报，26（2）：1-10.
范小军，赵一，钟根元. 2007.基础项目融资风险的分担比例研究[J]. 管理工程学报，21（1）：98-101.
弗朗西斯·福山. 2000. 公民社会与发展[R]//曹荣湘. 2003. 走出囚徒困境——社会资本与制度分析[M]. 上海：上海三联书店.
符正平，顾汉杰. 2011. 最佳信任：中小企业集群企业间信任关系动态演化研究[J]. 产业经济评论，10（1）：1-22.
高闯，关鑫. 2006. 企业商业模式创新的实现方式与演进机理——一种基于价值链创新的理论解释[J]. 中国工业经济，（11）：83-90.
高颖，张水波，冯卓. 2015. PPP 项目运营期间需求量下降情形下的补偿机制研究[J]. 管理工程学报，29（2）：93-102.
高展军，江旭. 2016. 联盟公平的工具效应及其对合作绩效的影响——被中介的调节效应研究[J]. 南开管理评论，19（2）：145-156.
郭琰，覃宇. 2017. “一带一路”投资项目的法律关注点（三）[J]. 国际工程与劳务，（9）：79-82.
哈罗德·德姆塞茨. 1999. 企业经济学[M]. 梁小民译. 北京：中国社会科学出版社.
韩飞飞，胡瑞斌. 2011. 粗糙集理论在招标资格预审中的应用[J]. 合作经济与科技，（16）：36-37.
韩彦超. 2019. 市场化、社会网络与一般信任[J]. 中南大学学报（社会科学版），25（2）：127-135.
何伯森. 2000. 99 版 FIDIC 合同条件中的争端解决方式[J]. 国际经济合作，（7）：41-43.

何伯森，万彩芸. 2001. BOT 项目的风险分担与合同管理[J]. 中国港湾建设，（5）：63-66.

何浩然，王伟尧，李实. 2015. 收入不平等对逆社会行为的影响：双重实验证据[J]. 世界经济，（11）：53-70.

何清华，张菁，李永奎，等. 2009. 上海世博会浦东 AB 片区项目群管理的组织策化[1]与实施[J]. 施工技术，38（10）：78-81.

何天翔，张云宁，施陆燕，等. 2015. 基于利益相关者满意的 PPP 项目利益相关者分配研究[J]. 土木工程与管理学报，32（3）：66-71.

侯杰泰，温忠麟，成子娟. 2004. 结构方程模型及其应用[M]. 北京：教育科学出版社.

胡海峰，陈世金，王爱萍. 2018. 改革开放 40 年后基础设施投资还是稳增长的法宝吗?[J].人文杂志，（6）：11-19.

胡乐明，刘刚. 2009. 新制度经济学[M]. 北京：中国经济出版社.

胡盛强，张毕西，王玲玲，等. 2015. 物料价格随时间波动及完工期随机的 MTO 订购决策[J]. 中国管理科学，23（6）：135-141.

胡续梅. 2004. 国际工程通用惯例对承包商的资格预审[J]. 科技情报开发与经济，14（11）：179-180.

胡延平，刘晓敏. 2008. 联盟中隐性知识转移、联盟控制方式与企业内部创新[J]. 科技管理研究，28（12）：18-20.

胡振. 2012. 公共项目公私合作（PPP）控制权配置的决策模型[J]. 西安建筑科技大学学报（自然科学版），44（1）：90-96.

黄河，Nikita S. 2016. 中国企业海外投资的政治风险及其管控——以“一带一路”沿线国家为例[J]. 深圳大学学报（人文社会科学版），33（1）：93-100.

黄华珍. 2015. PPP 项目资产证券化退出机制的法律分析[J]. 招标采购管理，（11）：33，41-42.

黄会欣，余新年，席斌，等. 2010. 当代大学生性别角色类型与性别角色观调查[J]. 宁波大学学报（教育科学版），32（5）：40-44.

黄剑. 2017. 中国与“一带一路”沿线国家项目对接风险及应对策略[J]. 北京工商大学学报（社会科学版），32（6）：14-22.

黄劲松，郑小勇. 2015. 是契约、信任还是信心促成了产学研合作？——两个产学研联盟案例的比较研究[J]. 科学学研究，33（5）：734-740.

黄俊，罗丽娜，陈宗霞. 2012. 联盟契约控制与研发联盟风险——共同信任的中介效用研究[J]. 科学学研究，30（10）：1573-1578.

黄亚江，张水波. 2012. 基于 ANP 理论的 PPP 项目私营部门选择研究[J]. 项目管理技术，10(6)：46-51.

贾春艳. 2015. PPP 项目成功标准研究[D]. 重庆：重庆大学.

贾康，孙洁，陈新平，等. 2014. PPP 机制创新：呼唤法治化契约制度建设——泉州刺桐大桥 BOT

① “策化”应为“策划”。

项目调研报告[J]. 经济研究参考，(13)：43-51.
江旭. 2012. 联盟信任与伙伴机会主义的关系研究——来自我国医院间联盟的证据[J]. 管理评论，24（8）：51-57.
姜农娟，赖磊，郑广三. 2014. 土地一级开发企业盈利模式转型设计研究[J]. 建筑经济，(3)：78-81.
姜新宽，唐吟秋，陈勇强. 2016. 合约控制功能对承包商合作行为影响研究：业主权力的调节作用[J]. 工程管理学报，30（4）：1-6.
蒋士成，费方域. 2008. 从事前效率问题到事后效率问题——不完全合同理论的几类经典模型比较[J]. 经济研究，(8)：145-156.
蒋卫平，张谦，乐云. 2011. 基于业主方视角的工程项目中信任的产生与影响[J]. 工程管理学报，25（2）：177-181.
蒋卫平，张谦，乐云，等. 2012. 工程项目中信任的产生与影响——基于承包商方视角[J]. 西安建筑科技大学学报（自然科学版），44（1）：97-102.
蒋涌. 2016. 基于 ANN 方法的境外基础设施 PPP 项目风险分担研究[J]. 国际经贸探索，(12)：64-78.
金婷，张驰. 2012. 浅谈工程竣工结算审核与造价控制[J]. 建筑经济，(6)：42-44.
金玉芳，董大海. 2004. 消费者信任影响因素实证研究——基于过程的观点[J]. 管理世界，(7)：93-99.
康晓伟. 2012. 教师教育者：内涵、身份认同及其角色研究[J]. 教师教育研究，24（1）：13-17.
柯永建，王守清. 2011. 特许经营项目融资（PPP）：风险分担管理[M]. 北京：清华大学出版社.
柯永建，王守清，陈炳泉. 2008a. 基础设施 PPP 项目的风险分担[J]. 建筑经济，(4)：31-35.
柯永建，王守清，陈炳泉. 2008b. 英法海峡隧道的失败对 PPP 项目风险分担的启示[J]. 土木工程学报，41（12）：97-102.
科斯，哈特，斯蒂格利茨. 1999. 契约经济学[M]. 李风圣主译. 北京：经济科学出版社.
孔鹏举，周水银. 2014. 控制方式、环境不确定性与供应链协同的关系研究[J]. 工业工程与管理，19（4）：22-28.
寇越，杜亚灵，胡嘉昌. 2017. PPP 项目控制权配置研究——基于财金[2014]156 号文与发改投资[2014]2724 号文[J]. 建筑经济，38（11）：52-57.
来逢波，耿聪，王海萍. 2018. 交通基础设施投资对区域产业发展作用强度的差异性研究[J]. 东岳论丛，39（10）：54-61.
赖丹馨，费方域. 2010. 公私合作制（PPP）的效率：一个综述[J]. 经济学家，(7)：97-104.
赖毅. 2014. PPP 项目合作效率评价模型研究[D]. 天津：天津大学.
兰兰，高成修. 2013. 基于 AHP 的 PPP 绩效评估体系研究[J]. 海南大学学报（人文社会科学版），31（3）：115-119.
乐云，蒋卫平. 2010a. 大型复杂群体项目系统性控制五大关键技术——项目管理方法的拓展与创新[J]. 项目管理技术，8（1）：19-24.
乐云，蒋卫平. 2010b. 建设工程项目中信任产生机制研究[J]. 工程管理学报，24（3）：313-317.

乐云，蒋卫平. 2010c. 建设工程项目中信任与成本、法制监督的关系研究[J]. 工程管理学报，24（4）：420-423.
李晨. 2013. 多重角色对高校教师工作——家庭冲突的影响[J]. 教师教育学报，11（1）：160-165.
李开孟. 2015. 正确界定 PPP 模式中的社会资本主体资格[J]. 中国投资，（23）：97-99.
李力，杨焕荣，李建文，等. 2015. 新疆医疗服务价格改革背景下药品价格机制的探索[J].中国卫生经济，34（10）：31-34.
李璐颖. 2013. 城市化率 50%的拐点迷局——典型国家快速城市化阶段发展特征的比较研究[J]. 城市规划学刊，（3）：43-49.
李明. 2010.城市污水处理项目特许经营定价方法研究[J]. 西安电子科技大学学报（社会科学版），20（5）：64-67.
李明超. 2013. 公用事业特许经营中的临时接管程序研究——从“内蒙古西乌旗政府临时接管民营热电企业案”切入[J]. 西南政法大学学报，15（4）：52-60.
李琪. 2017. 高铁走出去 PPP 项目风险分担与利益分配研究[D]. 成都：西南交通大学.
李倩，李杏丽. 2017. 基于流程分析的 PPP 项目关键成功因素识别[J]. 铁道科学与工程学报，14（2）：415-424.
李世超，苏竣，蔺楠. 2011. 控制方式、知识转移与产学研合作绩效的关系研究[J]. 科学学研究，29（12）：1854-1864.
李西垚，李垣，侯吉刚. 2008. 外包中承包方企业知识获取的控制机制研究[J]. 科学学与科学技术管理，29（10）：149-152.
李晓光，郝生跃，任旭. 2018. 关系治理对 PPP 项目控制权影响的实证研究[J]. 北京理工大学学报（社会科学版），20（3）：52-59.
李秀辉，张世英. 2002. PPP：一种新型的项目融资方式[J]. 中国软科学，（2）：51-54.
李原，汪红驹. 2018. “一带一路”沿线国家投资风险研究[J]. 河北经贸大学学报，39（4）：45-55.
李智超，罗家德. 2011. 透过社会网观点看本土管理理论[J]. 管理学报，8（12）：1737-1747.
梁冬玲. 2014. PPP 模式建设项目隐性风险研究[D]. 哈尔滨：东北林业大学.
梁永宽. 2012. 合同与关系——项目管理成功之道[M].广州：世界图书出版社.
廖成林，乔宪木. 2004. 虚拟企业信任关系：决定因素与机理[J]. 重庆：重庆大学学报，27（5）：139-143.
廖茂林，许召元，胡翠，等. 2018. 基础设施投资是否还能促进经济增长?——基于 1994～2016 年省际面板数据的实证检验[J]. 管理世界，34（5）：63-73.
廖秦明，李晓东. 2010. Partnering 项目融资风险分担研究[J]. 工程管理学报，24（3）：299-303.
林琪. 2003. 施工索赔与合同挫折[D]. 北京：对外经济贸易大学.
刘爱东，周琼，曾辉祥. 2014. “公平理论”和“角色理论”视域下的企业反倾销行为决策[J]. 中南大学学报（社会科学版），20（4）：23-30.
刘畅旸，石振武，苗启香. 2019. 基于 FANP-GCE 的“一带一路”PPP 基础设施项目风险分担[J]. 土木工程与管理学报，36（1）：175-180.

刘凤委，李琳，薛云奎. 2009. 信任、交易成本与商业信用模式[J]. 经济研究，44（8）：60-72.
刘欢欢，卢加伟，张璐. 2016. 生活污水处理 PPP 项目全过程服务费用计算模型[J]. 给水排水，42（S1）：147-150.
刘家锋. 2011. 工程项目伙伴关系模式的信任增长模型[J]. 铁道科学与工程学报，8（2）：108-113.
刘亮晴，严薇. 2005. 基于人工神经网络的投标单位资格预审评价法[J]. 重庆建筑大学学报，27（4）：97-101.
刘汕，张金隆，陈涛. 2012. 企业 IT 项目控制模式对绩效的影响研究[J]. 科研管理，33（7）：112-120.
刘思昊，朱晖. 2019. "一带一路"视角下企业 PPP 模式政治风险的法律防范[J]. 南海法学，（1）：90-97.
刘婷，王守清，盛和太，等. 2014. PPP 项目资本结构选择的国际经验研究[J]. 建筑经济，35（11）：11-14.
刘向前，张联社. 2015. 角色理论视角下城郊失地农民市民化研究[J]. 长春理工大学学报（社会科学版），28（11）：57-62.
刘新平，王守清. 2006. 试论 PPP 项目的风险分配原则和框架[J]. 建筑经济，（2）：59-63.
刘学，项晓峰，林耕，等. 2006. 研发联盟中的初始信任与控制战略——基于中国制药产业的研究[J].管理世界，（11）：90-100.
刘月芹. 2007. 污水处理厂投资项目特许经营期中的水价调整[J]. 中国给水排水，23（18）：75-78.
娄黎星. 2016a. 项目合同柔性:概念、前因及影响结果[J].项目管理技术，14（3）：7-12.
娄黎星. 2016b. 建设工程施工合同柔性的内涵及其影响因素——基于扎根理论[J]. 建筑经济，37（4）：90-94.
娄黎星. 2016c. 基础设施 PPP 项目再谈判影响因素及其治理研究[J]. 综合运输，38（4）：18-24.
鲁耀斌，周涛. 2005. B2C 环境下影响消费者网上初始信任因素的实证分析[J]. 南开管理评论，8（6）：96-101.
罗伯特·阿克塞尔罗德. 2007. 合作的进化（修订版）[M]. 吴坚忠译. 上海：上海人民出版社.
骆亚卓，李新春，谭上飞. 2018. 契约、关系及机会主义防御：资产专用性、不确定性与建设项目治理选择[J]. 经济与管理，32（4）：41-46.
吕会娟，孟爱国，陈晓文. 2017. 中国对"一带一路"沿线国家基础设施投资的 PPP 模式风险与规避研究[J]. 山东科技大学学报（社会科学版），19（6）：76-83.
吕俊娜，刘伟，邹庆，等. 2014. 考虑公平关切的工程总承包合作利益分配模型[J]. 系统工程，32（12）：62-66.
吕民，潘辉. 2007. 浅析工程量清单计价合同结算价款调整原则[J]. 建筑经济，（S1）：244-246.
吕文学，花园园. 2010. 基于交易成本的国际工程项目争端预防分析[J]. 国际经济合作，（1）：69-73.
吕文学，李智. 2016. 公平感与关系治理对工程争端谈判中合作行为的影响[J]. 项目管理技术，14（1）：7-13.

马得勇. 2009. 东亚地区社会资本研究[M]. 天津：天津人民出版社.
马俊伟，陈琴琴，李波，等. 2017. 污水处理 PPP 项目的关键成功因素研究[J]. 项目管理技术，15（5）：46-50.
马瑞. 2016. 基于集对分析的 PPP 项目成功度评价研究[D]. 大连：大连理工大学.
马淑琴，邹志文，邵宇佳，等. 2018. 基础设施对出口产品质量非对称双元异质性影响——来自中国省际数据的证据[J]. 财贸经济，39（9）：105-121.
麦克尼尔. 1994. 新社会契约论[M]. 雷喜宁，潘勤译. 北京：中国政法大学出版社.
毛静，徐原久. 2006. 营销者角色理论研究[J]. 时代金融，（11）：34-35.
孟春，赵阳光. 2016. 促进民间资本参与 PPP 项目的几点思考[J]. 发展研究，（9）：56-58.
孟宪海. 2007. 在项目参与方之间建立相互信任关系[J]. 国际经济合作，（9）：63-65.
莫力科，陆绍凯. 2017. 监控机制对项目合作伙伴中控制方信任的影响：基于主动信任的视角[J]. 管理工程学报，31（3）：126-133.
倪得兵，唐小我. 2009. 决策柔性的一般定义、模型与价值[J]. 管理科学学报，12（1）：18-27.
年猛. 2019. 交通基础设施、经济增长与空间均等化——基于中国高速铁路的自然实验[J]. 财贸经济，40（8）：146-161.
聂辉华. 2009. 声誉、契约与组织[M]. 北京：人民大学出版社.
欧纯智，贾康. 2018. 西班牙—法国跨境高铁 PPP 项目失败的教训与启示——基于 PPP 模式发展公用事业的风险分析[J]. 当代财经，（10）：24-32.
欧阳艳艳，张光南. 2016. 基础设施供给与效率对“中国制造”的影响研究[J]. 管理世界，（8）：97-109.
潘朝，吴立，左清军，等. 2013. 基于模糊数学的武汉市地下空间开发地质适宜性评价[J]. 安全与环境工程，20（2）：19-23.
潘婧. 2008. 基于合约理论的建设项目信任机制研究[D]. 天津：天津大学.
潘旭明. 2006. 战略联盟的信任机制：基于社会网络的视角[J]. 财经科学，（5）：50-56.
彭文斌，刘友金. 2010. 我国东中西三大区域经济差距的时空演变特征[J]. 经济地理，30（4）：574-578.
彭祖祥，姜早龙，陈威静. 2018. 经营性 PPP 项目政府补贴的最低需求量研究[J]. 公路工程，43（4）：287-290.
亓霞，柯永建，王守清. 2009. 基于案例的中国 PPP 项目的主要风险因素分析[J]. 中国软科学，（5）：107-113.
岐温华. 2018. 海外电力 PPP 投资项目融资风险分担机制研究[D]. 北京：对外经济贸易大学.
权基琢鋆. 2016. 工程项目合约治理对承包商合作行为的影响[D]. 天津：天津大学.
让-雅克·拉丰，让·梯若尔. 2004. 政府采购与规制中的激励理论[M]. 石磊，王永钦译. 上海：上海人民出版社.
饶文华，汪群，陈广森. 2011. 工期及地质条件变化引起的变更索赔处理——以景洪水电站建设项目为例[J]. 项目管理技术，9（8）：47-51.

沙凯逊. 2010. 建设项目治理：从外生到内生[J]. 项目管理技术，8（10）：13-17.
佘志鹏，乐云. 2015. 工程项目中信任、控制对项目成功影响的实证研究[J]. 项目管理技术，13（3）：25-31.
沈菊琴，施文君，王朝霞. 2018. PPP 项目回报机制选择研究[J]. 价格理论与实践，(9)：131-134.
盛和太，王守清，黄硕. 2011. PPP 项目公司的股权结构及其在某养老项目中的应用[J]. 工程管理学报，25（4）：388-392.
盛和太，王守清，柯永健. 2012. 民营企业发展 BOT 项目的风险管理研究：基于某污泥处理项目的案例分析[J]. 土木工程学报，45（1）：142-147.
施绍华. 2013. 业主与承包商信任关系建立及影响因素研究[D]. 北京：华北电力大学.
石莎莎，杨明亮. 2011. 城市基础设施 PPP 项目内部契约治理的柔性激励机制探析[J]. 中南大学学报（社会科学版），17（6）：155-160.
世界银行. 1994. 1994 年世界发展报告——为发展提供基础设施[M]. 毛晓威等译. 北京：中国财政经济出版社.
寿志钢，朱文婷，苏晨汀，等. 2011. 营销渠道中的行为控制如何影响信任关系——基于角色理论和公平理论的实证研究[J]. 管理世界，(10)：58-69.
宋媚，张朋柱. 2013. 基于征信系统的信任转移研究[J]. 系统管理学报，22（5）：593-601.
隋博. 2014. 信息化条件下现行市价法在二手车评估中的应用[J]. 轻工科技，30（11）：115-116.
孙春玲，徐叠元. 2015. 利益均衡视角下的 PPP 项目定价研究[J]. 价格理论与实践，(10)：123-125.
孙慧，申宽宽，范志清. 2012. 基于 SEM 方法的 PPP 项目绩效影响因素分析[J]. 天津大学学报（社会科学版），14（6）：513-519.
孙南申. 2018. “一带一路”背景下对外投资 PPP 项目的风险应对机制[J]. 法治现代化研究，2（3）：32-40.
谈毅，慕继丰. 2008.论合同治理和关系治理的互补性与有效性[J]. 公共管理学报，5（3）：56-62.
谭云清，刘志刚，李元旭. 2011. 国际服务外包企业间信任对合作的影响[J]. 工业工程与管理，16（3）：99-105.
田刚，马志强，梅强，等. 2014. 考虑创新激励的物流企业与制造企业共生利益分配模式研究[J]. 预测，(4)：64-69.
田威. 2001. 创收的三大支柱及“不可抗力”[J]. 国际经济合作，(1)：52-55.
屠卫星. 2012. 现行市价法非常简单实用的二手车评估方法[J]. 交通世界，(24)：79-80.
托马斯•库恩. 2003. 科学革命的结构[M]. 金吾伦，胡新和译. 北京：北京大学出版社.
王超，赵新博，王守清. 2014. 基于 CSF 和 KPI 的 PPP 项目绩效评价指标研究[J]. 项目管理技术，12（8）：18-24.
王海银，龚莉，付晨，等. 2017. 上海市手术类医疗服务项目比价研究[J]. 中国卫生质量管理，24（6）：82-85.
王红. 2016. “全域旅游”目的地内部营销中的政府角色创新探析[J]. 中国商论，(14)：9-11.

王琦，刘咏梅，卫旭华. 2014. IT外包项目中控制机制与合作绩效的实证研究——基于IT服务提供商的视角[J]. 系统管理学报，23（2）：166-173.

王守清，柯永建. 2008. 特许经营项目融资（BOT、PFI和PPP）[M]. 北京：清华大学出版社.

王涛，顾新. 2006. 基于社会资本的知识链成员间相互信任机制研究[J]. 研究与发展管理，18（5）：44-49.

王涛，顾新. 2010. 基于社会资本的知识链成员间相互信任产生机制的博弈分析[J]. 科学学与科学技术管理，（1）：76-80.

王薇，戴大双，王东波. 2011. 广西来宾B电厂BOT项目特许经营者选择研究[J]. 科技与管理，13（2）：96-99.

王维，桂嘉伟，乔朋华. 2017. 多维视阈下信息技术企业融资效率比较研究[J]. 科技进步与对策，34（21）：141-146.

王锡锌. 2001. 行政过程中相对人程序性权利研究[J]. 中国法学，（4）：75-84.

王晓州. 2004. 建设项目委托代理关系的经济学分析及激励与约束机制设计[J]. 中国软科学，（6）：77-82.

王雪青，魏喆. 2007. 工程管理Partnering模式中信任机制的博弈分析[J]. 天津大学学报（社会科学版），9（1）：15-18.

王雅娟. 2015. 基于知识链演化的组织间信任影响因素研究[J]. 中国管理科学，23（1）：339-348.

王垚，尹贻林. 2014. 工程项目信任、风险分担及项目管理绩效影响关系实证研究[J]. 软科学，28（5）：101-110.

王颖. 2003. FIDIC红皮书与银皮书的风险分配比较[J]. 国际经济合作，（5）：44-47.

王玉梅，严丹良. 2014. 基于平衡计分卡的PPP项目绩效评价体系研究[J]. 会计之友，（2）：14-17.

威廉姆森. 2002. 资本主义经济制度：论企业签约与市场签约[M]. 段毅才，王伟译. 北京：商务印书馆.

威廉姆森，马斯腾. 2008. 交易成本经济学——经典名篇选读[M]. 李自杰，蔡铭等译. 北京：人民出版社.

位珍，王雪青，郭清娥. 2012. 基于区间数和灰色关联分析的承包商资格预审方法[J]. 模糊系统与数学，26（6）：108-114.

翁一冰. 2017. 广东省城市公立医院医疗服务价格调整测算方案研究[D]. 广东：南方医科大学.

吴彬彬. 2017. PPP项目合同履行障碍与对策研究[D]. 西安：西安建筑科技大学.

吴瑾. 2013. 基础设施PPP项目融资模式风险分担研究[D]. 大连：东北财经大学.

吴艳霞，王雷，殷仲民. 2006. 基于投资方角度的项目融资风险分配研究[J]. 重庆建筑大学学报，28（2）：115-119.

伍迪，王守清，冯珂，等. 2015. PPP项目决策分解结构研究[J]. 项目管理技术，13（1）：20-24.

武文珍. 2014. 共创价值视角下顾客角色转变及其对企业营销战略的影响[J]. 商业研究，56（2）：82-87.

武志伟，陈莹. 2011. 企业间关系公平性维度测量的实证研究[J]. 软科学，25（1）：110-114.

奚从清. 2010. 角色论——个人与社会的互动[M]. 杭州：浙江大学出版社.
谢洪涛，陈帆. 2013. 契约治理与关系治理对建设项目绩效的影响研究[J]. 项目管理技术，11（10）：14-18.
谢继勇. 2010. 基于社会资本的公共项目管理绩效改善研究[D]. 天津：天津大学.
谢卫红，蓝海林，蒋峦. 2003. 组织柔性化管理理论综述[J]. 经济学动态，（11）：73-75.
熊焰. 2010. 信任、控制机制与供应商关系绩效研究[J]. 管理评论，22（9）：113-120.
徐承峰. 2018. 城市基础设施建设融资方式思考[J]. 科技经济导刊，26（28）：211-212.
徐立国，葛京，席酉民，等. 2013. 企业发展过程中的本土领导角色及行为[J]. 管理学报，10(11)：1568-1576.
徐细雄. 2012. 参照点契约理论：不完全契约理论的行为与实验拓展[J]. 外国经济与管理，34（11）：52-60.
徐细雄，谭瑾. 2014. 高管薪酬契约、参照点效应及其治理效果：基于行为经济学的理论解释与经验证据[J]. 南开管理评论，17（4）：36-45.
徐霞，郑志林. 2009.公私合作制（PPP）模式下的利益分配问题探讨[J]. 城市发展研究，16（3）：104-106.
许洪春，王丽珂. 2010. 基于主成分分析的工程资格预审测评体系及应用[J]. 价值工程，29(31)：90-92.
严玲，崔健. 2011. 城市轨道交通项目PPP模式交易方式选择的多案例研究[J]. 科技进步与对策，28（13）：110-115.
严玲，杜亚灵，郭晋杰. 2010b. 基于控制权的城市轨道交通项目 BT 模式创新[J]. 综合运输，(8)：35-39.
严玲，贺星红，邓娇娇. 2013. 公共项目治理绩效度量研究——一个理论及实证框架[J]. 软科学，27（10）：131-134.
严玲，贾丽霞. 2012. 代建项目管理企业的声誉测量指标构建的实证研究[J]. 华东经济管理，26（4）：149-156.
严玲，贾丽霞，邢冉. 2010a. 不完全竞争条件下代建单位名录的声誉效应研究[J]. 财经问题研究，（9）：58-63.
严玲，江静，郭亮，等. 2018. 合同补偿中公平感知对承包人履约行为影响的实证研究[J]. 管理学报，15（5）：660-668.
严玲，史志成，严敏，等. 2016. 公共项目契约治理与关系治理：替代还是互补？[J]. 土木工程学报，49（11）：115-128.
严玲，赵华. 2009. 项目所有权配置下代建项目风险分担机制研究[J]. 武汉理工大学学报·信息与管理工程版，31（1）：121-125.
严敏，高海超，严玲. 2012. 基于风险分担的代建服务报酬激励机制研究[J]. 华东经济管理，26（3）：128-132.
严兴全，周庭锐，李雁晨. 2010. 信任、承诺，关系行为与关系绩效：卖方视角[J]. 管理学报，

7（7）：1032-1038.
严兴全，周庭锐，李雁晨. 2011. 信任、承诺、关系行为与关系绩效：买方的视角[J]. 管理评论，23（3）：71-81.
杨恺钧，褚天威. 2016. 互联网发展、交通运输及进口贸易关系研究——基于中国省际面板数据空间计量分析[J]. 经济问题，（6）：95-100.
杨玲. 2014. 工程项目中信任与合同控制的互动关系实证研究[J]. 建筑经济，（1）：65-68.
杨秋波，侯晓文. 2008. PPP 模式风险分担框架的改进研究[J]. 项目管理技术，6（8）：13-17.
杨瑞龙，聂辉华. 2006. 不完全契约理论：一个综述[J]. 经济研究，（2）：104-115.
杨瑞龙，杨其静. 2001. 专用性、专有性与企业制度[J]. 经济研究，（3）：3-11.
杨卫华. 2007. 基于风险分担的高速公路 BOT 项目特许定价研究[D]. 大连：大连理工大学.
杨文宇. 2010. 基础设施 PPP 项目的全生命周期动态风险管理探析[J]. 项目管理技术，8（6）：39-43.
杨屹，林宣雄，陈伟. 2004. 动态联盟合作伙伴间收益分配模型及其求解方法的研究[J]. 数量经济技术经济研究，（11）：5-8.
姚东旻，邓涵. 2017. 为什么 PPP 的行业使用分布不均——一个基于行业特征的最优合约设计[J]. 财贸经济，38（10）：82-98.
叶晓甦，邓云. 2014. 伙伴关系视角的 PPP 基础设施项目可持续性实现途径研究[J]. 科技管理研究，（12）：189-193.
叶晓甦，戚海沫. 2015. PPP 项目合作效率关键影响因素研究——基于控制权视角[J]. 项目管理技术，13（4）：9-14.
叶晓甦，石世英，刘李红. 2017. PPP 项目伙伴主体、合作环境与公共产品供给的关系研究——基于结构方程模型的分析[J]. 北京交通大学学报（社会科学版），16（1）：45-54.
叶晓甦，吴书霞，单雪芹. 2010. 我国 PPP 项目合作中的利益关系及分配方式研究[J]. 科技进步与对策，27（19）：36-39.
叶晓甦，熊含梦. 2013. 我国西部地区 PPP 项目合作效率关键因素研究[J]. 工程管理学报，（6）：81-86.
叶晓甦，易朋成，吴书霞. 2011. PPP 项目控制权本质探讨[J]. 科技进步与对策，28（13）：67-70.
叶欣晨，刘婷，王守清. 2018. 我国 PPP 项目中的政府保证机制及其应用[J]. 建筑经济，39（8）：5-9.
叶瑛，姜彦福. 2009. 创业投资机构的信任影响新创企业绩效的跨案例研究[J]. 管理世界，（10）：152-163.
易朝辉. 2011. 创业者与创业投资家的信任结构实证研究[J]. 科学学研究，29（6）：914-923.
殷茗，赵嵩正. 2009. 专用资产投资与供应链协作信任、合作意图之间的动态差异性关系研究[J]. 科研管理，30（1）：65-70.
殷小炜. 2015. PPP 合同柔性对合作效率的影响研究[D]. 天津：天津大学.
尹贻林，董宇，王垚. 2015a. 工程项目信任对风险分担的影响研究：基于扎根理论的半结构性访谈分析[J]. 土木工程学报，2015，48（9）：117-128.
尹贻林，杜亚灵. 2010. 基于治理的公共项目管理绩效改善[M]. 北京：科学出版社.
尹贻林，胡雯拯，杜亚灵，等. 2015b. DBB 模式下施工总承包合同双方信任状态描述——基于内容分析的访谈研究[J]. 水力发电学报，43（4）：177-183.
尹贻林，万礼锋. 2010. 汶川地震灾后恢复重建保障性公共项目绩效规划研究[J]. 科学学与科学技术管理，（3）：128-133
尹贻林，徐志超. 2015. 信任改善大型工程项目管理绩效的研究框架——基于情景模拟的行为实验[J]. 软科学，29（1）：119-123.
尹贻林，赵华，严玲，等. 2011. 公共项目合同治理与关系治理的理论整合研究[J]. 科技进步与对策，28（13）：1-4.
尹振东，李飞. 2009. 合伙制与雇佣制的选择：基于控制权的视角[J]. 世界经济文汇，（3）：36-46.
袁长丰，于广明，王晓磊，等. 2012. 城市地下工程数据管理技术研究[J]. 地下空间与工程学报，8（5）：939-945.
翟森竞，黄沛，高维和. 2014. 企业间关系研究的新范式：心理契约对“期望/义务”的刻画[J]. 商业研究，56（3）：115-124.
张晨. 2013. PPP 项目风险分担：发达国家与发展中国家的比较分析[D]. 天津：天津大学.
张传勇，丁祖昱，段芳. 2014. 城市化、房地产市场成熟度与投资前景研究——基于中国 286 个地级城市的实证分析[J]. 经济体制改革，（6）：62-66.
张季平，骆温平，马晓倩. 2017. 营商环境对物流业与制造业联动发展的影响研究——基于诚信体系和市场成熟度维度的实证检验[J]. 西部论坛，27（5）：86-93.
张连营，张杰，杨湘. 2003. 资格预审的模糊评审方法[J]. 土木工程学报，36（9）：1-6.
张燎. 2010. 对中国基础设施和公用事业中公私协作机制的现状观察和思考[J]. 城市公用事业，24（1）：1-4.
张璐琴. 2014. 再生水与自来水供水价格的合理比价关系分析[J]. 中国物价，（11）：40-43.
张荣贵，赵存明. 2010. 基于风险评估的隧道地质超前预报技术分析——以向莆铁路（福建段）为例[J]. 福州大学学报（自然科学版），38（5）：736-740.
张水波，陈俊颖，胡振宇. 2015. 工程合同对承包方合作行为的影响研究：信任的中介作用[J]. 工程管理学报，29（4）：6-11.
张水波，何伯森. 2003. 工程项目合同双方风险分担问题的探讨[J]. 天津大学学报（社会科学版），5（3）：257-261.
张水波，张晨，高颖. 2014. 公私合营（PPP）项目的规制研究[J]. 天津大学学报（社会科学版），16（1）：30-35.
张维迎. 1996. 所有制、治理结构及委托—代理关系——兼评崔之元和周其仁的一些观点[J]. 经济研究，（9）：3-15.
张先玲. 2007. 招标文件的编制对工程造价的影响[J]. 西南民族大学学报（人文社会科学版），（9）：149-151.

张秀. 2017. 土地市场成熟度及其对房地产市场的影响研究——以山东省部分设区城市为例[D]. 济南：山东师范大学.
张亚蕾，胡振，倪恒意. 2015. 公共项目公私合作（PPP）有效性评价体系研究[J]. 建筑经济，36（5）：34-36.
张晔，邓楚雄，谢炳庚，等. 2015. 基于熵权可拓物元模型的湖南省土地市场成熟度评价[J]. 资源科学，37（1）：45-51.
张羽，徐文龙，张晓芬. 2012. 不完全契约视角下的 PPP 效率影响因素分析[J]. 理论月刊，（12）：103-107.
张玉春，曹业启. 2016. PPP 模式下污水处理项目价格设计[J]. 工业技术与职业教育，14（4）：8-11.
张喆，贾明. 2012. PPPs 合作中控制权配置实验[J]. 系统管理学报，21（2）：166-179.
张喆，贾明，万迪昉. 2007. 不完全契约及关系契约视角下的 PPP 最优控制权配置探讨[J]. 外国经济与管理，29（8）：24-29.
张喆，贾明，万迪昉. 2009. PPP 背景下控制权配置及其对合作效率影响的模型研究[J]. 管理工程学报，23（3）：23-29.
张志红，刘慧. 2017. 机构养老 PPP 项目风险识别与分担研究[J]. 中国财政，（10）：45-47.
赵超霖. 2016-04-20. PPP 物有所值评价并不神秘，应回归可行性研究框架体系[N]. 中国经济导报，第 B05 版.
赵健. 2003. 工程承包商资格预审探讨[J]. 中国水运，（8）：31-32.
赵静. 2016. 基于多方主体视角的基础设施项目 PPP 模式的成功因素分析[J]. 财政科学，（12）：47-58.
赵争. 2017. PPP 模式下地下综合管廊项目投资方风险管理研究[D]. 青岛：青岛理工大学.
郑传斌，丰景春，鹿倩倩，等. 2017. 全生命周期视角下关系治理与契约治理导向匹配关系的实证研究——以 PPP 项目为例[J]. 管理评论，29（12）：258-268.
郑荷芬，马淑琴，徐英侠. 2013. 基础设施投入对服务贸易结构影响的实证研究——来自跨国面板数据的证据[J]. 国际贸易问题，（5）：115-127.
仲秋雁，赵彬，赵鹏. 2015. 软件外包企业间多层次信任演化的多案例研究[J]. 管理案例研究与评论，8（5）：418-433.
周其仁. 1997. "控制权回报"和"企业家控制的企业"——"公有制经济"中企业家人力资本产权的个案研究[J]. 经济研究，（5）：1-14.
周思娇. 2018. PPP 模式下污水处理服务价格调整模型与政策研究——基于最高上限价格管制理论[J]. 现代经济信息，（23）：295-296.
周晓冬，王爽. 2012.基于低碳理念 EPC 总承包商资格预审评价模型构建研究[J]. 森林工程，28（3）：74-77.
周正祥，张秀芳，张平. 2015.新常态下 PPP 模式应用存在的问题及对策[J]. 中国软科学，（9）：82-95.

朱华. 2005. 资格预审：国际工程项目的首道关口[J]. 国际经济合作，（1）：59-61.
朱蕾，袁竞峰，杜静. 2007. 基于 PPP 合同行政属性的政府介入权研究[J].建筑经济，（10）：92-95.
朱明洋，林子华. 2015. 国外商业模式价值逻辑研究述评与展望[J]. 科技进步与对策，32（1）：153-160.
朱蕊，王守清. 2011. 资源补偿项目（RCP）融资模式特许权要点设计——以某湿地公园项目为例[J]. 建筑经济，（9）：75-79.
朱顺应，王红，李关寿. 2002. 投标单位资格预审模糊层次评判法[J]. 重庆交通学院学报，21（3）：68-71.
朱宗乾，李艳霞，罗阿维，等. 2010. ERP 项目实施中风险分担影响因素的实证研究[J]. 工业工程与管理，15（2）：98-102.
卓翔芝. 2008. 供应链联盟伙伴关系动态演化机理研究[D]. 重庆：重庆大学.
邹芙林. 2007. 试论文化差异对国际商务谈判的影响[J]. 企业经济，（1）：74-76.
Abednego M P, Ogunlana S O. 2006. Good project governance for proper risk allocation in public-private partnerships in Indonesia[J]. International Journal of Project Management, 24(7): 622-634.
Adler T R. 2007. Swift trust and distrust in strategic partnering relationships: key considerations of team-based designs[J]. Journal of Business Strategies, 24(2): 105-121.
Aghion P, Dewatripont M, Rey P. 1994. Renegotiation design with unverifiable information[J]. Econometrica, 62(2): 257-282.
Aghion P, Tirole J. 1997. Formal and real authority in organizations[J]. Journal of Political Economy, 105 (1): 1-29.
Ahwireng-Obeng F, Mokgohlwa J P. 2002. Entrepreneurial risk allocation in public-private infrastructure provision in South Africa[J]. South African Journal of Business Management, 33(4): 29-40.
Aibinu A A, Ling F Y Y, Ofori G. 2011. Structural equation modelling of organizational justice and cooperative behaviour in the construction project claims process: contractors' perspectives[J]. Construction Management and Economics, 29(5): 463-481.
Aibinu A A, Ofori G, Ling F Y Y. 2008. Explaining cooperative behavior in building and civil engineering projects' claims process: interactive effects of outcome favorability and procedural fairness[J]. Journal of Construction Research, 134(9): 681-691.
Alarcon L F, Mourgues C. 2002. Performance modeling for contractor selection[J]. Journal of Management in Engineering, 18(2): 52-60.
Ali H, Birley S. 1998. The role of trust in the marketing activities of entrepreneurs establishing new ventures[J]. Journal of Marketing Management, 14(7): 749-763.
ANDI. 2006. The importance and allocation of risks in Indonesian construction projects[J]. Construction Management and Economics, 24(1): 69-80.

Andres L A, Guasch J L, Haven T, et al. 2008. The Impact of Private Sector Participation in Infrastructure: Lights, Shadows, and the Road Ahead[M]. Washington: World Bank.

Argyres N, Bercovitz J E L, Mayer K J. 2007. Complementarity and evolution of contractual provisions: an empirical study of IT services contracts[J]. Organization Science, 18(1): 3-19.

Ariño A, Ring P S. 2010. The role of fairness in alliance formation[J]. Strategic Management Journal, 31(10): 1054-1087.

Arndt H R. 1998. Risk allocation in the Melbourne city link project[J]. Journal of Project Finance, 4(3): 11-24.

Athias L, Saussier S. 2008. Contractual Flexibility or Rigidity for Public Private Partnerships?Theory and Evidence from Infrastructure Concession Contracts[R]. Munich, Germany: RePEc.

Atkinson R, Crawford L, Ward S. 2006. Fundamental uncertainties in projects and the scope of project management[J]. International Journal of Project Management, 24(8): 687-698.

Aziz A A, Nabavi H. 2014. Unsolicited Proposals for PPP Projects: Private Sector Perceptions in the USA[R]. Atlanta, Georgia, USA: Construction Research Congress 2014.

Badenfelt U. 2010. I trust you, I trust you not: a longitudinal study of control mechanisms in incentive contracts[J]. Construction Management and Economics, 28(3): 301-310.

Baker G, Gibbons R, Murphy K J. 2002. Relational contracts and the theory of the firm[J]. Quarterly Journal of Economics, 117(1): 39-84.

Barber B. 1983. The Logic and Limits of Trust[M]. New Brunswick: Rutgers University Press: 22-25.

Barney J B, Hansen M H. 1994. Trustworthiness as a source of competitive advantage[J]. Strategic Management Journal, (15): 175-190.

Barringer B R, Harrison J S. 2000. Walking a tightrope: creating value through interorganizational relationships[J]. Journal of Management, 26(3): 367-403.

Besley T, Ghatak M. 2001. Government versus private ownership of public goods[J]. Quarterly Journal of Economics, 116(4): 1343-1372.

Beuve J, de Brux J, Saussier S. 2014. Renegotiations, Discretion and Contract Renewals: An Empirical Analysis of Public-Private Agreements[R]. Paris, France: Sorbonne Business School.

Bitran E, Nieto-Parra S, Sebastian, Robledo J S. 2013. Opening the Black Box of Contract Renegotiations: An Analysis of Road Concessions in Chile, Colombia and Peru[R]. Paris, France: OECD Development Centre.

Bocken N, Short S, Rana P, et al. 2014. A literature and practice review to develop sustainable business model archetypes[J]. Journal of Cleaner Production, (65): 42-56.

Bohn J S, Teizer J. 2010. Benefits and barriers of construction project monitoring using high-resolution automated cameras[J]. Journal of Construction Engineering and Management, 136(6): 632-640.

Brandao L E, Bastian-Pinto C, Gomes L L, et al. 2012. Government supports in public-private partnership contracts: metro line 4 of the São Paulo subway system[J]. Journal of Infrastructure Systems, 18(3): 218-225.

Brattström A, Richtnér A. 2014. Good cop-bad cop: trust, control, and the lure of integration[J]. Journal of Product Innovation Management, 31(3): 584-598.

Bubshait A A. 2003. Incentive/disincentive contracts and its effects on industrial projects[J]. International Journal of Project Management, (21): 63-70.

Bucherer E, Eisert U, Gassmann O. 2012. Towards systematic business model innovation: lessons from product innovation management[J]. Creativity and Innovation Management, 21(2): 183-198.

Burnes B, Coram R. 1999. Barriers to partnerships in the public sector: the case of the UK construction industry[J]. Supply Chain Management: An International Journal, 4(1): 43-50.

Canonico P, Söderlund J. 2010. Getting control of multi-project organizations: combining contingent control mechanisms[J]. International Journal of Project Management, 28(8): 796-806.

Cao Z, Lumineau F. 2015. Revisiting the interplay between contractual and relational governance: a qualitative and meta-analytic investigation[J]. Journal of Operations Management, 33(1): 15-42.

Carbonara N, Costantino N, Pellegrino R. 2014a. Concession period for PPPs: a win-win model for a fair risk sharing[J]. International Journal of Project Management, 32(7): 1223-1232.

Carbonara N, Costantino N, Pellegrino R. 2014b. Revenue guarantee in public-private partnerships: a fair risk allocation model[J]. Construction Management and Economics, 32(4): 403-415.

Ceruti M. 2017. Sustainable development and smart technological innovation within PPPs: the strategic use of public procurement[J]. European Procurement and Public Private Partnership Law Review, 12(2): 183-191.

Chan A P C, Ameyaw E E. 2013. The private sector's involvement in the water industry of Ghana[J]. Journal of Engineering, Design and Technology, 11(3): 251-275.

Chan A P C, Lam P T I, Chan D W M, et al. 2010. Critical success factors for PPPs in infrastructure developments: Chinese perspective[J]. Journal of Construction Engineering and Management, 136(5): 484-494.

Chan A P C, Yeung J F Y, Yu C C P, et al. 2011. Empirical study of risk assessment and allocation of public-private partnership projects in China[J]. Journal of Management in Engineering, 27(3): 136-148.

Chen F Q, Fan L C. 2006. Analysis on stability of strategic alliance: a game theory perspective[J]. Journal of Zhejiang University Science A, 7(12): 1995-2001.

Chen M A, Maskin E S. 1999. Bargaining, production, and monotonicity in economic environments[J]. Journal of Economic Theory, 89(1): 140-147.

Cheng Z, Ke Y J, Lin J, et al. 2016. Spatio-temporal dynamics of public private partnership projects in China[J]. International Journal of Project Management, 34(7): 1242-1251.

Cheung E, Chan A P C, Kajewski S. 2010a. The public sector's perspective on procuring public works projects—Comparing the views of practitioners in Hong Kong and Australia[J]. Journal of Civil Engineering and Management, 17(3): 292-308.

Cheung E, Chan A P C, Kajewski S. 2010b. Suitability of procuring large public works by PPP in Hong Kong[J]. Engineering, Construction and Architectural Management, 17(3): 292-308.

Cheung E, Chan A P C, Lam P T I, et al. 2012. A comparative study of critical success factors for public private partnerships(PPP) between Mainland China and the Hong Kong Special Administrative Region[J]. Facilities, 30(13/14): 647-666.

Cheung S O, Ng T S T, Wong S-P, et al. 2003. Behavioral aspects in construction partnering[J]. International Journal of Project Management, 21(5): 333-343.

Cheung S O, Wong W K, Yiu T W, et al. 2011. Developing a trust inventory for construction contracting[J]. International Journal of Project Management, 29(2): 184-196.

Cheung S O, Yiu T W, Lam M C. 2013. Interweaving trust and communication with project performance[J]. Journal of Construction Engineering and Management, 139(8): 941-950.

Cheung S O, Yiu T W, Yeung S F. 2006. A study of styles and outcomes in construction dispute negotiation[J]. Journal of Construction Engineering and Management, 132(8): 805-814.

Chiara N, Kokkaew N. 2009. Risk analysis of contractual flexibility in BOT negotiations: a quantitative approach using risk flexibility theory[J]. International Journal of Engineering and Management, 1: 71-79.

Chiara N, Kokkaew N. 2013. Alternative to government revenue guarantees: dynamic revenue insurance contracts[J]. Journal of Infrastructure Systems, 19(3): 287-296.

Chou J-S, Pramudawardhani D. 2015. Cross-country comparisons of key drivers, critical success factors and risk allocation for public-private partnership projects[J]. International Journal of Project Management, 33(5): 1136-1150.

Chow P T, Cheung S O, Chan K Y. 2012. Trust-building in construction contracting: mechanism and expectation[J]. International Journal of Project Management, 30(8): 927-937.

Chung D, Hensher D A. 2018. Public private partnerships in the provision of tolled roads: shared value creation, trust and control[J]. Transportation Research Part A: Policy and Practice, 118: 341-359.

Cox A, Thompson I. 1998. Contracting for Business Success[M]. London: Thomas Telford.

Crocker K J, Reynolds K J. 1993. The efficiency of incomplete contracts: an empirical analysis of air force engine procurement[J]. The RAND Journal of Economics, 24(1): 126-146.

Cruz C O, Marques R C. 2013a. Flexible contracts to cope with uncertainty in public-private partnerships[J]. International Journal of Project Management, 31(3): 473-483.

Cruz C O, Marques R C. 2013b. Exogenous determinants for renegotiating public infrastructure concessions: evidence from Portugal[J]. Journal of Construction Engineering and Management, 2013, 139(9): 1082-1090.

Cruz C O, Marques R C. 2013c. Using the economic and financial re-equilibrium model to decrease infrastructure contract incompleteness[J]. Journal of Infrastructure Systems, 19(1): 58-66.

Cui H T, Raju J S, Zhang Z J. 2007. Fairness and channel coordination[J]. Management Science, 53(8): 1303-1314.

da Cruz N F, Marques R C. 2012. Delivering local infrastructure through PPPs: evidence from the school sector[J]. Journal of Construction Engineering and Management, 138(12): 1433-1443.

Darvish M, Yasaei M, Saeed A. 2009. Application of the graph theory and matrix methods to contractor ranking[J]. International Journal of Project Management, 27(6): 610-619.

Das T K, Teng B S. 2001. Trust, control and risk in strategic alliances: an integrated framework[J]. Organization Studies, 22(2): 251-283.

Dasgupta P, Serageldin I. 2000. Social Capital: A Multifaceted Perspective[M]. Washington: World Bank.

David Schoorman F, Mayer R C, Davis J H. 2007. An integrative model of organizational trust: past, present, and future[J]. Academy of Management Review, 32(2): 344-354.

de Brux J. 2010. The dark and bright sides of renegotiation: an application to transport concession contracts[J]. Utilities Policy, 18(2): 77-85.

de Schepper S, Haezendonck E, Dooms M. 2015. Understanding pre-contractual transaction costs for public-private partnership infrastructure projects[J]. International Journal of Project Management, 33(4): 932-946.

Deutseh M. 1962. Cooperation and trust: some theoretical notes[J]. Nebraska Symposium on Motivation, 275-319.

Ding Z K, Ng F F. 2007. Reliability and validity of the Chinese version of McAllister's trust scale[J]. Construction Management and Economics, 25(11): 1107-1117.

Doloi H. 2009. Relational partnerships: the importance of communication, trust and confidence and joint risk management in achieving project success[J]. Construction Management and Economics, 27(11): 1099-1109.

Doloi H. 2013. Empirical analysis of traditional contracting and relationship agreements for procuring partners in construction projects[J]. Journal of Management in Engineering, 29(3): 224-235.

Domingues S, Zlatkovic D. 2015. Renegotiating PPP contracts: reinforcing the "P" in partnership[J]. Transport Reviews, 35(2): 204-225.

Domingues S, Zlatkovic D, Roumboutsos A. 2014. Contractual Flexibility in Transport Infrastructure PPP[Z]. Frankfurt, Germany: European Transport Conference.

Doz Y L. 1996. The evolution of cooperation in strategic alliance: initial conditions or learning processes[J]. Strategic Management Journal, 17(S1): 55-83.

Dyer J H, Chu W J. 2003. The role of trustworthiness in reducing transaction costs and improving performance: empirical evidence from the United States, Japan, and Korea[J]. Organization

Science, 14(1): 57-68.

El-Sawalhi N, Eaton D, Rustom R. 2007. Contractor pre-qualification model: State-of-the-art[J]. International Journal of Project Management, 25(5): 465-474.

Engel E, Fischer R, Galetovic A. 2009. Soft Budgets and Renegotiations in Public-Private Partnerships[R]. New Haven, Connecticut, USA: Yale University.

Engel E, Fischer R, Galetovic A. 2011. Public-Private Partnerships to Revamp U.S. Infrastructure[R]. Washington, USA: The Hamilton Project.

Eriksson P E, Laan A. 2007. Procurement effects on trust and control in client-contractor relationships[J]. Engineering, Construction and Architectural Management, 14(4): 387-399.

Eriksson P E, Westerberg M. 2011. Effects of cooperative procurement procedures on construction project performance: a conceptual framework[J]. International Journal of Project Management, 29(2): 197-208.

Estache A, Saussier S. 2014. Public-Private Partnerships and Efficiency: A Short Assessment[R]. Munich, Germany: University of Munich.

Faems D, Janssens M, Madhok A, et al. 2008. Toward an integrative perspective on alliance governance: connecting contract design, contract application, and trust dynamics[J]. Academy of Management Journal, 51(6): 1053-1078.

Fama E F, Jensen M C. 1983. Separation of ownership and control[J]. Journal of Law and Economics, 26(2): 301-325.

Fawcett S E, Ogden J A, Magnan G M, et al. 2006. Organizational commitment and governance for supply chain success[J]. International Journal of Physical Distribution and Logistics Management, 36(1): 22-35.

Feng Z, Zhang S B, Gao Y. 2014. On oil investment and production: a comparison of production sharing contracts and buyback contracts[J]. Energy Economics, (42): 395-402.

Flyvbjerg B, Garbuio M, Lovallo D. 2009. Delusion and deception in large infrastructure projects: two models for explaining and preventing executive disaster[J]. California Management Review, 51(2): 170-193.

Francesco G, Antonio F. 2017. The Effect of Group Identity on Distributive Choice: Social Preference or Heuristic?[J]. Economic Journal, 127(602): 1047-1068.

Francesconi M, Muthoo A. 2006. Control rights in public-private partnerships[J]. Social Science Electronic Publishing, 2(1): 26-27.

Frederick A. 2002. Entrepreneurial risk allocation in public-private infrastructure provision in South Africa[J]. South African Journal of Business Management, 33(4): 29-40.

Fukuyama F. 1999. Social Capital and Civil Society[R]. Washington, D.C., USA: IMF Conference on Second Generation Reforms.

Gerhard G, Christian B. 2010. Inter and intraorganizational trust in international construction joint ventures[J]. Journal of Construction Engineering and Management, 136(3): 353-360.

Gibbons R. 2005. Incentives between firms(and within)[J]. Management Science, 51(1): 2-17.

Graham A. 2000. Demand for leisure air travel and limits to growth[J]. Journal of Air Transport Management, 6(2): 109-118.

Green A, Hogarth T. 2017. Attracting the best talent in the context of migration policy changes: the case of the UK[J]. Journal of Ethnic and Migration Studies, 43(16): 1-19.

Greenberg P S, Greenberg R H, Antonucci Y L. 2007. Creating and sustaining trust in virtual teams[J]. Business Horizons,50(4): 325-333.

Griffith D A, Harvey M G, Lusch R F. 2006. Social exchange in supply chain relationships: the resulting benefits of procedural and distributive justice[J]. Journal of Operations Management, 24(2): 85-98.

Grossman S, Hart O. 1986. The costs and benefits of ownership: a theory of vertical and lateral integration[J]. Journal of Political Economy, 94: 691-719.

Guasch J L. 2004. Granting and Renegotiation Infrastructure Concessions: Doing it Right[R]. Washington, USA: World Bank Institute (WBI).

Guasch J L, Benitez D, Portabales I. 2014. The renegotiation of PPP contracts: an overview of its recent evolution in Latin America[R]. Washington, USA: International Transport Forum.

Guasch J L, Laffont J, Straub S. 2007. Concessions of infrastructure in latin America government-led renegotiation[J]. Journal of Applied Econometrics, 22(7): 1267-1294.

Guasch J L, Straub S. 2009. Corruption and concession renegotiations: evidence from the water and transport sectors in Latin America[J]. Utilities Policy, 17(2): 185-190.

Harris A, Giunipero L C, Hult G T M. 1998. Impact of organizational and contract flexibility on outsourcing contracts[J]. Industrial Marketing Management, 27(5): 373-384.

Hart O. 1995. Firms, Contracts, and Financial Structure[M]. Oxford: Clarendon Press.

Hart O, Moore J. 1990. Property rights and the nature of the firm[J]. Journal of Political Economy, 98 (6): 1119-1158.

Hart O, Moore J. 1999. Foundations of incomplete contracts[J]. Review of Economic Studies, 66(1): 115-138.

Hart O, Moore J. 2004. Agreeing Now to Agree Later: Contracts that Rule Out but do not Rule In[R]. Social Science Electronic Publishing, 1(3): 27-39.

Hart O, Moore J. 2008. Contracts as reference points[J]. Quarterly Journal of Economics, 123(1): 1-48.

Hart O, Shleifer A, Vishny R W. 1997. The proper scope of government: theory and an application to prisons[J]. Quarterly Journal of Economics, 112(4): 1127-1161.

Hartman F. 2000. The Role of Trust in Project Management[R]. Paris, France: Project Management Institute.

Heide J B, John G. 1992. Do norms matter in marketing relationships?[J]. Journal of Marketing, 56(4): 32-44.

Heide J B, Wathne K H. 2006. Friends, businesspeople, and relationship roles: a conceptual framework and a research agenda[J]. Journal of Marketing, 70: 90-103.

Henisz W J. 2006. Governance issues in public private partnerships[J]. International Journal of Project Management, 24(7): 537-538.

Henisz W J, Levitt R E, Scott W R. 2012. Toward a unified theory of project governance: economic, sociological and psychological supports for relational contracting[J]. Engineering Project Organization Journal, 2(2): 37-55.

Huang Y L, Pi C-C. 2014. Real-option valuation of build-operate-transfer infrastructure projects under performance bonding[J]. Journal of Construction Engineering and Management, 140(5): 1-7.

Huber T L, Fischer T A, Dibbern Jens, et al. 2013. A process model of complementarity and substitution of contractual and relational governance in IS outsourcing[J]. Journal of Management Information Systems, 30(3): 81-114.

Husby O, Kilde H S, Klakegg O J, et al. 1999. Uncertainty as Benefit, Managing Project Uncertainty: Possibility, Risk, Decision, Action[R]. Trondheim, Norway: Norwegian University of Science and Technology.

Iossa E, Martimort D. 2016. Corruption in PPPs, incentives and contract incompleteness[J]. International Journal of Industrial Organization, 44: 85-100.

Iseki H, Houtman R J. 2011. Evaluation of progress in contractual terms: two case studies of recent DBFO projects in North America[J]. Transportation Research Board Meeting, 36(1): 73-84.

Issac S, Navon R. 2014. Can project monitoring and control be fully automated[J]. Construction Management and Economics, 32(6): 495-505.

Jacobson C, Sang O C. 2008. Success factors: public works and public-private partnerships[J]. International Journal of Public Sector Management, 21(6): 637-657.

Javed A A, Lam P T I, Chan A P C. 2013. A model framework of output specifications for hospital PPP/PFI projects[J]. Facilities, 31(13/14): 610-633.

Javed A A, Lam P T I, Chan A P C. 2014. Change negotiation in public-private partnership projects through output specifications: an experimental approach based on game theory[J]. Construction Management and Economics, 32(4): 323-348.

Jeffrey K P, Slevin D P, English B. 2009. Trust in projects: an empirical assessment of owner/contractor relationships[J]. International Journal of Project Management, 27(6): 638-648.

Jiang W P, Zhang Q, Le Y, et al. 2012. Research on the relationship between the characteristics of the trustee and trust in construction projects[J]. Advanced Materials Research, 468: 1435-1438.

Jin X H, Doloi H. 2008. Interpreting risk allocation mechanism in public-private partnership projects: an empirical study in a transaction cost economics perspective[J]. Construction Management and

Economics, 26(7): 707-721.

Jin X H, Ling F Y Y. 2005. Model for fostering trust and building relationships in China's construction industry[J]. Journal of Construction Engineering and Management, 131(11): 1224-1232.

Jin X H, Zhang G M. 2011. Modelling optimal risk allocation in PPP projects using artificial neural networks[J]. International Journal of Project Management, 29(5): 591-603.

Jonas S. 2004. On the broadening scope of the research on projects: a review and a model for analysis[J]. International Journal of Project Management, 22 (8): 655-667.

Jonathan L. 2003. Relational incentive contracts[J]. The American Economic Review, 93(2): 835-857.

Joop K, Wijnand V, van der Voort H, et al. 2011. Competing management approaches in large engineering projects: the Dutch RandstadRail project[J]. International Journal of Project Management, 29(6): 740-750.

Joyner K. 2007. Dynamic evolution in public-private partnerships the role of key actors in managing multiple stakeholders[J]. Managerial Law, 49(5/6): 206-217.

Kadefors A. 2004. Trust in project relationships—inside the black box[J]. International Journal of Project Management, 22(3): 175-182.

Kadefors A. 2005. Fairness in interorganizational project relations: norms and strategies[J]. Construction Management and Economics, 23(8): 871-878.

Kangari R. 1995. Risk Management Perceptions and Trends of U.S. Construction[J]. Journal of Construction Engineering and Management,12: 442-449.

Karlsen J T. 2008. Forming relationships with stakeholders in engineering projects[J]. European Journal of Industrial Engineering, 2(1): 35-49.

Ke Y J, Ling F Y Y, Zou P X W. 2015. Effects of contract strategy on interpersonal relations and project outcomes of public-sector construction contracts in Australia[J]. Journal of Management in Engineering, 31(4): 4001-4062.

Ke Y J , Wang S Q, Chan A P C, et al. 2010. Preferred risk allocation in China's public-private partnership(PPP) projects[J]. International Journal of Project Management, 28(5): 482-492.

Ke Y J, Wang S Q, Chan A P C, et al. 2011. Understanding the risks in China's PPP projects: ranking of their probability and consequence[J]. Engineering, Construction and Architectural Management, 18(5): 481-496.

Kedenda A R A. 2010. Public-private partnership for infrastucture developement: a comparative study of Kenya and India[D]. Nairobi: University of Nairobi.

Keogh G, D'Arcy É. 1994. Market maturity and property market behaviour: a European comparison of mature and emergent markets[J]. Journal of Property Research, 11(3): 215-235.

Khalfan M M A, McDermott P, Swan W. 2007. Building trust in construction projects[J]. Supply Chain Management: An International Journal, 12(6): 385-391.

Kimberly M E, Taco H R, Bruce T L. 2009. The effects of procedural and informational justice in the integration of related acquisitions[J]. Strategic Management Journal, 30(2): 137-161.

Kirilenko A A. 2001. Valuation and control in venture finance[J]. The Journal of Finance, LVI (2): 565-587.

Klein B. 1996. Why hold-ups occur: the self-enforcing range of contractual relationships[J]. Economic Inquiry, 34(3): 444-463.

Kort I M, Verweij S, Klijn H. 2016. In search for effective public-private partnerships: an assessment of the impact of organizational form and managerial strategies in urban regeneration partnerships using fsQCA[J]. Canadian Journal of Law and Society, 24(2): 224-290.

Kosnik L D. 2014. Determinants of contract completeness: an environmental regulatory application[J]. International Review of Law and Economics, 37: 198-208.

Kumar N, Scheer L K. 1995. The effects of supplier fairness on vulnerable resellers[J]. Journal of Marketing Research, 32(1): 54-65.

Kumaraswamy M M, Anvuur A M. 2008. Selecting sustainable teams for PPP projects[J]. Building and Environment, 43(6): 999-1009.

Laan A. 2009. Building trust: the case of the construction industry[D]. Enschede: University of Twente.

Laan A, Noorderhaven N, Voordijk Hans, et al. 2011. Building trust in construction partnering projects: an exploratory case-study[J]. Journal of Purchasing and Supply Management, 17(2): 98-108.

Laan A, Voordijk H, Noorderhaven N, et al. 2012. Levels of interorganizational trust in construction projects: empirical evidence[J]. Journal of Construction Engineering and Management, 138(7): 821-831.

Lam K C, Wang D, Lee P T K, et al. 2007. Modelling risk allocation decision in construction contracts[J]. International Journal of Project Management, 225 (5): 485-493.

Lamoreaux N R. 2005. Legal regime and contractual flexibility: a comparison of business's organizational choices in France and the United States during the era of industrialization[J]. American Law and Economics Review, 2005, 7(1): 28-61.

Lau D C, Liu J, Fu P P. 2007. Feeling trusted by business leaders in China: antecedents and the mediating role of value congruence[J]. Asia Pacific Journal of Management, 24(3): 321-340.

Lau E, Rowlinson S. 2011. The implications of trust in relationships in managing construction projects[J]. International Journal of Managing Projects in Business, 4(4): 633-659.

Lee K D, Hwang E J, Yeom S H, et al. 2016. The effect of high-speed railway station facilities and train related services on customer satisfaction: based on KTX user experience[J]. Journal of the Korean Society for Railway, 19(3): 351-362.

Leiringer R. 2006. Technological innovation in PPPs: incentive, opportunities and actions[J].

Construction Management and Economics, 24(3): 301-308.

Lewicki R J, Bunker B B. 1996. Developing and maintaining trust in work relationship[D]. Thousand Oaks: Sage Publications.

Li B, Akintoye A, Edwards P J, et al. 2005. The allocation of risk in PPP/PFI construction projects in the UK[J]. International Journal of Project Management, 23(1): 25-35.

Li J L, Poppo L, Zhou K Z. 2010. Relational mechanisms, formal contracts, and local knowledge acquisition by international subsidiaries[J]. Strategic Management Journal, 31(4): 349-370.

Liu J X, Love P E D, Davis P R, et al. 2015. Conceptual framework for the performance measurement of public-private partnerships[J]. Journal of Infrastructure Systems, 21(1): 04014023.

Liu J X, Love P E D, Smith J, et al. 2014b. Public-private partnerships: a review of theory and practice of performance measurement[J]. International Journal of Productivity and Performance Management, 63(4): 499-512.

Liu L, Borman M, Gao J. 2014a. Delivering complex engineering projects: reexamining organizational control theory[J]. International Journal of Project Management, 32(5): 791-802.

Liu S, Deng Z H. 2015. How environment risks moderate the effect of control on performance in information technology projects: perspectives of project managers and user liaisons[J]. International Journal of Information Management, 35(1): 80-97.

Liu T T, Wilkinson S. 2014. Large-scale public venue development and the application of public-private partnerships(PPPs)[J]. International Journal of Project Management, 32(1): 88-100.

Liu Y, Huang Y, Luo Y D, et al. 2012. How does justice matter in achieving buyer-supplier relationship performance?[J]. Journal of Operations Management, 30: 355-367.

Liyanage C, Villalba-Romero F. 2015. Measuring success of PPP transport projects: a cross-case analysis of toll roads[J]. Transport Reviews, 35(2): 140-161.

Love P E D, Liu J X, Matthews Jane, et al. 2015. Future proofing PPPs: life-cycle performance measurement and building information modelling[J]. Automation in Construction, (56): 26-35.

Lu S K, Hao G. 2013. The influence of owner power in fostering contractor cooperation: evidence from China[J]. International Journal of Project Management, 31(4): 522-531.

Lu W S, Liu A M M, Wang H D, et al. 2013. Procurement innovation for public construction projects: a study of agent-construction system and public-private partnership in China[J]. Engineering, Construction and Architectural Management, 20(6): 543-562.

Lui S S, Ngo H Y. 2004. The role of trust and contractual safeguards on cooperation in non-equity alliances[J]. Journal of Management, 30(4): 471-485.

Luo Y D. 2002. Contract, cooperation, and performance in international joint ventures[J]. Strategic Management Journal, 23(10): 903-919.

Luo Y D. 2005. How important are shared perceptions of procedural justice in cooperative alliances?[J]. Academy of Management Journal, 48(4): 695-709.

Luo Y D. 2007a. Are joint venture partners more opportunistic in a more volatile environment?[J] Strategic Management Journal, 28(1): 39-60.

Luo Y D. 2007b. The independent and interactive roles of procedural, distributive and interactional justice in strategic alliances[J]. Academy of Management Journal, 50(3): 644-664.

Luo Y D. 2008. Procedural fairness and interfirm cooperation in strategic alliances[J]. Strategic Management Journal, 29(1): 27-46.

Luo Y D. 2009. From gain-sharing to gain-generation: the quest for distributive justice in international joint ventures[J]. Journal of International Management, 15(4): 343-356.

Luo Y D, Liu Y, Yang Q, et al. 2015. Improving performance and reducing cost in buyer-supplier relationships: the role of justice in curtailing opportunism[J]. Journal of Business Research, 68(3): 607-615.

Lyons B, Mehta J. 1997. Contracts, opportunism and trust: self-interest and social orientation[J]. Cambridge Journal of Economics, 21(2): 239-257.

Macneil I R. 1978. Contracts: adjustment of long-term economic relations under classical, neoclassical and relational contract law[J]. Northwestern University Law Review, 72(6): 854-905.

Mahdi I M, Riley M J, Fereig S M, et al. 2002. A multi-criteria approach to contractor selection[J]. Engineering Construction and Architectural Management, 9(1): 29-37.

Majamaa W, Junnila S, Doloi H, et al. 2008. End-user oriented public-private partnerships in real estate industry[J]. International Journal of Strategic Property Management, 12(1): 1-17.

Manu E, Ankrah N, Chinyio E, et al. 2013. A cognitive approach to trust management in construction[J]. Proceedings of Institution of Civil Engineers-Management, Procurement and Law, 166(5): 232-239.

Manu E, Ankrah N, Chinyio E, et al. 2015. Trust influencing factors in main contractor and subcontractor relationships during projects[J]. International Journal of Project Management, 33(7): 1495-1508.

Marques R C, Berg S. 2010. Revisiting the strengths and limitations of regulatory contracts in infrastructure industries[J]. Journal of Infrastructure Systems, 16(4): 334-342.

Marzouk M M, Ali M. 2018. Mitigating risks in wastewater treatment plant PPPs using minimum revenue guarantee and real options[J]. Utilities Policy, 53: 121-133.

Maurer I. 2010. How to build trust in inter-organizational projects: the impact of project staffing and project rewards on the formation of trust, knowledge acquisition and product innovation[J]. International Journal of Project Management, 28(7): 629-637.

Mayer R C, Davis J H, Schoormam F D. 1995. An integrative model of organizational trust[J]. Academy of Management Review, 20(3): 709-734.

Medda F. 2006. A game theory approach for the allocation of risks in transport public private partnerships[J]. International Journal of Project Management, 25(3): 213-218.

Meng X H. 2012. The effect of relationship management on project performance in construction[J]. International Journal of Project Management, 30(2): 188-198.

Meng X H. 2015. The role of trust in relationship development and performance improvement[J]. Journal of Civil Engineering and Management, 21(7): 845-853.

Ming Y, Grabot B, Houé R. 2014. A typology of the situations of cooperation in supply chains[J]. Computers and Industrial Engineering, 67(1): 56-71.

Mladenovic G, Vajdic N, Wündsch B, et al. 2013. Use of key performance indicators for PPP transport projects to meet stakeholders' performance objectives[J]. Built Environment Project and Asset Management, 3(2): 228-249.

Mota J, Moreira A C. 2015. The importance of non-financial determinants on public-private partnerships in Europe[J]. International Journal of Project Management, 33(7): 1563-1575.

Mou J, Shin D H, Cohen J. 2016. Understanding trust and perceived usefulness in the consumer acceptance of an e-service: a longitudinal investigation[J]. Behaviour & Information Technology, 36(1-3): 125-139.

Mueller J S, Curhan J R. 2006. Emotional intelligence and counterpart mood induction in a negotiation[J]. International Journal of Conflict Management, 17(2): 110-128.

Mun J, Shin M, Lee K. 2009. Manufacturing enterprise collaboration based on a goal-oriented fuzzy trust evaluation model in a virtual enterprise[J]. Computers and Industrial Engineering, 56(3): 888-901.

Müller J M, Buliga O, Voigt K L. 2018. Fortune favors the prepared: how SMEs approach business model innovations in industry 4.0[J]. Technological Forecasting and Social Change, (132): 2-17.

Naisar T M. 2013. Implementation constraints in social enterprise and community public private partnerships[J]. International Journal of Project Management, 31(4): 638-651.

Ng S T, Wong Y M W, Wong J M W. 2010. A structural equation model of feasibility evaluation and project success for public-private partnerships in Hong Kong[J]. IEEE Transactions on Engineering Management, 57(2): 310-322.

Ngowi A B, Pienaar E. 2005. Trust factor in construction alliances[J]. Building Research and Information, 33(3): 267-278.

Nystén-Haaralla S, Lee N, Lehto J. 2010. Flexibility in contract terms and contracting processes[J]. International Journal of Managing Projects in Business, 3(3): 462-478.

Ochieng E G, Price A D F. 2010. Build trust in inter-organizational projects: the impact of project staffing and project rewards on the formation of trust, knowledge acquisition and product innovation[J]. International Journal of Project Management, 28(7): 629-637.

Olsson N O E. 2006. Management of flexibility in projects[J]. International Journal of Project Management, (24): 66-74.

Onishi M, Bando H, Kobayashi K. 2003. Theoretical analysis of the ownership structure in PFI projects[R]. Tokyo, Japan: 27th Civil Engineering Plan Subject Research and Conference.

Osipova E, Eriksson P E. 2013. Balancing control and flexibility in joint risk management: lessons learned from two construction projects[J]. International Journal of Project Management, 31(3): 391-399.

Oudot J M. 2005. Risk-Allocation: Theoretical and Empirical Evidences, Application to Public-Private Partnerships in the Defense Sector[R]. Barcelona, Spain: The 9th Annual Conference of the Institutions of Market Exchange.

Oyetunji A A, Anderson S D. 2006. Relative effectiveness of project delivery and contract strategies[J]. Journal of Construction and contract and Management, 132(1): 3-13.

Pettit P . 2004. Trust, reliance and the internet[J]. Analyse and Kritik, 26(1): 108-121.

Pineda G, Arboleda C A. 2014. Assessing operational risks in road projects under the PPP framework in Colombia[R]. Atlanta, Georgia, USA: Construction Research Congress 2014.

Poppo L, Zenger T. 2002. Do Formal contracts and relational governance function as substitutes or complements?[J]. Strategic Management Journal, 23(8): 707-725.

Pryke S D. 2005. Towards a social network theory of project governance[J]. Construction Management and Economics, 23(11): 927-939.

Putnam R D. 1995. Bowling alone: America's declining social capital[J]. Journal of Democracy, 6(1): 65-78.

Rajan T A, Gopinath G, Behera M. 2014. PPPs and project overruns: evidence from road projects in India[J]. Journal of Construction Engineering and Management, 140(5): 04013070.

Rashid A, Aziz A. 2012. Control mechanisms exercised in Malaysian housing public-private parnerships[J]. Construction Management and Economics, 30(1): 37-55.

Reddy A, Lu A, Boguslavsky M, et al. 2014. Designing New York City subways' key performance indicators to improve service delivery and operations[J]. Transportation Research Record: Journal of the Transportation Research Board, 2415(1): 21-34.

Robert L P, Dennis A R, Hung Y T C. 2009. Individual swift trust and knowledge-based trust in face-to-face and virtual team members[J]. Journal of Management Information Systems, 26(2): 241-279.

Robert O K, Chan A P C. 2016. Criteria for measuring the success of public-private partnership infrastructure projects[R]. Toronto, Canada: COBRA RICS.

Roberts D J, Siemiatycki M. 2015. Fostering meaningful partnerships in public-private partnerships: innovations in partnership design and process management to create value[J]. Environment and Planning C: Government and Policy, 33(4): 780-793.

Robinson H S, Scott J. 2009. Service delivery and performance monitoring in PFI/PPP projects[J]. Construction Management and Economics, 27(2): 181-197.

Rousseau D M, Sitkin B, Burt R S, et al. 1998. Not so different after all: a cross-discipline view of trust[J]. Academy of Management Review, 23(3): 393-404.

Ruuska I, Ahola T, Artto K, et al. 2011. A new governance approach for multi-firm projects: lessons from olkiluoto 3 and flamanville 3 nuclear plant projects[J]. International Journal of Project Management, 29(6): 647-660.

Schepker D J, Oh W Y, Martynov A, et al. 2013. The many futures of contracts: moving beyond structure and safeguarding to coordination and adaptation[J]. Journal of Management, 40(1): 193-225

Segal I. 1999. Complexity and renegotiation: a foundation for incomplete contracts[J]. Review of Economic Studies, 66(1): 57-82.

Semple C, Hartman F, Jergeas G. 1994. Construction claims and disputes: cause and cause/time overruns[J]. Journal of Construction Engineering and Management, 120(4): 785-795.

Shan L, Garvin M J, Kumar R. 2010. Collar options to manage revenue risks in real toll public-private partnership transportation projects[J]. Construction Management and Economics, 28(10): 1057-1069.

Sharma D K, Cui Q B, Chen L J. 2010. Balancing private and public interests in public-private partnership contracts through optimization of equity capital structure[J]. Transportation Research Record: Journal of the Transportation Research Board, 2151(1): 60-66.

Shen L Y, Platten A, Deng X P. 2006. Role of public private partnerships to manage risks in public sector projects in Hong Kong[J]. International Journal of Project Management, 24(7): 587-594.

Shen W, Xiao W, Wang X. 2016. Passenger satisfaction evaluation model for urban rail transit: a structural equation modeling based on partial least squares[J]. Transport Policy, (46): 20-31.

Siebert H. 1987. Risk allocation in large-scale resource ventures[J]. Kyklos, 40(4): 476-495.

Singh L B, Kalidindi S N. 2006. Traffic revenue risk management through annuity model of PPP road projects in India[J]. International Journal of Project Management, 24 (7): 605-613.

Skietrys E, Raipa A, Bartkus E V. 2015. Dimensions of the efficiency of public-private partnership[J]. Engineering Economics, 105(3): 45-50.

Smyth H. 2008. The credibility gap in stakeholder management: ethics and evidence of relationship management[J]. Construction Management and Economics, 26(6): 633-643.

Song J B, Jin L L, Fu Y N. 2014. Adjustment decisions on toll and concession period for highway BOT project[J]. System Engineering-Theory and Practice, 34(8): 2045-2053.

Spiller T P. 2008. An Institutional Theory of Public Contracts: Regulatory Implications[R]. Stanford, USA: National Bureau of Economic Research (NBER).

Stern J. 2012. The relationship between regulation and contracts in infrastructure industries: regulation as ordered renegotiation[J]. Regulation and Governance, 6(4): 474-498.

Susarla A. 2012. Contractual flexibility, rent seeking, and renegotiation design: an empirical analysis of information technology outsourcing contracts[J]. Management Science, 58(7): 1388-1407.

Swanson J R. 2007. Contracting to appropriately allocate risk[D]. Madison: University of Wisconsin.

Tadelis S. 2012. Public procurement design: lessons from the private sector[J]. International Journal of Industrial Organization, 30(3): 297-302.

Tan Z J, Tan W. 2014. Pareto-improving toll adjustment for a build-operate-transfer toll road project with unknown demand[J]. European Journal of Transport and Infrastructure Research, 14(1): 66-81.

Tan Z J, Yang H. 2012. Flexible build-operate-transfer Contracts for Road Franchising under Demand Uncertainty[J]. Transportation Research Part B: Methodological, 46(10): 1419-1439.

Tang W. 2014. Research on interests distribution model of industrial technology innovation strategic alliances[J]. International Journal of u-and e-Service, Science and Technology, 7(2): 157-166.

Tirole J. 1999. Incomplete contracts: where do we stand?[J]. Econometrica, 67(4): 741-781.

Tomkins C. 2001. Interdependencies, trust and information in relationships, alliances and networks[J]. Accounting, Organizations and Society, 26(2): 161-191.

Tserng H P, Russell J S, Hsu C W, et al. 2012. Analyzing the role of national PPP units in promoting PPPs: using new institutional economics and a case study[J]. Journal of Construction Engineering and Management, 138(2): 242-249.

Turner J R, Keegan A. 1999. The Versatile project-based organization: governance and operational control[J]. European Management Journal, 17(3): 296-309.

Turner J R, Keegan A. 2001. Mechanisms of governance in the project-based organization: roles of the broker and stewardr[J]. European Management Journal, 19(3): 254-267

Turner J R, Simister S J. 2001. Project contract management and a theory of organization[J]. International Journal of Project Management, 19(8): 457-464.

Tuuli M M, Rowlinson S, Koh Y T. 2010a. Control modes and mechanisms in construction project teams: drivers and consequences[J]. Construction Management and Economics, 28(5): 451-465.

Tuuli M M, Rowlinson S, Koh T Y. 2010b. Dynamics of control in construction project teams[J]. Construction Management and Economics, 28(2): 189-202.

Tyssen A K, Wald A, Spieth P. 2003. Leadership in temporary organizations: a review of leadership theories and a research agenda[J]. Project Management Journal, 44(6): 52-67.

United Nations Institute for Training and Research(UNITAR). 2000. PPP for Sustainable Development[R]. New York, USA: United Nations Institute for Training and Research(UNITAR).

van den Hurk M, Verhoest K. 2015. The governance of public-private partnerships in sports infrastructure: interfering complexities in Belgium[J]. International Journal of Project Management, 33(1): 201-211.

Vanneste B S, Puranam P. 2010. Repeated interactions and contractual detail: identifying the learning effect[J]. Organization Science, 21(1): 186-201.

Vassallo J M. 2010. Flexible-Term Highway Concessions: How Can They Work Better?[R].

Washington, D.C., USA: Transportation Research Board of the National Academies.

Vega A O. 1997. Risk allocation in infrastructure financing[J]. Journal of Project Finance, 3(2): 38-42.

Verweij S. 2015. Producing satisfactory outcomes in the implementation phase of PPP infrastructure projects: a fuzzy set qualitative comparative analysis of 27 road constructions in the Netherlands[J]. International Journal of Project Management, 33(8): 1877-1887.

Villalba-Romero F, Liyanage C. 2016. Evaluating success in PPP road projects in Europe: a comparison of performance measurement approaches[J]. Transportation Research Procedia, 14: 372-381.

von Branconi C, Loch C H. 2004. Contracting for major projects: eight business levers for top management[J]. International Journal of Project Management, 22(2): 119-130.

Wang E T G, Chen J H F. 2006. The influence of governance equilibrium on ERP project success[J]. Decision Support Systems, 41(4): 708-727.

Wang F X, Yamagishi T. 2005. Group-based trust and gender differences in China[J]. Asian Journal of Social Psychology, (8): 199-210.

Wang L W, Yeung J H Y, Zhang M. 2011. The impact of trust and contract on innovation performance: the moderating role of environmental uncertainty[J]. International Journal of Production Economics, 134(1): 114-122.

Wang M T, Chou H Y. 2003. Risk allocation and risk handling of highway projects in Taiwan[J]. Journal of Management in Engineering, 19(2): 60-68.

Wang Q, Liu Z G, He Y L, et al. 2014. Research of urban rail transit passengers' evaluation index on the large-scale events—take Shanghai F1 Formula as an example[J]. International Journal of Business and Social Science, 5(3): 197-202.

Wang Y L, Liu J C. 2015. Evaluation of excess revenue sharing ratio in PPP projects using principal-agent models[J]. International Journal of Project Management, 33(6): 1317-1324.

Watt D J, Kayis B, Willey K. 2009.Identifying key factors in the evaluation of tenders for projects and services[J].International Journal of Project Management, 27(3): 250-260.

Weber L, Mayer K J, Macher J T. 2011. An analysis of extendibility and early termination provisions: the importance of framing duration safeguards[J]. Academy of Management Journal, 54(1): 182-202.

Węgrzyn J. 2016. The perception of critical success factors for PPP projects in different stakeholder groups[J]. Entrepreneurial Business and Economics Review, 4(42): 81-92.

Wei H L, Wong C W Y, Lai K H. 2012. Linking inter-organizational trust with logistics information integration and partner cooperation under environmental uncertainty[J]. International Journal of Production Economics, 139(2): 642-653.

Whyte J, Lobo S. 2010. Coordination and control in project-based work: digital objects and infrastructures for delivery[J]. Construction Management and Economics, 28(6): 557-567.

Wibowo A, Permana A, Kochendorfer B, et al. 2012. Modeling contingent liabilities arising from government guarantees in Indonesian BOT/PPP toll roads[J]. Journal of Construction Engineering and Management, 138(12): 1403-1410.

Williamson O E. 1996. The Mechanisms of Governance[M]. New York: Oxford University Press.

Winch G M. 2001. Governing the project process: a conceptual framework[J]. Construction Management and Economics, 19(8): 799-808.

Wong C H, Holt G D, Cooper P A. 2000. Lowest price or value? Investigation of UK construction clients' tender selection process[J]. Construction Management and Economics, 18(7): 767-774.

Wong P S, Cheung S O. 2004. Trust in construction partnering: views from parties of the partnering dance[J]. International Journal of Project Management, 22(6): 437-446.

Wong P S, Cheung S O. 2005. Structural equation model on trust and partnering success[J]. Journal of Management in Engineering, 21(2): 70-80.

Wong P S, Cheung S O, Ho P K M. 2005. Contractor as trust initiator in construction partnering-prisoner's dilemma perspective[J]. Journal of Construction Engineering and Management, 131(10): 1045-1053.

Wong W K, Cheung S O, Yiu T W, et al. 2008. A framework for trust in construction contracting[J]. International Journal of Project Management, 26(8): 821-829.

Wood G, McDermott P, Swan W. 2002. The ethical benefits of trust-based partnering: the example of the construction industry[J]. Business Ethics: A European Review, 11(1): 4-13.

Woolthuis R K, Hillebrand B, Nooteboom B. 2005. Trust, contract and relationship development[J]. Organization Studies, 26(6): 813-840.

Xiong W, Yuan J F, Li Q M, et al. 2015. Performance objective-based dynamic adjustment model to balance the stakeholders' satisfaction in PPP projects[J]. Journal of Civil Engineering and Management, 21(5): 539-547.

Xiong W, Zhang X Q. 2014. Concession renegotiation models for projects developed through public-private partnerships[J]. Journal of Construction Engineering and Management, 140(5): 04014008.

Xu J W, Moon S W. 2014. Stochastic revenue and cost model for determining a BOT concession period under multiple project constraints[J]. Journal of Management in Engineering, 30(3): 0401411.

Xu Y L, Chan A P C, Yeung J F Y. 2010. Developing a fuzzy risk allocation model for PPP projects in China[J]. Journal of Construction Engineering and Management, 136(8): 894-903.

Xue X L, Shen Q P, Ren Z M, et al. 2011. Cognition and decision making in construction engineering and management: a case of construction project contract negotiation[J]. Journal of Convergence Information Technology, 6(3): 226-233.

Yang L. 2013. Dynamic relationship between trust and formal control in Chinese construction project[J]. Journal of Applied Sciences, 13(10): 1817-1822.

Yang L, Shuai C M. 2012. Trust, contract control and project performance in construction projects: an empirical study in China[J]. Advances in Information Sciences and Service Sciences, 4(7): 90-98.

Yang M Y, Evans S, Vladimirova D, et al. 2017. Value uncaptured perspective for sustainable business model innovation[J]. Journal of Cleaner Production, (140): 1792-1804.

Yeung J F Y, Chan A P C, Chan D W M. 2012. Defining relational contracting from the Wittgenstein family-resemblance philosophy[J]. International Journal of Project Management, 30 (2): 225-239.

Yiu T W, Cheung S O, Chow P T. 2008. Logistic regression modeling of construction negotiation outcomes[J]. IEEE Transactions on Engineering Management, 55(3): 468-478.

Yli-Renko H, Sapienza H J, Hay M. 2001. The role of contractual governance flexibility in realizing the outcomes of key customer relationships[J]. Journal of Business Venturing, 16(6): 529-555.

Yuan J F, Skibniewski M J, Li Q M, et al. 2010. Performance objectives selection model in public-private partnership projects based on the perspective of stakeholders[J]. Journal of Management in Engineering, 26(2): 89-104.

Yuan J F, Wang C, Skibniewski M J, et al. 2012. Developing key performance indicators for public-private partnership projects: questionnaire survey and analysis[J]. Journal of Management in Engineering, 28(3): 252-264.

Yuan J F, Zeng A Y, Skibniewski M J, et al. 2009. Selection of performance objectives and key performance indicators in public-private partnership projects to achieve value for money[J]. Construction Management and Economics, 27(3): 253-270.

Yun S M, Jung W Y, Han S H, et al. 2015. Critical organizational success factors for public private partnership projects—a comparison of solicited and unsolicited proposals[J]. Journal of Civil Engineering and Management, 21(2): 131-143.

Zaghloul R, Hartman F. 2003. Construction contracts: the cost of mistrust[J]. International Journal of Project Management, 21(6): 419-424.

Zaneldin E K. 2006. Construction claims in United Arab Emirates: types, causes, and frequency[J]. International Journal of Project Management, 24(5): 453-459.

Zhang S B, Gao Y, Zhuo F, et al. 2015. PPP application in infrastructure development in China: Institutional analysis and implications[J]. International Journal of Project Management, 33(3): 497-509.

Zhang S B, Zhang S J, Gao Y, et al. 2016. Contractual governance: effects of risk allocation on contractors' cooperative behavior in construction projects[J]. Journal of Construction Engineering and Management, 142(6): 04016005.

Zhang X Q. 2004. Concessionaire selection: methods and criteria[J]. Journal of Construction Engineering and Management, 130(2): 235-244.

Zhang X Q. 2005a. Critical success factors for public-private partnerships in infrastructure development[J]. Journal of Construction Engineering and Management, 131(1): 3-14.

Zhang X Q. 2005b. Criteria for electing the private-sector partner in public-private partnerships[J]. Journal of Construction Engineering and Management, 131(6): 631-644.

Zheng J R, Roehrich J K, Lewis M A. 2008. The dynamics of contractual and relational governance: evidence from long-term public-private procurement arrangements[J]. Journal of Purchasing and Supply Management, 14(1): 43-54.

Zou W W, Kumaraswamy M, Chung J, et al. 2014. Identifying the critical success factors for relationship management in PPP projects[J]. International Journal of Project Management, 32(2): 265-274.

Zucker L G. 1986. Production of trust: institutional sources of economic structure[J]. Research in Organizational Behavior, 8(2): 53-111.

Zwikael O, Smyrk J. 2015. Project governance: Balancing control and trust in dealing with risk[J]. International Journal of Project Management, 33(4): 852-862.

附　　录

附录 1　PPP 项目中初始信任对合同条款控制影响研究的调查问卷

问卷编号______________

尊敬的受访者：

您好！非常感谢您于百忙之中拨冗填写此问卷！公共部门应为每个 PPP 项目量身定制 PPP 合同，适当的 PPP 合同对 PPP 项目的成功至关重要，有鉴于此，本调查问卷旨在了解公共部门是如何依据其对社会资本的信任状况来设定 PPP 合同中的控制条款的，您所提供的宝贵信息对本课题研究十分重要！

本问卷中的所有问题将不涉及您的工作机密和个人隐私，您只需根据自己的专业知识及丰富经验认真作答即可，答案无分对错。我们在此承诺，对您填写的一切内容将严格保密并仅供学术研究使用。收回的问卷将按严格的程序进行统计处理，不会涉及具体的单位或个人。

再次对您的支持表示真诚的感谢！

天津理工大学管理学院课题组

指导教师：杜亚灵教授

联系人：柯丹

2016 年 11 月

联系电话：15902212035　　　E-mail：kedan2015@126.com

通信地址：天津市西青区宾水西道 391 号天津理工大学主校区 25-412

邮编：300384

答卷人背景信息
1. 您目前所属工作单位的性质： □政府部门　□投融资咨询机构　□PPP 项目公司　□运营管理公司 □建设运营公司　□金融机构　□科研机构或高等院校　□其他
2. 您目前的工作性质： □高层管理者（如项目负责人、项目总监）　□中层项目管理工作者 □专业技术人员　□其他
3. 您的受教育情况： □博士（及在读）　□硕士（及在读）　□本科学历　□本科以下学历
4. 您从事 PPP 项目实务操作或（和）科学研究工作的时间（即研究时间与实践工作时间连续相加之和）： □≤3 年　□4～7 年　□8～11 年　□12～15 年　□>15 年
5. 您曾经参与过的 PPP 项目或（和）您研究过 PPP 合同的总数量为： □0 个　□1～3 个　□4～8 个　□9～15 个　□>15 个

（情境一）请仔细阅读以下情境描述，并根据您的 PPP 实践经验填答问题！

PPP 项目资格预审资料显示：社会资本企业资质和内部人员资质等级较低；银行开具的企业资信证明为 BBB 级，企业近年财务状况不太好、有一定负债；企业拥有完成该 PPP 项目所需的专门技术但技术水平较低；该社会资本提交的有效证明材料显示，其同类项目组织管理经验很少。

对于满足上述描述的社会资本，若您作为政府部门代表会对它：

□非常信任　□比较信任　□较不信任　□不信任

据了解，该社会资本在其所属领域的知名度和信誉度不高；全国企业信用信息公开系统显示社会资本在参加该项目政府采购活动的前 3 年内，有被公开披露或查处的违法违规行为记录，且其所提供的政府采购诚信承诺书编写简略，言辞敷衍。

对于满足上述描述的社会资本，若您作为政府部门代表会对它：

□非常信任　□比较信任　□较不信任　□不信任

经过项目采购最终确定的社会资本同时满足上述两种描述，若您作为政府部门代表与其签订 PPP 合同，则您对相关条款的设置会做出的决定为（请根据自己的专业知识及丰富经验作答，并在选项所对应的方框中打√）：

1. 对项目产出标准和要求的变更事宜，以及公共产品计量（按使用量付费的）或项目产出绩效评价（按绩效付费的）事宜的约定，其详细程度应：

□非常详细　□较详细　□较简单　□非常简单

2. 对于合同中明确规定的工程建设总投资，社会资本承担的投资控制责任。

□全部　□绝大部分　□较多　□较少

3. 对于公共产品或（和）服务价格调整的周期或触发条件、方法、程序，政府付费扣减或超额利润分享等内容的约定，合同中约定的详细程度应为：

□非常详细　□较详细　□较简单　□非常简单

4. 对于计划内工作应赋予政府部门直接监管社会资本或项目公司的权利（如在不影响项目正常施工/运营/维护情况下的进场权，审查设计文件、维护方案等并提出意见的权利），而对于社会资本的特定权利（如承包商选择权、项目涉及土地的使用权等）应进行的限制为：

□大量赋予，严格限制　□较多赋予，较多限制

□较少赋予，稍微限制　□少量赋予，无须限制

5. 对于计划内工作的监管主体、内容、方法和程序，以及计划外变化（如计划外维护、计划外暂停服务、法律变更）的处理程序和方法的约定，合同中的详细程度应为：

□非常详细　□较详细　□较简单　□非常简单

6. 关于政府部门在项目实施期间审阅计划、进度报告、运营维护手册和记录等的知情权，合同中应：

□大量赋予，非常详细地约定　□较多赋予，较详细地约定

□较少赋予，简单约定　□无须赋予，无须约定

7. 对于因社会资本撤资或转让股权而导致的项目公司股权变更，合同中应：

□严格限制，不允许变更　□详细规定，较难操作

□简单规定，较容易操作　□不进行相关规定

8. 合同中对于社会资本违约行为或违约事实的界定与等级划分、违约责任承担等的约定应：

□非常详细　□较详细　□较简单　□非常简单

9. 当社会资本违约对政府部门或公众造成重大损失时（如公共产品不合格、逾期投入运营），其所需支付的违约金应：

□非常高　□较高　□一般　□较低

10. 对于政府部门临时接管（又称介入）、项目提前终止一旦发生后的具体事宜（包括触发事由、财务安排、程序等），合同中应进行的约定。

□非常详细　□较详细　□较简单　□非常简单

（情境二）请仔细阅读以下情境描述，并根据您的 PPP 实践经验填答问题！

PPP 项目资格预审资料显示：该社会资本企业资质和内部人员资质等级都很高；银行开具的企业资信证明为 AAA 级，企业近年财务状况良好、无严重负债；企业拥有完成该 PPP 项目所需的专门技术且技术水平很高；该社会资本提交的有效证明材料显示，其同类项目组织管理经验丰富。

对于满足上述描述的社会资本，若您作为政府部门代表会对它：

□非常信任　□比较信任　□较不信任　□不信任

但是据了解，该社会资本在其所属领域的知名度和信誉度不高；全国企业信用信息公开系统显示社会资本在参加该项目政府采购活动的前 3 年内，有被公开披露或查处的违法违规行为记录，且其所提供的政府采购诚信承诺书编写简略，言辞敷衍。

对于满足上述描述的社会资本，若您作为政府部门代表会对它：

□非常信任　□比较信任　□较不信任　□不信任

经过项目采购最终确定的社会资本同时满足上述两种描述，若您作为政府部门代表与其签订 PPP 合同，则您对相关条款的设置会做出的决定为（请根据自己的专业知识及丰富经验作答，并在选项所对应的方框中打√）：

1. 对项目产出标准和要求的变更事宜，以及公共产品计量（按使用量付费的）或项目产出绩效评价（按绩效付费的）事宜的约定，其详细程度应：

□非常详细　□较详细　□较简单　□非常简单

2. 对于合同中明确规定的工程建设总投资，社会资本承担的投资控制责任。

□全部　□绝大部分　□较多　□较少

3. 对于公共产品或（和）服务价格调整的周期或触发条件、方法、程序，政府付费扣减或超额利润分享等内容的约定，合同中约定的详细程度应为：

□非常详细　□较详细　□较简单　□非常简单

4. 对于计划内工作应赋予政府部门直接监管社会资本或项目公司的权利（如在不影响项目正常施工/运营/维护情况下的进场权，审查设计文件、维护方案等并提出意见的权利），而对于社会资本的特定权利（如承包商选择权、项目涉及土地的使用权等）应进行的限制为：

□大量赋予，严格限制　□较多赋予，较多限制

□较少赋予，稍微限制　□少量赋予，无须限制

5. 对于计划内工作的监管主体、内容、方法和程序，以及计划外变化（如计

划外维护、计划外暂停服务、法律变更）的处理程序和方法的约定，合同中的详细程度应为：

□非常详细　□较详细　□较简单　□非常简单

6. 关于政府部门在项目实施期间审阅计划、进度报告、运营维护手册和记录等的知情权，合同中应：

□大量赋予，非常详细地约定　□较多赋予，较详细地约定

□较少赋予，简单约定　□无须赋予，无须约定

7. 对于因社会资本撤资或转让股权而导致的项目公司股权变更，合同中应：

□严格限制，不允许变更　□详细规定，较难操作

□简单规定，较容易操作　□不进行相关规定

8. 合同中对于社会资本违约行为或违约事实的界定与等级划分、违约责任承担等的约定应：

□非常详细　□较详细　□较简单　□非常简单

9. 当社会资本违约对政府部门或公众造成重大损失时（如公共产品不合格、逾期投入运营），其所需支付的违约金应：

□非常高　□较高　□一般　□较低

10. 对于政府部门临时接管（又称介入）、项目提前终止一旦发生后的具体事宜（包括触发事由、财务安排、程序等），合同中应进行的约定。

□非常详细　□较详细　□较简单　□非常简单

（情境三）请仔细阅读以下情境描述，并根据您的 PPP 实践经验填答问题！

PPP 项目资格预审资料显示：社会资本企业资质和内部人员资质等级较低；银行开具的企业资信证明为 BBB 级，企业近年财务状况不太好、有一定负债；企业拥有完成该 PPP 项目所需的专门技术但技术水平较低；该社会资本提交的有效证明材料显示，其同类项目组织管理经验很少。

对于满足上述描述的社会资本，若您作为政府部门代表会对它：

□非常信任　□比较信任　□较不信任　□不信任

但是据了解，该社会资本在其所属领域具有相当高的知名度和信誉度；全国企业信用信息公开系统显示社会资本在参加该项目政府采购活动的前 3 年内，没有被公开披露或查处的违法违规行为，在经营活动中没有重大违法记录，且其所提供的政府采购诚信承诺书编写翔实，言辞诚恳真实。

对于满足上述描述的社会资本，若您作为政府部门代表会对它：

□非常信任　□比较信任　□较不信任　□不信任

经过项目采购最终确定的社会资本同时满足上述两种描述，若您作为政府部门代表与其签订 PPP 合同，则您对相关条款的设置会做出的决定为（请根据自己的专业知识及丰富经验作答，并在选项所对应的方框中打√）:

1. 对项目产出标准和要求的变更事宜，以及公共产品计量（按使用量付费的）或项目产出绩效评价（按绩效付费的）事宜的约定，其详细程度应:

☐非常详细　☐较详细　☐较简单　☐非常简单

2. 对于合同中明确规定的工程建设总投资，社会资本承担的投资控制责任。

☐全部　☐绝大部分　☐较多　☐较少

3. 对于公共产品或（和）服务价格调整的周期或触发条件、方法、程序，政府付费扣减或超额利润分享等内容的约定，合同中约定的详细程度应为:

☐非常详细　☐较详细　☐较简单　☐非常简单

4. 对于计划内工作应赋予政府部门直接监管社会资本或项目公司的权利（如在不影响项目正常施工/运营/维护情况下的进场权，审查设计文件、维护方案等并提出意见的权利），而对于社会资本的特定权利（如承包商选择权、项目涉及土地的使用权等）应进行的限制为:

☐大量赋予，严格限制　☐较多赋予，较多限制

☐较少赋予，稍微限制　☐少量赋予，无须限制

5. 对于计划内工作的监管主体、内容、方法和程序，以及计划外变化（如计划外维护、计划外暂停服务、法律变更）的处理程序和方法的约定，合同中的详细程度应为:

☐非常详细　☐较详细　☐较简单　☐非常简单

6. 关于政府部门在项目实施期间审阅计划、进度报告、运营维护手册和记录等的知情权，合同中应:

☐大量赋予，非常详细地约定　☐较多赋予，较详细地约定

☐较少赋予，简单约定　☐无须赋予，无须约定

7. 对于因社会资本撤资或转让股权而导致的项目公司股权变更，合同中应:

☐严格限制，不允许变更　☐详细规定，较难操作

☐简单规定，较容易操作　☐不进行相关规定

8. 合同中对于社会资本违约行为或违约事实的界定与等级划分、违约责任承担等的约定应:

☐非常详细　☐较详细　☐较简单　☐非常简单

9. 当社会资本违约对政府部门或公众造成重大损失时（如公共产品不合格、逾期投入运营），其所需支付的违约金应:

□非常高　□较高　□一般　□较低

10. 对于政府部门临时接管（又称介入）、项目提前终止一旦发生后的具体事宜（包括触发事由、财务安排、程序等），合同中应进行的约定。

□非常详细　□较详细　□较简单　□非常简单

（情境四）请仔细阅读以下情境描述，并根据您的 PPP 实践经验填答问题！

PPP 项目资格预审资料显示：该社会资本企业资质和内部人员资质等级都很高；银行开具的企业资信证明为 AAA 级，企业近年财务状况良好、无严重负债；企业拥有完成该 PPP 项目所需的专门技术且技术水平很高；该社会资本提交的有效证明材料显示，其同类项目组织管理经验丰富。

对于满足上述描述的社会资本，若您作为政府部门代表会对它：

□非常信任　□比较信任　□较不信任　□不信任

据了解，该社会资本在其所属领域具有相当高的知名度和信誉度；全国企业信用信息公开系统显示社会资本在参加该项目政府采购活动的前 3 年内，没有被公开披露或查处的违法违规行为，在经营活动中没有重大违法记录，且其所提供的政府采购诚信承诺书编写翔实，言辞诚恳真实。

对于满足上述描述的社会资本，若您作为政府部门代表会对它：

□非常信任　□比较信任　□较不信任　□不信任

经过项目采购最终确定的社会资本同时满足上述两种描述，若您作为政府部门代表与其签订 PPP 合同，则您对相关条款的设置会做出的决定为（请根据自己的专业知识及丰富经验作答，并在选项所对应的方框中打√）：

1. 对项目产出标准和要求的变更事宜，以及公共产品计量（按使用量付费的）或项目产出绩效评价（按绩效付费的）事宜的约定，其详细程度应：

□非常详细　□较详细　□较简单　□非常简单

2. 对于合同中明确规定的工程建设总投资，社会资本承担的投资控制责任。

□全部　□绝大部分　□较多　□ 较少

3. 对于公共产品或（和）服务价格调整的周期或触发条件、方法、程序，政府付费扣减或超额利润分享等内容的约定，合同中约定的详细程度应为：

□非常详细　□较详细　□较简单　□非常简单

4. 对于计划内工作应赋予政府部门直接监管社会资本或项目公司的权利（如在不影响项目正常施工/运营/维护情况下的进场权，审查设计文件、维护方案等并提出意见的权利），而对于社会资本的特定权利（如承包商选择权、项目涉及土地的使用权等）应进行的限制为：

□大量赋予，严格限制　　□较多赋予，较多限制

□较少赋予，稍微限制　　□少量赋予，无须限制

5. 对于计划内工作的监管主体、内容、方法和程序，以及计划外变化（如计划外维护、计划外暂停服务、法律变更）的处理程序和方法的约定，合同中的详细程度应为：

□非常详细　　□较详细　　□较简单　　□非常简单

6. 关于政府部门在项目实施期间审阅计划、进度报告、运营维护手册和记录等的知情权，合同中应：

□大量赋予，非常详细地约定　　□较多赋予，较详细地约定

□较少赋予，简单约定　　□无须赋予，无须约定

7. 对于因社会资本撤资或转让股权而导致的项目公司股权变更，合同中应：

□严格限制，不允许变更　　□详细规定，较难操作

□简单规定，较容易操作　　□不进行相关规定

8. 合同中对于社会资本违约行为或违约事实的界定与等级划分、违约责任承担等的约定应：

□非常详细　　□较详细　　□较简单　　□非常简单

9. 当社会资本违约对政府部门或公众造成重大损失时（如公共产品不合格、逾期投入运营），其所需支付的违约金应：

□非常高　　□较高　　□一般　　□较低

10. 对于政府部门临时接管（又称介入）、项目提前终止一旦发生后的具体事宜（包括触发事由、财务安排、程序等），合同中应进行的约定。

□非常详细　　□较详细　　□较简单　　□非常简单

问卷到此结束，麻烦您再认真检查一遍是否有遗漏的问题未答！

再次感谢您对我们工作的支持，敬祝万事如意！

如果您对本次问卷调查有什么意见或建议，请您填写在下面的横线处。

____

若您需要本调研结果，请您留下您的联系方式，以便我们及时向您反映。

通信地址：______________________________

邮　　编：____________联系电话：____________E-mail：____________

附录 2　PPP 项目缔约阶段控制对信任影响研究的访谈提纲

背景说明：课题组人员通过分析 PPP 项目相关的政策性文件发现，有些条款规定只提到“视具体项目而定”或只是给出一个选择的区间，使得公私双方在签订合同时对此项内容的制定标准有很大的浮动范围，即可能高于国家标准很多，也可能只是略高于国家标准。而本次访谈想探究的是当这些条款规定与国家（或行业）标准有差异时，私人部门对这些高标准或相对低标准是什么样的感受？有鉴于此，我们将以下 6 个具有控制作用的关键点作为访谈视角展开讨论。

在您之前做过的 PPP 项目中，您觉得做得比较好、操作比较规范的 PPP 项目有哪些？它的大致情况（如签约的私人部门、签约时间等）是什么样的？并请针对 1～2 个让您印象深刻的项目回答以下 6 个方面的问题：

1. 产出标准

（1）该项目的合同中对公共产品或（和）服务的产出标准是怎么规定的？

（2）这个标准与国家规定的（或行业规定/普遍认可的）相比是偏高还是偏低？

（3）您认为政府部门规定如此苛刻（宽松）的原因可能是什么？

（4）或引导式地追问：该合同条款中对此项内容制定的标准偏高（偏低），您觉得政府部门是（不是）有意为难您或怀疑您的善意吗？

2. 投融资责任

（1）在该项目的合同中，你方对该项目的总投资承担多大程度的投资控制责任？

（2）与行业内的普遍做法相比，该合同中的规定使得你方承担的投融资责任更多（更少）？

（3）您认为政府部门这样规定的原因可能是什么？

（4）或引导式地追问：该合同条款中对此项内容制定的标准偏高（偏低），您觉得政府部门让您承担这么多（少）的风险会（不会）伤害你们之间的感情吗？

3. 履约担保

（1）该项目合同中规定的履约担保方式是什么？履约保证金交多少？

（2）国家相关文件规定的履约保证金的额度一般是合同总金额的多大比例？与国家规定的一般标准或行业内普遍采用的标准相比，此合同条款中的规定是偏高还是偏低？

（3）您觉得政府部门这样规定的原因可能是什么？

（4）或引导式地追问：该合同条款中对此项内容制定的标准偏高（偏低），您觉得政府部门有（没有）质疑您完成项目的能力或不相信（相信）您公司的财务状况和资信水平吗？

4. 出资比例

（1）该合同条款中公司双方的出资比例各是多少？

（2）与行业内的平均标准相比，您觉得该合同中你方的出资比例是偏高还是偏低？

（3）您认为政府部门这样规定的原因可能是什么？

（4）或引导式地追问：该合同条款中对此项内容制定的标准偏高（偏低），您觉得政府部门是（不是）担心您有投机行为吗？

5. 违约行为

（1）本项目中规定的违约行为有哪些？以概括、列举还是概括加列举中的哪种方式进行界定的？

（2）行业中通常规定的违约行为有哪些？您觉得该项目合同中的规定与行业中的一般规定相比是更加苛刻还是宽松？

（3）您认为政府部门这样规定的原因可能是什么？

（4）或引导式地追问：该合同条款中对此项内容制定的标准偏高（偏低），您认为政府部门是（不是）担心您会有投机的行为吗？

6. 违约金

（1）该项目的合同中对违约金是怎么规定的？您觉得违约金金额的设置合理吗？

（2）与行业中的一般规定相比，该项目中的规定是更加苛刻还是宽松？

（3）您认为政府部门这样规定的原因可能是什么？

（4）或引导式地追问：该合同条款中对此项内容制定的标准偏高（偏低），您认为政府部门是（不是）质疑您的能力或者怀疑您的诚信吗？

附录 3　PPP 项目履约阶段角色感知调节下控制对信任影响的调查问卷

问卷编号______________

尊敬的受访者：

您好！非常感谢您于百忙之中拨冗填写此问卷！**本调查问卷旨在了解不同类型企业充当社会资本的 PPP 项目中，政府部门对其施加控制力度发生相同程度的变化时，社会资本心理状态的变化规律**，您所提供的宝贵信息对本课题研究十分重要！

本问卷中的所有问题将不涉及您的工作机密和个人隐私，您只需根据自己的专业知识及丰富经验认真作答即可，答案无分对错。我们在此承诺，对您填写的一切内容将严格保密并仅供学术研究使用。收回的问卷将按严格的程序进行统计处理，不会涉及具体的单位或个人。

再次对您的支持表示真诚的感谢！

天津理工大学管理学院课题组
指导教师：杜亚灵教授
联系人：张凯红
联系电话：13132207817　E-mail：zhangkaihong92@126.com

答 卷 人 背 景 信 息

1. 您目前所属工作单位在 PPP 项目中承担的角色类型：

□社会资本（请选择企业类型：□中央企业　□地方国有企业　□民营企业　□外资企业）

□政府部门　□政府方投资代表　□咨询机构　□其他

2. 您目前的工作性质：

□高层管理者（如项目负责人、项目总监）　□中层项目管理工作者

□专业技术人员　□科研人员

3. 您的受教育情况：

□博士（及在读）　□硕士（及在读）　□本科学历　□本科以下学历

4. 您从事 PPP 项目实务操作或（和）科学研究工作的时间（即研究时间与实践工作时间连续相加之和）：

□≤3 年　□4～10 年　□11～15 年　□16～20 年　□>20 年

5. 您曾经深度参与过的 PPP 项目总数量为：

□0 个　□5 个（含）以内　□6～10 个（含）　□>10 个

（情境一）请仔细阅读以下情境描述，并根据您的 PPP 实践经验填答问题！

假设您现在就职于 X 市的 A 企业，该企业是由 X 市政府全额投资（或参与控股）的国有企业，其与当地政府之间存在直接的行政隶属关系，二者之间关系紧密、利益相关。A 企业与 X 市政府合作一个 PPP 项目，该 PPP 合同中明确约定：①政府部门在合作期内有权在不影响项目正常施工或运营的前提下定期或不定期地进场检查和测试；②项目公司应于每月 1 日前向政府部门提交上一个月的有关项目计划和进度的报告（建设期）以及有关运营情况的报告（运营期，具体包括运营维护计划、经审计的财务报告、事故报告、绩效报告）。

若自项目开始实施至去年年底，政府部门对项目公司一直保持着每月一次的进场检查和测试频率，对项目公司每月按时提交的相关报告都有比较及时的反馈甚至偶尔会有质疑，**但是，自今年年初开始，政府部门入场检查和测试的频率明显降低为 2 或 3 个月一次，对于项目公司每月提交的相关报告也不再有任何反馈，甚至个别月份中项目公司未按时提交相关报告的，政府部门也并未催促。**

此时，若您作为 A 企业代表，您对政府部门当前行为感受到的控制力度如何？

□非常严　□比较严　□比较松　□非常松

在上述关系背景下，针对政府部门当前实施的控制程度（请根据自己的专业知识及丰富经验做答，并在选项所对应的方框中打√）：

1. 您感觉政府部门自己有足够能力做好该项目。

□不相信　□较不相信　□比较相信　□非常相信

2. 您感觉政府部门自己会尽最大努力做好该项目。

□不相信　□较不相信　□比较相信　□非常相信

若自项目开始实施至去年年底，政府部门对项目公司一直保持着每 2 或 3 个月一次的进场检查和测试频率，对项目公司每月按时提交的相关报告少有反馈，甚至个别月份中项目公司未按时提交相关报告其也未催促，**但是，自今年年初开始，政府部门对项目公司开始严格执行每月一次的进场检查和测试频率，对项目公司按时提交的相关报告都有及时的反馈，还会提出一些质疑，并且，一旦项目公司未按时提交报告，其就会一直催促。**

此时，若您作为 A 企业代表，您对政府部门当前行为感受到的控制力度如何？

□非常严 □比较严 □比较松 □非常松

在上述关系背景下，针对政府部门当前实施的控制程度（请根据自己的专业知识及丰富经验做答，并在选项所对应的方框中打√）：

1. 您感觉政府部门自己有足够能力做好该项目。

□不相信 □较不相信 □比较相信 □非常相信

2. 您感觉政府部门自己会尽最大努力做好该项目。

□不相信 □较不相信 □比较相信 □非常相信

（情境二）请仔细阅读以下情境描述，并根据您的PPP实践经验填答问题！

假设您现在就职于X市的B企业，该企业为中央政府监督管理的大型中央企业或Y市政府全额投资（或参与控股）的外地国有企业，B企业与X市政府之间不存在直接的行政隶属关系，但它毕竟是具有公有制性质的经济主体，其与PPP项目中的公共部门同姓“公”。B企业与X市政府合作一个PPP项目，该PPP合同中明确约定：①政府部门在合作期内有权在不影响项目正常施工或运营的前提下定期或不定期地进场检查和测试；②项目公司应于每月1日前向政府部门提交上一个月的有关项目计划和进度的报告（建设期）以及有关运营情况的报告（运营期，具体包括运营维护计划、经审计的财务报告、事故报告、绩效报告）。

若自项目开始实施至去年年底，政府部门对项目公司一直保持着每月一次的进场检查和测试频率，对项目公司每月按时提交的相关报告都有比较及时的反馈甚至偶尔会有质疑，**但是，自今年年初开始，政府部门入场检查和测试的频率明显降低为2或3个月一次，对于项目公司每月提交的相关报告也不再有任何反馈，甚至个别月份中项目公司未按时提交相关报告的，政府部门也并未催促。**

此时，若您作为B企业代表，您对政府部门当前行为感受到的控制力度如何？

□非常严 □比较严 □比较松 □非常松

在上述关系背景下，针对政府部门当前实施的控制程度（请根据自己的专业知识及丰富经验做答，并在选项所对应的方框中打√）：

1. 您感觉政府部门自己有足够能力做好该项目。

□不相信 □较不相信 □比较相信 □非常相信

2. 您感觉政府部门自己会尽最大努力做好该项目。

□不相信 □较不相信 □比较相信 □非常相信

若自项目开始实施至去年年底，政府部门对项目公司一直保持着每 2 或 3 个月一次的进场检查和测试频率，对项目公司每月按时提交的相关报告未有反馈，甚至个别月份中项目公司未按时提交相关报告其也未催促，**但是，自今年年初开始，政府部门对项目公司开始严格执行每月一次的进场检查和测试频率，对于项目公司按时提交的相关报告都有反馈，还会提出一些质疑，并且，一旦项目公司未按时提交报告，其就会一直催促。**

此时，若您作为 B 企业代表，您对政府部门当前行为感受到的控制力度如何？

□非常严　　□比较严　　□比较松　　□非常松

在上述关系背景下，针对政府部门当前实施的控制程度（请根据自己的专业知识及丰富经验做答，并在选项所对应的方框中打√）：

1. 您感觉政府部门自己有足够能力做好该项目。

□不相信　　□较不相信　　□比较相信　　□非常相信

2. 您感觉政府部门自己会尽最大努力做好该项目。

□不相信　　□较不相信　　□比较相信　　□非常相信

（情境三）请仔细阅读以下情境描述，并根据您的 PPP 实践经验填答问题！

假设您现在就职于 X 市的 C 企业，它是一家民营企业或者外资企业，该企业与 X 市政府之间曾经有过非常愉快的合作经历，双方通过以往的合作经历已经非常熟悉对方的工作方式、工作能力和处世哲学，形成了相互认可、彼此欣赏的朋友关系，已经建立起了较为深厚的感情。C 企业与 X 市政府合作一个 PPP 项目，该 PPP 合同中明确约定：①政府部门在合作期内有权在不影响项目正常施工或运营的前提下定期或不定期地进场检查和测试；②项目公司应于每月 1 日前向政府部门提交上一个月的有关项目计划和进度的报告（建设期）以及有关运营情况的报告（运营期，具体包括运营维护计划、经审计的财务报告、事故报告、绩效报告）。

若自项目开始实施至去年年底，政府部门对项目公司一直保持着每月一次的进场检查和测试频率，对项目公司每月按时提交的相关报告都有比较及时的反馈甚至偶尔会有质疑，**但是，自今年年初开始，政府部门入场检查和测试的频率明显降低为 2 或 3 个月一次，对于项目公司每月提交的相关报告也不再有任何反馈，甚至个别月份中项目公司未按时提交相关报告的，政府部门也并未催促。**

此时，若您作为 C 企业代表，您对政府部门当前行为感受到的控制力度如何？

□非常严　　□比较严　　□比较松　　□非常松

在上述关系背景下，针对政府部门当前实施的控制程度（请根据自己的专业知识及丰富经验做答，并在选项所对应的方框中打√）：

1. 您感觉政府部门自己有足够能力做好该项目。

□不相信　□较不相信　□比较相信　□非常相信

2. 您感觉政府部门自己会尽最大努力做好该项目。

□不相信　□较不相信　□比较相信　□非常相信

若自项目开始实施至去年年底，政府部门对项目公司一直保持着每2或3个月一次的进场检查和测试频率，对项目公司每月按时提交的相关报告未有反馈，甚至个别月份中项目公司未按时提交相关报告其也未催促，**但是，自今年年初开始，政府部门对项目公司开始严格执行每月一次的进场检查和测试频率，对于项目公司按时提交的相关报告都有反馈，还会提出一些质疑，并且，一旦项目公司未按时提交报告，其就会一直催促。**

此时，若您作为C企业代表，您对政府部门当前行为感受到的控制力度如何？

□非常严　□比较严　□比较松　□非常松

在上述关系背景下，针对政府部门当前实施的控制程度（请根据自己的专业知识及丰富经验做答，并在选项所对应的方框中打√）：

1. 您感觉政府部门自己有足够能力做好该项目。

□不相信　□较不相信　□比较相信　□非常相信

2. 您感觉政府部门自己会尽最大努力做好该项目。

□不相信　□较不相信　□比较相信　□非常相信

（情境四）请仔细阅读以下情境描述，并根据您的PPP实践经验填答问题！

假设您现在就职于X市的D企业，它是一家民营企业或者外资企业，该企业与X市政府以前没有合作过，对彼此的工作方式、处世哲学、真实的工作能力都不太清楚，如果现在要合作一个PPP项目的话，可能双方都会抱着一种“生意归生意”的态度，小心谨慎地不断试探、彼此磨合。D企业与X市政府合作一个PPP项目，该PPP合同中明确约定：①政府部门在合作期内有权在不影响项目正常施工或运营的前提下定期或不定期地进场检查和测试；②项目公司应于每月1日前向政府部门提交上一个月的有关项目计划和进度的报告（建设期）以及有关运营情况的报告（运营期，具体包括运营维护计划、经审计的财务报告、事故报告、绩效报告）。

若自项目开始实施至去年年底，政府部门对项目公司一直保持着每月一次的进场检查和测试频率，对项目公司每月按时提交的相关报告都有比较及时的反馈甚至偶尔会有质疑，**但是，自今年年初开始，政府部门入场检查和测试的频率明显降低为 2 或 3 个月一次，对于项目公司每月提交的相关报告也不再有任何反馈，甚至个别月份中项目公司未按时提交相关报告的，政府部门也并未催促。**

此时，若您作为 D 企业代表，您对政府部门当前行为感受到的控制力度如何？

□非常严　□比较严　□比较松　□非常松

在上述关系背景下，针对政府部门当前实施的控制程度（请根据自己的专业知识及丰富经验做答，并在选项所对应的方框中打√）：

1. 您感觉政府部门自己有足够能力做好该项目。

□不相信　□较不相信　□比较相信　□非常相信

2. 您感觉政府部门自己会尽最大努力做好该项目。

□不相信　□较不相信　□比较相信　□非常相信

若自项目开始实施至去年年底，政府部门对项目公司一直保持着每 2 或 3 个月一次的进场检查和测试频率，对项目公司每月按时提交的相关报告未有反馈，甚至个别月份中项目公司未按时提交相关报告其也未催促，**但是，自今年年初开始，政府部门对项目公司开始严格执行每月一次的进场检查和测试频率，对于项目公司按时提交的相关报告都有及时的反馈，还会提出一些质疑，并且，一旦项目公司未按时提交报告，其就会一直催促。**

此时，若您作为 D 企业代表，您对政府部门当前行为感受到的控制力度如何？

□非常严　□比较严　□比较松　□非常松

在上述关系背景下，针对政府部门当前实施的控制程度（请根据自己的专业知识及丰富经验做答，并在选项所对应的方框中打√）：

1. 您感觉政府部门自己有足够能力做好该项目。

□不相信　□较不相信　□比较相信　□非常相信

2. 您感觉政府部门自己会尽最大努力做好该项目。

□不相信　□较不相信　□比较相信　□非常相信

后　记

我在博士研究生期间开始跟随导师尹贻林教授从事公共项目投资与管理方面的研究，依托于尹老师主持的国家自然科学基金面上项目“基于治理结构与机制的公共项目管理绩效改善研究”（70772058），撰写了题为《基于治理的公共项目管理绩效改善研究——以企业型代建项目为例》的学位论文，并于 2009 年初顺利通过答辩。同年 7 月，在尹老师的诚挚邀请和竭力帮助下，我正式入职天津理工大学管理学院，有机会继续在天津理工大学公共项目与工程造价研究所学习和工作。更为幸运的是，深圳市地铁集团有限公司于 2009 年 10 月发布“深圳地铁 5 号线 BT 工程投资控制与合同管理研究”科研项目的招标公告，尹老师决定集结天津理工大学公共项目与工程造价研究所团队的骨干成员参与竞标，并指定由我执笔撰写标书，这于我而言无疑是一次绝佳的锻炼成长机会。与深圳市地铁集团有限公司的一次次接触，以及与天津理工大学公共项目与工程造价研究所团队骨干成员的一轮轮讨论，使我对深圳地铁 5 号线 BT 工程遭遇的现实问题的理解不断加深，在尹老师的鼓励和引导下，我逐渐凝练出可研究的科学问题，以“回购式契约视角下政府对 BT 项目的投资控制研究”（71002066）为题，申报了 2010 年国家自然科学基金青年科学基金项目并成功获批。

我主持的国家自然科学基金青年科学基金项目针对 PPP 中的一种特定运作方式——BT，依据项目治理理论中的“权责利对等”思想，研究有利于政府投资控制的回购式契约的合理设计，是针对正式契约的“合同治理”。在该项目执行过程中，课题组实地调研了国内一些代表性基础设施 BT 项目，发现了许多相悖于合同治理水平与项目绩效正相关关系的现象，我们通过进一步理论分析认识到，正式契约往往基于“经济人”的假设，它不像社会学或社会经济学那样敏感于经济活动向社会关系的嵌入，这样就忽视了非正式制度对正式制度的补充与催化作用，针对非正式契约的“关系治理”对于 BT 项目的成功同样重要，甚至会影响到合同治理的效果。于是，我将研究的焦点逐渐转换到信任、公平等关系要素：连续两年（2012～2013 年）申请了关于 PPP 项目中信任的国家自然科学基金面上项目，最终获得资助的项目题为“PPP 项目中信任的动态演化机理研究：基于政府部门的视角”（71372110）；让我独立指导的第一个硕士研究生李会玲（2013 级）尝试基于一般工程项目的承发包关系研究公平感知问题，指导她在《管理学报》《系统管理学报》上发表相关选题的论文，并撰写题为《工程项目中承包商公平感知的影响因素分析及其提升策略》的学位论文，继而，为我指导的硕士研究生孙娜（2014 级）确定毕业论文选题“私人部门公平感知对 PPP 项目履约绩效影响的实验研究：项目获取途径的调节作用”，上述研究成果也已整理并出版专著《PPP 项目中的公平及其实现》。

显然，我主持的国家自然科学基金面上项目是专门针对非正式制度的“关系治理”，课题组在该项目执行过程中发现，作为合同治理重要组成部分的控制是导致 PPP 项目中信任动态演化的关键驱动因素，并且信任同样也会影响控制的实施，控制与信任之间存在的显著交互作用决定着 PPP 项目的成败，并且这种交互作用可能受到关键规制因素的调节，于是，我在 2015～2016 年连续两年申请了关于 PPP 项目中控制与信任交互作用的国家自然科学基金面上项目，但均以失败告终。虽未获得资助，研究工作仍要按照原定计划展开，我指导的 2014 级硕士研究生张凯红、赵欣均是围绕 PPP 项目中控制与信任交互作用研究的某一部分，完成了多篇期刊论文和自己的学位论文，其中，张凯红考察了“私人部门的角色感知”这一中国情境下 PPP 项目中的关系因素的调节作用，由于“中国式 PPP 项目”的大量存在，中国情境下 PPP 项目中“私人部门的角色感知”更为丰富，因此，更值得进行深入研究。2018 年，我主持的 2013 年国家自然科学基金面上项目结题，有资格申报教育部人文社会科学研究规划基金项目，“中国情境下 PPP 项目的自动履约问题研究：基于控制与信任交互作用的行为实验”（19YJA630017）才得以立项，该项目关注的是合同治理与关系治理的协同，追求的自动履约正是 PPP 项目善治的重要表征，本质上是对本人所承担的 2 项国家自然科学基金项目的延伸与发展。

至 2019 年 7 月，我迎来了作为大学教师的第一个 10 年，在这 10 年间，我从一个迷茫中努力的“青椒”（网络名词，青年教师的别称）成长为略有经验的“硕导”，从一个在科学研究中习惯于被导师规划和安排的“划桨人”逐渐转变为为我所带领的研究团队筹谋的“导航者”，资助我一路走来的正是上述 2 项国家自然科学基金项目（1 项青年科学基金项目、1 项面上项目）、1 项教育部人文社会科学研究规划基金项目，它们都以 PPP 项目为研究对象，都继承了我博士研究生期间所选择的研究范式——项目治理，都旨在通过实现善治来促使项目成功。有鉴于此，我决意整理上述 3 个项目的部分研究成果以出版这部专著，既是对自己 10 年大学教师科研工作的审阅与总结，也希望对项目治理学术共同体的成员，以及对国内 PPP 领域的科研和实务工作者略有借鉴与启发。

多年的研究工作积点成线、织线为面，一套PPP项目治理的理论体系逐渐成形，其继承了项目治理的理论框架，但聚焦于PPP项目中政府部门和社会资本（或项目公司）之间的关系，是对项目治理理论的丰富与发展。理论体系的构建是对本领域已有研究成果的梳理和整合，从而形成一个清晰的理论"地图"，它并不意味着该领域研究的完善或穷尽，而是为了让后续的研究能够快速、准确地知道"身处何方、去往何处"。PPP项目治理的研究依然任重道远，本书认为，未来至少有以下两大研究方向可供青年学者探索：首先，合同治理、关系治理以及二者适配的研究仍需精耕细作，特别是关系治理部分仍需不断丰富与完善，继而合同治理与关系治理的适配方面的研究空间也会顿然开阔；其次，随着PPP模式在我国的深入开展，实践必然对公私双方的关系提出更高的要求，因而引发PPP项目中的很多新矛盾、新问题，那么，将合同治理与关系治理相结合来解决我国PPP项目中的新矛盾、新问题就具有巨大的需求空间，我目前正在做的就是此类研究，即通过充分考虑尽善履约行为的利益分配来激发PPP项目的商业模式创新，其中诱发尽善履约行为的关系要素将影响利益分配结果。

最后，感谢我的同事柯洪教授、严玲教授、陈伟珂教授、娄黎星博士对书稿提出了宝贵的修改意见；感谢"中国PPP教父"清华大学王守清教授，以及我的导师和领导、国内项目治理领航者尹贻林教授，能够在百忙之中翻阅本专著、提出完善建议并欣然为之代序。本书研究工作的时间跨度较大，加之我对某些具体问题的想法也有一个发展的过程，致使个别细微处的观点可能存在矛盾；另外，囿于科研能力和社会资源，个别问题的研究对象代之以BT项目、一般工程项目，从而为本书留下了一些遗憾，还望读者多多谅解。"路漫漫其修远兮，吾将上下而求索。"我将继续在项目治理范式下努力发现、分析和解决我国PPP实践中的问题，为PPP在我国的良性发展贡献绵薄之力。

杜亚灵　博士、教授

2020年7月20日